조널마킹
Zonal Marking

조널 마킹
Zonal Marking

현대 유럽 축구의 철학과 전술적 진화

마이클 콕스 지음 | 이성모·한만성 옮김 | 한준희 감수

한스미디어

감수의 글

《더 믹서: 프리미어리그 역사와 전술의 모든 것》의 저자 마이클 콕스가 두 번째 명저를 출간했다. 전작을 통해 잉글랜드 프리미어리그 25년의 전술적 진화를 흥미롭게 기술했던 저자가 이번에는 같은 기간 유럽 축구 전체의 전술적, 철학적 흐름과 핵심 이슈들을 명료한 필치로 분석, 정리했다. 콕스의 최신 저작《조널 마킹: 현대 유럽 축구의 철학과 전술적 진화》는 오늘날 축구의 거의 모든 전술적 국면들을 망라하는 것은 물론, 축구가 왜 지금의 모습으로 펼쳐지고 있는지에 대한 총체적 해답을 제공한다. 필자가 확신하건대, 최신 선진 축구의 전술적 기반을 이 정도로 분석적이고 포괄적으로 다룬 영어권 축구 서적은 당분간 나타나기 어려울 것이다. 그만큼《조널 마킹: 현대 유럽 축구의 철학과 전술적 진화》는 모든 유형의 축구팬, 축구인들을 위한 필독서라 하겠다.

콕스의 전작《더 믹서》가 프리미어리그 전술사의 탁월한 집대성이기는 하더라도,《더 믹서》는 불가피하게 현대 축구의 다양한 전술에 대한 근원적 이해를 100% 충족시키지는 않는다. 이유는 이 시기 잉글랜드 축구가 이론을 창안 혹은 정립하거나 전파시킨 주체가 아니기 때문이다. 잉글랜드는 축구를 지구촌에 널리 퍼뜨린 종주국이지만, 그럼에도 1925년 오프사이드 룰 개정에 적절히 대응한 허버트 채프먼 감독, 실용주의적 변화로 1966 월드컵을 제패한 알프 램지 감독 이후 축구 전술사에 두드러진 임팩트를 남긴 잉글랜드 출신 지도자를 찾아보기란 어렵다. 특히 '헤이젤 참사'에 따른 징계 여파까지 존재한 1990년대에 이르게 되면, 잉글랜드 리그는 한마디로 다시 출발해야 하는 수준의 리그였다. 1996년과 1997년 잉글랜드 리그의 UEFA 랭킹은 '7위'에 불과했다.

따라서 1990년대부터 현재까지의 축구 이론과 전술의 진화상을 이해하기 위해 우리는 반드시 유럽 대륙의 축구를 먼저 들여다볼 필요가 있다. 오늘날의 프리미어리그는 대륙 축구의 영향에 힘입어 성장을 거듭, 1990년대와는 비교도 할 수 없으리만치 전술적으로 다양하고 경제적으로도 부유한 리그가 되었다.《더 믹서》에서 기술한 잉글랜드 프리미어리그의 '믹스' 현상은 같은 시기 전개된 유럽 각국의 특색 있는 축구 전술과 철학, 문화와 시스템의 결과물이라 해도 과언이 아니다. 그렇다면 《조널 마킹》은 출간 시기와는 반대로 《더 믹서》를 더 잘 이해하게끔 하는 '총론' 혹은 '원리'와 같은 역할을 하는 역작이다. 잉글랜드 축구에 한정되지 않는 저자의 전술사적 통찰 및 광범위한 경기 분석의 노고에 박수를 보낼 따름이다.

《조널 마킹》은 책의 구성에서부터 흥미를 자아낸다. 이 책의 시대적 구분이 축구사를 기술하는 보통의 서적이나 칼럼들과는 다른 까닭이다. 저자는 '리그의 헤게모니' 혹은 '국가대표 성적'만을 기준으로 단순하게 시대를 구획하지 않는다. 예를 들어 《조널 마킹》의 첫머리를 장식하는 네덜란드 축구는 그들의 국가대표 팀이 유로 1992, 1994 월드컵, 유로 1996에서 단 한 번도 결승에 오른 적이 없지만, 1992년부터 1996년까지 유럽 축구의 주인공으로 간주된다. 반면 포르투갈은 최고 수준의 리그를 지닌 적이 전혀 없으나, 저자는 2004년부터 2008년까지를 포르투갈 축구의 시대로 명시하고 있다. 그리고 적어도 필자가 보기에, 바로 이 독특한 구분법이야말로 이 책을 명작으로 인도하는 첫 번째 열쇠가 됐다.

마이클 콕스는 그 시기 해당 국가 축구를 풍미했던 철학, 전술, 시스템과 문화가 유럽 축구 전반과 전술사에 미친 영향에 주목했다. 이러한 기준에 따르면 1992년부터 1996년까지의 네덜란드 축구는 당대 최고의 리그를 보유하지 않았고 국가 대항전에서 최고의 자리에 오르지도 못했지만, '영향력' 면에서는 가장 높은 가치를 지닌 것으로 평가받을 만하다는 이야기다. 영리한 공간 활용과 최후방으로부터의 빌드업을 중시한 이 시기 네덜란드 스타일은 1970년대 그들의 축구가 그랬던 것처럼 현대 축구의 모습을 다시 한번 정립하는 데에 있어 크나큰 공헌을 했다. 이 시기를 대표한 바르셀로나 감독 요한 크루이프와 아약스 감독 루이 판 할은 충돌하는 지점이 적지 않았음에도, 동시에 네덜란드 축구의 중심적 국면들을 공유하고 있었다.

네덜란드 이후의 4년은 가장 강력한 리그 세리에 A를 보유했던 이탈리아의 시대였는데, 이 시기 이탈리아 축구에는 학구파 지도자들의 유의미한 전술 논쟁과 재능 있는 스타들이 가득했다. 1998 월드컵 우승국 프랑스는 유로 2000에 이르러 그들의 진정한 스타일을 펼쳐 보였다. 프랑스 축구는 특히 공격수의 스피드와 수비형 미드필더의 중요성, 유망주 육성 시스템에 다시금 눈을 뜨게 했다. 이후 4년의 주인공으로 지목된 포르투갈에서는 학문적 접근에 의한 신선한 훈련 이론이 발전했으며, 최고 수준의 감독, 선수, 거물 에이전트가 등장해 축구계를 뒤흔들었다. 펩 과르디올라의 바르셀로나, 유로 2008부터 시작된 스페인 국가대표 팀의 시대는 뚜렷한 정체성을 지닌 축구 철학의 전성기였고, 이 시기 '엘 클라시코'는 더욱 큰 화제를 불러 모았다. 마지막으로 독일은 '구식 축구' 이미지로부터 벗어나 공수 전환과 압박을 새로운 차원으로 끌어올리며 자신들의 축구를 재탄생시켰다. 그리고 요한 크루이프로부터 위르겐 클롭에 이르는 모든 대륙 축구의 영향이 살아 숨 쉬고 있는 곳이 오늘날의 잉글랜드다.

저자 마이클 콕스에게는 이렇게 간단치 않은 수많은 이슈들을 간명한 필치로 알기 쉽게 기술하는 놀라운 능력이 있다. 이는 필자가 오래 전부터 콕스의 글을 좋아하는 이유들 가운데 하나다. 심지어 저자는 오래 전 경기에서 발생한 전술적 상황들과 선수들의 동작을 생생하고 실감나게 묘사함으로써 책의 재미를 더해주기도 한다. 따라서 이 책은 고도로 전문적이고 분석적인 통찰을 담고 있으면서도 쉽사리 손에서 떼기 어려운 흥미진진함까지 겸비했다. 다시 한번 강조하건대, 《조널 마킹: 현대 유럽 축구의 철학과 전술적 진화》는 당분간 영어권 축구 전술 서적의 '맨 윗자리'를 차지할 공산이 크다.

한준희

KBS 축구해설위원

대한축구협회 국가대표전력강화위원회 정보전략소위 위원

아주대학교 스포츠레저학과 겸임교수

서문

이 책의 내용은 연대순으로 전개되지만, 최초의 집필 의도는 유럽 축구의 현대사를 정리하는 것이 아니었다. 본래의 목표는 유럽 축구계에 가장 큰 영향력을 행사하는 7개국(네덜란드, 이탈리아, 프랑스, 포르투갈, 스페인, 독일, 잉글랜드)의 스타일을 분석하는 것이었다. 최근의 국제대회 성적과 국가별 자국 리그의 경쟁력을 고려할 때 이 7개국이 유럽 축구를 주도한다는 사실은 부정할 수 없다.

특정 국가의 축구 스타일은 여러 가지 방식으로 나타날 수 있다. 이를 단지 국가대표팀의 성향만으로 판단해서는 안 된다. 자국 리그에 소속된 팀들과 스타 선수들의 경기 스타일, 감독의 철학도 반영되어야 하기 때문이다. 여기에는 해당 국가의 선수들이 해외 진출 후 쌓는 경험, 자국 리그가 해외에서 영입한 외국인 선수들의 성공 여부도 포함된다. 심판진이 경기를 진행하는 방식, 팬들이 경기장에서 팀과 선수를 응원하는 방식도 마찬가지다. 이 책은 이러한 점들을 모두 반영하고 있다.

　책을 쓰면서 내용을 어떻게 구성해야 할지 고민했다. 어떤 방식으로 내용을 전개하는 것이 효과적일까? 지리적으로? 테마별로? 아니면 제비뽑기로 선정해서? 그런 고민을 거듭하던 필자는 단순히 각 국가의 축구 스타일만을 나열할 수는 없다는 사실을 깨닫게 됐다. 또한 유럽 축구를 주도하는 국가들이 주기적으로 바뀌었다는 점도 중요한 부분이었다.

　책의 시작점이 되기에 가장 적합한 때는 1992년이었다(이 책의 전작인 《더 믹서》 역시 1992년 잉글랜드에서 시작된다 - 옮긴이). 백패스 규정이 수정되고, 유러피언컵이 챔피언스리그로 재출범했으며 프리미어리그가 시작된 시점이기 때문이다. 결국 이를 시작으로 4년씩 연대순으로 국가별 축구 스타일을 다루는 방식이 가장 효과적이라고 판단하게 됐다.

　1990년대 초반에는 네덜란드의 축구 철학이 온 대륙의 칭송을 받았다. 그러나 네덜란드의 축구 철학은 보스만룰Bosman ruling이 도입된 후 영향력이 감소하기 시작했고, 유럽에서 가장 강한 리그를 보유했던 이탈리아가 강자로 떠올랐다. 이후에는 프랑스가 국제대회에서 연달아 우승을 차지하였고, 유소년 아카데미를 활용한 새로운 육성 방식을 선보여 다른 국가들에게 영감을 주었다. 이어 포르투갈은 유럽에서 가장 추앙받는 선수와 감독을 배출했다. 그 다음에는 바르셀로나와 스페인이 4년간 유럽 축구를 장악했고, 티키타카의 하락세와 함께 바이에른 뮌헨과 독일이 패권을 잡았다. 이제는 유럽에서 가장 큰 성공을 거둔 감독들이 잉글랜드에서 경쟁하며 프리미어리그에 다양한 스타일의 축구를 접목시키고 있다.

그 7개국의 축구 스타일을 1992년을 시작으로 4년 단위로 나눈 것이 이 책의 전부는 아니다. 네덜란드의 1990년대 축구를 1970년대 토털 축구와 연관시키지 않고 설명할 수는 없는 법이다. 또한 디디에 데샹이 선수 시절 프랑스 대표팀에서 펼친 활약을 언급하며 그가 2018년에 감독으로 월드컵 우승을 차지한 일과의 상관관계를 얘기하지 않을 수 없다. 이 책을 구성하는 모든 챕터는 특정 인물이나 팀만을 주제로 삼지 않았다. 즉 이 책의 중심 내용은 오랜 기간에 걸쳐 이 7개국에서 일어난 커다란 축구 스타일의 흐름과 그 콘셉트를 반영한 것이라고 할 수 있다.

이 7개국의 축구 스타일은 각기 다르다. 네덜란드는 현대 유럽 축구의 흐름을 주도했고, 이탈리아가 구체적인 전술적 논쟁을 중시했다면, 프랑스는 특정 유형의 선수를 배출하는 전통을 보유하고 있다. 포르투갈은 축구 강국으로 거듭난 진화 과정이 돋보였으며, 스페인은 매우 구체적인 축구 철학에 전념했다. 독일은 재창조를 통해 최강팀이 됐지만, 잉글랜드는 타 국가들로부터 얻은 다양한 전술적 콘셉트를 접목시켰다.

책의 집필 방향과 구조적 특성상 몇몇 대표적인 팀과 관련된 이야기는 배제됐다. 특히 그리스의 충격적인 유로 2004 우승, 이탈리아의 2006 독일 월드컵 우승, 최근 몇 년간 챔피언스리그에서 연이어 우승한 레알 마드리드에 대해서는 간단히 언급하는 수준에 그칠 수밖에 없었다. 그러나 비록 이 책을 처음 쓴 의도와는 다소 다르더라도, 1992년을 시작으로 가장 큰 영향력을 행사한 선수와 감독들과 관련된 내용은 모두 이 책에 깊이 있게 담겨 있다. 이 책이 게겐프레싱, 후방 빌드업, 전술 주기화, 티키 타카 그리고 지역방어 같은 중대한 혁신을 통해 진화한 유럽 축구의 현대사를 다루는 가이드가 된다면 더 바랄 것이 없을 것이다.

목차 Contents

감수의 글 • 4

서문 • 10

PART 1 부트발, 1992–96

● 1. 개인 vs 조직 • 19

● 2. 공간 • 46

● 3. 후방 빌드업 • 65

전환기 : 네덜란드-이탈리아 • 92

PART 2 칼치오, 1996-2000

● 4. 유연성 • 99

● 5. 세 번째 공격수 • 128

● 6. 카테나치오 • 162

전환기 : 이탈리아-프랑스 • 188

PART 3 푸트 2000–04

● 7. 스피드 • 195

● 8. '10번' • 216

● 9. '워터 캐리어' • 244

전환기 : 프랑스-포르투갈 • 266

PART 4 푸치볼, 2004–08

● 10. 구조 • 273

● 11. 첫 번째 기항지 • 297

● 12. 윙어 • 318

전환기 : 포르투갈-스페인 • 345

PART 5 푸트볼 2008-12

13. 티키타카 • 351

14. 가짜 9번과 아르헨티나인들 • 384

15. 엘 클라시코 • 414

전환기: 스페인-독일 • 444

PART 6 푸스발 2012-16

16. 수직성 • 449

17. 게겐프레싱 • 479

18. 재창조 • 504

전환기: 독일-잉글랜드 • 531

PART 7 풋볼 2016-20

19. 더 믹서 • 537

에필로그 • 577

작가의 말 • 580

옮긴이의 글 • 584

참고문헌 • 586

Netherlands

1992
~
1996

Italy

France

Portugal

PART 1

부트발,
1992~96

Spain

Germany

England

Zonal Marking

1

개인 vs 조직

현대 축구의 시작점이 된 시기인 1992년 여름, 유럽을 주도한 축구 선진국은 네덜란드였다. 유러피언컵(현 UEFA 챔피언스리그) 우승을 차지한 FC 바르셀로나의 요한 크루이프Johan Cruyff 감독은 네덜란드에서 시작된 '토털 축구Total Football'를 대표한 인물이었다. 같은 해 네덜란드의 명문구단 아약스는 유러피언 컵위너스컵European Cup Winners' Cup 우승을 차지했고, 네덜란드 무대에서는 PSV가 리그 우승, 페예노르트가 컵대회 정상에 올랐다.

네덜란드 대표팀은 1988년 유럽축구 선수권대회European Championship (줄여서 흔히 '유로'라고 부른다) 우승을 차지한 후 2회 연속 정상 등극에는 실패했지만, 흥미진진하고 물 흐르듯 유기적인 축구를 구사했다. 유로 1992는 새로운 '백패스 규정(골키퍼가 백패스를 손으로 잡지 못하게 바꾼 규정. 이 규정이 초래한 변화가 이 책의 전작인《더 믹서》의 챕터 1에 소개되어 있다

– 옮긴이)'이 도입되기 전 열린 마지막 국제대회였던 만큼 네덜란드를 제외하고는 실망스럽게도 수비적인 대회였다. 1992년 발롱도르 수상자는 마르코 판 바스텐Marco van Basten이었으며 네덜란드 대표팀에서 그와 함께 공격진을 구성한 데니스 베르캄프Dennis Bergkamp는 같은 투표에서 3위를 차지했다.

그러나 당시 네덜란드 축구의 전성기를 특정 팀, 혹은 몇몇 선수 개개인의 활약만으로는 설명할 수 없다. 네덜란드 축구의 전성시대는 매우 명확한 축구 철학을 바탕으로 이뤄졌으며 네덜란드 팀들(또는 크루이프 같은 네덜란드인 감독이 이끈 팀)은 경기장에서 이를 매우 성공적으로 구현해 냈다. 그 결과, 오늘날 현대 축구의 경기 방식은 네덜란드식 축구로부터 큰 영향을 받게 됐다.

토털 축구가 처음으로 혁명을 일으킨 1970년대로 거슬러 올라가 보면, 당시 네덜란드가 이와 같은 축구를 구사하게 된 계기는 암스테르담에 퍼진 문화와의 연결고리에서 시작됐다는 것을 알 수 있다. 네덜란드의 수도 암스테르담은 당시 유럽식 자유주의의 중심지였으며 히피의 메카였다. 이 시절 아약스와 네덜란드 대표팀에서 활약한 선수들 또한 겉으로 보기에는 각자의 포지션에 구애받지 않고 자신들이 원하는 대로 자유롭고, 생기 넘치는 아름다운 축구를 구사하고 있었다.

그러나 실제 네덜란드식 축구는 매우 체계적인 움직임을 필요로 했다. 모든 선수들이 경기장의 위아래를 직선적으로 움직여야 했으며, 수비수 한 명이 전진하여 공격에 가담하면 미드필더와 공격수는 각각 한 명씩 내려앉으며 빈 공간을 메웠다. 즉 겉으로 보기에 자유자재로 움직일 수 있는 권한을 부여받은 것 같았던 네덜란드 선수들은 실질적으로 경기 내내 동료의 움직임에 따라 자기 자신이 어떤 역할을 수행해야 할지를 생각해야 했다. 당시 대다수 유럽 국가에서는 공격수에게 움직임의 자유를 부여했지만, 아약스와 네덜란드 대표팀 공격진은 감독의 지시에 따라 주어진 역할을 맡는 데 집중해야 했다. AC 밀란 역사상 최고의 감독 중 한 명으로 평가받는 아리고 사키Arrigo Sacchi는 이와 같은 현상을 가리키며 "축구 역사상 진정한 전술적 혁명이 일어난 횟수는 단 한 번뿐이다. 축구가 개인 대 개인의 경기에서 조직적인 경기로 변한 게 바로 그것이다. 이를 시작한 건 아약스였다"고 말하기도 했다. 네덜란드 내에서 축구를 두고 철학적인 토론이 이뤄진 시점도 이때부터다. 축구도 네덜란드 문화처럼 자유분방하게 개인 위주로 구사해야 하는 것일까? 아니면 토털 축구를 구사하는 팀들처럼 조직적인 경기를 해야 하는 것일까?

이 같은 질문에서 시작된 토론은 1990년대 중반 요한 크루이프와 루이 판 할Louis van Gaal의 라이벌 관계가 형성되며 더 가열됐다. 선수 시절 토털 축구를 상징했던 크루이프가 나중에 바르셀로나 감독까지 오른 존재였다면, 판 할은 그보다 더 평범한 삶을 살고도 명장의 반열에 올라선 인물이었다. 두 감독은 나란히 점유율을 중시하는 아약스의 전통적인 축구 모델을 지향했지만, 크루이프는 슈퍼스타급 선수들에게는 관대함을 보이기도 했다. 반면 판 할은 조직의 중요성을 끊임없이 강조했다. 크루이프와 판 할 모두가 멘토로 여겼으며, 1970년대 아약스와 네덜란드 대표팀을 이끌었던 리누스 미헬스Rinus Michels 감독은 "판 할이 지향하는 축구는 기회주의적인 플레이나 포지션 변경을 허용하는 여지가 현저하게 적은 편이다. 반대로 빌드업 플레이는 아주 세세한 방식으로 완결된다"고 말했다.

네덜란드가 생각하는 '리더십'이라는 개념은 꽤 복잡하다. 네덜란드인들은 스스로 토론을 즐기고, 열린 사고방식을 가졌다는 데 자부심을 갖고 있다. 이러한 문화는 네덜란드 축구에서도 가끔은 선수가 영향력을 행사할 수 있는 환경을 제공한다. 대다수 다른 국가에서는 이러한 책임이 전적으로 감독에게 주어지기 마련이다. 크루이프의 예를 들면, 1973년 아약스가 선수들에게 팀의 주장을 선임할 수 있는 투표권을 부여한 후 자신이 아닌 동료가 주장에 선출되자 그는 분노를 참지 못하고 바르셀로나로 떠났다. 이후 크루이프가 바르셀로나에 미친 막대한 영향을 생각하면 이처럼 중요한 사건이 발생한 원인이 네덜란드식 사고방식에서 비롯됐다고 볼 수도 있다.

네덜란드 선수들은 감독이 팀 전술을 확립하는 일에 있어서도 선수들이 직접 의견을 내고 영향을 미치는 분위기에 익숙하다. 판 할 감독은 아약스의 시스템을 설명하며 "우리는 선수들에게 경기를 읽는 방법을 가르친다. 우리는 그들에게 감독처럼 생각하는 방법을 가르친다. 그러면서 감독과 선수들은 언쟁을 벌이고, 토론하며, 무엇보다 소통을 한다. 따라서 상대 팀이 아무리 좋은 전술을 들고 나와도, 우리 선수들은 스스로 해답을 찾는다"고 설명했다.

대다수 국가의 선수들은 무조건 감독의 지시에 따르지만, 네덜란드 선수들로 구성된 팀에서는 팀 전술을 두고 11명이 모두 각각의 다른 의견을 지닐 수 있다. 이는 네덜란드 대표팀이 국제대회 도중 수차례 내부 분열을 겪는 이유 중 하나이기도 하다. 네덜란드에서는 선수가 늘 팀 전술에 대한 개인적인 의견을 공개적으로 밝히는 문화가 조성됐기 때문이다. 그러는 동안 불가피하게 서로 반대 의견을 제시하는 일이 잦은데, 선수들은 전원이 감독을 경질해야 한다는 공감대를 형성하는 경우를 제외하면 합의점에 도달하는 데 어려움을 겪기도 한다.

토털 축구의 대부 미헬스 감독은 심지어 소위 '갈등 모델'이라는 소통

방식을 활용해 드레싱룸에서 선수들끼리 언쟁을 벌이는 분위기를 부추기기도 했다. 그는 은퇴 후 한 인터뷰에서 "가끔은 의도적으로 선수들이 서로 다투는 상황을 만들 만한 전략을 세웠다. 선수단에 팽팽한 긴장 상태를 창조해 투쟁심을 끌어올리는 게 나의 목표였다"고 말했다.

결정적으로 미헬스 감독은 늘 팀의 중심 역할을 맡는 선수들을 의도적으로 도발했다. 네덜란드에서 가장 성공적인 감독이 팀 내 최고의 선수들과 언쟁을 벌이는 모습을 보고 자란 훗날의 세대 또한 팀 내 다툼을 대수롭지 않게 여겼다.

이처럼 의견을 피력하는 데 적극적인 네덜란드 선수들의 모습이 다른 일부 국가에서는 건방지게 비춰진 것 또한 사실이다. 이것 역시 암스테르담의 문화와 매우 비슷한 점이 있다. 이 때문에 1970년대 당시 크루이프와 그의 동료들은 '선천적 암스테르담인들'이라는 별명으로 불렸다.

당시 네덜란드 대표팀의 핵심 수비수 루드 크롤Ruud Krol은 "우리의 경기 방식은 매우 암스테르담스러웠다. 건방져 보였지만, 결코 건방지지 않았기 때문이다. 우리는 우리의 기술을 발휘하며 상대 팀을 무너뜨렸고, 우리가 더 강한 팀이라는 사실을 증명했다"고 말했다. 데니스 베르캄프는 "당시 네덜란드에서는 선수의 머리가 커지는 건 용납되지 않았다"면서도, 크루이프에 대해서는 "그는 건방진 게 아니었다. 그는 그저 네덜란드인, 암스테르담 사람답게 행동했을 뿐"이라고 말했다.

어쩌면 크루이프보다 오만했던 인물은 판 할 감독이었을지도 모른다. 판 할 감독은 그의 오만함을 싫어한 비판론자들로부터 자주 '옹고집'이라는 별명으로 불리기도 했다. 그는 아약스 감독으로 부임한 후 구단 운영진을 향해 "세계 최고의 감독을 선임하게 된 것을 축하한다"고 말하기까지 했다. 톤 하름센Ton Harmsen 아약스 회장은 판 할 감독의 부임 기자회견에서 "루이(판 할 감독)는 거만한데, 우리는 원래 그런 사람을 좋아한다"고 말했다. 판 할 감독 또한 "아약스의 철학은 우리의 멘탈리티와 비슷하다. 그것은 바로 수도의 오만함이자 작은 나라 네덜란드에 필요한 규율"이라고 설명했다.

암스테르담의 모든 사람들은 그들 자신이 조직, 혹은 국가로서 오만하다는 사실은 인정하지만, 개개인의 성향까지 오만하다는 시선은 인정하고 싶어 하지 않는 것 같다.

판 할 감독의 최대 라이벌 크루이프는 사실 오만할 만한 이유가 있었던 인물이다. 그는 1970년대의 가장 위대한 선수였으며 네덜란드 역사상 최고의 선수로 꼽힌다. 크루이프의 커리어는 잇따른 성공으로 빛났다. 발롱도르 3회 수상, 유러피언컵 3년 연속 우승이라는 기념비적인 기록을 달성한 점이 가장 대표적이다. 크루이프는 아약스에서 네덜란드 리그 우승만 여섯 번을 차지했고, 바르셀로나로 이적한 후 라리가 우승까지 거머쥐었다.

반대로 아약스 팬들은 크루이프 감독이 떠난 후 부임한 감독들에게 지나치게 실망한 나머지 1991년 판 할 감독이 선임되자 이에 불만을 내비쳤다. 판 할 감독이 부임하기 전까지 크루이프가 복귀할 수도 있다는 소식이 있었기 때문이다. 판 할 감독의 부임에 실망한 아약스 팬들은 시즌 초반 홈경기에서 크루이프의 이름을 연호했다. 이 와중에 네덜란드에서 최다 판매부수를 자랑하는 일간지 〈데 텔레그라프De Telegraaf〉는 크루이프의 복귀를 촉구하는 캠페인까지 시작했다. 일각에서는 판 할 감독이 크루이프가 돌아오기 전까지 아약스를 맡을 '임시 감독'에 불과하다는 소문까지 나돌았다. 즉 판 할 감독이 억울함을 느꼈어도 이상할 게 없었던 상황이었다. 실제로 판 할과 크루이프 사이의 갈등은 이보다 훨씬 과거인 20년 전부터 시작됐다.

　판 할은 선수 시절에도 나름대로 재능이 있는 선수였다. 민첩하지는 않았지만 키가 컸던 그는 플레이메이커보다는 최전방에서 득점하는 데 특화된 선수였다. 그러다가 시간이 흐르며 미드필더로 보직을 변경했다. 축구 선수 판 할은 스파르타 로테르담Sparta Rotterdam에서 활약하며 준수한 커리어를 쌓았지만, 정작 자신은 그에 만족하지 못했다. 당시 판 할의 최종 목표는 아약스에서 주전급 선수가 되는 것이었기 때문이다. 실제로 판 할은 20세에 불과했던 1972년에 고향 팀 아약스에 입단했고, 2군 팀에서 주전으로 활약했으나 1군 공식 경기에는 단 한 번도 출전하지 못한 채 팀을 떠났다. 당시 아약스 1군에서 판 할이 뛰지 못한 이유는 크루이프가 그의 포지션에서 붙박이 주전으로 활약했기 때문이다. 즉 판 할은 아약스에서 뛸 때 매 순간을 크루이프의 그림자 안에서 보낸 셈이다. 선수 시절의 판 할이 크루이프에게 밀린 백업 신세였다면, 감독이 된 이후로도 판 할은 크루이프의 굴레에서 벗어나지 못하고 있었다. 심지어 크루이프가 바르셀로나 감독이고, 판 할이 아약스 감독으로 활동했던 1990년에도 이 둘은 결코 친구 사이가 아니었다. 크루이프는 "우리는 사이가 나쁜 관계"라고 말하기까지 했다. 그러나 이 둘의 사이가 늘 좋지 않았던 건 아니다. 판 할이 아약스의 수석코치로 일한 1989년, 그는 크리스마스 기간에 바르셀로나에서 지도자 수업을 받았다. 이때 판 할은 크루이프의 집에서 생활했다. 당시 판 할은 바르셀로나 유소년 팀 선수로 활약하던 크루이프의 아들 요르디Jordi와 특히 잘 어울렸다. 그러나 판 할과 크루이프의 관계가 완전히 틀어진 계기 또한 이 때문이었다. 판 할은 크루이프의 집에 머무르던 중 친누나의 건강이 매우 나빠졌다는 연락을 받은 후 급히 네덜란드로 떠났다. 결국 그는 누나의 임종을 지킬 수 있었다.

시간이 지난 후 판 할은 자신이 크루이프에게 고맙다는 인사도 하지 않고 떠난 것에 크루이프가 화가 난 상태였다고 말했다. 그러나 크루이프는 이후에도 판 할과 암스테르담에서 만나 즐거운 시간을 보낸 적이 있다며 이를 부인했다. 실제로 이 둘 사이의 갈등은 판 할이 감정적으로 어려운 시기를 겪는 와중에 생긴 오해였을 가능성이 크다. 하지만 사실상 크루이프와 판 할의 갈등은 단순하게 말하면 축구 철학의 충돌이자 자존심 싸움으로 심화된 문제였을 것이다.

이후 크루이프는 꽤 오랫동안 판 할을 도발했다. 그러면서 그는 스스로 자신과 판 할이 비교되는 데 강한 거부감을 내비치기도 했다. 크루이프가 1992년 기자회견에서 당시 자신이 이끌던 바르셀로나와 판 할의 아약스를 비교하는 취재진의 질문에 지나치게 발끈하는 모습을 보인게 대표적인 사례다. 그는 "만약 판 할이 아약스가 바르셀로나보다 훨씬 강하다는 생각을 갖고 있다면, 그는 머지않아 낭떠러지로 떨어질 것이다. 이는 그가 큰 실수를 저지르고 있다는 뜻이기 때문이다. 지금 아약스를 보면 갈수록 경쟁력이 떨어지고 있다는 사실을 확인할 수 있다"고 말했다. 이후에도 판 할을 도발하는 크루이프의 언행은 계속됐다. 심지어 1993년에는 페예노르트가 판 할의 아약스를 제치고 네덜란드 리그 우승을 차지했으면 한다고 말하기도 했다. 이어 1994년에는 유럽에서 가장 즐겨보는 팀을 꼽아달라는 질문에 오제르Auxerre와 파르마Parma를 꼽았다. 오제르와 파르마는 지난 두 시즌 동안 판 할의 아약스를 유럽 대회에서 탈락시킨 팀들이었다. 또, 1995년 2월 한 기자가 아약스가 바르셀로나보다 강할 수도 있지 않느냐는 질문을 하자 "X 같은 소리는 그만하지 그래?"라며 그를 쏘아붙였다. 그러나 이후 판 할은 아약스를 이끌고 챔피언스리그 우승을 차지하며 자신의 팀이 바르셀로나보다 강하다는 사실을 입증했다.

판 할은 늘 팀의 조직력을 최우선시하는 지도자였다. 그는 "축구는 팀 스포츠다. 선수들이 서로 의존하며 뛰어야 한다. 특정 선수가 자신에게 주어진 역할을 하지 못하면, 그의 동료들이 피해를 보게 된다. 선수 개개인이 자기 자신에게 주어진 역할을 최대한 해줘야 한다는 뜻"이라고 말했다. 그러나 크루이프는 축구에 대해 이야기할 때 이처럼 단순하지 않았다. 크루이프는 선수 개개인이 자기 자신을 표현하고, 경기를 즐기기를 바랐다. 반대로 판 할은 선수들이 '기본적인 역할'에 충실하기를 기대했다. 이 때문에 판 할 감독은 아약스가 패하면 대개 선수들이 '준비된 역할'을 하지 못했다고 불평했다. 선수들이 각자 역할을 제대로 하지 않아서 동료들의 믿음을 저버렸다는 게 경기에서 패한 판 할 감독의 반응이었다. 그렇다고 해서 판 할 감독의 팀이 결과만 중시하는 축구를 한 건 아니었다. 판 할 감독의 팀은 늘 매우 공격적이면서도 조직적인 축구를 했다. 그는 "나는 이기는 것보다 좋은 경기를 하는 데 더 애착이 있다"고 말하기도 했다.

판 할 감독이 개인 성향이 강한 선수를 싫어한다는 사실은 1992년 탁월한 기술을 자랑한 측면 공격수 브라이언 로이Bryan Roy를 이적시키며 더욱 확고해졌다. 당시 크루이프는 판 할이 개인 기량이 훌륭한 선수를 수용하지 않는다고 지적하며 그를 비판했다. 그러나 로이를 이적시킨 판 할 감독이 내놓은 설명도 흥미로웠다. 판 할 감독은 "로이는 팀을 위해 뛰는 데는 거리낌이 없지만, 팀을 위해 생각할 줄은 모른다"고 말했다. 당시에도 좌우 폭이 좁은 축구를 구사하는 감독이 경기력에 기복이 있는 측면 공격수를 이적시킨 사례는 많았다. 하지만 이와 달리 판 할 감독의 아약스는 전형적인 측면 공격수 두 명을 중용하는 좌우 폭이 넓은 축구를 구사하고 있었다.

당시 아약스의 좌우 측면 공격수 마르크 오베르마스Marc Overmars와 피니디 조지Finidi George는 여러 명의 수비수를 상대로 드리블 돌파를 시도해서는 안 된다는 매우 구체적인 지시를 받았다. 1대1 상황에서는 드리블 돌파를 시도해도 좋지만, 수비수가 두 명 이상 붙은 상황에서는 안쪽으로 들어와서 공격 방향을 전환해야 한다는 게 판 할 감독의 지시였다. 측면 공격수의 예측하기 어려운 움직임을 통해 역동적인 팀 축구를 구사하는 데 익숙했던 아약스 팬들은 판 할 감독이 선수들로부터 자유로운 플레이를 빼앗았다며 불만을 내비쳤다. 결국 피니디는 레알 베티스로 이적한 후 드디어 자기 자신을 표현하는 축구를 하게 됐다며 공개적으로 기쁨을 드러냈다. 그러나 판 할 감독은 드리블 돌파를 경멸하는 지도자였다. 그는 드리블 돌파는 비효율적인 공격 방식이자 선수가 팀이 아닌 자기 자신을 위해 구사하는 기술이라고 믿었다. 판 할 감독은 "우리는 자유방임주의laissez-faire 사회에 살고 있다. 그러나 팀 안에는 규율이 있어야 한다"고 말했다.

학교 선생님을 연상케 하는 판 할 감독의 지도 방식은 그가 선수 시절 12년간 교사로 겸업하며 쌓은 경험에서 비롯됐다. 이처럼 그는 자신의 영웅 미헬스 감독의 발자취를 따랐다. 미헬스 감독 또한 한때 학교 선생님으로 근무한 경력이 있기 때문이다. 판 할은 교사 시절 매우 엄격했으며 그가 근무한 학교는 어두운 환경에서 자란 학생이 많은 곳이었다. 판 할은 이 시기에 통제하기 어려운 학생들을 가르치며 자신만의 지도 철학을 확립하게 됐다. 그는 축구 감독이 된 후에도 "선수들은 실질적으로 큰 어린아이다. 그러므로 감독과 학교 선생님은 공통점이 많은 직업이다. 선생님은 학생을 대하는 자세가 필요하다. 특정 지도 철학을 바탕으로 그들을 대해야 한다. 감독이 축구 선수를 대하는 자세도 똑같다. 학교와 축구팀에는 특유의 서열이 있고, 문화가 있다"고 말했다. 판 할은 아약스 1군 감독이 되기 전에 구단의 유소년 시스템을 관리하며 훗날 스타로 성장한 에드가 다비즈Edgar Davids, 클라렌스 세도로프Clarence Seedorf, 패트릭 클루이베르트Patrick Kluivert를 지도했다.

대다수 지도자들은 에레디비지Eredivisie(네덜란드 1부 리그)의 중소 구단을 먼저 이끌며 경험을 쌓은 후 아약스 같은 빅클럽 감독으로 부임한다. 그러나 판 할에게는 교사 경험이 아약스 1군 감독이 되는 데 가교 역할을 했다고 볼 수 있다. 특히 그는 어린 선수들 위주로 팀을 구성하는 성향을 보였다. 이는 감독의 관점에서 볼 때 경험이 적은 어린 선수들이 가르치는 데 더 수월했기 때문이다. 실제로 판 할 감독은 25세가 되면 그 선수의 정체성을 바꾸는 건 불가능하다고 믿었다. 그가 아약스를 챔피언스리그 우승으로 이끈 1995년에 주전으로 활약한 선수 중 베테랑은 대니 블린트Danny Blind와 프랑크 레이카르트Frank Rijkaard뿐이었다. 당시 블린트는 아약스에서만 9년째 뛴 선수였으며 레이카르트는 1980년대 아약스 유소년 아카데미를 통해 성장한 선수였다. 판 할 감독은 아약스에서 배우지 않은 완성된 슈퍼스타가 설령 자신이 보유한 자원보다 기량이 빼어난 선수일지라도 그를 영입하려 들지 않았다. 이에 판 할 감독은 "내게 필요한 건 최고의 선수 11명이 아니다. 내게는 최고의 '베스트11'이 필요하다"고 말했다.

이처럼 판 할은 선생님 같은 감독이었지만, 크루이프는 심지어 학생조차 아니었다. 크루이프는 지도자 자격증을 취득하기도 전인 1985년에 아약스 감독으로 부임했다. 크루이프는 크루이프였다. 그에게는 언제나 '예외'가 존재했다. 또한 판 할이 개인주의를 적대시한 것과 달리 크루이프는 슈퍼스타 선수들에게는 기꺼이 관대함을 베풀었다. 실제로도 크루이프 감독의 바르셀로나는 당대 세계 최고로 평가받은 슈퍼스타 미카엘 라우드럽Michael Laudrup, 흐리스토 스토이치코프Hristo Stoichkov, 호마리우Romario, 게오르게 하지Gheorghe Hagi 같은 선수들의 훌륭한 개인 기량에 의존할 수 있었다. 크루이프가 이끈 바르셀로나의 흥망성쇠 또한 그가 스타 선수들을 대하는 자세에 크게 좌우됐다.

그 중에서도 가장 흥미로운 선수는 크루이프 감독이 직접 만들어낸 '드림팀'의 크루이프나 다름없었던 라우드럽이었다. 크루이프를 어릴 적 우상으로 여겼던 라우드럽은 네덜란드가 본선 진출에 실패한 1986 멕시코 월드컵에서 '다이나마이트 덴마크Danish Dynamite'라고 불린 자국 대표팀의 핵심 선수로 활약했다. 실제로 당시 덴마크는 1970년대 토털 축구를 구사한 네덜란드와 자주 비교됐다. 라우드럽은 1989년 바르셀로나로 이적한 이후 즉시 팀의 전술적인 핵심 선수로 자리매김했다. 그는 최전방 공격수 자리에서 미드필드 깊숙한 곳까지 내려오며 동료 미드필더들이 공격 진영으로 침투하는 플레이를 가능케 했다. 이후 라우드럽은 발을 가리지 않고 자유자재로 상대의 허를 찌르는 침투 패스를 구사했는데, 특히 그의 절묘한 '노-룩 패스no-look pass(공을 잡은 채 왼쪽으로 움직이며 자신의 패스를 받는 동료를 쳐다보지 않고 오른발 바깥쪽으로 보내주는 패스)'는 상대 수비진을 번번이 무너뜨렸다. 그는 우연하게도 1997-98시즌 아약스에서 1년간 활약한 후 현역 은퇴를 선언했다.

크루이프는 한편으로는 라우드럽의 선천적인 재능을 사랑했다. 라우드럽은 1991-92시즌 레알 부르고스Real Burgos를 상대로 경기 종료 직전 동점골을 터뜨린 후 크루이프 감독에게 달려가 함께 세리머니를 펼쳤는데, 이는 지금까지도 축구 역사상 선수와 감독이 함께 연출한 가장 뜨거운 장면 중 하나로 남아 있다. 그러나 크루이프는 라우드럽에 대해 "함께 일하기 가장 어려운 선수 중 한 명"이라고 말하기도 했다. 크루이프는 라우드럽이 재능의 최대치를 발휘하기 위해 온 힘을 다하지 않는다고 생각했고, 그에게는 리더십이 부족하다고 지적했다. 심지어 크루이프는 과거 미헬스 감독이 활용한 '갈등 모델'을 적용해 라우드럽을 자극하려 했다. 그러나 라우드럽은 오히려 이에 불만을 드러냈다. 내성적이고 예민한 성격의 소유자였던 라우드럽은 크루이프 감독에게 더 섬세한 지도 방식을 요구했다.

당시 바르셀로나에서 라우드럽의 전매특허인 침투 패스를 받아 수많은 득점을 기록한 불가리아 출신 스타 스토이치코프의 재능 또한 그에 못지않았다. 스토이치코프는 시간이 지난 후 바르셀로나 시절을 회상하며 "나는 100골 이상을 넣었다. 아마도 이 중 50골 이상은 미카엘(라우드럽)이 어시스트한 득점이었을 것이다. 그와 함께 뛰면 축구가 매우 쉬웠다. 우리는 서로 직감을 통해 패스를 주고받았다"고 말했다. 스토이치코프의 이 말은 크루이프와 판 할이 추구하는 지도 방식이 어떻게 다른지를 단적으로 보여주는 예다. 판 할은 이미 약속된 방식으로 공격을 전개했지만, 크루이프는 자연스럽게 맺어진 관계를 통해 공격을 풀어갔다.

스토이치코프는 라우드럽과 마찬가지로 크루이프를 우상으로 여겼다. 그는 바르셀로나로 이적했을 때 크루이프의 활약상이 담긴 비디오까지 소유하고 있었다. 그러나 스토이치코프의 성격은 라우드럽과 달랐다. 스토이치코프는 적극적이었고, 불같았으며 예측이 불가능했다. 그는 1985년 불가리아 컵대회 결승전에서 상대 선수와 싸워 자국 축구계에서 영구 활동 정지 처분을 받기도 했다(이 징계는 훗날 1년으로 경감됐다). 스토이치코프는 불가리아 명문 CSKA 소피아에서 활약하던 시절 크루이프 감독의 바르셀로나를 상대한 컵위너스컵 경기에서 상대 골키퍼 안도니 수비사레타Andoni Zubizarreta의 머리를 넘기는 훌륭한 칩샷으로 득점에 성공했다. 스토이치코프의 멋진 골에 마음을 빼앗긴 크루이프 감독은 결국 1989년 그를 직접 영입했다. 크루이프는 "스토이치코프는 스피드, 득점력, 개성을 모두 보유하고 있다. 우리 팀에는 착한 친구들이 지나치게 많다. 그래서 우리에게는 그와 같은 캐릭터가 필요했다"고 말했다. 그러나 스토이치코프는 자신이 출전한 첫 엘 클라시코에서 레드카드를 받은 후 경기장에서 나가다가 주심의 발을 밟는 돌발행동을 일으켜 10주 출전 정지 징계를 받았다. 만약 그가 다른 구단에서 이 같은 행동을 했다면, 이는 방출까지 당할 수 있는 사건이었다. 그러나 크루이프는 스토이치코프를 신임했고, 결국 그는 복귀전에서 득점하며 감독의 믿음에 보답했다. 스토이치코프는 복귀 후 두 번째 경기였던 아틀레틱 빌바오Athletic Bilbao 원정에서도 무려 네 골을 터뜨리며 바르셀로나에 6-0 승리를 안겼다. 이처럼 스토이치코프는 감독의 관대함을 누릴 자격이 있는 선수였다. 그는 바르셀로나 시절 공격수로는 믿기지 않을 정도의 높은 빈도인 10회 퇴장을 당했지만, 라우드럽과 달리 크루이프 감독의 '갈등 모델'에 긍정적으로 반응한 선수였다. 실제로 스토이치코프는 크루이프 감독이 공개적으로 자신을 비판해도 그의 의도를 정확히 파악하고 있었다.

스토이치코프는 "크루이프 감독은 사람들 앞에서 나를 재앙 같은 존재라고 질타하며 다음 경기에 절대 나를 중용하지 않을 것이고 곧 이적시키겠다고 협박했다. 그러나 우리는 훈련이 끝난 후 함께 식사를 하러 갔다"며 감독과의 관계를 설명했다. 또한 스토이치코프는 바르셀로나의 라이벌 레알 마드리드에 대한 적개심을 공개적으로 드러냈다. 팬들은 그런 스토이치코프의 태도를 사랑했다. 심지어 바르셀로나 팬들은 스토이치코프가 사인 요청을 거부해도 그가 개성이 강한 선수라서 그렇다며 이를 웃어넘겼다. 수비사레타는 "스토이치코프는 바르셀로나를 바꿔놓았다. 가끔은 그가 너무 지나치다는 생각도 들었지만, 나는 그처럼 일상의 단순함을 깨는 사람들에게 늘 고마운 마음을 가지고 있다"고 말했다.

그러나 크루이프 감독이 바르셀로나를 이끌고 마지막 리그 우승을 차지한 1993-94시즌에 팀에서 가장 건방진 선수는 스토이치코프가 아니었다. 바르셀로나가 아약스의 라이벌 PSV에서 영입한 브라질 공격수 호마리우는 특출한 재능의 소유자였으나 툭하면 팀 훈련에 불참하며 태도에 의문부호가 붙은 선수였다. 한 현지 기자가 바르셀로나의 호마리우 영입이 확정된 후 기자회견에서 "사람들은 그가 매우 다루기 어려운 개인 성향이 짙은 선수라고 말한다"고 지적하자 크루이프는 "나도 그렇다"고 응수하기도 했다. 크루이프는 이처럼 개인 성향이 짙은 선수를 영입했다는 사실에 크게 기뻐했다. 호마리우는 스스로 자기 자신을 역대 최고의 공격수라고 불렀으며 첫 시즌부터 리그에서 30골 이상을 넣겠다고 약속했다. 이후 그는 실제로 약속을 지켰고, 라리가 득점왕 피치치Pichichi 트로피를 거머쥐었다. 이후 그는 1994 미국 월드컵 출전을 앞두고 "호마리우의 대회가 될 것"이라고 말한 뒤, 실제로 브라질과 함께 우승을 차지하며 최우수 선수로 선정됐다.

호마리우는 PSV에서 빌드업 작업에 자주 관여했지만, 바르셀로나에서는 경기 내내 오랫동안 잘 보이지도 않다가 한순간에 나타나 무시무시한 득점력을 발휘하며 경기를 결정지었다. 호마리우는 대단한 스피드를 자랑했고, 발끝으로 공을 찌르는 슈팅 기술로 상대 골키퍼를 자주 놀라게 하곤 했다. 그는 팀 동료가 멋진 플레이로 만들어준 득점 기회를 단순한 마무리로 득점한 후에도 전혀 거리낌 없이 혼자 골 세리머니를 펼치기도 했다.

스토이치코프와 호마리우는 함께 호흡을 맞춘 18개월간 서로에게 애증의 관계였다. 크루이프 감독 또한 이 두 선수가 각자 자기 자신이 중심이 되는 팀을 만들어야 한다는 공통적인 생각을 갖고 있어 문제라고 말했다. 때때로 스토이치코프와 호마리우는 팀의 공격을 이끌기 위해 호흡을 맞춘다기보다는 서로 더 많은 골을 넣기 위해 경쟁을 하는 것처럼 보일 정도였다. 그러나 신기하게도 이 둘은 매우 가까운 친구이기도 했다. 스토이치코프는 훗날 호마리우와의 관계를 회상하며 "어떻게 그와 친구가 될 수 있었는지 나 또한 이해가 되지 않을 때가 있다. 그러나 우리는 처음부터 좋은 친구가 될 수 있었다. 우리는 떨어질 수 없는 관계를 맺었다"고 말했다. 스토이치코프와 호마리우는 아내끼리도 가장 친한 친구가 됐고, 자녀들도 매일 같이 함께 등교했다. 스토이치코프는 호마리우 아들의 대부 역할까지 했다. 또한 호마리우가 아내의 출산일에 병원을 찾았을 때, 파파라치가 앞길을 가로막고 사진을 찍자 그를 주먹으로 때려 길을 열어준 사람도 다름 아닌 스토이치코프였다.

스토이치코프와 호마리우가 유럽 대회에서 가장 인상적인 활약을 펼친 경기는 1994년 11월 맨체스터 유나이티드를 상대한 홈 경기였다. 이날 선제골은 스토이치코프, 추가골은 호마리우의 몫이었다. 그러고 나서 스토이치코프는 맨유 수비진을 드리블 돌파로 뚫은 뒤, 호마리우에게 침투 패스를 연결했다. 호마리우는 이를 발뒤꿈치를 이용한 백힐로 다시 연결해 스토이치코프의 골을 도왔다. 바르셀로나는 이어 측면 수비수 알베르트 페레르Albert Ferrer가 네 번째 득점을 뽑아내며 맨유를 4-0으로 대파했다. 알렉스 퍼거슨Alex Ferguson 맨유 감독은 "스토이치코프와 호마리우의 스피드를 감당할 수 없었다"며 패인을 지적했다.

퍼거슨 감독은 "그들처럼 갑작스럽게 공격을 해오는 상대를 만난 건 새로운 경험이었다"고 말했다. 그래도 바르셀로나 팬들에게는 맨유전에 앞서 레알 마드리드를 5-0으로 대파한 경기가 더 큰 의미가 있었다. 이날 해트트릭을 기록한 호마리우가 첫 번째 득점 장면에서 레알 중앙 수비수 라파엘 알코르타Rafael Alkorta를 속인 장면은 훗날 '소꼬리 기술'로 불리기도 했다. 그는 골대를 등진 채 패스를 받은 뒤, 순간적으로 돌아서면서 오른발 안쪽으로 공을 끌어당겨 쓸어담는 듯한 동작으로 알코르타를 제친 후 깔끔한 마무리로 골망을 갈랐다. 스토이치코프는 이날 경기에서 5-0으로 승리한 후 호마리우의 선제골을 지목하며 "역사에 남게 될 골"이라고 칭찬했다. 그러나 사실 당시 바르셀로나는 매우 기복이 심한 팀이었다. 실제로 데포르티보와 승점에서 동률을 이루고 상대 전적에서 우위를 점하며 리그 우승을 차지할 수 있었다. 당시 바르셀로나는 2년 연속으로 우승 경쟁 상대가 시즌 최종전에서 실족했던 덕분에 리그 우승을 차지할 수 있었다. 이후 바르셀로나는 유러피언컵 결승전에서 AC 밀란에게 0-4 참패를 당했다.

이때부터 바르셀로나는 붕괴되기 시작했다. 라우드럽과의 관계가 완전히 틀어진 크루이프는 밀란과의 유러피언컵 결승전 명단에서 그를 제외했다. 결국 바르셀로나는 라우드럽과 재계약을 하지 않았다. 그러자 라우드럽은 마치 1983년 크루이프가 아약스에서 갈등을 겪은 후 라이벌 페예노르트로 이적한 것처럼 바르셀로나를 떠나 레알 마드리드로 이적해 라리가 우승을 차지했다. 크루이프는 라우드럽에 대해 "그는 규율이 부족했다. 스타가 많은 팀에서는 개인이 누릴 수 있는 자유에 한계가 있다"고 비판했다. 그러나 라우드럽이 동료들에게 득점 기회를 만들어주는 이타적인 선수라는 점을 고려하면, 이는 이해하기 어려운 비판이었다. 더 정확히 말하자면, 당시 바르셀로나에는 라우드럽 외에도 많은 스타가 있었다. 게다가 당시 라리가는 팀당 외국인 선수를 3명으로 제한하고 있었다. 라우드럽은 스토이치코프, 호마리우 그리고 중앙 수비수 로날드 쿠만Ronald Koeman에게 밀린 탓에 '네 번째 외국인 선수'로 전락한 상태였다.

이 와중에 호마리우마저 문제를 일으켰다. 그는 방탕한 생활 탓에 이를 달갑지 않게 여긴 절친한 친구 스토이치코프와의 관계마저 소원해졌다. 다른 바르셀로나 선수들도 호마리우에게 단단히 화가 난 상태였다. 호마리우는 1994 미국 월드컵 우승 이후 무려 한 달간 리우데자네이루에서 파티를 즐긴 후 약속된 시간보다 늦게 바르셀로나로 돌아왔다. 크루이프 감독은 호마리우가 지각한 점을 문제삼지 않았지만 당시 바르셀로나의 베테랑 선수였던 쿠만, 수비사레타, 호세 바케로José Bakero, 치키 베히리스타인Txiki Begiristain이 이에 불만을 품고 팀 미팅을 요청했다. 크루이프 감독은 마지못해 베테랑 선수들의 요청을 수락했고, 서로 마주앉은 자리에서 각자 불만을 얘기해보자고 제안했다. 이 자리에서 동료들의 불만을 가만히 듣고 있던 호마리우는 결국 시간이 지나며 폭발했다. 호마리우는 월드컵에 출전한 스페인 대표팀 선수 세 명을 가리키며 "너, 너 그리고 너는 대회에서 일찍 탈락했잖아!"라고 쏘아붙인 뒤, 네덜란드 대표팀에서 활약한 쿠만을 쳐다보며 "너는 심지어 내가 탈락시켰지. 너네가 졌어! 여기서 승자는 나야! 나는 이 미팅이 나를 환영해주고, 축하해주고, 내게 트로피를 주는 자리일 줄 알았어. 내가 왜 너희들의 질문에 답해야 하지? X이나 먹어!"라고 고함을 질렀다. 이후 크루이프 감독의 대처도 평소와 크게 다르지 않았다. 그는 "맞아, 훈련이나 하자"라며 분위기를 수습하려 했다.

그 사이 크루이프는 라우드럽이 떠난 자리에 그의 대체자로 탁월한 재능을 소유한 하지를 영입했다. 루마니아 출신인 하지는 당시 불가리아에서 스토이치코프가 그랬던 것처럼 1990년대 중반에 등번호 10번을 달고 자국 대표팀의 영광을 이끌었던 선수다. 이 두 선수를 함께 중용하겠다는 배짱은 크루이프 감독이 아니면 품을 수 없는 것이었다. 크루이프 감독은 하지를 영입한 후 그를 라우드럽과 직접적으로 비교했다. 그는 "라우드럽을 하지로 바꾸는 것은 결코 다운그레이드가 아니다. 나는 하지가 라우드럽이 넣은 득점의 두 배를 넣고, 라우드럽만큼 많은 도움을 기록한다는 데 내기를 걸겠다"고 말했다. 그러나 크루이프 감독의 예상은 빗나갔다. 더욱이 감독이 공개적으로 두 선수를 비교한 건 매우 이례적인 사건이었다. 라우드럽이 크루이프 감독의 '드림팀'에서 핵심으로 활약했다는 사실을 고려하면 더욱 그랬다.

하지는 1994 미국 월드컵에서 펼친 활약을 바탕으로 바르셀로나로 이적했다. 즉 크루이프 감독의 바르셀로나는 당시 월드컵 베스트11으로 선정된 선수 중 세 명(호마리우, 스토이치코프, 하지)을 보유하게 됐다. 하지는 매우 격정적인 성격의 소유자였다. 그는 개인주의가 강했고, 공격적이면서도 기복이 심한 데다 건방졌고, 게을렀다. 그러나 동시에 하지는 때로 마법과 같은 플레이로 놀라운 순간을 만들어냈다. 그는 바르셀로나 시절 잦은 부상으로 기대치를 충족시키지는 못했지만, 선수 본인은 자신에게 전술적인 자유가 주어진 데 만족감을 내비쳤다.

하지는 "나를 두고 수많은 소문이 있었다. 그러나 크루이프 감독은 나를 믿어줬고, 내가 능력을 보여줄 수 있는 기회를 부여했다. 나 또한 그의 신뢰에 보답했다"고 말했다. 실제로 하지는 바르셀로나가 4-2 완승을 거둔 셀타 비고 원정에서 천부적인 재능을 선보였다. 특히 하지가 이날 킥오프 직후 공을 잡은 뒤, 하프라인에서 강력한 슈팅으로 득점을 기록한 장면은 그의 개인주의 성향을 단적으로 보여준 예다.

그러나 개인주의 성향이 강한 선수들을 향한 크루이프 감독의 집착은 결국 통제할 수 없는 단계에 도달했다. 호마리우가 복귀한 후 일어난 소동은 시작에 불과했다. 이후에도 호마리우는 바르셀로나에서 방탕한 생활을 이어갔고, 호텔 스위트룸을 두 곳이나 영구 임대해 끊임없이 손님을 초대했다. 당시 그의 모토는 "매일 섹스를 하되, 세 번은 넘기지 말자"였다. 당시 바르셀로나 선수들은 호마리우가 시즌 중에도 수차례 몸을 가누지 못하는 상태로 팀 훈련장에 나타났다고 말했다. 크루이프 감독은 어쩔 수 없이 호마리우를 집으로 돌려보내야 했다. 이뿐만 아니라 호마리우는 늦잠을 잔 탓에 수차례 팀 미팅에 지각했다. 스토이치코프는 "호마리우의 몸은 바르셀로나에 있었지만, 그의 마음은 여전히 리우데자네이루에 있었다"고 말했다. 그러나 크루이프 감독은 이에 대해 "호마리우는 규율이 부족하다"는 말만 거듭했다. 그가 라우드럽을 두고 했던 말과 똑같았다. 결국 바르셀로나의 붕괴는 1994년 레알 마드리드를 5-0으로 대파한 경기가 끝난 정확히 1년 후에 시작됐다. 이날 바르셀로나는 1년 전 경기와는 정반대로 0-5 대패를 당했다. 레알을 이끈 라우드럽은 눈부신 활약을 펼쳤고, 스토이치코프는 전반전에 퇴장을 당했다. 최악의 경기력을 선보인 호마리우는 전반전이 끝난 후 교체됐고, 이는 그가 바르셀로나에서 출전한 마지막 경기가 됐다. 이는 크루이프 감독이 잘못된 개인주의에 사로잡힌 선수들을 지나치게 신임한 결과였다.

이로부터 일주일 후 호마리우는 국제축구연맹FIFA 올해의 선수로 선정됐고, 스토이치코프는 그에 이어 2위에 올랐다. 당시 스토이치코프는 유럽 선수에게만 주어진 발롱도르도 수상했다. 바르셀로나는 공식적으로 두 명의 세계 최고 선수들을 보유하고 있었지만 그들 사이에는 거의 대화가 없었으며, 이는 감독과도 마찬가지였다. 또한 두 선수 모두 팀이 레알에 0-5로 패한 경기의 후반전에 단 1분도 뛰지 못했다. 심지어 크루이프 감독은 스토이치코프가 발롱도르 시상식에 참여한 데에 불쾌한 심기를 드러냈고, 그가 돌아온 당일 팀 훈련 참여를 요구했다. 당연히 스토이치코프는 이날 팀 훈련에 지각했다. 그는 "나와 감독의 관계에서 무언가가 잘못됐다. 경기에서 패하면 나 혼자 모든 비난을 받는다. 그러나 이기면 팀 전체가 칭찬을 받고 있다"고 말했다. 이어 스토이치코프는 수위를 한층 더 높이며 "바르셀로나에서는 이기면 모든 게 크루이프 덕이고, 지면 선수들 탓"이라고 불평했다. 크루이프의 '갈등 모델'이 끝내 스토이치코프를 지치게 만든 것이다.

시즌이 끝난 후 스토이치코프는 떠났고, 호마리우도 브라질로 돌아갔다. 이 와중에 라우드럽은 레알 마드리드의 라리가 우승을 자축하고 있었다. 이제 바르셀로나에 남은 수준급 공격수는 하지뿐이었다. 크루이프 감독의 전성시대는 이처럼 슈퍼스타들과의 대립으로 변질됐다. 이에 대한 그의 해결책은 자체적인 유소년 육성이었다. 어쩌면 이는 크루이프가 라이벌 판 할이 아약스에서 보여준 지도 방식에서 힌트를 얻은 것일지도 모른다. 어찌 됐든 그는 바르셀로나 유소년 시스템에서 이반 데 라 페냐 Iván de la Peña, 로헤르Roger와 오스카 가르시아Óscar García 형제 그리고 자신의 아들 요르디를 1군 자원으로 끌어올렸다. 그러나 이 중 누구도 기대치를 충족시킬 만한 활약은 펼치지 못했다. 게다가 당시 새롭게 영입된 루이스 피구Luís Figo는 아직 팀을 이끌 만한 준비가 되지 않은 상태였으며, 최전방 공격수로 활약한 보스니아 출신 메호 코드로Meho Kodro는 전혀 바르셀로나 선수다운 모습을 보여주지 못하며 단 아홉 골을 넣는 데 그쳤다. 결국 크루이프 감독은 조셉 루이스 누녜스José Luis Núñez 회장과의 불화 끝에 1995-96시즌이 끝난 후 경질됐지만, 그가 스타 선수들과 일으킨 갈등 역시 이에 적지 않은 영향을 미쳤다.

그러나 크루이프와 판 할의 라이벌 관계는 이후에도 계속됐다. 바르셀로나가 크루이프를 경질한 후 단 1년만에 판 할 감독을 선임했기 때문이다. 판 할 감독은 "이제 바르셀로나의 스타는 루이 판 할이 될 것"이라는 거창한 공언을 내걸고 변화를 예고했다. 이어 그는 자신이 아약스에서 지도한 몇몇 베테랑 선수를 영입해 이른바 '아약스 모델'을 바르셀로나에 접목하는 데 집중했다. 판 할 감독의 이러한 노력은 부임 초기에는 성공적이었다. 판 할 감독은 바르셀로나에서 첫 시즌부터 '더블'을 달성했고, 두 번째 시즌에도 리그 우승을 차지했다. 그러나 결국 그 또한 바르셀로나의 스타 선수를 다루는 데 어려움을 겪기 시작했다. 판 할 감독과 마찰을 빚은 선수는 바로 히바우두Rivaldo였다. 안짱다리 공격수 히바우두는 당시 잠시나마 세계 최고의 선수로 평가받았으며 스토이치코프, 호마리우와 비교하면 프로 정신이 투철했다. 그러나 크루이프 감독이 스타 선수들의 사생활을 통제하지 못한 것과 달리 판 할 감독은 히바우두와 팀 전술을 놓고 충돌했다.

판 할 감독은 히바우두와 함께한 세 번째 시즌부터 드리블 돌파를 즐기는 그의 성향에 더는 분노를 참지 못했다. 히바우두의 드리블 돌파는 크루이프가 이끈 '드림팀'에서는 칭송받았을 능력이었다. 히바우두는 1999년 발롱도르를 수상한 자리에서 공개적으로 판 할 감독을 비판하며 앞으로는 왼쪽 측면 공격수로 뛰지 않겠다고 선언했다. 그는 "브라질은 다르다. 거기서는 사람들이 전술에 대해 얘기하지 않는다. 자유가 있다는 뜻이다. 그러나 여기는 복잡하다. 축구가 더 전술적이다. 나는 지난 수년간 팀을 위해서만 뛰었고, 나를 위해서는 아무것도 하지 못했다. 나는 축구를 더 즐기고 싶다. 나는 오랜 시간 측면에서 뛰었다. 이제는 중앙에서 뛰고 싶다. 등번호만 10번이 아닌 진짜 10번이 되고 싶다"고 말했다.

판 할 감독이 이러한 자기중심적 사고방식을 용납할 리 없었다. 결국 그는 라요 바예카노Rayo Vallecano 원정 경기에 나설 18인 명단에서 발롱도르 수상자 히바우두를 제외했다. 히바우두가 빠진 바르셀로나는 라요 원정에서 무승부에 그쳤다. 판 할 감독은 히바우두를 다시 한번 명단에서 제외한 레알 소시에다드Real Sociedad전에서 3-1로 승리했지만, 다음 경기였던 셀타 비고Celta Vigo전에서는 그를 교체 투입했다. 후반에 투입된 히바우두는 이날 바르셀로나의 두 번째 골을 터뜨리며 2-0 승리를 이끌었다. 이후 히바우두는 일곱 경기 연속으로 풀타임을 소화했다. 이는 히바우두가 감독과의 권력 싸움에서 이겼다는 뜻이었고, 바르셀로나에서 판 할의 몰락이 시작되었음을 알리는 것이기도 했다. 판 할 감독은 시즌이 끝난 후 "히바우두에게 지나치게 많은 기회를 줬다. 드레싱룸에서 평등함이 사라졌다. 이게 올 시즌 나의 가장 큰 실수였다. 이 팀의 문화는 스타를 필요로 한다. 지금 바르셀로나에는 세계 최고의 선수 10명 중 두 명(히바우두와 피구)이 있다. 내 곁에 세계 최고의 선수가 단 한 명도 없었던 1995년에 나는 아약스에서 단 한 번도 패하지 않았다"고 말했다. 판 할에게는 스타가 없는 드레싱룸이 훨씬 더 잘 어울렸다. 당시 판 할은 히바우두 외에도 소니 안데르송Sonny Anderson, 제오바니Geovanni와도 갈등을 겪었다. 안데르송과 제오바니는 히바우두와 같은 브라질 선수였다. 브라질 축구는 선수 개개인의 공격 성향을 중시하는 축구 문화를 선호한다. 이는 판 할 감독이 추구한 축구와는 전혀 달랐고, 결국 그는 시즌이 끝난 후 경질됐다.

크루이프와 판 할은 전통적인 아약스 방식에 집착하고, 이를 전파했다는 공통점이 있었지만 그밖에는 모든 면이 달랐다. 두 감독이 각자 경기를 준비하는 방식을 예로 들면 차이점을 더 명확히 파악할 수 있다. 크루이프에게는 상대 팀의 전술이 고려 대상조차 되지 못했다. 그는 자신이 보유한 선수가 누구와 만나도 우세한 경기를 할 수 있다고 믿었기 때문이다. 그러나 이와 반대로 판 할은 상대 팀 경기 장면을 담은 비디오를 끊임없이 연구해 도출한 결과를 선수들에게 매우 자세하게 설명했다. 그는 브루인스 슬로트Bruins Slot 수석코치와 함께 상대 팀이 어떻게 빌드업을 하고, 어떻게 이를 저지해야 하는지 매우 방대한 지식을 바탕으로 설명하며 선수들을 놀라게 했다.

그것은 크루이프의 '예술'과 판 할의 '과학'의 대결이었다. 판 할은 전술적 내용이 빼곡히 쓰인 노트를 들고 벤치를 지켰다. 또한 판 할 감독은 축구계에 통계 분석이라는 개념이 일반적이지 않던 시절 '컴퓨터 과학자' 막스 레커스Max Reckers를 채용해 데이터를 통해 경기력을 분석했다. 판 할이 새로운 팀의 감독으로 부임할 때면 그가 만든 수많은 분석 자료를 실어 나르는 데 막대한 비용이 소요됐다. 반면 크루이프는 정반대였다. 실제로 그는 자신의 축구 철학을 설명하며 "컴퓨터로는 감지할 수 없는 것"이라고 말하기도 했다. 크루이프는 자신은 '육감적'으로 축구를 이해하고 있으며 기억력이 좋지 않아서 세부적인 내용은 중시하지 않는다고 설명했다. 이처럼 크루이프는 본능을 중시했으며 '철학'의 가장 순수한 의미를 그대로 삶에 옮겼다. 이와 달리 판 할은 학구적인 접근 방식을 통해 로봇 같은 선수들을 육성했으며 선수들이 천재성을 발휘할 수 없게 만들었다. 이와 같은 판 할과 크루이프의 대결 구도는 약 15년간 이어졌다.

판 할은 2000년 네덜란드 대표팀 감독으로 부임해 크루이프가 자국 축구계에 전수한 선수 육성 방법을 송두리째 지워버렸다. 그러나 네덜란드는 판 할 감독 체제에서 2002 한일 월드컵 진출에 실패하는 참사를 맞았다. 이후 판 할은 2004년 아약스 기술이사로 부임한 후 암스테르담 문화에 특화된 한 젊은 공격수를 분노하게 만들었다. 즐라탄 이브라히모비치Zlatan Ibrahimović는 훗날 자서전을 통해 "판 할은 독재자가 되려고 했다. 그는 늘 시스템에 대해 이야기하는 걸 좋아했다. 그는 선수를 숫자로 불렀다. 그는 '5번은 여기로 와! 6번은 저기로!'라고 외치곤 했다. 늘 9번은 오른쪽으로 치우쳐 수비를 하고, 10번은 왼쪽으로 가야 했다. 선수들은 판 할이 이런 방식을 만들었다는 걸 다 알고 있었다"고 말했다. 당시 크루이프는 이미 감독 생활을 접고 은퇴한 지 8년이 지난 상태였다. 그러나 그는 인터뷰를 통해 비슷한 메시지를 전달하고 있었다. 크루이프는 "현대 축구에서 정책을 만드는 사람들은 선수 개개인에 대해 생각하지 않는다. 그들은 팀 전체만을 본다. 그러나 축구에서 팀은 개인 11명으로 구성된다. 선수 개개인은 각자의 관리법을 필요로 한다"고 말했다.

판 할은 2009년 바이에른 뮌헨 감독으로 부임해 독일 분데스리가와 DFB 포칼 우승을 차지하는 '더블'을 달성했고, 챔피언스리그 결승에 진출했다. 그는 "이 팀은 내가 지금까지 경험해본 적이 없을 정도로 나를 신뢰하고 있으며 나와 밀접한 관계를 맺고 있다"고 말했다. 심지어 크루이프 또한 라이벌 판 할이 이끈 바이에른 뮌헨을 칭찬했을 정도였다. 그러나 크루이프는 "바이에른 뮌헨과 판 할은 매우 잘 어울리는 조합이다. 구단 운영진과 선수들이 판 할 감독의 생각을 그대로 수용할 준비가 되어 있었기 때문"이라는 평가도 덧붙였다. 즉 이는 크루이프가 생각하기에 판 할이 네덜란드보다는 독일에, 아약스보다는 바이에른 뮌헨에 더 적합한 감독이라는 뜻이기도 했다.

판 할 감독 또한 독일 대표팀을 이끌고 싶다는 바람을 나타낼 정도로 독일 축구와 자신의 조합에 만족한 모습이었다. 그는 "내 방식으로 축구를 할 수 있는 대표팀을 이끌고 월드컵을 우승하는 게 꿈이다. 독일은 그런 팀 중 하나"라고 말했다. 이에 네덜란드 언론도 판 할 감독을 '재미없는 방식으로 효율적'인 독일 대표팀에 더 어울리는 지도자라고 평가했다. 독일은 전통적으로 네덜란드의 가장 큰 라이벌이다. 이처럼 판 할은 '독재자'의 이미지가 강한 감독이었다. 판 할의 자서전을 집필한 네덜란드 기자 휴고 보어스트Hugo Borst는 한 챕터의 제목을 '히틀러'라고 지은 뒤, 판 할과 히틀러의 공통점을 비교하기까지 했다. 실제로 읽어보면 불편한 내용이 꽤 많이 포함된 이 챕터에서 전 바르셀로나 선수 제오바니는 판 할을 가리켜 '히틀러처럼 미쳐버린 아픈' 사람이라고 표현했다. 이 책은 네덜란드에서는 판 할을 '판 히틀러'라는 별명으로 부른다는 내용이 담긴 루마니아 신문을 인용하기도 했다. 루마니아 신문의 보도 내용은 물론 사실이 아니었지만, 이와 같은 내용이 사실처럼 여겨진 점을 고려했을 때 판 할이 어떤 이미지를 가지고 있었는지 실감할 수 있는 대목이다.

크루이프와 판 할의 공개적인 마지막 싸움은 2011년에 일어났다. 당시 아약스에서 이사진 구성원으로 활동한 크루이프는 자신이 바르셀로나로 휴가를 떠난 기간에 판 할이 단장으로 선임된 데에 강하게 반발했다. 구단의 결정에 반기를 든 크루이프는 아약스를 상대로 법정까지 갔지만, 그는 소송에서 패소했다.

그러나 어떻게 보면 당시 이 둘의 다툼에서 승리한 건 크루이프였을지도 모른다. 판 할은 이후 네덜란드 대표팀 감독직 제안을 수락하며 아약스 단장으로 부임하지 않았기 때문이다.

이에 크루이프는 "판 할은 축구에 대해 좋은 시각을 가지고 있다. 그러나 그의 시각은 나의 시각과 다르다. 그는 이기는 팀을 만들고 싶어 하며 군대 방식으로 전술을 만들어 팀에 적용한다. 나는 그렇지 않다. 나는 개개인이 스스로 생각하는 환경을 원한다. 선수 개개인이 매번 주어지는 상황에 가장 이상적인 방법으로 대처하게 만드는 것이 내가 원하는 방식이다. 반면 판 할은 모든 상황을 감독이 통제해야 한다고 믿는다. 우리는 구단을 성공적으로 이끌어야 한다. 성공의 개념에는 유소년 아카데미도 포함된다. 그렇게 하려면 선수를 구속하는 전술이 아닌 개인별 지도가 필요하다. 루이(판 할)가 아약스로 온다면, 나는 이곳에 오래 남지 않을 것이다. 우리는 인생의 모든 부분에 대해 다른 생각을 하고 있기 때문"이라고 말했다.

판 할도 물러서지 않았다. 그는 "크루이프 라인, 판 할 라인 같은 건 존재하지 않는다. 아약스 라인만이 존재할 뿐이다. 아약스 라인은 지난 25년간 존재했다. 나는 이에 공헌을 한 사람이다. 크루이프도 마찬가지다. 단, 차이점은 내가 크루이프보다 아약스에 오래 있었다는 것"이라고 말했다.

2

·

공간

네덜란드는 근본적으로 공간의 개념으로 만들어진 나라다. '네덜란드'라는 이름 자체가 '더 낮은 땅들'이라는 의미를 담고 있다. 네덜란드의 국토는 원래 해수면 아래에 자리해 바닷물 밑에 잠겨 있었다. 그러나 혁신적인 방법으로 설치된 둑이 오늘날 네덜란드의 존재를 가능케 하고 있다. 실제로 원래 네덜란드 국토의 17% 이상은 해안 간척지(해수면 아래 지역)다. 심지어 지금도 네덜란드에서 해수면보다 1미터 이상 높은 지역은 50% 정도뿐이다.

또한 네덜란드는 유럽 주요 국가 중 인구 밀도가 가장 높다(몰타, 산마리노, 모나코 등 저인구 국가 제외). 타 대륙을 살펴봐도 한국, 대만, 방글라데시 정도가 네덜란드보다 인구 밀도가 높다. 그러므로 네덜란드는 역사적으로 제한된 울타리를 최대한 넓히며 주어진 공간을 활용하는 데 집중한 국가다.

이와 같은 특성은 당연히 네덜란드 축구에도 반영됐다. 네덜란드 축구 역사를 소개한 데이비드 위너David Winner의 저서《Brilliant Orange》는 "토털 축구는 유연한 공간에 관한 새로운 이론을 바탕으로 만들어졌다. 19세기에 코르넬리스 렐리Cornelis Lely(네덜란드 공학자)가 해안 간척지를 찾았던 것처럼 리누스 미헬스 감독과 요한 크루이프는 축구장 안에서 공간을 혁신적으로 활용하는 방법을 찾으며 팀과 선수를 육성하고 있었다"고 설명했다.

토털 축구의 개념을 도입한 사람이 미헬스 감독이라면, 크루이프는 이를 직접 구현한 주인공이다. 심지어 크루이프는 토털 축구의 개념을 가장 시적으로 설명한 인물이기도 하다. 그는 축구에서 공간은 공을 소유하고 있을 때와 소유하고 있지 않을 때로 나뉜다고 말했다. 크루이프는 "미헬스 감독은 내가 축구를 이해하는 방식에 절대 지워지지 않는 영향을 미쳤다. 공을 소유했을 때는 최대한 넓은 공간을 확보해야 한다. 그러나 공을 잃었을 때는 상대가 누빌 공간을 최소화해야 한다. 축구의 모든 것은 거리에 따른 함수"라고 말했다. 이는 위치 선정과 형태의 견지에서 모든 게 고려되는 네덜란드식 축구의 핵심으로 자리잡은 철학이다. 축구를 구사하는 방식은 나라마다 다르다. 어떤 국가는 선수 개개인의 신체적 강인함과 스피드를 우선시하고, 또 다른 국가는 경기 중 특정 상황(예를 들면 50대50 경합)에서 우위를 점하는 축구를 선호한다. 공을 잡았을 때 무조건 최대한 빨리 전진하는 축구를 중시하는 국가도 있다. 그러나 토털 축구를 스스로 이식한 네덜란드는 공간을 가장 중요하게 여겼다. 네덜란드가 점차 유럽 축구를 주도하자 다른 국가도 서서히 그들을 따라 하기 시작했다.

미헬스 감독이 생각했던 토털 축구는 크게 '포지션 스위칭'과 '압박'

두 가지로 나뉜다. 그는 아약스에서 요한 네스켄스Johan Neeskens가 상대 팀 플레이메이커를 적극적인 대인방어로 밀착 수비하는 모습을 보고 영감을 받아 수비진의 리더 벨리보르 바소비치에게 최후방 수비 라인을 미드필드 쪽으로 끌어올려 상대가 뒷공간을 노리면 오프사이드 반칙을 유도하라고 주문했다. 이러한 압박 수비는 1974 서독 월드컵에 출전한 네덜란드 대표팀이 구사한 전술의 핵심이었다.

미헬스 감독은 "압박 축구는 상대 진영에서 공을 빼앗겼을 때 이를 최대한 빨리 되찾아오는 것을 목표로 한다. 공을 가진 상대를 함정에 가두고 이를 빼앗으려면 모든 라인을 위로 올리며 서로의 거리를 최대한 좁혀야 한다"고 설명했다.

미헬스 감독이 네덜란드 대표팀에 이식시킨 오프사이드 트랩은 실로 놀라운 수준이었다. 한순간 모든 선수가 동시다발적으로 앞으로 달려가며 상대 선수 5~6명을 오프사이드 위치에 놓이게 만든 장면은 당시 축구계에 신선한 충격으로 다가왔다. 물론 이러한 오프사이드 트랩은 시간이 지난 후 오프사이드 규정이 '플레이'에 간섭하지 않은 선수는 오프사이드 대상에서 제외하는 방식으로 바뀌면서 보다 리스크가 커진 수비법이 됐다.

그러나 크루이프와 루이 판 할이 감독이 돼 유럽 무대를 호령한 시절까지 오프사이드 트랩은 매우 중요한 수비 전술이었다. 두 감독 모두 자신이 이끈 팀 선수들에게 최후방 수비 라인을 최대한 끌어올려 강력한 전방 압박을 가하라고 지시했다. 크루이프의 바르셀로나와 판 할의 아약스는 본 포지션이 미드필더인 선수들을 수비수로 전환시켜 수비 라인을 구성해 이와 같은 방식으로 경기를 주도하며 상대를 자기 진영에 가뒀다. 토털 축구를 구사하는 팀의 수비수는 어차피 주로 하프라인 부근에서 움직이는 만큼 오히려 미드필더들에게 이 역할을 맡기는 게 더 적합했기 때문이다.

이에 크루이프는 "나는 전통적인 개념의 관점을 다른 방향으로 틀고 싶다. 최전방 공격수가 팀의 일차 수비수이며 최후방 수비수는 팀이 활용할 공간을 조절하는 역할을 맡아야 한다. 라인과 라인 사이의 간격이 10~15미터 이상으로 벌어지면 안 된다. 또한 모든 선수들이 우리 팀이 공을 소유했을 때 공간을 창출해야 한다는 점을 인지해야 한다. 반대로 공이 우리에게 없을 때는 공간을 최대한 좁혀야 한다"고 설명했다.

판 할의 접근 방식도 비슷했다. 그는 발 빠른 선수들로 최후방 수비진을 구성해 수비 라인을 끌어올렸고, 상대 진영에서 강력한 압박을 가했다. 당시 아약스는 10번(공격형 미드필더) 야리 라트마넨Jari Litmanen이 가장 먼저 공격 진영에서 상대를 압박하면서 팀의 본보기 같은 역할을 했다. 그의 역할은 당시를 기준으로 10년 전 플레이메이커의 움직임과 비교했을 때 매우 달랐다.

네덜란드 축구가 공간을 해석하는 방식은 크루이프의 바르셀로나와 판 할의 아약스가 가동한 포메이션에도 반영됐다. 네덜란드 축구의 전통적 포메이션인 4-3-3은 사실 두 가지의 매우 다른 방식으로 구현되곤 했지만 말이다.

현대 축구의 방식대로 4-3-3 포메이션을 가장 잘 해석한 팀은 펩 과르디올라Pep Guardiola 감독 시절의 바르셀로나다. 이는 홀딩 미드필더 한 명이 중앙 미드필더 두 명 뒤에 배치된 진용으로, 실질적으로는 4-1-2-3 포메이션이다. 네덜란드는 역삼각형으로 배치된 중앙 미드필드를 뒤집어 수비형 미드필더 두 명이 공격형 미드필더 한 명을 받치는 4-2-1-3 포메이션도 종종 가동했지만, 그들은 두 포메이션을 모두 4-3-3으로 구분했다. 시간이 지난 지금 생각해보면 2010년대를 지배한 4-3-3과 4-2-3-1에 큰 차이가 있듯이, 4-1-2-3과 4-2-1-3 포메이션은 명백히 다른 선수 배치도를 기반으로 하고 있었다. 그러나 이 시절 4-3-3은 시스템보다는 철학에 더 가까웠다. 게다가 당시 대다수 유럽 국가대표팀들이 박스 형태의 4-4-2, 혹은 수비적인 5-3-2 포메이션을 주로 했던 점을 고려하면 4-3-3으로 공격수 세 명을 공격 진영에 배치한 결정 자체가 참신한 시도였다. 이 때문에 당시만 해도 중앙 미드필더 세 명 각각의 자리는 그저 하나의 세부 사항에 불과했다.

그러나 크루이프와 판 할의 혁신은 여기서 그치지 않았다. 심지어 크루이프는 아약스 감독으로 부임한 시절 팀이 가동해온 포백 라인을 과감하게 스리백으로 바꿨다. 이에 그는 에레디비지 대다수 팀이 최전방 공격수 두 명을 배치한다면 중앙 수비수 세 명으로 이에 대응하는 게 더 합리적이라고 설명했다. 그는 공격형 미드필더 두 명 중 한 명을 대신해 중앙 수비수를 한 명 더 중용했으며 수비수 세 명, 공격수 세 명 사이에 다이아몬드형으로 미드필더 네 명을 배치했다.

이처럼 크루이프 감독은 네덜란드식 3-4-3 포메이션을 만들어냈다. 이는 이탈리아의 전통적인 3-4-3 포메이션(예를 들면 안토니오 콘테Antonio Conte 감독이 첼시에서 가동한 포메이션)과 비교하면 그저 숫자상으로만 비슷해 보이지 실제로는 전혀 다른 성향을 보였다. 크루이프 감독의 3-4-3 포메이션에서는 수비형 미드필더가 중원과 후방을 오갔고, 10번(다이아몬드형 미드필드의 꼭짓점에 선 공격형 미드필더)은 중원과 전방을 오갔다. 아울러 좌우에 배치된 미드필더는 이른바 박스-투-박스box-to-box 역할을 부여받으며 공수를 연결하는 중앙 미드필더로 활약했다. 미헬스 감독은 "크루이프는 이와 같은 전술을 구사하는 데 필요한 위험 부담을 기꺼이 감수했다. 그의 3-4-3 포메이션이 성공하려면 위험 부담이 따르는 전술 안에서 선수 개개인이 출중한 기량을 발휘할 수 있어야 한다. 특히 중앙에 배치된 선수들에게 전술적으로 완성된 조직력이 요구된다. 그들의 축구 지능이 높아야 한다"고 말했다.

판 할은 많은 부분에서 크루이프와 반대 의견을 피력한 인물이지만, 그 또한 크루이프의 기본 포메이션을 따른 지도자다. 실제로 그는 크루이프가 떠난 후 아약스 감독으로 부임해 3-4-3 포메이션을 그대로 유지했다. 크루이프의 멘토 미헬스 감독도 네덜란드 대표팀 사령탑으로 부임한 후 나섰던 유로 1992에서 이 포메이션을 그대로 활용했다. 단, 미헬스 감독은 3-4-3을 궁극적으로 자신의 4-3-3에서 파생된 포메이션이라고 여겼다. 실제로 이 대회에서 네덜란드의 특이하면서도 유기적인 포메이션은 수많은 외국인들을 혼란에 빠뜨렸다. 많은 이들은 네덜란드의 포메이션을 가리켜 4-3-3, 3-4-3, 3-3-4라며 분분한 의견을 제시했다. 당시 대다수 팀이 가동한 4-4-2, 혹은 5-3-2 포메이션에 익숙한 이들에게 변화무쌍한 네덜란드의 포메이션은 혼란을 줄 수밖에 없었다. 그러나 이와 같은 현상은 네덜란드가 독일, 이탈리아, 또는 북유럽 국가들과 비교해 얼마나 다른 관점에서 축구를 해석했는지 단적으로 보여주는 사례였다.

당시 네덜란드식 축구 전술에서 절대 바꿀 수 없는 철칙 중 한 가지는 '좌우 폭width'이었다. 네덜란드 감독들은 수비수를 몇 명 배치하는지, 미드필더들이 어떤 모양으로 배치되는지, 최전방 공격수와 10번의 조합이 어떻게 이뤄지는지와 상관없이 윙어 두 명에게 각자 좌우 터치라인에 붙어서 최대한 공간을 넓게 벌리며 측면을 공략하라고 지시했다. 이 시절 대다수 해외 팀은 4-4-2 포메이션 가동 시 좌우 측면 미드필더의 넓이를 좁혀 중앙 쪽으로 움직이게 했으며 5-3-2 포메이션 가동 시 공격 자원이 아닌 좌우 윙백wing-back으로 활용해 측면을 공략했다. 그러나 유독 네덜란드는 측면 공격 자원이 최대한 좌우로 위치를 넓게 벌리면서 공간을 창출하여 상대 수비진에 균열을 만드는 데 집중했다. 미헬스 감독 역시 "훌륭한 스피드와 기술을 보유한 측면 자원의 역할은 매우 중요하다. 이런 선수들은 어린 시절부터 훈련을 통해 육성해야 한다. 네덜란드는 4-3-3 시스템에 맞는 측면 자원을 체계적으로 육성하는 몇 안 되는 나라"라고 말했다.

1992년 UEFA컵에서 우승했던 판 할 감독의 아약스는 오른쪽 측면 공격수 욘 판트 스킵John van't Schip에게 크게 의존했다. 판트 스킵은 가속 능력, 페인팅 능력 그리고 정확한 크로스까지 측면 자원에게 필요한 세 가지를 모두 갖춘 정통파 윙어였다. 그는 상대 수비와 미드필드 라인 사이에서 공을 잡는 법이 거의 없었으며 안쪽으로 드리블 돌파를 시도하지도 않았다. 그는 늘 터치라인 옆에 붙어 있던 윙어였다. 왼쪽 측면 공격수 브라이언 로이Bryan Roy도 비슷했다. 단, 그는 판트 스킵보다 순발력이 더 뛰어났으나 크로스 공격이 적은 편이었다. 판 할 감독은 로이에게 판트 스킵과 같은 역할을 주문했지만, 그가 습관적으로 중앙 드리블 돌파를 시도하는 데 격분하기도 했다. 아약스와 토리노Torino가 맞붙은 1992년 UEFA컵 결승전에서 두 팀이 구사한 전술의 차이점은 명확했다. 이탈리아식 축구를 구사한 토리노는 5-3-2, 네덜란드 축구를 대표하는 아약스는 3-4-3 포메이션을 가동했다.

로이는 미헬스 감독이 이끈 네덜란드 대표팀에서도 왼쪽 측면 공격수로 유로 1992에 출전했다. 그러나 당시 네덜란드의 오른쪽 측면 공격수 루드 굴리트Ruud Gullit는 중앙으로 치우치는 유형의 예외적인 측면 자원으로 활용됐다. 원래부터 굴리트는 측면에 어울리는 선수가 아니었으나 미헬스 감독은 그를 제외하기에는 지나치게 중요한 자원이라고 판단했다. 1994 미국 월드컵에서 네덜란드 대표팀을 지도한 딕 아드보카트Dick Advocaat도 로이를 줄곧 중용했으나 또 다른 재능 있는 측면 자원인 가스톤 타우멘트Gaston Taument와 아약스의 마르크 오베르마스를 새롭게 발탁했다.

오베르마스는 당대 최고의, 가장 전형적인 네덜란드식 윙어였다. 그는 믿기 어려울 정도의 가속력을 자랑했고, 양발을 잘 활용해 좌우 측면을 두루 소화했으며 태클을 피해 크로스나 슈팅으로 공격을 전개하는 능력이 탁월했다. 오베르마스는 팬들을 흥분케 할 만한 플레이를 하면서도 효율적이었고, 기술보다는 결과를 내는 유형의 윙어로 판 할 감독이 원하는 완벽한 자원이었다.

판 할 감독은 이 시절을 회상하며 "나는 윙어를 활용한 공격을 선호하는 감독이었으나 당시 좋은 윙어가 많지 않았다. 그러나 오베르마스는 최고의 윙어 중 한 명이었다. 1대1 상황에서 드리블 돌파를 하는 데 능한 그의 능력이 우리 시스템에 반드시 필요했다. 그러나 오베르마스는 이뿐만 아니라 어시스트 기록이 매우 좋았으며 득점력도 있었다. 그는 매 시즌 10~15골을 기록했으며 그의 득점은 거의 매번 중요한 순간에 터졌다. 우리가 매력적이고, 화끈한 축구를 하기 위해서는 오베르마스 같은 선수가 꼭 필요했다"고 말했다. 이 시절 판 할 감독은 만약 할 수만 있었다면 오베르마스 두 명을 좌우 측면에 세우고 싶었을 것이다. 그러나 대신 그는 오베르마스를 왼쪽에, 발 빠른 나이지리아 윙어 피니디 조지를 오른쪽에 배치했다.

판 할 감독의 윙어 활용법은 독특했다. 그는 출중한 개인 기량을 보유한 윙어들에게도 스타 선수의 역할을 부여하지 않고, 오히려 상대를 유인하는 전략적 자원으로 활용했다. 판 할 감독은 최전방 공격수에게도 비슷한 역할을 부여했다. 스테판 페테르손Stefan Pettersson과 로날드 더 부르Ronald de Boer(그는 미드필더로 활용되기도 했다)는 득점을 책임지는 역할보다는 최전방 공격 라인을 끌어주는 데 집중했다. 판 할 감독의 최전방 공격수는 상대 중앙 수비수를 유인해 팀 공격의 폭을 넓히는 역할을 맡았다. 이에 대한 판 할 감독의 설명은 단순했다. 측면 공격수 두 명이 상대 측면 수비수를 좌우로 넓게 끌어주고, 최전방 공격수가 상대 중앙 수비수를 뒤로 물러서게 하면 팀의 스타인 10번(공격형 미드필더)에게 주어지는 공간이 늘어난다는 게 그의 생각이었다.

아약스와 네덜란드 대표팀의 10번 자리에서 ''스타'로서의 자질을 발휘해줄 선수는 데니스 베르캄프였다. 그는 당대 네덜란드 최고의 선수는 아니었다. 1992년 발롱도르 투표 결과 수상자는 마르코 판 바스텐이었고, 베르캄프는 3위에 이름을 올렸다. 베르캄프는 1993년 발롱도르 투표에서도 2위에 그쳤다. 그러나 베르캄프는 1990년대 네덜란드 축구를 대변한 가장 전형적인 네덜란드식 선수였다. 그는 축구에 대한 태도 자체가 네덜란드 축구가 추구한 콘셉트를 중심으로 이뤄진 인물이었다. 베르캄프는 "경기장 안에서 나의 가장 훌륭한 능력은 공간이 있는 곳과 공간을 만들 수 있는 곳을 파악하는 것"이라고 말하기도 했다. 실제로 그는 훗날 자서전을 통해 자신이 축구에 대해 알고 있는 모든 것을 '공간'이라는 한 단어로 압축해서 설명했다. 그는 상대 골키퍼의 키를 넘기는 칩샷을 자주 시도한 이유에 대해서도 "그것이 최고의 방법이었다. 골키퍼의 머리 위에 가장 많은 공간이 있기 때문"이라고 말했다. 베르캄프는 이탈리아 세리에 A 명문 인테르Inter Milan에서 짧게 활동했던 기간에 경기력이 기대에 미치지 못한 점에 대해서는 "나와 동료 사이에는 지나치게 큰 공간이 있었다. 그리고 그들과 나 사이의 공간은 죽은 공간이었다"라고 설명했다. 아울러 그는 프리미어리그로 이적한 데에 대해서도 "잉글랜드에서는 공간이 주어질 수밖에 없다는 사실을 알았기 때문"이라고 밝혔다.

베르캄프는 1998 프랑스 월드컵 8강에서 아르헨티나를 상대로 터뜨린 결승골 상황을 설명하면서도 "아주 작게나마 공간을 만드느냐, 만들지 못하느냐의 차이가 만든 결과였다"고 말했으며, 심지어 자신이 비행 공포증에 시달린 원인에 대해서도 "기내 안에 공간이 거의 없었다. 모든 게 비좁아서 밀실 공포증 증상이 일어났다"고 답했다.

베르캄프는 아약스 유소년 아카데미에서 성장한 '암스테르담인 Amsterdammer'이었다. 그러나 그는 아약스의 10번으로 성장하기까지 특이한 성장과정을 거쳤다. 그는 10대 시절 최전방 공격수로 뛰었고, 1986-87시즌 크루이프 감독 체제에서는 오른쪽 윙어로 활약했다. 베르캄프는 이에 대해 "당시만 해도 윙어는 더 단순하게 움직였다. 측면에서 뛰면 굳이 상대 페널티 지역으로 침투해 슛까지 하지 않아도 괜찮았다. 사실상 터치라인을 밟고 뛰어야 할 정도로 측면으로 넓게 벌려서 뛰어다녔다. 상대 수비진을 최대한 측면으로 끌어낸 후 1대1 드리블 돌파에 성공해 크로스를 올리는 게 당시 윙어의 역할이었다"고 말했다.

베르캄프는 크루이프 감독이 아약스를 떠난 후 쿠르트 린더Kurt Linder 감독의 지시에 따라 2군으로 강등됐다. 독일 출신인 린더 감독은 네덜란드식 축구를 이해하지 못한 지도자였고, 단단함을 중시하는 4-4-2 포메이션을 선호했다. 그러나 당시 베르캄프를 아약스 2군에서 지도한 인물이 바로 판 할 감독이었다. 아약스 2군 사령탑 판 할 감독은 곧바로 베르캄프의 재능을 파악하고 그에게 붙박이 주전 10번 역할을 부여했다. 이어 판 할은 아약스가 린더 감독을 경질한 후 감독대행으로 선임한 앙투

안 콘Antoine Kohn의 수석코치로 1군에 합류하며 팀 전술을 담당하게 됐다. 아약스 1군 수석코치가 된 판 할은 즉시 베르캄프를 호출했고, 이후 베르캄프는 당시 에레디비지 신기록인 10경기 연속 득점을 달성했다. 그러나 이후 아약스가 정식 사령탑으로 선임한 레오 벤하커Leo Beenhakker 감독은 베르캄프를 제대로 활용하지 못했다. 벤하커 감독은 베르캄프를 최전방 혹은 측면 공격수로 기용했다. 결국 베르캄프는 1991년 판 할이 1군 감독으로 부임한 후 비로소 자신의 원래 역할인 10번 자리를 되찾았다. 베르캄프가 판 할 감독 체제의 아약스에서 보여준 눈부신 활약이 워낙 훌륭했던 나머지 네덜란드 언론은 그의 포지션을 두고 '샤두스피츠schaduwspits'라는 신조어를 만들었다. 이 네덜란드어는 영어로 번역하면 오늘날 전 세계적으로 쓰이는 '섀도우 스트라이커shadow striker', 즉 처진 공격수를 의미한다.

베르캄프는 처진 공격수 자리에서 센세이션을 일으켰다. 우선 아약스에서 그는 스웨덴 출신 최전방 공격수 페테르손과 훌륭한 조합을 이뤘다. 페테르손은 베르캄프보다 전형적인 최전방 공격수에 가까웠으며 영리한 침투를 통해 공간을 창출하는 능력도 탁월했다. 이 덕분에 베르캄프는 9번(최전방 공격수)이 아닌데도 3년 연속 에레디비지 득점왕(1990-91시즌 득점왕은 호마리우와 공동 수상)을 거머쥐었다. 크루이프 또한 현역 시절 다재다능한 능력을 보유한 공격수로 페널티 지역보다는 미드필드 지역으로 후진 배치돼 움직이는 빈도가 높았다. 또한 당시 에레디비지 역대 최다 득점 기록을 보유했던 빌리 판 더 퀼렌Willy van der Kuijlen 역시 9번보다는 처진 공격수에 더 가까웠다. 판 더 퀼렌은 현역 시절의 거의 전부를 PSV에서 뛰었는데, 그에게는 크루이프와 같은 시대에 활약한 게 불운한 일이었다. 라이벌 관계인 아약스와 PSV 선수들은 당시 사이가 좋지 않았고, 이 때문에 판 더 퀼렌은 네덜란드 대표팀에서 제대로 중용되지 못했다. 그래도 그는 에레디비지에서는 훌륭한 활약을 펼쳤다. 판 더 퀼렌은 스웨덴 출신 9번 랄프 에드스트롬Ralf Edström과 팀 공격진을 구성하며 약 20년 후 아약스에서 베르캄프와 페테르손이 이룬 네덜란드인 처진 공격수-스웨덴인 최전방 공격수 조합을 훨씬 더 일찍 PSV에서 선보였다.

이처럼 네덜란드식 축구에서는 9번이 10번을 위해 희생적인 활약을 해야 했다. 이는 판 바스텐이라는 출중한 9번을 보유한 네덜란드 대표팀에서도 예외가 아니었다. 네덜란드는 4강 덴마크전에서 패하기 전까지 훌륭한 경기력을 선보인 유로 1992에서 라이벌 독일을 3-1로 완파했다. 이 경기에서 네덜란드가 기록한 세 번째 골 장면은 두고두고 기억될 만한 득점이었다. 미드필더 아론 빈터Aron Winter가 오른쪽 측면을 파고들어 크로스를 올릴 준비를 하는 사이 판 바스텐은 페널티 박스 안으로 적극적으로 달려들며 니어포스트를 공략했다. 빈터의 크로스만 정확하게 올라가면 판 바스텐이 소위 말하는 '잘라먹는' 헤더로 득점을 노려볼 만한 상황이었다. 그러나 판 바스텐은 상대 골대를 향해 달려가는 도중 어깨 너머로 뒤에서 달려들어 오는 베르캄프의 움직임을 확인한 뒤, 오른팔로 그를 가리키며 빈터에게 자신이 아닌 베르캄프에게 크로스를 연결하라고 주문했다. 이때 독일의 중앙 수비진은 당연히 판 바스텐을 따라가고 있었다. 이 상황을 파악한 빈터는 베르캄프를 향해 붕 띄워주는 크로스를 올렸다. 베르캄프는 자신에게 주어진 충분한 공간에서 빈터의 크로스를 헤더로 연결해 골망을 흔들었다. 이 득점 장면은 네덜란드 축구에서 9번이 10번을 위해 공간을 창출하며 득점 상황을 만들어낸 가장 대표적인 예로 꼽을 수 있다.

베르캄프는 유로 1992에서 공동 득점왕을 차지했고, 판 바스텐은 무득점으로 대회를 마치고도 이타적인 활약을 펼쳤다며 여론의 찬사를 받았다. 또한 베르캄프와 판 바스텐은 유로 1992 베스트11에도 선정됐다. 이 둘의 공격 조합은 실로 대단했다. 베르캄프는 "마르코(판 바스텐)는 킬러였고, 진정한 골잡이었다. 그는 늘 공격의 맨 앞자리에서 팀을 이끌었다. 반면 나는 뒤에서 공간을 찾아 들어가는 공격수에 더 가까웠다. 그 당시는 축구 경기 기록이 세분화되지 않았던 시절이지만, 만약 선수들의 득점 위치가 더 구체적으로 기록됐다면 마르코는 대다수 골을 골대와 약 10야드도 되지 않는 거리에서 넣었고 나는 약 15야드 거리에서 가장 많은 골을 넣었다는 점을 확인할 수 있을 것"이라고 말했다.

다만 베르캄프와 판 할 감독의 관계는 독특했다. 판 할 감독은 부임 초기 베르캄프를 위해 처진 공격수라는 새로운 포지션까지 창조해줄 정도로 그를 신임했다. 심지어 베르캄프는 심한 감기 탓에 아약스가 토리노를 꺾은 UEFA컵 결승전에 출전하지 못했지만, 판 할 감독은 우승을 자축하는 버스 퍼레이드 도중 일부러 방향을 돌려 베르캄프의 집 앞을 지나는 배려까지 베풀었다. 판 할 감독은 버스 퍼레이드가 끝난 후에도 암스테르담 시립극장Stadsschouwburg Theater 리셉션에서 메가폰을 잡고 베르캄프의 이름을 외쳤고, 이에 열광한 팬들은 이날 가장 큰 함성으로 화답했다. 그러나 베르캄프는 아약스에서 활약한 마지막 시즌(그는 1992-93시즌을 끝으로 이탈리아 무대로 이적했다) 내내 판 할 감독과 불협화음을 일으켰다. 시즌 도중 일찌감치 이적 의사를 밝힌 베르캄프는 판 할 감독으로부터 경기력이 실망스럽다는 비판을 받았다. 판 할 감독은 아약스가 치열한 우승 경쟁을 펼친 시즌 후반기 경기에서 득점이 필요할 때마다 번번이 베르캄프를 교체 아웃시켰다. 베르캄프가 오만해졌다고 생각한 판 할 감독은 그를 유독 더 엄격하게 대하기 시작했다. 그러면서 그는 아약스 1군 승격을 앞둔 어린 세대 선수들에게도 '슈퍼스타'는 용납할 수 없다는 점을 분명히 했다. 개인보다는 팀과 전체적 체계가 훨씬 더 중요하다는 게 판 할 감독의 철칙이었기 때문이다.

이후 베르캄프는 훗날 프리미어리그에서 혁명을 일으킨 아스널의 핵심 공격수가 됐지만, 앞서 인테르로 이적해 두 시즌 동안 펼친 활약은 불만족스러운 수준이었다. 그가 이탈리아에서 실패한 후 잉글랜드에서 성공한 이유 또한 결국 '공간'의 문제였다. 베르캄프는 "잉글랜드에서는 모든 팀이 일자로 정렬된 포백 수비 라인을 구축하며 수비 뒷공간을 막는 데 집중했다. 그러나 이탈리아 팀들은 리베로를 중용했다. 잉글랜드 팀들은 중앙 수비수 두 명이 상대 공격수 두 명을 상대해서 서로 커버 플레이를 해줄 수 없었다. 이는 나와 같은 공격수가 매우 좋아할 만한 상황이다. 상대 수비와 미드필드 라인 사이에서 플레이할 수 있었기 때문"이라고 말했다. 실제로 베르캄프는 프리미어리그에서 상대 수비와 미드필드 라인 사이에 발생하는 공간에서 활약하며 가장 훌륭한 딥-라잉 포워드 deep-lying forward(처진 공격수)로 추앙받았다. 또한 베르캄프는 프리미어리그에서 득점보다는 어시스트를 더 폭발적으로 기록한 공격수였다.

그러나 아약스는 베르캄프를 떠나보내고도 특별히 공백을 느끼지 않았다. 오히려 아약스는 베르캄프가 활약하며 에레디비지 득점왕을 3년 연속 수상했던 시절 단 한 번도 리그 우승을 차지하지 못했다(PSV가 2회, 페예노르트가 1회 우승을 차지했다). 그러나 아약스는 베르캄프가 떠난 직후 3년 연속으로 에레디비지 정상에 올랐다. 게다가 아약스는 1995년 챔피언스리그 우승을 차지했고, 이듬해에도 결승 진출에 성공했다. 물론 아약스의 이와 같은 성과는 베르캄프가 떠났기 때문은 아니었다. 그러나 아약스에는 베르캄프의 이적에도 그의 빈자리를 채울 만큼 충분한 새로운 자원이 있었다. 특히 핀란드 출신 10번 야리 리트마넨은 베르캄프의 공백을 훌륭하게 메웠다. 프랑크 레이카르트는 "베르캄프는 아약스에서 훌륭한 모습을 보여줬지만 구단 역사상 최고의 10번은 야리(리트마넨)"라고 말하기도 했다. 리트마넨은 네덜란드인이 아닌 핀란드인이었던 만큼 조금 다른 유형의 선수였지만, 그는 동시에 아약스가 원하는 10번 역할을 완벽하게 해줬다. 그는 공간을 파악하는 능력과 퍼스트터치가 탁월했고, 양발을 모두 효과적으로 활용했다. 이에 대해 판 할 감독은 베르캄프가 처진 공격수를 뜻하는 두 번째 공격수second striker였다면, 리트마넨은 네 번째 미드필더fourth midfielder에 더 가까운 선수였다고 말했다.

리트마넨은 은퇴 후 축구 전문지 〈포포투FourFourTwo〉와의 인터뷰에서 현역 시절 함께 뛴 동료 중 포지션별 최고의 선수로 베스트11을 꼽아달라는 요청을 받은 후 무려 이틀간 루이스 피구Luís Figo, 마이클 오웬Michael Owen, 히바우두Rivaldo, 미하엘 라우드럽Michael Laudrup, 스티븐 제라드Steven Gerrard, 즐라탄 이브라히모비치Zlatan Ibrahimović, 펩 과르디올라Pep Guardiola 등을 두고 고민했다. 그러나 결국 그는 고심 끝에 1995년 챔피언스리그 우승을 함께한 아약스 동료로 자신의 베스트11 전부를 구성했다. 이처럼 판 할 감독이 이끌던 시기의 아약스는 챔피언스리그 우승을 차지할 정도로 완벽한 조화를 이룬 팀이었다. 리트마넨은 자신이 현역으로 뛰던 시절 아약스에서 함께한 동료들보다 기량이 출중한 선수도 있었지만, 베스트11을 구성할 때는 조직력의 균열 가능성을 염두에 둘 수밖에 없었다는 뜻을 밝히기도 했다.

1994-95시즌은 아약스에게는 엄청난 한 해였다. 유럽 최고 권위의 대회인 챔피언스리그 우승뿐만 아니라 에레디비지에서도 무패 우승을 차

지했다. 판 할 감독은 아약스에게 주어진 최고의 세대를 중심으로 매우 구조적이고, 조직적인 팀을 만들었다.

그때까지 전술적 조직력은 팀이 공을 소유하지 않고 있을 때 더 중시됐다. 대다수 팀은 조직적인 수비를 하는 대신 공격 진영에서는 기량이 뛰어난 개인이 자유롭게 움직일 권한을 줬다. 그러나 판 할 감독은 팀이 공을 소유했을 때도 구조적인 공격을 하는 데 집착하며 사실상 공격수의 자연스러운 움직임을 없앴다. 판 할의 지도 방식 중 미헬스, 크루이프와 가장 달랐던 부분은 토털 축구의 핵심이라고 할 수 있는, 선수들이 측면에서 위아래로 포지션을 변경하는 고전적인 스위칭을 금지했다는 점이다. 판 할 감독의 부임 전까지 아약스는 오른쪽 측면 수비수와 오른쪽으로 치우치게 배치된 중앙 미드필더, 그리고 오른쪽 윙어가 수시로 포지션을 변경했다. 그러나 판 할 감독은 미드필더들에게 윙어들의 뒷자리를 지키라고 주문했다. 미드필더가 자유자재로 움직이면 팀의 구조가 무너질 수 있다는 게 그의 생각이었다. 판 할 감독은 모든 선수가 자신의 지시에 따라 주어진 공간 안에서 고르게 움직여야 한다고 믿었기 때문이다. 그는 "수많은 감독이 어떻게 하면 선수들을 많이 뛰게 할 수 있을지를 고민한다. 그러나 아약스에서는 선수 개개인이 가능하면 적게 뛸 수 있게 훈련한다. 그래서 포지션 게임은 아약스의 팀 훈련에서 늘 중점적인 부분을 차지한다"고 말했다.

아약스가 1995년 챔피언스리그 우승을 차지한 시절 전형적인 베스트 11은 골키퍼 에드윈 판 데 사르를 시작으로 패스 능력과 기술이 뛰어난 미카엘 라이지거Michael Reiziger, 대니 블린트Danny Blind, 프랑크 더 부르Frank de Boer가 스리백을 구축했다. 이들의 앞자리에는 다재다능한 '멀티 플레이어' 프랑크 레이카르트가 상황에 따라 수비진과 미드필드진을 오가며 활약했고, 이 덕분에 아약스는 수시로 수비 라인을 스리백과 포백으로 변경할 수 있었다. 다이아몬드형 미드필드의 양 측면에 배치된 중앙 미드 필더 두 명은 수리남 태생의 '레게머리 듀오' 클라렌스 세도르프Clarence Seedorf와 에드가 다비즈Edgar Davids였다. 세도르프와 다비즈는 기술적으로도 특출했지만, 상대 진영으로 전진하면서 윙어 피니디 조지와 마르크 오베르마스(이 두 선수는 측면에 각자 고립돼 상대 측면 수비수와 1대1 대결을 하는 데 주력했다)보다는 중앙 공격을 지원하는 데 필요한 에너지까지 겸비하고 있었다. 이에 리트마넨은 상대 수비와 미드필드 라인 사이에서 움직였고, 깊숙한 위치까지 내려와 미드필드의 숫자를 늘리다가도 순간적으로 전진해 최전방 공격수를 지원했다. 리트마넨의 지원을 받은 최전방 공격수는 대개 로날드 더 부르였지만, 패트릭 클루이베르트나 은완코 카누Nwankwo Kanu가 이 자리에서 활약할 때도 있었다.

1995년의 아약스는 여러모로 약 15년 후 유럽 무대를 압도한 펩 과르디올라 감독의 바르셀로나와 닮은 점이 많았다. 그들도 높은 점유율을 기반으로 유연한 전술적 능력을 선보였고, 압박에 능했다. 그러나 바르셀로나가 중앙 지역을 통해 복잡한 패스 콤비네이션으로 득점을 노렸다면 아약스는 훨씬 단순한 방법으로 골을 터뜨렸다. 윙어가 미드필더에게 패스를 연결받아서 드리블 돌파로 상대 측면 수비수를 뚫은 뒤, 크로스를 올려 공격수에게 연결하는 방식이 당시 아약스의 주된 득점 패턴이었다. 아약스는 무게중심을 뒤로 빼고 내려앉은 상대를 만났을 때는 우선 양 측면 중 한쪽으로 공을 보내 윙어의 1대1 돌파를 노린 뒤, 여의치 않으면 재빨리 반대편 측면으로 전환하여 더 넓은 공간을 활용해 돌파를 시도하는 패턴을 활용했다. 이와 같은 공격 작업은 긴 대각선 롱볼보다는 대개 중앙 미드필더 다비즈, 레이카르트, 세도르프를 거치는 약 2~3회의 빠른 패스로 이뤄졌다. 그래야 상대 선수들이 아약스의 중앙 미드필더들을 의식해 중원에 머무르게 할 수 있었고, 이 덕분에 반대편의 윙어는 더 넓은 공간을 확보한 채 돌파를 시도할 수 있었다.

아약스가 1995년 챔피언스리그 결승전에서 파비오 카펠로Fabio Capello 감독의 AC 밀란을 꺾은 경기는 지금까지도 명승부로 기억되고 있다. 당시 카펠로 감독은 거의 매 경기 4-4-2 포메이션을 가동했지만, 챔피언스리그 결승전에서는 아약스의 다이아몬드형 미드필드진에 대응하기 위해 팀 전술에 변화를 줬다. 그는 밀란의 10번 즈보니미르 보반Zvonimir Boban에게 레이카르트를 강력하게 압박하라는 지시를 내렸고, 수비형 미드필더 마르셀 데사이Marcel Desailly는 팀의 수비와 미드필드 라인 사이에서 리트마넨을 대인방어했다. 또한 근면하고 투철했던 밀란 공격수 마르코 시모네Marco Simone와 다니엘레 마사로Daniele Massaro는 영리한 위치 선정을 통해 아약스 수비수 블린트와 더 부르가 후방에서 공을 소유하고 패스를 찔러줄 시간적 여유를 주지 않았다. 그래서 아약스에서 패스 능력이 가장 떨어지는 라이지거에게 공이 집중됐고, 전반전에는 고전을 면치 못했다.

그러나 판 할 감독은 후반전 시작과 함께 세 가지의 결정적인 변화를 시도하며 극단적으로 공간을 콤팩트하게 구성하고 있던 밀란을 상대로 공간을 만들어내는 데 성공했다. 우선 판 할 감독은 레이카르트를 수비진으로 내려앉혀 그가 밀란 미드필더들의 압박으로부터 자유롭게 공을 받을 수 있게 했다. 그러면서 레이카르트는 경기를 조율하기 시작했다. 두 번째로 판 할 감독은 세도르프를 교체 아웃시키고, 최전방 공격수 로날드 더 부르를 미드필더로 내린 후 발 빠른 최전방 공격수 카누를 교체 투입해 밀란 수비 라인이 뒤로 물러나게 만들었다. 세 번째로 판 할 감독은 당시 아약스 최고의 선수로 꼽힌 리트마넨을 대신해 18세 공격수 패트릭 클루이베르트를 교체 투입하며 최전방에서 더 빠른 공격을 시도했다.

이처럼 아약스는 매우 '네덜란드스럽게' 밀란의 공격 라인을 끌어올리고 수비 라인을 밑으로 내려 공간을 창출하는 데 성공했다. 아약스는 미드필드에서 자연스럽게 더 많은 공간을 확보할 수 있었고, 끝내 경기 종료 5분을 앞두고 판 할 감독이 교체 투입한 공격수 클루이베르트가 레이카르트의 패스를 결승골로 연결하며 챔피언스리그 우승을 차지했다. 이 상황에서 레이카르트는 페널티 지역 모서리 부근에서 클루이베르트에게 패스를 찔러줬다. 그가 원래 수비형 미드필더인 데다 이 경기에서는 후반전부터 수비수로 뛴 점을 고려하면, 이해하기 어려운 상황일 수 있다. 그런데도 그는 순간적으로 '파이널 서드final third 지역'에 진입해 문전으로 결정적인 패스를 찔러넣었다. 이처럼 수비수가 기술을 뽐내는 장면은 이 시기 네덜란드식 축구의 또다른 핵심적 모습이었다.

3

•

후방 빌드업

1992년이 유럽 축구의 한 획을 그은 시점으로 기억되는 이유는 프리미어리그의 출범 혹은 유러피언컵이 챔피언스리그로 개편됐다는 것 때문만은 아니었다. 그보다 더 중요한 사건은 백패스 규정의 변화였다. 백패스 규정을 수정해야 한다는 필요성은 1990 이탈리아 월드컵이 지나치게 수비적이고 지루했다는 평가를 받으며 탄력을 받았다. 당시 대회에서는 내내 후방에서 공을 돌리다가 상대가 압박을 시도하면 골키퍼를 향해 백패스를 연결해 시간을 끄는 빈도가 매우 높았다. 이를 이유로 FIFA는 팀 동료가 의도적으로 건넨 백패스를 골키퍼가 손으로 잡을 수 없다는 규정을 만들었다. 이처럼 수정된 백패스 규정이 도입되기 직전 열린 마지막 주요 국제대회는 유로 1992였다. 공교롭게도 이 대회에서 우승을 차지한 덴마크는 골키퍼 피터 슈마이켈Peter Schmeichel이 백패스를 손으로 잡는 수비 전략을 극단적으로 활용했다.

백패스 규정을 수정한 효과는 매우 긍정적인 결과를 낳았다. 바뀐 규정은 골키퍼와 수비수에게 상대 선수의 압박을 받는 위험한 상황 속에서도 패스를 통해 경기를 풀어가는 능력을 요구했다. 그러면서 골키퍼와 수비수들도 공을 소유하며 더 기술적인 축구를 구사하게 됐고, 경기의 속도가 크게 상승했다. 백패스 규정이 도입된 후 열린 첫 번째 국제대회는 1992년 바르셀로나 올림픽이었다. 올림픽 남자축구에서 금메달을 획득한 팀은 펩 과르디올라가 핵심 미드필더로 활약한 스페인이었다.

사실 백패스 규정이 수정된 초기에는 부정적인 반응이 지배적이었다. 축구 전문지 〈월드 사커World Soccer〉는 '우리의 백패스를 지키자Save Our Backpass'라는 제목의 서명 운동까지 벌였고, 심지어는 요한 크루이프마저 부정적인 견해를 밝혔다. 크루이프가 기술적이고, 템포가 빠른 축구를 선호한 대표적인 인물인 점을 고려할 때, 그가 새롭게 바뀐 백패스 규정에 반대한 건 매우 놀라운 일이다. 그러나 크루이프는 "내가 볼 때는 말이 안 되는 규정이다. 심판, 감독, 선수들에게 혼란만 주는 규정일 뿐이다. 한 번도 운동장에서 축구를 해본 적 없이 책상 앞에 앉아 축구를 하려는 사람들이 만들어낸 규정"이라며 새로운 백패스 규정을 맹비난했다. 그러나 아이러니하게도 수정된 백패스 규정에 가장 큰 덕을 본 건 네덜란드 축구, 그리고 크루이프의 영향을 받은 팀과 선수들이었다. 백패스 규정이 수정된 후 대다수 유럽 국가의 골키퍼는 갑작스럽게 킥의 정확도와 전반적인 패스, 공격 전개 능력을 향상시켜야 했다. 동시에 기술적으로 투박한 정통파 수비수들의 자리도 좁아졌다. 그러나 백패스 규정이 수정되기 전부터 기술적으로 완성된 골키퍼와 수비수를 수없이 육성해놓은 네덜란드는 달랐다.

크루이프는 축구 역사상 그 누구보다도 골키퍼와 관련된 확고한 아이디어를 제시해 크나큰 영향력을 행사한 대표적인 인물이다. 이는 그가 현역 시절 골키퍼가 아니었다는 점을 고려할 때 매우 독특한 점이기도 하다. 사실 크루이프가 골키퍼로 활약한 경험이 아예 없지는 않다. 그는 현역 시절 정평이 났던 자신의 다재다능한 능력을 십분 활용해 1964년 아약스 1군 데뷔전을 치른 후에도 아약스 3군 팀에서 골키퍼로 활약했다. 어린 시절 야구 선수로도 활약하며 투수와 포수 두 위치 모두에서 잠재성을 선보인 크루이프에게는 공을 막고 받고 던지는 일에 아무런 문제가 없었다. 하지만 크루이프는 골키퍼에게 가장 중요한 능력은 손을 쓰는 기술이 아니라고 믿었다. 그가 가장 중시한 골키퍼의 능력은 '시야'였다. 골키퍼가 팀의 11번째 필드 플레이어이며 공격의 시작점이자 수비 라인 뒤에서 '스위퍼' 역할까지 맡아줘야 한다는 게 크루이프의 생각이었다. 실제로 크루이프는 축구에 대한 조예가 깊었고, 늘 거리낌 없이 의견을 제시한 인물답게 현역 시절부터 몸담은 팀의 감독이 골키퍼를 활용한 팀 전술을 만드는 데 상당한 영향을 미쳤다. 이 덕분에 크루이프가 활약한 팀은 기술적인 골키퍼를 육성하는 틀을 마련할 수 있었다.

네덜란드 출신 골키퍼의 기술적 우수함은 네덜란드 대표팀이 토털 축구로 축구계에 혁명을 일으킨 1974 서독 월드컵에서 완벽하게 드러났다. 당시 PSV 소속 골키퍼였던 얀 판 베베렌Jan van Beveren은 빼어난 선방 능력을 자랑하며 유럽에서 가장 추앙받는 수문장이었지만, '공을 잘 차는 골키퍼'는 결코 아니었다. 그 또한 현역 시절을 회상하며 "나는 축구를 할 줄 아는 골키퍼가 아니었다. 나는 골키퍼가 되기 위해 태어난 선수였다. 반사 신경, 점프 능력, 힘이 나의 장점이었다"고 말하기도 했다. 그러나 당시 네덜란드의 핵심 선수였던 크루이프는 골키퍼에게도 스피드, 영리함, 패스 능력의 중요성이 똑같이 적용돼야 한다고 믿었다. 결국 그는 판 베베렌 대신 소규모 구단인 FC 암스테르담의 골키퍼 얀 용블루드_{Jan}Jongbloed를 선발해야 한다고 리누스 미헬스 감독을 설득했다. 용블루드는 네덜란드 대표팀에서 12년 동안 겨우 단 한 경기에 출전했던 골키퍼였다. 그러나 그는 당시만 해도 골키퍼에게 중시되지 않았던 민첩함을 보유하고 있었고 수비 라인 뒤에서 스위퍼 역할을 해주었을 뿐만 아니라 빼어난 발재간까지 갖고 있어, 토털 축구에 적합한 선수였다. 심지어 당시 네덜란드 대표팀에서 용블루드가 신임을 받기 시작하면서 판 베베렌뿐만 아니라 그의 백업으로 입지를 확고히 한 FC 트벤테의 골키퍼 피터 슈라이버스Pieter Schrijvers까지 외면받았다. 그러면서 네덜란드 대표팀은 '토털 축구'를 구사하는 데 골키퍼에게 요구되는 기준을 구축했다. 이 덕분에 시간이 흘러 1992년 백패스 규정이 수정됐을 때, 네덜란드는 그 어떤 국가보다 이에 수월하게 적응할 수 있었다. 네덜란드 골키퍼는 늘 유럽의 경쟁 국가와 비교해 현저히 앞서 있었기 때문이다.

1992년 아약스의 주전 골키퍼 스탄리 멘조Stanley Menzo는 당시 팀에서 활약한 수많은 선수들과 공통점이 많았다. 그는 네덜란드 식민지 수리남에서 태어나 아약스 유소년 아카데미를 거치며 성장했고, 선방 능력에만 집중된 골키퍼가 아닌 다재다능한 축구 기술을 골고루 보유한 선수였다. 멘조는 유럽 최고의 팀에서 활약한 공을 가장 잘 차는 골키퍼였다. 그가 아약스에서 성공적인 커리어를 보낼 수 있었던 이유도 무엇보다 발재간이 빼어났기 때문이었다. 멘조는 1985년 크루이프 휘하에서 주전 골키퍼가 되었고, 판 할 휘하였던 1994년까지 계속 주전 골키퍼로 뛰었다. 멘조는 크루이프와 판 할 체제에서 나란히 에레디비지와 유럽 클럽 대항전 우승을 차지했고, 매우 자연스럽게도 크루이프와 판 할을 자신이 함께한 최고의 감독 두 명으로 지목했다. 그만큼 크루이프와 판 할은 멘조의

'발 기술'을 사랑했다. 여기서 주목해야 할 점은 멘조는 어린 시절부터 다양한 포지션에서 활약한, 골키퍼보다는 '축구 선수'에 더 가까운 자원이었다는 사실이다. 그는 "나는 스위퍼와 중앙 수비수로 축구를 시작했다. 이후 1년이 채 지나지 않아 골키퍼로 뛰기 시작했다. 나는 골키퍼로 뛰었지만, 사실 필드 플레이어로도 활약할 수 있었다. 둘 중 어떤 역할도 소화할 수 있었고 결국 스스로 내린 결정은 아니었지만, 골키퍼가 됐다"고 설명했다.

멘조는 아약스가 크루이프로부터 받은 영향에 힘입어 진취적인 성향의 골키퍼를 육성하기 시작하며 만들어진 선수였다. 실제로 크루이프는 아약스 감독으로 부임한 1985년 당시 붙박이 주전 골키퍼 한스 갈례Hans Galjé의 뒤를 이을 선수로 탁월한 운동 신경과 민첩함을 지니고 있었으나 1군 백업 골키퍼에 불과했던 멘조를 선택했다. 이후 멘조는 손으로 던져주는 긴 패스와 적극적인 수비 능력으로 자신의 입지를 구축했고, 크루이프 감독의 강한 신뢰를 얻었다. 심지어 크루이프 감독은 아약스를 1987년 컵위너스컵 우승으로 이끈 후 멘조를 가장 중요한 선수로 지목했다. 크루이프 감독은 멘조가 필드 플레이어로도 활약할 수 있다고 굳게 믿었다.

크루이프는 골키퍼에게 필요한 능력에 대한 자신만의 확고한 생각이 있었지만, 골키퍼가 특수한 포지션이라는 사실을 결코 간과하지 않았다. 실제로 그는 네덜란드 축구 역사상 최초의 골키퍼 코치 프란스 후크Frans Hoek를 영입한 감독이었다. 당시 후크 코치는 암스테르담 인근의 상점에서 골키퍼 용품을 판매하는 일을 하고 있었는데, 멘조는 그가 골키퍼 코치가 된 후 만난 첫 번째 제자였다. 후크 코치와 멘조는 아약스에서 1980년대부터 판 할 감독 시절까지 사제 관계를 이어갔다. 당시 멘조의 문제는 기복이 심하다는 점이었다. 하지만 이상을 추구하는 크루이프 감독은 자신이 선호하는 유형의 선수라면 그가 종종 저지르는 실수에 대해서도 매우 관대했다. 간혹 멘조가 저지르는 실수는 그가 보유한 전반적인 축구 재능으로 충분히 만회할 수 있다는 게 크루이프의 생각이었다. 그러나 판 할은 크루이프보다 훨씬 더 실용적인 감독이었다. 결국 판 할 감독은 1993년 3월 오제르Auxerre를 상대한 UEFA컵 경기에서 멘조가 파스칼 바히루아Pascal Vahirua의 코너킥을 손으로 잘못 쳐내 자책골을 헌납하는 바람에 아약스가 탈락하자 골키퍼 교체를 선언했다. 이후 판 할 감독은 멘조를 선발 명단에서 제외하고 백업 골키퍼를 중용하기 시작했다. 당시 아약스의 백업에서 주전 골키퍼로 도약한 무명 선수의 이름은 에드윈 판 데 사르Edwin van der Sar다.

판 데 사르는 멘조와 비슷한 성장기를 거친 골키퍼였다. 수비수로 축구를 시작한 그는 유소년 팀 시절 주전 골키퍼가 경기가 열리는 날에 모습을 드러내지 않자 필드 플레이어 중 키가 가장 크다는 이유로 갑작스럽게 골키퍼로 보직을 변경하게 됐다. 훗날 신장이 197cm로 성장한 판데 사르는 세계에서 국민 평균 신장이 가장 큰 네덜란드 기준으로도 눈에 띄는 장신이었다. 판 데 사르는 어린 시절 필드 플레이어로 활약하며 쌓은 경험 덕분에 1992년 백패스 규정이 수정된 후 골키퍼 포지션에 혁명을 일으킨 선수로 발돋움했다. 그 또한 직접 "백패스 규정의 수정이 나의 인생을 바꿔놓았다. 나는 이미 발 기술이 좋은 골키퍼였기 때문"이라고 말하기도 했다.

후크 코치 또한 "우리는 아약스의 골키퍼가 어떤 능력을 가져야 하는지 고민했다. 에드윈(판 데 사르)은 우리가 필요하다고 판단한 능력을 거의 다 보유한 골키퍼였다. 그는 골대 근처의 공간을 이해하는 능력이 좋았으며 수비수에게 패스를 연결하는 기술을 보유하고 있었다. 이와 같은 패스 능력은 당시 대다수 골키퍼가 보유하지 못한 기술이었다. 그때 당시의 대다수 골키퍼는 골라인에 고정된 채 상대의 슛을 막는 데만 집중하는 '볼 스토퍼ball-stopper'였기 때문이다. 게다가 판 데 사르는 키가 워낙 커서 방어 범위가 매우 넓었다. 그는 늘 평정심을 유지했고 안정적이었다. 그는 팀이 공격의 물꼬를 트는 데 초석을 다지는 역할까지 해줬다. 무엇보다 판 데 사르는 야망이 큰 선수였으며 배우는 자세가 훌륭했다"고 말했다. 잉글랜드 축구 기자 조너선 윌슨Jonathan Wilson이 집필한 골키퍼 역사서《The Outsider》에서도 판 데 사르를 "진정한 스위퍼 역할을 한 첫 번째 골키퍼"라고 소개하고 있다.

40대에 접어들 때까지 현역 생활을 이어간 판 데 사르의 마지막 몇 년만 기억하는 축구 팬이라면, 이와 같은 평가가 다소 생소할 수도 있다. 당시 그는 아약스와 맨체스터 유나이티드에서 활약하며 리그 우승 8회, 챔피언스리그 우승 2회를 차지했으며 네덜란드 대표팀에서 130경기를 소화한 레전드로 평가받았지만, 기술이 탁월한 '스위퍼 키퍼'를 연상케 하는 골키퍼는 아니었다.

판 데 사르는 현역 시절 막바지에 가까워질수록 기동력을 잃어가며 '스위퍼 키퍼'보다는 정통파 골키퍼에 더 가까워졌다. 게다가 그는 짧게나마 몸담은 유벤투스에서는 골라인을 벗어나지 말라는 지시를 받았고, 맨체스터 유나이티드에서 보인 성향도 보수적인 편이었다. 그러나 아약스 시절의 판 데 사르는 위치 선정과 볼 배급이 매우 과감했으며 네덜란드의 후세대 골키퍼들이 본보기로 삼을 만한 롤모델이었다. 실제로 판 데 사르가 아약스 시절 보여준 혁신적인 성향은 갈수록 영향력이 커졌다. 판 데 사르가 현역 은퇴를 선언한 시점에는 그가 전성기 시절 선보인 기술이 모든 골키퍼에게 요구되는 매우 보편적인 능력이 되어 있었다.

독일의 2014 브라질 월드컵 우승을 이끈 골키퍼 마누엘 노이어Manuel Neuer는 "골키퍼를 바라보는 관점을 처음으로 바꾼 선수 중 한 명이 판 데 사르였다. 발을 즐겨 쓴 그는 골키퍼라는 포지션의 새 시대를 열었다. 나 또한 아약스의 축구 철학을 좋아하는 골키퍼이며 판 데 사르의 활약을 보며 영감을 얻었다"고 말했다. 이 외에도 티보 쿠르투아Thibaut Courtois, 다 비드 데 헤아David de Gea, 빈센트 엔예아마Vincent Enyeama도 각자 자신에게 영감을 준 골키퍼로 판 데 사르를 꼽았다. 그러나 판 데 사르 외에도 당시 '스위퍼 키퍼' 역할을 한 몇몇 골키퍼가 있었다. 이 중 한 명이었던 콜롬 비아 골키퍼 레네 이기타Rene Higuita는 1990 이탈리아 월드컵에서 페널티 지역 밖에서 드리블 돌파를 시도하다 로저 밀라Roger Milla에게 공을 빼앗 겨 실점을 하기도 했다. 이 시절 '스콜피온 킥'으로 선방을 기록하기도 한 밀라는 '스위퍼 키퍼'라는 이유 하나만으로 "미쳤다"는 평가를 받았고, 실제로 당시 그의 별명 또한 '미친 사람'을 뜻하는 'El Loco'였다.

그러나 판 데 사르는 미쳤다는 평가와는 거리가 있었다. 그는 '스위퍼 키퍼' 성향이 짙으면서도 오히려 지루하고 효율적이며 결과를 중시하는 선수였다. 판 데 사르는 현역 은퇴를 선언한 후에도 지도자나 해설위원이 아닌 아약스 사장으로 부임했다. 심지어 그는 자서전을 써달라는 제안 을 받고는 쓸 내용이 충분하지 않다며 이를 거절하기도 했다. "나는 화 려한 로큰롤rock and roll에 어울리는 사람이 아니다"라는 게 그의 대답이었 다. 그러나 바로 이와 같은 판 데 사르의 평정심은 '공을 잘 차는 골키퍼 footballing goalkeeper'에게 가장 중요한 덕목이기도 했다. 그에게는 '스위퍼 키 퍼'의 역할이 스스로 개성을 드러내기 위한 수단이 아니라 팀을 위해 자 신이 반드시 해야만 했던 일이었기 때문이다. 아약스는 패스로 공을 돌릴 때 당시 유럽 내 다른 정상급 팀들과 비교해 골키퍼를 활용하는 빈도가 훨씬 더 높았다. 당시 대다수 팀은 규정이 수정된 탓에 골키퍼를 향한 백패스를 최대한 자제했다. 상대의 압박을 받는 상황에서 골키퍼에게 건네는 백패스는 정확도가 떨어지는 롱킥으로 이어졌기 때문이다. 그러나 아약스 선수들은 판 데 사르를 사실상 필드 플레이어 중 한 명으로 여겼으며 그에게 백패스를 연결해도 팀이 계속 공을 소유할 수 있다는 믿음이 있었다.

판 데 사르는 상대의 슛을 막는 순수 골키퍼 능력도 멘조보다 뛰어났다. 그러나 그는 피터 슈마이켈, 다비드 데 헤아만큼 '슈퍼 세이브'를 자주 선보인 골키퍼는 아니었다. 판 데 사르는 스스로 골키퍼에게 요구되는 선방 능력을 "사람들이 막아주기를 기대하는 슛을 막는 것"이라고 정의하기도 했다. 실제로 판 데 사르가 현역 시절 선보인 가장 개성 있는 모습은 아약스가 에레디비지 경기에서 하위권 팀을 상대로 큰 점수 차로 앞서 있을 때 얻은 페널티킥을 두 차례 자신이 직접 찬 게 전부였다. 그의 스파르타 로테르담Sparta Rotterdam전 페널티킥은 상대 골키퍼의 선방에 막혔지만, 데 흐라프샤프De Graafschap전 페널티킥은 득점으로 연결됐다. 그러나 판 데 사르는 데 흐라프샤프전에서 골을 터뜨린 후 한 골을 헌납해 8-1로 승리하고도 무실점 경기를 기록하지 못한 것에 대해 불만을 내비쳤다.

판 데 사르의 기술을 가장 잘 보여준 득점 장면은 아약스가 1995년 5월 챔피언스리그 결승전을 앞두고 나선 MVV 마스트리흐트MVV Maastricht를 상대로 만들어낸 골 장면이었다. 아약스 수비수 미카엘 라이지거는 수비 진영 오른쪽 측면에서 상대의 압박을 받는 상황이 되자 판 데 사르를 향해 백패스를 시도했다. 그러나 그의 백패스에는 힘이 실리지 않았고, 정확도까지 떨어졌다. 이 때문에 판 데 사르는 골라인을 타고 전력 질주해 공을 쫓아야 했다. 당시만 해도 대다수 골키퍼가 이와 같은 상황에서 선택할 수 있는 대응책은 코너킥 헌납을 피하기 위해 슬라이딩 후 공을 최대한 멀리 차내 스로인을 내주는 것이었다. 대다수 골키퍼는 이처럼 가까스로 공을 처리한 후 자신에게 부정확한 백패스를 시도한 동료 수비수에게 고함을 지르곤 했다. 그러나 판 데 사르는 달랐다. 그는 재빨리 달려가 부드러운 터치로 자신과 경합하는 상대 공격수를 제친 후 코너 플래그 부근에서 라이지거에게 리턴 패스를 연결했다. 이어 벌어진 상황은 판 데 사르가 평정심을 유지하며 후방에서 연결한 패스의 중요성을 여실히 보여줬다.

판 데 사르의 리턴 패스를 받은 라이지거는 상대 선수 한 명을 제치며 전진해 리트마넨에게 전진 패스를 연결했다. 이어 리트마넨의 패스를 받은 로날드 더 부르는 상대 수비수의 태클을 피해 왼쪽 측면을 침투하는 에드가 다비즈에게 패스를 연결했다. 다비즈는 상대 선수 한 명을 제친 후 침투 패스를 보냈고, 이를 오른쪽 사이 공간에서 받은 대니 블린트가 꺾어준 패스를 왼쪽 측면 공격수 오베르마스가 반대쪽 포스트를 향한 강력한 슈팅으로 골망을 흔들었다. 이 골은 아약스 선수들이 합작해 낸, 판 할 감독이 추구하는 축구 스타일을 가장 잘 보여준 득점이었지만, 판 데 사르의 발끝에서 시작된 장면이기도 했다. 실제로 아약스 선수들은 이 골이 터진 후 득점자 오베르마스가 아닌 공격 장면의 시작점 역할을 한 수비진을 구성한 동료들과 함께 득점을 자축했다. 이에 득점을 터뜨린 공격수 오베르마스는 멋쩍은 표정을 지으며 관중석을 바라보며 호응을 이끌어냈다. 팀 전체가 훌륭하게 합작한 득점에 만족감을 느낀 판 할 감독 또한 벤치에서 일어나 기쁨을 드러냈다. 이처럼 이 득점은 아약스의 축구를 가장 잘 보여준 장면이었다. 미드필드 진영으로 내려온 공격진, 문전으로 침투하는 수비수, 빠른 패스 연결 그리고 공격의 시작점 역할을 한 골키퍼까지.

크루이프도 1995년 아약스의 챔피언스리그 우승을 지켜본 후 주요 선수로 판 데 사르를 지목했다. 당시 바르셀로나에서 네덜란드식 골키퍼 모델 정착을 시도한 크루이프는 주전 수문장 안도니 수비사레타의 활약에 썩 만족하지 못했다. 성격만 놓고 보면 수비사레타는 판 데 사르와 공통점이 많았다. 그는 프로 정신이 투철했으며 리더십까지 겸비하고 있었다. 수비사레타는 스페인 대표팀에서 126경기를 소화했고 현역 은퇴 후 바르셀로나 단장으로 부임했다. 그러나 수비사레타는 운동장 안에서는 정통파 골키퍼에 훨씬 더 가까웠다. 수비사레타는 골라인 위를 지키는 스타일을 선호했고, 크루이프 감독은 그를 기술이 부족한 골키퍼라고 비판했다. 특히 수비사레타의 투박한 기술은 백패스 규정이 수정된 후 더 눈에 띌 수밖에 없었다. 이에 수비사레타는 "크루이프는 골키퍼로서의 나를 바꾸지는 않았다. 그러나 그는 나의 포지션을 바꿨다"고 말했다. 실제로 크루이프는 수비사레타에게 스위퍼처럼 움직이라는 주문을 하면서도, 그의 '볼 스토퍼' 성향까지 고칠 수는 없었다. 크루이프는 수비사레타의 발 기술을 향상시키기 위해 팀 훈련 도중에는 아예 그를 미드필더로 기용하기도 했다.

수비사레타는 바르셀로나에서 1994년까지 활약했다. 이후 크루이프 감독은 오랜 기간 백업 골키퍼로 활약한 카를레스 부스케츠Carles Busquets로 그를 대체했다. 부스케츠는 훗날 바르셀로나의 붙박이 주전 미드필더가 된 세르히오 부스케츠의 아버지로도 잘 알려져 있다. 부스케츠는 크루이프의 전술을 습득하려는 자세가 수비사레타와 비교했을 때 훨씬 더 적극적이었고, 그는 이에 따라 골라인보다 훨씬 앞선 자리에서 움직였다. 부스케츠가 골문을 지킨 이후 바르셀로나가 거둔 성적은 다소 엇갈렸다. 부스케츠가 바르셀로나에서 출전한 첫 주요 경기는 수비사레타가 경고 누적으로 결장한 1991년 유러피언 컵위너스컵 결승전이었다. 이날 바르셀로나는 부스케츠가 세 차례의 결정적인 실수를 저지르며 맨체스터 유나이티드에 1-2로 패했다. 부스케츠가 골대 앞으로 뛰어나왔으나 미처 처리하지 못한 공중볼을 맨체스터 유나이티드 미드필더 리 샤프Lee Sharpe 가 빈 골대를 벗어난 발리슛으로 연결한 게 이날 첫 번째 실수였다. 두 번째 실수는 더 치명적이었다. 부스케츠는 맨체스터 유나이티드의 프리킥을 처리하기 위해 자리에서 벗어나 달려나가는 도중에 자신이 잘못된 판단을 했다는 사실을 깨닫고 멈춰 섰고, 그 사이 스티브 브루스Steve Bruce 가 그의 키를 넘기는 헤더로 연결한 공을 마크 휴즈Mark Hughes가 차 넣으며 맨체스터 유나이티드가 선제골을 기록했다. 이어 약 7분 후 침투 패스를 받은 휴즈는 공격을 차단하기 위해 골대로부터 20미터 이상 전진해 태클을 시도한 부스케츠를 가볍게 제치고 득점에 성공했다.

그러나 크루이프 감독은 여전히 부스케츠를 신임했다. 부스케츠는 181cm로 골키퍼 기준으로는 키가 작은 편에 속했지만, 자신의 발 기술에 대해 자신감이 있었으며 상대 공격수의 키를 넘기는 칩샷으로 동료에게 연결하는 패스를 즐겨 활용했다. 그러나 이와 동시에 그는 안정감이 매우 떨어지는 골키퍼였다. 부스케츠는 수비사레타의 주전 골키퍼 자리를 이어받은 뒤 출전한 예테보리Gothenburg전에서 위험 요소를 그대로 노출했다. 상대의 롱볼을 차단하기 위해 전진했다가 저지른 실수가 바르셀로나가 이날 1-2 충격패를 당하는 원인이 됐기 때문이다. 부스케츠는 페널티 지역 상단 구석 부근까지 달려나가고도 공중볼을 처리하지 못했고, 결국 제공권 장악 능력이 빼어난 공격수도 아닌 예스퍼 블롬퀴스트 Jesper Blomqvist에게 헤더골을 실점했다. 이는 부스케츠의 약점을 단적으로 보여준 장면이자 수비사레타는 절대 범하지 않을 실수였다. 게다가 부스케츠는 발기술 또한 완벽에 가까운 선수는 아니었다. 오히려 그는 공을 소유하고 있을 때 불안한 모습을 자주 노출하는 골키퍼였다. 심지어 부스케츠는 매 경기 반바지보다는 긴바지를 선호했는데, 당시 대다수 축구장의 골 마우스 지역이 진흙탕이었던 탓에 그의 유니폼은 경기 도중 꾀죄죄해질 때가 많았다. 이처럼 지저분해진 부스케츠의 모습도 그가 일반 팬들에게 신뢰를 주지 못하는 데 영향을 미쳤다.

당시 언론은 꾸준히 판 데 사르의 바르셀로나 이적설을 제기했다. 이에 대한 크루이프 감독의 대답은 바르셀로나가 이미 외국인 선수 제한을 넘긴 만큼 영입이 어렵다는 것이었다. 게다가 크루이프 감독은 '스위퍼 키퍼'의 역할을 하려 한 골키퍼의 실수에 대해서는 매우 관대했다. 그는 간혹 나오는 스위퍼 키퍼의 실수는 그가 평소에 팀의 빌드업에 보탬이 되는 활약으로 충분히 보상이 된다고 믿었다. 크루이프의 믿음대로 바르셀로나 또한 이와 같은 철학을 유지했다. 이 덕분에 부스케츠는 현역 시절보다 오히려 은퇴하고 나서 골키퍼 코치가 된 후에 바르셀로나에서 훨씬 큰 영향력을 발휘했다. 부스케츠는 골키퍼 코치로 바르셀로나에서 페페 레이나Pepe Reina, 빅토르 발데스Víctor Valdés 등을 육성하며 구단이 크루이프의 축구 철학을 계승하는 데 일조했다.

지금은 많은 사람들의 기억에서 사라졌지만, 이 시절 바르셀로나에서 활약한 골키퍼 중 기억할 가치가 있는 선수가 한 명 더 있다. 바로 헤수스 안고이Jesús Angoy다. 안고이는 바르셀로나 유소년 아카데미를 거쳐 성장한 스위퍼 키퍼로 1991년부터 1996년까지 스페인 라리가에서 단 9경기에 출전한, 수비사레타와 부스케츠의 백업이었다. 그러나 그의 존재가 여전히 주목받아야 하는 이유는 크게 두 가지가 있다. 첫째로 그는 크루이프의 딸 샨탈Chantal의 남편이었다. 이 때문에 일각에서는 스위퍼 키퍼를 향한 크루이프의 애정이 유전이 아니냐는 우스갯소리까지 나왔다. 샨탈이 첫 번째 아이를 출산하자 감격한 크루이프는 언론을 통해 "손자의 손과 발이 크다. 발은 축구를 하는 데 쓰고, 손으로는 주급을 받으면 될 것 같다"고 농담을 하기도 했다. 둘째로 크루이프 감독이 바르셀로나에서 물러난 1996년, 안고이 또한 팀을 떠났다. 하지만 그는 팀에서 떠났을 뿐 계속 바르셀로나에 거주했는데, 이는 그가 바르셀로나의 라이벌 에스파뇰로 이적했기 때문이 아니었다. 그는 프로미식축구 NFL의 유럽 리그 구단인 바르셀로나 드래곤스Barcelona Dragons에 입단해 미식축구 선수로 활약했다. 미식축구는 공을 잡고 던지는 기술을 위주로 경기가 진행되는 종목이다. 따라서 미식축구는 축구의 골키퍼가 적응하기 수월한 종목이라고 볼 수도 있다. 그러나 안고이는 미식축구의 일반 필드 플레이어가 아닌 키커로 바르셀로나 드래곤스에 입단했다. 미식축구에서 키커는 정확한 킥으로 득점을 시도하는 전문 포지션이다. 안고이는 오히려 미식축구 키커로 전향한 후 더 빼어난 활약을 펼치며 NFL 유럽 리그 역사상 최다 득점 2위 기록을 세웠다. 이후 그는 원조 미식축구리그 NFL의 덴버 브롱코스Denver Broncos로부터 입단 제안을 받았으나 샨탈과 함께 바르셀로나에서 계속 생활하고 싶다는 이유로 이를 거절했다. 어찌 됐든 안고이는 손을 쓰는 종목인 미식축구 선수가 된 후에도 자신의 골키퍼 시절과 마찬가지로 발을 쓰는 데 더 익숙한 선수였다. 그의 장인어른 크루이프가 매우 흡족해 할 만한 발자취였다.

네덜란드가 후방에서 날카로운 패스를 연결하는 역할을 기대한 포지션은 비단 골키퍼뿐만이 아니었다. 네덜란드는 수비수에게도 패스 연결의 중요성을 강조했고, 이에 판 할 감독은 늘 "수비 기술보다 더 많은 걸 제공하는 수비수"가 필요하다고 역설했다. 세계적인 공격형 미드필더로 발롱도르까지 수상한 루드 굴리트Ruud Gullit가 1995년 글렌 호들Glenn Hoddle 감독이 이끈 첼시로 이적해 어린 시절 자신이 소화한 스위퍼로 보직을 변경하고 싶다고 밝혔을 때, 수많은 잉글랜드 축구 팬들은 충격에 빠졌다. 그러나 굴리트는 "나는 중앙 수비수로 뛰면 미드필드로 전진해 움직이면서 그곳에서 더 공격적인 위치로 침투할 수 있다"고 설명했다. 그러나 첼시에서 굴리트의 수비수 커리어는 몇 개월 만에 끝나고 말았다. 굴리트를 제외한 첼시 선수들이 그의 움직임과 전술적 역할을 이해하는 데 큰 어려움을 겪으며 팀 조직력에 문제가 발생했기 때문이다. 이에 굴리트는 "받기 어려운 패스를 안정적으로 잡아놓고, 공간을 창출해 우리 팀 오른쪽 측면 수비수의 공격 가담을 기대하고 패스를 연결하곤 했다. 그러나 문제는 우리 팀의 측면 수비수는 그런 패스를 받으려는 시도를 하지 않았다. 결국 글렌(호들 감독)이 내게 '루드, 차라리 네가 그냥 미드필드에서 이렇게 뛰는 게 낫겠어'라고 말했다"고 밝혔다. 이처럼 당시 네덜란드 선수들은 유럽 대다수 국가의 선수들보다 크게 앞서가고 있었다.

실제로 네덜란드는 1970년대부터 이와 같은 축구를 구사했다. 수비수는 기회가 되면 공격 진영으로 전진하고, 미드필더와 공격수는 뒤로 물러서 수비수가 비우고 올라간 자리를 메우는 것이 토털 축구의 기본이었다. 그러나 이와 같은 축구를 하려면 당시 네덜란드 대표팀과 아약스처럼 기본적으로 파이널 서드 지역에서 자신에게 주어진 전술적 자유를 바탕으로 차이점을 만들어내는 '축구를 잘하는' 수비수들이 필요했다. 또한 압박의 중요성에 충실했던 네덜란드 수비수에게는 수비 라인이 앞쪽으로 전진했을 때 순간적으로 뒷공간을 파고드는 상대 공격수의 움직임에 대처할 스피드도 있어야 했다.

네덜란드가 1970년대부터 구사한 이와 같은 축구는 말 그대로 혁명 그 자체였다. 당시 아약스 수비진의 리더 루드 크롤Ruud Krol은 네덜란드 축구가 중시한 영리함, 스피드, 기술을 두루 겸비한 '완벽한 선수'였다. 그는 경기를 읽는 눈이 누구보다 탁월했으며 수비 라인 뒷공간을 통제하다가 공을 잡았을 때는 측면 공격수들에게 길면서 정확한 대각선 패스를 연결하기도 했다. 1970년대 발롱도르 투표에서 3위권에 진입한 수비수는 보비 무어Bobby Moore, 프란츠 베켄바워Franz Beckenbauer 그리고 크롤뿐이었다. 이처럼 크롤은 네덜란드 대표팀과 아약스에 지대한 영향을 미친 선수였으며 네덜란드식 축구에서 수비가 어떻게 이뤄져야 하는지를 가장 간단명료하게 잘 설명한 인물이다. 그는 "우리는 상대를 중앙선 위로 올라오지 못하게 하는 게 목표였다. 우리의 관점은 우리 골문을 보호하는 게 아니었다. 우리는 중앙선을 공격한다는 생각으로 경기를 치렀다"고 말했다.

크롤은 네덜란드가 결승전까지 오른 1974 서독 월드컵에서 왼쪽 측면 수비수로 뛰었다. 당시 네덜란드의 포백 수비 라인을 구성한 나머지 수비수 세 명도 모두 공격적인 성향이 강했다. 오른쪽 측면 수비수 빔 수르비어Wim Suurbier는 크롤과 마찬가지로 아약스 소속 선수였으며 수비력보다는 빠른 발과 강력한 체력을 바탕으로 경기 내내 전진하며 공격에 가담하는 능력으로 더 유명했다. 나머지 수비수 두 명은 아예 포지션을 변경해 중앙 수비수 자리를 맡은 페예노르트의 오른쪽 측면 수비수 빔 라이스베르헨Wim Rijsbergen과 아약스의 미드필더 아리 한Arie Haan이었다. 특히 한은 당시 월드컵 전까지 수비수로 단 한 번도 뛰어본 적이 없는 미드필더였다. 또 한 가지 주목해야 할 점은 당시 아약스에서 활약한 외국인 선수 두 명은 유고슬라비아 출신 벨리보르 바소비치Velibor Vasović와 독일 출신 호어스트 블랑켄부르크Horst Blankenburg였는데, 이 두 선수 모두 전형적인 몸싸움을 즐기는 수비수였다. 아약스가 바소비치와 블란켄부르크를 영입한 이유는 구단의 선수 육성 방식으로는 터프한 유형의 수비수를 육성해낼 수 없다는 한계를 파악하고 있었기 때문이다. 크루이프도 1970년대 아약스를 회상하며 "외국인 선수들은 무언가 다른 능력을 팀으로 가져왔다"고 말했다. 이 시절 잉글랜드와 이탈리아 구단은 창의성을 더해줄 외국인 선수를 영입했지만, 네덜란드 구단은 싸움꾼 기질이 강한 외국인 선수를 원했다.

크루이프와 판 할은 각자 자신이 감독을 맡으며 이끈 바르셀로나와 아약스가 유럽을 지배한 1990년대에도 '공을 잘 차는 수비수ball-playing defender'의 필요성을 강조했다. 크루이프는 은퇴 후에도 골대를 보호하는 게 아니라 하프라인을 공격하는 게 수비의 기본이라고 끊임없이 주장했고, 공을 잃은 후에 전진하면서 상대를 압박하지 않고 뒤로 물러나며 골대를 보호하는 움직임에 더 익숙한 수비수들에 대해 불만을 드러냈다. 당시 그가 이끈 바르셀로나는 1990년대 어떤 팀보다 상대 진영에서 경기를 진행하려는 의도가 강했다.

판 할은 한발 더 나아가 수비수의 역할을 설명하며 대개 기술이 빼어난 미드필더에게 국한된 '플레이메이커'라는 단어를 사용하기도 했다. 그는 "현대 축구에서 포백 수비 라인의 중앙 수비수, 즉 3번과 4번은 실질적으로 플레이메이커가 돼야 한다. 아약스에서 대니 블린트와 프랑크 레이카르트가 매우 중요한 선수였던 이유도 이 때문이다. 오히려 이제 10번(공격형 미드필더)은 플레이메이커라고 부를 수 없다. 공격형 미드필더의 자리에 생기는 공간은 제한적이기 때문이다. 이제는 플레이메이커가 포백 수비 라인의 중앙 지역에 배치돼야 한다. 이는 중앙 수비수가 이제 몸싸움에 능한 단단함을 앞세운 선수가 될 수 없다는 의미이기도 하다. 그래서 기술적으로 천부적인 재능을 지닌 블린트와 레이카르트가 그 자리를 맡아야 한다"고 설명했다. 당시 아약스 주장으로 활약한 블린트는 과거 스파르타 로테르담에서 판 할과 팀 동료로 처음 인연을 맺었다. 블린트도 평정심과 기술적 재능을 지니고 있었지만 아약스 수비진의 진정한 스타는 레이카르트였다. 크루이프 또한 훗날 자서전을 통해 레이카르트를 "내가 본 역대 최고의 다재다능한 선수 중 한 명이다. 그는 수비력도 최정상급이었던 데다 미드필드 지역도 자신이 통솔했고, 득점력까지 보유하고 있었다. 그는 이 모든 능력을 다 가지고 있었으며 정신력이 강했고 영리했다"고 말했다.

레이카르트는 자기 정체성에 대한 확신이 없는 독특하고, 내성적인 성격의 소유자였다. 그는 1990 이탈리아 월드컵 경기에서 독일 공격수 루디 푈러Rudi Völler에게 침을 뱉은 사건 탓에 '깡패'라는 낙인이 찍혔지만, 평소에는 성격이 가장 온화한 선수 중 한 명이었다. 레이카르트는 경기장 안에서는 탁월한 리더십을 발휘했지만, 크루이프 감독이 경기장 밖에서도 리더 역할을 요구하자 차라리 경기에 출전하지 않겠다는 반응을 보이기도 했다. 그는 경기장 안에서 선보인 실력만으로 스타가 된 선수였지만, 유명세를 견디지 못했다. 레이카르트는 선수 생활을 마친 후 감독이 되어 바르셀로나를 2006년 챔피언스리그 우승으로 이끄는 등 훌륭한 지도자 커리어를 이어갔지만, 겨우 50세의 나이에 은퇴를 선언하면서 "나는 진정한 감독이 아니다. 지난 16년간 나 자신에게 어울리지 않는 일을 해야 했다"고 말했다. 현역 시절의 레이카르트는 수비만 하는 것을 원치 않았던 뛰어난 수비수였다.

이는 물론 네덜란드 수비수들에게서 쉽게 볼 수 있는 습성이었다. 그러나 레이카르트는 네덜란드 수비수인 점을 고려하더라도 이러한 성향이 매우 극단적인 선수였다. 아약스 유소년 아카데미가 배출한 그는 특출하고 진취적인 수비수로 유로 1988에서 로날드 쿠만과 네덜란드 수비진을 이끌었다. 당시 그는 발롱도르 투표에서 3위에 오르기도 했다. 네덜란드에서는 이미 레이카르트의 이러한 성향에 매우 익숙했지만, 외국인 감독들은 그의 능력에 놀라움을 나타냈다.

아르헨티나 출신 카를로스 빌라르도Carlos Billardo 감독은 "레이카르트는 내가 수년간 본 중앙 수비수 중 최고의 선수다. 그는 매번 공중볼 경합에서 승리하며 대인방어 능력도 완벽한 데다 경기를 읽을 줄도 안다. 그는 훌륭한 롱패스와 슈팅 능력까지 보유했다. 그는 현대 축구를 위해 태어난 완벽한 수비수"라고 말했다. 아일랜드 대표팀 감독이었던 잭 찰턴Jack Charlton도 "레이카르트는 모든 걸 할 줄 안다. 그가 잉글랜드에 있었다면 황금 같은 존재였을 것이다. 잉글랜드에는 그처럼 수비와 공격을 모두 훌륭하게 하는 수비수가 거의 없다"고 말했다.

레이카르트는 1988년 AC 밀란으로 이적했다. 아리고 사키 밀란 감독은 당시 마우로 타소티Mauro Tassotti, 프랑코 바레시Franco Baresi, 알레산드로 코스타쿠르타Alessandro Costacurta, 파올로 말디니Paolo Maldini로 이어지는 막강한 수비진을 보유하고 있었다. 사키 감독은 레이카르트를 영입해 미드필더로 중용했다. 당시 레이카르트와 함께 밀란의 허리진을 구축한 선수는 훗날 감독으로 챔피언스리그 우승을 차지한 카를로 안첼로티Carlo Ancelotti였다. 레이카르트는 이후에 미드필더로 보직을 완전히 변경했다. 그는 1989년 유러피언컵 결승전에서 마르코 판 바스텐의 침투 패스를 받은 뒤, 깔끔한 마무리로 결승골까지 뽑아냈다. 밀란으로 이적한 레이카르트는 수비와 공격 진영을 수시로 오가는 박스-투-박스box-to-box 미드필더로 변신했다. 그러나 그는 밀란에서 뛰던 시절에도 네덜란드 대표팀에서는 계속 중앙 수비수로 뛰었고 1990년 이탈리아 월드컵에도 수비수로 출전했다. 당시 네덜란드의 허리진은 레이카르트의 소속 팀 동료이자 어린 시절부터 절친한 친구였던 루드 굴리트를 중심으로 구성됐다. 그러나 결국 레이카르트는 계속 수비수 역할을 맡게 되자 이에 불만을 드러냈다. 이는 그가 국가대표 은퇴를 선언하는 데도 영향을 미쳤다. 레이카르트는 '맨 마커man marker'가 아닌 '플레이메이커'로 뛰고 싶다는 바람을 밝혔고, 네덜란드 대표팀에서 미드필더로 뛰게 해주겠다는 약속을 받아낸 후 국가대표 은퇴 결정을 번복했다. 그러나 1993년 아약스로 복귀한 레이카르트는 전성기 시절의 기동력을 상당 부분 잃은 상태였다. 이 때문에 그는 기꺼이 보다 수비적인 역할에 더 충실했고 예전과 달리 리더십까지 겸비한 베테랑으로 아약스의 구심점 역할을 했다. 덕분에 판 할 감독 또한 그에게 완벽한 역할을 부여할 수 있었다. 레이카르트는 주로 3-4-3 포메이션을 가동한 아약스에서 '4번' 역할을 부여받았다. 여기서 '4번'이란 중앙 수비수 대니 블린트의 앞자리를 뜻한다. 그러나 그는 이 자리에서 미드필드의 '앵커' 역할을 하면서도 상황에 따라 수비 라인으로 내려가 후방을 지키기도 했다. 판 할 감독은 플레이메이커 기질을 지닌 레이카르트를 수비적으로 활용하면서도, 그에게 공격 진영으로 전진할 수 있는 자유를 부여했다.

레이카르트는 아약스가 밀란을 꺾은 1995년 챔피언스리그 결승전에서도 패트릭 클루이베르트의 골을 돕는 패스를 연결하며 팀에서 중추적인 역할을 담당했다. 그러나 그가 이날 맡았던 더 중요한 역할은 하프타임에 드레싱룸을 장악한 것이었다. 레이카르트는 무기력한 모습을 보인 클라렌스 세도르프를 강하게 질책하며 동료들을 독려했고, 판 할 감독은 이를 두고 책임감 있는 선수의 전형적인 모습이라며 만족스러워했다. 레이카르트는 챔피언스리그 우승 직후 현역 은퇴를 선언했다. 그는 1988년 크루이프 감독으로부터 리더십이 부족하다는 비판을 받으며 팀을 떠났었지만 1995년에는 진정한 리더다운 모습으로 판 할 감독의 극찬을 받으며 현역 은퇴를 할 수 있었다.

당시 아약스의 후방을 책임진 선수는 블린트, 레이카르트 그리고 프랑크 더 부르였다. 더 부르는 왼쪽 측면 수비수와 중앙 수비수를 두루 소화하는 자원이었다. 즉 그 역시 탁월한 유연성을 자랑하는 아약스의 수비 전술에는 안성맞춤이었다. 무엇보다 더 부르는 패스 능력이 훌륭했다. 특히 측면으로 돌아 들어가는 중앙 공격수에게 한 번에 연결하는 긴 대각선 패스가 매우 정확했다. 더 부르의 패스 능력을 단적으로 보여준 장면은 1998 프랑스 월드컵 8강에서 아르헨티나를 상대했을 때 그가 전방으로 침투하는 데니스 베르캄프에게 연결했던 롱볼이다. 더 부르의 패스를 받은 베르캄프는 페널티 지역에서 완벽한 터치로 공을 잡은 후 상대 수비수 로베르토 아얄라Roberto Ayala를 제친 뒤, 세 번의 빠른 터치만에 공을 띄우는 우아한 슈팅을 연결해 골망을 흔들었다. 더 부르의 '좋은 패스'를 '위대한 패스'로 만든 것은 베르캄프였지만, 오히려 그는 경기 후 "프랑크(더 부르)와 눈이 마주쳤다. 그 순간부터 프랑크는 무엇을 해야 하는지 정확히 알고 있었다. 그와 눈이 마주치면, 그는 무조건 내게 패스를 연결한다"며 동료를 칭찬했다.

아약스에서 서로 호흡을 맞춘 베르캄프와 더 부르는 이미 서로를 너무 잘 알고 있었다. 1993년 발렌타인데이에 열린 아약스와 PSV의 경기에서도 이 둘은 환상적인 호흡을 자랑했다. 수비 진영 왼쪽 측면에 있던 더 부르는 강하면서도 정확도가 완벽한 감아차기 패스를 오른쪽 측면에서 중앙으로 돌아 들어가는 베르캄프에게 연결했다. 베르캄프는 더 부르의 패스를 오른쪽 허벅지로 트래핑한 뒤, 두 번째 터치로 공을 왼발로 툭 건드려 상대 수비수 한 명을 제쳤다. 이후 베르캄프는 골키퍼의 키를 넘기는 오른발 칩샷으로 득점에 성공했다. 이날 더 부르와 베르캄프가 합작한 이 골은 아르헨티나전 득점보다 어쩌면 더욱 인상적이었다. 더 부르는 아르헨티나전 베르캄프의 골을 회상하며 "단순한 공격 장면은 분명히 아니었다. 그러나 나와 데니스(베르캄프)는 아약스 시절부터 그런 장면을 자주 만들었다. 아마 데니스와 나는 아약스 시절 이런 득점 장면을 서너 차례 만들었을 것이다. 우리의 호흡은 늘 좋았다. 나는 그가 언제 앞으로 전진하고, 언제 뒤로 빠져서 뛰려고 하는지를 정확히 알고 있었다. 나를 보는 그 또한 마찬가지였다. 그와는 모든 게 잘 맞았고, 내가 그에게 연결한 아르헨티나전 패스는 특히 더 아름다웠다. 그러나 그런 패스를 하는 건 나의 가장 큰 장점이었다. 나는 다른 선수들보다 그런 패스를 연결하는 빈도가 높은 선수였다"고 말했다. 실제로 더 부르는 훌륭한 패스 능력을 자랑하는 수비수였다. 판 할 감독 또한 아약스에서 더 부르의 패스를 주된 공격 루트로 활용했다.

그러나 당시 아약스의 오른쪽 수비수 라이지거는 완전히 다른 유형의 선수였다. 그는 창의적이지는 않았지만, 매우 민첩했다. 라이지거는 수비라인 뒷공간을 막아내는 능력과 공격에 가담하는 능력이 누구보다 탁월했다. 그는 대다수 동료들과 마찬가지로 아약스 유소년 아카데미 출신이었지만, 호로닝언Groningen으로 임대된 시절에는 오른쪽 윙어로도 활약했다. 그만큼 라이지거는 공격력이 돋보이는 선수였다. 판 할 감독은 라이지거에 대해 "그는 민첩하고, 경기를 읽는 능력이 좋은 데다 빌드업에 가담하는 데 필요한 충분한 기술도 가지고 있다"고 말했다. 여기서 키워드는 '충분한'이다. 판 할 감독은 "원래 라이지거는 수비적인 능력이 썩 좋지 않았지만, 이런 부분은 빨리 개선할 수 있다. 그래서 나는 이런 유형의 선수에게는 팀에 적응할 수 있는 충분한 시간을 제공한다. 라이지거 같은 선수를 신임하는 데는 위험 부담도 별로 없다. 우리는 어차피 수비라인을 중앙선까지 끌어올려 경기를 하는 만큼 설령 라이지거가 수비를 할 때 실수를 범하더라도 그에게는 상대 공격수를 따라잡을 빠른 발이 있기 때문"이라고 말했다.

판 할 감독이 수비를 '빨리' 가르칠 수 있는 능력이라고 말한 점도 주목할 만한 부분이다. 반대로 아약스의 기본적인 패스 패턴에 익숙하지 않은 선수가 이를 배우는 데는 오랜 시간이 걸렸다. 즉 판 할 감독은 공격수가 수비수로 전환하는 게 수비수가 공격수로 전환하는 것보다 더 쉽다고 믿었다. 사실 라이지거는 때때로 아약스의 약점처럼 보이기도 했지만, 그의 스피드가 수비진 동료들의 재능과 결합될 때 그것의 중요성은 결코 평가 절하될 수 없었다. 또한 운동 능력과 적응력으로 말미암아 판 할은 한때 라이지거를 '아약스의 상징'으로 일컫기도 했다. 이 덕분에 당시 아약스의 수비진은 여전히 축구 역사상 가장 기술적인 재능이 빼어난 수비 라인이라는 평가를 받고 있다. 더 흥미로운 점은 당시 아약스에서 활약한 선수 중 라이지거는 1997년, 더 부르는 1999년, 그리고 레이카르트는 2003년 '감독'으로서 바르셀로나에 입성한다는 사실이다.

당시 바르셀로나는 90년대 초반 크루이프 감독의 영향 덕분에 이미 네덜란드식 수비 전술에 녹아든 팀이었다. 90년대 초반 바르셀로나는 네덜란드에서 온 로날드 쿠만이 수비진의 핵으로 맹활약을 펼쳤다. 축구 역사상 가장 공격적인 중앙 수비수들 가운데 하나로 기억되는 쿠만은 소속 팀과 네덜란드 대표팀에서 개인 통산 합계 239골을 터뜨리는 경이로운 기록을 세웠다. 쿠만이 현역 시절 차지한 리그 우승 8회, 챔피언스리그 우승 2회, 유럽선수권대회 우승 1회와 네덜란드 대표팀에서 78경기를 소화한 기록보다 더 빛났던 것은 바로 그의 득점력이었다. 심지어 쿠만은 1993-94시즌 챔피언스리그에서 여덟 골을 기록하며 공동 득점왕을 수상하기도 했다. 당시 쿠만이 기록한 여덟 골 중 세 골은 페널티킥이었다. 그는 현역 시절 프리킥으로도 수많은 골을 터뜨렸다. 바르셀로나가 1992년 유러피언컵 결승전에서 삼프도리아를 꺾는 데 가장 큰 공을 세운 선수도 바로 프리킥으로 결승골을 넣은 쿠만이었다. 쿠만은 현역 시절 239골을 기록하며 공격수 클루이베르트의 개인 통산 득점 기록보다 39골을 더 많이 넣었으며 베르캄프의 득점 기록과 비교해도 25골이 더 적었다. 이를 이유로 쿠만은 축구 역사상 가장 득점력 높은 중앙 수비수로 기억되고 있다.

쿠만은 "나는 수비수가 아닌 수비수였다. 나는 자주 수비 라인에서 벗어나 전진하면서 많은 골을 넣을 수 있었다. 나를 지도한 감독들도 내게 그런 역할을 주문했다. 세트피스도 나의 큰 장점이었다. 그러나 나는 오픈 플레이 상황에서도 공격적인 포지션으로 전진해 중거리슛을 시도했다"고 말했다. 쿠만은 크루이프를 자신의 멘토로 여겼다. 쿠만은 1985-86시즌 크루이프 감독의 지도를 받으며 아약스에서 활약한 뒤, 라이벌 PSV로 이적하며 논란을 일으켰다. 이후 그는 1989년 바르셀로나로 이적했다. 바르셀로나에서 쿠만은 긴 대각선 패스로 팀 공격의 시발점 역할을 했고, 특히 왼쪽 측면 공격수 흐리스토 스토이치코프에게 찔러주면서 공격 방향을 전환하던 패스가 일품이었다. 실제로 당시 크루이프 감독이 바르셀로나에서 가장 신뢰한 선수는 쿠만과 펩 과르디올라였다. 크루이프 감독은 "쿠만은 내가 늘 설명하는 축구를 구현하는 선수다. 그는 최후방을 맡기기에 가장 적합한 선수다. 그는 수비수이면서도 한 시즌에 15골 정도는 넣어줄 수 있다. 나는 팀에 쿠만처럼 아주 좁은 공간에서도 결정적인 모습을 보여주는 선수를 원한다"고 말했다.

과르디올라 역시 "쿠만은 수비만 하지 않는 수비수의 선구자 같은 선수였다. 나는 크루이프가 수비수는 어떻게 뛰어야 하는지를 우리에게 보여주기 위해서 쿠만을 영입했다고 생각한다. 쿠만의 가장 큰 장점은 빌드업 능력이었다. 그는 빠르고 정확한 40m 롱볼을 뿌려줬다. 그는 내가 본 최고의 중앙 수비수 중 한 명"이라고 말했다. 쿠만이 쉴 새 없이 공격에 가담했는데도 바르셀로나의 수비진에 균열이 나지 않은 이유는 이타적이면서도 영리한 미드필더 과르디올라의 존재 덕분이었다. 특히 크루이프 감독이 3-4-3 포메이션을 가동했을 때, 과르디올라는 중앙 수비수 쿠만 앞에 배치된 수비형 미드필더 역할을 맡았다. 당시 바르셀로나의 등번호 3번이었던 과르디올라는 쿠만이 전진하면 수비수 역할까지 맡으면서 그의 빈 자리를 메워주었고, 팀이 토털 축구를 구현할 수 있게 해줬다.

많은 이들은 여전히 과르디올라를 후방 미드필더deep midfielder로 기억하고 있지만, 크루이프는 아예 그를 수비수로 구분했다. 크루이프는 "과르디올라는 전술적으로 완벽했지만, 스스로 자기 자신이 수비를 할 수 없다고 생각했다. 나는 그에게 '나 또한 너의 생각에 동의한다. 그러나 전적으로 동의하지는 않는다. 모든 영역을 전부 다 커버해야 한다면 누구나 형편없는 수비수가 될 수밖에 없다. 그러나 경기장 안에서 작은 구역 하나를 막는 데 집중한다면, 너는 최고의 수비수가 될 수 있다. 다른 구역을 나머지 선수들이 분담해서 막을 수 있게 하면 되기 때문이다. 그렇게

만 한다면 너는 매우 좋은 수비수가 될 수 있다'고 말해줬다. 그리고 실제로 그는 매우 좋은 수비수가 됐다"고 설명했다. 심지어 크루이프 감독은 가끔 과르디올라를 중앙 수비수로 출전시켰다. 과르디올라는 1991년 레알 마드리드를 상대할 때 크루이프로부터 라리가 득점왕이었던 상대 공격수 에밀리오 부트라게뇨Emilio Butragueño를 전담 마크하라는 지시를 받기도 했다. 과르디올라는 1996년 4월 바르셀로나가 바이에른 뮌헨과 2-2로 비긴 UEFA컵 원정 경기에서도 수비수로 출전했다. 과르디올라의 이러한 현역 시절 경험은 그가 훗날 감독이 되어 바르셀로나와 바이에른 뮌헨에서 미드필더 하비에르 마스체라노Javier Mascherano, 하비 마르티네스 Javi Martínez 등을 수비수로 기용한 점과 무관하지 않다고 볼 수 있다.

크루이프 감독은 쿠만과 과르디올라의 패스 능력을 매우 높게 평가했다. 또한 그는 두 선수가 위치 선정과 영리함을 겸비한 만큼 '완벽하게 기능적인 수비 조합'을 구성할 수 있다고 설명했다. 크루이프는 "중앙 수비수로 뛰기에는 두 선수 모두 빠르지 않았고, 수비 능력을 가지고 있지도 않았다"고 말하기도 했다. 그러나 크루이프는 쿠만과 과르디올라를 중앙 수비수로 세우고도 충분히 상대 공격을 차단할 수 있다고 믿었다. 상대가 한 번에 중앙으로 찔러 넣는 롱볼은 '스위퍼 키퍼' 부스케츠의 몫이었고, 좌우로 벌려놓는 대각선 패스는 바르셀로나가 유소년 아카데미를 통해 육성한 후 측면 공격수에서 측면 수비수로 보직을 변경한 알베르트 페레르Albert Ferrer와 세르지 바르후안Sergi Barjuán이 빠른 발을 앞세워 막을 수 있으며, 중앙으로 들어오는 공격은 영리한 쿠만과 과르디올라가 서로 의사소통을 통해 영리하게 유리한 위치를 선점해 차단할 수 있다는 게 크루이프 감독의 생각이었다. 크루이프는 쿠만과 과르디올라의 수비 조합을 가리켜 '미드필더-수비수midfielder-defenders'라고도 불렀다. 이것은 수비수에 대한 네덜란드 축구의 해석이었다. 네덜란드 축구의 수비수들은 결코 진정한 의미의 수비수가 아니었다.

전환기

·

네덜란드-이탈리아

유벤투스는 1996년 챔피언스리그 결승전에서 승부차기 끝에 아약스를 꺾고 가까스로 우승했지만, 이 결과는 유럽 축구의 판도가 바뀌는 시작점이 됐다. 이 순간부터 네덜란드 축구의 우월성이 이탈리아 축구의 지배력에 무릎을 꿇었기 때문이다. 전 시즌 챔피언스리그 우승팀 아약스는 유벤투스 공격진의 속도를 따라가지 못했다. 사실 이날 결승전은 내용만 놓고 보면 유벤투스가 전반전에 끝냈어야 하는 경기였다.

이날 아약스의 문제는 비단 경기에서 패하거나 챔피언스리그 타이틀 방어에 실패한 것만이 아니었다. 더 큰 문제는 그들의 시대가 끝났다는 사실이었다. 유럽 축구는 1995-96시즌 중반 보스만룰이 도입되며 크게 두 가지 영향을 받게 됐다. 첫 번째는 선수들이 계약 기간이 끝날 때까지 기다렸다가 이적료 없이 타 구단으로 이적할 수 있는 환경이 만들어졌다는 점이다. 그리고 두 번째는 외국인 선수 3명 제한 규정이 금지되고 유럽 클럽들은 원하는 만큼의 유럽연합EU 국적 선수들을 기용할 수 있게 됐다.

그러나 아약스는 보스만룰 탓에 다른 구단들보다 더 큰 피해를 입었다. 1995-96시즌이 끝난 후 당시 유럽에서 가장 많은 관심을 받던 미드필더 에드가 다비즈는 자유계약 신분으로 AC 밀란으로 이적했다. 이전까지 아약스는 주축 선수를 이적시킬 때 두둑한 이적료를 챙겨 재투자를 할 수 있었다. 또한 보스만룰 도입과 함께 유럽 빅리그 구단이 유럽연합 국적 선수를 제약 없이 영입할 수 있게 되면서 아약스의 네덜란드 출신 선수 영입을 집중적으로 노리는 상황이 됐다. 그러면서 아약스는 1995년 챔피언스리그 우승 후 단 3년 만에 구단을 유럽 정상으로 이끈 주축 선수 대부분을 잃었다. 다비즈, 윈스턴 보가르테Winston Bogarde, 에드윈 판 데 사르, 미카엘 라이지거, 은완코 카누, 패트릭 클루이베르트가 모두 이탈리아 세리에 A로 이적했다. 이 또한 유럽 축구의 패권이 네덜란드에서 이탈리아로 넘어가는 흐름을 보여준 단적인 예다. 이처럼 보스만룰은 유럽 빅리그와 선수 개개인이 더 많은 권리를 행사할 수 있게 만들었고, 이로 인해 아약스는 이제 유럽 축구의 엘리트가 될 수 없었다.

또한 아약스는 1996년 무려 62년간 사용한 더 메르 스타디온De Meer Stadion을 떠나 암스테르담 아레나Amsterdam Arena로 홈구장을 이전했다(이후 암스테르담 아레나는 '요한 크루이프 아레나Johan Cruyff Arena'로 명칭이 변경됐다). 아약스는 암스테르담 남부 지역에 지어진 새 홈구장에서 심각한 문제를 겪어야 했다. 문제의 원인은 암스테르담 아레나가 단순한 축구 전용 경기장이 아닌 콘서트 등을 개최하는 다목적 공공시설이었다는 데 있다. 콘서트 개최가 잦은 암스테르담 아레나의 잔디는 이 때문에 고르게 자라지 않았고, 이와 같은 환경에서 아약스는 특유의 패스 연결을 바탕으로 한 축구를 제대로 구현할 수 없어서 고전했다. 이 때문에 많은 아약스 팬들은 암스테르담 아레나가 '집 같지 않다'며 불평했다. 1996년에는 루이 판 할 감독마저 개인적인 사정으로 아약스를 떠나고 싶다고 밝혔고, 결국 1년 후 그는 구단과 결별했다. 이와 동시에 크루이프는 1996년 바르셀로나를 떠난 후 다시 감독을 하지 않겠다고 선언했다. 또한 네덜란드 대표팀은 유로 1996 조별 리그에서 잉글랜드에 1-4 대패를 당하는 등 부진을 면치 못했고, 끝내 8강에서 승부차기 끝에 프랑스에 패하며 탈락했다. 그러는 동안 네덜란드 대표팀을 둘러싼 백인과 흑인 선수들 사이의 고질적인 갈등이 다시 불거졌다.

네덜란드 축구가 주춤하는 사이 이탈리아 축구는 유럽의 중심으로 떠올랐다. 세리에 A는 1990년대 유럽에서 가장 강력한 리그라는 평가를 받았고, 실제로 이탈리아 구단들은 유럽클럽대항전에서 경쟁력을 입증했다. 매력적이고, 진취적인 팀 운영 방식을 자랑한 아약스가 힘을 잃자 세리에 A의 강세는 더 두드러졌다.

아약스가 유소년 육성에 중점을 둔 운영 방식을 선호했다면, 대다수 이탈리아 구단들은 막강한 자금력으로 팀을 구성했다. 당시 세리에 A 주요 구단들은 엄청난 재력을 자랑하는 자국 사업가 회장 체제를 구축하며 세계 최고의 재능을 지닌 선수를 영입했다(훗날 많은 이탈리아 구단은 지나치게 과감한 투자 탓에 재정난을 겪는 신세가 된다). 그러면서 세리에 A는 이른바 '7공주seven sisters 시대'를 맞았다. 유벤투스, AC 밀란, 인테르, 로마, 라치오, 파르마 그리고 피오렌티나가 나란히 세계 최고의 선수들로 팀을 구성해 모두 우승 후보로 떠올랐기 때문이다. 전반적인 경쟁력을 고려할 때 1990년대 중후반의 세리에 A만큼 강했던 리그는 축구 역사상 아마 없었을 것이다.

그런데 축구의 스타일을 고려하면 세리에 A는 여전히 모호했다. 이탈리아 축구는 1960년대에 선보인 수비 전술 '카테나치오catenaccio'를 앞세워 전통적으로 수비적이라는 평가를 받았다. 공격적 축구를 선호한 아리고 사키 감독이 1980년대 후반 빗장 수비를 뜻하는 카테나치오의 개념에서 벗어난 압박 축구를 구사하며 축구계에 혁명을 일으켰지만, 당시 아약스의 '토털 축구'로부터 영감을 받은 그는 이탈리아에서는 파격에 가까운 지도 방식을 추구한 인물이었다.

이 시절 이탈리아 축구계에서 가장 큰 화두가 된 주제는 사키 감독의 축구를 지지하는 세력과 전통적인 이탈리아식 축구를 선호하는 이들의 세력 다툼이었다. 사키는 4-4-2 포메이션을 바탕으로 공격적인 축구를 구사했지만, 트레콰르티스타trequartista(10번 혹은 공격형 미드필더)와 리베로libero(최종 수비수, 스위퍼)를 따로 두지 않았다. 그러나 이탈리아의 감독들은 본능적으로 상대 팀의 전술에 따라 자신의 시스템을 변화시켰고, 대다수는 트레콰르티스타를 사랑했으며, 상당수는 여전히 리베로를 기용했다. 이 시기의 이탈리아 축구는 사키의 네덜란드식 이상향을 따르기보다는 전통적인 이탈리아 스타일로 돌아가는 쪽이었다.

Netherlands

Italy

**1996
~
2000**

France

Portugal

**PART 2
칼치오,
1996-2000**

Spain

Germany

England

Zonal Marking

4

유연성

　유벤투스가 아약스를 꺾은 1996년 챔피언스리그 결승전이 마무리될 무렵, 이탈리아 축구의 성향을 단적으로 보여주는 한 장면이 연출됐다.

　아약스는 전반전부터 원래 방식대로 오른쪽 윙어 피니디 조지, 왼쪽 윙어 키키 무삼파Kiki Musampa를 활용해 좌우로 방향을 바꿔가며 유벤투스를 공략했다. 이날 유벤투스의 단단한 4-3-3 포메이션의 공격진을 구성한 선수는 공격 성향이 강한 알레산드로 델 피에로Alessandro Del Piero, 지안루카 비알리Gianluca Vialli, 파브리치오 라바넬리Fabrizio Ravanelli였다. 즉 유벤투스의 좌우 측면 수비수 지안루카 페소토Gianluca Pessotto와 모레노 토리첼리Moreno Torricelli는 공격진으로부터 수비 지원을 받지 못한 채 스스로 아약스의 측면 공격을 감당해야 했다. 그럼에도 불구하고 페소토와 토리첼리는 각각 상대 윙어 피니디와 무삼파에게 공간을 허용하지 않고 밀착 방어하며 그들이 공을 받으면 돌아설 수 없게 만들었다. 페소토는 피니디를 전담 마크하며 완전히 무력화시켰고, 토리첼리는 가로채기로 상대 패스를 차단해 재빨리 역습을 시작하는 역할을 맡았다. 루이 판 할 아약스 감독은 이 상태로는 토리첼리를 공략할 수 없다고 판단한 뒤, 전반전 종료 후 무삼파를 교체 아웃시켰다. 무삼파의 왼쪽 윙어 자리를 대신한 선수는 중앙 미드필더로 선발 출전한 로날드 더 부르였다.

그러나 경기가 1-1 동점으로 90분을 향해 치닫는 시점에 토리첼리는 근육 경련을 일으키며 통증을 호소했다. 이를 파악한 판 할 감독은 후반전 추가 시간에 발 빠른 윙어 노르딘 보터Nordin Wooter를 투입해 기동력을 잃어가는 토리첼리를 공략했다. 반면 이미 교체 선수 세 명을 다 투입한 마르첼로 리피Marcello Lippi 유벤투스 감독은 이미 경기에 투입된 자원으로 합리적인 대응책을 꺼내들었다. 그는 좌우 측면 수비수의 위치를 바꾸며 왼쪽에서 뛴 페소토가 연장전부터는 오른쪽으로 자리를 옮겨 보터를 상대하게 했다. 반대로 왼쪽으로 자리를 옮긴 토리첼리는 자신과 마찬가지로 체력이 떨어진 피니디를 상대할 수 있었다.

리피 감독의 대응은 매우 단순해 보였지만, 이 시절 측면 수비수 두 명의 위치를 동시에 바꾸는 건 상상하기 어려운 결정이었다. 브라질 대표팀이 카푸Cafu와 호베르투 카를로스Roberto Carlos의 위치를 바꾸거나 바르셀로나의 알베르트 페레르Albert Ferrer를 왼쪽으로 보내고, 세르지 바르후안Sergi Barjuán을 오른쪽에 세우는 건 선수 개개인의 장점을 제한하는 것이나 다름없었기 때문이다. 그러나 이탈리아 팀들에는 이와 같은 변화가 자연스러운 전술적 대응에 불과했다. 이탈리아 축구의 기본은 상대가 원하는 방식대로 경기를 하지 못하게 하는 것이었기 때문이다. 그들은 그때나 지금이나 수비적이고, 대응적이며, 전술적으로 영리했다. 토리첼리와 페소토는 좌우 어디서든 플레이할 수 있는 수비 자원이었다.

유벤투스에는 1990년대 초중반부터 화려한 슈퍼스타가 수없이 많았다. 그러나 당시 유벤투스에서 이탈리아 축구를 가장 잘 대변한 선수들은 토리첼리와 페소토처럼 화려하지는 않아도 모든 걸 다할 줄 아는 다재다능하면서도 저평가된 자원들이었다. 실제로 당시 리피 감독에게는 주 포지션이 명확하지 않았는데도 언제든 믿을 수 있는 선수가 네 명이나 됐다. 주 포지션이 명확하지 않다는 건 다른 리그에서는 선수의 약점이 될 만한 요인이지만, 세리에 A는 달랐다. 토리첼리, 페소토, 안젤로 디 리비오Angelo Di Livio, 알레산드로 비린델리Alessandro Birindelli는 풀백, 윙백, 측면 미드필더 자리에서 모두 뛸 수 있었고, 좌우를 가리지 않았으며, 때로는 중앙에서도 활약할 수 있는 선수들이었다. 그들은 팀의 리더 역할까지 맡았다. 훗날 리피 감독은 당시 유벤투스를 회상하며 "우리는 매년 최고의 선수들이 팀을 떠났으나 척추 역할을 해준 선수들은 잔류했다. 만약 우리가 영입한 새로운 선수가 열심히 뛰지 않는 듯한 모습을 보이면, 디 리비오나 토리첼리가 그의 어깨를 팔로 감싸며 '이 팀에서는 절대 뛰다가 멈추는 일은 없어야 돼!'라고 외치면서 모두를 독려했다. 세리에 A와 챔피언스리그 우승을 차지한 팀 주축 선수들이 이런 자세를 보이면 새롭게 영입된 선수들도 사력을 다해 뛸 수밖에 없다. 그들은 특출한 본보기가 될 만한 선수들이었다"고 말했다.

이처럼 이 네 선수는 모두 천재성보다는 근면함이 돋보이는 자원이었다. 더 놀라운 사실은 유벤투스가 이 네 명을 영입할 때, 그들은 세리에 A에서 뛴 경험이 아예 없거나 많지 않은 수준이었다. 토리첼리는 단 2만 파운드에 아마추어 팀에서 영입됐고, 페소토는 당시를 기준으로 선수 경력 6년 중 5년을 하부 리그에서 뛴 선수였다. 디 리비오 또한 8년간 프로 선수로 뛰면서도 세리에 A 경험은 전혀 없었다. 비린델리는 세리에 A

는커녕 세리에 B보다 세리에 C에서 뛴 기간이 더 길었다. 이 시절 맨체스터 유나이티드의 미드필더 로이 킨은 챔피언스리그에서 만났던 유벤투스에 대해 "우리가 신경 써야 했던 상대 선수는 재능이 특출한 지네딘 지단Zinedine Zidane이나 델 피에로뿐만이 아니었다. 터프하고, 교활한 방식으로 수비를 한 유벤투스 선수들은 잘 알려지지 않은 이들이었으나, 공간을 제한하고 태클 타이밍을 완벽하게 잡으면서도 늘 적절한 위치를 선점하고 있었으며 경기를 읽는 눈까지 훌륭했다"고 말했다.

킨은 이처럼 토리첼리, 페소토, 비린델리의 장점을 완벽하게 설명했다. 세 선수 모두 수비수로 뛰었지만, 미드필더로 뛰어도 충분한 능력을 보유하고 있었다. 단, 디 리비오는 반대였다. 디 리비오는 로베르토 바지오Roberto Baggio가 지어준 '일 솔다티노Il soldatino'라는 별명으로 불렸는데, 이는 '군인'을 뜻한다. 오른발잡이 디 리비오는 가끔씩 왼발로 코너킥을 찼고, 포지션도 좌우를 가리지 않고 두루 소화했다. 그는 특출한 장점을 극대화한 선수가 아닌 각고의 노력을 통해 자신의 약점을 최대한 줄인, 경기 중 일어나는 어떤 상황에도 적절히 대응할 수 있는 자원이었다.

다른 유벤투스 선수들도 마찬가지로 다재다능했다. 치로 페라라Ciro Ferrara와 마르크 율리아노Mark Iuliano는 중앙 수비수였다. 그러나 두 선수는 유벤투스가 1996-97시즌 아약스를 꺾은 챔피언스리그 4강 경기에서는 나란히 좌우 측면 수비수로 출전해 훌륭한 경기력을 선보였고, 수비형 미드필더 알레시오 타키나르디Alessio Tacchinardi는 중앙 수비수로 보직을 변경해 활약했다. 이 와중에 안토니오 콘테Antonio Conte는 전형적인 이탈리아식 미드필더의 모습을 보여줬다. 그는 어느 자리에서도 믿을 만한 활약을 해줬고, 중앙과 측면을 가리지 않고 빼어난 경기력을 보여줬다. 이 선수들은 모두 수비진 어디에서도 활약할 수 있었고, 그 덕분에 리피 감독은 경기 전후는 물론 도중에도 자유자재로 포메이션을 바꾸는 유연함을 발휘하며 유럽에서 가장 존경받는 전술가로 거듭날 수 있었다. 리피 감독은 "전술과 시스템을 잘 이해하는 영리한 선수가 있으면 경기 방식에 자주 변화를 줄 수 있어 팀에 큰 도움이 된다"고 말했다. 리피 감독을 포함해 대다수 이탈리아 감독은 그와 비슷한 생각을 공유했다.

리피 감독은 이탈리아 축구협회 기술위원회가 설립한 축구 지도자 교육소 코베르치아노Coverciano에서 가장 각광받는 졸업생이었다. 플로렌스를 연고로 하는 구단 피오렌티나의 홈구장 스타디오 아르테미오 프란키Stadio Artemio Franchi로부터 동쪽으로 약 1.5km 떨어진 곳에 자리한 코베르치아노는 프랑스의 클레르퐁텐Clairefontaine과는 성격이 다르다. 클레르퐁텐이 선수 육성을 위해 만들어졌다면, 코베르치아노는 지도자를 육성하는 기관이기 때문이다. 코베르치아노는 축구계의 옥스포드, 즉 유럽에서 가장 위대한 감독 교육 기관이었다.

세리에 A에서 감독직은 코베르치아노가 발급하는 최상위 지도자 자격증을 취득한 지도자에게만 주어질 수 있는 기회다. 그러나 코베르치아노 입학생은 매년 단 20명으로 제한된 데다 조건 또한 매우 까다로웠다. 우선 코베르치아노 입학생은 이탈리아 국적자, 또는 이탈리아에서 최소 2년간 거주해야 했다. 아울러 2차 단계 수업 과정을 통과한 후 현역 시절 경험을 바탕으로 작성해야 하는 과제(35점), 지도자 경험을 바탕으로 작성해야 하는 과제(40점), 일반 학업(5점), 면접(20점)을 모두 통과해야만 코베르치아노 입학 자격을 얻을 수 있었다. 특히 입학 희망자의 현역 시절을 평가하는 기준은 믿기 어려울 정도로 엄격한 포인트 시스템을 바탕으로 점수가 매겨졌다. 현역 시절 공식 경기 출전 횟수 1회당 점수가 주어졌는데, 세리에 C는 0.02점, 세리에 B는 0.04점, 세리에 A는 0.06점이었다. 여기에 세리에 A 우승, 대표팀 경기, 혹은 월드컵에 출전한 지망생에게는 보너스 점수가 부여됐다. 프로 선수 경력 없이 지도자가 된 이탈리아인 아리고 사키 감독이 남긴 "기수가 말이 될 필요는 없다"는 명언과 달리 이탈리아 축구계는 이처럼 선수 출신 지도자들을 우대했다.

코베르치아노 입학 자격을 얻은 감독 지망생은 최소 550시간 이상 수업을 들어야 졸업 자격을 얻을 수 있었다. 이 때문에 삼프도리아가 편법을 활용해 코베르치아노 졸업자가 아닌 잉글랜드 출신 지도자 데이비드 플랫David Platt을 수석코치로 선임해 감독 역할을 맡기자 대다수 이탈리아 감독들은 화를 삭이지 못했다. 코베르치아노 졸업은 모든 세리에 A 감독에게 적용되는 필수 조건이었기 때문이다. 이에 유제니오 파세티Eugenio Fascetti 바리Bari 감독은 "간호사 지망생에게 심장 수술 집도를 맡기는 꼴"이라며 분통을 터뜨렸다. 결국 플랫이 삼프도리아에서 성적 부진 끝에 2개월 만에 물러나자 곳곳에서 환호성이 터져 나오기도 했다. 심지어 루치아노 스팔레티Luciano Spalletti 감독은 코베르치아노에 입학하지 않은 채 엠폴리Empoli를 이끌고 2년 만에 세리에 C에서 세리에 A 승격에 성공한 후 감독직을 이어가면서도 코베르치아노에서의 지도자 수업을 병행하며 자격을 충족시켰다. 이처럼 이탈리아 감독들은 학구적인 성장기를 거치며 지도자로 거듭났다.

코베르치아노의 과목은 '축구 기술', '훈련 이론', '의학', '의사소통', '심리학' 그리고 '데이터'로 나뉜다. 이 모든 과목은 졸업생이 세리에 A 감독직이 필요로 하는 모든 부분에 대비하는 용도로 만들어졌다. 코베르치아노의 모든 학생은 졸업을 위해 논문을 작성해야 한다. 이 과정에서 카를로 안첼로티 감독은 〈4-4-2 포메이션에서 공격수의 움직임〉, 알베르토 자케로니Alberto Zaccheroni 감독은 〈지역〉, 알베르토 말레사니Alberto Malesani

는 〈유로 1996을 통한 일반적 고찰〉이라는 주제로 논문을 작성했다. 이 처럼 훗날 명장을 꿈꾸는 감독 지망생들이 작성한 논문은 모두 코베르 치아노의 도서관에 보관되어 있다. 현재 코베르치아노 도서관에는 약 5,000여 편의 논문이 저장된 상태다.

리피 감독은 코베르치아노 예찬론자로 유명하다. 그는 비알리의 저서 《이탈리안 잡》을 통해 "(코베르치아노를 다니며) 선수 시절 받은 지도 방식 을 더 잘 이해할 수 있었다. 축구계에서 아무렇지도 않게 통용되는 모든 것에 의문을 던지게 되는 계기가 됐다. 코베르치아노가 매우 중요한 이 유는 나 자신은 물론 동기들과 교류하고, 생각을 교환할 수 있었기 때문 이다. 수업 그 자체보다는 이를 둘러싼 분위기, 깊은 생각을 해야만 하고, 계속 도전적인 자세를 가져야 하는 문화가 큰 도움이 됐다. 코베르치아노 는 진리를 가르치는 곳이 아니라, 가능성을 제공하는 곳"이라고 말했다.

1990년대 중반 코베르치아노 운영을 책임진 지안니 레알리Gianni Leali도 리피 감독과 비슷한 견해를 밝혔다. 그는 "우리는 한 가지 시스템을 가르 치지 않는다. 우리는 학생들에게 모든 걸 다 가르친다. 그리고 모든 시스 템의 장점과 단점을 알려준다. 이곳에는 다양성이 있고, 그래서 세리에 A 는 더 흥미로운 리그가 됐다"고 말했다. 이처럼 네덜란드 축구가 4-3-3, 혹은 3-4-3 포메이션으로 고정되는 반면, 이탈리아는 유벤투스처럼 최 대한 많은 포메이션을 활용할 줄 아는 방식의 축구를 추구했다. 리피 감 독은 물론 이 시절 이탈리아 감독 대부분은 자신이 활용하는 전술이나 시스템에 제한을 두지 않았다. 그들은 상대의 전술에 따라 반응하는 축 구를 구사했고, 경기 도중에 스타로 추앙받는 공격수를 수비적인 선수와 교체하는 빈도도 높았다.

그런 가운데 이 시절 이탈리아 축구를 대변한 팀은 단연 리피 감독의 유벤투스였다. 유벤투스는 1996년 유럽에 이어 세계 챔피언 자리에 등극했고, 1997년과 1998년 연속으로 스쿠데토(세리에 A 우승팀에 주어지는 방패 모양의 트로피)를 차지했다. 같은 기간 유벤투스는 챔피언스리그에서도 2년 연속 결승에 진출했으나 보루시아 도르트문트와 레알 마드리드에게 패했다. 그러면서 유벤투스는 슈퍼스타 선수가 팀을 떠나도 전력을 일정 부분 유지하는 데 매우 능하다는 평가를 받았다. 유벤투스는 월드컵 우승을 차지한 파올로 로시Paolo Rossi와 마르코 타르델리Marco Tardelli가 팀을 떠난 1980년대에도 경쟁력을 그대로 유지했던 전통이 있다. 오히려 유벤투스를 떠난 로시와 타르델리가 침체기를 겪었다. 1996년 챔피언스리그 결승전이 끝난 후 주축 선수를 잃은 팀 또한 보스만룰 도입의 피해자가 된 아약스가 아니었다. 당시 유벤투스의 라바넬리와 비알리도 거액 자본이 투입된 프리미어리그 클럽으로 이적했다. 라바넬리는 1995-96시즌 유벤투스에서 가장 많은 골을 넣은 선수였고, 비알리는 축구 전문지 〈월드 사커〉가 올해의 선수로 신정하며 "좌우, 중앙 공격에 모두 능하며 호랑이처럼 수비하고 사자처럼 공격하는 선수"라는 극찬을 받았다. 즉 비알리는 리피 감독이 주문하는 역할이라면 무엇이든 해내는 능력을 가진 선수였다.

그러나 유벤투스에는 여전히 알레산드로 델 피에로가 남아 있었다. 유벤투스는 '골든보이' 델 피에로를 남겨두고 라바넬리와 비알리가 떠난 자리에 득점력은 떨어졌지만 최전방에서 공격진을 이끄는 능력이 탁월했던 알렌 복시치Alen Bokšić와 매년 팀을 옮겨 다니던 완성형 공격수 크리스티안 비에리Christian Vieri, 신예 니콜라 아모루소Nicola Amoruso를 영입했다. 이 중 어린 아모루소는 끝내 유벤투스에서 잠재력을 폭발시키지는 못했다. 그러나 그는 자신의 여동생이 팀 동료 델 피에로와 결혼을 하면서 뜻하지 않은 '유산'을 남겼다. 당시 유벤투스에 남은 베테랑 미켈레 파도바노Michele Padovano는 유용한 교체 요원으로 활약을 이어갔다.

리피 감독에게는 당시 유용한 공격 자원이 무려 다섯 명이나 주어졌다. 실제로 1996-97시즌 유벤투스의 득점 패턴을 살펴보면 리피 감독이 공격 자원을 어떻게 활용했는지를 볼 수 있다. 신기한 점은 이 다섯 명 중 어느 한 명도 여덟 골 이상을 기록하지 못했다는 점이다. 당시 산드로 토발리에리Sandro Tovalieri는 전반기에는 레지아나Reggiana, 후반기에는 칼리아리Cagliari로 이적해 활약하며 이보다 두 배나 더 많은 득점을 기록했으나 두 팀 모두 2부 리그로 강등됐다. 이처럼 리피 감독은 로테이션의 중요성을 인지하고 있었으며 공격수 다섯 명은 고르게 출전 시간을 부여받았다. 복시치는 유벤투스가 세리에 A에서 소화한 총 경기 시간 중 51%만 소화하며 세 골을 넣었고, 잦은 부상에 시달린 델 피에로는 팀 경기 시간의 48%를 뛰면서 여덟 골을 넣었다. 비에리는 43%, 파도바노는 39%를 소화하며 각각 나란히 여덟 골씩 기록했으며 아모루소는 36%를 뛰며 네 골을 뽑아냈다. 이 다섯 명 중 누구도 주전 경쟁에서 월등히 앞선 선수는 없었다. 이들은 주전과 비주전이 구분되지 않은 상태에서 개개인이 다른 방식의 플레이 스타일로 팀을 도왔다. 복시치는 최전방에서 공을 지키는 홀드업 플레이hold-up play, 델 피에로는 창의성, 비에리는 제공권, 파도바노는 문전 침투와 마무리, 아모루소는 스피드를 최대 장점으로 내세웠다.

더 흥미로운 점은 가장 많은 출전 시간을 소화한 복시치의 득점력이 다섯 명 중 가장 떨어졌다는 사실이다. 그러나 리피 감독은 복시치의 성실한 태도와 동료들을 빛나게 해주는 이타적인 성향 때문에 그를 선호했다고 말했다. 리피 감독은 "우리 팀에는 프리마돈나도 없고 특권도 없다.

이에 동의하지 않는 선수는 팀에서 나가면 된다. 챔피언의 화려함과 개성을 좋아하는 사람도 있겠지만, 나는 일반적으로 사람들이 겸손함과 영리함을 더 중요한 덕목으로 여긴다고 믿는다"고 말했다. 이후에도 리피 감독은 오랫동안 지도자 생활을 하며 줄곧 공격진 로테이션 시스템을 유지했다. 그는 이탈리아를 우승으로 이끈 2006 독일 월드컵에서도 23인 명단에 공격수를 여섯 명이나 포함시켰다(프란체스코 토티Francesco Totti, 피포 인자기Pippo Inzaghi, 루카 토니Luca Toni, 알베르토 질첸르디노Alberto Gilardino, 빈첸조 이아퀸타Vincenzo Iaquinta, 델 피에로). 이 여섯 명은 모두 독일 월드컵에서 최소 한 골 이상 기록했다.

심지어 유벤투스는 세계에서 가장 큰 주목을 받은 공격수 호나우두 Ronaldo가 바르셀로나를 떠나 세리에 A 진출을 추진할 때도 빅클럽 중 유일하게 영입 경쟁에 뛰어들지 않았다. 유벤투스가 호나우두 영입을 시도하지 않은 이유는 그의 비싼 이적료 때문이 아니었다. 움베르토 아넬리 Umberto Agnelli 유벤투스 회장은 스타성이 지나치게 강한 호나우두를 영입하면 팀워크에 영향을 미칠 수 있다고 판단했다. 1996년 유벤투스에 합류해 유럽에서 가장 각광받는 선수가 된 지네딘 지단 또한 훗날 레알 마드리드에서 뽐낸 화려함과는 달리 이탈리아 시절에는 성실하면서도 내성적이고, 많이 뛰는 선수로 명성을 떨쳤다.

유벤투스에 처음 합류한 지단을 무엇보다 놀라게 한 건 지암피에로 벤트로네Giampiero Ventrone 코치가 이끈 훈련의 강도였다. 지단은 "디디에 데샹 Didier Deschamps 감독이 유벤투스의 훈련 강도에 대해 얘기를 해줬지만, 이 정도로 힘들 줄은 몰랐다. 나는 매번 훈련이 끝날 때 즈음이면 구토할 것 같은 느낌을 자주 받았다. 그 정도로 지쳐 있었기 때문"이라고 말했다. 벤트로네 코치는 유벤투스 선수들에게 '해병대'라는 별명을 얻었을 정도로 강도 높은 훈련을 지시했다. 당시 그는 "내일 뛰기 위해서는 오늘 일해야 한다", "죽어도 끝은 내야 한다", "승리는 강자의 몫"이라는 '명언'으로 유벤투스 선수들을 공포에 떨게 했다. 이처럼 선수들 사이에서 벤트로네 코치는 '애증의 존재'였다. 라바넬리는 벤트로네 코치가 아니었다면 팀이 절대 성공할 수 없었다고 말했다. 그러나 반대로 비알리는 벤트로네 코치의 지도방식과 훈련이 지나치게 엄격하다며 그를 벽장에 가둔 후 경찰에 신고하기도 했다(이를 계기로 이탈리아 경찰 측이 유벤투스 선수단의 체력 훈련 방식에 관심을 보이는 일이 이후에도 계속됐다). 그러나 이 시절 유벤투스에서 가장 중요한 인물은 리피 감독이었다. 지단은 "내게 리피 감독은 전등 스위치 같은 존재였다. 그는 내가 무엇이 중요한지 볼 수 있도록 불을 켜줬다. 나는 이탈리아로 오기 전까지 축구는 직업이면서도 즐기는 게 가장 중요하다고 생각했다. 그러나 유벤투스에서 나는 이기고 싶다는 생각이 마음을 지배한 사람이 됐다"고 밝혔다.

이것이야말로 이탈리아 축구를 정의하는 완벽한 설명이다. 이탈리아 축구는 절대적으로 이기는 걸 가장 중시했다. 이와 달리 다른 나라는 각자의 방식으로 재미있는 축구의 중요성을 강조했다. 공격적인 축구를 존중하거나, 공격적인 축구 자체가 목적인 나라도 있었다. 그러나 이탈리아 축구에서는 결과가 과정까지도 정당화하는 최우선 고려 대상이다. 이 때문에 이탈리아 축구는 기술적이거나 매력적인 경기 방식보다는 전술적으로, 전략적으로 이기는 걸 선호한다. 물론 이탈리아에도 특정한 유형의 천재성 있는 선수를 추앙하는 문화는 있다. 특히 이탈리아는 품격 있는 리베로와 트레콰르티스타('10번')를 영웅으로 여긴다. 그러나 이탈리아 축구는 아약스나 바르셀로나처럼 휘황찬란한 조직적 축구를 선보여야 한다는 압박을 받지는 않는다. 이탈리아 축구는 근면하게 뛰는 선수들이 기능적인 역할을 하는 데 훨씬 더 큰 중점을 두고 있다.

파비오 카펠로 감독은 "이탈리아 선수들에게 축구는 직업이다. 그들에게는 축구가 특별히 재미가 있는 것도 아니고, 게임도 아니다. 나는 레알 마드리드 감독 시절 팀 훈련이 끝나면 선수들이 함께 남아 식사를 하고, 마사지를 받고, 보강 훈련을 하러 다니는 모습을 자주 봤다. 이탈리아에서는 선수 개개인이 필요한 만큼만 훈련장에 머문다. 우리에게는 축구에 대한 즐거움이 마음속에 없기 때문이다. 겉으로 보면 이탈리아 선수들은 축구 선수인 사실을 싫어하는 것처럼 보일 수도 있다"고 말했다. 카펠로 감독은 이탈리아에서 가장 각광받은 지도자 중 한 명이었다. 카펠로 감독의 말대로 그는 1996-97시즌 레알 마드리드를 지도하며 신선한 경험을 할 수 있었다.

카펠로 감독은 1992년 아리고 사키 감독의 후임으로 AC 밀란을 맡아 다섯 시즌 동안 세리에 A 우승을 네 차례나 차지했다. 그가 이끈 밀란은 전무후무한 58경기 연속 무패 행진 기록을 세웠으며 1994년 챔피언스리그 결승전에서 바르셀로나를 4-0으로 대파했다. 카펠로 감독은 공격적인 성향이 강한 혁명가 사키 감독과는 달리 팀의 수비적인 단단함을 더 중시했다. 그러나 그는 창의성이 돋보이는 몇몇 선수 개개인에게는 4-4-2 포메이션에서 측면 미드필더 역할을 부여해 천재성을 표현할 기회를 부여했다. 레알 마드리드는 1995-96시즌 스페인 라리가 6위로 추락하며 약 20년 만에 최악의 성적에 그치자 카펠로 감독을 선임했다. 로렌소 산스Lorenzo Sanz 레알 마드리드 회장은 "카펠로 감독은 세계에서 가장 위대한 감독"이라며 기대감을 드러냈다. 카펠로 감독은 부임 첫 시즌부터 라리가 우승을 차지하며 이에 보답했다. 그러나 그는 레알 마드리드 감독 부임 후 단 1년 만에 바로 이탈리아로 복귀했다.

카펠로 감독은 레알 마드리드를 우승으로 이끌었지만, 팬들은 물론 산스 회장 또한 그에게 만족하지 못했다. 그들은 카펠로 감독의 레알 마드리드가 레알의 스타일과는 어울리지 않는 축구를 구사했다고 믿었다. 당시 바르셀로나가 호나우두의 스피드와 기술을 앞세워 '쇼케이스'를 연상케 하는 축구를 할 때, 레알 마드리드의 경기는 지루한 기능성을 앞세운 전술이 지나치게 중시됐다는 게 그들의 생각이었다. 즉 카펠로 감독은 레알 마드리드를 '이탈리아 팀'으로 만들어버렸던 셈이다.

당시 스페인 축구의 떠오르는 신예 공격수였던 라울 곤살레스Raúl González는 왼쪽 측면에 고정됐고, 새로 영입된 공격수 다보르 수케르Davor Šuker와 프레드락 미야토비치Predrag Mijatović가 최전방에 배치됐다. 이 시절 레알 마드리드가 가장 즐겨 활용한 공격 패턴은 중앙 수비수 페르난도 이에로Fernando Hierro가 오버래핑하는 왼쪽 윙백 호베르투 카를로스에게 롱볼을 연결해 상대를 공략하는 것이었다. 이는 선수 개개인의 장점을 잘 살린 합리적인 전략이었으나 레알 마드리드 팬들은 카펠로 감독의 전술이 지나치게 직선적이고, 투박하다며 불평했다. 그러면서도 레알 마드리드는 카펠로 감독과 계약을 해지하며 3년간 바르셀로나 감독으로 부임해서는 안 된다는 특별 조항을 삽입하는 데 합의했다. 아이러니한 건, 레알이 바르셀로나의 화려함을 질투해 카펠로 감독을 떠나보내면서도 그가 라이벌 팀으로 갈 수 있다는 사실을 우려했다는 점이다. 카펠로 감독은 그런 지도자였다. 그는 한때 "내가 생각하는 가장 중요한 건 승리다. 다른 건 아무것도 중요하지 않다"고 말하기도 했다.

스페인 수비수 호세 아마비스카José Amavisca는 가브리엘 마르코티Gabriele Marcotti가 집필한 카펠로의 자서전을 통해 "스페인에는 이탈리아의 모든 걸 부정적으로 바라보는 시선이 있다. 그들은 카펠로 감독이 이탈리아인이라는 이유로 그가 시도한 모든 걸 추하고, 지저분하고, 역겹고, 지루하다고 평가했다"고 말했다. 카펠로 감독은 훈련도 전형적인 이탈리아식으로 진행했다. 그는 포백 수비 라인의 위치를 교정하는 데 가장 긴 시간을 투자했고, 극단적으로 강도 높은 체력 훈련을 매우 중요하게 여겼다. 또한 카펠로 감독은 시즌 내내 산스 회장과 말다툼을 벌였다. 이 둘이 충돌한 이유는 카펠로 감독이 레알 마드리드 유소년 아카데미 출신인 산스 회장의 아들 페르난도Fernando를 선발하지 않았기 때문이다. 카펠로 감독은 공격수 미야토비치, 수케르와도 갈등을 겪었다. 이는 카펠로 감독이 경기 도중 수비 보강을 위해 공격수를 교체하는 빈도가 높았기 때문이었다. 수케르는 "나는 늘 75분 만에 경기가 끝났다"고 불평했다. 실제로 수케르는 1996-97시즌 라리가에서 출전한 경기 중 절반은 풀타임을 소화하지 못하고 교체됐다. 이는 스타 공격수에게 말 그대로 '스타 대접'을 해주는 레알 마드리드에서 보기 드문 일이었다. 수케르가 교체될 때마다 투입되는 선수는 수비수나 수비형 미드필더였다.

그러나 실제로 카펠로 감독은 스타 선수를 자주 교체한 자신의 결정이 옳았다는 사실을 결과와 전술적 효과로 증명했다. 레알 마드리드는 1996-97시즌 선제골을 헌납하는 빈도가 높았지만, 카펠로 감독은 변경한 전략을 선수들에게 지시해 승부를 뒤집는 능력을 증명했다. 당시 레알은 레알 소시에다드Real Sociedad, 발렌시아Valencia, 아틀레티코 마드리드Atlético Madrid, 데포르티보 라 코루냐Deportivo de La Coruña, 에르쿨레스Hércules, 라싱 산탄데르Racing Santander, 세비야Sevilla 그리고 스포르팅 히혼Sporting Gijón을 상대로 선제골을 내주고도 역전승을 거뒀다.

이 중에서도 4월 중순 레알이 거둔 세비야전 역전승의 의미는 컸다. 카펠로 감독은 라울이 왼쪽 측면에서 중앙으로 파고드는 움직임을 바탕으로 한 4-4-2 포메이션으로 이날 경기에 나섰지만, 기동력이 넘치는 세비야와의 측면 싸움에서 속수무책으로 밀렸다. 세비야는 아약스 출신 왼쪽 윙어 타리크 울리다Tarik Oulida가 올린 크로스를 오른쪽 측면 공격수 호세 마리José Mari가 헤더로 골망을 흔들며 1분 만에 선제골을 뽑아냈다. 이어 세비야는 울리다의 추가골에 힘입어 2-0으로 앞서갔다. 이 시점까지 경기 내용만 보면 레알이 이미 네 골을 허용했어도 이상할 게 없었다. 그러나 카펠로 감독은 전반전 중반에 두 명을 교체하는 강수를 뒀다. 오른쪽 측면 수비수 첸도Chendo를 대신해 베테랑 수비수 마누엘 산치스Manuel Sanchís가 투입됐고, 공격수 수케르가 빠지고 수비형 미드필더 제 호베르투 Zé Roberto가 교체 출전했다. 홈구장을 메운 레알 팬들은 카펠로 감독의 결정에 이해할 수 없다는 반응을 보였다. 레알이 0-2로 끌려가며 무조건 득점을 해야 하는 상황에 직면했는데, 공격수를 제외했으니 말이다.

그러나 카펠로 감독은 이 상황에서는 우선 수비 안정을 꾀하는 게 중요하다고 판단했다. 제 호베르투가 다이아몬드형 미드필드의 왼쪽 자리를 맡으며 왼쪽 측면 수비수 호베르투 카를로스를 보호할 수 있게 됐고, 그러면서 라울은 자연스럽게 최전방으로 올라갔다. 이 덕분에 레알은 측면 싸움을 통제할 수 있었고, 서서히 경기의 흐름을 가져왔다. 결국 레알은 전반전 종료 직전 클라렌스 세도르프가 만회골을 터뜨린 데 이어 후반전 라울이 동점골을 넣었다. 이후 이에로가 헤더로 역전골을 기록했고, 세도르프의 패스를 받은 미야토비치가 추가 득점에 성공했다. 먼저 두 골을 헌납한 레알은 팀 내 최다 득점자를 교체 아웃하며 변경한 전술 덕분에 4-2로 승리했다.

만약 이탈리아에서 어떤 팀이 이런 방식으로 이겼다면 격한 칭찬을 받았을 것이다. 그러나 레알 마드리드는 우승을 하더라도 그보다 더 화려한 경기력을 원하는 팀이다. 레알과 카펠로의 인연은 마치 서로 사랑하지 않는 커플이 1년도 버티지 못하고 이혼한 결혼생활 같았다. 기이하게도 카펠로 감독은 10년 후 레알 마드리드의 사령탑으로 복귀했지만, 이때도 그는 라리가 우승을 차지하고도 시즌이 끝난 후 경질되는 비슷한 운명을 맞이했다. 당시 레알 마드리드의 기술 이사는 "결과는 매우 중요하다. 그러나 우리에게는 결과를 포함해 더 많은 걸 줄 수 있는 감독이 필요하다. 우리에게는 다시 우리가 우리 축구를 즐길 수 있게 도와줄 감독이 필요하다"고 말했다. 당시 레알 마드리드 기술 이사는 바로 미야토비치였다. 그는 카펠로 감독이 1990년대 후반 처음 레알을 이끌던 시절에 경기 도중 수비 보강을 위해 이뤄진 잦은 교체의 희생양이 된 공격수였다. 카펠로는 레알 마드리드 감독을 두 차례 맡아 총 두 시즌 동안 팀을 이끌었고, 두 번 모두 라리가 우승을 차지하고도 논란 속에 팀을 떠났다. 이탈리아식 축구 방식은 이탈리아 밖에서는 인기를 끌지 못했다. 그러나 이탈리아식 축구가 성공적인 결과를 낳는다는 사실만큼은 분명했다. 실제로 1996-97시즌 이탈리아 세리에 A, 스페인 라리가, 독일 분데스리가가 우승을 차지한 사령탑은 모두 이탈리아 출신이었다. 리피는 유벤투스, 카펠로는 레알 마드리드, 지오반니 트라파토니Giovanni Trapattoni는 바이에른 뮌헨을 이끌고 나란히 리그 우승 트로피를 들어올렸다.

트라파토니 감독은 당시 바이에른에서 두 번째 감독직을 역임하고 있었다. 그는 1994-95시즌 한 차례 바이에른에서 실패를 경험한 후 자신의 패인은 독일어를 완벽하게 배우지 못한 데 있다고 말했다. 그러나 트라파토니 감독은 바이에른으로 복귀한 후에도 독일어 구사 능력이 미세하게 향상됐을 뿐이었다. 그는 부임 초기 포백 수비 라인을 가동했지만, UEFA컵에서 1, 2차전 합계 발렌시아에 1-3 완패를 당하는 등 부침을 겪은 후 스위퍼가 뒤를 받치는 독일식 수비 전술(이는 트라파토니 감독에게 더 익숙한 전술이기도 하다)로 변화를 꾀했다. 트라파토니의 전임 오토 레하겔Otto Rehhagel 감독은 바이에른이 발렌시아에 패해 UEFA컵에서 탈락하자 "지나치게 많은 변화 탓에 팀의 리듬이 깨졌다. 바이에른은 잘못된 선수를 영입한 후 명확한 전술적 시스템을 고정시키지 않는 실수를 저지른 데에 대한 대가를 치르고 있다"고 지적했다. 그러나 명확한 전술적 시스템을 고정시키지 않는 것이야말로 트라파토니 감독의 계획이었다.

트라파토니 감독은 이후에도 잦은 전술 변화로 주요 선수들과 갈등을 겪었다. 바이에른은 11월 강등 위기에 직면한 한자 로스토크Hansa Rostock 를 상대로 전반전이 끝난 후 2-0으로 앞서고 있었다. 트라파토니 감독은 선수들에게 무실점으로 승리하는 데 집중해야 한다고 주문했다. 그러나 최전방 공격수 위르겐 클린스만Jürgen Klinsmann은 팀 동료들에게 끊임없는 공격을 주문했고, 방향성을 잃은 바이에른은 후반전 시작 20분 만에 실점하며 가까스로 2-1 승리를 챙겼다. 바이에른 뮌헨 왼쪽 윙백wing-back 크리스티안 지게는 "선수와 감독 사이의 의견 충돌 탓에 공격과 수비 사이에서 중심을 잡지 못한 게 우리 조직력이 무너진 이유다. 수비 진영에 위치한 선수가 전진해서 공격 진영으로 침투하는 사이 나머지 선수들은 그를 지켜보고 있었다. 매우 혼란스러웠다"라고 말했다.

그러나 트라파토니는 전술적 규율에 초점을 맞췄고 바이에른 뮌헨 슈퍼스타들의 자유분방함을 제한했는데, 이는 결국 성공으로 귀결됐다. 바이에른은 트라파토니 감독 부임 전 시즌보다 두 골을 더 많이 넣었고, 실점은 무려 12골이 더 적었다. 바이에른의 미드필더 메멧 숄Mehmet Scholl은 "트라파토니 감독 밑에서 수비하는 방법을 배웠다. 그러나 나는 좋지 않은 패스를 하면 바로 교체될 수 있다는 사실도 배웠다"고 말했다.

바이에른에서 트라파토니 감독은 레알 마드리드의 카펠로 감독처럼 공격수를 교체하는 빈도가 잦았다. 트라파토니 감독은 바이에른의 스타 공격수 클린스만과 자주 충돌했다. 사실 클린스만은 바이에른으로 이적 하기 전 이탈리아 세리에 A 명문 인테르에서 활약하며 트라파토니 감독 의 지도를 받은 적이 있었다. 그러나 당시에도 클린스만은 트라파토니 감 독의 수비적인 전술과 후반전 중반에 수비 보강을 목적으로 자신을 교 체하는 방식에 대해 잦은 불만을 드러냈다. 클린스만과 트라파토니 감독 의 신경전은 바이에른이 시즌 막판 홈에서 프라이부르크Freiburg와 0-0으 로 비긴 후 최고조에 이르렀다. 트라파토니 감독은 이날 경기 도중 클린 스만을 교체 아웃시키고 신예 카스텐 라키스Carsten Lakies(이 경기가 그의 처 음이자 마지막 분데스리가 경기 출전이었다!)를 투입했다. 그러자 클린스만은 운동장에서 나오며 트라파토니 감독에게 뭐라고 소리를 질렀고, '다 끝 났다'라는 메시지를 담은 손동작을 취해 보였다. 이후 그는 대형 광고판 을 발로 걷어찼다. 그러면서 클린스의 발이 짧게나마 광고판에 걸려 빠 지지 않는 상황이 연출되기도 했다. 트라파토니 감독은 경기가 끝난 후 클린스만을 교체한 이유는 더 활발한 측면 플레이를 목표로 한 것이었 다며 "경기의 돌파구를 찾으려던 것일 뿐"이라 설명했다.

당시 클린스만이 걷어찬 광고판은 바이에른의 구단 박물관으로 옮겨 졌다. 이 광고판은 클린스만의 분노와 트라파토니 감독의 극단적인 이탈 리아적 성향이 충돌하며 낳은 기념품이었기 때문이다. 바이에른은 끝내 분데스리가 우승을 차지했고, 바바리아 전통 의상을 입고 축하연장에 나타난 트라파토니 감독은 뮌헨 시청 발코니에서 열광하는 바이에른 뮌 헨 팬들을 앞에 두고 이탈리아 노래를 불렀다. 클린스만은 여름 이적시 장에서 바이에른을 떠나 삼프도리아Sampdoria로 이적하며 세리에 A 무대로 복귀했다. 클린스만은 "축구 철학이 나와 어울리는 팀에서 뛰고 싶었다. 삼프도리아의 세사르 메노티César Menotti 감독은 내게 그런 환경을 만들어줄 것"이라고 말했다. 이는 누가 봐도 트라파토니 감독을 비판하는 발언이었다.

이에 대해 트라파토니 감독은 "독일에서 활동하는 이탈리아 감독으로서 선수들의 고정관념을 바꿔놓으려는 시도를 했다. 처음에는 나를 반대하는 분위기가 강했다. 선수들의 정신 자세란 두세 달 만에 고칠 수 있는 게 아니기 때문이다. 나는 바이에른 선수들이 더 전술적으로 생각하며 플레이를 발전시키고 선택지를 찾을 수 있도록 도왔다. 처음에는 그들이 원래 익숙했던 방식대로 뛰게 하면서 점진적으로 나만의 전술을 입혔다. 첫 번째 시즌을 소화하며 선수들이 조금씩 변했지만, 문화적 충돌이 있었다. 독일은 고정된 계획을 따르는 문화가 강한 곳이다. 이탈리아는 이보다 유연하다"고 말했다.

그러나 바이에른에서 트라파토니 감독의 두 번째 시즌은 크게 성공적이지 못했다. 트라파토니 감독의 두 번째 시즌 도중 가장 기억에 남을 만한 사건은 공식 기자회견에서 그가 어눌한 독일어로 소리를 질러댄 모습이다. 그는 기술이 출중한 플레이메이커 숄과 예측불가능한 플레이를 펼치는 윙어 마리오 바슬러Mario Basler를 수비력이 부족하다는 이유로 제외했는데, 그 이유를 묻는 취재진의 질문에 바이에른이 끝까지 공격적인 축구를 하려고 했다고 소리쳤다. 그는 "독일에서 어떤 팀도 바이에른처럼 공격하지 못한다. 지난 경기에서 우리는 지오바니 에우베르Giovane Élber, 카스텐 얀커Carsten Jancker, 알렉산더 지클러Alexander Zickler를 모두 중용하며 공격수 세 명이 동시에 활약했다. 우리는 지클러를 잊어선 안 된다! 그는 숄보다 더 공격적인 선수다. 바슬러보다도 더 공격적이다!"라고 외쳤다.

이처럼 트라파토니 감독은 화가 난 상태에서 자기 자신을 해명하면서도 전술이 지나치게 수비적이었다거나 이탈리아식이라는 지적과 맞서 싸우고 있었다.

물론 이 당시에도 이탈리아에서는 누구도 수비적인 축구에 대해 불평하지 않았다. 리피 감독은 1996-97시즌 늘 그래왔듯이 화려하지 않은 전형적인 이탈리아식 축구를 구사하며 유벤투스를 세리에 A 우승으로 이끌었다. 유벤투스는 당시 34경기를 치르는 동안 리그 내 팀 득점 순위는 4위에 그쳤지만, 최소 실점을 기록했다. 심지어 유벤투스는 준우승팀 파르마Parma보다 승수가 더 적었다. 그러나 파르마는 4패를 당하며 유벤투스에 우승을 내줬다. 즉 유벤투스는 가장 많은 골을 넣거나 가장 많은 승리를 거두는 팀이 아니었다. 유벤투스는 최대한 실점을 하지 않고, 최대한 지지 않는 경기를 하며 우승을 차지했다.

유벤투스의 중앙 수비수 치로 페라라와 파올로 몬테로Paolo Montero는 세리에 A를 압도했다. 그러나 두 선수는 거친 플레이 탓에 자주 주심의 제재를 받았다. 몬테로는 나폴리와 칼리아리 원정에서 퇴장을 당했다. 심지어 페라라와 몬테로는 11월 중순 유벤투스가 홈에서 AC 밀란을 상대한 경기에 나란히 경고 누적으로 결장했다. 이날 경기는 거센 비가 내리며 킥오프 시간이 지연됐고, 터치라인을 다시 그려야 할 정도로 경기장 상태가 좋지 않은 상황에서 열렸다. 그럼에도 불구하고 유벤투스는 또다시 주요 선수가 빠진 경기에서 경쟁력 있는 모습을 보였다. 오른쪽 측면 수비수 세르지오 포리니Sergio Porrini, 중앙 미드필더 알레시오 타키나르디Alessio Tacchinardi가 이날 중앙 수비수로 페라라와 몬테로를 대신했고, 그들은 로베르토 바지오와 조지 웨아George Weah를 훌륭하게 막아냈다. 이날 경기는 0-0 무승부로 끝났다.

지단은 시즌 초반 고전했으나 시간이 갈수록 유벤투스의 공격을 책임지는 역할을 맡으며 스타로 거듭났고, 델 피에로는 잇따른 부상을 당하면서도 인터콘티넨탈컵에서 리버 플레이트River Plate를 상대로 결승골을 넣는 등 중요한 순간에 득점을 뽑아냈다. 전 시즌 4-3-3 포메이션을 기본으로 했던 리피 감독은 이를 4-4-2로 개조했고, 공격 시 지단이 공격진 뒷자리로 이동하며 4-3-1-2를 구축했다. 리피 감독은 늘 그랬듯이 기능성이 탁월한 선수들을 훌륭하게 활용했다. 주로 측면 미드필더로 출전한 디 리비오와 블라디미르 유고비치Vladimir Jugović는 중앙으로 이동해 수비형 미드필더 디디에 데샹을 보호하는 움직임을 선보였다. 당시 유벤투스는 파울루 소자Paulo Sousa가 도르트문트로 이적하며 데샹이 혼자 수비형 미드필더로 활약해야 했기 때문이다. 이 때문에 유벤투스의 공격 시 측면에서 팀에 넓이를 더해준 자원은 왼쪽 측면 수비수(주로 페소토)였다. 유벤투스는 왼쪽 측면 수비수가 전진하면 오른쪽 측면 수비수(포리니, 혹은 토리첼리)가 최후방 중앙으로 자리를 이동하며 스리백 수비 라인을 구성했다. 이와 같은 스리백 수비 라인은 이탈리아 축구의 전통적인 카테나치오 시스템을 연상케 했다.

리피 감독은 아약스와의 챔피언스리그 결승전에서 선보인 양 측면 수비수의 자리 변경을 2월 페루자전에서도 선보였다. 그는 경기 시작 20분 만에 중앙 수비수 두 명 중 오른쪽에 배치된 포리니가 부상을 당하자 그를 왼발잡이 율리아노와 교체했다. 자연스럽게 율리아노는 왼쪽 중앙 수비수 자리에 배치됐고, 이를 대신해 경기 초반 그 자리에서 움직인 페라라가 오른쪽으로 치우쳤다. 리피 감독은 율리아노를 전술적으로 보호해줄 동료가 필요하다고 판단했고 공격 가담보다는 수비에 치중하는 유형의 오른쪽 측면 수비수 토리첼리를 왼쪽 측면으로 이동시켰다. 동시에 왼쪽 측면 수비수 페소토는 오른쪽으로 자리를 옮겼다. 다시 한번 강조하지만, 이처럼 양 측면 수비수의 위치를 수시로 바꾸는 게 가능한 팀은 당시 이탈리아 팀들뿐이었다.

리피 감독은 경기 초반 변화를 주는 데 전혀 거리낌이 없었다. 그는 우디네세전에서 경기 시작 30분 만에 스피드가 더 필요하다는 이유로 페소토를 교체 아웃시키고, 바로 전 경기에서 오른쪽 측면 미드필더로 선발 출전한 디 리비오를 왼쪽 측면 수비수로 투입했다. 이처럼 왕성한 활동량을 자랑하는 오른쪽 측면 미드필더를 활기 넘치는 왼쪽 측면 수비수로 변신시키는 건 이후에도 리피 감독의 전문 분야가 됐다. 그는 1999년 인테르에서도 그랬지만, 2001년 유벤투스 감독으로 복귀한 후에도 지안루카 잠브로타Gianluca Zambrotta를 상황에 따라 왼쪽 측면 수비수와 오른쪽 측면 미드필더로 번갈아가며 활용했다. 세계 최정상급 선수로 성장한 잠브로타는 2006 독일 월드컵에서도 두 역할을 무리 없이 소화하며 리피 감독이 이끈 이탈리아 대표팀이 우승을 차지하는 데 일조했다.

리피 감독의 유벤투스는 대승을 거둔 경기에서도 '즐거운 축구'보다는 '효율적인 축구'에 더 가까운 모습을 보였다. 유벤투스는 눈이 내리는 가운데 파리 생제르맹PSG을 6-1로 대파한 유러피언 슈퍼컵 1차전 원정 경기에서 무려 네 골을 세트피스를 통해 기록했다. 물론 유벤투스가 상대를 압도하며 대승을 거둔 경기도 있기는 했다. 유벤투스는 AC 밀란을 6-1로 꺾은 경기에서는 놀라울 정도로 압도적인 경기력을 선보였다. 그러나 당시 유벤투스가 거둔 가장 인상적인 결과는 챔피언스리그 4강에서 아약스를 다시 만나 거둔 4-1 승리였다.

유벤투스는 바로 전 시즌 챔피언스리그 결승전에서 아약스를 상대로 경기 내용에서는 우세했지만, 승부차기 끝에 어렵게 승리했다. 그러나 유벤투스는 1년 만에 다시 만난 아약스를 맹폭하며 이 시절 이탈리아 축구가 네덜란드보다 우월하다는 사실을 증명했다. 예상대로 변칙 전술을 들고 나온 리피 감독은 4-3-1-2 포메이션의 양 측면 수비수로 원래 중앙 수비수로 활약해온 페라라와 율리아노를 중용했다. 그러면서 중앙 수비수로는 몬테로와 타키나르디를 출전시켜 압도적인 피지컬의 포백 수비 라인을 완성했다. 이와 더불어 최전방에서부터 강력한 압박을 구사한 유벤투스는 지단이 복시치, 비에리와 함께 대니 블린트, 마리오 멜키오트Mario Melchiot, 프랑크 더 부르를 제어했다. 그러면서 아약스는 후방 빌드업을 원활히 하지 못했고, 어울리지 않는 롱볼 축구를 구사했다. 그러나 이와 같은 단순한 롱볼 축구로는 리피 감독이 가동한 유벤투스의 포백 수비 라인을 위협할 수 없었다. 반면 유벤투스는 공격 시 힘이 센 비에리와 복시치에게 롱볼을 연결해 아약스 수비진을 훌륭하게 무너뜨렸다.

이 와중에 지단은 주인공을 담당했다. 그는 데샹이 미드필드에서 꾸준하게 수비적 위치 선정으로 상대 공격을 틀어막아준 덕분에 활기 넘치는 디 리비오, 아틸리오 롬바르도Attilio Lombardo의 지원을 받으며 빼어난 경기력을 선보였다. 그는 전반전에 상대 골대와 약 35미터 떨어진 지점에서 패스를 받아 유려한 드리블 돌파로 상대 수비를 세 차례나 피해 왼쪽 측면을 파고든 후 크로스를 올렸고 비에리가 골대를 비켜가는 슈팅으로 연결했다. 이후 지단은 정확한 코너킥으로 롬바르도의 선제골을 도왔고, 비에리가 터뜨린 유벤투스의 두 번째 골 빌드업에도 관여했다. 지단은 유벤투스의 세 번째 득점 장면에서는 스피드를 활용해 상대의 패스를 가로챈 뒤, 직접 역습을 이끌며 헛다리짚기로 대니 블린트를 제치며 교체 투입된 니콜라 아모루소가 빈 골대에 득점할 수 있도록 완벽한 패스를 연결했다. 이어 지단은 유벤투스의 네 번째 골을 자신이 직접 기록했다. 그는 데샹의 패스를 받아 슈팅 동작으로 골키퍼 에드윈 판 데 사르를 넘어뜨린 후 가볍게 득점에 성공했다. 리피 감독은 "지단은 의심할 여지 없이 내가 지도해본 선수 중 가장 위대한 선수다. 나는 그가 앞으로 20년간 세계에서 가장 위대한 선수가 될 것으로 본다. 지금까지 20년간 가장 위대한 선수는 마라도나였다. 앞으로 20년은 지단의 세상이 될 것이다. 나는 이를 확신한다"고 말했다.

논쟁의 여지는 있지만, 이날 아약스전 승리는 리피 감독이 유벤투스를 이끌고 거둔 가장 위대한 승리였다. 특히 이날 경기는 이 시절 이탈리아 축구가 네덜란드 축구에 강할 수밖에 없는 세 가지 이유를 보여줬다. 이는 바로 전술적 유연성, 신체적 강인함 그리고 세계적 수준의 재능을 지닌 선수 개개인의 특출한 경기력이었다. 판 할 감독은 유벤투스에 대패를 당한 뒤, "지단은 차원이 달랐다. 유벤투스처럼 대단한 팀에서도 그 혼자 차원이 다른 활약을 했다. 유벤투스는 훌륭한 기술을 보유했고, 이를 지켜보는 것은 흥미로웠다. 1차전이 끝난 후 했던 말을 한 번 더 반복하겠다. 나는 우리를 꺾은 유벤투스와 같은 상대를 지금까지 만나본 적이 없었다"고 말했다.

그러나 유벤투스는 아약스를 꺾고 오른 챔피언스리그 결승전에서 도르트문트에 1-3 충격패를 당했다. 도르트문트는 아약스보다 유벤투스의 강한 신체적 능력에 잘 대처했고, 미드필더 폴 램버트Paul Lambert는 훌륭한 대인방어로 지단을 무력화시켰다. 다만 사실 이날 경기의 결과는 크게 달라질 수도 있었다. 결승전에서 더 많은 득점 기회를 만든 팀은 유벤투스였기 때문이다. 유벤투스는 이날 두 차례나 골대를 맞췄고, 복시치의 골은 논란 속에 취소됐다. 리피 감독은 유벤투스가 0-2로 뒤진 채 전반전을 마치자 기존 4-3-1-2 포메이션을 4-3-3 포메이션으로 바꿨고 디 리비오를 대신해 델 피에로를 투입했다. 도르트문트는 변화된 유벤투스를 상대로 후반 초반 물러섰고, 델 피에로가 복시치의 크로스를 백힐로 연결해 만회골을 터뜨리며 역전을 위한 발판을 마련했다. 그러나 이후 도르트문트의 20세의 신예 라스 리켄Lars Ricken이 스테판 샤퓌자Stéphane Chapuisat를 대신해 교체 투입됐다. 리켄은 교체 투입 단 16초 만에 이날 자신의 첫 번째 터치로 역습 상황에서 놀라운 중거리슛을 연결해 유벤투스 골키퍼 안젤로 페루치Angelo Peruzzi가 손을 쓸 수 없는 쐐기골을 만들어냈다. 도르트문트의 승리는 충격적인 결과였다. 부상으로 결승전에 결장한 콘테는 "관중석에서 결승전을 지켜보며 분노밖에 느껴지지 않았다. 더 약한 팀이 이겼기 때문이다. 이 결과를 바꾸기 위해 우리가 할 수 있는 건 이제 없다. 다음 시즌 챔피언스리그로 돌아와 우승하는 것 외에는 할 수 있는 게 아무것도 없다"고 말했다.

결국 리피 감독은 1997-98시즌 공격진을 개편했다. 비에리는 아틀레티코 마드리드로 이적했고, 유벤투스는 그를 대신해 이탈리아에서 가장 촉망받는 젊은 골잡이 피포 인자기를 영입했다. 유벤투스는 인자기를 영입하며 붙박이 주전인 최전방 공격수를 보유할 수 있게 됐다. 즉 리피 감독이 로테이션을 가동하는 빈도는 줄어들었고, 공격진에 배치된 선수 세 명 사이의 호흡은 갈수록 향상됐다. 델 피에로는 "이제 지난 시즌처럼 비에리의 머리를 향해 길게 때려 넣는 패스보다는 낮고 빠른 패스 위주로 경기를 풀어가야 한다"고 설명했다. 리피 감독은 지단, 델 피에로, 인자기에게 수비적인 역할로부터 자유를 부여했다. 그러면서 유벤투스는 기능성을 중시하는 수비적인 선수 일곱 명과 공격 트리오를 구성한 창의적인 선수 세 명이 나뉘는 '분리된 시스템split system'을 가동하게 됐다. 리피 감독은 "이제 우리는 최고의 수비진과 공격진을 보유하게 됐다"고 말했다.

유벤투스는 줄곧 4-3-1-2 포메이션을 가동해 공격수 세 명의 재능을 극대화했다. 동시에 유벤투스는 유연한 수비 전술을 바탕으로 최전방 공격수 두 명을 배치한 상대 팀을 만나면 경기 도중 4-3-1-2에서 3-4-1-2 포메이션으로 유기적인 변화를 줬다. 리피 감독은 때로 지단과 델 피에로를 측면에 배치하며 3-4-3 포메이션을 가동하기도 했다. 그는 "4-3-3과 3-4-3 사이에는 큰 차이가 없다. 나는 기본적으로 일곱 명이 수비와 미드필드 진영에서 블록을 형성하고, 공격수 세 명은 수비 가담에 대한 부담을 느끼지 않는 구조를 원한다. 공격수 세 명이 기회를 창출할 수 있도록 자유를 부여해야 한다"고 말했다. 유벤투스는 팀 내 누구도 개인 득점 기록이 여덟 골 이상을 넘지 못한 전 시즌과 달리 1997-98시즌에는 델 피에로가 21골, 인자기가 18골을 터뜨렸다.

유벤투스와 리피 감독은 시즌 중후반까지 승승장구했다. 유벤투스는 3월 중순 파르마를 상대로 0-2로 뒤진 채 전반전을 마쳤다. 리피 감독은 후반전 시작과 함께 디 리비오, 타키나르디를 투입하며 데샹과 비린델리를 교체 아웃시켰다. 이어 리피 감독은 지단을 빼고 백업 공격수 마르셀로 살라예타Marcelo Zalayeta를 투입했다. 그러면서 유벤투스는 4-3-1-2에서 3-4-3으로 포메이션을 전환했고, 2-2 무승부를 이끌어냈다. 그로부터 일주일 후 열린 경기에서 리피 감독은 지단을 벤치에 앉힌 후 AC 밀란전을 4-1 대승으로 이끌었다. 이날 델 피에로는 페널티킥과 프리킥으로 득점했고, 인자기는 상대 골키퍼와의 1대1 상황에서 두 차례 득점했다.

그러나 가장 기억에 남을 만한 유벤투스 경기는 우승 경쟁 상대였던 인테르전이었다. 유벤투스는 4월 인테르를 상대로 전형적인 이탈리아식 조합(감독의 전술적 대처, 10번의 마법 같은 개인 기량, 논란이 된 주심의 판정)을 통해 승리를 쟁취했다.

이날 유벤투스는 스리백 수비 라인을 가동한 인테르의 측면을 파고드는 델 피에로와 인자기를 향해 롱볼을 연결하는 공격 패턴을 시도했다. 인테르 수비수 타리보 웨스트Taribo West는 위험을 감수하고 전진을 시도하다가 공을 빼앗겼고, 유벤투스는 곧바로 그의 뒷공간을 노리는 역습 공격을 펼쳤다. 델 피에로는 에드가 다비즈의 침투 패스를 받아 자신이 가장 좋아하는 공격 진영의 왼쪽 측면과 중앙 사이공간을 파고들며 웨스트가 비운 자리를 메우려는 인테르의 스위퍼 살바토레 프레시Salvatore Fresi와 1대1 상황을 맞았다. 유벤투스의 10번 델 피에로는 두 차례에 걸쳐 헛다리짚기와 페인트 동작으로 프레시를 농락했고, 반대쪽 골 포스트를 향해 강력한 슈팅을 연결해 득점을 기록했다.

이후 인테르가 공격수 숫자를 늘려 유벤투스에 맞서며 경기는 과열됐다. 양 팀 선수들은 서서히 신경전을 벌이기 시작했고, 결국 69분이 된 시점에 사건이 터졌다. 인테르는 후방 지역에서 전방으로 롱볼을 연결했다. 이를 받은 공격수 이반 사모라노Iván Zamorano가 유벤투스 수비수 비린델리와 경합하며 흐른 공을 호나우두가 재빨리 가로채며 슈팅 자세를 잡는 순간, 율리아노가 달려와 강하게 충돌하며 그를 넘어뜨렸다. 격분한 인테르 선수들은 페널티킥 판정을 기대하며 강력히 항의했지만, 피에로 체카리니Piero Ceccarini 주심은 이를 받아들이지 않고 플레이 속행을 지시했다. 이 사이 유벤투스는 역습을 시도했고, 다비즈와 지단을 거쳐 공을 잡은 델 피에로가 문전으로 침투하는 도중 웨스트에게 거친 파울을 당했다. 체카리니 주심은 페널티킥을 선언했다.

1990년대 세리에 A에서는 선수들이 주심에게 강력히 항의하는 문화가 팽배했지만, 인테르 선수들은 당시 기준으로 보더라도 과격한 반응을 보이며 판정에 불만을 내비쳤다. 체카리니 주심은 금세 인테르 선수 10명 사이에 둘러싸였다. 이후 쓰러져 있던 호나우두마저 일어나 그를 향해 달려갔다. 인테르 선수 11명이 모두 체카리니 주심을 에워쌌다. 평소 차분한 성격으로 유명한 지지 시모니Gigi Simoni 인테르 감독은 판정에 불만을 품은 채 항의하다가 퇴장을 당했고, 경기장에서 나가는 길에 관계자를 향해 "이것은 수치스러운 일!"이라 소리쳤다. 델 피에로를 향한 웨스트의 태클이 파울이라는 데는 반론의 여지가 없었다. 웨스트는 그의 발이 델 피에로의 어깨에 닿았을 정도로 거친 태클을 했다. 그러나 앞선 상황에서 호나우두를 향한 율리아노의 태클도 파울이 될 만했다. 그러나 이 모든 상황이 비린델리와 사모라노의 경합이 일어난 후 단 2초 만에 이뤄지며 주심이 어쩔 수 없는 실수를 저지를 만한 여지도 분명했다.

그러나 이탈리아 축구계에는 유벤투스에 유리하게 작용하는 판정을 '실수'로 여기지 않는 시선이 존재한다. 이 사건은 장기간에 걸쳐 음모론을 촉발시켰다. 심지어 이날 경기가 끝난 3일 후에 이탈리아 국민회의에서도 판정 논란이 논의됐다. 이날 국민회의는 극우파 정치인 도메니코 그라마지오Domenico Gramazio가 "수많은 세리에 A 심판이 (유벤투스의 모기업) 피아트Fiat 자동차를 끌고 다닌다"며 음모론을 제기하자 한때 유벤투스에서 활약한 뒤, 현역 은퇴 후 정계에 진출한 마시모 마우로Massimo Mauro가 그를 계속 "광대!"라 부르며 말싸움을 벌인 끝에 회의가 중단됐다. 결국 안내원이 투입돼 화가 난 마우로를 주먹으로 때리려 한 그라마지오를 말려야 했다. 델 피에로는 당시 경기 도중 논란 속에 선언된 페널티킥을 실축했다. 그러나 유벤투스는 델 피에로가 앞서 기록한 훌륭한 선제골을 끝까지 지키며 1-0으로 승리했다.

이후 유벤투스는 볼로냐Bologna를 상대로 인자기가 해트트릭을 기록하며 3-2로 승리해 세리에 A 우승을 확정지었다. 인자기는 이날 세 골 중 두 골을 자신의 전매특허인 6야드 박스 안에서 터뜨렸고, 나머지 한 골은 지단과 델 피에로가 상대 수비와 미드필드 라인 사이에서 훌륭한 패스 연결을 통해 자신에게 건넨 패스를 마무리한 작품이었다. 당시 유벤투스의 목표는 챔피언스리그 우승이었다. 그러나 유벤투스는 레알 마드리드와의 결승전에서 프레드락 미야토비치에게 결승골을 허용하며 0-1로 패했다.

리피 감독은 경기가 끝난 후 패인을 설명하지 못하는 모습을 보였다. 그는 "오늘은 다수의 우리 선수들이 원래 자신들이 보여주는 수준에 전혀 미치지 못한 그런 날 중 하나였다. 우리는 90분 내내 전혀 상대를 위협하지 못했다"고 말했다. 이처럼 유벤투스가 1996년 단 한 차례 차지한 챔피언스리그 우승은 1990년대 후반 그들이 유럽을 압도한 사실을 고려하면 충분하지 않은 우승 횟수인 것이 분명하다. 어쩌면 당시 막강했던 유벤투스에 더 잘 어울리는 결과는 3년 연속 챔피언스리그 우승이었을지도 모른다.

5

세 번째 공격수

1990년대 중반 세리에 A는 세계적인 수준의 공격수들을 보유한 리그였다. 축구 역사를 통틀어 봐도 이처럼 많은 재능 있는 공격수들이 한 리그에 쏠려 있던 적은 없었다. 억만장자 구단주가 구단을 이끈 상위권 팀들은 과감한 투자로 전력을 보강했고, 세리에 A는 세계 최고의 선수들이 갈망하는 무대가 됐다. 그러나 이처럼 수많은 빼어난 공격수 중에서도 유독 한 선수가 이 시절 이탈리아 축구를 가장 완벽하게 대변했다.

로베르토 바지오는 전설적인 축구 선수다. 다재다능한 능력을 소유한 그는 공으로 할 수 있는 모든 걸 할 수 있었다. 그는 직접 날카로운 드리블로 돌파를 하거나 섬세한 침투 패스로 상대 수비진을 무너뜨렸고, 슈팅이 불가능한 각도에서도 곧잘 득점했다. 특히 바지오가 1990 이탈리아 월드컵에서 선보인 천재성은 그가 전 세계 축구계의 중심에 이탈리아 깃발을 꽂은 상징적인 사건이었다. 이후 약 10년간 이탈리아 세리에 A가 축구의 중심지가 됐기 때문이다. 그는 체코슬로바키아를 상대로 미로를 통과하는 듯한 드리블 돌파 후 득점에 성공하며 이 대회 최고의 골을 뽑아냈다. 유벤투스는 바지오의 활약에 강렬한 인상을 받은 뒤, 축구 역사상 세계 최고 이적료 기록을 세우며 그를 라이벌 피오렌티나로부터 영입했다. 바지오를 잃은 피오렌티나 팬들은 플로렌스 도심으로 나와 시위를 펼쳤고, 이 과정에서 수십 명의 부상자가 발생했다. 그런데 바지오 본인은 유벤투스 이적을 원치 않았었다고 한다. 실제로 그는 다음 시즌 유벤투스 선수로 치른 피오렌티나 원정에서 팀이 페널티킥을 얻었으나 이를 차는 것을 거부한 것으로 유명하다. 이후 한 피오렌티나 팬은 경기 도중 교체된 바지오를 향해 팀을 상징하는 보라색 스카프를 던져줬다. 바지오는 친정팀 팬이 던진 보라색 스카프를 주워 거머쥔 채 유벤투스 벤치에 앉았다. 당시 유벤투스 팬들은 라이벌 팀의 스카프를 들고 벤치에 앉은 바지오에게 불만을 품었다. 이를 이유로 유벤투스 팬들은 이후에도 바지오에게 정을 주지 않았다.

바지오는 피오렌티나를 떠난 후 소속 팀보다는 이탈리아 대표팀을 상징하는 선수가 됐다. 실제로 그는 자신이 소속된 팀의 팬보다는 이탈리아 축구 팬들로부터 전국적인 사랑을 받은 선수였다.

바지오는 공격형 미드필더도, 정통파 공격수도 아니었다. 그는 최전방 공격수 두 명의 뒷자리에 배치돼 경기를 조율하고 마법 같은 순간을 만들어내는 전형적인 '10번' 선수였다. 이탈리아가 사랑하는, 팀 전체가 그를 중심으로 만들어져도 될 만큼 훌륭한 재능을 소유한 선수였다. 그러나 이 시절 이탈리아에서는 트레콰르티스타, 즉 최전방 공격수 두 명의 뒤에서 공격을 지원하는 10번이 자리를 위협받고 있었다. 강한 압박을 중시하는 아리고 사키 감독의 4-4-2 포메이션에서 다소 게으른 트레콰르티스타의 자리는 없었다. 즉 바지오 같은 유형의 선수들은 자신의 가치를 증명해야만 했다.

바지오는 쾌활한 성격을 가졌으나 동시에 은둔 생활을 즐겼고, 논란이 될 만한 발언을 많이 했다. 그는 "나는 공을 다루는 선수다. 내 생각에는 10명의 조직화된 '뜀박질 선수'보다 10명의 무질서한 '축구 선수'들을 보유하는 게 낫다"고 말했다. 이는 사키 감독이 추구하는 축구를 직접적으로 비판한 발언이었다. 그러나 이탈리아 대표팀의 사령탑이 된 사키 감독은 1994 미국 월드컵을 앞두고 바지오의 개인 기량을 무시할 수 없었다. 그는 1993년 유럽 올해의 선수로 선정된 주인공이었다. 그러나 사키 감독은 바지오가 선호하는 최전방 공격수 두 명의 뒷자리에 그를 중용하지 않았다. 대신, 그는 바지오를 4-4-2 포메이션의 공격수 중 한 명으로 기용했다. 사키 감독과 바지오가 노르웨이와의 조별 리그 경기 도중 골키퍼 지안루카 팔리우카Gianluca Pagliuca의 퇴장 후 충돌한 사건은 유명한 일화나. 이탈리아는 골키퍼가 퇴장당한 만큼 교체를 통해 백업 골키퍼를 투입해야 했다. 사키 감독이 교체 아웃시킨 선수는 바지오였다. 바지오는 운동장 밖으로 나오며 사키 감독을 향해 "미쳤다"고 외치며 불만을 내비쳤다. 이탈리아 축구 팬들도 일방적인 결정을 한 사키 감독보다는 어떤 순간에도 경기의 흐름을 바꿀 수 있는 천재성을 가진 바지오를 옹호했다. 그러나 당시 사키 감독의 결정은 옳았다. 이탈리아는 이날 바지오의 결승골에 힘입어 1-0으로 승리했다. 그러나 결승골을 넣은 바지오는 로베르토 바지오가 아니었다. 그는 디노 바지오였다.

사키 감독은 이탈리아를 결승까지 이끌었다. 그러나 이탈리아는 브라질과의 결승전에서 승부차기 끝에 페널티킥을 골대 위로 넘긴 로베르토 바지오가 실축하며 패했다. 그럼에도 대다수 이탈리아 축구 팬들은 당시 이탈리아가 결승까지 갈 수 있었던 비결은 사키 감독의 전술적 능력보다는 바지오의 개인 기량 덕분이라고 믿었다. 사키 감독은 이후 바지오에게 체력적인 문제가 있다며 그를 유로 1996 최종 명단에서 제외했다. 결국 바지오가 없는 이탈리아는 조별 리그에서 탈락하는 수모를 겪었다. 그러자 이탈리아에서는 자국 감독이 천재성이 있는 선수의 기량을 활용하기보다는 자신이 만든 시스템을 맹신하고 있다는 불만의 목소리가 터져 나왔다. 이후 바지오는 오스카 타바레스Óscar Tabárez 감독이 이끈 AC 밀란에서 최전방 공격수 마르코 시모네Marco Simone와 조지 웨아George Weah의 뒷자리에서 공격을 지원하는 10번으로 활약했다. 그러나 성적 부진이 이어진 밀란이 변화를 주기 위해 내린 두 가지 결정은 바지오에게 더 큰 어려움을 안겼다.

우선 밀란은 과거 팀에 영광을 가져다준 검증된 4-4-2 포메이션을 다시 활용했다. 이어 밀란은 이탈리아 대표팀에서 경질된 사키 감독을 재선임했다. 바지오는 불과 몇 개월이 지난 뒤, "사키 감독은 이중적인 사람이다. 그는 주중에는 내가 잘하고 있다며 칭찬하고, 경기가 열리는 일요일이 되면 나를 벤치에 앉힌다. 나는 마치 주차 단속원이 운전하는 페라리가 된 기분이다. 감독은 무엇보다 심리상담가 역할을 잘 해줘야 한다. 감독이 자기 자신의 요구 사항을 지나치게 엄격하게 적용하면, 선수들의 개성과 창의성이 억압된다"고 말했다. 끝내 바지오는 1997-98시즌을 앞두고 새로운 팀을 찾아 나섰다.

바지오를 영입하는 팀은 파르마가 됐어야 했다. 파르마는 국제적 유제품 기업 파르말라트Parmalat의 설립자 칼리스토 탄찌Calisto Tanzi 구단주의 자본력에 힘입어 당시 세리에 A의 강력한 우승 후보로 꼽힌 구단이다. 그러나 이 시절 몇몇 세리에 A 구단주가 그랬듯이 탄찌 또한 금융사기를 통해 부를 쌓은 사업가였다. 결국 파르말라트는 당시 유럽 최대 규모의 파산에 이르고 말았으며, 파르마도 재정난에 빠졌고, 탄찌는 수감됐다. 그러나 이에 앞서 탄찌 구단주의 재력은 파르마가 1990년대 중반 수많은 슈퍼스타를 영입할 수 있었던 원동력이었다.

모든 감독이 슈퍼스타를 원하지는 않았다. 탄찌 구단주가 1996년에 선임한 파르마의 사령탑은 떠오르는 젊은 수장 카를로 안첼로티 감독이었다. 당시 안첼로티 감독의 경험은 세리에 B에서 단 한 시즌 레지아나Reggiana를 이끈 게 전부였지만, 이에 앞서 그는 이탈리아 대표팀에서 사키 감독의 코치로 일한 지도자였다. 당시 안첼로티는 이탈리아의 떠오르는 차세대 감독이었다. 그는 파르마 감독 부임 후 사키가 추구한 촘촘하고, 적극적이고, 압박 능력이 뛰어난 4-4-2 포메이션을 그대로 가동했다.

안첼로티 감독의 성향은 두 가지 이유로 파르마에서 논란이 됐다. 첫째는 그가 전형적인 10번이자 발롱도르 투표에서 6위에 오른 지안프랑코 졸라Gianfranco Zola를 보유하고도 그의 기량을 100% 활용하지 않았다는 데 있었다. 안첼로티 감독은 4-4-2 포메이션의 최전방 공격수 두 명에게 최대한 좌우로 넓게 벌려선 후 뒷공간을 파고드는 움직임을 주문했는데, 졸라가 이와 같은 역할에 어울리지 않는다고 판단했다. 이를 이유로 안첼로티 감독은 졸라를 4-4-2 포메이션의 왼쪽 측면 미드필더로 기용했다. 이에 졸라는 트레콰르티스타의 종말을 예고하며 "축구는 이제 우리 같은 선수를 원치 않고 있다. 지금 축구는 모든 게 압박과 두 줄의 협력 수비 그리고 활동량만을 중시하고 있다"고 말했다. 졸라는 결국 첼시로 이적하며, "잉글랜드에서는 내게 어울리는 역할을 맡을 수 있을 것"이라고 설명했다. 이후 졸라는 실제로 프리미어리그에서 맹활약을 펼치며 1996-97시즌 도중인 11월에 첼시로 이적하고도 잉글랜드 축구기자협회FWA가 선정하는 올해의 선수가 됐다. 이탈리아 대표팀을 이끌던 체사레 말디니Cesare Maldini 감독은 첼시에서 졸라가 펼친 활약에 강한 인상을 받았고, 짧게나마 그를 팀의 핵심 선수로 활용했다. 바지오 또한 졸라를 칭찬했다. 바지오는 "졸라를 칭찬하고 싶다. 그는 자신을 의심한 모든 비판론자에게 복수를 하고 있다. 이것이 바로 축구의 미학이다. 축구에서는 능력이 저평가되기도 하지만 그만큼 쉽게 다시 일어설 수 있다"고 말했다.

탄찌 구단주는 1997년 바지오 영입을 강력하게 희망했다. 그는 이미 바지오와 계약 협상에서 합의까지 이끌어낸 상태였지만, 안첼로티 감독의 반대 탓에 영입을 성사시키지 못했다. 안첼로티 감독은 "바지오는 보장된 주전 자리를 원했고, 공격수 뒤에서 뛰겠다는 의사를 밝혔다. 4-4-2 포메이션에는 그런 자리가 없다. 나는 파르마를 챔피언스리그에 진출시켜놓은 상태였다. 우리의 시스템을 바꿀 생각은 전혀 없었다. 나는 바지오에게 전화를 걸어 '네가 우리 팀에 오게 된다면 정말 기쁘지만, 너를 매 경기 주전으로 쓸 생각은 없다. 너는 엔리코 키에사Enrico Chiesa, 에르난 크레스포Hernán Crespo와 경쟁해야 돼'라고 말해줬다"고 밝혔다. 그러자 바지오는 볼로냐로 이적했다. 그렇다고 안첼로티 감독이 천재성을 지닌 선수를 영입하는 데 절대적으로 반대한 건 아니었다. 그는 파우스티노 아스프리야Faustino Asprilla의 파르마 복귀에 찬성했다. 안첼로티 감독이 아스프리야 영입에 찬성한 이유는 선수 본인이 최전방 공격수로 뛸 의사가 있다고 밝혔기 때문이었다. 바지오와 졸라는 무조건 처진 공격수 자리를 원했지만, 안첼로티 감독은 트레콰르티스타를 원치 않았다. 그러나 이와 같은 안첼로티 감독의 성향은 그가 이탈리아에서 가장 큰 인기를 구가한 선수를 무시하는 것처럼 비춰졌다. 그러면서 안첼로티에게도 융통성이 부족하며 선수 개개인보다는 시스템을 맹신하는 감독이라는 꼬리표가 붙었다. 훗날 안첼로티 감독은 "당시 나는 선수의 상상력을 억제하는 감독으로 여겨졌다. 그러나 나는 10번이 아니라면 어떤 유형의 선수라도 영입할 마음이 있었다! 파르마에서 나는 4-4-2가 모든 면에서 볼 때 최적의 포메이션이었다고 생각했다. 그러나 지금 생각해 보면 이는 사실이 아니었다. 만약 타임머신을 타고 시간을 되돌릴 수 있다면, 나는 바지오를 영입했을 것"이라고 말했다.

이 시절 이탈리아가 포메이션을 해석하는 방식은 다소 복잡했다. 수많은 팀들이 촘촘한 진영을 구축하는 데 집중하며 10번(트레콰르티스타)은 자기 자신만의 포지션을 확립하지 못한 채 그저 '세 번째 공격수third attacker'로 여겨졌다. 실제로 이탈리아는 당시 현대 축구에서 4-3-1-2로 여겨지는 포메이션을 4-3-3으로 해석했다. 마르첼로 리피 감독은 "4-3-3 포메이션의 종류는 여러 가지다. 최전방 공격수 한 명과 윙어 두 명을 앞세운 4-3-3, 최전방 공격수 두 명 뒤에 한 명이 서는 4-3-3, 그리고 최전방 공격수 세 명을 앞에 세우는 4-3-3이 있다"고 말했다. 리피 감독 또한 유벤투스에서 최전방 공격수 알레산드로 델 피에로와 피포 인자기의 뒤에서 지네딘 지단이 움직인 포메이션을 4-3-1-2가 아닌 4-3-3으로 여겼다. 즉 이 시절 이탈리아 축구에서의 쟁점은 10번을 쓰느냐 마느냐의 문제가 아닌 '세 번째 공격수'를 어느 위치에 배치하느냐였다. 그러면서도 몇몇 감독은 여전히 공격수 세 명을 세우는 포메이션을 계속 활용했다.

가장 극단적인 예는 세리에 A 역사상 가장 '괴짜'로 유명했던 즈데넥 제만Zdeněk Zeman 감독이다. 체코슬로바키아에서 태어나 자란 제만은 10대 시절부터 삼촌 체스트미르 비츠팔레크Čestmír Vycpálek와 함께 살았다. 비츠

팔레크는 1970년대 유벤투스를 이끌고 세리에 A 우승을 두 차례나 차지한 감독이었다. 이 덕분에 제만은 어린 시절부터 이탈리아 축구 문화 안에서 호흡할 수 있었다. 그러나 그는 프로 선수로 활약한 적이 없었고, 핸드볼로부터 영감을 받은 신비한 아웃사이더였다. 그는 사키의 코베르치아노 동창이었다. 이 둘은 절친한 친구가 됐고, 당시 이탈리아 감독들이 지나치게 결과에 연연한다는 사실을 함께 증명하겠다고 결심했다. 제만은 0-0으로 비기느니 4-5로 지는 게 낫다고 믿었던 감독이었다. 골을 넣지 못하고 비기는 것보다는 적어도 네 골이라도 넣고 지는 경기가 팬들에게 더 큰 재미를 준다는 게 그의 생각이었다. 그러나 당시 이탈리아 축구 감독 대다수는 그런 의견에 동의하지 않았다.

제만 감독은 짧은 패스, 지역방어 그리고 젊은 선수 육성을 중시했다. 그의 우상은 1970년대 초반 아약스를 이끌고 유러피언컵 우승을 두 차례나 차지한 슈테판 코바치Ştefan Kovács 감독이었다. 이에 따라 제만 감독은 늘 전형적인 아약스식 4-3-3 포메이션을 가동했다. 그러나 제만 감독은 당시 네덜란드 감독들이 윙어를 최대한 좌우로 넓게 배치한 것과 달리, 골잡이 세 명으로 공격진을 구성했다. 그러면서 그는 상대 수비진의 폭을 최대한 비좁게 만든 뒤, 측면 수비수의 공격 가담으로 측면을 공략했다. 그는 전면적인 공격을 선호하는 감독이었다.

제만 감독은 1990년대 초반 포지아에서 인상적인 지도력을 선보인 뒤, 1994년 라치오 사령탑으로 부임해 전형적인 최전방 공격수 세 명을 앞세운 공격진을 구성해 1994-95시즌 2위, 1995-96시즌 3위를 차지했다. 당시 라치오의 공격진을 구성한 선수는 알렌 복시치Alen Bokšić, 피에를루이지 카시라기Pierluigi Casiraghi 그리고 카포카노니에레Capocannoniere(세리에 A 득점왕에게 주어지는 타이틀)이자 훌륭한 재능의 소유자인 주세페 시뇨리Giuseppe Signori였다. 시뇨리는 1995-96시즌 바리의 공격수 이고르 프로티Igor Protti와 공동 득점왕을 수상했다. 실제로 복시치가 유벤투스로 이적하자 제만 감독은 그의 대체자로 프로티를 영입했다. 즉 그의 공격 삼각편대를 구축한 세 명 중 두 명이 나란히 세리에 A 득점왕 출신이었던 셈이다. 그러나 제만 감독은 1996-97시즌 중반 경질됐다. 그는 경질된 후에도 라치오의 홈구장 스타디오 올림피코Stadio Olimpico의 관중석에서 팀의 시즌 잔여 홈경기를 모두 관전하는 특이한 행보를 보였다. 그러면서 제만 감독은 자신이 팀을 이끌면서 수비진이 약하다는 지적을 받은 만큼 후임 감독 디노 조프Dino Zoff가 어떻게 이를 개선할지 지켜보기 위해 경기장을 찾는다고 농담을 하기도 했다. 제만 감독은 그 다음 시즌에도 '규칙적'으로 스타디오 올림피코를 찾았다. 그러나 이번에는 관중석에서 경기를 지켜본 전 시즌과 달리, AS 로마 감독으로 스타디오 올림피코를 방문했다.

로마에서 제만 감독은 예전보다 균형 잡힌 공격 밸런스를 완성시켰다. 정통파 공격수 세 명을 기용해온 그는 아벨 발보Abel Balbo를 최전방 공격수로 세우고, 발 빠른 파울루 세르지우Paulo Sérgio와 신예 프란체스코 토티Francesco Totti로 공격 삼각편대를 구축했다. 토티는 왼쪽 측면에서 중앙으로 파고들어 상대 수비와 미드필드 라인 사이에서 창의적인 플레이를 하는 선수였다. 제만 감독의 4-3-3은 토티를 10번으로 세운 4-3-1-2의 성향을 드러냈다.

로마에서 제만 감독의 축구는 '제만란디아Zemanlandia'라는 별명으로 불렸다. 로마는 제만 감독의 활기 넘치는 축구를 이식받은 뒤, 1997년 10월 나폴리를 6-2로 대파했다. 사실 이날 로마는 시종일관 상대를 압도하며 10골 이상을 기록할 만한 경기 내용을 선보였다. 발보는 해트트력을 기록했고, 로마 선수들은 패스 연결을 통해 수많은 득점 기회를 만들었다. 이후에도 로마는 엠폴리를 4-3, 피오렌티나를 4-1로 꺾었으며 AC 밀란과 브레시아를 나란히 5-0으로 제압했다. 그러나 제만 감독의 로마는 패한 경기에서는 대패를 당했다. 수비적인 축구를 선호한 정통파 이탈리아 감독들은 특히 제만 감독을 꺾는 데 더 큰 희열을 느끼는 모습이었다.

로마는 12월 원정에서 마르코 브랑카Marco Branca가 맹활약한 인테르에 0-3 패배를 당했다. 지지 시모니 인테르 감독은 경기 후 "몇몇 감독은 점유율 축구를 좋아한다. 나는 역습을 좋아한다. 누구나 옳은 방식으로 축구를 할 수 있다. 이기는 축구가 옳은 축구이기 때문"이라고 말했다. 그러나 제만 감독은 유독 로마가 패했을 때도 자신이 옳았다며 고집을 굽히지 않았다. 로마는 시즌이 진행될수록 더 공격적인 성향을 드러냈고 시즌 막바지 다섯 경기에서는 무려 17골을 폭발시키며 최종 순위 4위를 차지했지만 팀 득점은 우승팀 유벤투스와 함께 공동 1위를 기록했다. 제만 감독이 신임한 공격수 세 명은 골고루 팀 득점을 나눠가졌다. 발보는 14골, 토티는 13골, 세르지우는 12골을 넣었다. 토티는 10도움까지 기록하며 로마의 스타로 떠올랐고, 이후 20년간 구단을 대표한 레전드가 됐다. 로마는 1998-99시즌 세리에 A 6위로 추락했지만, 제만 감독이 신임한 공격수 세 명은 여전히 빛났다. 그러나 곧 발보가 파르마로 이적했고, 제만 감독은 약간은 둔탁한 장신 공격수 마르코 델베키오Marco Delvecchio를 주전으로 기용했다. 델베키오는 다음 시즌 18골을 터뜨리며 스타로 떠올랐고, 토티와 파울루 세르지우 또한 각각 12골씩을 기록했다. 그러나 '제만란디아'는 공격적인 축구에 대한 대가를 치르기도 했다. 로마는 1999-2000시즌 리그 최다인 65골을 기록했지만, 실점 또한 49골로 강등팀 비첸자보다 더 많았다.

로마의 시즌을 가장 잘 대변한 경기는 단 네 경기가 남은 시점에 홈에서 열린 인테르전이었다. 당시 시점을 기준으로 인테르는 700분 연속으로 오픈 플레이 상황에서 득점하지 못하고 있었고, 보수적인 축구를 구사하는 로이 호지슨Roy Hodgson을 막 선임한 상태였다. 호지슨은 1999-2000시즌 인테르 사령탑으로 부임한 네 번째 감독이었다. 로마는 이날 토티, 세르지우, 델베키오, 에우세비오 디 프란체스코Eusebio Di Francesco가 한 골씩 터뜨리며 무려 네 골을 몰아넣었다. 그러나 문제는 로마가 다섯 골을 실점했다는 사실이었다. 인테르 공격수 호나우두와 이반 사모라노는 전진 배치된 로마의 수비 라인을 경기 내내 공략하며 각각 두 골씩 터뜨렸고, 디에고 시메오네Diego Simeone가 늦은 시간에 헤더로 결승골을 기록했다. 로마는 이처럼 '호러 쇼'를 연상케 하는 수비력 탓에 밀란에 2-3, 페루자에 2-3, 칼리아리에 3-4로 패했다. 제만 감독은 우승을 차지하기에는 효율성이 떨어지는 지도자라는 비판을 피하지 못했다.

게다가 제만 감독은 우승팀 유벤투스 선수들이 약물을 복용해서 경기력을 향상시켰다는 음모론을 제기하며 가뜩이나 '아웃사이더'로 굳어진 자신의 이미지를 더 각인시켰다. 실제로 2004년 유벤투스 팀 닥터 리카르도 아그리콜라Riccardo Agricola 박사는 약물 문제로 집행유예 판정을 받았지만, 이후 무죄 판결을 받았다. 제만 감독은 이처럼 자신이 세리에 A에서 벌어진 악행을 고발한 탓에 이탈리아 축구계에서 직업을 찾는 데 어려움이 있었다고도 고백했다. 아마 그의 말은 사실일 것이다. 이후 제만 감독은 약 20년에 걸쳐 비교적 소규모 구단인 살레르니타나Salernitana, 아벨리노Avellino, 레체Lecce, 브레시아Brescia, 포지아Foggia, 페스카라Pescara를 이끌었다. 이는 모두 1990년대 라치오와 로마를 이끌고 화려한 축구를 구사하며 세리에 A 5위권에 꾸준히 진입한 감독에게는 소박한 팀들이었다. 게다가 제만 감독은 알레산드로 네스타Alessandro Nesta, 프란체스코 토티를 데뷔시킨 인물이기도 했다. 이처럼 제만 감독은 제3자들에게는 큰 인기를 얻었지만, 동료 감독들에 대한 영향력은 미미한 수준이었다. 그는 '컬트'적인 존재로 남았다.

세 번째 공격수를 가장 잘 보편화시킨 지도자는 알베르토 자케로니Alberto Zaccheroni 감독이다. 그는 이탈리아 하부 리그를 거쳐 4부 리그, 3부 리그에서 승격을 거듭하며 세리에 B로 올라와 활동하던 도중 세리에 A 승격팀 우디네세Udinese 감독으로 부임해 데뷔 시즌이었던 1995-96시즌 11위를 차지했다. 자케로니 감독은 사키 감독의 제자였다. 실제로 그는 4-4-2 포메이션을 중시했고, 수준급 공격수를 세 명이나 보유한 1996-97시즌에도 주전으로는 이들 중 단 두 명만 기용했다. 당시 우디네세에는 독일 출신 정통파 골잡이 올리버 비어호프Bierhoff가 있었다. 비어호프는 유로 1996 결승전에서 교체 투입돼 두 골을 터뜨리며 독일에 우승 트로피를 안긴 주인공이었다. 이 외에도 우디네세는 근면함과 공간 침투 능력이 돋보이는 파올로 포지Paolo Poggi와 폭발적인 움직임을 앞세워 브라질, 이탈리아, 독일에서 득점왕을 차지하며 호나우두와 비교 대상이 된 민머리 공격수 마르시우 아모로주Márcio Amoroso를 보유하고 있었다. 시즌 초반에는 비어호프와 포지가 우디네세의 주전 공격수로 활약했다. 그러나 비어호프가 시즌 도중 부상을 당해 전력에서 이탈한 시점부터 아모로주가 더 많은 출전 기회를 확보했다. 우디네세는 1996-97시즌 종료를 약 2개월 앞둔 시점에 강등권보다 단 세 계단 위인 12위에 머무른 채 세리에 A 1위 유벤투스, 2위 파르마와의 경기를 준비하고 있었다.

이 두 경기는 매우 중요했다. 우디네세는 '디펜딩 챔피언'이자 또 한 번의 우승을 노리는 유벤투스 원정에서 누구도 상상하지 못한 3-0 승리를 거뒀다. 심지어 이날 자케로니 감독의 우디네세는 경기 시작 3분 후 수적 열세를 안고 싸워야 했으며 공격수들의 맹활약에 의존하는 3-4-2 포메이션을 가동하며 승리를 쟁취했다. 아모로주는 페널티킥으로 득점했고, 비어오프는 헤더로 골을 넣었다. 이어 비어호프가 뒷공간으로 연결한 패스를 아모로주가 침투해 마무리하며 대승을 완성했다. 이날 경기 결과는 어쩌면 1990년대 세리에 A가 낳은 가장 큰 이변일지도 모른다. 자케로니 감독은 유벤투스 원정에서 수비수 세 명, 미드필더 네 명이 공격수 두 명을 받친 수비 진영을 그대로 유지한 채 포지를 '세 번째 공격수'로 배치하며 파르마전에 돌입했다. 이 경기에서도 우디네세는 놀라운 2-0 승리를 거뒀고, 이후 자케로니 감독은 3-4-3을 팀의 기본 포메이션으로 고정시켰다. 자케로니 감독이 시도한 새로운 포메이션은 우디네세의 순위가 수직상승하는 데 원동력이 됐다. 시즌 중후반까지 강등 위험에 직면한 우디네세는 세리에 A 5위로 올라섰고, 구단 역사상 최초로 유럽클럽대항전 진출에 성공했다.

자케로니 감독은 1997-98시즌에도 3-4-3 포메이션을 그대로 가동했고, 우디네세는 구단 역사에 남을 세리에 A 3위라는 성적을 거뒀다. 우디네세의 공격진은 최전방 공격수 비어호프가 이끌었고, 아모로주는 공간 침투에 주력했다. 우디네세는 모든 경기에서 최소 한 골을 기록했고, 자케로니 감독은 팀 득점 순도를 가리키며 자기 자신은 공격적인 축구를 추구하고 있다고 말했다. 실제로 우디네세는 레체를 6-0, 브레시아를 4-0, 볼로냐를 4-3, 제만 감독이 이끈 로마를 4-2로 꺾었다.

자케로니는 "내 시스템은 어디서나 볼 법한 3-5-2가 아니었다. 미드필더 네 명이 배치된 시스템이었다. 이 둘의 차이는 크다. 나는 다른 팀들의 경기를 보며 연구했고, 좋지 않다고 판단한 부분을 관찰했다. 나는 크루이프의 바르셀로나, 제만의 포지아를 관찰했으나 거기에 내가 찾는 해답이 있지는 않았다. 나는 (4-3-3 포메이션처럼) 중앙 미드필더 세 명을 세우고 싶지 않았다. 미드필더가 세 명이면 수비 시 저절로 4-5-1 형태를 구축하게 된다. 그러나 네 명으로 구성된 미드필드는 공격과 수비를 동시에 지원할 수 있다. 내가 세운 목표는 세 명을 전방에 고정시켜 그들이 늘 수비 가담을 위해 내려오지 않아도 되게 하는 것이었다. 나는 처음 펜과 종이로 아이디어를 그린 뒤, 이를 운동장으로 옮겼다"고 말했다.

이처럼 자케로니 감독의 축구는 3-4-3 포메이션으로 설명할 수 있었다. 무엇보다 우디네세는 단순한 숫자에서 벗어나 객관적인 전력이 상대보다 한 수 아래로 평가받는 '언더독underdog'도 공격적인 축구를 할 수 있다는 사실을 증명했다. 자케로니 감독은 "한때 AC 밀란이나 인테르를 상대로 산 시로San Siro 원정 경기를 치르는 감독은 오직 좋은 결과를 내기를 소망하며 기도를 하는 게 전부였다. 그러나 이제 멘탈리티가 변했다. 우리는 우리만의 아이디어를 가지고 산 시로로 가서 우리만의 스타일대로 플레이할 수 있다"고 말했다.

이후 자케로니 감독은 정말로 자기만의 스타일을 산 시로로 가져갔다. 그가 1998년 AC 밀란 감독으로 부임했기 때문이다. 그러나 팀 성적만 놓고 보면 당시 자케로니 감독은 한 수 아래의 팀으로 간 셈이었다. 이 전 시즌 자케로니 감독의 우디네세는 세리에 A 5위에 올랐고, 그 전 시즌에는 3위를 차지했다. 그러나 당시 밀란은 암흑기를 거치며 두 시즌 동안 11위, 10위에 오르는 데 그쳤다. 자케로니 감독은 한창 유망한 지도자로 주목받고 있었다. 그러나 그가 사키 감독의 4-4-2 시스템이 전통으로 자리매김한 밀란에 3-4-3라는 새로운 옷을 입히는 건 쉽지 않은 과제였다. 그러나 자케로니 감독은 밀란 지휘봉을 잡은 후 우디네세에서 자신이 지도한 공격수 비어호프와 오른쪽 윙백 토마스 헬베그Thomas Helveg를 영입하고도 "(밀란에서) 우디네세의 복사판을 보기를 기대하지 않았으면 한다. 밀란은 수비수 세 명, 미드필더 네 명, 공격수 세 명을 두고 플레이할 것이다. 그러나 우디네세가 구사한 축구와 똑같지 않을 것이다. 어찌 됐든 3-4-3은 마법을 부리는 공식이 아니다. 어쩌면 밀란에서 3-4-3을 새롭게 해석하는 방법을 보게 될 수도 있을 것"이라고 선전포고했다.

자케로니 감독의 말은 옳았다. 그는 첫 시즌을 자신에게 익숙한 시스템으로 시작했지만, 공격진에서 주전 자리를 확실히 차지한 선수는 신임 감독과 함께 우디네세에서 온 비어호프뿐이었다. 비어호프는 밀란으로 이적한 첫 시즌부터 34경기 19골을 기록했다. 이 중 두 골은 페널티킥, 세 골은 오픈 플레이 상황에서 발로 터뜨렸으며 나머지 14골은 모두 헤더였다.

그러나 자케로니 감독은 측면에서는 좀처럼 해결책을 찾지 못했다. 조제 웨아는 왼쪽 측면에 어울리지 않았다. 그는 부인할 수 없는 재능을 소유한 1995년 발롱도르 수상자였지만, 세리에 A에서 활약한 매 시즌 득점왕을 차지한 선수와 10골 차 이내로 시즌을 마무리한 적이 없었다. 마우리치오 간츠Maurizio Ganz는 중요한 순간마다 득점력을 발휘해줬지만, 폭발적인 선수라기보다는 근면함이 더 돋보인 자원이었다. 오히려 자케로니 감독은 전형적인 공격수보다는 플레이메이커 성향이 강한 선수로 공격진을 구성하려고 했다. '브라질의 마법사' 레오나르두Leonardo는 순간적으로 번뜩이는 몸놀림을 보여줬지만, 그는 벤치에서 경기를 시작한 후 교체 투입됐을 때 보다 효율적이었다.

밀란, 라치오, 피오렌티나는 1998-99시즌 3강 체제로 우승 경쟁을 펼쳤다. 그러나 잠시나마 우승을 노린 피오렌티나는 공격수 가브리엘 바티스투타Gabriel Batistuta가 0-0 무승부로 끝난 밀란전 도중 무릎 부상을 당하며 전력에서 이탈한 이후 슬럼프에 빠졌다. 이후 바티스투타의 파트너였던 에드문두Edmundo는 시즌 도중 브라질 리우데자네이루에서 열린 축제에 가고 싶다며 휴가를 떠났다. 이어 밀란은 4월 초 세리에 A 각 팀이 여덟 경기를 남겨둔 시점에서 라치오와 0-0으로 비겼다. 그러면서 당시 리그 선두 라치오는 가장 강력한 우승 후보로 떠올랐다. 이후 자케로니 감독은 대대적인 전술 변화를 감행했다.

이 시점까지 자케로니 감독은 중앙 미드필더 두 명 중 한 명의 자리를 무조건 즈보니미르 보반Zvonimir Boban에게 맡겼다. 크로아티아 출신의 10번 보반은 타고난 재능의 소유자였고, 성격은 매우 감정적이었다. 게다가 보반은 시즌 전반기에만 두 차례 퇴장을 당하며 징계를 받았다. 이 때문에 그는 자케로니 감독과 갈등을 겪으며 1월 이적 시장에서 밀란을 떠날 가능성이 커 보였다. 그러나 자케로니 감독은 밀란이 라치오와 0-0 무승부에 그친 후 나선 파르마와의 홈경기에서 처음으로 보반을 3-4-1-2 포메이션의 공격형 미드필더로 출전시키며 최전방 공격수 비어호프와 웨아의 뒷자리에 배치했다. 이와 같은 전술 변화는 당시 밀란의 드레싱룸에서 리더 역할을 한 베테랑 데메트리오 알베르티니Demetrio Albertini와 알레산드로 코스타쿠르타Alessandro Costacurta의 제안이었다. 경기 초반 불안한 모습을 보인 밀란은 먼저 실점을 헌납했다. 그러나 이후 보반이 경기를 통제하기 시작했고, 경기 흐름은 파올로 말디니Paolo Maldini가 지안루이지 부폰Gianluigi Buffon이 막을 수 없는 오른발 중거리슛으로 동점골을 터뜨리며 밀란 쪽으로 기울었다.

키가 크고, 무언가를 뽐내는 듯한 걸음걸이를 가진 보반은 밀란에서 유일하게 유니폼 상의를 반바지 속에 집어넣지 않은 선수였다. 그는 이날 경기의 결정적인 장면을 연출해냈다. 보반은 밀란이 압박을 받는 도중 왼쪽 측면 수비수 자리에서 패스를 받아 발 바깥쪽으로 공을 찌르는 기술로 상대 선수 디에고 푸세르Diego Fuser를 제친 뒤, 하프라인에 조금 못 미친 위치에서 침투하는 간츠를 향해 상대 수비 라인을 넘기는 긴 패스를 찔러줬다. 파르마의 골키퍼 부폰은 자리에서 벗어나 이를 차단하려고 했다. 그러나 간츠는 부폰을 가볍게 제친 후 자신을 쫓아오는 파비오 칸나바로Fabio Cannavaro보다 빠른 속도로 질주하며 열린 골대에 공을 밀어넣었다. 2-1. 보반의 이날 활약은 훌륭했고, 밀란 팬들은 교체 아웃되는 그를 향해 기립박수를 보냈다. 같은 날 라치오는 프란체스코 토티를 앞세운 AS 로마와의 로마 더비에서 1-3 완패를 당했다. 세리에 A 우승 경쟁에 다시 불이 붙는 순간이었다. 더 중요한 건, 보반이 펼친 이날 활약이 10번의 부활을 알렸다는 데 있다. 그러면서 10번은 다시 '섹시한' 포지션으로 각인되기 시작했다. 밀란의 다음 상대는 자케로니 감독과 비어호프의 친정팀 우디네세였다. 자케로니 감독과 비어호프가 경기 시작을 앞두고 터널에서 빠져나와 경기장에 모습을 드러내자 관중석에서는 엄청난 환호성이 터져 나왔다. 자케로니 감독은 흐르는 눈물을 감추려는 듯이 선글라스를 쓰고 있었고, 비어호프는 우디네세 홈구장인 스타디오 프리울리Stadio Friuli를 떠난 지 10개월이 지났는데도 구단으로부터 올해의 선수상 트로피를 받았다.

그러나 두 사람 모두 추억에 젖어 있을 생각은 없었다. 밀란은 우디네세를 상대로 공격진을 구성한 세 명을 앞세워 시즌 최고의 경기력을 선보이며 5-1 대승을 거뒀다. 보반은 선제골과 추가골을 터뜨렸고, 비어호프가 세 번째와 네 번째 골(당연히 머리로)을 넣었다. 그러나 밀란의 시즌 마지막 저력을 가장 잘 보여준 득점은 마지막 골이었다. 보반은 10번의 자리에서 패스를 받아 우디네세 수비수 발레리오 베르토토Valerio Bertotto 가 두 발을 들고 강하게 들어온 태클을 아무렇지도 않다는 듯 피한 후 각각 좌우 공간으로 침투하는 웨아와 비어호프의 움직임을 파악했다. 보 반은 웨아를 바라보면서 비어호프를 향해 침투 패스를 연결했다. 비어호 프는 이 패스를 상대 골키퍼 루이지 투르치Luigi Turci의 키를 넘기는 재치 있는 킥으로 연결했고, 골문을 향해 달려가던 웨아가 이를 쉽게 마무리 했다. 무차별적으로 상대를 무너뜨린 밀란은 갑작스럽게 시도해본 전술 적 시스템이 완벽히 자리 잡으며 처음으로 리그 1위 자리에 올랐다.

밀란의 공격 삼각편대는 완벽한 '트리오'였다. 보반은 창의성을, 웨아 는 스피드를, 비어호프는 제공권을 팀에 제공했다. 보반은 "나의 유형 을 고려하면 내게 가장 잘 어울리는 포지션은 최전방 공격수의 뒷자리 다. 물론 이 자리에서 뛰면서 한 시즌 동안 열리는 34경기(당시 세리에 A는 18팀으로 구성된 리그였다)에서 매번 좋은 활약을 할 수는 없겠지만, 나는 중앙에서 뛰는 걸 선호한다. 그래야 경기에 더 관여할 수 있기 때문이다. 자케로니 감독은 내가 최선을 다할 수 있는 환경을 만들어줬다. 그러면 서 많은 게 변했다"고 말했다.

물론 이후에도 밀란이 우승까지 차지하는 과정은 탄탄대로가 아니었 다. 심지어 밀란은 삼프도리아전에서 경기 종료 직전 상대의 자책골 덕분 에 3-2로 승리하는 데 성공했다. 무엇보다 밀란은 유벤투스 원정에서 가 장 중요한 승리를 따냈다. 밀란은 전반전 내내 유벤투스에 밀렸지만, 후 반전 전방으로 길게 연결한 패스가 바운드되면서 완벽한 득점 기회를 잡 은 웨아가 상대 골키퍼 안젤로 페루치Angelo Peruzzi의 키를 넘기는 슛으로 선제골을 넣을 수 있었다. 밀란의 두 번째 골은 공격진을 구성한 '트리오'의 진가를 잘 보여준 득점이었다. 비어호프가 높이 날아온 공을 떨궜고, 이를 잡은 보반이 하프발리킥으로 상대 수비진을 넘기는 패스를 띄워주자 웨아가 뒷공간을 침투해 마무리했다. 이후 밀란은 엠폴리를 상대로 비어호프가 해트트릭을 달성하며 4-0으로 승리했고, 시즌 최종전으로 열린 페루자 원정에서 홈팀 팬들이 경기장 안으로 난입하는 사건 탓에 경기가 일시적으로 지연되는 사고를 겪었으나 끝내 2-1로 승리했다. 당시 페루자는 강등 위험에 직면한 상태였다. 이 때문에 페루자 팬들은 수단과 방법을 가리지 않고 시간을 벌어야 했기에 동시에 진행된 타 팀 경기 결과를 먼저 알기 위해 운동장에 난입한 것이었다. 물론 이 때문에 밀란은 우승을 확정 짓는 데 예상보다 더 긴 시간을 할애해야 했다. 그러나 결국 자케로니 감독의 밀란은 우승을 차지했다. 밀란은 시즌 내내 세리에 A를 압도하지는 못했다. 그러나 주장 파올로 말디니는 훗날 당시 밀란의 세리에 A 우승은 누구도 예상치 못한 결과였다며 이를 자신이 경험한 자국 리그 우승 7회 중 가장 기억에 남는 우승이었다고 말했다. 자케로니 감독은 공격 삼각편대를 앞세워 전 시즌 10위권에도 진입하지 못한 밀란을 우승으로 이끌었다. 동시에 그는 4-4-2 포메이션을 향한 밀란의 집착에 종지부를 찍었다.

이후 시즌 도중 이뤄진 밀란의 성공적인 시스템 변화를 처음 제안한 게 누구인지를 놓고 논란이 시작됐다. 실비오 베를루스코니Silvio Berlusconi 밀란 구단주는 보반을 10번으로 활용하자고 제안한 건 자신이었다고 말했다. 그리고 자케로니 감독은 이에 분노했다.

그러나 이와 관계없이 '10번' 포지션은 중요성을 되찾았다. 이어진 1999-2000시즌은 심판 판정을 둘러싼 음모론이 계속 제기되며 이탈리아 축구계를 얼룩지게 했다. 그럼에도 불구하고 세리에 A의 트레콰르티스타로 활약한 선수들에게 1999-2000시즌은 더할 나위 없이 훌륭한 시기였다.

지오반니 트라파토니 감독이 이끈 피오렌티나는 세리에 A의 '7공주' 중 가장 낮은 순위인 7위에 머물렀지만, 가장 조직적인 공격 삼각편대를 선보였다. 이 시절 바티스투타는 가장 완성도 높은 공격수였다. 여기에 엔리코 키에사는 발이 빠르고 양발을 두루 잘 활용하는 공격수였다. 어느 각도에서도 강한 슈팅을 연결한 그는 바티스투타를 훌륭하게 지원했다. 이 두 선수의 뒷자리에서는 루이 코스타Rui Costa가 전형적인 10번 역할을 맡으며 드리블 돌파로 상대 수비수의 태클을 피해 뒷공간으로 날카로운 패스를 찔러줬다.

피오렌티나가 크리스마스를 앞두고 라이벌 유벤투스와 1-1로 비긴 경기에서 터뜨린 동점골은 그들의 공격 삼각편대가 가진 장점을 그대로 보여준 장면이었다. 루이 코스타는 중원을 거치는 드리블 돌파 후 왼쪽으로 침투해 들어오는 키에사에게 패스를 연결했다. 키에사는 니어포스트를 향해 돌진하는 바티스투타를 향해 강한 크로스를 연결했다. 바티스투타는 이를 영리하게 마무리하며 피오렌티나의 공격 삼각편대의 위력을 보여줬다. 속공을 이끈 10번, 공간을 침투하는 세컨드 스트라이커, 9번(최전방 공격수)의 마무리. 피오렌티나가 인테르를 2-1로 꺾은 경기에서 넣은 선제골도 이와 비슷했다. 루이 코스타가 왼쪽 측면으로 건넨 패스를 키에사가 인테르 골키퍼 안젤로 페루치를 현혹하기 딱 좋은 애매한 위치로 크로스를 연결했고, 골키퍼가 허공에 손질하는 사이 바티스투타가 빈 골대에 공을 밀어넣으며 득점했다.

그러나 피오렌티나는 이와 같은 공격력을 기복 없이 보여주지 못했다. 결국 이 때문에 9년간 피오렌티나에서 사랑받은 골잡이 바티스투타는 팀을 떠나게 됐다. 그는 시즌이 끝난 후 로마로 이적했다. 파비오 카펠로 감독이 이끈 로마는 피오렌티나보다 한 단계 위인 6위로 시즌을 마쳤지만, 미래가 기대되는 팀이었다. 카펠로 감독은 이전까지 4-4-2 포메이션을 고집했지만, 로마에서는 토티를 중심으로 팀을 구축했다. 카펠로 감독마저 이탈리아의 차세대 트레콰르티스타 토티를 핵심 선수로 여긴 건 이 시절 10번 포지션이 얼마나 화려하게 부활했는지를 단적으로 보여준 예다. 이미 로마에는 카푸와 뱅상 캉델라Vincent Candela라는 윙백에 매우 적합한 측면 수비수들이 있었다. 이 덕분에 카펠로 감독 역시 3-4-1-2 포메이션을 가동하게 됐다.

최전방 공격수 두 명의 뒤에 배치된 토티는 선풍적인 맹활약을 펼쳤다. 그는 중원에서 기회를 창출하기 위해 더 깊숙한 곳까지 내려갔다가도 어느새 문전으로 침투해 득점을 기록했다. 토티가 가장 좋아한 위치는 상대 수비와 미드필드 라인 사이에 발생한 공간이었다. 미드필드 진영으로 살짝 후진해 공을 잡은 뒤, 오른쪽 측면을 통해 뒷공간으로 침투하는 빈첸조 몬텔라Vincenzo Montella, 또는 깊숙한 수비 진영에서 전력 질주하며 공격에 가담하는 카푸에게 연결하는 패스는 토티의 주특기였다.

로마가 선보인 최고의 경기력은 11월 4-1로 승리한 라치오전에서 나왔다. 로마가 터뜨린 네 골은 경기 시작 후 30분 만에 터졌고, 모두 비슷한 패턴으로 이뤄졌다. 델베키오와 몬텔라가 뒷공간을 침투하며 각각 두 골씩 득점했고, 토티는 상대의 라인 사이를 공략했다. 로마는 가을 잠시 동안 세리에 A 선두 자리를 차지했으나 봄이 되며 무너지기 시작했고 시즌 마지막 10경기에서 단 1승을 거두는 데 그쳤다. 실제로 로마는 시즌 마지막 10경기 중 다섯 경기에서 무득점에 그쳤다. 그러나 궁극적으로 당시 로마의 득점력 부재는 시즌이 끝난 후 바티스투타 영입으로 이어졌다. 로마에 합류한 바티스투타는 2000-01시즌 무서운 득점력을 선보이며 팀을 세리에 A 우승으로 이끌었다.

5위에 그친 파르마의 시즌은 실망스러웠다. 파르마는 10번 아리엘 오르테가Ariel Ortega가 기복을 줄이지 못하며 수준급 경기력을 유지하지 못했다. 오르테가는 삼프도리아에서 파르마로 떠난 후안 세바스티안 베론 Juan Sebastian Verón을 훌륭하게 대체했다. 이를 본 파르마는 베론이 라치오로 이적하자 오르테가를 영입해 똑같은 효과를 기대했다. 그러나 파르마에서 오르테가가 펼친 활약은 기대에 미치지 못했다. 파르마는 10월 오르테가가 골과 도움을 하나씩 기록해 베로나를 3-0으로 꺾으며 3-4-1-2 포메이션이 통할 수 있다는 가능성을 보여줬다. 당시 최전방 공격수 에르난 크레스포와 마르시우 아모로주도 베로나를 상대로 한 골씩 기록했다. 오르테가는 양 측면 윙백 푸세르, 파올로 바놀리Paolo Vanoli와 좋은 호흡을 선보였다. 그러나 그는 선수 시절 내내 알코올 의존증에 시달렸고, 결국 '뉴 마라도나'라는 별명에 걸맞은 수준으로 성장하지 못했다. 그는 1999-2000시즌 파르마의 세리에 A 경기 중 선발로는 절반도 출전하지 못했다. 알베르토 말레사니Alberto Malesani 파르마 감독은 오르테가가 전력에서 이탈하면 더 수비적인 3-5-2, 혹은 아모로주와 디 바이오가 좌우 측면에서 최전방 공격수 크레스포를 지원하는 3-4-3 포메이션을 가동했다. 그러나 파르마가 원활한 경기를 하려면 트레콰르티스타 같은 존재가 필요했다.

눈에 띄는 점은 파르마가 인테르와 승점으로는 동률을 이룬 채 시즌을 마쳤다는 사실이다. 인테르는 1999-2000시즌 경쟁 팀들과는 비교할 수 없을 정도로 공격진의 선수층이 두터웠다. 호나우두, 크리스티안 비에리, 이반 사모라노, 알바로 레코바Álvaro Recoba 그리고 다름 아닌 로베르토 바지오가 당시 인테르에 몸담은 공격수였다. 인테르는 바지오가 볼로냐에서 훌륭한 활약을 펼친 데에 강렬한 인상을 받았고, 1998년 여름에 그를 영입했다. 그러나 인테르로 이적한 바지오는 팀이 감독만 세 차례 교체하며 불안정했던 첫 시즌부터 고전을 면치 못했다.

부진 탈출을 노린 인테르는 1999년 리피 감독을 선임했다. 바지오에게 이는 최악의 소식이었다. 그는 사키 감독을 재선임한 밀란에서 떠나야 했듯이 유벤투스에서는 리피 감독과 충돌한 전적이 있었다. 리피 감독도 바지오를 탐탁지 않게 여겼다. 게다가 그는 10번을 활용할 계획이 전혀 없었다. 비에리와 호나우두가 스스로 팀 공격을 이끌어야 한다는 게 리피 감독의 기대치였다. 그러나 리피 감독을 선임한 인테르는 공격진의 잇따른 부상 탓에 전 시즌 통틀어 비에리와 호나우두가 함께 선발 출전한 경기는 1-2로 패한 밀란전이 전부였다. 이 경기에서 호나우두는 경기 시작 30분 만에 로베르토 아얄라Roberto Ayala를 팔꿈치로 가격해 퇴장당했다.

인테르는 파르마와 마찬가지로 3-5-2 포메이션을 가동하면 득점 기회를 만들지 못했다. 인테르는 1월 이적시장이 열리기 직전을 기준으로 치른 마지막 아홉 경기에서 승점 10점을 획득하는 데 그쳤다. 그러나 인테르는 겨울 이적시장에서 레알 마드리드의 미드필더 클라렌스 세도르프를 영입했다. 이때까지 세도르프는 주로 미드필드 깊숙한 위치에서 움직이는 선수였다. 그러나 리피 감독은 즉시 그를 10번으로 중용했고, 인테르를 환골탈태시켰다. 인테르는 세도르프의 데뷔전에서 페루자를 5-0으로 대파했다. 정확한 패스로 선제골을 도운 세도르프는 이후 왼쪽 측면으로 드리블 돌파를 하며 현란한 헛다리짚기로 페루자 수비수 로베르토 리파Roberto Ripa를 바닥에 나뒹굴게 만든 뒤, 골대 구석으로 강력한 슈팅을 꽂아 넣었다. 인테르는 이후 세 골을 더 추가했고, 세도르프가 교체되자 팬들은 기립박수를 보냈다. 인테르는 세도르프를 영입하며 기본 포메이션을 3-5-2에서 3-4-1-2로 바꿨고, 이후 10경기에서 승점 23점을 획득했다.

이 와중에 바지오는 1월 중순까지 세리에 A에서 단 한 경기에도 선발 출전하지 못하고 있었다. 리피 감독은 바지오가 아닌 모든 공격수에게 매우 관대한 태도로 기회를 줬다. 그는 인테르가 1월 베로나 원정에 호나우두, 비에리, 사모라노가 모두 결장하게 되자 알바로 레코바와 21세 무명 공격수 아드리안 무투Adrian Mutu를 최전방 공격수로 내세웠고, 세도르프가 이 둘의 뒤를 받치는 10번 역할을 맡았다. 무투에게 이날 경기는 세리에 A 선발 데뷔전이었다. 리피 감독은 인테르가 베로나에 선제골을 헌납하며 끌려가자 전반전이 끝날 무렵부터 테크니컬 에어리어에서 바지오와 대화를 나누기 시작했다. 갑작스럽게 리피 감독의 지시를 받게 된 바지오는 놀란 듯한 표정이었다. 리피 감독은 큰 손동작으로 바지오에게 지시 사항을 전달했다. 이는 누가 봐도 바지오를 그의 구체적인 전략에 움직이게 하려는 의도를 드러내는 것이었다. 리피 감독은 후반전 시작과 함께 바지오를 인테르의 10번으로 투입했다.

그러나 지시 사항을 따르는 선수와는 거리가 먼 바지오는 경기에 투입되자 늘 그랬듯이 자유롭게 플레이했다. 바지오가 후반 시작 2분 만에 블라디미르 유고비치를 향해 찔러준 침투 패스는 굴절되며 레코바에게 흘렀다. 레코바는 이를 득점으로 연결했다. 이후 바지오는 레코바가 왼쪽 측면을 파고든 후 올린 크로스를 슬라이딩을 하며 반대쪽 포스트를 향해 정확한 슈팅으로 연결해 역전골을 뽑아냈다. 바지오는 골을 넣었을 때는 언제나 그랬던 대로 표효하며 기쁨을 만끽했고, 경기 후 인터뷰에서 자신의 체력 상태에 의심을 품고 있었던 리피 감독을 비판했다.

그러나 리피 감독은 이후 홈에서 열린 로마전 선발 명단에도 바지오를 올렸다. 그리고 바지오는 또 인테르를 승리로 이끌었다. 그는 경기 시작 8분 만에 왼쪽 측면과 중앙 사이 공간에서 세도르프의 패스를 받은 뒤, 문전을 향해 드리블하며 비에리에게 침투 패스를 연결했다. 비에리는 득점에 성공한 후 바지오, 세도르프와 함께 기뻐했다. 이후에도 이 셋은 또 한 번 기회를 창출했지만, 이번에는 비에리가 간결한 볼터치를 하지 못하며 득점을 기록하지는 못했다. 이후 로마가 동점골을 넣었지만, 인테르는 멈추지 않았다. 비에리가 시도한 슈팅이 상대 수비수를 맞고 문전을 향해 돌진하는 인테르 윙백 프란체스코 모리에로Francesco Moriero 쪽으로 흘렀다. 모리에로의 슛은 상대 골키퍼 프란체스코 안토니올리Francesco Antonioli의 선방에 막혔다. 이후 붕 뜬 공을 바지오가 완벽한 발리슛으로 연결했고, 카푸의 키를 넘긴 공은 그대로 골망을 갈랐다. 바지오는 또 광적으로 기뻐했고, 리피 감독도 흥분을 감추지 못했다. 그럼에도 불구하고 리피 감독은 그다음 경기부터 부상당한 공격수들이 하나둘 복귀하자 바로 바지오를 선발 명단에서 다시 제외했다. 이후에도 바지오는 시즌이 끝날 때까지 들쭉날쭉한 출전 시간을 부여받는 데 만족해야 했다. 그는 끝내 권위주의자 리피 감독의 신뢰를 얻지 못했다.

인테르의 라이벌 밀란은 '디펜딩 챔피언'으로 시즌을 시작했으나 보반이 시즌 초반과 후반에 모두 부상을 당해 어려움을 겪었다. 자케로니 감독은 보반의 공백 탓에 때로는 다시 3-4-3 포메이션을 써야 했다. 밀란은 보반이 있을 때 훨씬 더 강한 팀이었다. 그는 밀란이 파르마를 2-1로 꺾은 경기에서 직접 프리킥으로 두 골을 터뜨렸다. 베를루스코니 회장도 보반이 포함된 밀란의 팀 전술에 매료된 모습이었다. 그는 "오늘 보반은 훌륭했다. 그는 다시 최고의 모습을 찾았다. 오늘 보반은 최전방 공격수 두 명의 뒷자리에서 뛰었다. 이는 내가 좋아하는 포메이션 중 하나"라고 말했다.

그러나 자케로니 감독은 보반의 설렁설렁 뛰는 듯한 움직임과 건방진 태도에 곱지 않은 시선을 보냈다. 그렇지만 보반은 경기장 안에서 활약을 펼치며 자신의 가치를 계속 입증했다. 밀란은 2000년 1월 레체Lecce를 상대로 공격수 세 명을 배치하는 전술을 가동했지만, 0-2로 끌려갔다. 자케로니는 호세 마리José Mari를 빼고 보반을 투입하며 포메이션을 3-4-3에서 3-4-1-2로 바꿨다. 이후 밀란은 바로 반격을 시작했다. 결국 비어호프가 보반의 크로스를 마무리하며 만회골을 뽑아냈다. 비어호프는 동점골을 넣은 후 손가락으로 보반을 가리키며 기뻐했다. 이어 보반은 경기 종료를 얼마 남겨두지 않은 시점에 밀란이 얻은 프리킥을 수비벽을 절묘하게 넘겨 크로스바와 골 포스트의 사이를 정확히 뚫는 동점골로 연결했다. 경기는 2-2로 끝났고, 보반은 단 30분간 활약하고도 이날 모든 선수를 통틀어 최고의 경기력을 선보였다.

이어 보반은 2월 라치오전 2-1 승리의 주역이 됐다. 그는 이날 역시 교체되는 순간 관중의 기립박수를 받았다. 그러나 보반은 다시 부상에 시달렸다. 그러면서 밀란의 시즌도 망가지기 시작했다. 당시 시즌 24골로 세리에 A 득점왕을 차지한 안드레이 셰브첸코Andrei Shevchenko는 "우리는 보반이 공격수 뒤에서 뛰는 전술에 매우 익숙했다. 그는 득점 기회를 만들었고, 팀 전체를 움직이는 브레인 역할을 한 선수였다. 그의 창의성은 우리가 골을 넣을 수 있게 해줬다. 우리는 그가 없으면 다른 방식으로 득점해야 한다. 그러나 그렇게 하려면 시간이 걸릴 것"이라고 말했다.

1999-2000시즌 세리에 A 2위를 차지한 유벤투스도 3-4-1-2 포메이션을 활용했다. 이는 유벤투스가 이전 시즌까지 리피 감독의 지도를 받

은 만큼 놀랍지 않은 흐름이었다. 그러나 당시 유벤투스 사령탑으로 부임한 인물이 카를로 안첼로티 감독이었다는 점을 고려하면 그들이 3-4-1-2 포메이션을 중심으로 시즌을 소화했다는 사실에는 큰 의미가 있다. 이때까지 안첼로티 감독은 엄격하게 4-4-2 시스템을 고집했고, 10번을 활용하는 팀 전술을 거부한 지도자였다. 그는 졸라도, 바지오도 원치 않았던 감독이다. 그러나 안첼로티 감독은 유벤투스에서 지단마저 외면할 수는 없었다.

안첼로티 감독은 유벤투스에 온 순간부터 선수들 사이에서 팀의 중심이 지단이어야 한다는 데 공감대가 형성되어 있다는 사실을 파악했다. 하루는 원정 경기를 앞두고 지단이 정해진 시간에 팀 버스에 나타나지 않았고, 누구도 그와 연락이 되지 않았다. 화가 난 안첼로티 감독은 팀 버스 운전사에게 지단을 두고 출발해달라고 말했지만, 중앙 수비수 파올로 몬테로Paolo Montero가 버스 앞자리로 달려와 팀의 리더가 없이는 출발할 수 없다며 그를 말렸다. 안첼로티 감독은 몬테로의 요구를 받아들였다. 약 10분 후 도착한 지단은 이날 경기에서 좋은 활약을 펼쳤고, 유벤투스는 승리했다. 이처럼 안첼로티 감독은 팀의 에이스이자 10번을 대하는 데는 관대한 자세가 필요하다는 사실을 깨달았고, 과거 바지오를 영입하지 않은 결정을 후회하기 시작했다.

안첼로티 감독은 수년이 지난 후 "나는 바지오와 함께하며 해결책을 찾았어야 했다. 나는 교훈을 얻게 됐다. 유벤투스에서 시스템을 더 유연하게 하면 더 높은 경지에 도달할 수 있다는 점을 배웠다. 나는 지단을 위해 내가 생각하는 축구에 변화를 줘야 했다. 지단을 내가 추구하는 4-4-2에 끼워 맞추기보다는 그를 중심으로 시스템을 만들었다. 그는 4-4-2 포메이션에 익숙하지 않았기 때문이다. 대신 우리는 3-4-1-2 포메이션을 썼고, 지단은 라인 사이에서 뛰었다"고 말했다. 안첼로티 감독의 이와 같은 뉘우침은 '10번' 포지션이 다시 유행처럼 번졌다는 점을 실감케 하는 대목이다.

지단은 순간순간 번뜩이는 장면을 연출하며 특히 프리킥으로 자주 득점했다. 그는 로마, 페루자, 레체를 상대로 모두 프리킥 골을 기록했다. 그러나 1999-2000시즌 유벤투스의 팀 공격력은 형편없었다. 유벤투스는 34경기에서 단 46골을 넣는 데 그쳤다. 이는 세리에 A의 '7공주' 중 해당 시즌 팀 최저 득점에 해당하는 기록이다. 개개인의 득점 관여도 또한 충분하지 못했다. 지단은 오픈 플레이 상황에서는 단 한 골을 넣는 데 그쳤고, 32경기에 선발 출전하고도 도움도 고작 한 개가 전부였다. 오히려 유벤투스에 창의성을 불어넣은 선수는 14도움으로 당시 세리에 A 도움왕을 차지한 델 피에로였다. 그러나 델 피에로는 페널티킥으로 여덟 골을 넣으면서도 오픈 플레이 상황에서는 유벤투스가 단 두 경기를 남겨놓은 시점까지 득점이 없었다. 인자기는 15골을 뽑아내며 제몫을 했지만, 유벤투스의 공격 삼각편대는 응집력이 떨어지는 모습이었다. 실제로 당시 델 피에로와 인자기는 원만한 관계를 맺지 못하고 있었다.

결국 유벤투스는 2월 베네치아Venezia 원정에서 4-0으로 승리하고도 사고를 막지 못했다. 경기가 끝날 무렵 두 공격수가 서로 불만을 품고 있다는 사실이 자명해 보였다. 이날 델 피에로는 페널티킥으로 선제골을 넣었지만, 그는 이후에도 오픈 플레이 상황에서 자신의 시즌 첫 득점을 하려는 의지를 내비쳤다. 당시 델 피에로가 오픈 플레이 득점이 없다는 점이 언론을 통해서도 큰 논란이 됐기 때문이다. 경기 종료 약 10분을 남겨두고 인자기는 상대 수비의 실수를 틈 타 공을 가로챈 후 골키퍼 파브리치오 카사차Fabrizio Casazza를 제쳤다. 그러나 이후 인자기는 자신보다 델 피에로가 더 유리한 슈팅 각도를 확보하며 침투해 들어오는 모습을 보고도 패스하지 않고 직접 슈팅을 시도해 득점했다. 사실 이 상황만 놓고 보면 큰 문제가 될 만한 부분은 없다. 인자기에게는 자신이 직접 만들어 낸 기회를 직접 득점으로 연결할 자격이 있었다.

그러나 후반 추가 시간에 문제가 발생했다. 베네치아 골키퍼 카사차는 인자기가 앞선 득점 상황과 비슷한 기회를 잡게 되자 또 자리를 비우고 앞으로 달려 나갔다. 이를 확인한 인자기는 침투해 들어오는 델 피에로에게 패스를 연결해 더 완벽한 득점 기회를 만들 수 있었다. 그러나 인자기는 인자기였다. 그는 이번에도 자신이 직접 슈팅을 시도했다. 하지만 이번에는 카사차가 그의 슈팅을 막았다. 카사차를 맞고 흐른 공은 다시 인자기에게 흘렀다. 만약 웬만한 공격수였다면 이런 상황에서는 결국 델 피에로에게 패스를 연결했겠지만, 인자기는 달랐다. 그는 또 자신이 직접 슈팅을 시도했고, 결국 득점을 터뜨렸다. 이후 인자기는 유벤투스 원정 응원단을 향해 달려가며 득점을 자축했다. 이 와중에 델 피에로는 아무런 동작 없이 페널티 박스 안에 가만히 서 있었다.

인자기는 한 골을 추가하며 해트트릭을 완성했다. 그는 세 번째 골을 넣은 상황에서도 델 피에로의 바로 앞 위치로 질주하며 공을 골대 안으로 밀어넣었다. 이후에도 한 차례 기회는 더 있었다. 문전에서 인자기와 델 피에로 사이로 공이 흘렀다. 인자기가 오른발을 휘두르며 슈팅을 하려는 찰나에 델 피에로가 먼저 왼발로 슈팅을 연결했다. 그러나 카사차가 델 피에로의 슈팅을 막아냈다. 경기는 그대로 종료됐고, 유벤투스는 대승을 거두며 세리에 A 선두로 등극했다. 그럼에도 델 피에로와 인자기의 조합에 문제가 있다는 사실이 분명해졌다.

안첼로티 감독은 훗날 "인자기와 델 피에로는 좋은 조합을 이뤘으나 그들은 이론적으로만 잘 어울렸다. 선수들 사이에서 늘 일어나는 일이 결국 문제가 됐다. 이 중 한 선수는 역사상 가장 이타적이지 않은 선수였다. 나는 알레산드로(델 피에로) 얘기를 하는 게 아니다"라고 설명했다. 이 두 공격수의 악화된 관계는 시즌이 막바지를 향해 갈수록 팀 성적에 더 큰 영향을 미쳤다. 유벤투스는 시즌 마지막 여덟 경기 중 네 경기에서 무득점에 그쳤고, 인자기는 아예 득점을 하지 못했다. 유벤투스는 13주 연속으로 세리에 A 선두를 질주했지만, 시즌 마지막 날 역전 우승을 허용했다.

1999-2000시즌 마지막 날은 카오스 그 자체였다. 유벤투스는 2위 라치오에 승점 2점 차로 앞서 있었고, 중위권 팀 페루자 원정에서 승리하면 자력 우승을 차지할 수 있었다. 페루자는 강등의 위험에서 벗어난 상태였던 만큼 홈 팬들도 이날은 시간 지연을 위해 경기장에 난입할 일이 없었다. 유벤투스는 지단이 인자기에게 완벽한 득점 기회를 만들어줄 수 있는 상황에서 자신이 직접 시도한 슈팅이 빗나가며 선제골을 넣지 못했다. 이후 전반전 종료를 앞두고 갑자기 소나기가 쏟아지면서 페루자의 홈 구장 레나토 쿠리Renato Curi의 잔디 상태가 심하게 망가졌다. 15분 만에 끝나야 할 하프타임은 무려 한 시간 동안 이어졌다. TV 중계 화면은 피에를루이지 콜리나Pierluigi Collina 주심이 쏟아지는 빗속에서 상당 부분이 물로 뒤덮인 운동장에 우산을 쓰고 있는 모습을 보여줬다. 평소대로라면 이런 상황에서는 경기가 연기돼야 했다. 그러나 이날은 세리에 A 모든 경기가 같은 날 진행된 최종전이 열린 만큼 일정을 연기할 수 없었다. 논란 속에 시작된 후반전에 페루자 중앙 수비수 알레산드로 칼로리Alessandro Calori가 빼어난 마무리 능력을 선보이며 결승골을 터뜨렸다. 유벤투스는 공격진을 구성한 선수들의 이기적인 플레이 탓에 시즌 마지막 날 우승

을 놓쳤다.

이 덕분에 스벤-요란 에릭손Sven-Göran Eriksson 감독이 이끈 라치오는 레지나를 3-0으로 꺾으며 1974년 이후 첫 세리에 A 정상 등극에 성공했다. 이날 라치오의 득점자 중 한 명은 페널티킥으로 골을 넣은 시모네 인자기 Simone Inzaghi였다. 공교롭게도 그는 이날 우승을 놓친 유벤투스 공격수 피포 인자기의 동생이다. 에릭손 감독은 트레콰르티스타를 별로 좋아하지 않았고, 기본적으로 4-4-2 포메이션을 가동했다. 최전방 공격수로는 인자기, 마르셀로 살라스Marcelo Salas, 알렌 복시치, 파브리치오 라바넬리, 로베르토 만치니Roberto Mancini가 로테이션을 통해 번갈아가며 출전했다.

그러나 에릭손 감독은 시즌 중후반에 도달한 시점인 봄부터 4-5-1 포메이션을 더 즐겨 썼다. 그는 대다수 경기에서 살라스를 최전방 공격수로 배치하고, 미드필더를 한 명 더 추가했다. 그러면서 베론과 파벨 네드베드Pavel Nedvěd는 더 자유롭게 활약할 수 있었다. 특히 베론은 인테르가 2-1로 승리한 로마 더비 그리고 디에고 시메오네가 결승골을 터뜨려 라이벌 유벤투스를 꺾은 이탈리아 더비Derby d'Italia에서 각각 결승골 득점, 결승골 도움을 차례로 기록하는 중요한 역할을 해냈다.

에릭손 감독은 레지나를 꺾은 시즌 최종전에서 10번을 무려 세 명이나 선발 출전시켰다. 베론과 네드베드가 선발 출전했고, 만치니는 자신의 541번째이자 마지막 세리에 A 경기에 나섰다. 라치오와 레지나의 경기 또한 하프타임이 무려 35분으로 연장됐다. 같은 시간 열린 페루자와 유벤투스 경기가 날씨 탓에 일시적으로 중단되며 후반전 시작 시점을 맞출 필요가 있었기 때문이다. 그러나 레지나와 라치오의 경기는 하프타임 돌입 후 35분을 기다린 후에도 페루자와 유벤투스의 경기가 속행되지 않자 그대로 후반전을 시작했다. 에릭손 감독은 우승을 확정한 후 특유의 차분한 모습으로 "이것보다 더 좋은 스릴러의 각본을 쓸 수는 없었을 것"이라고 말했다. 세리에 A의 1999-2000시즌은 이처럼 극적으로 마무리됐다.

다만 이대로 시즌이 완전히 끝난 건 아니었다. 물론 각 팀당 배정된 34경기를 모두 소화했고, 라치오의 우승은 확정된 상태였다. 그러나 당시 세리에 A는 우승, 유럽클럽대항전 진출권, 강등이 걸린 자리를 두고 최소 두 팀의 승점이 동률일 때는 골득실이나 승자승 원칙이 아닌 단판 플레이오프 경기를 치르게 하는 규정을 두고 있었다. 인테르와 파르마는 당시 승점 58점으로 동률을 이루며 라치오, 유벤투스, 밀란에 이어 다음 시즌 챔피언스리그 진출권을 두고 싸워야 했다. 만약 인테르가 챔피언스리그 진출권이 걸린 단판 플레이오프 경기에서 패한다면, 리피 감독은 무조건 경질될 분위기였다. 문제는 당시 인테르가 주전급 선수들의 줄부상으로 어려움을 겪고 있었다는 점이다. 이 때문에 리피 감독은 다시 바지오를 호출했다. 바지오는 정규 시즌 마지막 네 경기에서 레코바와 함께 최전방 공격진을 구성했다. 그러나 이는 리피 감독이 자신의 공격진에 요구하는 신체적 능력이 부족한 최전방 조합이었다.

이 와중에도 바지오는 바리를 상대로 강력한 슈팅으로 득점에 성공했고, 칼리아리전에서는 페널티킥으로 득점했다. 이어 그는 페루자를 상대로는 환상적인 롱 패스로 세도르프의 골을 도왔다. 그러나 인테르는 마지막 네 경기 중 바지오가 침묵한 한 경기에서 피오렌티나에 0-4 대패를 당했다. 이는 당시 인테르가 구단 역사상 세리에 A 홈경기에서 당한 가장 큰 패배였다. 바지오는 55분 자신이 교체되자 화를 참지 못하는 모습이었다. 이에 리피 감독은 어처구니가 없다는 반응을 보였다. 리피 감독은 "교체되는 걸 원치 않는 선수는 스쿼드가 단 13명으로 구성된 팀을 찾아 떠나면 된다. 그렇게 하면 매 경기 늘 뛸 수 있을 것"이라며 바지오를 질타했다. 그러나 리피 감독에게는 바지오를 써야 할 경기가 하나 더 남아 있었다.

이 플레이오프 경기의 초반 주도권을 잡은 건 파르마였다. 파르마는 골대를 맞추는 슈팅 등으로 기선을 제압했다. 부상 탓에 무려 3개월 만에 출전한 비에리의 몸놀림은 매우 무거웠고, 결국 그는 경기 시작 30분 만에 또 부상을 당해 쓰러졌다. 이 때문에 비에리는 유로 2000 출전까지 좌절됐다. 인테르는 좀처럼 경기 흐름을 바꾸지 못했다. 그러나 바지오가 상대 페널티 지역 모서리 바깥쪽 부근에서 릴리앙 튀랑Lilian Thuram의 파울을 유도하며 프리킥을 얻었다. 이 지역에서 직접 프리킥으로 골을 넣으려면 왼발잡이 세트피스 전문가가 필요해 보였다. 그러나 오른발잡이 바지오는 모두가 크로스를 예상한 이 상황에서 수비벽 옆을 스쳐 지나 떨어지며 니어포스트 안쪽을 꿰뚫는 마법 같은 감아차기로 골망을 흔들었다. 그가 무너뜨린 골키퍼는 세계 최고의 수문장 지안루이지 부폰이었다.

파르마는 코너킥 상황에서 마리오 스타니치Mario Stanić가 헤더로 동점골을 뽑아냈다. 그러나 인테르는 경기 종료 7분을 남겨두고 상대 페널티 지역 안으로 찔러준 긴 패스를 부상당한 비에리 대신 교체 출전한 이반 사모라노에게 연결했다. 사모라노는 이를 뒤에서 침투해 들어오는 바지오에게 떨궈줬다. 바지오는 한 차례 공이 바운드되는 것을 지켜본 후 힘을 모아 강력한 왼발슛을 날려 다시 한번 부폰을 뚫고 골망을 흔들었다. 바지오는 페널티 박스 밖에서 오른발과 왼발로 두 골을 터뜨리며 인테르를 승리로 이끌었다.

후반 추가시간에는 사모라노가 한 골을 추가했다. 그러나 이날은 바지오의 날이었다. 더 정확히 말하면 바지오의 마지막 날이기도 했다. 바지오는 이후 브레시아로 이적해 4년간 활약하며 팀 동료 펩 과르디올라와 친해졌다. 또한 그는 5년 만에 이탈리아 대표팀에 발탁돼 국가대표 고별식을 치르는 영예를 안았다. 그러나 인테르에서 치른 파르마와의 플레이오프는 바지오가 현역 시절 빅클럽에서 마지막으로 출전한 경기였다. 이날 바지오의 맹활약 덕분에 리피 감독은 경질을 면할 수 있었다. 리피 감독은 인테르에서 줄곧 바지오를 외면했음에도 불구하고 절체절명의 순간 그를 통해 트레콰르티스타의 가치를 보여준 셈이다.

6

카테나치오

전 세계에서 이탈리아만큼 최정상급 수비수를 많이 배출한 나라는 없다. 특히 이 시절 유럽을 압도한 이탈리아 축구는 훌륭한 세대의 수비수들이 비슷한 시점에 나란히 정상의 자리에서 물러나며 자신들만큼이나 출중한 기량을 보유한 후배들에게 자리를 물려줬다. 프랑코 바레시Franco Baresi, 주세페 베르고미Giuseppe Bergomi가 정상의 위치에서 내려올 시간이 다가오자 알레산드로 네스타Alessandro Nesta와 파비오 칸나바로Fabio Cannavaro가 이탈리아는 물론 유럽의 차세대 중앙 수비수로 자리매김하고 있었다. 파올로 말디니Paolo Maldini는 이탈리아의 중앙 수비수 패러다임이 변하는 이 시기에 두 세대 사이에서 가교 역할을 했다. 그는 개인 통산 세리에 A 647경기에 출전했는데, 이 시점의 출전 횟수는 약 절반 정도에 불과했다.

당시 이탈리아 축구계에서는 여러 전문가들이 수비의 정의를 두고 분분한 의견을 제기하며 지나치게 과열된 토론을 벌였다. 수비수들은 상대의 특정 선수를 막아야 할까? 아니면 특정 공간을 막아야 할까? 이것은 어떤 방식으로 수비하는 게 더 효율적이냐의 문제였을 뿐 아니라 어떤 방식이 가장 이탈리아적인지에 관한 문제였다.

2차 세계대전 이후 이탈리아는 축구계에서 가장 악명 높은 수비 전술과 매우 밀접한 관계를 맺게 된다. 이것이 바로 '카테나치오catenaccio'라는 애칭을 낳은 이탈리아식 수비 전술이다. 카테나치오는 때로 '안티 축구'를 대변하는 전술을 설명할 때 쓰이는 단어이기도 하지만, 이탈리아어로는 '빗장'을 의미한다. 실제로 카테나치오는 매우 구체적인 수비 방식을 뜻하는 단어다. 상대 공격수들을 강력한 대인방어로 상대하는 스토퍼들 뒤쪽에 리베로 혹은 스위퍼를 한 명 더 두는 방식이 바로 카테나치오의 기본 구조다. 이처럼 여분의 수비수를 더 두는 전형은 꽤 신선한 아이디어였고, 이는 팀이 공격 진영에 배치할 선수가 한 명 줄어들면서 자연스럽게 수비적인 축구를 하게 되는 결과를 낳았다.

카테나치오는 곧 유행처럼 번졌다. '유행'이라는 단어가 적절하지 않을 수 있지만, 1960년대 레알 마드리드와 벤피카가 다득점을 터뜨리는 매력적인 공격 축구를 구사하며 유럽을 압도하자 이탈리아 밀라노의 두 구단이 반격을 시작하며 카테나치오가 진가를 발휘했다. 그러나 유럽에서 카테나치오를 앞세운 수비적인 이탈리아 축구를 바라보는 시선은 곱지 않았다. 카테나치오를 상징하는 가장 대표적인 인물은 엘레니오 에레라 인테르 감독이었다. 그는 스위퍼를 활용하기 위해 미드필더 한 명을 제외하는 게 자신의 카테나치오라고 단순하게 설명했다.

에레라 감독은 카테나치오 덕분에 이탈리아의 전설적인 왼쪽 측면 수비수 지아친토 파케티Giacinto Facchetti가 더 공격적인 역할을 맡을 수 있었다고 주장했다. 또한 그는 자신이 사용한 카테나치오 전술을 다른 감독들이 수비수의 위치 선정 능력을 외면한 채 따라 하려고 했다고 설명했다. 이 때문에 자신의 의도와는 달리 카테나치오가 극단적인 수비 전술로 변했다는 게 에레라 감독의 생각이었다. 네레오 로코Nereo Rocco AC 밀란 감독도 카테나치오 전술을 바탕으로 유러피언컵에서 두 차례 우승을 차지했지만, 그는 에레라 감독과는 달리 자신이 수비적인 축구를 구사했다는 사실을 굳이 부인하지 않았다. 로코 감독은 선수들에게 "좋은 경기를 하자. 그러나 경기를 더 잘한 팀이 못 이기게 하자"라는 유명한 말을 남기기도 했다. 로코 감독은 미드필드 싸움에서 밀리더라도 최후방을 최대한 안전하게 지키는 데 만족하는 지도자였다.

그러나 리베로가 최후방을 지키는 포메이션은 미드필드에서 상대와 수적으로 겨룰 때 문제를 드러냈다. 이 때문에 리베로 역할을 맡는 선수의 공 다루는 능력은 갈수록 향상됐고 그러면서 리베로가 수비 진영에시 미드필드 구역으로 전진해 공격의 시발점 역할까지 맡게 됐지만, 기본적인 시스템은 변하지 않았다. 이탈리아 사람들은 카테나치오를 '일 지오코 알 이탈리아나il giocco all' Italiana'라고 불렀는데, 이는 직역하면 '이탈리아의 경기'라는 뜻으로 해석할 수 있다. 그러나 전 세계 축구 팬들에게는 이미 카테나치오라는 이름이 각인된 상태였다. 어찌 됐든 이러한 수비 전술은 줄곧 이탈리아 축구를 지배하는 전략으로 자리잡았다. 현대 축구에서 카테나치오를 가장 대표적으로 상징하는 지도자는 지오반니 트라파토니 감독이다. 로코의 제자이기도 한 트라파토니 감독은 세리에 A 우승을 총 일곱 번이나 차지한 인물로 리그 역사상 가장 성공적인 감독으로 꼽힌다. 1960년대에 선수로 뛰며 밀란의 수비형 미드필더로 활약한 그는 자신이 직접 집필한 축구 전문 서적을 통해 "1960년부터 1980년까지 인테르, 밀란, 이탈리아 대표팀이 거둔 성공 덕분에 이탈리아는 세계에서 가장 다양한 축구 전술을 보유한 국가가 됐다. 이탈리아식 축구는 수비 라인 뒤에 선수를 한 명 더 두는 시스템을 필요로 한다"고 설명했다. 트라파토니 감독은 그 누구보다도 이와 같은 수비 전술을 고집했다.

트라파토니 감독이 이끈 유벤투스는 1977년부터 1986년까지 미드필드에서는 지역방어, 수비 진영에서는 강한 대인방어를 하는 3-5-2와 4-4-2가 혼합된 포메이션을 가동하며 세리에 A 우승을 여섯 차례나 차지했다. 트라파토니 감독은 리베로와 스토퍼는 전혀 다른 유형의 수비수가 돼야 한다고 믿었다. 리베로는 '경기를 읽으며 다양한 상황에 대비해야' 하지만 스토퍼는 '신체 능력과 제공권, 태클 능력과 영리한 적극성'이 우선이라는 게 그의 생각이었다. 이탈리아의 축구 문화는 이 두 가지 유형의 수비수를 모두 동경했다. 이탈리아에서 가에타노 시레아Gaetano Scirea처럼 우아한 기술을 보유한 스위퍼와 클라우디오 젠틸레Claudio Gentile처럼 강력한 대인방어 능력을 자랑한 스토퍼는 미녀와 야수를 연상케 하는 수비 조합을 이뤘다.

그러나 1980년대 후반 아리고 사키 감독이 나타난 이후로 패러다임 변화가 일어났다. 그는 대다수 이탈리아 감독과는 달리 프로 선수 경력이 전혀 없었고, 젊은 시절 구두 세일즈를 하며 생계를 유지했던 일반인이었다. 이 때문에 대다수 이탈리아 감독이 현역 시절 카테나치오 전술을 구사한 팀의 일원으로 활약한 것과 달리, 사키 감독은 자기만의 독자적인 방식으로 축구를 해석했다. 그는 로코의 밀란, 에레라의 인테르, 트라파토니의 유벤투스를 칭송하지 않았다. 오히려 그는 카테나치오를 경멸했고, 네덜란드식 토털 축구 예찬론자에 훨씬 더 가까웠다. 사키 감독은 팀이 능동적인 축구를 구사할 만한 시스템을 만드는 데 주력했다. 그는 이를 위해 자신이 지도한 수비수들을 지역방어의 기본에 의거해 지도했다.

파르마를 이끌던 사키 감독은 밀란 사령탑으로 부임한 후 1989년과 1990년 연속으로 유러피언컵 우승을 차지했다. 그는 밀란에서 포백 수비 라인을 일자(플랫 포백flat back-four)로 정렬해 배치하여 스위퍼와 스토퍼에 집착한 이탈리아의 축구 문화를 완전히 바꿔놓았다. 대다수 이탈리아 팀들이 무게중심을 뒤로 빼고 상대를 막는 데 집중했다면, 사키 감독의 '일자 수비'는 적극적으로 오프사이드 트랩을 활용하며 상대가 중앙선을 넘어 전진하지 못하게 만들어 밀란이 경기를 지배할 수 있게 했다. 사키 감독은 원정 경기에서도 이처럼 공격적인 축구를 구사하며 이탈리아 축구에 혁명을 일으켰다. 안첼로티 감독은 "대개 이탈리아 팀들은 교묘하게 상대를 공략하려고 했다. 그들은 상대보다 더 강하다는 걸 증명하려는 노력은 하지 않았다. 그들은 그저 자기 자신들이 상대보다 더 영악하다는 사실을 증명하려고 했을 뿐이다. 사키 감독은 이런 풍토를 바꿔놓았다. 그의 팀은 상대 팀을 지배하며 이기기 위해 경기장에 나갔다"고 말했다.

사키는 혁신적인 사고방식으로 전 세계 축구계에 지대한 영향을 미친 인물로 평가받는다. 챔피언스리그 우승을 차지한 후세대 감독들인 펩 과르디올라, 라파엘 베니테스 그리고 안첼로티 감독은 모두 사키로부터 영감을 받았다. 그러나 이탈리아는 보수적인 축구를 멈추지 않았다. 사키 감독 또한 유럽 전역에서 존경을 받았지만, 이탈리아에서는 그가 자국 축구의 전통을 무시하고 있다는 지적이 나왔다. 실제로 사키 감독은 당시 '이탈리아의 경기'라고 불린 축구와는 정반대의 경기 방식을 추구했다. 그는 밀란을 네덜란드식 축구를 구사하는 팀으로 바꿔놓았다. 심지어 당시 밀란에는 프랑크 레이카르트, 루드 굴리트, 마르코 판 바스텐으로 이어지는 네덜란드 삼인방이 있었다. 이어 사키 감독은 이탈리아 대표팀에서도 이와 같은 축구를 구사하려 했다가 '배신자'라는 오명을 쓰게 됐다.

이탈리아는 1994 미국 월드컵 결승에 올랐으나 승부차기 끝에 브라질에 패했다. 사키는 자국 대표팀을 월드컵 결승까지 이끌고도 압박, 4-4-2 포메이션, 지역방어에 집착하는 감독이라며 거센 비판을 받았다. 그러나 그는 이탈리아 대표팀이 유로 1996 조별 리그에서 탈락하는 망신을 당한 후에도 경질을 면했다. 대다수 이탈리아 축구 팬들은 감독 교체가 필요하다고 주장했다. 그러나 오히려 사키 감독은 이탈리아가 유로 1996에 출전한 모든 팀을 통틀어 최고의 축구를 했다고 주장했다.

사키의 축구를 거세게 비판한 대표적인 인물은 카테나치오를 맹신한 트라파토니 감독이었다. 트라파토니 감독은 "사키의 이탈리아는 다섯 경기를 하면 한 번 정도 좋은 팀 같아 보였다. 사키의 밀란은 네 시즌 동안 세리에 A 우승을 한 번밖에 하지 못했다. 그러나 그들의 축구는 정치적으로 부풀려지고 과장됐다. 밀란에 네덜란드 선수들과 이탈리아 대표팀 선수들이 없었다면 얘기가 달라졌을 것이다. 평범한 선수 11명에게 아무리 대단한 전술을 설명해도 그들은 평범한 선수들이 될 것이다. 지역방어로 화려한 축구를 할 수 있다고 생각한다면 이는 큰 오산이다. 그러나 TV로만 축구를 보는 팬들은 이처럼 잘못된 정보를 그대로 믿고 있다"고 말했다. 그러나 트라파토니 감독도 분명히 선입견을 가지고 사키 감독을 평가하고 있었다. 정작 트라파토니 감독 본인도 사키 감독이 이룬 성과에 큰 영향을 받은 인물이기 때문이다. 그는 오랜 시간 이탈리아식 축구로 꾸준한 성과를 이루는 데 성공했지만, 일각에서는 그가 변화를 거부하는 시대착오적인 지도자가 됐다는 지적도 나오고 있었다.

트라파토니 감독은 사키 감독이 농구에서 본 지역방어를 축구로 훔쳐왔다고 주장했다. 그는 밀란에서 사키의 후임으로 부임한 파베오 카펠로가 더 수비적인 축구로 더 많은 우승을 차지한 더 좋은 감독이라고 말했다. 사키 감독을 맹렬히 비판한 건 트라파토니 감독뿐만이 아니었다. 그들은 모두 사키 감독의 능력이 정치적인 선전으로 부풀려졌다고 주장했고 대다수 이탈리아 언론은 트라파토니를 지지했다. 뿐만 아니라 당시 이탈리아 언론은 사키 감독에 대해 비판적이었다.

이탈리아 일간지 〈라 가제타 델로 스포르트La Gazzetta dello Sport〉의 편집자 지안니 브레라Gianni Brera가 "완벽한 축구 경기는 0-0으로 끝나야 한다"며, "나는 수비적인 축구를 맹신한다"고 밝힌 일화는 너무나 유명하다. 브레라는 카테나치오의 대부 로코 감독과 절친한 사이였다. 그러면서 그는 '현대 축구의 로코' 트라파토니 감독을 지나치게 띄워주려는 성향을 보였다. 브레라는 "집을 지을 때는 바닥부터 기초 공사를 하는 게 지붕을 만드는 것보다 우선이다. 로코와 트라파토니는 늘 이 신념을 중심으로 팀을 만들었다. 그들은 상대보다 한 골을 더 넣는 것보다 한 골을 덜 실점하는 게 더 쉽다고 믿었다. 이는 매우 상식적인 사고방식"이라고 말했다. 물론 사키 감독이 일으킨 혁명을 옹호하는 목소리도 있었지만, 당시 대다수 사람들은 브레라의 생각에 동의하는 편이었다. 결국 사키는 이탈리아 대표팀 감독으로 약 5년간 일하며 수비 진영 깊숙한 위치에서 수비하는 데 전념하는 축구를 바꾸기 위해 노력한 끝에 1996년 말 경질됐다. 대표팀에서 사키 감독을 떠나보낸 이탈리아 축구는 당시 그를 옹호하는 이들과 전통을 중시한 이들이 대립하는 분위기가 팽배했다.

사키에 이어 이탈리아 대표팀을 맡은 지도자는 체사레 말디니Cesare Maldini 감독이었다. 체사레 말디니의 아들 파올로 말디니는 사키 감독이 이끈 밀란과 이탈리아 대표팀이 구사한 지역방어의 핵심이었다. 그러나 체사레 말디니 감독은 전통주의자였다. 체사레 말디니는 현역 시절 품격 있는 리베로로 활약했고, 로코 감독의 전통적인 카테나치오 전술로 구성된 밀란을 대표하는 선수였다. 체사레 말디니는 현역 은퇴 후 로코 감독의 수석코치로 부임했고, 이어 그를 대체한 감독이 됐다. 또한 체사레 말디니는 이탈리아가 우승을 차지한 1982 스페인 월드컵에서 엔초 베아르초트Enzo Bearzot 감독이 이끈 자국 대표팀의 수석코치였다. 이어 체사레 말디니는 약 10년간 이탈리아 21세 이하 대표팀 감독으로 활동했다. 이탈리아 성인 대표팀의 말디니 감독 선임은 U턴을 의미했다. 말디니 감독은 "축구에서는 낡은 것도, 새로운 것도 없다"며 자신을 선임한 이탈리아 축구협회의 결정이 상징하는 의미에 관심이 쏠리는 데 조심스러운 반응을 보였다. 그러나 그가 자국 대표팀을 맡으면서 이탈리아 축구를 과거의 전통적인 방식으로 되돌리려는 의도를 드러낸 건 자명했다. 수년간 사키 감독의 방식대로 강력한 압박과 지역방어를 지도받은 이탈리아 수비수들은 다시 리베로를 최후방에 둔 예전 방식에 맞게 변해야 했다. 심지어 감독의 아들 파올로 말디니조차 카테나치오 전술로 다시 돌아가는 데 당혹감을 내비쳤다. 파올로 말디니는 "아버지가 시키는 일이라면 해야 한다"고 농담조로 포문을 열었지만, "내가 다시 리베로가 돼야 한다면 그렇게 하기 전에 아버지는 내게 몇 가지 문제에 대해 해명해줘야 할 것"이라며 경계심을 드러냈다.

이탈리아 대표팀 주장 파올로 말디니는 이 세대 이탈리아 수비수 중 가장 존경받은 선수였다. 그리고 그는 여느 이탈리아 수비수와 마찬가지로 여러 가지 역할을 소화하는 다재다능한 자원이었다. 그는 세계 최고의 왼쪽 측면 수비수로 거듭났지만, 어린 시절에는 오른쪽 측면 수비수로 성장했다. 애초에 파올로 말디니가 왼쪽 측면 수비수로 보직을 변경한 첫 번째 이유는 소속 팀 밀란에 이미 출중한 기량을 가진 오른쪽 측면 수비수 마우로 타소티Mauro Tassotti가 있었기 때문이다. 그러나 양발을 잘 사용하는 말디니는 좌우 측면 수비수를 두루 소화하는 데 아무런 문제가 없었다. 게다가 그는 1994 미국 월드컵에서 보여준 대로 중앙 수비수 역할도 소화할 수 있었다. 측면 수비수로 뛰며 적극적인 태클 능력을 자랑했던 파올로 말디니는 중앙 수비수로 출전한 경기에서는 침착하게 평정심을 유지하며 절대 섣불리 슬라이딩 태클을 시도하지 않았다. 중앙 수비수로 경기에 나선 그는 반바지를 더럽히지 않고도 팀을 무실점으로 이끌었으며 리베로 자리를 주문받았다면 아마 이를 훌륭하게 해냈을 것이다.

그러나 말디니는 아버지가 이탈리아 대표팀 감독으로 부임한 후에도 원래 자리인 왼쪽 측면 수비수로 활약했다. 말디니가 측면에 고정된 덕분에 이탈리아 대표팀에서는 다른 중앙 수비수들에게 기회가 돌아갔다. 파비오 칸나바로는 붙박이 주전으로 자리매김했고, 그는 1998 프랑스 월드컵 유럽 예선에서 잉글랜드 대표팀의 스타 공격수 앨런 시어러Alan Shearer를 꽁꽁 묶었다. 1982년 월드컵 출전자이자 1990 이탈리아 월드컵에서 이탈리아 대표팀의 주장으로 활약한 베테랑 수비수 주세페 베르고미 또한 6년 만에 자국 대표팀에 합류했다. 베르고미는 전형적인 대인방어형 수비수였고, 이전까지 이탈리아 대표팀을 이끈 사키 감독은 그가 자신의 일자 포백 수비 라인에 어울리지 않는다고 판단했다. 밀란에서 파올로 말디니와 흡사한 다재다능함을 선보인 수비수 알레산드로 코스타쿠르타Alessandro Costacurta가 이탈리아 대표팀의 리베로 역할을 맡았다.

이탈리아 언론은 체사레 말디니 감독이 자국 대표팀에 가져온 변화에 열광했다. 〈코리에르 델로 스포르트Corriere dello Sport〉는 이탈리아가 말디니 감독의 데뷔전에서 북아일랜드를 2-0으로 꺾자 "우리는 사키 감독을 경질한 후 더 단순한 축구를 원했다. 이처럼 이탈리아스러운 축구는 언제나처럼 그 가치를 증명했고, 이제 우리는 그것을 되찾았다"며 열광했다. 〈라 레푸블리카La Repubblica〉의 지안니 무라Gianni Mura 기자는 말디니 감독 체제의 이탈리아 대표팀이 "누벨퀴진nouvelle cuisine(프랑스에서 고전 요리에 대한 반발이 거세지며 탄생한 요리법)만 먹다가 드디어 빵과 살라미 소시지를 먹을 수 있게 된 기분"이라며 만족감을 내비쳤다. 일각에서는 이를 두고 이탈리아 축구가 퇴보하고 있다는 지적을 할 수도 있었지만, 무라는 이탈리아식 전통적인 축구가 다시 돌아왔다며 환영 의사를 표명했다.

그러나 모든 이들이 카테나치오 시절로 돌아간 이탈리아 대표팀을 반기지는 않았다. 세리에 A 팀을 맡은 몇몇 감독도 사키에게 영향을 받아 지역방어를 중심으로 수비 전술을 만들었다. 이 시절 또 다른 지역방어 애호가는 로이 호지슨 감독이었다. 그는 인테르를 이끈 1997년 UEFA 컵에서 결승까지 진출했다. 오히려 호지슨 감독은 사키 감독이 나타나기 훨씬 전인 1970년대 스웨덴에서 사키와 비슷한 방식으로 혁명을 일으킨 지도자였다. 잉글랜드 출신 호지슨 감독은 대인방어에만 익숙했던 스웨덴에서 하위권 팀 할름스타드Halmstad를 이끌고 1부리그 우승을 차지했다. 더 놀라운 점은 할름스타드가 호지슨 감독 부임 전 시즌 골득실에서 앞선 덕분에 가까스로 강등을 면한 팀이었다는 사실이다. 이로부터 25년 뒤, 호지슨 감독은 스웨덴이 아닌 이탈리아에서 비슷한 도전을 하고 있었던 셈이다. 호지슨 감독은 "현재 이탈리아 최고의 팀들은 수비수 네 명을 배치하고 있다. 앞으로도 이 방식이 계속될까? 아니다. 이탈리아는 변하고 있다. 새로운 시대가 도래하면서 아리고 사키의 아이디어를 부인하고, 카테나치오가 되살아나고 있다. 지금 이탈리아 대표팀은 파이브백back-five 수비 라인을 구축하고 있다. 그러나 예전과 비교해 변한 건 수비수 한 명을 더 추가해 5-3-2 포메이션을 만든 게 전부"라고 말했다. 호지슨 감독은 사실상 1960년대 에레라 감독이 인테르에서 시도한 변화를 설명하고 있었다.

호지슨 감독을 지지한 또 다른 지도자 중 한 명은 훗날 잉글랜드 대표팀 사령탑으로 부임한 스벤-요란 에릭손 감독이었다. 이 시절 삼프도리아, 라치오를 차례로 이끈 에릭손 감독은 일자 포백 수비 라인의 중요성을 줄곧 강조한 인물이다. 스웨덴 출신 에릭손 감독은 실제로 70년대 호지슨 감독이 자국 무대에서 구사한 축구를 보며 영감을 얻었고, 지역방어를 가리켜 "스웨덴 축구 역사상 가장 위대한 이데올로기 대립을 일으킨 산물"이라고 말했다. 스웨덴에서 지도자 자격증을 취득한 에릭손 감독은 4-4-2 포메이션, 전방 압박, 수비 라인의 전진 배치가 낳을 수 있는 긍정적인 효과에 대한 논문을 써야 한다는 이유로 결혼식을 연기하기도 했다. 흥미롭게도 그가 공과 사를 두고 복잡한 상황에 놓인 건 이때가 처음이 아니었다.

초창기의 에릭손 감독은 어느 팀을 맡아도 똑같은 지도 방식을 선보였다. 그는 예테보리 감독으로 부임한 뒤 그동안 팀이 사용해온 대인방어 수비 시스템을 버리고, 지역방어 수비를 바탕으로 스웨덴 리그 우승을 차지했다. 이후 에릭손 감독은 벤피카 사령탑으로 부임해 또 대인방어를 버리고 지역방어 수비를 중심으로 포르투갈 리그 우승을 두 차례 차지했다. 그러나 그는 이후 부임한 로마가 이미 자신과 같은 스웨덴 출신 닐스 리드홀름Nils Liedholm 전임 감독 체제에서 지역방어에 익숙해진 탓에 이렇다 할 발전을 이끌지는 못했다. 그러나 그는 피오렌티나 감독으로 부임해 이전까지의 대인방어를 갈아엎으며 다시 한번 좋은 퍼포먼스를 선보였다. 이후 에릭손 감독은 다시 벤피카를 거쳐 삼프도리아를 맡았다. 그는 삼프도리아에서 성공적인 행보를 보이며 세리에 A에서 가장 매력적인 축구를 구사한다는 호평을 받았다. 에릭손 감독은 공격적인 성향을 지닌 수비수를 선호했다. 실제로 지역방어 위주의 수비 전술이 공격적 성향을 띤 수비수로 구성됐을 때 더 효과적이라는 건 간과되기 쉬운 사실이다. 대인방어를 하지 않고 지역방어를 펼치는 수비수는 상대 공격수와의 경합보다는 자신의 기술적 성향을 바탕으로 영리하게 수비 라인을 지키는 게 더 중요하기 때문이다.

가장 단적인 예는 시니사 미하일로비치Siniša Mihajlov다. 미하일로비치는 레드스타 베오그라드Red Star Belgrade에서 유러피언컵 우승을 차지하며 주목을 받은 중앙 미드필더다. 그러나 그는 로마에서 2년간 자신이 원치 않았던 왼쪽 측면 수비수 자리에서 활약한 뒤, 에릭센 감독의 삼프도리아로 이적했다. 미하일로비치는 삼프도리아에서도 자신이 수비수로 뛰게 됐다는 사실을 알게 된 후 불만을 드러냈다. 에릭손 감독은 미하일로비치를 시즌 초반 왼쪽 측면 수비수로 활용했으나 곧 그를 포백 수비 라인의 중앙 수비수 자리에 배치했다. 처음 중앙 수비수 역할을 주문받은 미하일로비치는 자신에게 전혀 익숙하지 않은 포지션이라며 출전을 거부하겠다는 의사까지 나타냈다.

그러나 곧 미하일로비치는 특출한 중앙 수비수로 변신하는 데 성공했다. 그는 지역방어 수비를 팀에 입히는 능력이 누구보다 탁월한 에릭손 감독 덕분에 자신의 공격적인 성향에도 불구하고 성공적으로 수비수로 보직을 변경했다. 미하일로비치는 세리에 A에서 가장 창의적인 중앙 수비수로 각인됐고, 일렬로 선 포백 수비 라인의 중앙 수비수도 리베로 역할을 할 수 있다는 사실을 증명했다. 그는 에릭손 감독이 이끈 삼프도리아에서 후안 세바스티안 베론, 로베르토 만치니와 함께 가장 빼어난 활약을 펼쳤다. 에릭손 감독은 라치오 사령탑으로 부임한 후에도 미하일로비치를 영입했고, 그들은 함께 2000년 세리에 A 우승을 차지했다. 왼발잡이 미하일로비치는 라치오에서 프리킥으로 해트트릭을 기록하는 진기록을 세우기도 했다. 그의 커리어는 인종차별 발언과 상대에 침을 뱉는 돌발 행위 탓에 얼룩진 면도 있다. 게다가 미하일로비치는 태클이 워낙 거칠었던 탓에 잦은 경고를 받거나 아예 퇴장을 당하기도 했다. 그럼에도 그는 이 시절 세리에 A 최고의 기술적인 수비수였다. 그는 수비수였으면서도 등번호 11번을 달 정도로 특출한 창의성의 소유자였다.

미하일로비치는 에릭손 감독의 라치오에서 알레산드로 네스타와 훌륭한 중앙 수비 조합을 이뤘다. 네스타는 당대 최고의 이탈리아 수비수로 꼽힌 선수였다. 그는 토티와 마찬가지로 로마에서 자랐다. 그러나 그는 어린 시절부터 라치오 팬으로 성장했고, 유소년 아카데미 시절에는 줄곧 미드필더로 활약했다. 이후 네스타는 측면 수비수로 전향해 활약하던 시점에 라치오 1군 중앙 수비수들이 줄부상을 당해 즈데넥 제만 감독 체제에서 중앙 수비수 역할을 맡게 됐다. 중앙 수비수가 된 네스타는 프랑코 바레시와 비교될 정도로 출중한 능력을 선보였다. 바레시는 스토퍼보다는 리베로에 더 가까운 선수였지만, 네스타처럼 일자 포백 수비 라인의 중앙 수비수로도 뛸 수 있었다. 네스타는 "거친 수비를 하지 않고도 상대 공격수를 막을 수 있다는 건 훌륭한 일이다. 나는 이렇게 수비하는 데 전율을 느낀다"고 말했다.

네스타는 제공권이 탁월한 선수도 아니었다. 실제로 그는 라치오 시절 세리에 A에서 거의 200경기에 출전하고도 득점은 단 한 골에 불과했다. 게다가 그가 1999년 살레르니타나를 상대로 기록한 득점은 헤더가 아닌 중앙 수비수에게는 어울리지 않는, 공중에 뜬 채 곡예를 연상케 하는 발리슛으로 뽑아낸 골이었다. 네스타는 양발을 자유자재로 쓰는 선수였지만, 정작 후방에서 플레이메이커 역할을 하지는 않았다. 경기장 밖에서 과시하지 않고 무덤덤한 스타일이었던 그는 경기장 안에서도 비슷한 활약을 했다. 한때 그는 포르쉐Porsche 스포츠카를 장만했는데, 지나치게 화려해 보인다는 이유로 이를 구매한 직후에 되팔기도 했다. 네스타를 훌륭히 육성한 감독은 제만이었지만, 그를 진정한 세계 정상급 중앙 수비수로 만든 주인공은 에릭손이었다.

네스타는 라치오가 세리에 A 우승을 차지한 시즌 도중에 "내게는 두 가지 소원이 있다. 하나는 라치오에서 평생 뛰는 것, 또 다른 하나는 에릭손 감독 밑에서 평생 뛰는 것"이라고 말했다. 이 시절 대다수 세리에 A 팀들이 트레콰르티스타를 중심으로 한 전술을 구사한 탓에 에릭손 감독의 4-4-2 포메이션은 지루하다는 비판도 받았다. 그러나 동시에 에릭손 감독은 일자 포백 수비 라인을 고집하며 공을 다루는 기술이 수준급인 중앙 수비수를 두 명이나 기용했다. 이는 카테나치오 시스템에서는 다소간 일반적이지 않은 것이었다. 그러나 에릭손 감독이 이와 같은 성향을 보였다고 해서 지역방어를 선호한 모든 지도자가 수비 라인을 똑같은 방식으로 구성한 건 아니다. 호지슨 감독은 인테르에서 공격적인 성향이 강했던 왼쪽 측면 수비수 호베르투 카를로스가 수비수가 아닌 공격수에 더 가깝다고 주장하며 그를 윙어로 기용하다가 레알 마드리드로 이적시켰고, 이는 당시 그가 실패하는 데 적지 않은 영향을 미쳤다. 단, 카를로스가 포백 수비 라인의 풀백보다는 스리백 수비 라인 앞 미드필드에서 윙백으로 출전했을 때 더 빼어난 활약을 펼친 선수인 건 사실이다. 그러나 이탈리아에서 수비수의 역할을 두고 시작된 열띤 토론 대상 중 가장 적합한 예는 살바토레 프레시Salvatore Fresi였다.

프레시는 1990년대 중반 이탈리아 축구의 차세대 리베로라는 평가를 받으며 체사레 말디니 감독이 이끈 자국 21세 이하 대표팀이 유럽선수권대회 우승을 차지하는 데 일조했다. 당시 이탈리아는 그가 '새로운 바레시'가 될 수 있다고 굳게 믿었다. 프레시는 평정심이 돋보이는 고급스러운 기술을 보유한 스위퍼였다. 그는 위험 상황을 일찌감치 인지하고 상대 공격을 차단했으며 공을 소유한 채 침착하게 전진하는 능력을 바탕으로 살레르니타나에서 실력을 인정받은 뒤, '카테나치오 신봉자' 오타비오 비안키Ottavio Bianchi 감독의 인테르로 이적했다. 그러나 호지슨 감독의 인테르 사령탑 부임은 프레시에게 재앙이나 다름없었다. 호지슨 감독은 일자 포백 수비 라인을 고집했을 뿐만 아니라 프레시처럼 '공을 잘 차는 선수'는 무조건 미드필드에서 뛰어야 한다고 믿었다. 프레시는 호지슨 감독 체제에서 수비력을 향상시키지 못했고, "몇 달간 후방에서 수비수로 뛰었으나 곧 미드필드에 배치돼야 했다. 그러면서 나는 이도저도 아닌 선수가 됐다"며 실망감을 내비쳤다.

프레시는 카테나치오로 대변되는 전통적인 이탈리아식 축구를 지지하는 이들에게는 스타로 추앙받았다. 심지어 호지슨 감독은 인테르 시절 모든 기자회견에서 프레시의 포지션과 관련된 질문을 받았다. 게다가 프레시 또한 리베로로 뛰고 싶다는 바람을 줄곧 내비쳤다. 어느 순간 그는 리베로 포지션의 가치를 역설하는 대변인 같아 보이기까지 했다. 프레시는 1997년 체사레 말디니 감독이 이탈리아 대표팀 사령탑으로 부임한 시점에 "호지슨 감독이 내게 부여한 역할이 편하다고 말한다면, 나는 거짓말을 하고 있는 것이다. 리베로가 내게 가장 잘 어울리는 포지션이다. 미래는 과거에서 찾을 수 있다. 리베로의 역할을 되찾아야 한다. 말디니 감독의 대표팀은 나는 물론 이탈리아가 다시 리베로 포지션을 정립하는 데 매우 중요한 역할을 할 수 있다"고 말했다. 실제로 프레시는 말디니 감독이 부임 후 처음 소집한 선수 명단에서 최초로 국가대표에 발탁된 유일한 선수였다. 그러나 그는 이를 시작으로 총 여섯 번이나 대표팀에 소집되고도 끝내 국가대표 데뷔전을 치르지는 못했다.

호지슨 감독은 1998년 인테르에서 블랙번 로버스로 떠났다. 공교롭게도 블랙번은 앞선 1996년 에릭손 감독이 부임하는 데 합의한 후 이를 어기고 라치오 사령탑으로 부임하며 일으킨 논란의 중심에 섰던 팀이었다. 어찌 됐든 인테르는 호지슨 감독의 대체자로 지지 시모니Gigi Simoni 감독을 선임했다. 시모니 감독은 전통적인 카테나치오 신봉자였으며 그 또한 현역 시절 로코 감독의 제자로 활약했다. 시모니 감독은 인테르 부임 직후 호지슨 감독이 이식해놓은 일자 포백 수비 라인을 버리고, 전통적인 이탈리아식 수비를 바탕으로 한 역습 축구를 구사했다. 그는 자신의 부임식에서 자신의 이탈리아식 접근 방식을 설명하며 "프레시는 리베로, 파가닌과 사르토르는 중앙 수비수, 사네티와 타란티노는 윙백으로 뛸 것"이라고 말했다.

결국 시모니 감독은 인테르를 이끌고 진출한 1998년 UEFA컵 결승전에서 에릭센 감독의 라치오를 상대로 전통적인 이탈리아식 축구가 경쟁력을 발휘할 수 있다는 사실을 증명했다. 이 경기는 시모니 감독의 카테나치오와 에릭센 감독의 일자 포백 수비 라인이 격돌한 맞대결이었다. 결과는 인테르의 3-0 대승이었다. 특히 이날 경기는 호나우두가 현란한

헛다리짚기를 반복하며 라치오 골키퍼 루카 마르케지아니Luca Marchegiani
를 넘어뜨린 후 기록한 득점으로 더 잘 알려졌다. 인테르는 이날 말 그대
로 전형적인 이탈리아식 수비력을 선보였다. 인테르 수비수 타리보 웨스
트는 라치오 공격수 피에를루이지 카시라기를 철저하게 대인방어했고,
프란체스코 콜로네세는 로베르토 만치니를 막았다. 심지어 타리보와 콜
로네세는 카시라기와 만치니가 측면으로 이동해도 그대로 따라가며 전
형적인 대인방어 위주의 수비를 펼쳤다. 인테르 오른쪽 측면 수비수 아
론 빈터Aaron Winter 역시 라치오의 파벨 네드베드가 중앙으로 파고들면 철
저한 대인방어로 그를 견제했다. 왼쪽 측면 수비수 하비에르 사네티Javier
Zanetti는 비슷한 방식으로 디에고 푸세르를 상대했다. 라치오 공격수 중
어느 한 명이라도 상대 수비수의 대인방어에서 벗어나 공간을 확보하면,
자신이 사랑하는 포지션인 리베로 자리로 돌아간 프레시가 침착하게 이
에 대처했다. 이날 프레시는 빼어난 경기력으로 커리어의 하이라이트를
장식했다.

프레시는 사르디니아섬에서 온 고향 친구 지안프랑코 졸라가 말한 대
로 잘못된 시대에 태어난 불운한 선수였다. 그는 큰 인기를 누렸지만 신
기하게도 정작 이탈리아 대표팀에서는 단 한 경기에도 출전하지 못했다.
지난 2013년 인테르 구단을 인수한 인도네시아 출신 사업가 에릭 토히
르Erick Thohir 구단주는 공식 석상에서 프레시를 언급하기도 했다. 그는 "인
테르의 역사를 얘기할 때 독일 삼인방(위르겐 클린스만, 로타르 마테우스
Lothar Matthäus, 안드레아스 브레메Andreas Brehme)과 로베르토 바지오, 호나우
두를 떠올릴 수 있을 것이다. 그러나 많은 사람들은 살바토레 프레시를
잊고 있다. 나는 그를 기억한다"고 말했다. 토히르 구단주는 자신을 축구
에 대해 모르는 외국인으로 보는 선입견을 가진 이탈리아 축구 팬들의

인정을 받기 위해 프레시를 언급한 것이다.

그러나 시모니 감독은 결국 카테나치오에 대한 집착을 버리지 못해 경질당하는 운명을 맞았다. 마시모 모라티 구단주는 인테르가 레알 마드리드를 3-1로 꺾은 뒤, 살레르니타나를 2-1로 꺾은 지 불과 몇 시간이 채 지나지 않아 시모니 감독의 공격 전술을 이해할 수 없다며 그를 경질했다. 모라티 구단주는 "나를 포함해 많은 이들이 볼 때 인테르는 전략 없이 경기에 나서고 있다. 우리는 시즌 초반부터 경기력이 좋지 않았다. 이것만으로도 감독 교체라는 결정을 내리기에 충분하다고 생각한다"고 말했다. 이어 그는 팀이 연승행진을 달리는 시점에 시모니 감독을 경질한 결정에 대해서는 "몇 번 패했다고 감독을 경질하는 게 더 시시한 방법"이라 받아쳤다.

이 시절 체사레 말디니 감독이 이끈 이탈리아 대표팀은 프레시를 스위퍼로 중용하지 않았다. 또한 이탈리아 대표팀 수비수들은 철저한 대인 방어보다는 더 다양한 전술을 소화했다. 그러나 큰 틀에서 보면 이탈리아 대표팀 또한 사키 감독 시절과 비교할 때 전형적인 이탈리아 방식으로 돌아간 상태였다. 이에 따른 결과는 예상대로였다. 이탈리아는 말디니 감독 체제에서 치른 월드컵 유럽 예선 여섯 경기에서 무실점을 기록했다. 문제는 유럽에서 가장 위협적인 공격수들을 보유했던 이탈리아가 무실점을 기록한 여섯 경기 중 폴란드, 조지아, 잉글랜드를 상대한 세 경기에서 득점을 하지 못했다는 사실이다. 특히 잉글랜드전 무승부는 이탈리아에 치명적인 결과였다. 결국 이탈리아는 러시아와 월드컵 예선 플레이오프까지 치르며 벼랑 끝으로 몰렸다. 다행히 이탈리아는 19세 신예 골키퍼 지안루이지 부폰의 맹활약 덕분에 가까스로 러시아를 제치고 월드컵 본선 진출권을 따낼 수 있었다.

말디니 감독은 1998 프랑스 월드컵 본선에서도 자신이 추구하는 전통적인 이탈리아 축구를 유지했다. 그는 4-4-2, 3-5-2 포메이션을 혼합했다. 일각에서는 말디니 감독의 포메이션을 리베로가 수비 라인의 뒤를 받치는 1-3-4-2로 표기했다. 이는 트라파토니 감독이 이끈 1970년대의 유벤투스 혹은 이탈리아가 1982 스페인 월드컵에서 선보인 전술을 연상시켰다. 말디니 감독은 당시 유벤투스와 이탈리아 대표팀의 코치였다.

코스타쿠르타는 중앙 수비수 칸나바로, 네스타(혹은 베르고미) 뒤에서 리베로를 맡았다. 파올로 말디니는 왼쪽 측면 수비수 자리를 지켰고, 오른쪽 측면에 선 안젤로 디 리비오Angelo Di Livio, 혹은 프란치스코 모리에로Francisco Moriero가 수비 시에 이탈리아의 파이브백back five을 완성했다. 당연히 이탈리아의 수비력은 훌륭했다. 이탈리아는 월드컵 본선에서 치른 다섯 경기 중 세 경기에서 무실점을 기록했다. 그러나 무딘 공격력이 또 이탈리아의 발목을 잡았다. 결국 이탈리아는 홈팀 프랑스를 상대한 8강에서 0-0으로 승부차기에 돌입했으나 패했다. 이후 말디니 감독은 사임했지만, 그는 4년 전 이탈리아를 월드컵 결승까지 이끌고도 끝내 경질된 사키 감독보다는 훨씬 더 후한 평가를 받았다.

앞서 이탈리아 대표팀을 떠난 사키 감독의 행보도 순탄치 않았다. 그는 1996-97시즌 후반기에 밀란 감독으로 복귀했다. 그러나 이후 밀란은 유벤투스를 상대로 구단 역사상 세리에 A 리그 최악의 패배인 1-6 대패를 당했고, 11위로 시즌을 마쳤다. 사키 감독은 유벤투스전이 끝난 후 "모든 게 잘못된 그런 하루였다. 서둘러 오늘을 잊어야 한다"고 말했다. 그러나 다음날 다수의 이탈리아 신문은 밀란의 참패는 절대 잊을 수 없는 결과라는 점을 상기시켰다. 〈라 가제타 델로 스포르트〉는 "100년이 지난 후에도 사람들은 이 결과에 대해 얘기할 것이다. 밀란은 역사적 라이벌에 여섯 골과 리그 우승까지 내줬다"고 혹평했다. 이탈리아에서 사키 감독의 전성시대 또한 사실상 이대로 막을 내렸다. 그는 1998-99시즌 아틀레티코 마드리드에서 1년간 감독직을 역임했지만, 성적은 스페인 라리가 13위에 머물렀다. 이후 사키 감독은 2000-01시즌 파르마의 지휘봉을 잡았지만, 단 한 달 만에 지나친 스트레스를 이유로 자진 사임했다.

감독 커리어를 마친 사키는 해설위원으로 활동하며 큰 인기를 얻었다. 특히 그는 카테나치오를 되살리려는 팀을 집중적으로 비판했다. 세리에 A 대다수 팀은 1999-2000시즌 초반 스리백 수비 라인을 가동했다. 사키 감독이 남긴 유산인 4-4-2는 중심에서 밀려난 인상이 짙었다. 사키는 "우리는 재미를 느끼지 못하고 있다. 나는 이탈리아 축구가 퇴보했다고 생각한다. 편안함을 추구하는 분위기가 매우 강하다. 모든 팀들이 똑같은 방식으로 축구를 하고 있다. 경기 방식만 봐서는 누가 어떤 축구를 하는지 구분할 필요가 없을 정도다. 새로움이라고는 전혀 찾아볼 수 없다. 모든 팀이 중앙 수비수 세 명을 두며 수비 시에는 파이브백 수비 라인을 구축하고 있다. 즉 그들은 리베로를 활용한 축구를 하는 시대로 돌아간 셈이다. 우리는 15년 전에 하던 축구를 되살리고 있다"며 답답해했다. 그러나 당시 대다수 감독에게 예전 이탈리아식 축구를 되살리는 건 사키 감독의 생각과 달리 실패가 아닌 성공의 길이었다.

체사레 말디니 감독이 떠난 이탈리아 대표팀은 디노 조프 감독을 후임으로 영입했다. 조프 감독은 현역 시절 1982 스페인 월드컵에서 우승한 골키퍼였다. 그를 선택한 이탈리아 축구협회의 결정은 의외였다. 조프 감독은 유벤투스와 라치오를 이끌고 눈에 띄는 성공을 하지 못했던 지도자였다. 그는 라치오를 두 차례에 걸쳐 이끌었는데, 두 번째로 팀을 맡게 됐을 때는 4-4-2 포메이션을 주로 가동했다. 그러나 이후 조프는 라치오 단장으로 승진했고, 에릭손 감독의 상사 역할을 맡았다. 물론 조프는 여전히 이탈리아 축구계의 레전드였지만, 당시 그가 감독으로 추구하는 축구 철학이 무엇인지 정의를 내리기는 어려웠다. 그는 이탈리아 감독 부임 초기 4-4-2 포메이션을 가동하면서도 "세리에 A가 어떤 방향으로 흘러가는지에 따라 팀 전술도 변할 수 있다. 클럽들을 잘 관찰한 후 대표팀 전술을 만들어가겠다. 국가대표팀은 반드시 자국 리그를 통해 드러나는 전술적 흐름을 반영해야 한다"고 말했다. 즉 이탈리아 축구는 제3의 영역에 진입하고 있었다. 사키 감독은 일자 포백을 선호했고, 말디니 감독은 리베로를 선호했다. 그러나 조프 감독은 선호하는 전술 없이 이탈리아를 맡았다.

조프 감독은 일자 포백으로 유로 2000 예선을 시작했다. 이탈리아는 초반 3연승 행진을 달렸지만, 이후 난관에 봉착했다. 이탈리아는 홈에서 약체 벨라루스와 비긴 뒤, 웨일스를 4-0으로 꺾었으나 스위스를 상대로 무기력한 경기력을 선보이며 0-0으로 비겼다. 이후 이탈리아는 덴마크 전에서 두 골을 먼저 넣고도 무너지며 2-3 역전패를 당했고, 벨라루스 원정에서도 0-0 무승부에 그쳤다. 조프 감독은 여전히 4-4-2 포메이션을 고집하고 있었다. 이탈리아 언론은 민스크에서 열린 벨라루스 원정에서 득점 없이 비긴 조프 감독에게 당시 세리에 A에서 인기를 끌던 3-4-1-2 포메이션을 쓰지 않는 이유에 대해 물었다. 실제로 1999-2000시즌을 통틀어 세리에 A 경기의 각 팀 베스트11이 스리백 수비 라인을 밑바탕으로 구사한 비율은 69%에 달했다. 세리에 A의 '7공주' 중 여섯 팀도 스리백을 사용하고 있었다. 유일하게 스리백을 쓰지 않은 팀은 우승팀 라치오였다. 라치오는 당시 외국인 감독이 팀을 이끈 유일한 '7공주' 팀이기도 했다.

그러나 대다수 이탈리아 감독은 스리백을 고집했다. 카를로 안첼로티 유벤투스 감독은 호나우두로부터 세계 최고의 수비수라는 평가를 받은 치로 페라라, 그리고 마르크 율리아노와 터프한 태클러인 우루과이의 파올로 몬테로를 스리백으로 활용했다. 알베르토 자케로니 밀란 감독은 말디니, 코스타쿠르타, 로베르토 아얄라로 이어지는 스리백을 썼다. 그러나 아얄라는 타 리그에서 거둔 성공과는 달리 세리에 A에서는 눈에 띄는 활약을 펼치지 못했다. 마르첼로 리피 인테르 감독은 탁월한 재능을 보유한 프랑스 스위퍼 로랑 블랑Laurent Blanc을 다리오 시미치Dario Šimić, 크리스티안 파누치Christian Panucci, 그리고 작은 키를 탁월한 점프 능력으로 상쇄한 콜롬비아 수비수 이반 코르도바Iván Córdoba의 뒷자리에 배치했다. 로마에서는 파비오 카펠로 감독이 브라질 수비수 알다이르Aldair와 자구Zago를 아메데오 만고네Amedeo Mangone, 혹은 알레산드로 리날디Alessandro Rinaldi와 함께 스리백 수비 라인에 세웠다. 또한 지오반니 트라파토니 피오렌티나 감독은 체코 출신의 거친 수비수 토마스 레프카Tomáš Řepka와 다니엘레 아다니Daniele Adani, 알레산드로 피에리니Alessandro Pierini로 스리백 수비 라인을 가동했다.

그러나 이 중 가장 무시무시한 스리백을 선보인 팀은 파르마였다. 스위퍼 네스토르 센시니Nestor Sensini가 파비오 칸나바로와 릴리앙 튀랑의 뒤를 받친 파르마의 수비는 강력했다. 특히 칸나바로와 튀랑은 여전히 '역대급' 중앙 수비수로 꼽히는 재목이었으며 거친 수비를 하면서도 공을 발밑에 두고 전진까지 할 수 있는 기술적인 선수들이었다. 특히 칸나바로는 다재다능한 수비력의 결정체였다. 그는 스토퍼와 스위퍼 역할을 두루 소화할 수 있었으며 침착하고 깔끔한 수비, 거친 몸싸움을 바탕으로 한 터프한 수비를 자유자재로 펼쳤다. 튀랑 또한 재능이 넘치는 선수였다. 그는 오른쪽 윙어로 활약한 활약했던 모나코 시절에 아르센 벵거Arsène Wenger 감독의 지시에 따라 수비수로 보직을 변경했다. 이 덕분에 그는 스리백의 오른쪽 중앙 수비수에게 필요한 능력을 완벽하게 보유하고 있었다.

조프 감독은 자신이 약속한 대로 세리에 A에서 드러난 전술 트렌드에 따라 유로 2000 예선이 종료된 후 열린 벨기에와의 평가전에서 3-4-1-2 포메이션을 가동했다. 경기 결과는 이탈리아의 1-3 패배였다. 그럼에도 불구하고 조프 감독은 이어진 평가전에서 줄곧 3-4-1-2 포메이션을 실험 무대에 올렸지만, 누구도 그가 공격 시에 어떤 전략을 펼치려고 하는지 파악할 수 없었다. 당시 파르마에서 활약한 포르투갈 미드필더 파울루 소자는 이탈리아와의 평가전에서 0-2로 패한 뒤, "그들은 이상한 방식으로 플레이했다. 이탈리아는 그들만의 스타일로 상대를 압도하려 하지도, 역습 축구를 하지도 않았다. 이탈리아는 전술, 경기 준비, 상대팀 분석 같은 준비 분야에 있어 최고다. 그러나 대표팀에서는 이 모든 걸 다 할 시간이 없다. 이런 문제가 이탈리아 대표팀에 영향을 미치고 있다"고 분석했다.

이탈리아 축구는 늘 전술적으로 고급스러운 경기를 한다는 데 자부심을 드러냈다. 그러나 이 시기의 이탈리아 축구는 유럽 축구 트렌드와는 동떨어진 모습이었다. 심지어 1999-2000시즌 세리에 A 팀들은 유럽클럽대항전 성적이 형편없었다. 챔피언스리그와 UEFA컵 4강에 오른 총 여덟 팀 중 1990년대 내내 유럽 무대를 호령한 이탈리아 팀은 없었다. 유로 2000 본선을 앞두고는 유럽이 바라보는 이탈리아 축구의 이미지마저 추락했다. 〈코리에르 델로 스포르트〉는 "아주리여, 그냥 집에 있어라!"라는 헤드라인으로 자국 대표팀을 조롱했다. 이탈리아는 당시 세계 최고 골키퍼 부폰과 역대 최고 이적료 기록을 경신한 공격수 크리스티안 비에리가 나란히 부상으로 대회 출전이 블발되면서 가뜩이나 낮았던 기대치가 떨어질 만큼 떨어진 상태였다.

그러나 조프 감독에게는 언제든 믿을 수 있는 유럽에서 가장 막강한 수비진이 있었다. 네스타가 칸나바로와 율리아노 사이에서 여분의 수비수 역할을 했고, 왼쪽에는 말디니, 그리고 오른쪽의 지안루카 잠브로타가 공격과 수비를 오가는 역할을 했다. 이탈리아는 조별 리그에서 터키, 벨기에, 스웨덴을 차례로 꺾으며 3연승 행진을 달렸다. 그러나 이탈리아의 경기력을 여전히 비판하는 한 전문가가 있었다. 그는 당연히 사키였다. 사키는 이탈리아가 벨기에전에서 승리한 후 〈라 스탐파〉에 기고한 칼럼을 통해 "이탈리아는 이탈리아식 축구를 해서 승리했다. 좋은 이탈리아였다. 우리의 습관과 정신력을 그대로 유지했다. 우리에게 익숙한 이탈리아였다. 수비적이고, 기회주의적이며, 때로는 조금 지루했다. 우리는 수비적으로 매우 좋았다. 그러나 너무 많은 선수가 수비를 했다. 그러면서 포메이션은 늘 3-5-1-1로 유지됐다"고 말했다. 이처럼 사키는 칭찬을 하면서도 비판적인 시선을 숨기지 않았다. 그러나 사키는 사키답게 전술 분석을 통해 이탈리아 대표팀을 비판했다. 이는 사키가 이탈리아를 이끌던 시절 다른 이들이 그를 인격적으로 모독한 것과는 대조적이었다.

이탈리아가 8강에서 루마니아를 2-0으로 꺾으며 4강에서 홈팀 네덜란드와의 맞대결이 성사됐다. 경기가 열린 곳은 네덜란드의 수도 암스테르담이었다. 객관적으로 더 우세한 팀은 네덜란드였다. 네덜란드는 대회 첫 경기에서 체코를 상대로 불안한 1-0 승리를 거뒀지만, 이후 덴마크를 3-0으로 꺾은 데 이어 유고슬라비아를 6-1로 대파했다. 전형적인 네덜란드식 축구를 구사한 그들은 운동장을 좌우로 최대한 넓게 활용하며 상대를 공략했다. 4강전의 화두는 이탈리아의 수비와 네덜란드의 공격이었다. 게다가 이탈리아는 경기 시작 30분 만에 잠브로타가 상대 윙어 바우데베인 젠덴Boudewijn Zenden에게 범한 두 차례 파울이 모두 경고로 이어지며 퇴장을 당해 더욱 극단적인 수비를 할 수밖에 없었다. 그러나 이탈리아는 이탈리아답게 끝까지 0-0 동점을 유지했다. 결국 이탈리아 골키퍼 프란체스코 톨도가 이날의 영웅으로 등극하며 승부차기 끝에 네덜란드를 3-1로 꺾었다. 이날 이탈리아의 수비가 완벽했던 건 아니다. 네덜란드는 승부차기 이전에 경기 도중 두 차례나 페널티킥을 유도하고도 득점하지 못했다. 두 시간 동안 폭풍 같은 고비들을 넘긴 이탈리아는 결국 무실점으로 경기를 마쳤다. 이날 경기를 가장 정확하게 분석한 주인공은 관중석에서 열광한 이탈리아 팬들이었다. 그들은 '카테나치오!'라고 적힌 배너를 들어 올리고 있었다.

이탈리아는 결승전에서 프랑스에 아쉽게 패했다. 선제 득점에 성공한 이탈리아는 경기 종료 직전 실뱅 윌토르Sylvain Wiltord에게 실점한 후 돌입한 연장에서 유벤투스 이적을 앞둔 공격수 다비드 트레제게David Trezeguet에게 골든골을 허용했다. 조프 감독은 대회가 끝난 후 밀란 회장이자 야당 당수인 실비오 베를루스코니의 비판을 받고 사임했다. 베를루스코니는 "나는 조국을 사랑하기 때문에 이를 보고 가만히 있을 수는 없다. 왜 조프 감독은 지단을 상대로 대인방어 수비를 하지 않았을까? 지단 정도의 실력을 보유한 선수가 무엇이든 다 할 수 있는 상황을 만들어줘서는 안 된다. 결승전 경기의 흐름이 지단을 중심으로 흘러갔다는 사실은 누가 봐도 자명했다. 아마추어가 봐도 이는 분명했다. 우리에게는 영리함과 뇌가 있는 사람이 필요하다. 조프에게는 아무것도 없다"며 분통을 터뜨렸다.

그러나 대다수 축구 전문가들은 베를루스코니 회장의 발언을 일축했다. 그들은 이탈리아가 지단을 상당 부분 무력화시켰고, 유로 2000에서 출전한 모든 경기 중 결승전에서 가장 부진했다고 평가했다. 그러나 조프 감독은 베를루스코니 회장의 발언에 크게 상처받은 모습이었다. 그는 "내가 사의를 표명하는 이유는 베를루스코니 회장의 인신공격 때문이다. 나는 인격적으로 상처를 입었다. 그래서 나는 떠난다"고 말했다.

더 흥미로운 대목은 사임한 조프 감독의 후임이 된 주인공이다. 그는 바로 세리에 A 우승 7회에 빛나는 트라파토니 감독이었다. 그러나 그가 차지한 세리에 A 우승은 모두 1970년대와 80년대에 전통적인 이탈리아식 축구를 구사하며 이룬 업적이었다. 트라파토니 감독은 취임식에서 "유로 2000에서 쓰인 우리 팀 전술이 잘 통했다고 생각한다. 지난 결승전에서 확인한 조프 감독이 만들어놓은 팀 구조와 선수 개개인의 능력을 바탕으로 새롭게 시작할 것이다. 전통은 축구에서 큰 부분을 차지한다. 우리에게는 네덜란드나 프랑스 같은 축구를 구사할 이유가 없다"고 말했다. 트라파토니 감독이 이때 지목한 두 국가가 이탈리아 축구 전성시대의 시작과 끝을 장식한 네덜란드와 프랑스라는 점이 매우 흥미롭다. 네덜란드의 패권을 이어받은 팀은 이탈리아였지만, 이탈리아의 유로 2000에서의 패배는 프랑스의 전성시대가 시작됐음을 알리는 신호탄이었다.

전환기
·
이탈리아-프랑스

세리에 A는 1990년대 유럽 축구를 장악했지만, 21세기가 시작된 이후로 다른 유럽 주요 리그들과의 경쟁에서 밀려나기 시작했다. 이는 2000년부터 2002년까지 세 시즌 동안 챔피언스리그 8강에 오른 팀의 면면을 살펴보면 더 명확히 드러난다. 해당 기간 챔피언스리그 8강에 진출한 총 24팀 중 아홉 팀은 스페인, 일곱 팀은 잉글랜드, 네 팀은 독일 팀이었으며 이탈리아, 포르투갈, 그리스, 터키가 각각 한 팀씩 배출했다. 한때 최고의 리그임을 자부하던 세리에 A는 유럽의 중상위권 리그와의 경쟁에서도 확고한 우위를 점하지 못하게 됐다. 이탈리아 대표팀도 더는 성공가도를 달리지 못했고, 자신들만의 확고한 스타일마저 잃은 모습이었다. 유로 2000 결승전은 프랑스의 정상 등극을 알리는 전환점이나 다름없었다.

프랑스는 자국이 개최한 1998 프랑스 월드컵에서 우승했지만, 스타일만 놓고 보면 이탈리아 팀 같다는 느낌을 지울 수 없었다. 롤랑 쿠르비Rolland Courbis 마르세유Marseille 감독은 "골키퍼, 수비수 네 명 그리고 지단 덕분에 우승했다"며 프랑스의 세계 챔피언 등극을 평가절하했다. 이 지적 자체는 꽤 정확했다. 당시 프랑스는 마치 유벤투스를 연상케 하는 경기력을 선보였다. 사실상 프랑스는 이탈리아보다 더 재능 있는 선수들로 이탈리아식 축구를 구사했다.

축구 전문지 〈월드 사커〉 역시 전후반과 연장 끝에 0-0으로 승부차기에 돌입한 프랑스와 이탈리아의 1998 프랑스 월드컵 8강 경기를 가리키며, "세리에 A에서 바로 꺼내서 가져온 경기 같았다. 프랑스의 선발 11명 중 일곱 명은 세리에 A에서 활약 중"이라고 평가했다. 실제로 많은 프랑스 선수들은 세리에 A가 자신이 세계 정상급 선수로 성장하는 데 큰 영향을 미쳤다고 말했다. 프랑스 대표팀 주장 디디에 데샹은 "우리 세대는 큰 가르침을 준 이탈리아 축구에 모든 빚을 지고 있다"고 말하기도 했다. 데샹의 대표팀 동료 지단도 세리에 A에서 승리의 중요성을 배웠다고 고백했다.

그러나 프랑스가 유로 2000 결승전에서 이탈리아를 꺾고 우승을 차지하자 선과 악의 싸움에서 선이 이겼다는 여론이 조성됐다. 잉글랜드 일간지 〈데일리 텔레그래프Daily Telegraph〉는 "이탈리아가 승리했다면 순수주의자들과 파리인들에게 절망이 됐을 것이다. 경기에 대비하고 프로답게 이를 실행에 옮기는 이탈리아의 능력은 칭찬받아 마땅하지만, 그들에게는 프랑스 축구가 뿜어내는 '삶의 환희joie de vivre'가 없다"고 보도했다. 다른 언론매체도 비슷한 반응을 보였다. 〈가디언〉은 "결국 방법이 아닌 마법이 유로 2000 우승을 차지했다"고 밝혔다. 로제 르메르Roger Lemerre 프랑스 감독은 우승을 차지한 후 "공격 축구의 승리"라며 기뻐했다. 프랑스 축구의 전성시대는 스타일 면에서 볼 때 1998 프랑스 월드컵 우승이 아닌 유로 2000 우승이 진정한 시작점이었다.

프랑스가 육성한 수많은 세계적인 선수들은 모두 해외로 진출해 쌓은 경험을 바탕으로 자국 대표팀이 국제대회에서 승승장구하는 데 크게 일조했다. 대다수 프랑스 선수들은 이탈리아, 잉글랜드, 스페인 등 소위 유럽 빅리그로 진출했다. 이에 가장 큰 영향력을 행사한 '프랑스 구단'은 사실 잉글랜드에 있었다. 유럽에서 가장 존경받는 지도자로 부상한 아스널의 아르센 벵거 감독은 때로 잉글랜드 프리미어리그 경기 선발 명단에 프랑스 선수를 다섯 명이나 포함시켰다. 프랑스 리그1은 후순위로 밀려 있는 리그였는데, 프랑스의 세율이 높은 탓에 리그1에서 성장한 선수들이 최대한 빨리 해외 이적을 택했기 때문이다.

그러나 이처럼 수준급 선수들의 적극적인 해외 진출은 프랑스가 다음 세대를 더 적극적으로 육성할 수 있는 기회가 됐다. 더욱이 이 시절 클레르퐁텐 내셔널 아카데미를 앞세운 프랑스만큼 재능 있는 선수를 수없이 배출한 국가는 유럽에 없었다. 클레르퐁텐은 프랑스의 경쟁국에 영감을 줬다. 프랑스는 국제대회에서 전술보다는 재능으로 강한 면모를 보였다. 프랑스의 미드필더 엠마누엘 프티Emmanuel Petit는 유로 2000에 출전한 유럽 최고의 선수 11명 중 8명이 프랑스 선수라고 주장하기도 했다. 실제로 그의 말에는 일리가 있었다.

이 시절 프랑스는 유럽에서 가장 재능 있는 플레이메이커 지단과 가장 확실한 골잡이 티에리 앙리를 보유하고 있었다. 지단은 프랑스의 위대한 10번 계보를 이어가고 있었으며 앙리는 전 세계에 새로운 유형의 중앙 공격수 모델을 제시했다. 이 와중에도 프랑스가 배출한 화려하지는 않지만 단단한 수비형 미드필더들은 수비 라인을 보호해주며 공격적인 역할을 맡은 동료들이 빛날 수 있게 해줬다. 보수적 성향의 이탈리아 축구가 유럽을 지배하던 시절이 끝난 후, 프랑스 축구는 천재성을 앞세워 21세기 초반을 장악했다.

Netherlands

Italy

France

2000
~
2004

Portugal

PART 3

푸트,

2000-04

Spain

Germany

England

Zonal Marking

7

스피드

프랑스는 1998 프랑스 월드컵과 유로 2000을 연이어 우승하며 역사적인 '더블'을 달성했다. 그러나 프랑스가 월드컵과 유로 2000에서 보여준 전술적 스타일은 판이하게 달랐다. 월드컵 우승을 차지한 프랑스는 단단한 수비력을 구축했으나 공격진에서는 인상적인 축구를 충분히 보여주지 못했다. 그러나 유로 2000 우승을 차지한 프랑스는 팬들을 흥분케 할 만한 빠르고 적극적인 축구를 구사했다. 즉 1998년의 프랑스가 이탈리아식 축구로 정상에 올랐다면, 2000년의 프랑스는 이와 같은 경기 방식에 세련된 스타일까지 더하며 그들만의 정체성을 확립했다.

이 시절 프랑스 대표팀의 진화 과정은 브라질을 상대한 1998 프랑스 월드컵 결승전과 덴마크와의 유로 2000 첫 경기 선발 명단을 비교해 보면 파악할 수 있다. 골키퍼 파비앙 바르테즈Fabien Barthez는 그대로 골문을 지켰다. 수비 라인의 변화는 경고 누적 탓에 월드컵 결승전에 출전하지 못한 로랑 블랑의 출전이 전부였다. 월드컵 결승전에 선발 출전한 프랑크 르뵈프Franck Leboeuf 대신 덴마크전에 선발 출전한 블랑은 마르셀 데사이와 중앙 수비수로 배치됐고, 릴리앙 튀랑Lilian Thuram과 비센테 리자라주Bixente Lizarazu가 측면 수비수로 그대로 자리를 지켰다. 수비형 미드필더 자리도 늘 그랬듯이 디디에 데샹의 몫이었으며 중앙 미드필더 엠마누엘 프티는 그를 지원하는 역할을 맡았다. 공격형 미드필더 지네딘 지단과 유리 조르카에프는 창의성의 원천이었다. 이처럼 지금까지 나열한 아홉 명은 1998년 월드컵에서도 프랑스의 주전으로 활약한 선수들이었다.

그러나 최전방의 구성은 달랐다. 프랑스는 1998 프랑스 월드컵에서 공격수 스테판 기바르쉬Stéphane Guivarc'h에 의존해야 했다. 기바르쉬는 어슬렁거리는 듯한 투박한 움직임 그리고 월드컵에서 단 한 골도 넣지 못한 탓에 여론의 지나친 조롱을 받은 선수였다. 흥미롭게도 약 20년이 지난 후 다시 월드컵 우승을 차지한 2018년의 프랑스에는 기바르쉬와 매우 흡사한 올리비에 지루Olivier Giroud가 주전 최전방 공격수로 활약하고도 단 한 골도 넣지 못하는 역사를 되풀이했다. 그러나 프랑스가 1998 프랑스 월드컵 우승을 차지한 뒤 기바르쉬는 이타적인 움직임과 전방에서 동료들과 패스 연계에 주력하는 헌신적인 활약을 펼쳤다는 칭찬을 받기도 했다. 그러나 프랑스는 유로 2000 첫 경기에서 전광석화 같은 스피드를 자랑하는 두 젊은 공격수로 공격진을 개편했다. 티에리 앙리와 니콜라 아넬카Nicolas Anelka는 기바르쉬와 비교하면 다른 행성에서 온 공격 자원 같아 보였다. 그들은 당연히 발이 더 빨랐고 더 기술적이었으며 우아했다. 프랑스의 1998 프랑스 월드컵 결승전 선발 선수 중 유로 2000 본선 첫 경기 선발 명단에서 제외된 또 다른 선수는 크리스티앙 카랑뵈Christian Karembeu였다. 즉 프랑스는 보수적 성향을 띤 중앙 미드필더를 세 명에서 두 명(데샹, 프티)으로 줄이며 공격진을 구성하는 선수를 네 명(지단, 조르카에프, 앙리, 아넬카)으로 늘렸다.

　프랑스는 감독도 교체했다. 로제 르메르는 1998 프랑스 월드컵에서 에메 자케 프랑스 감독을 지원했던 코치였다. 프랑스는 월드컵 우승 직후 자케 감독이 떠나자 바로 르메르를 감독으로 선임했다. 부임 초기부터 자케 감독의 그림자에 가려 있던 르메르 감독은 유로 2000 우승을 달성하기 전까지 여론의 불신에 시달려야 했다. 르메르 감독은 자케 감독이 확립한 전술적 틀을 그대로 가져다 쓰기만 한다는 비아냥을 들었다. 일각에서는 그가 그저 자케 감독을 따라 하는 예스맨Yes-Man에 불과하며 능력이 과장된 지도자라는 조롱 섞인 말까지 나왔다. 그러나 이와 같은 비난은 프랑스가 1998년 이후 약 2년간 이룬 발전을 고려하면 이해하기 쉽지 않은 게 사실이다. 물론 애초에 르메르 감독을 선임한 프랑스 축구협회의 결정에는 의문을 제기할 만했다. 이전까지 르메르가 코치가 아닌 감독으로 쌓은 눈에 띄는 경력은 1970년대와 80년대 시절의 성과가 전부였으며 그것 외에는 1997년 랑스에서 짧게나마 감독대행직을 맡았을 뿐이었다. 짧은 랑스 시절을 제외하면 그의 최근 감독 경력은 10년간 지도했던 프랑스 군인 선발팀이 전부였다. 그가 이끈 프랑스 군인 선발팀은 1995년 세계군인체육대회 우승을 차지했다. 당시 프랑스 군인 선발팀은 결승전에서 전력이 강한 것으로 알려진 이란에 1-0으로 승리했지만, 세계군인체육대회 우승 경력은 국가대표팀 감독의 최고 성과로는 초라한 이력인 게 사실이다.

　그러나 이 시절 프랑스 출신 지도자 대다수는 일반적으로 르메르 감독과 행보가 크게 다르지 않았다. 그들 중 상당수의 배경은 화려하지 않았다. 네덜란드가 자신의 철학을 강연하는 지도자를, 이탈리아가 학구적인 전술가를 배출했다면 프랑스 감독들은 보다 자유방임주의식이었다. 프랑스 감독들은 이상주의자도 거장도 아니었다. 그들은 유소년 지도자 같은 마인드를 지니고 있었고, 선수가 자신의 능력을 최대한 발휘할 수 있도록 돕는 게 감독이 해야 할 역할이라고 믿었다.

자케와 르메르를 제외한 당시 프랑스의 주요 감독도 배경이 대체적으로 비슷했다. 2001년 리버풀에서 우승 트로피를 다섯 개나 들어 올린 제라르 울리에Gérard Houllier 감독은 학교 선생님 출신이었다. 그는 프랑스 대표팀 감독 시절 1994 미국 월드컵 본선 진출에 실패하는 참담한 실패를 경험한 후 3년간 18~20세 이하 팀을 지도하며 아넬카, 앙리, 다비드 트레제게를 육성했다. 아스널의 수장 아르센 벵거도 감독보다는 선생님에 더 가까웠다. 그는 전술적 능력보다는 재능 있는 유망주를 '월드 클래스' 선수로 육성하는 데 더 특출한 지도자였다.

벵거 감독은 스스로 "교육자가 니의 일차적이자 가장 중요한 역할"이리고 말하기도 했다. 프랑스의 유로 2000 첫 경기에 출전한 공격수 아넬카와 앙리는 나란히 벵거 감독으로부터 가르침을 받으며 성장한 선수들이었다. 당시 아스널을 이끈 벵거 감독은 프랑스가 자신들만의 축구 철학을 확립하는 데 지대한 영향을 미쳤다. 아넬카와 앙리가 어린 시절 나란히 클레르퐁텐을 거치며 성장했다는 점도 주목할 만하다. 실제로 클레르퐁텐은 프랑스가 1998~2000년 '더블'을 달성한 후 추앙받는 축구 아카데미가 됐다. 프랑스로부터 영감을 받은 국가들의 축구협회는 자신들이 고집한 유소년 지도 방식을 재고하게 됐다. 이처럼 프랑스의 성공을 뒷받침한 원동력은 '선수 육성'이었다.

앙리는 자국에서 열린 1998 프랑스 월드컵에 출전해 조별 리그에서 남아공을 상대로 득점했고, 사우디아라비아전에서는 두 골을 터뜨렸다.

그러나 그는 16강부터는 교체 요원으로 활약했고, 1998-99시즌 6개월 간 유벤투스에서 부진을 겪으며 스트라이커보다는 윙어로 분류됐다. 앙리는 이탈리아 진출 후 "나는 트레제게와는 다르다. 내가 폭발적인 득점을 할 것이라 기대하지 않았으면 한다"고 말했다. 트레제게는 앙리와 친한 친구다. 이 두 선수는 AS 모나코 시절 공격진에서 호흡을 맞추기도 했다. 그러나 트레제게는 앙리와 달리 문전에서 마무리하는 데 집중하는 전형적인 스트라이커였다. 유벤투스는 앙리의 '경고'를 곧이곧대로 받아들였다. 실제로 앙리는 유벤투스에서 윙백으로 출전하는 빈도가 높았다. 앙리의 저조한 활약에 실망한 유벤투스는 6개월 만에 그를 이적시킨 후 다음 여름 정통파 골잡이 트레제게를 영입했다. 앙리는 유벤투스에서 부진한 탓에 1998년 월드컵 우승을 경험하고도 프랑스 성인 대표팀에서 21세 이하 대표팀으로 강등됐다.

PSG에서 활약하던 아넬카는 1997년 벵거 감독이 논란 속에 영입한 공격수였다. 벵거 감독은 어린 선수와의 계약 규정이 부실했던 이 시절 프랑스 축구의 행정적 착오를 파고들어 아넬카를 PSG로부터 빼내와 자국 팬들을 화나게 만들었다. 아넬카는 독특한 캐릭터였다. 그는 아스널로 이적한 후 영어를 배우려 하지도, 동료들과 어울리려 하지도 않았다. 그러나 아넬카는 아스널 이적 직후 전광석화 같은 스피드를 자랑하며 맹활약을 펼쳤다. 그는 뉴캐슬과의 1998년 FA컵 결승전에서 결승골을 터뜨렸으며 레스터를 상대로는 아스널 이적 후 첫 해트트릭을 기록했다. 아넬카가 레스터전에서 기록한 세 골은 모두 비슷한 패턴으로 만들어졌다. 그는 데니스 베르캄프가 상대 수비 뒷공간으로 찔러주는 침투 패스를 벼락 같이 달려들어 마무리했다. 아스널의 처진 공격수 베르캄프는 아넬카를 자신이 가장 좋아하는 파트너로 지목했다. 베르캄프는 "니콜라(아넬카)의 성향은 나와 함께 뛰기에 완벽했다. 그는 늘 골을 넣기 위해 침투를 시도했기 때문이다. 그는 골대를 향해 달리며 득점을 하는 데 집중했다. 그는 달리면서 패스를 받아 상대 골키퍼와 1대1 상황을 맞는 플레이를 아주 좋아했다"고 말했다. 아넬카는 1998 프랑스 월드컵을 앞두고 프랑스 대표팀 예비 명단에 포함됐지만, 결국 최종 명단에서는 제외됐다. 자케 감독이 앙리와 트레제게를 선호했기 때문이다.

앙리가 유벤투스에서 부진한 사이, 아넬카는 1998-99시즌 아스널에서 훌륭한 활약을 펼치며 17골을 터뜨렸다. 이 덕분에 그는 곧 프랑스 대표팀의 주전 최전방 공격수로 떠올랐다. 아넬카는 1999년 웸블리 경기장에서 잉글랜드를 상대로 두 골을 터뜨리며 프랑스의 2-0 완승을 이끌었다. 당시 잉글랜드 수비수 대다수는 아넬카의 아스널 팀 동료였다. 프랑스 주장 데샹은 당시 언론과의 인터뷰에서 "우리의 호나우두를 찾았다!"며 흥분을 감추지 못했다. 1998년 월드컵의 프랑스는 폭발적인 득점력을 자랑하는 공격수가 없다는 이유로 팀 전력에서 높은 평가를 받지 못했다. 또한 프랑스가 결승전에서 브라질을 꺾었음에도 세계적인 관심은 우승팀보다 이날 정확히 원인이 알려지지 않은 몸상태 저하 때문에 부진한 경기력을 보인 호나우두에게 집중됐다. 이제 프랑스는 진정으로 역동적인 공격수를 얻음으로써 밸런스를 회복했다.

아넬카는 1999년 아스널을 떠나 레알 마드리드로 이적했다. 아넬카를 대체한 선수는 그가 아스널이 남긴 이적료의 절반에 불과한 액수에 유벤투스에서 영입된 앙리였다. 그럼에도 불구하고 아스널은 앙리를 영입해 팀 전력을 향상시킨 것은 물론 이윤 창출까지 하는 탁월한 사업 수완을 보여줬다. 훗날 벵거 감독이 아넬카와 앙리로 공격진 조합을 구성하지 못한 게 자신의 가장 큰 후회 중 하나라고 고백하기는 했지만 말이다.

그러나 프랑스 대표팀의 수장 르메르 감독에게는 앙리와 아넬카로 공격진을 구성할 수 있는 여건이 주어졌다. 실제로도 프랑스에서 이뤄진 앙리와 아넬카의 조합은 수비진의 발이 느린 팀에는 공포의 대상이 됐다. 프랑스는 유로 2000 본선 첫 경기 덴마크전 내내 앙리와 아넬카가 뒷공간을 침투하며 상대 수비진을 허물었다.

아넬카는 경기 초반부터 뒷공간으로 침투해 지단이 찔러준 침투 패스를 받아 골키퍼 피터 슈마이켈을 제친 후 시도한 슛이 옆 그물을 맞추며 덴마크를 위협했다. 이 상황에서 더 완벽한 슈팅 위치로 침투한 앙리는 아넬카가 패스를 하지 않았다며 버럭 화를 냈다. 이후 아넬카가 중앙 지역과 오른쪽 측면 사이 공간을 타고 침투하며 패스를 받으려하자 슈마이켈이 이를 저지하기 위해 골문을 비우고 달려 나왔고, 경합 상황에서 흐른 공은 공격에 가담했던 블랑에게 떨어졌다. 블랑은 이를 손쉽게 마무리하며 선제골을 터뜨렸다.

프랑스는 계속 앙리와 아넬카가 뒷공간을 파고들면 침투 패스를 찔러주는 공격 방식으로 덴마크를 공략했다. 전반전이 끝날 무렵, 왼쪽 측면에서 공을 잡은 앙리는 상대 수비진을 헤집는 드리블 돌파 끝에 슈팅을 시도했으나 아쉽게도 옆 그물을 맞췄다. 후반전 초반에는 블랑이 전방을 향해 찔러준 긴 대각선 패스를 앙리가 받았으나 슈팅이 약해 득점으로 연결되지 못했다. 그러나 덴마크 수비수들은 프랑스의 빠른 공격에 대응할 방법이 없다는 듯이 서로를 쳐다보며 팔을 들어올렸다. 결국에는 앙리도 득점에 성공했다. 그가 하프라인 부근에서 패스를 받아 골대를 향해 전력 질주하자 덴마크 수비수 중 누구도 따라붙지 못했다. 앙리는 슈마이켈과의 1대1 상황에서 침착한 마무리로 프랑스의 두 번째 골을 터뜨렸다. 이 득점 상황은 순전히 스피드로만 이뤄졌다. 앙리의 골이 만들어지는 데는 콤비네이션 플레이도, 창의적인 패스도, 상대 수비를 유인하는 동료의 움직임도 없었다. 이후 프랑스는 비슷한 방식으로 세 번째 골까지 만들어냈다. 그러나 이번에는 선발 출전한 공격수 아넬카와 앙리가 아닌 교체 출전한 두 명이 득점 장면의 중심이 됐다. 앙리가 건넨 패스를 받은 그의 아스널 팀 동료 파트릭 비에이라Patrick Vieira는 문전으로 침투하는 실뱅 윌토르Sylvain Wiltord에게 정확한 패스를 연결했다. 윌토르 또한 이 시점에 아스널 이적을 앞두고 있던 공격수였다. 이처럼 프랑스의 모든 골은 스피드를 통해 만들어졌다. 이게 바로 새로운 프랑스의 모습이었다.

다음 경기에서도 프랑스는 체코를 만나 2-1로 승리했다. 앙리가 뒷공간으로 침투해 체코 수비수 페트르 가브리엘Petr Gabriel의 백패스를 가로채 선제골을 넣었다. 이어 조르카에프는 뒷공간으로 침투하는 앙리를 향해 패스를 띄워줬고, 이후 자신이 직접 2차 문전 침투를 하며 리턴 패스를 받아 추가 득점에 성공했다.

르메르 감독은 프랑스가 2연승을 달리며 일찌감치 8강 진출을 확정하자 네덜란드와의 조별 리그 마지막 경기에서 선발 라인업에 대대적인 변화를 줬고 그 결과 2-3으로 패했다. 프랑스는 스페인과의 8강전에서 평소와 같은 스피드를 바탕으로 한 공격이 아닌 다른 방식의 축구를 시도하면서 다소간 방향성을 잃었다. 르메르 감독은 4-2-3-1 포메이션을 가동하며 조르카에프와 뒤가리를 양 측면에 배치해 뒷공간 침투가 아닌 중앙으로 파고드는 방식의 공격을 시도했다. 아넬카가 빠진 채 혼자 최전방 공격수로 선발 출전한 앙리는 유로 2000에서 출전한 모든 경기를 통틀어 이날 가장 부진했다. 최전방 공격수를 두 명이 아닌 한 명만 배치하는 포메이션은 앙리 본인도 좋아하지 않는 전술이었다. 그러나 프랑스는 아쉬운 경기 내용을 선보이고도 2-1로 승리하며 4강에 올랐다.

결국 프랑스는 포르투갈을 상대한 4강에서는 원래 모습으로 돌아가며 2-1로 승리했다. 르메르 감독은 포르투갈을 분석하며 상대의 수비라인이 빠르지 않다는 사실을 파악했다. 아스널 이적을 앞두고 있던 또 다른 프랑스 윙어 로베르 피레스Robert Pires는 "우리는 플레이에 속도감을 더하고 싶었다. 그래서 앙리와 아넬카가 다시 선발 출전했다. 르메르 감독은 상대 중앙 수비수(페르난두 쿠투Fernando Couto와 조르제 코스타Jorge Costa)가 강인하고 제공권에 강점이 있다며 우리에게 측면 공격을 주문했다"고 말했다. 다만, 문제는 포르투갈이 프랑스가 이전까지 만난 상대 팀들과는 달리 무게중심을 깊숙이 뒤로 빼면서 뒷공간을 허용하지 않았다는 점이다. 이 때문에 프랑스가 미드필드에서 찔러주는 침투 패스는 효과가 없었다. 그러나 프랑스는 선제골을 실점하고도 결국 아넬카가 중앙과 오른쪽 측면 사이 공간을 파고들며 문전을 향해 연결한 컷백을 앙리가 마무리하며 동점골을 터뜨렸고, 연장전에서 지단이 페널티킥을 성공시키며 포르투갈을 꺾었다. 결승골이 된 페널티킥은 아넬카와 앙리를 대신해 교체 투입된 윌토르와 트레제게가 합작한 작품이었다. 두 교체 요원이 패스를 주고받은 뒤, 윌토르가 시도한 슛이 골대로 향하며 골라인을 통과하려는 순간 포르투갈 수비수 아벨 사비에르Abel Xavier의 손에 맞으며 페널티킥이 선언됐다.

윌토르와 트레제게는 이탈리아와의 결승전이 끝날 무렵에 한 번 더 위력을 발휘했다. 르메르 감독은 결승전에서 앙리를 유일한 최전방 공격수로 세운 4-2-3-1 포메이션을 재가동했지만, 프랑스는 또 부진한 경기력을 선보였다. 르메르 감독은 이탈리아에 선제골을 헌납한 후 조르카에프와 뒤가리를 빼고 윌토르와 트레제게를 다시 한번 투입했다. 프랑스는 경기 종료를 앞둔 마지막 공격 상황에서 골키퍼 바르테즈가 길게 찬 패스를 트레제게가 머리로 떨궈줬고, 윌토르가 이를 낮은 슈팅으로 연결해 프란체스코 톨도를 뚫고 득점에 성공했다. 연장전에서 프랑스는 지친 이탈리아보다 빨랐고, 더 에너지가 넘쳤다.

르메르 감독은 세 번째 선수 교체로 승부수를 띄웠다. 그는 리자라주를 빼고 피레스를 투입해 극단적인 공격 축구를 구사했다. 피레스가 연장전에서 변속 드리블로 상대 수비수 두 명을 따돌린 후 내준 컷백을 트레제게가 강력한 왼발슛으로 골대 상단을 가르는 결승골로 연결했다. 이보다 2년 전 프랑스는 잇따른 무실점을 기록하며 월드컵 우승을 차지했지만, 유로 2000에서는 덴마크전이 유일한 무실점 경기였다. 프랑스는 실점을 헌납해도 상대보다 더 많은 골을 넣을 수 있다는 자신감이 있는 팀이었다. 무엇보다 프랑스는 공격진의 선수층이 대단할 정도로 두터웠다. 불과 2년 전까지는 상상조차 할 수 없었던 일이었다.

아넬카, 앙리, 윌토르, 트레제게는 스피드와 득점력뿐만 아니라 가자기기반의 전술적 활용도를 자랑했다. 아넬카는 전형적인 스트라이커였지만, 최전방 공격수를 기준으로는 조금 더 처진 자리를 선호했다. 앙리는 왼쪽 윙어와 중앙 공격수를 섞어놓은 듯한 선수였고, 윌토르는 오른쪽에서 비슷한 방식으로 활약했다. 트레제게는 전형적인 골잡이인 데다 발도 느린 편이 아니었지만, 나머지 세 공격수보다는 날아오는 크로스를 마무리하는 능력이 탁월했다. 이 때문에 그는 당시 프랑스 공격진에서 색다른 옵션으로 여겨졌다.

트레제게의 아버지이자 과거 아르헨티나에서 프로 선수로 활약한 호르헤 트레제게Jorge Trezeguet는 "사람들은 앙리와 아넬카가 달리는 모습을 보면 그들이 빠르다는 말을 멈추지 않는다. 그러나 다비드(트레제게)는 생각이 빠르다. 그의 스피드는 머릿속에 있다. 나는 다비드가 결승전 활약을 통해 앙리와 아넬카가 발로 보여주는 능력을 단 1초 만에 지능적으로 해낼 수 있다는 사실을 증명했다고 생각한다"고 말했다. 그럼에도 불구하고 프랑스의 주인공은 앙리였다. 게다가 유로 2000은 그가 아스널에서 보여준 경기력을 프랑스 대표팀에서도 보여준 유일한 국제대회였다.

비에이라는 아스널과 프랑스 대표팀에서 함께 뛴 앙리에 대해 "티에리(앙리)는 유로 2000에서 많은 자신감을 얻었다. 그는 늘 새로운 것을 시도했다. 나는 그를 너무 잘 알고 있었다. 그래서 그가 프랑스에서 뛸 때면 조금은 스스로를 억제한다는 느낌을 받았다. 아스널에서 그는 더 깊게 경기에 관여하며 공을 잡은 후 상대 수비수 두세 명을 제친 후 크로스를 올리거나 자신이 직접 득점했다. 그러나 프랑스 대표팀에서 그는 그런 방식으로 뛸 만큼 자유분방하지 못했다. 그렇지만 그는 유로 2000에서만큼은 그렇게 뛰었다"고 말했다.

르메르 감독은 프랑스가 강력한 우승 후보로 꼽히며 출전한 2002 한일 월드컵에서도 비슷한 공격진을 구성했다. 앙리, 트레제게, 윌토르가 프랑스의 주축 공격수였다. 그러나 아넬카는 최종 명단에서 제외됐다. 당시 프랑스에 그보다 더 빠른 공격수가 등장했기 때문이다. 지브릴 시세 Djibril Cissé는 자신의 빠른 발만큼이나 선수로서도 급성장했다. 그는 프랑스가 유로 2000 우승을 차지한 시점으로부터 약 한 달 뒤에 리그1 데뷔전을 치렀다. 이후 시세는 이듬해 봄이 돼서야 기 루Guy Roux 감독 체제의 오세르Auxerre에서 주전 공격수 자리를 꿰찼다.

루 감독은 유소년 육성이 전문 분야인 수많은 프랑스 지도자 중 한 명이었다. 어린 시절 그의 지도를 받은 대표적인 선수로는 에릭 칸토나Eric Cantona, 로랑 블랑Laurent Blanc, 바실레 볼리Basile Boli를 꼽을 수 있다. 루 감독은 1961년부터 2005년까지 오세르를 이끌며 전무후무한 장기집권 기록을 세웠다. 시세는 기바르쉬와 오세르의 최전방 공격수로 호흡을 맞추며 2000-01시즌 여덟 골을 기록한 데 이어 2001-02시즌에는 22골로 리그1 득점왕을 거머쥐었다. 그러나 정작 시세를 지도한 루 감독은 그가 큰 주목을 받는 현상에 이해할 수 없다는 반응을 보였다. 루 감독은 시세가 리그1 득점 선두 자리를 꿰차자 "그에게는 적당한 수준의 오른발, 형편없는 왼발이 있다. 그는 헤더는 아예 하지 못한다. 왜 그를 두고 이렇게 호들갑을 떠는 건가?"라며 박한 평가를 내렸다. 아마 루 감독은 어린 시세가 오만해질 위험을 우려해 그를 공식석상에서 더 냉정하게 평가했을 것이다. 그러나 그의 지적에는 일리가 있었다. 많은 이들이 시세의 타고난 축구 기술에는 의문을 표했으나, 시세의 믿을 수 없을 정도로 빠른 스피드는 역습 축구를 구사하는 오세르에서는 대단히 위협적이었다.

결국 시세는 궁극적으로 자신의 잠재성을 완전히 폭발시키지는 못했다. 그가 울리에 감독의 부름을 받고 리버풀로 이적한 후 두 번에 걸쳐 다리가 부러지는 심각한 부상을 당한 여파가 워낙 컸던 게 가장 큰 이유 중 하나였다. 울리에 감독은 리버풀 시절 시세 외에도 프랑스 대표로 17세 이하 월드컵에 출전한 신예 공격수 앙토니 르 탈렉Anthony Le Tallec, 플로랑 시나마 퐁골Florent Sinama Pongolle을 영입했다. 어린 프랑스 공격수 영입에 적극적인 자세를 보인 팀은 리버풀뿐만이 아니었다. 아스널은 제레미 알리아디에르Jérémie Aliadière를, 맨체스터 유나이티드는 다비드 벨리옹David Bellion을 영입했다. 그러나 르 탈렉, 시나마 퐁골, 알리아디에르, 벨리옹 중 누구도 프랑스 성인 대표팀 선수로 성장하지 못했다. 이처럼 프리미어리그 빅클럽이 어린 프랑스 선수를 영입하는 데 혈안이 됐었다는 사실은 당시 프랑스 축구가 육성한 어린 선수들의 가치가 유럽에서 높은 평가를 받았다는 것을 보여준다.

프랑스는 1998년 폭발적인 득점력을 자랑하는 공격수 없이 월드컵 우승을 차지했다. 그러나 4년 뒤, 한일 월드컵 우승 후보로 꼽힌 프랑스는 유럽 주요 리그에서 득점왕을 차지한 공격수를 세 명이나 보유하고 있었다. 시세는 프랑스, 앙리는 잉글랜드, 트레제게는 이탈리아에서 나란히 득점왕으로 등극한 공격수였다. 그러나 프랑스는 2002 한일 월드컵에서 단 한 골도 넣지 못하고 조별 리그 탈락을 당하고 말았다. 더 기이한 점은 프랑스가 2002 한일 월드컵에서 조기 탈락으로 추락하면서도 발 빠른 공격수를 배출하는 국가라는 이미지를 더 확고하게 굳혔다는 사실이다.

프랑스의 추락은 본선 첫 경기부터 시작됐다. 프랑스는 개막전에서 월드컵 데뷔전을 치른 세네갈에 충격적인 0-1 패배를 당했다. 당시 프랑스를 꺾은 세네갈의 선수 구성을 주목해볼 필요가 있다. 세네갈은 당시 최종 명단에 포함된 선수 23명 중 무려 21명이 프랑스에서 활약 중이었다. 일각에서는 세네갈이 '프랑스 B팀'이라는 우스갯소리까지 나올 정도였다. 당시 프랑스에서 활약하지 않은 세네갈 선수는 백업 골키퍼 두 명이 전부였다. 프랑스 미드필더 비에이라 또한 세네갈에서 태어났지만 프랑스에서 자란 뒤, 프랑스 국가대표를 택한 선수였다. 이 때문에 세네갈에서 태어나 프랑스에서 자란 이중 국적 보유 축구 선수는 프랑스 국가대표를 더 선호한다는 선입견이 생기기도 했다. 그러나 이는 지나치게 단순한 발상이다. 세네갈 대표팀에 포함된 선수 중 대다수는 10대 시절 프랑스로 삶의 터전을 옮겨 프랑스 구단의 유소년 아카데미를 거쳐 성장했다. 반면 세네갈 선수 중 프랑스에서 태어난 선수는 단 두 명에 불과했다. 세네갈을 이끈 감독은 프랑스인이자 긴 찰랑 머리와 강렬한 카리스마가 돋보인 브루노 메추Bruno Metsu였다. 메추 감독은 프랑스가 2002 한일 월드컵의 강력한 우승 후보라고 말하면서도, 세네갈이 충분히 경쟁력을 발휘할 수 있다며 자신감을 보였다. 그는 "사람들은 우리가 프랑스 2군 팀이라고 얘기한다. 그러나 우리에게는 프랑스 대표팀에서 뛸 만한 실력을 가진 선수들이 있다"고 말했다.

세네갈 공격진의 가장 강력한 무기는 랑스Lens의 공격수 엘-하지 디우프El-Hadji Diouf였다. 그는 스피드를 기반으로 한 어린 공격수였다. 디우프가 소속 팀에서 보여준 득점력에는 기복이 있었다. 반면 그는 세네갈 대표팀에서는 2002 한일 월드컵 아프리카 예선에서 두 차례나 해트트릭을 기록했다. 또한 디우프는 세네갈을 사상 최초로 아프리카 컵 오브 네이션스 결승으로 이끌며 아프리카 올해의 선수상을 수상했다. 훗날 디우프는 지속적인 태도 논란 탓에 축구계의 문제아로 낙인이 찍혔다. 그는 축구계에서 범죄로 여겨지는 상대 선수에게 침을 뱉는 행동을 수차례 반복하기도 했다. 그러나 2002 한일 월드컵을 앞둔 시점의 디우프는 큰 기대를 받는 선수였다. 당시 그는 이미 울리에 감독의 눈도장을 받고 리버풀 이적을 확정 지은 상태였다. 울리에 감독은 디우프가 월드컵에서 빼어난 활약을 펼치면 그의 가치가 크게 상승할 수도 있다고 판단하며 서둘러 영입을 마무리했다.

메추 감독은 프랑스전에 대비해 세네갈 선수들에게 심층적으로 상대를 분석한 영상 자료를 보여줬다. 그러나 메추 감독은 프랑스의 스타 선수들이 가진 장점보다는 약점을 공략하는 데 집중했다. '디펜딩 챔피언' 프랑스의 가장 큰 약점은 수비진의 느린 발이었다. 프랑스의 수비는 튀랑이 30세, 데사이가 33세, 르뵈프가 34세, 리자라주가 31세로 노쇠화 현상이 시작된 상태였다. 메추 감독은 프랑스전을 앞둔 세네갈 선수들을 향해 "제자들이 선생에게 한두 가지 가르침을 줄 수 있을지 어디 한번 지켜보자"며 팀 사기를 끌어올렸다.

세네갈의 접근 방식은 단순했다. 미드필드에서 수적 우위를 점해 프랑스의 창의성 있는 선수들을 압박하고, 빠르게 뒷공간으로 침투하는 디우프에게 패스를 연결하는 게 세네갈의 기본 전술이었다. 프랑스를 잡은 세네갈이 최전방 공격수 디우프에게 얼마나 의존했는지는 이날 경기에서 수립된 특이한 기록을 통해 잘 드러난다. 긴 역사를 자랑하는 월드컵에서 90분 만에 오프사이드를 10번이나 기록한 선수는 이날의 디우프가 유일했다. 그만큼 디우프는 프랑스의 뒷공간을 노렸으나 또 그만큼 많이 오프사이드에 걸렸다는 뜻이다. 그러나 일단 디우프가 뒷공간 침투에 성공하면 프랑스는 대응하지 못했다. 디우프는 경기 초반 오른쪽 측면에서 데사이를 무참하게 따돌리며 오세르의 칼릴루 파디가Khalilou Fadiga에게 득점 기회를 만들어줬다. 이어 그는 왼쪽에서 똑같은 방식으로 르뵈프를 따돌린 후 전력 질주한 다음 자신의 랑스 팀 동료 파파 부바 디오프Papa Bouba Diop에게 패스를 연결했다. 디오프는 문전에서 기회를 손쉽게 마무리하며 결승골을 뽑아낸 뒤, 코너플래그 쪽으로 달려가 유니폼 상의를 벗어 그라운드에 내려놓은 후 동료들과 함께 이를 에워싸고 춤을 췄다. 세네갈의 골 장면은 메추 감독이 지시한 이날 전략을 훌륭하게 실행한 결과물이었다. 뒷공간으로 패스를 찔러 넣어 디우프의 스피드를 활용한 뒤, 미드필더들이 공격 지원에 나서기 위해 침투하는 모습은 전반적인 경기 수준이 기대에 미치지 못한 월드컵의 하이라이트를 장식했다.

프랑스가 이날 불운을 겪은 것 또한 사실이다. 트레제게와 앙리는 한 차례씩 골대를 맞췄다. 그러나 경기가 끝난 후 구차한 핑계는 없었다. 르메르 감독은 "내 친구 메추가 미드필드 지역에 다섯 명을 집중 배치하는 좋은 전략을 세웠다. 우리는 선수 개개인은 물론 조직적으로도 해결책을 찾지 못했다. 세네갈이 우리보다 강했다"며 패배를 받아들였다. 이날 경기는 프랑스의 패배였지만, 리그1의 승리였다. 세네갈의 주전 11명은 모두 프랑스 1부리그에서 활약 중이었다. 반면 선발 출전한 프랑스 선수 중 리그1에서 활약 중인 선수는 첼시에서 전성기를 구가한 후 마르세유로 복귀한 프랑크 르뵈프 단 한 명뿐이었다.

프랑스는 세네갈전 패배의 충격을 딛고 일어서지 못했다. 앙리는 우루과이와의 두 번째 경기에서 거친 태클로 퇴장을 당했고, 경기는 0-0 무승부로 종료됐다. 프랑스는 앙리가 출전 정지를 당한 덴마크와의 최종전에서 완패를 당했다. 지단이 부상에서 복귀했지만, 그의 몸상태는 정상이 아니었다. 프랑스의 조기 탈락은 큰 충격이었다. 프랑스와 함께 강력한 우승 후보로 꼽힌 아르헨티나도 언더독의 반란이 일어난 한일 월드컵에서 조별 리그 탈락을 당했다. 당시 강팀의 몰락을 두고 유럽 빅리그 소속 선수들이 체력적으로 어려움을 겪었기 때문이라는 분석이 뒤따랐다. 실제로 프랑스는 전년 여름 컨페더레이션스컵에 이어 이듬해 월드컵을 소화하며 선수들이 휴식하지 못한 채 2년 연속으로 국제대회에 출전해야 했다. 그러나 이를 고려하더라도 프랑스가 무엇보다 '프랑스 2군' 세네갈에 패한 후 받은 정신적 충격에서 벗어나지 못한 것만은 자명했다. 메추 감독의 세네갈은 프랑스를 꺾은 후에도 훌륭한 역습 축구를 구사하며 돌풍을 일으켰다. 특히 살리프 디아오Salif Diao의 덴마크전 득점은 2002 한일 월드컵 최고의 골들 중 하나로 기억될 만했다. 세네갈은 아프리카 팀으로는 1990년 카메룬 이후 처음으로 8강 진출에 성공했다. 세네갈의 가장 빛나는 스타는 디우프였다. 그가 터키와의 8강전을 앞두고 남긴 말이 시사하는 의미는 매우 컸다. 그는 "오늘 우리는 세네갈, 아프리카를 대표한다. 그러나 우리는 프랑스도 대표한다"고 말했다.

앙리의 2002 한일 월드컵은 지나칠 정도로 실망스러웠지만, 그는 여전히 유럽에서 가장 인정받는 공격수였다. 이 무렵 유럽에서 앙리의 수준에 범접할 만한 공격수는 없었다. 그는 유로 2000을 마친 후 유로 2004가 열리기 전까지 4년간 프리미어리그에서 95골을 폭발시켰다. 동일 기간 프리미어리그보다 경쟁력이 떨어지는 네덜란드 에레디비지에서 105골을 기록한 마테야 케즈만Mateja Kežman을 제외하면, 유럽에서 앙리의 득점 기록과 그나마 가장 근접한 골을 넣은 선수는 보르도Bordeaux와 PSG에서 83골을 뽑아낸 포르투갈 공격수 파울레타Pauleta 정도였다. 그러나 앙리가 개인 커리어를 이어가며 유일하게 세우지 못한 기록은 '기념비적인 골landmark goal'이었다. 그는 2003년 컨페더레이션스컵을 제외하면 결승전에서 득점한 적이 없었다. 이는 앙리가 폭발적인 득점력을 자랑한 선수인 점을 고려하면 이해하기 매우 어려운 일이다.

앙리는 프랑스의 득점력 부재를 상당 부분 해소한 선수였다. 그는 소속팀 아스널에서도 꾸준한 득점력을 발휘하며 프리미어리그 득점왕을 네 차례나 수상했다. 결국 그는 아스널의 구단 역대 최다 득점자로 등극했다. 그럼에도 불구하고 그는 득점에 특화된 '순수한 공격수'는 아니었다.

앙리는 자신보다 앞서 모나코에서 활약한 조지 웨아와 브라질 듀오 호마리우, 호나우두를 동경했다. 그는 이들이 자유자재로 움직이며 최전방 공격수의 역할을 재창조했다고 주장했다. 앙리는 웨아, 호마리우, 호나우두에 대해 "공간 침투, 주력 그리고 드리블 돌파로 수비진에 균열을 만들었다"고 평가했다. 아스널의 앙리는 오랜 기간 맨체스터 유나이티드 공격수 루트 판 니스텔로이Ruud van Nistelrooy와 골든부트(득점왕)를 놓고 경쟁했다. 앙리의 라이벌 판 니스텔로이는 득점에 특화된 선수였다. 그러나 다른 유형의 공격수였던 앙리는 판 니스텔로이와 프리미어리그에서 경쟁한 총 다섯 시즌 중 무려 네 차례나 득점왕을 차지했다. 판 니스텔로이가 유일하게 득점왕 등극에 성공한 2002-03시즌, 앙리는 프리미어리그 역대 한 시즌 최다 도움 기록을 수립했다. 당시 앙리가 기록한 20도움은 여전히 프리미어리그 역사상 한 선수가 기록한 한 시즌 최다 도움 기록으로 남아 있다. 앙리는 월드 클래스 골잡이인 동시에 월드 클래스 기회 창출자였다.

유로 2004의 프랑스는 시세와 아넬카가 합류하지 않았는데도 발 빠른 공격수를 더 많이 보유하고 있었다. 특히 시세는 어처구니없는 이유로 인해 유로 2004 출전이 불발됐다. 그는 지난 2년 동안 프랑스 성인 대표팀 공격수로 활약했지만, 갑작스럽게 21세 이하 대표팀에 합류하게 됐다. 프랑스 U-21 대표팀이 유럽선수권대회 예선에서 포르투갈과의 플레이오프를 앞두고 본선 진출을 위해서는 시세가 필요하다고 판단했기 때문이다. 그러나 프랑스는 예선 플레이오프에서 포르투갈에 패했다. 시세는 이 경기에서 폭력적인 행위로 퇴장을 당했고, 다섯 경기 출전 정지 처분을 받으며 유로 2004에 출전할 수 없게 됐다. 당시 맨체스터 시티에서 활약한 아넬카는 프랑스의 수장으로 부임한 자크 상티니Jacques Santini 감독과 불화를 겪었다. 상티니 감독은 아넬카를 선발하지 않은 이유를 묻는 질문에 그보다 뽑을 만한 선수가 "1만 명은 된다"고 대답했다. 물론 이는 과장된 표현이었지만, 상티니 감독에게는 아넬카 외에도 뽑을 만한 공격수가 충분했다. 실제로도 그는 공격수 여섯 명을 데리고 유로 2004 본선에 나섰다. 앙리, 트레제게, 윌토르, 시드니 고부Sidney Govou, 스티브 말레Steve Marlet, 그리고 루이 사아Louis Saha가 프랑스의 공격진을 구성했다.

고부는 프랑스가 보유한 수많은 축구 선수 중 가장 스프린터sprinter에 가까운 공격수 중 한 명이었다. 아마 그는 당시 프랑스 대표팀에서도 발이 가장 빠른 선수였을 것이다. 그는 2001년 리옹Lyon에서 1군 데뷔전을 치른 뒤, 바이에른 뮌헨전에서 두 골을 터뜨려 팀에 3-0 대승을 안기며 유럽 무대에 이름을 알렸다. 고부는 브라질 공격수 소니 안데르송과 함께 최전방에서 호흡을 맞췄다. 안데르송은 과거 모나코에서 앙리와도 함께 뛴 선수였다. 그는 고부에 대해 "그는 티에리(앙리)를 연상시킨다. 그러나 시드니(고부)가 더 폭발적이다"라고 말했다. 전력 질주하는 앙리의 폭발력을 고려하면, 그와 함께 뛰어본 안데르송의 이 발언은 고부가 가진 스피드가 어느 정도였는지를 실감케 한다. 또한 앙리는 이처럼 프랑스가 배출한 모든 떠오르는 공격수와 비교 대상이 됐다. 아르헨티나가 새로운 마라도나를 찾는 데 혈안이 된 것처럼 프랑스 또한 새로운 앙리를 찾는 데 집착했다. 앙리는 이후 프랑스의 모든 차세대 공격수에게 롤모델을 제시한 선수였다. 앙토니 마샬Anthony Martial, 킬리안 음바페Kylian Mbappé 또한 앙리의 첫 번째 프로팀 모나코에서 성장한 비슷한 유형의 공격수다.

고부는 시세와 마찬가지로 잇따른 부상 탓에 잠재성을 폭발시키지 못했다. 그는 직선적인 드리블, 때때로 터지는 중거리슛으로 상대를 불안에 떨게 만든 존재였다. 그러나 그는 득점력이 폭발적이지 않았고, 골키퍼와의 1대1 상황에서 평정심을 유지하지 못하고 기회를 놓치는 빈도가 높았다. 이 때문에 한때 차세대 최전방 공격수로 평가받은 그는 결국 오른쪽 윙어로 전향해야 했다. 그 외에도 이와 같은 성장곡선을 경험한 프랑스 공격수는 많았다. 윌토르는 아스널에서 오른쪽 측면 공격수로 활약하게 됐고, 디우프와 시세도 리버풀에서 측면에 배치됐다. 2001년 풀럼으로 이적하며 스트라이커로 분류됐던 말레도 프랑스 대표팀에서는 득점력을 발휘하지 못한 채 오른쪽 측면에 활용됐다. 그러나 그들의 롤모델 앙리는 이와 정반대였다. 그는 왼쪽 윙어로 프로 무대에 데뷔했지만, 최전방 공격수로 최고가 된 선수였다.

풀럼에서 말레는 사아와 함께 최전방 공격진을 구성했다. 풀럼의 사령탑은 프랑스인 장 티가나Jean Tigana 감독이었다. 티가나 감독은 현역 시절 프랑스의 1984년 유럽선수권대회 우승에 일조한 출중한 기량을 보유한 미드필더였다. 윙어로 선수 생활을 시작한 사아는 티가나 감독이 자신감을 심어준 덕분에 최전방 공격수로 성공적인 변신을 할 수 있었다고 말했다. 이후 사아는 풀럼에서 발휘한 탁월한 득점력 덕분에 맨체스터 유나이티드로 이적했고, 챔피언스리그 우승을 경험하는 영광을 맛봤다. 사아 또한 잇따른 부상 탓에 줄곧 어려움을 겪었다. 그러나 사아는 정상적인 몸상태로 나선 경기에서는 앙리의 스피드와 트레제게의 제공권을 섞어놓은 프랑스에서 가장 완성된 공격수였다. 클레르퐁텐에서 아넬카, 앙리와 함께 기숙사 생활을 하며 성장한 사아는 양발을 자유자재로 활용했다.

서인도세도West Indies 혈통의 아넬카, 앙리, 사아는 절친한 친구 관계를 맺었다. 사아는 클레르퐁텐 시절을 회상하며 "우리는 모두 가족이 서인도제도에서 왔으며 함께 크리올 언어로 대화하며 놀았다. 우리는 앤틸리스 제도에 있는 티에리(앙리) 부모님의 집에서 매번 휴가를 즐기기도 했다"고 말했다. 이처럼 이 시절 프랑스 공격수 중 다수는 카리브해 지역에서 온 이민자의 2세였다. 아넬카, 윌토르, 말레는 마르티니크Martinique, 사아는 과달루프 출신이었다. 앙리는 마르티니크에서 태어난 어머니, 과달루프에서 태어난 아버지의 아들이었다.

과달루프와 마르티니크는 독립국가가 아닌 프랑스의 해외 영토이며 국제축구연맹FIFA 가입국이 아니다. 그러나 앙리는 "만약 앤틸리스 제도를 대표하는 국가대표팀이 있었다면 나는 그 팀을 위해 뛰었을 것이다. (프랑스에 사는) 세네갈 혈통의 선수가 세네갈을 위해 뛰는 것처럼 말이다"라고 말했다. 앙리는 아스널 시절 맨체스터 유나이티드를 3-1로 꺾은 경기에서 프랑스 대표팀 동료 파비앙 바르테즈를 상대로 두 골을 넣었는데, 그가 골 뒤풀이로 유니폼 상의를 들어 올렸을 때 셔츠에 적힌 문구는 "서인도제도를 위해서For the West Indies"였다. 고부의 부모님은 베냉, 트레제게의 부모님은 아르헨티나(그의 아버지는 에스투디안테스Estudiantes 수비수였다), 시세의 부모님은 코트디부아르(그의 아버지는 코트디부아르 대표팀 주장이었다) 출신이었다.

프랑스 대표팀을 논할 때, 가장 많이 오가는 주제는 선수단 구성의 다문화 성향이다. 프랑스의 유명한 극우파 정치인 장-마리 르 펜Jean-Marie Le Pen은 자국 대표팀의 다인종적 구성에 관한 인종차별적 언동으로 구설수에 오르며 관심을 끌기도 했다. 1998년 프랑스의 월드컵 우승은 사실상 프랑스 다문화주의의 승리로 간주된다.

프랑스는 유럽 축구를 압도한 이 시절 대표팀에서 주요 공격수로 활약한 여덟 명(앙리, 아넬카, 윌토르, 트레제게, 사아, 말레, 고부, 시세)이 모두 해외에서 태어난 이민자 출신 부모를 둔 이색적인 이력을 보유하고 있었다. 르 펜은 이 선수들은 '진짜 프랑스'를 대표하지 않는다며 불평했다. 그러나 사실은 이와 정반대였다. 그들은 1998년까지 확립되지 않았던 프랑스의 축구 철학에 정체성을 불어넣은 주인공들이기 때문이다.

8

'10번'

프랑스 축구가 전성기를 구가한 시절에 가장 각광받은 선수는 당연히 프랑스 선수였다. 지네딘 지단은 프랑스가 우승을 차지한 유로 2000 최우수 선수로 선정됐고, 이듬해 여름 세계 최고 이적료를 기록하며 유벤투스를 떠나 레알 마드리드에 합류했다. 이후 그는 2002년 챔피언스리그 결승전에서 이 시대의 유럽 축구를 상징하는 왼발 발리슛으로 마법 같은 골을 뽑아냈다.

지단은 아주 강한 의지를 품고 플레이하면서도 동시에 우아한 기술을 구사했다. 그는 누구도 범접할 수 없는 수준 높은 기술로 온 유럽의 추앙을 받았다. 볼 컨트롤이 아름다웠던 그는 양발을 훌륭하게 잘 썼고, 다양한 발재간을 발휘하면서도 몸의 중심을 잃지 않았다. 그가 두 발바닥으로 번갈아가며 공을 끌어 상대 수비를 피하는 기술을 일컫는 '마르세유 턴Marseille turn'은 그의 고향 마르세유에서 유래한 신조어였다. 이처럼 지단의 플레이는 시 혹은 영화 한 편을 연상케 할 정도로 보는 이들에게 영감을 줬다. 그는 프랑스가 절실하게 기다렸던 선수에게 필요한 모든 능력을 갖추고 있었다.

제2차 세계대전이 끝난 후 프랑스 축구는 두 이념이 충돌하며 전환기를 거쳤다. 한 세력이 신체적 강인함과 근면함을 선호했다면, 반대쪽에서는 테크닉과 스타일이 더 중시돼야 한다고 주장했다. 신체적 강인함과 근면함을 선호한 세력의 대표적 인물은 1958년 프랑스 축구 지도 커리큘럼을 만든 조르주 불로뉴Georges Boulogne였다. 불로뉴는 조직, 노력, 생산성 같은 단어를 앞세워 자신만의 축구 지도 방식을 설명하며 프랑스 축구의 초점이 경기를 즐기는 데만 집중된 상태라고 지적했다. 불로뉴는 프랑스 대표팀 감독으로 부임했지만, 성적은 실망스러웠다. 프랑스는 1970년과 1974년 월드컵 본선 진출에 실패했고, 1972년 유럽선수권대회 본선 무대도 밟지 못했다. 그러나 불로뉴는 이후에도 프랑스 축구협회의 초대 기술 이사로 부임해 10년간 활동했다. 당시 누구도 불로뉴만큼 프랑스 축구에 영향을 미치지 못했다. 불로뉴는 프랑스 축구에 유소년 아카데미 시스템을 처음 도입한 공을 세웠지만, 그가 추구하는 축구 철학이 계속 유지됐다면 프랑스는 결코 지단을 배출하지 못했을 것이다.

반대로 테크닉과 스타일을 중시한 세력의 대표적 인물은 프랑스 축구 역사상 가장 성공적인 감독으로 꼽히는 알베르 바투Albert Batteux였다. 바투는 1950년대부터 60년대까지 랭스Reims를 이끌고 리그 우승을 다섯 번이나 차지했으며 프랑스 대표팀을 1958년 월드컵 3위 자리에 올려놓았다. 이후 그는 생테티엔Saint-Étienne에서 리그 우승을 세 번이나 더 차지했다. 바투 감독은 신체적 강인함이 프랑스 축구를 지배했던 시절, 빠른 패스와 직선적인 드리블 등 선수 개개인의 기량을 최대한 활용해 팬들을 위한 '쇼show'를 해야 한다고 주장한 인물이다. 그의 모토는 "선수의 재능이 빛날 수 있도록 경기를 준비하라"였다. 바투 감독이 이끈 랭스의 핵심 선수는 전설적인 레이몽 코파Raymond Kopa였다. 훗날 코파는 레알 마드리드로 이적해 오른쪽 측면 공격수로 활약하며 발롱도르까지 수상하는 세계적인 스타가 됐지만, 바투 감독은 그를 공격수 두 명의 뒷자리인 10번 자리에 배치했다.

대신 바투 감독이 당시 오른쪽 윙어로 활용한 선수는 또 다른 핵심 자원 미셸 이달고Michel Hidalgo였다. 이달고는 현역 은퇴 후 1976년 프랑스 대표팀 감독으로 부임한 인물이다. 바투 감독의 축구 철학을 그대로 계승한 이달고는 이후 1982 스페인 월드컵에서 프랑스의 4강 진출을 이끌었다. 당시 프랑스가 독일과 3-3 무승부를 기록한 후 승부차기 끝에 패한 4강 경기는 오늘날까지 월드컵 역사상 최고의 경기 중 하나로 꼽히곤 한다. 이달고 감독은 2년 후 프랑스에서 개최된 1984년 유럽선수권대회에서 자국 대표팀을 정상에 올려놓았다. 당시 미셸 플라티니Michel Platini는 공격수보다는 10번에 가까운 역할을 맡고도 다섯 경기에서 아홉 골을 터뜨리는 저력을 발휘했다. 훗날 프랑스가 지단과 같은 천재성이 풍부한 선수를 배출하게 된 과정은 이때 시작됐다. 바투와 이달고가 감독으로 활동하며 코파, 플라티니에게 10번의 역할을 부여해 프랑스 축구에 미친 영향이 유산으로 남아 지단이 탄생했기 때문이다. 실제로 지단은 코파, 플라티니로 연결된 프랑스의 10번 계보를 훌륭하게 이어갔다. 그는 현역 시절 플라티니의 전 소속 팀 유벤투스, 코파의 전 소속 팀 레알 마드리드에서 각각 5년씩 활약했다.

지단의 젊은 시절 롤모델은 플라티니였다. 당시 대다수 프랑스 감독들은 어린 지단과 레전드 플라티니를 비교하는 데 조심스러운 반응을 보였다. 그러면서도 당시 프랑스 축구협회 기술이사로 근무한 제라르 울리에는 "선수를 선입견을 갖고 봐서는 안 된다. 선수가 자신만의 매력과 재능을 잃을 수도 있기 때문이다. 조직력과 고급스러운 시스템을 구축하는 게 우선이다. 그러나 특출한 재능을 보유한 선수 한 명이 한순간에 팀을 질적으로 향상시킬 수 있는 게 사실이다. 플라티니는 이와 같은 능력이 있다. 그보다 앞서 요한 크루이프도 그런 유형의 선수였고, 이제는 지단이 그렇게 할 수 있다"고 말했다. 심지어 유벤투스는 지단을 영입한 직후 그가 사용할 드레싱룸 자리를 일찌감치 정해놓았다. 유벤투스가 그에게 준 자리는 과거 플라티니의 자리였다.

지단은 유벤투스로 이적한 후 "사람들은 내가 플라티니가 될 수 없다는 사실을 이해해야 한다. (플라티니를 대체하는 건) 지나치게 무거운 책임이다. 나는 리더가 아니며 앞으로도 리더가 될 수 없을 것"이라고 말했다. 지단에게는 플라티니 외에도 롤모델이 한 명 더 있었다. 이는 바로 우루과이의 상징적인 10번 엔조 프란세스콜리Enzo Francescoli다. 지단은 1989-90시즌 마르세유에서 1년간 프란세스콜리와 팀 동료로 지내며 프랑스리그 우승을 차지했고, 유러피언컵 4강에 올랐다. 지단은 "나는 그의 우아함을 사랑한다. 프란세스콜리가 뛰는 모습을 보는 순간부터 그처럼 되고 싶었다. 엔조(프란세스콜리)는 신이다"라고 말했다. 훗날 지단은 자신의 첫째 아들의 이름을 엔조Enzo라고 지었다. 이후 엔조 지단은 프랑스 19세 이하 대표팀에서 활약했다.

지단은 플라티니와 비교되는 데 부담을 드러냈지만, 플라티니는 지단이 프랑스의 10번 계보를 이어갈 재목이라는 자신의 의견을 늘 공개적으로 밝혔다. 플라티니는 현역 은퇴 후 축구 행정가로 활동하기 전까지 스스로 자기 자신을 '유럽의 10번을 위한 대변인'이라고 불렀다. 그는

"10번 역할을 맡는 선수에게는 특별한 재능이 있다. 10번은 플레이메이커이면서도 골을 넣을 수 있다. 요즘 축구를 보면 지단과 같은 스타일을 보여주는 선수는 극히 드물다. 후이 코스타가 이탈리아에서 뛰고 있을 뿐 잉글랜드에서는 게리 맥칼리스터Gary McAllister 이후 10번이 보이지 않고 있다. 이런 유형의 선수는 갈수록 사라지고 있다. 지단이 성공해서 더 많은 감독들이 그와 같은 선수를 영입하는 날이 왔으면 한다. 바르셀로나와 레알 마드리드는 현재 진짜 10번을 보유하고 있지 않다. 아마 (당시 바르셀로나의 10번) 히바우두가 패스를 한 건 어린 시절 학교에서 뛸 때였을 것"이라고 말했다.

포르투갈은 1998 프랑스 월드컵 본선 진출에 실패했다. 이 때문에 후이 코스타는 월드컵 무대를 밟지 못했다. 맥칼리스터는 부상을 당해 월드컵 출전이 불발됐다. 이를 두고 프랑스 월드컵 조직위원회에서 활동한 플라티니는 대회에 출전한 모든 선수를 통틀어 진정한 10번은 지단과 아르헨티나의 아리엘 오르테가뿐이라고 말했다. 이후 플라티니는 월드컵 우승을 차지한 지단이 발롱도르까지 수상하자 기쁨을 감추지 못했다. 그는 "축구를 사랑한다면 지단이 발롱도르를 받았다는 사실에 기뻐해야 한다. 지단의 발롱도르 수상은 10번의 중요성을 의미하기 때문이다. 그는 발롱도르를 수상하며 멸종해가는 유형의 선수들에게 희망을 줬다"고 말했다. 현역 시절의 플라티니는 지단도 한 번밖에 수상하지 못한 발롱도르를 세 번이나 받은 선수였다.

지단은 프랑스가 자국에서 우승을 차지한 1998년 월드컵을 상징한 선수였다. 그는 프랑스가 브라질을 3-0으로 대파한 결승전에서 두 골을 넣으며 온 나라를 열광케 했다. 그러나 지단의 프랑스 월드컵은 결승전 전까지는 실망스러웠다. 그는 프랑스가 4-0으로 승리한 사우디아라비아와의 조별 리그 경기에서 푸아드 아민Fuad Amin을 밟는 행위로 퇴장을 당해 두 경기 출전 정지 징계를 받았다. 이후 프랑스가 조별 리그 최종전과 16강을 거쳐 8강까지 올랐지만, 여론의 관심은 지단이 경기에 뛰지 못하는 데 더 집중됐다. 지단은 프랑스가 이탈리아를 상대한 8강전에서 복귀했지만, 괜찮은 수준의 경기력을 보여줬을 뿐 결정적인 역할을 하지는 못했다. 실제로 당시 지단의 유벤투스 팀 동료 지안루카 페소토는 효과적인 대인방어로 그를 무력화시켰다. 페소토는 전형적인 이탈리아 선수답게 지단을 대인방어하기 위해 자신의 포지션을 바꾸고도 맹활약을 펼쳤다. 지단은 크로아티아와의 4강전에서도 눈에 띄는 활약을 펼치지는 못했다. 그는 결승전이 돼서야 코너킥 상황에서 헤더로 두 골을 뽑아내며 비로소 주인공이 될 수 있었다. 하지만 지단이 머리로 기록한 두 골마저도 평소 그가 뿜어낸 천재성을 보여주는 골은 아니었다.

프랑스는 월드컵 우승 후 파리에서 축하연을 열었다. 파리 개선문Arc de Triomphe은 지단의 실루엣을 쏘아 올리며 세계 챔피언으로 등극한 자국 대표팀을 칭송했다. 그러나 실질적으로 지단은 월드컵에서 최고의 활약을 펼친 프랑스 선수가 아니었다. 사실 그는 앞선 유로 1996 본선에서도 대회 직전 교통사고를 당해 몸상태를 완벽하게 회복하지 못하며 활약이 기대에 미치지 못했다. 이 때문에 유로 2000을 앞둔 지단은 월드컵 결승전에서 두 골을 넣고, 발롱도르를 수상한 후에도 증명해야 할 것이 남아 있었다. 지단은 "우리는 분명히 2년 전보다 강해졌다. 모든 선수가 월드컵에서 우승한 후 지난 2년간 경험을 쌓았다. 우리는 유럽 최상위 리그에서 뛰고 있다. 우리에게는 엄청난 능력을 보유한 공격수가 다섯 명이나 된다. 지난 월드컵에서는 이 정도로 재능이 많은 선수가 없었다. 나 또한 이제 28세가 됐다. 더 성숙해졌고, 나의 예술은 지금이 최고조다"라고 말했다.

축구 선수가 자신의 경기력을 평가하며 '예술'이라는 단어를 쓰는 건 매우 드문 일이다. 그러나 지단의 기술적 수준을 고려하면, 이는 충분히 그와 어울리는 단어였다. 이어 열린 유로 2000은 그가 마음껏 자신의 예술적 재능을 뽐낼 만한 캔버스가 됐다. 백패스 규정이 수정되기 전 마지막으로 열린 국제대회였던 유로 1992(당시 경기당 평균 터진 득점은 단 2.06골에 불과했다)와 달리, 유로 2000은 공격 축구의 페스티벌이나 다름없는 대회였다. 유로 2000 4강에 진출한 네 팀은 모두 출중한 기량의 10번을 보유하고 있었다. 네덜란드는 데니스 베르캄프, 포르투갈은 후이 코스타, 이탈리아는 프란체스코 토티를 앞세워 공격을 펼쳤다. 그러나 유로 2000의 주인공은 '프랑스의 10번' 지단이었다. 유로 2000 조별 리그의 지단이 훌륭했다면, 토너먼트 단계의 그는 아름다웠다.

프랑스는 8강에서 종료 직전 라울 곤살레스가 페널티킥을 실축한 스페인을 2-1로 꺾었다. 로저 르메르 프랑스 감독은 최전방에 티에리 앙리를 배치했고, 10번 자리를 맡은 지단을 필두로 좌우에도 창의성이 돋보이는 유리 조르카에프와 크리스토프 뒤가리를 출전시켰다. 이들은 상대 미드필드와 수비 라인 사이를 공략하기 위해 서로 위치를 바꿔가며 움직였다. 왼쪽에 배치된 조르카에프가 안쪽으로 파고든 상황에서 얻어낸 프리킥이 지단이 터뜨린 프랑스의 선제골로 이어졌다. 이어 조르카에프는 오른쪽 측면에서 파트릭 비에이라의 패스를 받아 결승골을 터뜨렸다. 이처럼 프랑스는 이곳저곳 플레이메이커를 배치해 스페인을 무너뜨렸다.

조르카에프 또한 프랑스가 자랑한 최정상급 10번이었다. 그 또한 수년간 주축 선수로 활약하며 프랑스의 성공에 일조했다. 조르카에프가 터뜨린 가장 결정적인 골은 1995년 에메 자케 감독이 경질 위기에 직면한 시점에 폴란드에서 열린 유로 1996 예선 경기였다. 그는 경기 막판에 프리킥으로 동점골을 뽑아내며 프랑스를 위기에서 구해냈다. 이후 자케 감독은 프랑스가 4강에 오른 유로 1996, 우승을 차지한 1998 프랑스 월드컵에서 지단과 조르카에프를 동시에 플레이메이커로 배치하는 '크리스마스 트리(4-3-2-1)' 포메이션을 가동했다. 최전방 공격수 밑에 배치된 두 플레이메이커 중 지단은 아래로 내려가며 경기에 관여했고, 조르카에프는 위로 올라가는 움직임이 많았다.

조르카에프는 이와 같은 프랑스의 시스템이 자신이 제시한 아이디어로 만들어졌다고 주장했다. 그는 지단과 자신이 공존할 수 없다는 일각의 지적이 틀렸다고 믿었다. 그러나 조르카에프는 0-0으로 비긴 후 승부차기 끝에 패한 체코와의 유로 1996 4강에서 지단이 교체됐어야 했다고 주장해 논란을 일으키기도 했다.

프랑스 주장 디디에 데샹은 "유리(조르카에프)는 대단히 막기 어려운 선수인데, 골까지 넣을 줄 안다"고 말했다. 조르카에프는 1993-94시즌 프랑스 리그1에서 20골을 터뜨리며 득점왕을 차지했다. 이후에도 그는 이탈리아 세리에 A에서 세 시즌 동안 활약하며 폭발적인 득점력을 선보였다. 실제로 세리에 A에서 보여준 득점력은 3년간 활약한 조르카에프가 5년을 활약한 지단보다 빼어났다. 조르카에프는 매우 효율적으로 박스 안에 침투하는 타이밍을 잡는 능력이 플라티니와 매우 비슷했다.

조르카에프는 플라티니와 자신이 비교되는 데에 대해 "기분 좋은 말이다. 축구에서 10번 없이는 아무것도 되지 않을 것이다. 알레산드로 델 피에로가 나타났을 때, 플라티니는 그가 10번보다는 9.5번에 더 가깝다고 말했다. 로베르토 바지오도 마찬가지다. 나는 팀이 수비할 때는 8번, 공격할 때는 10번에 더 가깝다. 나는 여러 포지션을 소화하는 능력의 중요성을 깨달았다. 현대 축구에서 한 포지션밖에 못 뛰는 선수는 죽은 선수나 다름없다"고 말했다. 조르카에프는 이탈리아에서 활약한 경험을 바탕으로 전술적 활용도까지 높은 선수가 됐다. 이 때문에 그는 프랑스가 4-3-2-1에서 4-2-3-1로 포메이션을 변경한 후에도 측면에서 훌륭한 활약을 펼쳤다.

그러나 르메르 감독은 포르투갈을 꺾은 4강전에서 조르카에프를 선발 명단에서 제외하고 발 빠른 두 공격수를 배치(4-3-1-2)했다. 그런데 더 빼어난 활약을 펼친 선수는 다름 아닌 지단이었다. 지단은 조르카에프와 함께 2선에 배치된 스페인전에서는 움직임이 제한적이었지만, 포르투갈을 상대로는 좌우 공간을 마음껏 활용하며 왼쪽, 오른쪽, 중앙을 헤집고 다녔다. 그가 포르투갈을 상대로 펼친 활약은 그가 프랑스 대표팀에서 선보인 가장 빼어난 경기력이었다.

지단은 포르투갈전에서 공을 잡을 때마다 보는 이들에게 즐거움을 선사하는 플레이를 선보였다. 비센테 리자라주의 패스를 받은 그는 중앙 미드필드 지역에서 순간적으로 공을 끌며 상대 수비를 유인했다. 이후 지단은 상대 선수로부터 자유로워진 리자라주가 전진하는 움직임을 확인한 후 백힐(발뒤꿈치)로 패스를 연결했다. 또 지단은 미드필드 중앙에서 두 차례 헛다리짚기로 코스티냐Costinha와 조르제 코스타Jorge Costa를 멈춰 서게 만든 뒤, 앙리와 2대1 패스를 주고받은 후 오른발 바깥쪽을 활용한 패스를 공격에 가담한 튀랑에게 연결했다. 이어 그는 미드필드 지역에서 상대 골문을 등진 채 어깨 너머로 니콜라 아넬카에게 패스를 연결했지만, 포르투갈 골키퍼 비토르 바이아Vítor Baía가 자리를 비우고 나와 가까스로 이를 저지했다. 이후 지단은 엠마누엘 프티가 연결한 긴 대각선 패스를 공격 진영 왼쪽 측면에서 놀라울 정도로 쉽게 컨트롤하며 공이 바운드되는 상황에서 방향을 전환했다. 이 외에도 그는 약 27미터 거리에서 강력한 중거리슛을 시도했으나 공은 포르투갈의 골대를 살짝 넘겼다.

위에 나열한 지단의 활약상은 모두 전반전에 나온 장면이다. 그는 후반전에도 압도적인 경기력을 이어갔다. 프티가 오른쪽 측면으로 연결한 긴 대각선 패스가 지나칠 정도로 세게 날아왔으나 이를 가슴을 활용해 속도를 죽이는 동시에 자신의 머리 위로 넘어가게 한 뒤, 바운드되는 볼을 오른발 바깥쪽으로 치고 드리블 돌파하며 상대 수비수 디마스Dimas를 완벽하게 속였다. 이후 그가 올린 왼발 크로스는 골로 연결될 수 있었지만, 아넬카가 기회를 살리지 못했다.

프랑스와 포르투갈은 각각 누누 고메스Nuno Gomes와 앙리가 한 골씩 주고받으며 경기 종료 추가시간이 5분 주어진 시점까지 1-1로 맞섰다. 이때 지단은 그때까지 자신의 커리어에서 최고의 장면을 연출해냈다. 지단은 수비 진영에서 로베르 피레스의 패스를 받았다. 그는 첫 번째 터치로 상대 미드필더 루이스 피구와 파울루 벤투Paulo Bento를 한꺼번에 제쳤다. 지단의 드리블 동작에 속은 피구와 벤투는 서로 충돌하며 중심을 잃었다. 이어 지단은 두 번째 터치로 슬라이드 태클을 시도한 아벨 사비에르를 피했고, 전력 질주하며 상대 선수를 한 명 더 제쳤다. 골문으로부터 약 25미터 앞까지 도달한 지단이 다시 속도를 올려 조르제 코스타를 손쉽게 제치며 포르투갈 수비 라인을 붕괴시키자 비에이라가 빠른 속도로 전진하며 상대 골키퍼와의 1대1 상황을 만들 채비를 하고 있었다. 그러나 지단은 이 순간 비에이라가 아닌 포르투갈 왼쪽 측면 수비수 후이 조르제Rui Jorge에게 패스를 연결하는 실수를 범했다. 비에이라가 패스를 받았어도 득점을 장담할 수 있는 상황은 아니었지만, 대회 최고의 플레이가 득점으로 귀결되지 않은 점은 아쉬움으로 남았다.

포르투갈은 어쩌면 당시 이 상황에서 실점해 대회에서 탈락하는 편이 차라리 더 나았을 것이다. 이후 포르투갈은 사비에르가 골라인 앞에서 핸드볼 반칙을 했다는 판정을 받아 페널티킥으로 결승골을 실점했다. 당시 사비에르, 누누 고메스, 주앙 핀투는 주심에게 거친 항의를 한 끝에 유럽축구연맹UEFA 주관 대회 6개월 출전 정지 처분까지 받았다. 지단은 자신의 대표팀 커리어에서 처음으로 맡은 페널티킥을 사각지대에 꽂아넣으며 결승골을 기록했다. 이 상황에서는 피레스도 프랑스가 승리하는데 한몫을 담당했다. 포르투갈 선수들은 페널티킥이 선언되자 거칠게 항의하며 경기를 일시적으로 중단시켰다. 피레스는 볼을 집어들고 페널티킥을 최대한 훼방놓으려 하는 포르투갈 선수들의 '타깃'을 자청했다. 이는 지단이 페널티킥을 앞두고 집중력을 가다듬을 수 있도록 시간을 벌어주기 위한 피레스의 영리함이 돋보이는 장면이었다.

포르투갈전에서의 맹활약은 지단이 국제대회 경기에서 선보인 가장 빼어난 경기력이었다. 그럼에도 불구하고 그는 계속 플라티니와 비교됐다. 오히려 지단의 포르투갈전 활약은 플라티니의 1984년 유럽선수권대회 경기력과 더 명확한 평행이론을 이뤘다. 지단이 2000년 8강에서 스페인을 상대로 프리킥 선제골을 득점한 것처럼, 플라티니 역시 1984년 결승전에서 만난 스페인에 프리킥 선제골을 터뜨렸기 때문이다. 지단이 2000년 4강에서 포르투갈을 상대로 117분에 결승골을 넣었듯이, 플라티니는 1984년 4강에서 포르투갈을 상대로 119분에 결승골을 넣었다. 플라티니가 포르투갈을 상대로 결승골을 넣은 1984년 6월 23일은 지단의 12번째 생일이었다. 지단은 이날 경기가 열린 마르세유의 스타드 벨로드롬Stade Vélodrome에서 볼보이로 플라티니의 골을 지켜보고 있었다.

실비오 베를루스코니가 결승전 이후 내놓았던 평가와는 달리, 지단은 결승전에서는 눈에 띄는 활약을 펼치지 못했다. 그가 주로 미드필드 진영의 깊숙한 곳에서 움직이자 프랑스에는 공격을 매끄럽게 연결해줄 선수가 사라졌기 때문이다. 그는 후반전 앙리와 실뱅 윌토르에게 몇 차례 날카로운 패스를 연결하기도 했지만, 이날 눈부신 활약을 펼친 10번은 이탈리아의 토티였다. 그는 알레산드로 델 피에로와 마르코 델베키오에게 훌륭한 득점 기회를 만들어주며 이탈리아를 이끌었다.

그럼에도 불구하고 프랑스는 경기 종료 직전 동점골을 터뜨린 데 이어 결국 역전에 성공했다. 프랑스가 우승을 확정한 만큼 지단이 주인공이 되는 건 당연했다. 그의 팀 동료들도 이를 모두 인정했다. 뒤가리는 "가끔은 경기 도중 플레이를 멈추고 지단의 활약상을 감상하고 싶을 때가 있다"고 말했다. 리자라주는 "우리는 공을 가졌을 때 무엇을 어떻게 해야 할지 모르면 무조건 지단에게 패스했다"고 말했다. 프티는 "지단은 유로 2000 대회 전체를 빛나게 만들었다"고 말했다. 유로 2000을 시작으로 축구가 새로운 시대를 맞은 것 같은 분위기였다. 심지어 당시 영국 공영방송 BBC는 대회 폐막 후 방영한 특집 프로그램 제목을 '유로 2000: 축구의 재탄생the re-birth of football'이라고 지었다. 마치 축구라는 종목 자체에 혁명이 일어난 것 같은 분위기였고, 그 주인공은 다름 아닌 지단이었다.

지단과 플라티니를 비교하는 여론은 계속됐다. 〈월드 사커〉는 "지단은 플라티니가 아니다. 그러나 선수 개개인이 보이는 성향이 이제는 달라졌다. 이제는 슈퍼스타도 팀을 위해 뛰어야 한다. 팀이 슈퍼스타를 위해 뛰지는 않는다"고 설명했다. 그러나 르메르 감독은 여전히 지단에게 더 강력한 경쟁력을 요구했다. 그는 "나는 지단이 보여줄 게 더 많은 선수라고 생각한다. 그는 더 발전할 수 있다. 지단은 경이로운 수준의 선수다. 그는 프랑스 축구의 상징이 될 수 있다. 코파나 플라티니처럼"이라고 말했다.

솔직히 말하자면, 이후 지단은 그 이상 발전하지 않았다. 지단이 스스로 말한 대로 유로 2000의 그는 예술적 재능이 정점에 달해 있었다. 지단은 대단한 재능의 소유자였고, 큰 경기에서 결정적인 순간을 만들어내는 데 탁월한 능력이 있었다. 그러나 동시에 그는 소속 팀에서는 현역 시절 내내 꾸준함을 유지하지 못해 어려움을 겪을 때가 많았다.

특히 지단은 전술적인 면에서 다소 혼동을 주는 선수였다. 그는 4-3-1-2 포메이션에서 10번 역할을 맡았을 때 가장 눈부신 활약을 펼쳤다. 그러나 그는 플라티니, 혹은 디에고 마라도나처럼 4-3-1-2 포메이션에서 10번 포지션을 정의하는 선수는 아니었다. 순수한 10번은 늘 미드필더와 공격수를 섞어놓은 듯한 성향을 보인다. 그들은 깊숙한 진영에서 경기에 관여하면서도 문전으로 침투해 결정적인 순간을 만들어낸다. 종종 지단은 이 두 가지 역할 중 어느 것도 하지 않았다. 이는 그가 보유한 수준 높은 기량을 고려하면 이해하기 어려운 사실이다. 지단은 선수로 성장하던 시절 10번보다는 8번에 더 가까운 선수였다. 지단을 지도한 감독들은 그가 중원 싸움에 관여할 만한 신체적 능력을 보유하고 있다고 믿었다. 그럼에도 불구하고 지단은 자기 자신은 수비형 미드필더도, 공격형 미드필더도 아니라는 점을 강조했다.

이후 지단은 보르도Bordeaux에서 공격형 미드필더로 활약하며 프랑스 올해의 선수상을 받았다. 그러나 그는 1996년 유벤투스 이적 후 훨씬 더 깊숙한 위치에서 활약했다. 훗날 안드레아 피를로Andrea Pirlo에 의해 정의된 후방 미드필더 자리가 당시 지단이 소화한 포지션이었다. 그는 유벤투스 이적 후 적응하는 데 어려움을 겪었다. 지단은 마르첼로 리피 감독이 미드필더 디디에 데샹에게 더 수비적인 역할을 부여하자 비로소 자유롭게 공격을 구사하며 효과적인 활약을 펼치기 시작했다.

유벤투스는 지단의 공격적인 성향이 팀에 녹아들기 시작하면서 서서히 4-4-2에서 측면 미드필더가 안쪽으로 들어와 수비에 가담하는 4-3-1-2 포메이션을 구축하기 시작했다. 이는 지단에게 더 어울리는 시스템이었다. 지단은 전형적인 10번 역할을 위해 태어난 선수가 아닌 조심스럽게 전진하는 유형의 창의적인 미드필더였기 때문이다. 게다가 지단은 실제로 프랑스 대표팀에서만 유니폼에 등번호 10번을 달았다. 그는 보르도에서 7번, 유벤투스에서 21번, 레알 마드리드에서는 놀랍게도 5번을 달고 뛰었다. 지단의 위치 또한 레알과 프랑스에서는 왼쪽 측면이었다. 두 팀 모두 지단을 중심으로 만들어졌다기보다는, 지단이 측면으로부터 중앙으로 들어와 뛰는 것을 요구했다.

지단이 플라티니와 비교해 가장 부족했던 부분은 득점력 부재였다. 플라티니는 개인 통산 리그 경기당 평균 0.52골을 기록했다. 지단이 이와 같은 기록에 근접하기를 바라는 건 합리적이지 않지만, 그럼에도 불구하고 0.19골에 그친 그의 득점력은 플라티니와 비교하면 크게 모자랐다. 두 선수의 유벤투스 시절 기록을 비교해보면 이와 같은 현실이 더 극명하게 드러난다. 플라티니는 세리에 A 147경기에 출전해 68골을 기록했다. 반면, 유벤투스 시절 지단의 기록은 151경기 24골에 불과했다. 물론 지단의 능력을 골만으로 평가하는 건 논점에서 벗어난 기준이다. 그러나 지단이 유벤투스와 레알에서 약 10년간 펼친 활약을 더 구체적으로 분석하면, 그가 한 시즌 내내 괄목할 만한 활약을 펼친 건 단 두 시즌에 불과했음을 알 수 있다. 게다가 유벤투스와 레알에서 각각 5년씩 펼친 활약을 비교하면 비슷한 패턴을 발견할 수 있다.

지단은 유벤투스와 레알 마드리드에서 이적 초기부터 팬들의 큰 기대를 받았으나 초반 수개월간 적응하는 데 어려움을 겪었다. 그러나 그는 점진적으로 팀에 적응했고, 꽤 인상적인 첫 번째 시즌을 보냈다. 그는 이적 후 두 번째 시즌이었던 1997-98시즌(유벤투스)과 2002-03시즌(레알 마드리드)에 최고의 활약을 펼쳤다. 그는 우승 타이틀을 차지했고, 거의 리그 최고의 선수였다. 이후 지단은 유벤투스와 레알 마드리드에서 맞은 세 번째와 네 번째 시즌 연속으로 나란히 극심한 슬럼프에 빠졌다. 유벤투스의 지단은 세 번째와 네 번째 시즌에 경기력이 저하되며 부진을 겪었지만, 레알 마드리드에서는 기동력 저하와 팀의 전술적 결함이 맞물리며 어려움을 겪었다. 그러나 지단은 유벤투스와 레알 마드리드에서 활약한 마지막 시즌에 최고 수준에 도달할 정도는 아니지만, 다시 인상적인 활약을 펼치며 유종의 미를 거두고 떠났다. 이탈리아와 스페인에서 지단이 여전히 아름다운 추억을 떠올리게 하는 선수인 이유도 바로 이 때문이다. 실제로 유벤투스와 레알 마드리드 팬들은 지단은 보는 이들에게 즐거움을 주는 선수였다며 그를 칭송한다. 그러나 이 두 팀을 응원하는 팬들은 지단이 펼칠 수 있는 최고의 활약을 직접 본 적은 없었을 것이다. 이런 점을 고려하면, 지단은 자기 자신에게 적용된 기대치를 꾸준하게 충족시킨 선수는 아니었다. 지단에게 적용된 기대치는 그가 프랑스 대표팀에서 펼친 활약을 바탕으로 설정됐기 때문이다. 지단은 소속 팀보다는 국가대표팀 선수로 뛸 때 더 찬란하게 빛난 선수였다.

지단이 1998년부터 2000년까지 유벤투스에서 보여준 저조한 경기력은 특히 실망스러웠다. 특히 당시 그가 시기적으로 전성기를 구가했어야 한다는 점을 고려하면 더욱 그렇다. 그는 프랑스 대표팀에서는 1998년 월드컵에서 중요한 골들을 넣었고, 유로 2000에서는 대회 최고의 선수로서 모두 우승을 거머쥐었지만 정작 이 기간 소속 팀에서는 경기력이 그 기대에 미치지 못했다.

마르첼로 리피 감독이 이끈 유벤투스는 지단이 수준급 경기력을 선보인 1997-98시즌 세리에 A 우승, 챔피언스리그 준우승을 차지했다. 유벤투스는 1998년 가을 구단을 대표하는 스타 알레산드로 델 피에로가 심각한 부상을 당하며 지단에게 의존해야 했다. 그러나 그때 지단의 경기력은 저조한 수준이었다. 그는 1998-99시즌 세리에 A에서 단 두 골, 도움 세 개를 기록하는 데 그쳤다. 유벤투스의 최종 순위는 6위였다.

지단의 부진은 1999-2000시즌까지 이어졌다. 그는 로마를 상대로 프리킥으로 득점하며 비로소 8개월간 이어진 골 침묵에 종지부를 찍을 수 있었다. 지단은 경기 후 "오늘 골은 내게 탈출구 같은 역할을 해줬다. 나는 다른 선수들이 골을 넣을 수 있도록 기회를 만들어주는 선수다. 그러나 스스로 득점을 하지 못하며 악몽 같은 시간을 보냈다. 나는 1월부터 득점을 하지 못하며 부담감이 대단히 컸다. 8개월 동안 골을 넣지 못하는 건 변명의 여지가 없는 위기를 뜻한다"고 말했다. 리피 감독이 물러난 후 부임한 카를로 안첼로티 유벤투스 감독도 "지단이 1년간 겪은 슬럼프에서 벗어났다"고 말했다. 심지어 지단은 로마전에 앞서 열린 강등권 팀 베네치아를 상대로도 부진했었다. 그 경기에서 유벤투스는 경기 종료 직전 안토니오 콘테의 골로 힘겨운 승리를 거뒀다. 유벤투스 팬들은 경기 후 지단에게 야유를 보냈다. 이에 지단은 로마전 득점 후 "베네치아전에서 야유를 받은 것을 좋아할 순 없다. 하지만 받아들일 수밖에 없다. 내가 그렇게까지 나쁘다고는 생각하지 않지만, 내가 2년 전의 지단이 아닌 것도 사실"이라 말했다.

물론 지단은 골보다는 도움을 기록하는 능력이 더 탁월한 선수였다. 그러나 그렇다고 그가 딱히 많은 도움을 기록한 것도 아니었다. 그는 1999-2000시즌 피포 인자기가 터뜨린 유벤투스의 첫 번째 골을 만드는 도움을 기록했지만, 이후 시즌이 끝날 때까지 단 하나의 도움도 추가하지 못했다. 당시 지단은 프리킥으로 세 골을 터뜨렸지만, 오픈 플레이 상황에서는 단 한 골을 넣는 데 그쳤다. 지단은 당시 세계에서 가장 추앙받는 선수이자 최고의 리그에서 뛰는 10번이었다. 그러나 지단의 오픈 플레이 골은 그가 기록한 도움(1도움), 자책골(1골), 레드카드(1회)와 동일한 수치에 불과했다. 이런 점을 고려하면 지단이 유로 2000에서 2년 만의 슬럼프를 극복하고 최고의 활약을 펼쳤다는 점은 매우 놀라운 것이 사실이다. 그러나 지단은 현역 시절 내내 이와 같은 패턴을 그리며 활약을 이어갔다. 지안니 아넬리 유벤투스 구단주는 당시 지단에 대해 "효과적인 선수라기보다는 즐거움entertainment을 주는 선수"라고 말했다.

이후 지단을 영입한 레알 마드리드는 어느 팀보다도 바로 그 '즐거움'을 중시했다. 지단은 이적할 때마다 팀이 자신에게 적용하는 기대치를 충족시키기 위해 변화해야 했다. 유벤투스로 이적한 지단은 발재간을 부리는 신수에서 더 의욕적인 선수로 변신해야 했다. 당시 그는 인터뷰를 통해서도 드리블 돌파를 최대한 줄이고, 원터치나 투터치로 패스를 연결하는 방법을 배워야 했다고 밝혔다. 지단은 "나는 유벤투스에서 승리하는 정신을 배웠다. 유벤투스에 간 후 나는 비로소 이기는 것이 요구 사항이라는 점을 깨달았다. 유벤투스는 세계에서 가장 위대한 팀 중 하나다. 그곳에서는 결과를 내는 게 우선"이라고 말했다. 그러나 2001년 레알 마드리드로 이적한 지단은 이와 정반대였다. 유벤투스의 그는 요구 사항이 많은 감독 밑에서 훈련과 경기를 가리지 않고 늘 쉴 새 없이 뛰어야 했다. 세리에 A에서 그는 때로 관중석이 절반은 비어 있는 경기장에서 뛰어야 했다. 그러나 레알 마드리드는 감독보다 선수에게 더 큰 권력이 주어지는 팀이다. 레알 마드리드의 팀 훈련 분위기는 훨씬 더 여유로웠고, 홈구장 산티아고 베르나베우Santiago Bernabéu의 찬란한 조명을 받은 선수들은 마치 묘기 농구팀 할렘 글로브 트로터스Harlem Globe Trotters를 연상케 했다.

당시 지단과 함께 레알에서 활약한 미드필더 클로드 마켈렐레Claude Makélélé는 완벽한 조언으로 그에게 이와 같은 분위기를 설명했다. 그는 "나는 스페인 축구의 정신을 이해하고 있었다. 그래서 지단에게 설명해줄 수 있었다. 나는 그에게 '유벤투스, 이탈리아 스타일은 잊어라. 여기서는 진정한 플레이메이커가 되어 네 가치를 인정받아야 한다'라고 조언했다. 지단에게는 레알 이적이 곧 모든 걸 백지 상태에서 다시 시작해야 한다는 뜻이었다. 레알은 지단이 데뷔전을 치른 라스 팔마스전에서 2-4 충격패를 당했다. 스페인 언론은 지단에게 책임을 물었다. 이날 경기에서 지단은 여전히 아래로 내려가 수비를 하는 이탈리아식 축구를 하고 있었다. 그러나 레알 마드리드의 축구는 문 열린 술집과도 같다. 그곳에서는 공격수라면 수비가 아닌 공격을 해야 한다. 지단이 공격 진영에서 자신의 역할을 하면, 내 역할은 뒤에서 수비를 하는 것이었다. 그에게 '너무 많은 걸 하지 말라'고 얘기했다. 레알 선수들에게는 각자의 역할이 있기 때문"이라고 말했다.

시간이 지나면서 지단은 이와 같은 자유분방한 축구 속에 녹아들었다. 이후 지단은 유벤투스와 레알 마드리드의 축구를 비교해달라는 질문에 "여기서는 내가 더 자유롭다 그래서 축구가 더 재밌다"고 말했다. 지단은 어린 시절 길거리에서 했던 축구를 레알 마드리드 팬들 앞에서 펼치며 이목을 집중시켰다. 그러나 기술을 과시하기 시작한 그의 습관은 레알의 공격 템포를 더 느리게 만들기도 했다. 규율을 중시하는 전 스페인 대표팀 사령탑 호세 안토니오 카마초José Antonio Camacho는 2004년 여름 레알 마드리드 감독으로 부임해 지단에게 발재간을 부리지 말고 원터치 패스 위주로 공격을 풀어가라고 지시했다. 결국 카마초 감독은 6개월 만에 경질됐다.

효율적인 선수에서 화려한 선수가 된 지단의 변신은 프랑스 대표팀에도 영향을 미쳤다. 특히 이는 지단과 프랑스의 또 다른 슈퍼스타 앙리의 관계에도 지장을 줬다. 당시 프랑스 대표팀은 앙리보다는 지단을 중심으로 구성된 상태였다. 앙리는 지단만큼 추앙받는 선수가 아니었지만, 그가 보여준 실력은 충분히 주인공이 될 만한 수준이었다. 반면 지단의 경기력은 때로는 훌륭했지만, 그저 그럴 때도 있었다. 이와 달리 앙리는 누구도 범접할 수 없는 꾸준함을 보여주고 있었다. 실제로 앙리는 프랑스 올해의 선수상을 5회 수상했지만, 지단의 수상 횟수는 2회에 그쳤다.

이론적으로 지단과 앙리의 조합은 완벽 그 자체였다. 지단이 날카로운 패스 능력을 보유했다면, 앙리에게는 수비 뒷공간을 침투해 이를 받아 침착하게 마무리하는 능력이 있었다. 그러나 지단과 앙리는 나란히 전성기 시절 수년간 프랑스 대표팀에서 호흡을 맞추고도 꾸준하게 효과적인 조화를 이루지는 못했다. 프랑스 대표팀 역사상 지단의 패스를 받은 앙리의 득점은 단 두 골에 불과하다. 게다가 이 두 골은 지단과 앙리가 조화로운 호흡을 맞춰서 합작한 작품이 아니었다. 첫 번째 골은 앙리가 유로 2000 덴마크전에서 왼쪽 측면을 파고들어 기록한 득점이었다. 당시 지단은 중앙선 부근에서 단순한 전진 패스로 앙리의 골을 도왔다. 두 번째 골은 프랑스가 브라질을 1-0으로 꺾은 2006 독일 월드컵 8강전에서 나왔다. 당시 앙리는 지단의 세트피스를 골로 연결했다.

프랑스 일간지 〈레퀴프L'Équipe〉의 뱅상 뒬뤼크Vincent Duluc는 "이 둘은 마치 극성이 같은 자석처럼 재능과 에고ego가 동일해 서로를 밀어내는 두 존재 같다"고 말하기도 했다. 지단은 경기 속도를 낮추고 기술을 발휘하기를 원했지만, 앙리는 경기 속도를 최대한 올려 플레이하기를 원했다. 지단은 앙리와의 호흡을 묻는 질문에 "어쩌면 티티(앙리의 애칭)에게는 내가 필요 없을지도 모르겠다. 그는 깊숙한 위치에서 공을 잡고 이를 끌고 올라가며 스스로 대단한 플레이를 보여준다. 그가 워낙 깊숙한 위치에서 공을 잡고 플레이를 시작하는 만큼 그에게는 어시스트가 될 패스를 찔러주는 것보다 차라리 그와 2대1 패스를 연결하는 게 더 쉽다"고 말했다.

앙리는 2004년 인터뷰를 통해 "플레이메이커가 없는 아스널에서 그랬던 것처럼 내가 최대한 빨리 패스를 받을수록 팀에 더 좋다. 누군가를 비판하기 위해 이런 말을 하는 게 아니다. 공격수가 상대 수비수 네 명과 미드필더 네 명이 압박해오기 전에 패스를 받아야 팀이 더 효과적인 공격을 할 수 있다. 우리는 공을 더 빨리 움직여야 한다"고 말했다. 비록 앙리는 이 발언을 남기며 누구도 저격하는 게 아니라는 점을 강조했지만, "플레이메이커가 없는 아스널에서 그랬던 것처럼"이라는 그의 한 마디가 시사하는 바는 크다.

실제로도 프랑스는 지단이 출전하지 않은 2001년과 2003년 컨페더레이션스컵에서 더 빠른 축구를 구사했다. 앙리마저 결장한 2001년 컨페더레이션스컵에서 프랑스의 기술적 리더는 피레스였다. 그러나 앙리는 2003년 컨페더레이션스컵에서는 지단이 없는 프랑스의 공격을 진두 지휘했다. 프랑스는 두 대회에서 2회 연속 우승을 차지했고, 피레스와 앙리는 차례로 최우수 선수로 선정됐다. 물론 컨페더레이션스컵은 메이저 대회가 아닌 만큼 직접적인 비교 대상으로 삼기에는 무리가 있다. 그러나 프랑스가 지단이 빠진 컨페더레이션스컵에서는 우승을 차지했으나 그가 출전한 2002 한일 월드컵과 유로 2004에서 실망스러웠다는 점은 주목할 필요가 있다. 프랑스에서도 이와 같은 상반된 성적을 비교하며 팀 내 서열에 대한 의문을 제기하기도 했다.

앙리의 자서전을 집필한 필립 오클래르Philippe Auclair는 당시 프랑스 대표팀에서 아스널 선수들(앙리, 피레스, 비에이라, 윌토르)이 지단이 아닌 앙리를 팀의 중심으로 만들어야 한다는 분위기가 감지되고 있었음을 설명했다. 오클래르는 아르센 벵거 아스널 감독 또한 모국 프랑스가 앙리가 아닌 지단을 중심으로 팀 전술을 구축한 데 불만을 품고 있었다고 덧붙였다. 앙리는 내부 분열에 관한 의구심이 퍼지자, 지단에게 전화를 걸어 상황을 부드럽게 진화해야 한다고 느꼈다는 것이다.

결과론적으로 프랑스는 월드컵과 유로에서 우승을 차지했다. 앙리가 팀 내 가장 많은 골을 터뜨렸고, 지단은 결승전에서 골을 넣고 대회 최우수 선수상을 받았다. 그러나 프랑스는 유로 2000이 끝난 후에는 유럽 최고의 플레이메이커와 유럽 최고의 공격수를 보유한 팀에 걸맞지 않은 행보를 보였다. 프랑스는 2002 한일 월드컵과 유로 2004를 앞두고 강력한 우승 후보라는 평가를 받았다. 그만큼 프랑스는 유럽을 압도하는 전력을 보유하고 있었다. 그러나 프랑스는 전술적 문제 탓에 경기력이 기대에 미치지 못했다.

이와 같은 문제가 2002 한일 월드컵에서 드러난 건 아니었다. 당시 앙리와 지단은 각각 경고 누적과 부상 탓에 단 한 경기에서도 호흡을 맞추지 못했다. 그러나 유로 2004에서 프랑스를 이끈 자크 상티니 감독은 전술적 문제를 피해가지 못했다.

프랑스는 B조 1위로 조별 리그 통과에 성공했지만, 경기력은 기대 이하였다. 특히 프랑스는 잉글랜드를 상대한 첫 경기에서 밀리는 양상을 벗어나지 못했다. 그러나 프랑스는 데이비드 베컴David Beckham의 페널티킥

실축과 잉글랜드가 1-0 리드를 잡고도 수비가 무너지는 상황을 막지 못한 덕분에 2-1 역전승을 거둘 수 있었다. 이날 지단은 프리킥과 페널티킥으로 두 골을 넣었다. 이후 프랑스는 크로아티아와 비겼다. 파비앙 바르테즈는 경기가 끝난 후 "지지 않은 게 기적이었다"며 팀의 실망스러운 경기력을 질타했다. 프랑스는 스위스와의 조별 리그 최종전에서도 뒤늦게 터진 골 덕분에 겨우 승리했다. 결국 프랑스는 8강에서 그리스에 0-1로 패해 탈락했다. 그리스가 이후에도 승승장구하며 우승을 차지한 팀이라는 점을 고려하면, 프랑스의 패배는 납득하기 어려울 만한 결과는 아니었다. 그러나 프랑스의 패배가 충격적이었다는 사실은 분명했다. 마켈렐레는 그리스에 패한 후 "우리는 완전히 무너졌다. 오늘 패배는 나라 전체에 큰 실망을 안겼다"고 말했다.

상티니 감독은 유로 2004에서 앙리에게 어울릴 만한 팀 전술을 시도했다. 프랑스는 4-4-2 포메이션을 기반으로 좌우 미드필더 피레스와 지단이 안쪽으로 침투했고, 앙리가 최전방 왼쪽에서 오른쪽에 배치된 다비드 트레제게와 호흡을 맞췄다. 이 덕분에 앙리는 소속 팀 아스널에서 수년간 호흡을 맞춘 피레스와 조합을 이룰 수 있었다. 그러나 지단을 포함한 다른 프랑스 선수들은 팀 전술에 불만을 내비쳤다. 특히 지단은 경기 도중 수시로 피레스와 위치를 바꾸면서도 오른쪽 측면에 배치된 자신의 포지션에 거부감을 나타냈다.

지단과 주장 마르셀 데사이는 프랑스가 유로 2004 본선을 앞두고 열린 평가전 일정에서 부진을 거듭하자 상티니 감독과의 개별 면담을 통해 4-3-1-2 포메이션을 활용하자고 제안했다. 그러나 상티니 감독은 무려 2년간 준비한 팀 전술을 바꿀 수는 없다며 4-4-2 포메이션을 고집했다. 결국 프랑스는 본선에서 우승에 실패했고, 상티니 감독은 경질됐다. 유로 2004에서 탈락한 후 지단은 대표팀 은퇴를 선언했다. 그러나 그는 단 1년 만에 대표팀 은퇴 결정을 번복하고 복귀했다. 그의 대표팀 복귀는 후임 사령탑 레이몽 도메네크Raymond Domenech 감독이 지단을 중앙이나 왼쪽에만 배치하겠다고 약속했기 때문에 성사될 수 있었다. 앙리는 지단의 복귀를 전적으로 반기지는 않았다.

이 시절 지단은 소속 팀 레알 마드리드에서도 경기력이 차츰 저하되고 있었다. 물론 그는 레알 이적 후 초반 두 시즌 동안 환상적인 활약을 펼쳤다. 지단은 레알이 레버쿠젠을 2-1로 꺾은 2002년 챔피언스리그 결승전에서 괄목할 만한 발리슛으로 결승골을 터뜨렸다. 지단은 왼쪽 측면으로 공격에 가담한 호베르투 카를로스가 띄워준 공중에 높이 떴다가 떨어지는 패스를 골대로부터 약 18미터 거리에서 자세도 바꾸지 않은 채 강력한 발리슛으로 연결했다. 오히려 지단이 시도한 발리슛은 그가 자세를 잡지 않고 지체 없이 시도한 덕분에 더 강하게 날아갈 수 있었다. 지단의 왼발을 떠난 발리슛은 날아오르려는 찰나에 낙차를 보이며 골대 안으로 감겨 들어갔다. 지단이 주발이 아닌 왼발로 이와 같은 슈팅을 연결했다는 건 그가 얼마나 기술적으로 완성된 선수인지를 보여주는 일이었다.

지단이 레알에서 최고의 활약을 펼친 시즌은 2002-03시즌이었다. 레알은 1월 초 홈구장 산티아고 베르나베우에서 '디펜딩 챔피언' 발렌시아Valencia를 만났다. 당시 발렌시아는 리그 순위표에서 승점 2점 차로 레알을 추격 중이었다. 이날 마드리드에는 폭우가 쏟아져서 경기장에 물이 고였다. 경기장 상태를 고려하면 이날 경기는 아마 연기됐어야 했을 것이다. 그러나 이처럼 혼란스러운 상황 속에 열린 경기에서 지단은 누구보다 빛났다. 지단은 패스를 받는 동시에 헛다리짚기 드리블로 상대 수비를 유린한 뒤, 첫 터치로 상대 수비 라인을 가르는 침투 패스를 호나우두에게 연결해 그의 선제골을 도왔다. 이어 지단은 라울과 2대1 패스를 주고 받으며 직접 레알의 두 번째 골을 뽑아냈다. 이후 구티가 팀의 세 번째 골을 넣으며 레알에 3-1 리드를 안겼다.

이날 경기의 주인공은 단연 지단이었다. 그는 후반 추가시간 굴러오는 패스를 오른쪽 측면에서 자신의 다리 사이로 통과시킨 뒤, 오른발로 공을 툭 건드려 상대 수비수를 제쳤다. 이어 지단은 헛다리짚기와 방향 전환으로 수비수를 한 명 더 제친 후 순간적으로 멈춰 섰다. 지단은 후반 교체 투입된 하비에르 포르티요Javier Portillo의 침투를 기다린 뒤, 헛다리짚기로 상대 수비진의 타이밍을 한 번 더 빼앗았다. 이후 그가 연결한 패스를 포르티요가 마무리하며 추가 득점이 터졌다. 포르티요는 지단에 대해 "그는 공을 가진 마법사다. 그가 골을 넣기 위해 모든 일을 다 해놓고 '네가 넣어'라고 말하며 내게 골을 준 것이나 마찬가지였다. 지단을 이해하는 건 쉽지 않다. 그는 기량이 워낙 빼어나 공으로 모든 걸 할 수 있기 때문이다. 나는 득점 상황에서도 그가 오른쪽에 있던 피구에게 패스할 줄 알았다. 그런데 그는 내게 아무도 예상하지 못한 훌륭한 패스를 연결했다"고 말했다. 지단의 재능이 워낙 압도적이어서 팀 동료들이 그를 이해하기가 어려웠다는 건 흥미로우면서도, 의도치 않은 비평에 가까웠다.

지단은 유벤투스, 레알과 예상보다 빨리 인연을 정리했다. 그는 유벤투스에서 활약한 시절에도 언젠가는 아내의 고향인 스페인으로 가겠다는 의지를 품고 있었다. 그는 2002년까지는 이탈리아에 남을 계획이었지만 유벤투스는 일찌감치 파벨 네드베드를 지단의 후계자로 낙점하며 그를 이적시킬 준비를 마친 상태였다. 지단은 레알 마드리드에서도 2007년까지 계약을 맺고 있었으나 2006년 은퇴를 선언했다. 그는 은퇴를 선언하며 "예전보다 잘할 수 없다는 사실을 알고도 계속 뛰고 싶지 않다. 올 시즌과 같은 시즌을 한 번 더 보내고 싶지는 않다. 그 전 시즌과 같은 시즌도 나는 원치 않는다. 벌써 두 시즌 째 내가 원하는 수준의 활약을 하지 못했다"고 말했다.

유벤투스와 레알 마드리드는 지단이 팀을 떠난 후 팀 전력이 의외로 상승했다. 유벤투스는 지단이 활약한 마지막 세 시즌 동안 단 한 차례도 세리에 A 우승을 하지 못했지만, 그가 떠난 후 2년 연속 이탈리아 챔피언으로 등극했다. 레알도 마찬가지로 지단이 마지막으로 팀에서 활약한 세 시즌 동안 라리가 우승을 차지하는 데 실패했으나 그의 은퇴 후 2년 연속으로 스페인 축구 정상에 올랐다. 지단은 이탈리아와 스페인에서 활약한 10년간 리그 우승 3회, 챔피언스리그 우승 1회를 차지했고, 자국 컵대회 우승은 하지 못했다. 이는 물론 실망스러운 성적은 아니다. 그러나 지단이 이 시절 가장 훌륭한 선수라는 평가를 받은 점을 고려하면, 이와 같은 성적표는 특출하다고 할 수 없는 수준인 게 사실이다. 게다가 지단이 유벤투스와 레알 마드리드에 몸담은 시절 두 팀은 자국 리그는 물론 유럽 전체를 압도할 만한 저력을 보유하고 있었다.

지단은 소속 클럽보다는 국가대표로 출전한 국제대회에서 자신의 존재를 각인한 선수였다. 지단의 현역 시절 모습을 떠올리면 가장 먼저 생각나는 이미지는 그가 프랑스 유니폼을 입은 모습이다. 이는 마치 펠레나 마라도나를 생각하면 각자 국가대표로 활약하는 순간이 떠오르는 것과 비슷하다고 볼 수 있다. 그러나 훗날 세계 최고의 선수가 된 리오넬 메시Lionel Messi, 크리스티아누 호날두Cristiano Ronaldo는 국가대표보다는 소속 팀에서 인상적인 활약을 펼쳤다. 이 때문에 지단이 현역 시절 마지막으로 출전한 경기가 프랑스 대표팀의 월드컵 결승전이었다는 점은 축구 팬들로 하여금 '완벽한 엔딩'을 기대하게 했다. 그는 월드컵 우승과 함께 현역 생활을 완벽하게 마무리할 수 있었다.

지단은 2006 독일 월드컵에서 4-2-3-1 포메이션을 가동한 프랑스의 10번이었다. 그는 조별 리그에서는 부진했다. 지단은 프랑스가 두 경기 연속으로 1-1로 비긴 스위스, 한국과의 경기에서 차례로 경고를 받으며 토고와의 조별 리그 최종전에 출전할 수 없었다. 프랑스는 지단이 빠진 토고전에서 2-0으로 승리했고, 그는 16강부터 복귀할 수 있었다. 지단은 16강부터 빼어난 활약을 펼치기 시작했다. 그는 프랑스가 스페인을 3-1로 꺾은 16강 경기에서 정확한 프리킥으로 비에이라의 선제골을 도왔고, 후반 추가시간 카를레스 푸욜Carles Puyol을 드리블 돌파로 제친 후 강력한 슛으로 추가 득점을 터뜨렸다. 지단은 브라질과의 8강 경기에서 이날 양 팀을 통틀어 가장 압도적인 개인 기량을 선보였다. 그가 개인 통산 두 번째로 앙리의 골을 만든 어시스트도 이 경기에서 나왔다. 지단의 포르투갈과의 4강전 경기력은 눈에 띌 정도는 아니었으나 유로 2000에서 자신이, 1984년에 플라티니가 그랬듯이 페널티킥으로 득점했다.

그렇게 지단의 마지막 경기가 다가왔다. 그는 이탈리아와의 결승전에서 '파넨카Panenka' 페널티킥으로 선제골을 기록했다. 지안루이지 부폰의 타이밍을 빼앗은 그의 파넨카는 크로스바를 맞고 골라인을 가까스로 넘은 지점에 떨어졌다. 득점에 성공한 지단은 침착하게 팔을 들어 올리며 이를 자축했다. 그는 이후 이날 자신의 골 뒤풀이를 회상하며 "아름다운 페널티킥으로 기억되기를 바랐다"고 말하기도 했다. 보는 이들의 관점에 따라 그가 득점으로 연결한 페널티킥은 충분히 아름다워 보일 수 있었다. 그러나 일각에서는 지단이 경솔한 페널티킥을 시도하고도 운이 좋았던 탓에 득점할 수 있었다는 지적이 나왔다.

이탈리아는 머지않아 마르코 마테라치Marco Materazzi가 득점하며 승부를 원점으로 돌렸다. 경기는 연장전에 돌입했다. 지단은 8년 전 브라질을 상대로 그랬듯이 날카로운 헤더로 결승골을 터뜨릴 수도 있었다. 그러나 이탈리아 수문장 부폰은 그의 헤더를 훌륭하게 막아냈다. 이후 지단의 머리는 프랑스에 승리가 아닌 패배를 안기는 원흉이 됐다.

지단은 마테라치가 경기 도중 자신의 가족을 모욕하는 발언을 했다며 화를 참지 못하고 그에게 박치기 공격을 가했다. 당연히 그는 퇴장을 당하고 말았다. 이날 지단은 개인 통산 13번째 퇴장을 당했는데, 이는 그가 태클을 많이 시도하지 않는 선수라는 점을 고려하면 매우 높은 수치다. 또한 지단은 두 월드컵에서 퇴장을 당하는 역대 두 번째 선수가 되는 불명예까지 안게 됐다. 당시 퇴장을 당한 지단이 월드컵 트로피가 놓인 진열대를 지나 드레싱룸으로 향하는 모습은 여전히 상징적인 장면으로 남아 있다. 그리고 그 장면이 축구 선수 지단의 마지막 모습이었다. 그는 프랑스가 승부차기 끝에 패한 후 은메달을 받기 위한 시상식에 모습을 드러내지도 않았다.

이처럼 2006 독일 월드컵 결승전은 극적이었고, 상징성과 우연의 연속이었다. 지단과 마테라치는 서로 한 골씩 주고받은 뒤, 이날 경기의 흐름을 바꾸는 박치기 사건의 중심에 섰다. 지단의 선제골은 크로스바를 맞고 득점으로 연결됐지만, 승부차기에서 페널티킥을 실축한 프랑스 공격수 다비드 트레제게의 슛은 크로스바 밑부분을 맞춘 후 득점으로 이어지지 않았다. 트레제게는 유로 2000 결승전에서 이탈리아를 상대로 골문 왼쪽 상단을 꿰뚫는 슛으로 결승골을 뽑아낸 선수였다. 그러나 2006년에는 트레제게의 실축이 월드컵 결승전 결과를 갈랐다. 그가 2000년 터뜨린 결승골과 2006년 실축한 페널티킥의 위치는 불과 몇 인치 차이에 불과했다.

그럼에도 불구하고 2006 독일 월드컵 골든볼(최우수 선수상)의 주인공은 지단이었다. 이는 지단이 유로 2000에 이어 수상한 두 번째 최우수 선수상이었다. 흥미롭게도 그는 2006년 월드컵에 앞서 자신이 국제대회를 완벽하게 지배한 적은 없었다고 말하기도 했다.

지단은 "내가 은퇴한 후 사람들이 내가 대회 내내 선보인 경기력으로 기억해주기를 바란다. 나는 한 경기에서 잘하거나 중요한 한 골을 넣는 선수가 되고 싶지 않다. 나는 대회의 시작부터 끝까지 영향력을 미치는 선수가 되고 싶다. 우리는 펠레를 1970 멕시코 월드컵과 프란츠 베켄바워를 1974 서독 월드컵과 마라도나를 1986 멕시코 월드컵과 연관 짓는다. 우리는 1976년 유럽선수권대회를 얘기하면서 안토닌 파넨카Antonín Panenka를 떠올린다. 1984년 대회는 플라티니, 1988년 대회는 판 바스텐이 주인공이었다. 아직 나는 그들처럼 한 대회 전체와 특별한 인연을 맺지는 못했다. 유로 2000에서 나는 좋은 경기를 했지만, 훌륭하지 않았다. 늘 빛나지는 않았다"고 말했다. 결국 2006 독일 월드컵은 지단의 대회가 됐다. 그러나 지단이 생각한 방식의 대회가 되지는 않았다. 또 지단이 보여준 경기력은 기대치를 항상 충족시키지는 못했던 것이 사실이었다.

9

'워터 캐리어'

월드컵 본선을 몇 년 앞둔 개최국의 가장 큰 고민거리는 대부분 국제
축구연맹FIFA이 지정한 마감일 전까지 경기장 공사를 끝낼 수 있는지 여
부이다. 그러나 1998년 월드컵 개최국 프랑스는 이 시점에 경기장 완공
문제와는 또 다른 고민을 해야 했다. 경기장에는 거의 문제가 없었지만,
관중석을 채울 팬을 불러 모으는 것이 어려울 수 있다는 우려의 목소리
가 커졌기 때문이다.

당시 프랑스 국민들은 국가대표팀 축구에 냉담한 반응을 보였다. 이
때문에 자연스럽게 자국에서 개최되는 월드컵에 대한 관심 역시 신통치
않았다. 프랑스는 1990년, 1994년 월드컵 진출에 연이어 실패한 상태였
으며 1998년에는 개최국이라는 이유로 자동 출전권을 얻은 상태였다.
이 때문에 프랑스 대표팀은 대중의 관심을 불러일으킬 만한 중요한 경기
를 치를 수도 없었다. 엎친 데 덮친 격으로 잇따른 평가전에서 프랑스가

선보인 경기력 역시 실망스러웠다. 이 시절 프랑스 자국 리그인 리그1은 매력적인 무대가 아니었고, 프랑스 최고의 선수들은 모두 해외에서 활약 중이었다. 프랑스 스포츠에서는 자국 축구 국가대표팀이 입는 파란색 유니폼보다 최고 권위를 자랑하는 사이클링 대회 '투르 드 프랑스' 우승자에게 주어지는 노란색 유니폼maillot jaune이 먼저였다. 프랑스는 사이클링에 열광하는 국가였기 때문이다. 그러나 프랑스가 자국에서 월드컵 우승을 차지하며 대표팀 축구에 대한 생각이 바뀌었다. 이 와중에 세계 최고 권위를 자랑하는 사이클링 대회 투르 드 프랑스Tour de France의 1998년 대회는 '페스티나 사건'이라 불린 약물 스캔들로 얼룩졌다. 여전히 페스티나 사건은 투르 드 프랑스 역사상 가장 어두운 장면으로 꼽힌다. 당시 이 사건은 공교롭게도 프랑스 축구 대표팀이 월드컵 우승을 차지한 시기와 맞물렸다.

흥미롭게도 사이클링 팀이 구성되는 방식을 들여다보면 프랑스 축구의 팀 구조에 대한 힌트를 얻을 수 있다. 프랑스에서 큰 인기를 구가하는 사이클링은 팀 스포츠와 개인 스포츠를 섞어놓은 종목이다. 사이클링은 팀끼리 경쟁하면서도, 결국 승리를 쟁취하는 건 사실상 개인이다. 사이클링은 팀별로 리더 역할을 하는 선수가 있고, 나머지 팀원은 '도메스티크domestiques' 역할을 맡는다. 도메스티크는 직역하면 도우미, 혹은 보조 선수 정도의 의미를 담은 단어다. 사이클링에서 도메스티크는 팀 리더의 전략에 따라 속도를 조절하거나 리더의 원활한 경주를 가능케 하는 지원자 역할을 하게 된다. 또한 만약 팀 리더가 기계적 결함으로 경주가 어려워지면 자신의 자전거를 양보해주고 팀 전용 자동차에서 물병을 나르는 것이 도메스티크의 역할이다.

프랑스 축구에서도 이와 같은 구조로 팀이 이뤄진 사례를 볼 수 있다.

전 세계 어느 국가대표팀도 프랑스처럼 스타 선수 한 명을 위해 홀딩 미드필더가 제한적이고, 단순한 역할을 맡으며 헌신하지 않기 때문이다. 예를 들면 스페인에서 중앙 미드필더들은 창조적인 역할을 맡는다. 잉글랜드에서는 왕성한 활동량을 바탕으로 많이 뛰는 축구를 구사한다. 이탈리아는 전술적 다재다능함, 측면 포지션 소화 능력을 중시한다. 그러나 프랑스에서 수비형 미드필더는 팀의 스타 플레이어가 제몫을 할 수 있도록 순전히 기능적인 역할을 하는 데만 집중한다. 이 때문에 프랑스는 늘 미드필더들을 창의적인 선수와 근면한 수비적인 선수로 명확히 구분한다. 이러한 현상은 지단이 활약한 시절 그 어느 때보다 더 두드러졌다.

이와 같은 현상은 프랑스가 유럽 챔피언으로 등극한 1984년 이후 극단적으로 드러나기 시작했다. 1984년 유럽선수권대회에 참가한 프랑스는 유럽 축구 역사상 선발 라인업에 창의성을 자랑하는 미드필더가 가장 많이 포함된 팀이었다. 스타 플레이메이커 미셸 플라티니, 힘과 우아함을 두루 겸비한 장 티가나Jean Tigana, 패스와 드리블 돌파 능력이 돋보인 알랭 지레스Alain Giresse, 스페인 태생의 수비형 미드필더 루이스 페르난데스 Spanish-born Luis Fernández가 구성한 다이아몬드형 미드필드는 '마법의 사각형'이라는 애칭으로 불렸다. 그러나 당시 프랑스의 미드필더 네 명 중 가장 후방에 배치된 페르난데스는 수비적인 역할보다는 후방 플레이메이커deep-lying playmaker로 활약하는 데 더 집중했다.

그러나 프랑스가 1998 프랑스 월드컵, 유로 2000 우승을 차지했을 때는 미드필더들의 역할이 훨씬 더 명확히 구분됐다. 이 시절 프랑스는 단단한 수비형 미드필더 디디에 데샹(그는 훗날 1958년과 1970년 브라질의 마리우 자갈루, 1974년과 1990년 독일의 프란츠 베켄바워에 이어 선수와 감독으로 1998년과 2018년 월드컵 우승을 차지한 세 번째 인물이 됐다)이 중원 맨 뒷자리에서 중심을 잡아주는 역할을 하는 데 크게 의존했다. 데샹은 자갈루와 베켄바워에 비해 훨씬 덜 화려한 선수였다. 그는 선수로서의 기술은 제한적이었지만 근면한 수비형 미드필더로 활약했고, 훗날 감독이 돼서도 안전을 우선시하는 축구로 프랑스 축구에 큰 영향을 미쳤다.

심지어 프랑스에서는 데샹을 화려함의 결정체인 지단과 비교하며 그를 깔보는 시선도 있었다. 플라티니는 자신이 활약한 1984년 프랑스를 2000년의 프랑스와 비교해달라는 질문에 "지단의 역할은 예전에 내가 맡은 역할보다 더 어려웠다. 과거에 나는 경기에 대한 비전을 공유하는 선수들과 함께 뛰는 특권을 누렸기 때문이다. 그러나 데샹은 우리가 잘 알다시피 관중을 감동시키는 선수는 아니다. 데샹의 능력을 고려할 때, 그는 이 자리까지 올 수 있었다는 사실만으로도 칭찬받아 마땅하다. 그와 지단 사이에는 근본적인 차이점이 있다"고 대답했다.

데샹 또한 자신이 한계가 있는 선수라는 사실을 받아들였다. 그는 "나는 절대 지단처럼 재능 있는 선수가 될 수 없었다. 대신 나는 매우 열심히 뛰면서 내가 할 수 있는 최고의 방법으로 팀에 도움이 돼야 했다"고 말했다. 데샹은 상대를 두렵게 할 정도로 운동신경이 탁월한 선수도 아니었다. 체구가 작은 그는 위치 선정과 이타적인 플레이 스타일이 가장 큰 장점이었다. 그렇다고 해서 데샹이 수비형 미드필더 포지션을 세련되게 만들었다고 볼 수는 없다. 그러나 적어도 프랑스는 데샹 덕분에 수비형 미드필더가 꼭 필요한 포지션이라는 사실을 깨달을 수 있었다. 이 시절 데샹은 브라질의 둥가Dunga와 함께 화려하지는 않지만, 노동자를 연상케 하는 근면함과 단단함을 바탕으로 한 미드필더로 활약하며 자신보다 앞자리에 배치된 기술적이고, 재능 있는 선수들을 지원하는 대표적인 수비형 미드필더였다.

데샹은 어린 시절 권위 있는 유소년 아카데미를 보유한 낭트Nantes에서 성장했다. 낭트 유소년 아카데미는 훗날 데샹과 함께 프랑스 대표팀에서 활약하게 된 마르셀 데사이, 크리스티앙 카랑뵈Christian Karembeu, 클로드 마켈렐레 등을 배출한 화려한 이력을 자랑한다. 데사이와 데샹은 이후 마르세유에서 함께 활약하며 1993년 챔피언스리그 우승을 차지했다. 이후에도 데사이는 1994년 AC 밀란, 데샹은 1996년 유벤투스, 카랑뵈와 마켈렐레는 각각 1998년과 2002년 레알 마드리드에서 차례로 챔피언스리그 우승을 차지했다. 낭트가 배출한 프랑스 대표팀 수비형 미드필더 네 명이 모두 유럽 챔피언이 된 셈이다.

이는 낭트가 유럽 축구에서 수비형 미드필더의 역할을 규정짓는 데 어느 팀보다 강한 영향력을 행사했다는 뜻이기도 하다. 아약스가 공을 잘 다루는 중앙 수비수를, 바르셀로나가 후방 플레이메이커를 배출하는 데 일가견을 선보였듯이 낭트는 이처럼 수비형 미드필더 양성소로 자리매김했다.

낭트는 아약스나 바르셀로나처럼 유럽의 명문 구단으로 꼽히지는 않는다. 그러나 낭트가 2000-01시즌 차지한 기적적인 리그 우승은 한 세기를 기준으로 보더라도 유럽 축구 역사상 일어난 가장 큰 이변 중 하나였다. 바로 전 시즌의 낭트는 승점 1점 차로 강등을 면한 상태였다. 게다가 낭트는 시즌 종료 후 공격형 미드필더 앙투안 시비에르스키Antoine Sibierski가 팀을 떠나며 전력 누수까지 발생했다. 그러나 낭트는 유명세와는 거리가 멀었던 레이날드 드누에Raynald Denoueix 감독 체제에서 누구도 예상치 못한 리그 우승을 차지했다. 드누에 감독은 현역 시절 낭트에서만 활약한 '원클럽맨'이었던 데다 은퇴 후에는 구단의 15세 이하 선수를 지도하는 역할을 맡은 인물이다. 그는 아마 이 시절 가장 저평가된 감독이었을 것이다. 실제로 드누에 감독은 이후 레알 소시에다드Real Sociedad를 이끌고 2002-03시즌 스페인 라리가 준우승을 차지하는 기염을 토하기도 했다.

드누에 감독은 구단이 육성한 유소년 아카데미 출신 선수를 전적으로 신임한 지도자였다. 그가 낭트 시절 선발로 내세운 11명 중 대다수가 구단 유소년 아카데미 출신이었다. 이 중에서도 마티유 베르송Mathieu Berson은 이른바 '데샹 롤'을 맡아 팀 전술의 중심을 잡았다. 베르송은 활기 넘치는 미드필더 살로몬 올렘베Salomon Olembé와 중원을 책임지며 플레이메이커 에릭 카리에르를 지원했다.

낭트의 성공은 오래 가지 못했다. 낭트는 리그 우승 직후 다음 시즌 강등 위기에 직면했다. 그러나 이 시절 사이클링에서 축구로 관심을 돌린 프랑스 스포츠 팬들은 아마도 낭트의 '노란색 유니폼'을 보고 정겨움을 느꼈을 것이다.

데샹은 10대 시절 낭트의 공격형 미드필더, 즉 플레이메이커로 활약했다. 심지어 그는 양발을 잘 쓰고, 시야가 넓은 선수로 유명세를 타기 시작했다. 데샹은 당시 영리한 선수라는 평가를 받으며 프랑스 청소년 대표팀에서 때때로 스위퍼 자리에서 뛰었다. 그 또한 스스로 "경기장 전체를 눈앞에 두고 플레이하는 게 좋다"며 스위퍼로 활약하는 데 만족감을 내비쳤다. 무엇보다 데샹은 진정한 주장이었다. 심지어 그는 11세 시절 16세 이하 팀 주장으로 활약했고, 단 19세의 나이에 낭트 1군 주장직을 맡았다. 데샹이 마르세유에서 챔피언스리그 우승을 차지한 1993년 그의 나이는 24세였다. 그는 챔피언스리그 역사상 최연소 우승팀 주장 기록을 갈아치웠다.

이 때문에 프랑스에서 데샹은 축구 선수로 알려진 것 이상으로 '주장'

이라는 이미지가 강했다. 그는 드리블 돌파나 패스 능력보다는 전술적 영리함과 리더십이 눈에 띄는 선수였다. 데샹과 프랑스 대표팀에서 활약한 크리스토프 뒤가리는 "위대한 선수를 만드는 건 지능이다. 우승을 차지하게 되는 건 결국 영리한 선수들이다. 대표적인 예로 디디에(데샹)를 들 수 있다. 그는 기술적으로는 제한적이지만, 어떤 상황에도 적응할 수 있는 능력으로 특출한 선수 생활을 할 수 있었다. 그의 가장 큰 장점은 분석 능력이었다. 그는 자기 자신을 분석하는 데도 탁월한 능력이 있었다. 그는 자기 자신의 장점을 인지하고 있었고, 절대 그 이상 무리하지 않았다. 그는 스스로 잘할 수 있는 역할을 더 잘하는 데 집중했다. 그래서 그는 절대로 팀을 위험에 빠뜨리지 않는 선수였다"고 설명했다.

그러나 데샹처럼 수비형 미드필더 역할을 하는 데만 집중하는 선수들은 늘 자신이 보유한 기술적 재능이 지나치게 폄하되는 희생양이 되곤 한다. 데샹은 지단과 같은 수준의 재능을 보유한 선수가 아니었고, 동료들을 빛나게 해주는 역할을 기꺼이 맡는 데 거부감이 없었다. 그렇다고 해서 그가 재능이 없는 선수는 아니었다. 프랑스의 1984년 유럽선수권대회 우승을 경험한 미드필더 다니엘 브라보Daniel Bravo는 선수 생활 막바지에 짧게나마 대표팀 동료로 함께 호흡을 맞춘 데샹에 대해 기술적 재능이 저평가된 선수였다고 말했다. 브라보는 "데샹에게는 상대로부터 공을 빼앗아 간단한 페인트 동작으로 전진하는 능력이 있었다. 그는 단순한 것처럼 보였지만, 실제로 그는 전혀 단순하지 않았다. 그가 보여준 기술적인 동작은 오히려 대단한 수준이었다. 그래서 상대 팀은 최대한 그가 버티고 있는 구역으로는 공격을 시도하지 않았다"고 말했다.

데샹이 진정으로 존중받는 선수가 된 건 25세의 나이로 유벤투스로 이적했을 때부터다. 마르첼로 리피 유벤투스 감독은 누구보다 그의 능력을 신임했다. 리피 감독은 "데샹은 선수였을 때부터 감독 역할을 했다. 그는 경기장 안에서 우리의 리더였다. 선수들은 물론 나 또한 그를 중요한 기준이 되는 선수로 여겼다. 그래서 나는 늘 데샹과 기술적, 혹은 전술적 문제에 대해 대화를 나눴다"고 말했다. 데샹은 유벤투스로 이적한 후 파울루 소자 덕분에 수비형 미드필더가 아닌 공수를 연결하는 역할을 맡았다. 그러나 1996년부터는 본격적으로 유벤투스의 붙박이 주전 수비형 미드필더로 활약했다. 데샹이 유벤투스의 수비형 미드필더로 자리 매김한 시기는 매우 적절했다. 같은 시기에 유벤투스가 지단을 영입했기 때문이다. 데샹은 지단이 축구 외적으로 이탈리아 생활에 적응할 수 있도록 도운 것뿐만 아니라 경기장 안에서도 그가 빛날 수 있도록 지원해주는 역할을 했다. 데샹과 지단이 중원에서 조합을 이룬 유벤투스는 챔피언스리그 결승전에 두 차례 진출했고, 두 번이나 세리에 A 우승을 차지했다. 이 시절부터 지단은 데샹을 '보스'라고 불렀다. 데샹도 지단에 대해 "우리는 서로 어떻게 경기를 하는지 완벽하게 알고 있었다"고 말했다.

유벤투스는 지단을 영입한 후 초반 몇 개월 정도가 지난 후에는 그를 데샹과 함께 미드필드에 일자로 배치하지 않았다. 유벤투스의 다이아몬드형 미드필드는 꼭짓점 지단과 가장 후방에 배치된 데샹 사이에 중앙 미드필더 두 명을 배치했기 때문이다. 그러나 지단과 데샹의 조합은 여전히 주효했다. 하루는 데샹이 리피 감독에게 "어떤 문제에도 대처할 만한 최고의 전술이 있다. 내가 공을 받자마자 지단에게 패스하는 것"이라고 말하기도 했다. 실제로 데샹과 지단의 조합은 이와 비슷한 방식으로 이뤄졌다. 이 두 선수는 훗날 각자 감독이 된 후에도 현역 시절 각자의 성향을 그대로 드러냈다. 데샹이 프랑스를 이끌고 유로 2016 결승 진출, 2018 러시아 월드컵 우승을 이룰 때, 지단은 레알 마드리드와 3년 연속 챔피언스리그 우승을 차지했다. 데샹의 프랑스는 기본적으로 신중한 경기를 선호했고, 지단은 창의성을 중시했다.

데샹에 대해 가장 인상적인 한마디를 남긴 건 지단이 아닌 프랑스의 또 다른 10번이었다. 1995년 프랑스의 주장이자 플레이메이커로 활약한 에릭 칸토나Eric Cantona는 셀허스트 파크Selhurst Park에서 열린 소속 팀 맨체스터 유나이티드 경기 도중 상대 팀 팬을 발로 차는 돌발행동으로 8개월간 모든 축구 활동이 정지되는 중징계를 받았다. 데샹과 지단이 프랑스 대표팀의 중심이 된 시점이 이때부터였다. 칸토나가 자리를 비우면서 데샹은 프랑스 주장으로 올라섰고, 지단은 플레이메이커 역할을 맡게 됐기 때문이다. 칸토나는 이후 프랑스 대표팀으로 돌아가지 못했다. 그러면서 그는 데샹이 자신의 대표팀 복귀를 막고 있다는 음모론까지 제시했다. 칸토나는 1996년 챔피언스리그에서 유벤투스를 상대한 뒤, 거의 2년 만에 취재진의 인터뷰 요청에 응했다. 이 자리에서 그는 데샹을 공격했다.

칸토나는 "데샹은 100%를 다하는 선수라서 인정을 받고 있다. 그러나 그는 물을 나르는 '워터 캐리어water carrier' 이상이 될 수는 없을 것이다. 데샹 같은 선수는 길거리 어디에나 널려 있다. 그는 마치 사제, 혹은 도덕주의자처럼 행동한다. 그러나 그는 결국 악의 구렁텅이에서 나뒹구는 사람이 될 것이다. 지금 프랑스 대표팀에서 괜찮은 재능을 보유한 선수는 조르카에프와 지단뿐이다. 나머지 선수들은 전혀 특별하지 않다"고 말했다.

데샹은 칸토나의 뜬금없는 공격에 불쾌함보다는 놀라움을 내비쳤다. 그는 "나는 프랑스 대표팀에서 에릭(칸토나)과 함께 뛰며 어떤 문제도 겪지 않았다. 물론 우리는 친구 사이도 아니었다. 수요일에 그를 만나면 왜 그런 말을 했는지 얘기해보겠다. 에릭은 지금 자신이 프랑스 대표팀에 발탁되지 않는 이유가 나 때문이라고 생각할 수도 있다. 그러나 나는 대표팀 선수 선발에 관여한 적이 없다"고 말했다. 이어 데샹은 자신을 향한 칸토나의 모독을 그저 웃어넘겼다. 데샹은 "길거리에서 챔피언스리그 우승을 두 번이나 한 선수를 몇 명이나 찾을 수 있겠나? 게다가 '워터 캐리어'는 어느 팀에나 있어야 한다"고 받아쳤다. 사이클링에서 도메스티크가 물병을 나르는 역할을 해야 하듯이, 축구에서 '워터 캐리어'는 데샹이 맡았던 역할을 가장 완벽하게 설명하는 단어일지도 모르겠다.

프랑스는 브라질을 꺾은 1998 프랑스 월드컵 결승전에서 플레이메이커 지단의 뒷자리에 수비형 미드필더를 세 명이나 배치했다. 맨 뒷자리에 배치된 데샹을 필두로 두 명이 더 수비형 미드필더로 활약했다. 장신 미드필더 엠마누엘 프티는 금발의 꽁지머리를 찰랑이며 왼발로 우아한 패스를 구사했지만, 그는 분명히 수비적인 역할에 더 익숙했다. 실제로 프티는 데뷔 후 상당 기간 수비수로 활약하다기 미드필더로 보직을 변경한 선수였다. 그는 아스널에서 파트릭 비에이라와 같이 뛰었다. 비에이라는 월드컵 결승전에서 교체 출전해 프티의 골을 만들어낸 도움을 기록했다. 데샹, 프티와 프랑스의 수비형 미드필더 트리오를 완성한 선수는 크리스티앙 카랑뵈였다. 카랑뵈는 현역 시절 내내 수비형 미드필더, 박스 투 박스box-to-box 미드필더, 오른쪽 측면 미드필더, 오른쪽 측면 수비수 등 다양한 포지션을 소화한 멀티 플레이어였다. 그는 에너지 넘치는 플레이로 데샹, 프티, 지단에게 부족했던 역동성을 더했다. 카랑뵈는 강철 체력으로 유명한 선수였다. 아마 카랑뵈가 보유했던 체력은 어린 시절 오세아니아의 섬나라 뉴칼레도니아에서 14남매 중 한 명으로 자란 그가 매일 같이 가족을 위해 수 킬로미터를 달려 옆 동네에서 빵을 가져와야 했던 생활의 반복으로 만들어진 결과물이었을 것이다. 실제로 카랑뵈는 팀 훈련에서 인터벌 트레이닝(높은 강도의 운동 사이에 불완전 휴식을 넣어 일련의 운동을 반복하는 신체 훈련 방법, 지구력 증진을 목적으로 한 훈련이다 - 옮긴이)이 진행되면 누구에게도 지지 않는 선수였다. 1998 프랑스 월드컵에 참가한 프랑스 대표팀은 수비형 미드필더 데샹, 프티, 카랑뵈와 공격형 미드필더 지단이 배치된 위치만 보면 1984년 프랑스 대표팀의 '마법의 사각형'과 비슷했다. 그러나 1984년 마법의 사각형 조합이 스타 네 명으로 이뤄졌다면, 1998년 프랑스 미드필드는 확고한 리더 한 명과 '워터 캐리어' 세 명이 그를 받쳐주는 형태로 구성됐다.

그러나 이후 데샹은 유로 2000을 앞두고 주가가 가파르게 하락했다. 데샹과 지단은 월드컵 우승 후 유벤투스에서 후유증을 겪으며 부진한 모습을 보였다. 이어 데샹은 리피 감독과 갈등까지 겪었다. 유벤투스의 중요한 리그 경기를 앞두고 언론을 통해 리피 감독이 자신을 선발 명단에서 제외했다는 사실을 알게 됐기 때문이다. 머지않아 리피 감독은 유벤투스를 떠났다. 이처럼 데샹이 뛰는 팀에서는 그의 신뢰를 잃은 감독은 선수단 전체의 신뢰까지 잃었다. 이후 데샹도 유벤투스를 떠나 첼시로 이적했다. 그는 첼시에서 활약한 1999-2000시즌에 FA컵 우승을 차지했지만, 빅매치에 나설 때마다 기동력 부재로 고전을 면치 못했다. 또한 그는 과거 유벤투스에서 팀 동료였던 지안루카 비알리를 첼시에서 다시 만났다. 데샹은 비알리가 리더 역할을 하는 첼시의 드레싱룸 분위기를 받아들이지 못했다.

데샹은 유로 2000에서 프랑스의 약점으로 꼽혔다. 당시 로저 르메르 프랑스 감독은 4-3-2-1이 아닌 4-2-3-1 포메이션을 가동했다. 즉 데샹과 함께 '워터 캐리어'를 담당할 수비형 미드필더는 이제 두 명에서 한 명으로 줄어들었다. 프랑스는 월드컵 우승 후 경기력이 크게 저하됐고, 유로 2000 본선 진출이 좌절될 뻔한 위기를 겪기도 했다. 프랑스 언론은 르메르 감독이 데샹을 선발 명단에서 제외하고, 비에이라를 중용해야 한다고 주장했다. 당시 비에이라는 소속 팀 아스널에서 프티와 함께 훌륭한 호흡을 맞추며 유럽 최고의 수비형 미드필더로 명성을 떨치고 있었다. 아르센 벵거 아스널 감독도 훗날에는 후방 플레이메이커를 배치하는 전술을 구사했지만, 이 시절에는 수비형 미드필더 두 명이 후방 수비 라인을 보호하고 플레이메이커 역할은 데니스 베르캄프에게 전적으로 맡기는 '프랑스식 모델'을 그대로 활용하고 있었다. 당시 베르캄프는 아스널의 지단이나 마찬가지였기 때문이다.

비에이라는 환상적인 수비형 미드필더였다. 그는 어린 시절부터 완벽한 축구 교육을 받으며 성장했다. 비에이라가 프로 무대에 데뷔한 칸 Cannes을 이끈 감독은 마법의 사각형에서 수비형 미드필더로 활약한 루이스 페르난데스였다. 이후 비에이라는 AC 밀란으로 이적해 팀 동료 데사이에게 수비형 미드필더의 위치 선정을 배울 수 있었다. 그러나 비에이라는 프랑스 대표팀에 발탁된 이후에는 줄곧 데샹을 우러러봤다. 그는 "내게 데데Dédé(데샹의 애칭)보다 좋은 선생님은 없었다. 몇몇 기자들은 내가 그를 대체해야 한다고 말했지만, 나는 그들의 의견에 동의하지 않았다. 게다가 우리는 매우 좋은 관계를 맺고 있었다. 나는 데데를 존경한다. 무엇보다 그를 사람으로서 좋아한다. 몇몇 사람들은 그를 높게 평가하지 않았지만, 이는 우리에게 영향을 미치지 않았다. 우리는 늘 위치 선정에 대해 얘기했고, 서로 어떻게 커버 플레이를 해야 할지 의논했다. 그는 아이디어를 공유하고, 전술에 대해 얘기하는 걸 좋아했다"고 말했다. 늘 그랬듯이 데샹에 대한 모든 칭찬에는 그를 비판한 이들에 대한 언급도 포함되어 있었다.

사실 비에이라는 공수를 오가는 중앙 미드필더, 즉 박스-투-박스 성향이 강했다. 그래서 실질적으로 그와 주전 경쟁을 해야 했던 선수는 데샹보다는 알랭 보고시앙Alain Boghossian이었다. 보고시앙은 위아래로 활기차게 뛰어다니는 근면한 미드필더였고, 유로 2000 예선 기간 내내 데샹과 함께 조합을 이뤘다. 이에 비에이라는 훗날 "보고Bogo(보고시앙의 애칭)가 나를 밀어내고 선발 출전할 때는 이를 이해하기 어려웠다. 반면 데데는 경기장 안에 꼭 필요한 선수였다. 물론 나는 그보다 전진하는 능력이 더 좋았고, 공격적인 재능을 더 많이 가지고 있었다. 그러나 나는 데데처럼 위치 선정이나 경기를 읽는 능력이 좋지 않았다"고 말했다. 결국 비에이라는 보고시앙을 밀어냈다. 어차피 보고시앙은 이후 부상을 당해 유로 2000에 출전할 수 없었고, 비에이라는 데샹과 함께 프랑스의 미드필드를 지탱하는 역할을 맡았다. 당시 데샹은 자신의 능력을 의심한 자국 언론에 크게 화가 난 나머지 유로 2000 본선을 앞두고 공식 기자회견 보이콧을 선언했다. 데샹의 팀 동료들도 모두 그를 따랐다.

유로 2000에서도 데샹의 기동력 부재 문제가 몇 차례 노출됐다. 그는 체코전에서 파벨 네드베드를 넘어뜨려 페널티킥을 헌납했고, 4강 포르투갈전에서는 기민하지 못한 움직임 탓에 저지른 실수가 누누 고메스의 선제골로 이어졌다. 그러나 대회 전체적으로 볼 때, 데샹은 비에이라와 훌륭한 호흡을 맞췄다. 또한 르메르 감독은 4강전에서 프티를 추가로 투입하며 데샹, 비에이라와 함께 수비형 미드필더 세 명을 배치하는 포메이션을 재가동했다. 대회가 끝난 후 비에이라는 유럽축구연맹이 선정한 베스트11에 이름을 올렸다. 데샹은 〈월드 사커〉가 꼽은 유로 2000 베스트11에 포함됐다.

〈월드 사커〉는 "데샹은 대회 시작 전 프랑스의 약점으로 지목됐다. 그러나 누구도 데샹처럼 궂은일을 효과적으로 하지 못할 것이다. 프랑스가 결승전 연장전에서 이탈리아를 초토화시킨 공격 축구는 데샹이 없었다면 불가능했을 것"이라고 설명했다.

데샹은 유로 2000 우승과 함께 대표팀 은퇴를 선언했다. 그는 챔피언스리그, 월드컵 그리고 유로에서 모두 주장으로 우승의 영광을 차지한 선수였다. 이후 데샹은 발렌시아Valencia에서 한 시즌 더 활약했지만, 스페인 라리가 특유의 템포 빠른 패스 앤드 무브pass-and-move에 적응하는 데 어려움을 겪었다. 데샹은 2001년, 겨우 32세의 나이에 현역 은퇴를 선언했다. 그는 과거 어린 나이에 주장이 됐듯이 현역 은퇴 후에는 젊은 감독이 돼 리그1 중위권에 머물러 있던 모나코 사령탑으로 부임한 지 3년 만에 챔피언스리그 결승에 진출했다.

데샹이 은퇴한 프랑스 대표팀은 프티와 비에이라로 수비형 미드필더 조합을 구성했다. 당시 프티는 아스널을 떠나 바르셀로나로 이적했으나 펩 과르디올라, 사비 에르난데스Xavi Hernández, 필립 코쿠Phillip Cocu에게 밀려 종종 수비수로 활약했다. 결국 바르셀로나에서 자리를 잡지 못한 그는 2001년 첼시로 이적했다. 그는 프리미어리그로 복귀한 첫 시즌 체력적으로 어려움을 겪었고, FA컵 결승전에서는 절친한 친구 비에이라가 활약한 친정팀 아스널에 패해 준우승에 머물렀다. 비에이라는 "일부러 경기 내내 프티와 눈을 마주치치 않았다. 그도 마찬가지였을 것이다. 나는 그와 나의 친분을 조금이라도 떠올리게 할 만한 모든 가능성을 차단했다. 우리는 팀 동료이자 매우 친한 친구다. 오늘 그를 결승전 상대로 만난 기분은 정말 이상했다"고 말했다.

비에이라는 프티가 아스널을 떠난 후 슬픔에 잠겼고, 경기 내적으로도 어려움을 겪었다. 그는 2000-01시즌 초반 출전한 두 경기 연속으로 퇴장을 당하며 결국 다섯 경기 출전 정지 징계를 받았다. 프티가 떠난 뒤, 비에이라와 미드필드에서 호흡을 맞춘 선수는 박스-투-박스 미드필더 레이 팔러Ray Parlour였다. 팔러는 FA컵 결승전에서 중거리슛으로 선제골을 뽑아낸 선수였지만, 비에이라와의 호흡이 썩 좋은 편은 아니었다. 하지만 비에이라는 당시 아스널의 또 다른 프랑스 미드필더 질레스 그리망디Gilles Grimandi와 배치됐을 때 더 효과적인 활약을 펼쳤다. 그리망디는 1997년 모나코를 떠나 프티와 같은 시기에 아스널에 합류했다. 그는 중앙 미드필더보다는 중앙 수비수에 더 가까운 선수였고, 신체적으로는 물론 기술적으로도 눈에 띄는 능력을 보유하지 못했다. 그러나 그리망디는 2000-01시즌 미드필드에서 비에이라의 파트너로 활약했다. 당시 아스널은 무관에 그쳤지만, 비에이라만큼은 압도적인 활약을 펼쳤다. 그리망디는 프티처럼 재능이 훌륭한 선수는 아니었다. 그러나 그는 전형적인 '도메스티크'였다. 그리망디는 스타 선수가 빛날 수 있도록 궂은일을 도맡아 했고, 전형적인 수비형 미드필더라기보다는 상황에 따라 다재다능한 '올-라운더 all-rounder'에 가까운 역할을 맡았다. 이와 같은 그의 성향은 비에이라와 완벽한 조합을 이루기에 충분했다.

2002 한일 월드컵의 대실패 이후 프티는 하락세의 길을 걸었다. 처음에는 국가대표에서 이후에는 클럽에서 그러했다. 그는 첼시에서 이렇다 할 활약을 펼치지 못했다. 그렇지만 프티는 2002-03시즌 후반기에는 인상적인 경기력을 선보이며 팀의 챔피언스리그 진출에 일조했다. 당시 러시아 사업가 로만 아브라모비치Roman Abramovich가 구단을 인수하기로 결심한 이유도 첼시가 챔피언스리그 진출에 성공한 덕분이었다. 아브라모비치는 첼시를 인수한 직후 맞은 첫 번째 이적 시장에서 클로드 마켈렐레를 영입했다.

낭트에서 성장한 마켈렐레는 발 빠른 오른쪽 측면 미드필더로 프로 무대에 데뷔했다. 당시 그는 낭트에서 오른쪽 측면 수비수 카랑뵈와 효과적인 조합을 이뤘다. 그러나 훗날 카랑뵈가 1998 프랑스 월드컵에서 우승하고, 마켈렐레가 2006 독일 월드컵 준우승을 차지할 때 이 두 선수는 모두 중앙 지역에서 미드필더로 활약하고 있었다.

데샹이 1989년 낭트에서 마르세유로 이적했듯이, 마켈렐레도 1997년 셀타 비고로 이적하며 비슷한 행보를 걷게 됐다. 마켈렐레는 셀타 비고로 이적한 후 첫 시즌부터 최정상급 미드필더로 거듭났다. 그는 브라질과 월드컵 우승을 경험한 마지뉴Mazinho와 호흡을 맞췄다. 마지뉴는 1994년 둥가와 함께 브라질의 미드필드 조합을 이루며 우승을 차지했다. 마켈렐레는 "마지뉴는 내게 어떻게 움직이고, 무엇을 해야 하는지를 가르쳐줬다. 그는 내게 많은 전술적 지식과 경기를 운영하고 빠르게 움직일 수 있는 방법을 전수해줬다. 마지뉴는 내가 소화하게 된 새로운 포지션에 영혼을 불어넣었다. 나는 매일 몇 시간씩 그와 함께 훈련하며 올바른 위치 선정을 하는 방법과 언제 원터치나 투터치로 패스를 연결해야 하는지를 배웠다"고 말했다. 마지뉴와 마켈렐레는 훌륭한 조합을 이루며 셀타가 유럽클럽대항전에서 유프 하인케스Jupp Heynckes 감독이 이끈 벤피카를 7-0, 리피 감독의 유벤투스를 4-0으로 대파하는 데 중추적인 역할을 했다.

마켈렐레는 셀타가 벤피카와 유벤투스를 꺾은 두 경기에서 모두 득점에 성공했다. 이때까지 그는 순수한 수비형 미드필더로 완벽하게 변신한 상태가 아니었다. 그러나 마켈렐레는 2000년 레알 마드리드로 이적하며 페르난도 레돈도Fernando Redondo의 대체자로 주목받기 시작했다. 당시 레알은 마켈렐레 외에도 플라비우 콘세이상Flavio Conceição과 알베르트 셀라데스Albert Celades를 영입한 상태였다. 콘세이상과 셀라데스는 모두 수비적인 미드필더였다. 그러나 당시 레알이 영입한 미드필더 세 명 중 가장 중심적인 수비형 미드필더로 자리 잡은 선수는 마켈렐레였다. 당시 레알 마드리드는 '은하수'를 뜻하는 '갈락티코' 정책을 앞세워 스타 선수 위주의 팀을 구성하고 있었다.

플로렌티노 페레스 레알 마드리드 회장은 세계 최고의 공격적인 재능을 가진 선수들을 모두 보유한 팀을 만들겠다는 목표로 갈락티코 정책을 시작했다. 그러면서 그는 매년 여름 슈퍼스타로 추앙받은 선수를 영입했다. 루이스 피구Luís Figo가 2000년, 지단이 2001년, 호나우두Ronaldo가 2002년 차례로 레알 마드리드에 합류했다. 이들은 레알의 '골든 보이golden boy' 라울과 함께 스타 군단으로 거듭났지만, 정작 팀의 베스트11은 공수 밸런스를 잃어가고 있었다. '프리 롤'을 수행하는 선수들이 너무 많아졌고, 수비는 무시됐다. 다섯 번째 '갈락티코'였던 레프트 윙백 호베르투 카를로스는 수비보다는 폭발적인 공격 가담 능력이 돋보이는 선수였다.

화려한 공격수만 수집한 레알은 결국 난장판으로 전락할 수도 있었지만, 후방 미드필드 지역을 지켜준 마켈렐레가 결정적인 역할을 해주며 중심을 잡을 수 있었다. 레알을 2002년 챔피언스리그 우승으로 이끈 비센테 델 보스케Vicente del Bosque 감독은 다재다능한 능력을 보유한 마켈렐레가 "첫 번째 수비수이자 첫 번째 공격형 미드필더attacking midfielder"라고 말했다. 델 보스케 감독은 마켈렐레를 미드필드 맨 뒷자리에 배치했다. 이자리에서 마켈렐레는 공격진에 배치된 모든 선수를 위해 커버 플레이를 펼쳤고, 중앙 수비수 페르난도 이에로Fernando Hierro와 이반 엘게라Iván Helguera를 보호하는 역할까지 맡았다. 이에로와 엘게라는 중앙 미드필더에서 수비수로 보직을 변경한 선수들이었다.

마켈렐레는 레알을 떠난 후에도 "레알에서 나의 역할은 내게 즐거움을 줬다. 나는 늘 수비적인 역할을 할 준비를 하고 있었다. 나는 상대가 골을 넣지 못하게 그들을 멈춰 세우는 역할을 우리 팀 공격수들에게 패스를 연결하는 것만큼이나 즐겼다. 가장 중요한 건 내 앞에 배치된 선수들 뒤에서 팀을 보호하는 역할을 했다는 것이다. 지단, 피구, 라울, 호나우두는 내가 뒤를 책임지고 있다는 것에 안심하며 마음껏 공격을 펼칠 수 있었다. 혹자는 내가 일꾼 역할을 하며 '진짜 스타' 선수들이 빛날 수 있게 해줬다고 말한다. 그러나 나는 그렇게 생각하지 않았다. 내가 맡은 역할은 팀이 중심을 잡는 데 매우 중요했다. 나는 나 자신을 우리 팀 미드필드 지역의 진정한 보스라고 생각했다. 템포를 조절하며 팀 전체에 자신감을 불어넣는 선수가 나였기 때문이다. 다른 선수들도 나와 같은 생각이었다"고 말했다.

결국 마켈렐레는 데샹과 비교되며 프랑스 축구의 새로운 '워터 캐리어'로 불렸다. 데샹이 '워터 캐리어'라는 별명을 유쾌하게 받아들였듯이, 마켈렐레도 환영의 뜻을 내비쳤다. 마켈렐레는 "여러 가지 의미에서 우리 같은 워터 캐리어는 새로운 10번이라 할 수 있다. 템포를 조절하면서 모든 플레이의 보스가 되는 건 우리였기 때문이다. 디디에(데샹) 또한 매우 중요한 선수였다. 그가 들어 올린 트로피만 봐도 이를 알 수 있다"고 말했다.

마켈렐레가 현역 시절 거둔 성공의 열쇠는 바로 여기에 있다. 그는 가장 창의적이거나 화려한 선수는 아니었지만 데샹처럼 훌륭한 분석 능력을 가진 선수였다. 마켈렐레는 경기가 열리기 이틀 전부터 상대의 전력을 연구했다. 그는 상대 팀 최고 선수들의 성향을 파악하며 어떻게 그를 무력화시킬 수 있을지를 고민했다. 이와 같이 영리함을 보유한 그는 수비형 미드필더 포지션의 홍보대사ambassador같은 존재가 됐다. 마켈렐레는 수비형 미드필더의 역할에 대해 "스스로 역할을 알고 있어야 한다. 어떻게 움직여야 하는지, 동료들이 어떻게 움직이는지, 매 순간 동료들이 무엇을 필요로 하는지를 알아야 한다. 이는 무언의 리더십이다. 또한 이 포지션은 계속 보호받아야 한다. 그만큼 중요한 포지션이기 때문이다. 모든 감독에게는 팀의 중심을 가장 먼저 생각하는 미드필더가 필요하다. 그런 역할을 하려면 모두에게는 없는 능력이 필요하다"고 말했다.

당시 레알 마드리드에서 활약한 슈퍼스타급 선수들도 모두 마켈렐레가 팀에서 가장 중요한 선수였다는 데 동의한다. 그들은 마켈렐레의 전술적 기여를 인정했다. 그러나 아마 그들에게는 당시 마켈렐레에 대한 동정심도 있었을 것이다. 당시 마켈렐레는 팀에서 매우 중요한 역할을 하면서도 구단으로부터 인상된 재계약 조건을 제시받는 데 어려움을 겪었다. 호베르투 카를로스는 "사람들은 포르쉐의 외형만 보고 차가 멋지다고 말한다. 그러나 포르쉐를 정말 특별한 차로 만드는 것은 바로 엔진이다. 우리의 엔진은 클로드(마켈렐레)다"라고 말했다.

그러나 페레스 회장은 이에 동의하지 않았다. 그는 2003년 마켈렐레를 첼시로 이적시키며 또 다른 갈락티코 데이비드 베컴으로 그를 대체했다. 베컴은 팀에 공격적 재능을 더했지만, 마켈렐레처럼 상대로부터 공을 빼앗아오는 능력은 탁월하지 않았다. 마켈렐레를 베컴으로 대체한 페레스 회장의 선택은 오늘날까지 많은 이들에게 현대 축구사에서 벌어진 가장 우스꽝스러운 사건 중 하나로 남아 있다. 당시 페레스 회장은 마켈렐레에 대해 "헤더를 할 줄 몰랐으며 3미터 이상은 패스를 하지 않았다. 그는 지단이 받는 연봉의 절반에 해당하는 액수를 원했다. 이는 불가능한 조건"이라고 말했다. 그러나 누구보다 수비형 미드필더의 중요성을 잘 이해한 선수가 바로 지단이었다. 지단은 레알이 마켈렐레를 이적시킨 후 베컴을 대체자로 영입한 데에 대해 카를로스와 비슷한 대답을 내놓았다. 그는 "엔진이 사라진 벤틀리에 왜 황금색 칠을 하는가?"라고 되물었다. 당시 레알을 이끈 카를로스 케이로스Carlos Queiroz 감독은 "그때 나는 아무리 페라리라도 바퀴가 없으면 문제가 생길 수밖에 없다고 말했다"고 밝혔다.

마켈렐레는 데샹과 마찬가지로 공을 가지고 있을 때 발휘한 재능이 지나치게 저평가된 선수였다. 마켈렐레와 첼시, 프랑스 대표팀에서 함께 뛴 프티는 그의 재능을 유럽에서 가장 추앙받은 플레이메이커들과 비교했다. 프티는 "펩 과르디올라, 페르난도 레돈도 그리고 마켈렐레는 새로운 무언가를 보여준 수비형 미드필더였다. 원래 수비형 미드필더는 상대와 싸우고, 태클을 하는 게 역할의 전부였다. 그러나 축구는 변화하기 시작했다. 이제 축구는 투쟁심이나 공을 쟁취하는 게 전부가 아니다. 물론 이와 같은 능력도 중요하지만, 더 중심적인 건 경기를 어떻게 조절하느냐다. 경기 조절은 공을 잘 컨트롤해야만 할 수 있는 것"이라고 설명했다.

마켈렐레도 이에 동의했다. 그는 자신의 수비적 재능이 아닌 공격력이 축구에서 수비형 미드필더라는 포지션에 혁명을 일으켰다고 믿었다. 마켈렐레는 "아마 나는 1980년대와 1990년대의 수비형 미드필더들보다 기술적으로, 전술적으로 더 훌륭할 것이다. 나는 루이스 페르난데스, 프랑크 소제Franck Sauzée, 디디에 데샹과 비교해 크게 무언가를 다르게 하지는 않았다. 그러나 단순히 말해 나는 그들보다 더 완성된 선수였다. 나는 축구가 변했다고 생각한다. 이제 어느 포지션이든 최정상급 선수가 되려면 공을 소유하고, 정확한 패스를 연결할 줄 알아야 하며, 상황별로 기여할 수 있어야 한다"고 말했다.

마켈렐레는 2002년 프티의 은퇴 후 비로소 프랑스 대표팀에서 주전 자리를 꿰찰 수 있었다. 당시 그는 이미 30세였다. 그러나 마켈렐레가 측면 미드필더로 프로 데뷔전을 치른 후 수비형 미드필더가 되기까지 오랜 시간이 걸렸던 것도 사실이다. 마켈렐레는 자신이 프랑스 대표팀에서 확고한 주전으로 자리매김하는 데 이토록 오랜 시간이 걸린 것에 서운한 감정을 가지고 있었다. 그는 "내가 지단, 프티, 바르테즈, 튀랑, 피레스, 조르카에프와 같은 시기에 활약하고도 단 한 번도 우승을 차지한 적이 없다는 건 받아들이기 어려운 현실"이라고 말하기도 했다. 마켈렐레는 올림픽에 출전해야 한다는 이유로 유로 1996에 출전할 수 없었고, 마르세유에서 측면 수비수로 뛰던 1998년에는 월드컵에 출전할 기회를 잡지 못했다. 마켈렐레가 유로 2000에 출전하지 못한 이유 또한 당시 그가 셀타 비고라는 화려하지 않은 팀에서 뛰고 있었기 때문이었다. 심지어 그가 레알 마드리드에서 활약하던 시절에는 스페인 라리가 시즌이 늦게 종료되는 바람에 2001년과 2003년 컨페더레이션스컵 출전이 연이어 불발됐다. 마켈렐레가 2002 한일 월드컵에서 선발로 출전한 것은 조별 리그 최종전 단 한 차례에 불과했다. 유로 2004에서 마침내 주전 자리를 꿰찬 그는 중원에서 비에이라와 호흡을 맞추며 인상적인 활약을 펼쳤으나 프랑스가 8강에서 그리스에게 의외의 패배를 당하며 조명을 받지는 못했다. 마켈렐레와 비에이라의 조합은 프랑스가 2006 독일 월드컵에서 결승전에 오르는 데도 중추적인 역할을 했다.

특히 마켈렐레는 프리미어리그에서 펼친 활약 덕분에 프랑스 축구의 새로운 '워터 캐리어' 이미지를 굳힐 수 있었다. 그는 조세 무리뉴José Mourinho 감독이 이끈 첼시의 4-3-3 포메이션에서 미드필드 맨 뒷자리에 배치된 수비형 미드필더였다. 당시 첼시가 성공을 거듭하자 그들의 전술적 구조를 따라 하려는 팀들이 늘어났다. 그러면서 최전방 공격수를 희생시키고 수비형 미드필더를 중용해 조심스럽게 경기를 운영하는 팀들이 차츰 늘어났다. 마켈렐레가 프리미어리그에 미친 영향이 워낙 컸던 나머지 잉글랜드에서는 수비형 미드필더를 뜻하는 홀딩 미드필더의 역할을 가리켜 '마켈렐레 롤'이라 불렀다.

프랑스 축구의 '워터 캐리어'들이 남긴 유산은 시간이 지난 후 더 명확해졌다. 데샹 감독이 이끈 프랑스가 홈에서 열린 유로 2016 결승전까지 오르고도 우승에 실패한 가장 큰 원인 중 하나는 수비형 미드필더 은골로 캉테N'Golo Kanté를 위한 자리를 만들지 못했기 때문이다. 대신 당시 프랑스는 박스-투-박스 미드필더 폴 포그바Paul Pogba와 블레이즈 마튀디 Blaise Matuidi가 중원 조합을 이뤘다. 그러나 2년 후 프랑스는 마튀디를 측면에 배치하고, 포그바의 옆자리에 캉테를 세우면서 2018 러시아 월드컵 우승을 차지했다. 캉테는 현역 시절의 데샹, 혹은 마켈렐레보다 더 활기 넘치는 움직임을 자랑했고, 전반적인 장점은 비슷했다. 그는 이타적이었고, 위치 선정이 좋았으며 상대로부터 공을 빼앗는 능력이 훌륭했다.

마켈렐레는 "캉테는 달리기를 멈추지 않는다. 그가 세계 최고의 미드필더 중 한 명이라는 사실에는 의심의 여지가 없다. 어떤 선수들은 슈퍼스타가 되기 위해 태어난다. 그러나 은골로(캉테)와 나는 다른 선수들이 주목받게 해주는 역할을 하면서도 행복했다"고 말했다. 이와 같은 마켈렐레의 발언을 프랑스만큼 잘 이해하는 국가는 없을 것이다. 프랑스는 추앙받는 팀 리더와 겸손한 워터 캐리어 사이에 필요한 중심을 늘 잘 잡은 팀이었다.

전환기
●
프랑스-포르투갈

프랑스는 국제대회에서 빼어난 성적을 거뒀고, 유럽 어느 국가보다 많은 최정상급 선수를 배출했다. 그러나 프랑스 리그1은 여전히 유럽 무대에서 성공하는 팀을 배출하지 못하고 있었다.

유럽클럽대항전에서 대다수의 리그1 팀들은 전통적으로 실망스러운 결과를 냈다. 마르세유는 프랑스 축구 역사상 최초로 1993년 챔피언스리그 우승을 차지했지만, 이후 승부 조작 사건에 연루되며 자국 리그 우승 자격을 박탈당해 유럽 무대에서 거둔 성공의 의미가 상당 부분 퇴색됐다. 이 외에 유럽 무대에서 성공을 거둔 프랑스 구단은 3년 후 컵위너스컵 우승을 차지한 PSG(파리 생제르맹)뿐이었다. 리그1은 벨기에, 우크라이나 리그보다 유럽클럽대항전 챔피언을 많이 배출하지 못한 리그다.

마르세유와 PSG에 이어 2004년 유럽 무대 정상에 오를 뻔한 세 번째 프랑스 팀이 있었다. 디디에 데샹 감독은 2001년 현역 은퇴를 선언한 후 바로 모나코 감독으로 부임했다. 그는 부임 첫 시즌에는 강등 위기에 직면했지만, 두 번째 시즌에는 챔피언스리그 진출권을 획득하는 반전을 일으켰다. 이어 그는 자신의 세 번째 시즌에 레알 마드리드, 첼시를 차례로 꺾고 챔피언스리그 결승전에 올랐다.

데샹 감독의 모나코가 챔피언스리그 결승전에서 만난 상대는 조세 무리뉴José Mourinho 감독의 포르투였다. 포르투는 전 시즌 UEFA컵 우승팀이었다. 두 팀 모두 이변을 일으키며 챔피언스리그 결승에 오른 돌풍의 주인공이었다. 게다가 모나코와 포르투는 소위 유럽 빅리그에 소속된 팀이 아니라는 점도 비슷했다. 당시 데샹은 35세, 무리뉴는 41세로 두 팀 모두 젊은 감독을 수장으로 두고 있었다. 경기가 열린 곳은 화려함과는 거리가 먼 독일 도시 겔젠키르헨Gelsenkirchen이었다. 이날의 결승전은 우연이 반복되어 성사된 듯하면서도 새 시대의 도래를 알리는 출발점이기도 했다.

게다가 이 결승전은 거액 자본을 등에 업은 신흥 부호 첼시의 차기 사령탑을 결정하는 경기였다. 유럽의 강호로 거듭나겠다는 목표를 세운 첼시는 모나코와 포르투를 이끌고 챔피언스리그에서 돌풍을 일으킨 데샹과 무리뉴를 차기 감독 후보로 올려놓고 있었다. 데샹은 선수 시절 첼시에서 뛰었기에 확실한 어드밴티지를 지닌 것처럼 보이기도 했다. 그러나 로만 아브라모비치 첼시 구단주는 무리뉴 감독을 선임하는 쪽으로 이미 어느 정도 마음을 굳힌 상태였고, 마침 포르투가 이날 승리한 덕분에 더 쉽게 최종 결정을 내릴 수 있었다. 포르투의 우승으로 무리뉴 감독은 유럽에서 가장 주목받는 젊은 지도자로 올라섰다. 또한 이 경기는 프랑스의 전성시대를 포르투갈이 대체하는 것을 알린 출발점이기도 했다.

포르투는 챔피언스리그 우승을 차지한 뒤, 단 3주 만에 홈구장에서 유로 2004 개막전을 개최했다. 당시 포르투갈은 유로 2004를 개최한 사실만으로도 절반의 성공을 거둔 상태였다. 경제적으로 풍족하지 못한 포르투갈의 입장에서 유로 2004 개최는 온 국민을 기쁘게 할 경사나 다름없었기 때문이다. 더욱이 포르투갈은 당시 스페인과의 유로 2004 유치 경쟁 끝에 의외의 승리를 거두며 개최 자격을 얻었다. 스페인은 포르투갈의 유로 2004 공동 개최 제안을 거절했었다. 포르투갈이 스페인과의 유치 경쟁에서 승리할 수 있었던 이유는 중소 규모 국가들의 지지를 받았기 때문이었다. 이처럼 포르투갈은 축구장 밖에서도 '언더독'을 대표하는 국가가 됐다. 포르투갈은 유로 2004를 개최하면서 어느 국가와 비교해도 뒤지지 않는, 그들의 야망이 담긴 화려하고 훌륭한 경기장들을 건설했다. 그 덕분에 포르투갈 리그의 '빅3' 벤피카, 스포르팅, 포르투는 오늘날 세계적 수준의 경기장에서 홈경기를 치르고 있다. 질베르투 마다일Gilberto Madail 포르투갈 축구협회장은 대회 조직위원회에 몸담았을 당시 "우리는 포르투갈 축구의 현대화를 위해 투자를 결정했다. 이제 우리에게는 새로운 정신자세를 만들어줄 새로운 경기장과 훈련 시설이 있다. 이는 모두 2004년에 일어난 일 덕분"이라고 말했다.

포르투갈은 유로 2004에서 승승장구하며 결승에 진출했지만, 그리스에 패해 준우승에 만족해야 했다. 이후에도 포르투갈은 2016년까지 국제대회 우승을 차지하지 못했지만, 누구나 인정하는 강팀이 됐다. 실제로도 포르투갈은 유로 2004를 시작으로 2006 독일 월드컵, 유로 2008에서 3회 연속으로 최소 8강에 오른 유일한 국가였다. 이는 포르투갈이 20세기 내내 국제대회 본선에 단 세 차례밖에 오르지 못한 점을 고려하면, 대단한 발전이었다.

무리뉴는 이 시절 첼시를 이끌며 자신이 가장 위대한 감독이라며 위풍당당한 모습을 보였고, 크리스티아누 호날두Cristiano Ronaldo는 2008년 발롱도르 수상을 시작으로 유럽에서 가장 위대한 선수가 됐다.

이 시절 포르투갈은 챔피언스리그 우승팀, 유럽에서 가장 꾸준한 성적을 낸 국가대표팀, 유럽에서 가장 촉망받는 감독과 선수를 모두 보유하고 있었다. 포르투갈 리그는 여전히 프랑스 리그1처럼 유럽 축구계의 외곽에 머물렀지만, 이 시절이 포르투갈 축구의 전성기였다는 사실에는 의심의 여지가 없다.

Netherlands

Italy

France

Portugal

2004
~
2008

PART 4
푸치볼,
2004-08

Spain

Germany

England

Zonal Marking

10

구조

조세 무리뉴조차도 포르투가 2004년 챔피언스리그 우승을 차지할 수 있을 거라고 믿지 못했다.

무리뉴는 1년 전 포르투를 이끌고 UEFA컵 결승전에서 셀틱에 3-2로 승리하며 우승을 차지했지만, 2003-04시즌 챔피언스리그 본선을 준비하는 그의 목표는 소박했다. 무리뉴는 크게 두 가지 목표를 세웠다. 일단 조별 리그를 통과해 16강 토너먼트에 오르는 것과 유럽의 빅클럽 중 최소 한 팀을 꺾겠다는 것이었다. 그렇게 해야 포르투와 자기 자신을 전 세계에 알릴 수 있다고 믿었기 때문이다. 포르투가 맨체스터 유나이티드를 꺾었을 때, 그가 사이드라인에서 광적으로 승리를 자축했던 것도 이 때문이었다.

무리뉴 감독은 자신의 첫 번째 챔피언스리그 경험을 앞두고 "우리는 괜찮은 성과를 낼 수 있을 거라고 생각한다. 그러나 우승까지 할 수 있다고 생각하지는 않는다. 선수 한 명을 영입하는 데 4,000만 파운드를 쓰는 게 가능한 상어 같은 구단들이나 우승을 노릴 수 있을 것"이라고 말했다. 포르투는 UEFA컵 우승을 차지한 후 전력 보강을 거의 하지 못한 상태였다. 토트넘으로 이적한 엘데르 포스티가Hélder Postiga의 대체자로 영입한 베니 맥카시Benni McCarthy를 제외하면 선수단 구성이 셀틱을 꺾은 전 시즌 팀과 전혀 다르지 않았다.

그러나 포르투는 조직력을 앞세워 챔피언스리그 역사상 가장 큰 이변을 일으키는 데 성공했다.

2003-04시즌 챔피언스리그는 언더독으로 여겨진 중소 구단들이 강세를 보인, 대회 역사상 가장 위대한 시즌일지도 모른다. 혹자는 당시 언더독들의 반란이 일어난 이유를 빅클럽 중 특출한 전력을 자랑한 팀이 없었기 때문이라고 말하지만, 이는 전혀 사실이 아니었다. 아스널은 2003-04시즌 잉글랜드 프리미어리그에서 무패 우승을 차지했다. 이 시절 챔피언스리그에서 늘 강한 면모를 보인 AC 밀란도 안첼로티 감독 체제에서 유일하게 세리에 A 정상 등극에 성공한 시즌이었다. 무려 7년 연속 프랑스 리그1 우승을 차지한 올림피크 리옹의 전력도 2003-04시즌에 가장 막강했다.

당시 챔피언스리그 8강전 네 경기 결과는 모두 뜻밖이었다. 아스널은 홈구장 하이버리Highbury에서 런던 라이벌 첼시를 상대로 웨인 브릿지Wayne Bridge에게 결승골을 헌납하며 탈락했다. 밀란은 더 기이한 패배를 당했다. 밀란은 8강 1차전에서 데포르티보 라 코루냐Deportivo La Coruña에 4-1 대승을 거뒀으나 2차전에서 0-4 참패를 당했다. 포르투는 리옹과 난타전 끝에 1, 2차전 합계 4-2로 승리했고, 모나코는 '갈락티코 군단' 레알 마드리드를 꺾었다. 디디에 데샹 감독이 이끈 모나코는 레알과

1, 2차전 합계 5-5로 비겼으나 원정 골 우선 원칙에 따라 4강에 올랐다. 4강에 오른 네 팀은 챔피언스리그 준결승 진출팀치고는 '아웃사이더' 이미지가 짙었다. 그러나 이 중에서도 결국 우승까지 차지한 팀은 가장 '아웃사이더'였던 포르투였다. 포르투는 경제 규모로만 따져도 이 네 팀이 속한 국가 중 가장 작은 포르투갈에서 온 팀이었다. 게다가 당시 포르투 선수 대다수는 포르투갈 프리메이라리가 중위권 팀에서 영입된 자원이었다. 포르투는 전 시즌 UEFA컵에서 성공을 거둔 경험이 챔피언스리그에서도 위력을 발휘했고, 무엇보다 그들에게는 유럽에서 가장 인상적인 젊은 감독이 있었다. 무리뉴는 훗날 수비적인 감독으로 명성을 떨쳤지만, 사실 포르투에서 그는 템포가 빠르고 주도적인 점유율 축구를 구사했다.

무리뉴는 90년대 스포르팅 리스본, 포르투 감독직을 역임한 영국인 사령탑 보비 롭슨Bobby Robson의 통역사로 일하면서 처음으로 최상위 무대의 축구를 체험할 수 있었다. 이후 그는 롭슨 감독을 따라 바르셀로나로 옮긴 뒤에는 코칭스태프의 일원으로 활동했다. 무리뉴는 롭슨의 통역사로 기자회견에 참석해서는 감독의 발언에 자신이 생각한 전술적 내용을 더 보태 설명했다. 또한 그는 자신이 통역했던 롭슨 감독보다 더 선수, 심판, 기자들에게 공격적인 모습을 보여 논란을 일으키기도 했다. 바르셀로나 지역 신문 〈라 반과르디아La Vanguardia〉의 칼럼니스트 엔릭 바녜레스는 "무리뉴는 첫날부터 사람들에게 공격적이었다. 만약 그가 요한 크루이프였다면 이와 같은 오만함이나 건방진 태도를 이해할 수 있었겠지만, 아무도 모르는 사람이 이렇게 행동하는 건 완전히 다른 문제다. 롭슨 감독이 구단과 선수들을 더 잘 아는 사람을 코치로 데리고 왔다면 훨씬 더 잘할 수 있었을 것이다. 롭슨 감독에게는 사람을 다루는 능력이 능숙한 코치가 필요하다"고 말했다. 이 시절 무리뉴가 바르셀로나에서 보인 태도는 훗날 매우 중요한 변수가 된다.

무리뉴는 롭슨이 감독직을 내려놓고 바르셀로나 단장으로 '승진'하고 루이 판 할 감독이 후임으로 선임된 후에도 코칭스태프에 그대로 남았다. 그러나 무리뉴 코치의 역할은 롭슨 감독 시절과 비교하면 크게 달라졌다. 롭슨 감독은 훈련장에서 적극적으로 선수를 지도하며 공격에 중점을 둔 축구를 구사했다. 그래서 당시 무리뉴의 역할은 한발 물러나 팀 훈련을 준비하는 것이었다. 또한 무리뉴는 훗날 바르셀로나 코치 시절을 떠올리며 "바르셀로나의 공격적인 축구를 지키면서도, 팀이 조금 더 조직적인 축구를 할 수 있게 돕는 역할을 맡았다. 조직력을 키우기 위한 시작은 수비였다"고 말했다. 그러나 새롭게 부임한 판 할 감독은 롭슨 감독과는 반대로 모든 준비를 자신이 하고, 훈련을 무리뉴와 다른 코치들에게 맡겼다. 이에 따라 무리뉴와 바르셀로나 코칭스태프는 판 할 감독이 준비해놓은 네덜란드식 점유율 축구 전술을 팀에 직접 이식시키는 역할을 맡게 됐다. 바르셀로나 미드필더 사비 에르난데스는 이 시절 '코치' 무리뉴를 떠올리며 "그때 그는 우리와 똑같은 생각을 하며 똑같은 대화를 나눴다. 우리는 똑같은 신념을 가지고 있었다. 우리는 바르셀로나의 철학을 바탕으로 팀을 만들었다"고 말했다.

이와 같은 무리뉴의 경험을 고려할 때, 그가 2002년 포르투 감독 시절에 남긴 발언은 크게 놀랍지 않다. 그는 "공격적인 축구를 시도하겠다고 약속한다. 공격적인 축구를 목표로 완벽하게 체계적이고 자동적인 모델이 만들어질 때까지 매일 노력하겠다. 그 목표를 달성하는 날이 오면, 공격 축구를 할 것이다. 그날이 오기 전까지도 공격 축구를 구사하기 위해 노력하겠다고 약속한다. 지금 포르투에게 주어진 선수들을 생각하면 공격적인 축구 철학이 아닌 수비적인 모델을 추구하는 건 상식적이지 않다. 이 선수들은 우리가 어떤 방식으로 축구를 해야 하는지 명확한 방향을 제시하고 있다. 우리는 절대 수비적인 축구를 하지 않을 것"이라고 말했다.

여기서 무리뉴가 언급한 '완벽하게 체계적이고 자동적인 모델'은 그가 판 할 감독 체제에서 일하며 습득한 아이디어일 수도 있다. 그러나 포르투갈 축구 또한 전통적으로 이와 같은 전술 운용 방식에 매우 근접해 있는 게 사실이었고, 포르투는 이러한 축구 철학을 잘 대변하는 팀이었다. 포르투갈은 오랜 기간 축구를 학구적으로 연구하며 근본적인 원칙에 의거해 시스템화하는 데 노력을 기울인 국가다.

포르투갈 축구가 추구하는 학구적 성향의 근원을 파악하려면 칸디두 데 올리베이라Cândido de Oliveira 감독이 양대 세계대전 사이의 기간 동안 자국 축구계에 미친 지대한 영향력을 되짚어볼 필요가 있다. 당시 포르투갈 명문구단 스포르팅Sporting을 이끈 올리베이라 감독은 자국 대표팀 사령탑을 세 차례나 맡았던 인물이다. 그는 1920년대 처음으로 포르투갈 대표팀 감독직을 내려놓은 뒤, 영국 런던으로 건너가 잉글랜드 축구협회가 제공하는 지도자 수업에 참여했다. 또한 그는 아스널Arsenal에서 인턴 지도자로 일할 기회도 잡았다. 감독 허버트 채프먼Herbert Chapman이 WM 포메이션으로 축구계에 혁명을 일으킨 곳이 바로 아스널이다.

이후 올리베이라는 포르투갈 축구계에 큰 영향력을 행사한 책 한 권을 집필했다. 1936년에 그가 펴낸 책의 제목은《축구: 기술과 전술Football: técnica e tática》이었다. 올리베이라는 이 책에서 WM 포메이션의 디테일을 전면적으로 해부했고, 그 분석 결과를 당시 자신이 감독으로 복귀한 포르투갈 대표팀에 그대로 적용했다. 덕분에 포르투갈은 대다수 축구 강국보다 WM 포메이션을 먼저 도입한 국가가 됐다. 올리베이라의 책은 축구에 대한 이론적인 접근의 중요성을 강조하여 동료 감독들로부터 호평을 받았다. 2차 세계 대전 당시 나치 독일군의 동향을 파악하는 연합군 첩보원으로도 일한 그는 1949년《축구 전술의 진화Evolução táctica no futebol》라는 영향력 있는 책을 한 권 더 집필했다. 올리베이라는 1945년 창간한 포르투갈 스포츠 일간지 〈아 볼라A Bola〉의 공동 설립자이기도 했다. 그는 이 신문을 통해 스포츠 기자가 독자에게 정보와 재미를 주는 것에 만족해서는 안 되며 교육자의 역할까지 해야 한다고 거듭 주장했다. 그는 포르투갈 축구가 진화하는 데 매우 큰 영향을 미쳤다. 포르투갈 '슈퍼컵 Supertaça Cândido de Oliveira' 대회명이 그의 이름을 따 지어졌을 정도다.

포르투갈 축구의 진화에 거대한 영향을 미친 또 한 명의 '레전드'는 벨라 구트만Béla Guttmann이다. 구트만은 1960년대 벤피카의 전성시대를 이끈 감독이었다. 여전히 구트만은 "감독에게는 한 팀에서 맞는 세 번째 시즌이 가장 지명적"이라는 명언과 벤피카의 '유럽클럽대항전 저주'를 걸었던 인물로 전 세계 축구계에 잘 알려진 인물이다. 그러나 사실 구트만이 남긴 진짜 유산은 직선적인 윙어들과 개개인의 우수함보다는 시스템의 중요성을 강조하며 추구했던 공격적인 축구였다.

올리베이라, 구트만에 이어 포르투갈 축구에 큰 영향을 미친 세 번째 인물은 1970년대 통계 분석을 바탕으로 포르투의 급부상을 이끈 조세 마리아 페드로투José Maria Pedroto다. 페드로투는 비토리아 데 기마랑이스 Vitória de Guimarães 감독 겸 파트타임 교수로 일하던 시절 통계 분석가 조세 네투José Neto를 처음 만났다. 당시 페드로투의 학생이었던 네투는 그에게 '잘 조직된 팀 훈련과 실전은 어떤 중요한 상관관계를 맺고 있을까?'라는 매우 단순한 질문을 던졌다.

페드로투는 네투를 자신의 사무실로 따로 불러 그가 던진 질문을 두고 긴 토론을 시작했다. 이 자리에서 네투는 당시 비토리아의 경기를 통계학적으로 분석한 자료를 보여줬다. 이때 네투가 꺼내든 자료는 포르투갈 축구 역사상 처음으로 이뤄진 통계 분석으로 알려지고 있다. 이후 페드로투는 포르투 감독으로 복귀하면서 네투를 자신의 분석관으로 채용했다. 네투는 훗날 페드로투 감독에 대해 "그가 포르투갈 축구에 남긴 가장 위대한 유산은 우승 트로피가 아니라 그가 제시한 원칙이었다"라고 말했다.

무리뉴 또한 포르투갈 감독들에게 요구되는 학구적 모델에 걸맞은 지도자다. 그 역시 시스템을 우선시하는 학구적인 전술가였기 때문이다. 무리뉴는 "팀을 이끌면서 내게 가장 중요한 건 조직화를 가능케 하는 원칙들의 집합, 즉 '게임 모델game model'을 구축하는 것이다. 나는 감독 부임 후 훈련 첫날부터 이 부분에 집중했다"고 말했다. 혹자는 무리뉴 감독이 펩 과르디올라, 위르겐 클롭과 비교했을 때 축구 전술의 진화를 이끌어낸 지도자는 아니라고 평가한다. 그러나 포르투 시절 무리뉴 감독이 매 경기를 앞두고 선보인 혁신적인 경기 준비 방식은 이후 10년간 최정상급 팀을 이끈 모든 지도자들에게 귀감이 됐다. 무리뉴 감독은 포르투에서 시작된 '전술 주기화'를 가장 적극적으로 활용한 지도자다.

전술 주기화를 창조한 인물은 포르투대학University of Porto 체육학 교수 비토르 프라데Vitór Frade다. 그는 1980년대 후반부터 90년대까지 축구 훈련 방식의 일반화를 목표로 한 프로그램을 제작했다. 즉 그는 축구계에서 신체적, 기술적, 전술적, 정신적 훈련을 따로 진행해야 한다는 주장에 전면적으로 반대하며 모든 축구 팀의 훈련이 이 네 가지 요소를 한꺼번에 향상시킬 수 있도록 진행돼야 한다고 주장했다. 당시 축구계에 팽배했던 팀 훈련 방식은 대개 체력 향상을 위해 무조건 달리기만 하는 피지컬 훈련을 따로 시행하거나, 공 없이 매우 느린 속도로 선수의 위치만을 교정하는 전술 훈련을 따로 하는 것이었다. 프라데 교수는 이와 같은 훈련 방식을 갈아엎은 인물이다. 오늘날에도 수많은 포르투갈 출신 감독들은 프라데 교수의 직접적인 지도를 받지 않고는 전술 주기화('훈련 프로세스'라고 불리기도 한다)를 완전히 이해할 수 없다고 주장한다. 프라데 교수는 무리뉴 감독이 포르투를 이끌던 시절 구단의 '방법론 디렉터director of methodology'라는 특이한 직함을 갖고 근무했다. 당시 무리뉴 감독은 프라데 교수를 영입하면서 포르투 선수들의 국적은 물론 명확한 플레이 구조와 차별화된 훈련 방법론에 초점을 맞춤으로써 팀 전체를 '포르투갈화Portuguesify'하겠다는 의지를 보였다.

무리뉴는 1990년대 초반 자신의 고향을 연고로 한 구단 비토리아 데 세투발Vitória de Setúbal의 유소년 아카데미에서 근무하던 시절 프라데 교수를 처음 만났다. 이후에도 무리뉴와 프라데는 줄곧 연락을 주고받았다. 무리뉴는 2001년 레이리아Leiria 감독으로 부임했다. 당시 레이리아 구단 회장은 무리뉴 감독에게 프리시즌 베이스캠프를 차릴 곳으로 선수들이 크로스컨트리 달리기cross-country running를 하기에 적합한 경치 좋은 포르투갈 외곽 지역이 어떻겠느냐고 제안했다. 그러자 무리뉴 감독은 프리시즌 기간에 달리기 훈련을 할 일은 없다고 답해 회장을 놀라게 했다. 무리뉴 감독은 프리시즌 훈련은 100% 피치 위에서 진행되어야 하며 모든 훈련의 초점을 늘 공을 중심으로 한 기술을 향상시키는 데 맞출 계획이라고 설명했다. 또한 그 훈련은 전략적으로 움직이기 위해 언제나 위치 선정을 고려하게 될 것이며, 선수들이 집중력을 유지하는 습관을 기르게 하려면 훈련 방식이 일정 부분 복잡한 수준으로 이뤄져야 한다고 덧붙였다.

　무리뉴 감독은 2005년 이스라엘 텔 아비브에서 열린 축구 지도자 세미나에 참석해 "나는 슈팅, 드리블 돌파, 태클 훈련을 따로 진행하는 훈련 방식을 믿지 않는다. 어린 소년이 훈련을 통해 훌륭한 패스를 구사하게 될 수는 있다. 그러나 실전에 투입되면 상황은 달라진다. 종합적, 보편적 액션이 절대적으로 중요하다. 이 모든 기술이 실전처럼 어우러져 나오는 팀 훈련을 진행해야 한다. 수많은 팀들은 체력 훈련을 따로 진행한다. 이는 체력 코치에게 선수들을 45분간 맡긴 채 따로 운동을 시키는 방식이다. 나는 이런 방식을 믿지 않는다. 공을 쓰는 훈련으로도 충분히 선수들의 체력을 향상시키는 방법이 있기 때문이다. 나는 선수들에게 단순하게 작은 공간 안에서 미니 게임을 하라고 지시한다. 단, 훈련 중 하프라인을 넘을 때는 전력 질주를 해야만 (수비에서 공격, 공격에서 수비 진영으로) 전환할 수 있는 규칙을 만들어놓고 미니 게임을 진행한다. 선수들은 공이 없는 훈련을 즐기지 않는다. 그런데 굳이 왜 공을 빼앗나? 훌륭한 피아니스트는 피아노 주변에서 달리기를 하거나 손가락으로 팔굽혀 펴기를 하는 훈련을 하지 않는다. 훌륭한 피아니스트가 되려면 피아노를 쳐야 한다. 훌륭한 축구 선수가 되는 가장 좋은 방법은 축구를 하는 것"이라고 말했다.

　무리뉴 감독의 팀 훈련은 늘 90분, 혹은 120분간 진행됐다. 이는 정규 경기 시간 90분, 혹은 120분간의 연장전에 대비해 설정된 훈련 시간이다. 또한 그는 팀 훈련에서 모든 선수들의 정강이 보호대 착용을 의무화했다. 겉으로 보기에 이는 사소한 것처럼 보일 수도 있지만, 이처럼 무리뉴 감독은 작은 디테일에도 심혈을 기울였다. 이전까지 선수들은 각자 따로 기술 훈련을 했고, 미니 게임은 낮은 강도로만 진행됐다. 실전에서 상대 선수에게 태클을 가하는 것처럼 미니 게임에서 같은 팀 동료끼리 볼을 놓고 투쟁할 일은 없었던 셈이다. 그러나 무리뉴 감독은 팀 훈련은 실전의 축소판이 돼야 한다고 믿었다. 그래서 그는 선수들에게 부상위험을 최소화하기 위해 정강이 보호대 착용을 주문했다. 그의 수석코치 후이 파리아Rui Faria는 프라데 교수 밑에서 체육학을 공부한 '전술 주기화' 전문가였다. 당시만 해도 파리아 코치가 다른 팀에 있었다면 그는 아마 피트니스 코치fitness coach라는 직함을 달게 됐을 것이다. 그러나 무리뉴 감독의 팀 훈련에는 체력 훈련이라는 개념이 따로 없었다. 이 때문에 무리뉴 감독은 파리아에게 '피트니스 코치'라는 직함을 주는 건 적절하지 않다고 판단했다. 무리뉴 감독은 "매일 진행하는 팀 훈련의 초점은 우리가 만든 게임 모델이 실전에서도 기능을 발휘하게 하는 데 집중됐다. 그러나 팀 훈련의 구조는 전술적 목표뿐만이 아니라 피지컬 컨디션의 최적화부터 달성될 수 있도록 만들어져야 한다"고 말했다. '구조'의 중요성을 강조하는 포르투갈 축구 철학은 이 발언을 통해서도 확인할 수 있다.

이와 같은 훈련을 통해 다져진 포르투의 체력은 2003-04시즌 챔피언스리그 우승의 원동력이 됐다. 무리뉴 감독은 훗날 맡은 팀들과 비교해 당시 포르투에서는 유독 더 강력한 압박에 의존하는 축구를 구사했다. 포르투는 전방에서부터 강력한 압박을 구사했고, 조르제 코스타Jorge Costa와 히카르두 카르발류Ricardo Carvalho가 중심이 된 수비 라인의 위치를 상당부분 끌어 올려 능동적으로 경기를 운영했다. 무리뉴 감독의 전임 옥타비우 마차두Octávio Machado 감독은 주장 코스타와 불화를 겪으며 그를 찰튼으로 임대 이적시킨 상태였다. 그러나 무리뉴 감독은 부임 후 즉시 코스타를 복귀시켜 그를 포르투 수비 라인의 핵심 자원으로 활용했다.

포르투 유소년 아카데미 출신 카르발류는 무리뉴 감독의 지도를 받으며 영리함과 신체적 강인함을 두루 보유한 유럽 최정상급 중앙 수비수로 성장했다. 오른쪽 측면 수비수 파울루 페레이라Paulo Ferreira는 무리뉴 감독의 지시에 따라 오른쪽 측면 미드필더에서 보직을 변경해 챔피언스리그에서 라이언 긱스Ryan Giggs, 제롬 로탕Jérôme Rothen 등 출중한 기량을 자랑하는 상대 윙어들을 상대로 경쟁력을 발휘했다. 왼쪽 측면 수비수 누누 발렌테Nuno Valente는 아예 레이리아에서 무리뉴 감독을 따라 포르투로 이적한 선수였다.

이 네 선수가 구축한 포백 수비 라인은 동시다발적으로 전진해 상대를 오프사이드에 빠뜨리는 능력이 훌륭했다. 그러나 이와 같은 포르투의 전략에는 조금은 이상한 부분도 있었다. 포르투는 챔피언스리그 대회 기간 내내 상대 공격수들의 오프사이드 반칙을 유도했는데, 이 중 수많은 판정은 사실 오심이었다. 실제로 느린 화면을 통해 확인하면 포르투 수비 라인이 유도한 오프사이드 중 상당수는 부심의 판단 착오였다는 점을 파악할 수 있다. 가장 기억에 남을 만한 오심은 포르투가 맨체스터 유나이티드를 상대로 치른 16강 2차전 원정에서 발생했다. 당시 맨체스터 유나이티드는 폴 스콜스Paul Scholes가 정당한 득점을 하고도 오프사이드 판정을 받아 골이 취소되는 불이익을 당했다.

이와 같은 상황은 포르투가 챔피언스리그 우승까지 가는 과정 내내 일어났기에 그것을 단순한 행운으로 여기기도 어려웠다. 포르투 수비수들은 상대 공격수의 오프사이드를 유도하지 못했을 때도 능숙한 연기로 부심을 속이는 데 탁월한 능력을 선보였다. 포르투는 4강에서 데포르티보를 만나서도 오프사이드를 네 차례 유도했는데, 이 중 하나는 상대의 1대1 기회를 취소시킨 명백한 오심이었다. 이어 포르투는 모나코와의 결승전에서 오프사이드를 무려 12회나 유도하는 이례적인 기록을 세웠다.

이 중에서도 최소 2회는 모나코의 확실한 득점 기회로 이어질 뻔한 상황에 내려진 판정이었다. 그러나 데샹 감독의 모나코는 이날 결국 유효 슈팅을 단 한 차례도 기록하지 못했다.

무리뉴 감독의 포르투는 경고 누적을 피하면서 경고를 받는 데도 매우 능숙했다. 포르투는 데포르티보 원정으로 펼쳐진 4강 2차전을 앞두고 무려 여섯 명의 선수가 한 차례만 더 경고를 받으면 결승전에 출전할 수 없는 위기에 직면해 있었다. 이날 경기에서 포르투 선수 두 명이 데포르티보 원정에서 경고를 받았다. 그러나 기존 포르투 선수 여섯 명은 이날 경고를 받지 않고, 그대로 모나코와의 결승전에 출전할 수 있었다.

포르투는 결승전에서 모나코를 상대로도 수비 라인의 위치를 높이 끌어올리며 상대 공격수 페르난도 모리엔테스Fernando Morientes가 골대에 접근하지 못하게 만들었다. 이 때문에 골대에서 멀리 떨어진 모리엔테스가 내주는 패스도 위력이 없었다. 코스타와 카르발류는 영리한 위치 선정을 바탕으로 모나코의 침투 패스를 가로챘고, 골키퍼 비토르 바이아는 적극적으로 페널티 박스 밖으로 나와 '스위퍼 키퍼' 역할을 해줬다. 포르투는 이날 4-3-1-2 포메이션을 가동했다. 이에 따라 모나코는 양 측면 수비수 파트리스 에브라Patrice Evra와 우고 이바라Hugo Ibarra(당시 그는 흥미롭게도 포르투에서 모나코로 임대된 선수였다)가 이론적으로는 공간적 여유를 누릴 수 있을 것 같아 보였다. 그러나 포르투는 수비 시 최전방 공격수 카를로스 알베르투Carlos Alberto와 데를레이Derlei가 각자 위치를 좌우로 크게 벌렸고, 다이아몬드 미드필드의 좌우에 배치된 중앙 미드필더 페드로 멘데스Pedro Mendes와 마니시Maniche도 외곽으로 나와 상대 좌우 수비수의 전진을 견제했다. 코스티냐는 중앙 지역을 지키며 수비형 미드필더 역할을 완벽하게 해냈고, 때로는 추가적인 중앙 수비수 역할까지 맡았다. 무리뉴 감독은 당시 코스티냐를 가리켜 '경기장 안의 감독'이라 부르기까지 했다. 실제로 코스티냐는 경기 도중 자주 포르투 벤치 쪽으로 달려가 무리뉴 감독으로부터 작전을 지시받은 뒤, 이를 동료들에게 전달했다.

경기 초반 포르투의 경기력은 날카롭지 못했다. 그러나 특출한 재능을 지닌 모나코의 공격형 미드필더 루도빅 지울리Ludovic Giuly가 초반 부상으로 교체된 건 포르투에 행운이었다. 지울리를 대신해 투입된 다도 프르소Dado Pršo는 타깃형 공격수에 더 가까웠고, 수비 라인을 높은 위치로 끌어올린 포르투는 이에 쉽게 대처했다.

무리뉴 감독의 포르투는 하프타임 직전 공격수 카를로스 알베르투가 갑작스러운 득점에 성공하며 리드를 잡았다. 그는 페레이라가 찔러준 크로스를 안정적으로 받아내지 못했지만, 공이 상대 수비수를 맞고 바운드되자 감각적으로 디딤발을 활용해 자세를 잡은 후 발리슛으로 연결하며 득점에 성공했다. 이 골은 알베르투가 이날 결승전에서 팀에 일조한 유일한 장면이었고, 기억될 만한 업적이 많지 않았던 그의 커리어에서 가장 회자될 만한 순간 중 하나로 남았다. 브라질에서 온 19세 소년 알베르투는 훗날 개인 통산 40골도 기록하지 못했다.

실제로 포르투는 이날 알베르투를 교체하며 승리를 굳힐 수 있었다. 무리뉴 감독은 알베르투를 대신해 발 빠른 공격형 미드필더 드미트리 알레니체프Dmitri Alenichev를 투입했다. 알레니체프는 포르투의 다이아몬드 미드필드 왼쪽에 배치돼 2선 침투에 능한 마니시와 함께 '10번'이자 스타 플레이어였던 데쿠Deco를 지원했다. 스피드를 보유한 알레니체프가 투입된 포르투는 역습 축구를 구사할 수 있게 됐다. 후반전 중반 데쿠가 미드필드 지역으로 공을 몰고 올라가며 왼쪽에 배치된 알레니체프와 패스를 주고받았고, 페널티 지역 왼쪽 모서리 부근에서 반대쪽 포스트를 향해 감아차기를 시도하는 듯한 동작으로 상대 골키퍼 플라비오 로마Flavio Roma를 속인 다음 니어포스트로 슈팅을 연결해 골망을 흔들었다. 데쿠가 이 장면에서 보여준 마무리 능력은 정말 대단했다. 데쿠는 경기 후 "심호흡을 한 번 한 후 내가 놓여 있는 상황을 생각해봤다. 그 상황에서는 나, 골키퍼, 상대 중앙 수비수들밖에 없었다. 그래서 더는 생각조차 할 필요 없이 마치 어린 시절 공원에서 친구들과 공을 찰 때처럼 골을 넣을 수 있었다. 그 상황에서 내가 챔피언스리그 결승전에서 뛰고 있다는 사실까지 생각했다면 최대한 강하게 때리려 했을 것"이라고 말했다.

이후 알레니체프가 상대 수비수에게 맞고 굴절된 침투 패스를 받아 포르투의 세 번째 골을 터뜨렸다. 이 두 골 장면 탓에 당시 포르투는 역습 축구를 했다는 이미지가 굳었지만, 사실 그들이 추구했던 경기 방식은 훨씬 더 능동적이었다.

무리뉴 감독은 수비 시 적극적인 압박의 중요성을 강조하며 오히려 선수들에게 팀이 공을 소유했을 때는 체력을 비축하라고 지시했다. 무리뉴 감독은 훗날 자서전을 통해 "나는 이를 두고 '공을 가지고 취하는 휴식'이라고 부른다. 우리가 추구한 빠른 경기 속도를 고려할 때, 경기 도중 쉬어가는 시간도 필요했다. 그렇게 하지 않았다면 우리 팀에서 누구도 90분간 뛰지 못했을 것이다. 그래서 경기 도중 높은 강도로 압박하는 상황과 공을 가진 채 휴식을 취하는 상황을 번갈아가며 연출해야 했다. 공을 가진 채 휴식을 취하는 건 점유를 위한 점유였을 뿐 그 이상, 그 이하도 아니었다"고 설명했다.

공을 가진 채 취하는 휴식의 중요성을 강조한 무리뉴 감독이 이끈 포르투는 당시 챔피언스리그에서 치른 총 13경기 중 10경기에서 상대보다 높은 점유율을 기록했다. 실제로 포르투는 레알 마드리드, 데포르티보를 상대로도 홈과 원정 경기를 가리지 않고 점유율에서 우위를 차지했다. 포르투가 유일하게 점유율에서 앞서지 못한 세 팀은 모두 프랑스 구단이라는 공통점이 있었다. 포르투는 조별 리그에서 3-2로 승리한 마르세유 원정, 리옹과 2-2로 비긴 8강 2차전 원정(1, 2차전 합계 4-2 승), 3-0으로 승리한 모나코와의 결승전에서 상대와의 점유율 싸움에서 밀렸다. 그러나 당시 이 세 경기 내용을 들여다보면 포르투는 먼저 선제골을 넣은 후 일찌감치 앞선 상황이었고, 이 때문에 상대가 더 적극적으로 공격에 나서자 의도적으로 무게중심을 뒤로 뺀 채 수동적인 경기를 했다는 점을 파악할 수 있다. 포르투는 이러한 상황이 아닐 때는 늘 점유율을 지배했다.

결승전에서 무리뉴 감독이 가동한 포르투의 다이아몬드형 미드필드는 사실 그가 가장 선호하는 조합은 아니었다. 무리뉴 감독은 당시 포르투갈 축구를 지배한 4-3-3 포메이션을 포르투의 기본 전술로 선호했다. 그러나 그는 측면 공격수들의 부상과 유럽 강호들을 상대로 중원 숫자 싸움에서 밀릴 위험에 대비해 4-3-1-2 포메이션을 대응책으로 들고 나왔다. 포르투는 4-3-3과 4-3-1-2를 가리지 않고 매우 완성도 높은 조직력을 선보였다. 이처럼 무리뉴 감독은 이후에도 자신이 맡은 모든 팀에서 강도 높은 훈련을 통해 다른 유형의 두 가지 시스템을 완벽히 정착시키는 데 집중했다. 그러면서 그는 자신이 맡은 모든 팀이 두 가지 시스템을 오갈 수 있게 만들었다. 무리뉴 휘하에서 첼시는 4-3-3과 4-3-1-2, 인테르는 4-2-3-1과 4-3-1-2를 주로 가동했다. 이후 무리뉴 감독은 오늘날까지 주로 4-2-3-1과 4-3-3을 번갈아가며 활용하고 있다. 포르투 시절 무리뉴 감독은 경기 도중에도 선수들에게 미묘한 손동작으로 포메이션 변화를 주문하며 상대를 혼란에 빠뜨렸다. 포르투는 두 포메이션을 자유자재로 구사하면서도 기계적인 조직력을 선보였고, 공을 소유했을 때나 소유하지 않았을 때나 늘 명확한 전술적 구조를 유지했다.

포르투가 챔피언스리그 우승을 차지한 뒤, 무리뉴 감독은 첼시 사령탑으로 부임해 첫 시즌부터 프리미어리그 우승을 차지했다. 잉글랜드에서 그는 전형적인 수비형 감독으로 알려지기 시작했다. 첼시는 무리뉴 감독의 첫 시즌 프리미어리그 38경기 중 25경기에서 무실점을 기록했고, 총 실점은 단 15골에 불과했다. 그럼에도 불구하고 무리뉴 감독은 첼시가 더 능동적인 경기를 하기 위해 노력하고 있다고 주장했다.

무리뉴 감독은 "점유율을 높여 우리가 경기를 더 통제할 수 있게 됐으면 한다. 나는 포르투갈에서 5년간 감독 생활을 하며 내 팀이 상대보다 점유율에서 밀리는 경기를 해본 적이 없었다. 절대로 그랬던 적이 없다. 우리는 레알 마드리드, 데포르티보, 맨체스터 유나이티드를 상대로도 더 높은 점유율을 기록했다. 첼시에서도 더 높은 점유율을 가질 수 있다고 생각한다. 단지 시간이 필요할 뿐이다. 그러나 우리는 옳은 방향으로 가고 있다"고 말했다. 무리뉴 감독이 이 발언을 통해 주장한 내용은 전적으로 옳지는 않았다. 그러나 그가 주장한 전반적인 뉘앙스는 사실에서 크게 벗어나지 않은 수준이었다. 실제로 무리뉴 감독 체제의 포르투는 레알 마드리드, 데포르티보, 맨체스터 유나이티드를 상대로 점유율 싸움에서 승리했다.

무리뉴 감독은 프리미어리그에서 지도자 생활을 하며 역습 기회를 극대화하는 데 중점을 뒀고, 공수 전환의 개념에 더 집중하기 시작했다. 공수 전환은 당시만 해도 잉글랜드 축구에는 익숙하지 않은 개념이었다. 물론 그렇다고 해서 공수 전환이 포르투갈 축구의 전유물이라고 할 수는 없다. 그러나 포르투갈이 공수 전환을 바라본 관점은 그들이 전술적

'구조'를 얼마나 중시했는지 알 수 있는 대목이다. 포르투갈식 지도법은 축구 경기에서 벌어지는 모든 현상을 총 네 가지 상황이 반복되는 순환cycle이라는 관점을 통해 바라봤다. 이는 공을 점유하는 단계possession phase를 시작으로 점유하지 않은 단계로의 전환transitioning to out of possession, 공을 점유하지 않은 단계out-of-possession phase 그리고 다시 공을 점유하는 단계로의 전환transitioning back to the possession phase으로 이어지는 순환을 뜻한다. 대다수 팀이 공을 점유했을 때와 점유하지 않았을 때 포메이션에 큰 차이를 보이는 만큼, 그들이 공수 전환을 하는 단계에서 약점을 드러낸다는 것이 학구적 성향의 포르투갈식 축구가 도달한 결론이었다. 이와 같은 결론은 프라데 교수가 축구를 바라보는 기본적인 관점이었다. 프라데 교수는 "공격적인 축구와 수비적인 축구라는 건 애초에 존재하지 않는다. 공을 점유했을 때는 공을 잃었을 때 어떤 상황이 일어날지를 생각해야 한다. 공이 없을 때는 상대로부터 공을 빼앗았을 때 무엇을 어떻게 할지를 생각해야 한다"고 말했다. 무리뉴 감독의 첼시는 이와 같은 능력이 매우 우수한 팀이었다.

당시 첼시의 4-3-3 포메이션에서 좌우 윙어 자리를 두루 소화한 데이미언 더프Damien Duff는 "무리뉴는 공수 전환을 중요하게 여겼다. 내가 공수 전환이라는 개념을 알게 된 건 그때가 아마 처음이었을 것이다. 공을 잃었을 때는 신속하게 수비 진영으로 돌아오면서 공간을 회복하는 움직임이나 전력 질주를 통해 공격에서 수비로 전환해야 했다. 반대로 우리가 공을 빼앗았을 때는 폭발적으로 전진해 수비에서 공격으로 전환해야 했다. 상대는 우리가 공을 빼앗는 그 순간에 가장 약하다. 상대가 수비적 태세를 갖추기 전인 그 순간에 벼락 같이 그들을 몰아칠 수 있기 때문이다. 우리는 이런 축구를 완벽하게 구사하며 상대를 밀어붙였다. 이렇게 상대로부터 공을 빼앗은 후 4, 5초 안에 골을 넣은 횟수가 지금 생각나는 득점 상황만으로도 최소 30~40골은 되는 것 같다. 무리뉴 감독은 아마 공수 전환을 처음으로 언급한 사람일 것이다. 다른 감독들로부터는 이런 말을 들어본 적이 없다"고 말했다. 이 외에도 무리뉴 감독은 포르투갈식 전술 주기화를 첼시에 그대로 도입했다. 당시 첼시 공격수 디디에 드로그바Didier Drogba는 프리시즌 캠프 첫날 고전적인 체력 훈련을 기대하며 러닝 슈즈(운동화)를 들고 나타났다. 그러나 무리뉴 감독은 드로그바에게 달리기 훈련을 할 일은 없다고 말하며 그를 멋쩍게 했다.

무리뉴 감독은 상대 팀을 분석하는 과정에서도 학구적이고, 체계적인 자신의 성향을 잘 드러냈다. 그는 어린 시절부터 체계적인 방식으로 경기를 분석해 상대 전술을 분석하는 스카우팅 능력으로 롭슨 감독의 신임을 얻은 인물이었다. 롭슨 감독은 무리뉴에 대해 "그는 내게 절대적인 최상위 수준의 분석 자료를 전달해줬다. 내가 받았던 모든 분석 자료 중 단연 최고였다. 선수나 감독 경험이 전혀 없는 30대 친구가 월드컵에서 나를 위해 분석관 역할을 해준 프로들보다 더 훌륭한 자료를 제공해줬다는 뜻이다. 그를 특정 경기가 열리는 곳으로 파견하면, 그는 두 팀의 수비와 공격 전술, 플레이 패턴 등을 다양한 색깔의 도표로 만들어 깔끔하게 정리해줬다"고 말했다.

이후 감독이 된 무리뉴는 과거 자신이 만들었던 수준의 분석 자료를 코칭스태프에 주문했다. 그는 벤피카 감독 시절 팀의 분석 부서가 제공한 자료에 만족하지 못했다. 결국 무리뉴 감독은 구단이 제공하는 분석팀의 자료를 활용하지 않고, 자신이 직접 사비를 들여 과거 대학생 시절 함께 공부하며 눈여겨 본 친구들을 채용할 정도로 상대 팀을 분석하는 업무에 큰 비중을 뒀다. 그는 상대 팀 훈련장으로 구단 스카우트를 파견해 스파이 역할을 주문하기도 했다. 무리뉴 감독의 지시를 받고 상대 팀 훈련을 염탐한 스카우트는 상대 팀 선발 11명의 예상 명단을 결과물로 들고 돌아와야 했다.

무리뉴는 포르투 감독으로 부임한 2002년 또 한 명의 젊고 유망한 포르투갈인 스카우트에게 상대 팀 분석 업무를 맡겼다. 그가 채용한 스카우트는 롭슨 감독의 또 다른 제자 안드레 빌라스-보아스André Villas-Boas였다. 롭슨 감독은 포르투를 이끌던 시절 자신이 살던 아파트의 이웃주민이자 단 16세에 불과한 빌라스-보아스를 처음 만났다. 빌라스-보아스는 롭슨 감독의 집 대문 사이로 포르투의 간판 공격수 도밍고스 파시엔시아Domingos Paciência를 중용하지 않은 데에 의문을 제기하는 편지를 끼워넣었다. 이후 롭슨은 빌라스-보아스를 직접 만나 더 자세한 설명을 요구했다. 그러자 빌라스-보아스는 마치 1970년 조세 마리아 페드로투 감독을 설득한 조세 네투처럼 롭슨 감독에게 방대한 통계 자료를 바탕으로 자신의 주장에 근거가 될 만한 분석 결과를 보여줬다. 이에 강한 인상을 받은 롭슨 감독은 16세 소년 빌라스-보아스가 잉글랜드 축구협회에서 진행하는 지도자 수업에 참석할 수 있도록 도와줬다. 이후 롭슨 감독은 빌라스-보아스를 포르투 구단에 채용했다. 빌라스-보아스는 포르투에서 무리뉴와 함께 분석 업무를 맡았다. 무리뉴는 훗날 자신이 포르투 감독으로 부임하자 상대 팀을 분석할 스카우트로 예전부터 눈여겨본 빌라스-보아스를 선임했다.

빌라스-보아스는 "조세(무리뉴)는 보비(롭슨 감독)의 코치 시절부터 나를 잘 알고 있었다. 그는 내게 상대 팀 관찰 부서Opponent Observation Department를 만들어달라고 요청했다. 내가 한 팀을 분석한 파일을 완료하는 데는 총 4일이 걸렸다. 그만큼 내용이 포괄적이었다. 내가 작성한 리포트는 감독은 물론 모든 선수들에게 제공됐다. 궁극적인 목적은 선수들이 상대에 대한 완전한 준비를 마치고 경기장에 나가게 하는 것이었다. 경기 도중 선수들이 예상하지 못한 변수를 최대한 줄여야 했다. 나의 업무 결과는 조세에게 상대 선수가 어떤 순간에 최고의 활약을 하고, 반대로 어떤 순간에 약점을 노출하는지를 알려줬다. 나는 경기를 앞두고 몰래 상대 훈련장을 방문해 그 당시 그들의 정신적, 체력적 상태를 파악한 후 조세에게 전달할 분석 자료를 완성했다"고 말했다.

무리뉴 감독은 중요한 경기에 대비할 때 자기 자신의 팀을 준비시키는 데 투자한 노력과 시간만큼 상대 팀을 분석하는 데 집중했다. 특히 그가 챔피언스리그에서 '갈락티코' 스타가 즐비한 레알 마드리드와의 경기를 가리키며 남긴 발언은 재치가 있으면서도 기억에 남을 만했다. 무리뉴 감독은 "나와 우리 테크니컬팀이 이번 경기를 준비하는 과정에서 이상한 일이 발생했다. 이번 경기 전략을 적기 위해 펜을 종이에 가져다 대는 순간 레알을 꺾으려면 선수 13명이 필요하다는 사실을 깨달았던 것이다. 내게는 페르난도 모리엔테스를 전담 수비할 선수, 공간을 커버해줄 미드필더, 루이스 피구를 전담 수비할 선수와 그가 공급하는 대각선 패스에 대처할 선수가 한 명씩 필요했다. 지네딘 지단을 막을 선수도 필요했다. 그러나 지단은 자기 자리를 벗어나 플레이할 때가 많아 오른쪽 측면 수비수에게도 그 역할을 맡겨야 한다. 아울러 나는 늘 공격수 세 명을 기용한다. 내게는 그들이 모두 다 필요하다. 따라서 우리가 레알 마드리드에 승리하려면 내게는 선수 13명이 필요하다는 결론이 나왔다. 그러나 주심이 이를 허락할 리가 없으니 11명밖에 쓸 수 없었고, 결국 우리가 0-1로 졌다"고 말했다. 이와 같은 방식으로 상대 팀에 의거해 경기를 분석하는 감독은 당시에는 무리뉴를 제외하면 많지 않았다.

무리뉴 감독은 선수들에게도 분석 업무를 맡겼다. 그는 프리시즌 평가전이 열리면 때로는 전반전이 종료된 후 11명을 모두 교체시켰다. 이후 무리뉴 감독은 전반에 출전한 11명이 후반전에 새롭게 투입된 11명의 경기력을 분석해 피드백을 제출하게 했다. 모나코와의 챔피언스리그 결승전을 앞두고는 모든 선수가 스카우트 빌라스-보아스가 제작한 DVD를 받았다. 빌라스-보아스는 포르투 선수 개개인을 위해 그들이 특별히 신경 써야 할 상대 선수의 성향을 분석한 DVD를 제작해 나눠줬다. 포르투 선수들은 각자 집에서 빌라스-보아스가 제공한 영상 자료를 분석한 뒤, 무리뉴 감독이 소집한 팀 미팅에서 정보를 공유했다. 즉 무리뉴 감독은 상대 팀 분석을 위해 스카우트 한 명을 따로 두는 데 만족하지 않고, 팀 전체가 상대를 분석하는 문화를 만들었다.

또한 무리뉴 감독은 상대 팀의 성향을 분석하는 데 치중하면서도 포르투의 성향을 상대에게 최대한 감추려고 노력했다. 포르투는 챔피언스리그 결승전을 앞두고 포르투갈 컵대회 결승전에서 벤피카를 만났다. 포르투갈 컵대회 결승전과 챔피언스리그 결승전 사이에는 무려 10일이나 휴식 기간이 있었던 만큼, 무리뉴 감독은 굳이 로테이션을 가동하지 않아도 괜찮았다. 그러나 무리뉴 감독은 모나코를 속이겠다는 목적 하나만으로 벤피카와의 포르투갈 컵대회 결승전에서 로테이션을 가동했다. 그는 "모나코 감독이 우리의 경기를 관찰할 계획이라는 사실을 알고, (벤피카전에서) 내가 구성할 수 있는 최고의 팀을 꾸리지 않았다. 베니 맥카시가 카를로스 알베르투를 대신해 출전했고, 나는 전략적으로도 모든 걸 바꿨다. 그렇게 챔피언스리그 결승전에서 활용할 팀 전술을 디디에 데샹(모나코 감독)에게 숨긴 후 그를 놀라게 할 수 있었다"고 말했다. 포르투는 스스로 전력을 낮춘 벤피카와의 포르투갈 컵대회 결승전에서 연장전 끝에 1-2로 패했다. 그러나 무리뉴 감독은 더 중요한 경기에서 활용할 팀 전술을 감추는 데는 성공한 셈이다.

빌라스-보아스는 무리뉴 감독이 맡은 포르투를 떠나 첼시, 인테르에서도 비슷한 역할을 맡은 후 스스로 감독이 됐다. 감독으로 데뷔한 그는 2010-11시즌 포르투의 무패 우승을 이끌었고, UEFA컵 우승을 차지한 무리뉴의 업적을 재현했다. 당시 포르투의 결승전 상대 브라가Braga를 이끈 감독은 도밍고스 파시엔시아였다. 그는 빌라스-보아스가 16세 시절 롭슨 감독에게 전달한 편지 내용의 주인공이었다. 즉 빌라스-보아스는 UEFA컵 결승전에서 자신이 축구계에 발을 들여놓는 데 간접적으로 일조한 파시엔사스를 상대 팀 감독으로 만난 셈이다. 빌라스-보아스 감독의 포르투는 4-3-3 포메이션을 기반으로 수비 라인을 최대한 높게 배치했고, 그들의 모든 움직임에는 명확한 의도와 체계가 있었다. 빌라스-보아스 감독은 포르투를 이끌고 UEFA컵 우승을 차지한 뒤, 첼시 사령탑으로 부임하며 무리뉴의 발자취를 따랐다. 그러나 첼시에서 그의 행보는 성공적이지 못했다. 빌라스-보아스는 축구에 대한 식견과는 별개로 사람을 다루는 능력이 부족했고, 지나치게 분석 업무에만 집중한 탓에 '노트북 감독'이라는 비아냥을 들었다.

그러나 포르투갈에서는 이처럼 학구적인 지도자가 존중받는 문화가 지배적이었다. 무리뉴는 감독 생활 내내 자신의 축구 철학이 담긴 글을 작성했다. 그는 자신이 꾸준히 작성한 이 글에 대해 "내 훈련의 목표와 방법론, 그리고 이것들을 어떻게 얻게 됐는지가 담긴 자료"라고 말했다. 그는 또 "내 아이디어의 체계적 축적에 관한 기록이다. 굳이 제목을 지어야 한다면, '내 훈련 콘셉트의 진화'로 하겠다"고 밝혔다. 무리뉴 감독은 자신이 쓰는 이 글을 절대 대중에게 공개하지 않겠다고 밝혔다. 그러나 그의 글은 후세대 포르투갈 축구 지도자들의 교과서가 됐다. 이후 유럽 무대에 나타난 차세대 포르투갈 지도자 빌라스-보아스, 파울루 폰세카Paulo Fonseca는 각자 자신의 접근 방식이 무리뉴보다는 펩 과르디올라와 더 닮았다고 주장했다. 그런데 무리뉴 감독이 이끈 포르투가 훗날 과르디올라가 감독이 돼 선보인 축구와 공통점이 많았다. 단, 무리뉴 감독은 시간이 지나며 더 수비적인 축구를 구사하게 됐을 뿐이다.

포르투는 무리뉴 감독이 떠난 직후 극심한 부진에 빠졌다. 무리뉴의 후임 지지 델네리Gigi Delneri 감독은 이탈리아 세리에 A에서 키에보Chievo를 이끌고 인상적인 공격 축구를 구사하며 포르투 사령탑으로 부임했다. 그러나 델네리 감독은 포르투에서 공식 경기를 단 한 번도 소화하지 못하고 경질됐다. 당시 포르투 선수들과 여전히 밀접한 관계를 맺고 있던 무리뉴는 이를 두고 이탈리아 출신 델네리가 '전술 주기화' 원리들을 따르지 않았기 때문이라고 주장했다.

무리뉴는 〈월드 사커〉와의 인터뷰에서 "내가 첼시에서 이탈리아 출신 감독(클라우디오 라니에리Claudio Ranieri)을 대체한 것과는 반대로 포르투에서 나를 대체한 이탈리아 감독은 쉽지 않은 상황을 맞아야 했다. (델네리의) 훈련 콘셉트는 나와 비교해 완전히 달랐을 것이다. 예를 들어 첼시는 내가 오기 전까지 선수들에게 전속력으로 총 12회 100미터 달리기를 시키는 훈련으로 운동 능력aerobic condition을 강화했다. 내가 운동 능력을 강화하는 방식은 넓이 20m, 길이 20m짜리 운동장에서 3대3 경기를 진행하는 것이었다. 이 두 훈련의 성질은 완전히 다르다. 나는 포르투에서 델네리 감독이 이와 관련된 문제를 겪었을 것으로 본다. 포르투 선수들은 나와 2년 반 동안 함께했다. 그들은 나와 나의 체계 그리고 우리가 훈련한 방식을 믿었다. 내가 떠난 다음날부터 다른 감독이 와서 전혀 다른

훈련을 주문했을 것이다. 이에 따른 문제가 지금 나타나고 있는 것"이라
고 말했다. 당시 포르투는 이미 매우 '포르투갈스러운' 훈련 방식에 완전
히 익숙해진 상태였다.

11

·

첫 번째 기항지

　조세 무리뉴가 2002년 포르투 감독으로 부임한 후 공약으로 내건 '포르투의 포르투갈화'는 그가 마지막으로 팀을 이끈 경기에서 눈에 띄게 드러났다. 포르투의 2004년 챔피언스리그 결승전에 선발 출전한 골키퍼 비토르 바이아는 자국 대표팀에서도 주전으로 활약 중인 선수였다. 수비수 파울루 페레이라, 조르제 코스타, 히카르두 카르발류, 누누 발렌테도 모두 포르투갈인이었다. 미드필더 코스티냐, 페드로 멘데스Pedro Mendes, 마니시도 마찬가지였다.

　그러나 포르투의 공격진 구성은 조금 달랐다. 공격수 카를로스 알베르투와 데를레이는 브라질 선수들이었다. 이처럼 무리뉴의 4-3-1-2 포메이션에서 골키퍼 포함 포르투갈 선수 여덟 명과 최전방의 브라질 공격수 두 명을 연결하는 '1'의 자리는 데쿠가 맡았다. 데쿠는 브라질에서 귀화해 포르투갈 대표팀 선수로 발탁된, 브라질과 포르투갈의 융화를 가장 잘 대변하는 선수였다.

1990년대 중반 아약스는 과거 네덜란드 식민지 수리남에서 태어난 에드가 다비즈와 클라렌스 세도르프에 의존한 미드필드를 구성했다. 이후 프랑스는 2000년대로 접어들며 프랑스령 카리브해 지역 국가 출신 이민자 부모님을 둔 티에리 앙리와 니콜라 아넬카에 의존한 공격진으로 정상에 올랐다. 스페인 축구가 아르헨티나 이민자들로부터 받은 영향도 매우 컸다. 그러나 이 중에서도 포르투갈은 과거 식민지, 혹은 본토가 아닌 곳에서 태어난 선수들의 영향을 가장 많이 받은 유럽 국가다.

포르투갈 대표팀 역사상 가장 많은 골을 넣은 공격수 두 명도 본토의 서쪽 해안과 멀리 떨어진 곳에서 태어난 선수들이었다. 크리스티아누 호날두Cristiano Ronaldo는 마데이라Madeira 제도에서, 현역 시절 포르투갈 리그에서 단 한 번도 뛰지 않은 파울레타Pauleta는 아조레스Azores 제도에서 태어났다. 1990년대 초반 포르투갈의 '황금세대'를 육성한 카를로스 케이로스Carlos Queiroz 감독과 60년대 유럽을 호령하며 벤피카에서 맹활약한 포르투갈의 전설적인 축구 선수(호날두의 등장 전까지) 에우제비우Eusebio 마저도 과거 식민지 모잠비크Mozambique 태생이다. 유로 1984 득점왕을 석권한 포르투갈 대표팀 공격수 후이 조르당Rui Jordão 또한 앙골라에서 태어났다. 이 외에도 나니Nani, 조르제 안드라데Jorge Andrade, 실베스트레 바렐라Silvestre Varela 등은 카보베르데Cape Verde 혈통의 선수들이다.

그러나 포르투갈 축구에 가장 큰 영향을 미친 국가는 브라질이었다. 브라질은 1822년 포르투갈 왕국으로부터 독립을 선언했다. 이전까지 포르투갈과 브라질은 매우 밀접하게 연결돼 있었다. 심지어는 포르투갈 왕국의 수도가 짧게나마 리스본이 아닌 리우데자네이루였을 정도였다. 오늘날까지 두 나라는 문화적 교류를 이어가고 있다. 포르투갈 정부는 국적 취득을 희망하는 이민자에게 능숙한 포르투갈어 구사 능력을 요구한다. 따라서 포르투갈어를 구사하는 브라질인들이 귀화하는 데 큰 어려움이 없다.

포르투갈 축구는 1950~60년대 브라질 출신 감독에게 받은 영향 덕분에 발전할 수 있었다. 브라질에서 태어난 포르투갈인 부모의 아들 오토 글로리아Otto Glória는 보타포구Botafogo, 바스쿠 다 가마Vasco da Gama 감독직을 역임한 뒤, 1953년 벤피카 감독으로 부임했다. 이후 그는 3년 연속 포르투갈 리그 우승을 차지했고, 포르투와 스포르팅을 거쳐 1966년 월드컵을 앞두고 포르투갈 대표팀 사령탑으로 선임됐다. 포르투갈은 당시 자국 역사상 최초로 월드컵 본선을 눈앞에 두고 있었다. 글로리아 감독은 선수들의 식습관, 생리학적 기능, 팀 전술을 향상시키기 위해 규율이 명확하고 잘 정돈된 팀 조직력의 중요성을 강조하면서도 공격진에 포진한 선수들에게는 창의적이고 자유로운 플레이를 주문했다.

에우제비우는 글로리아 감독에 대해 "그가 포르투갈 축구에 혁명을 일으켰다"고 말했다. 포르투갈은 글로리아 이후 유로 2004 개최를 앞두고 약 40년 만에 외국인 감독을 선임했다. 이 또한 브라질인 루이스 펠리페 스콜라리Luiz Felipe Scolari 감독이었다. 스콜라리 감독은 2002년 브라질의 월드컵 우승을 이끈 뒤, 이듬해 포르투갈 대표팀 사령탑으로 부임했다. 포르투갈 대표팀은 스콜라리 감독이 지도자 생활을 하며 처음으로 맡게 된 유럽 팀이었다. 당시 스콜라리 감독을 선임한 포르투갈 축구협회의 결정은 거센 논란을 일으켰다. 이는 그가 외국인이었기 때문만은 아니었다. 스콜라리 감독이 포르투갈에서 받은 연봉 또한 이전 감독들과 비교해 현저하게 높았다. 그럼에도 불구하고 포르투갈 축구협회는 국제 무대에서 성과를 낸 감독이 대표팀을 이끌어야 한다며 자국 역사상 가장 큰 국제대회를 앞두고 스콜라리 감독을 선임했다.

　그러나 스콜라리 감독의 전술적 접근 방식은 전형적인 브라질 축구와 달랐다. 그는 브라질 감독 시절부터 조가 보니토joga bonito(축구를 가리켜 '아름다운 경기'라고 일컫는 표현)의 시대는 이제 끝났다고 말하며, 전술적 규율을 바탕으로 수비적 성향이 강한 선수를 대거 기용해 적절한 타이밍에 적절한 위치에서 파울을 범하는 것도 권장하는 안정적인 축구를 추구했다. 스콜라리 감독은 "상파울루와 리우데자네이루 사람들은 기술적인 축구를 좋아한다. 그러나 내 고향 리우 그란데 두 술Rio Grande do Sul에서는 피지컬한 플레이를 중요하게 여긴다. 그러므로 내가 감독을 맡은 팀은 아름다운 축구를 하지 않는다. 대신 우리는 조직적이고, 생산적인 축구를 한다"라고 말했다. 스콜라리 감독은 브라질을 우승으로 이끈 2002 한일 월드컵에서 호나우두, 히바우두, 호나우지뉴Ronaldinho를 최전방에 세우는 공격 삼각편대를 내세웠다. 그는 글로리아와 마찬가지로 엄격한 전술적 지시를 하면서도 개개인의 천재성을 사랑하는 감독이었다. 이 때문에 그는 당연히 데쿠에게 강한 매력을 느꼈다.

　데쿠가 등장하기 전 포르투갈의 간판 10번 자리를 무려 약 10년간 지킨 주인공은 후이 코스타였다. 후이 코스타는 제 기량을 발휘할 때는 유럽 어느 플레이메이커와 비교해도 부족한 것이 없는 선수였다. 그는 위협적인 드리블 돌파와 상대 수비진 사이로 찔러주는 침투 패스가 일품인 선수였다. 포르투갈 대표팀에서는 득점력도 빼어났다. 하지만 그는 소속팀 AC 밀란에서는 자신과 비슷한 성향의 드리블 돌파, 패스, 여기에 득점력까지 더 뛰어난 카카Kaká와의 주전 경쟁에서 밀린 상태였다. 그럼에도 불구하고 후이 코스타는 주전 경쟁에서 밀려난 자신의 입지에 불평하지 않고, 카카의 성장을 도왔다. 그러나 그마저도 포르투갈 대표팀에서 또 다른 브라질 출신 선수에게 주전 자리를 빼앗길 줄은 상상조차 하지 못했을 것이다.

무리뉴 감독의 포르투에서 데쿠가 선보인 경기력은 매우 인상적이었다. 데쿠는 4-3-1-2 포메이션에서 10번, 혹은 4-3-3 포메이션에서 왼쪽에 배치된 중앙 미드필더로 활약했다. 그는 공을 소유했을 때의 침착성과 비좁은 공간에서 패스를 받아 고개를 들고 순간적으로 주변 상황을 확인한 후 결정적인 패스를 찔러주는 능력이 돋보였다. 그러나 데쿠는 동시에 왕성한 활동량, 적극적인 압박과 수비 전환으로도 찬사를 받았다. 무리뉴 감독은 "데쿠는 진정한 월드 클래스 선수다. 그는 훌륭한 개인 기량을 보유했을 뿐만 아니라 팀에도 매우 많은 보탬이 된다. 그는 패스 능력이 출중한 데다 투쟁심까지 겸비하고 있고, 태클과 수비 전환도 자연스럽게 한다"고 말했다. 실제로 데쿠는 2002-03시즌 포르투갈 리그에서 30경기에 출전해 경고를 15회나 받았다.

앤디 록스버그Andy Roxburgh 유럽축구연맹UEFA 기술이사는 2008년 공격수를 배치하지 않는 포메이션의 급부상을 언급하며 앞으로 보게 될 전술 트렌드를 가장 잘 대변하는 선수로 데쿠를 지목했다. 록스버그 이사는 "공격수가 없는 포메이션의 미드필더 여섯 명은 수시로 자리를 바꾸며 공격과 수비에 가담할 수 있다. 그러나 그렇게 하려면 데쿠 같은 선수 여섯 명이 필요하다. 데쿠는 공격만 하지 않는다. 그는 많이 뛰고, 태클을 하고, 경기장의 모든 구역을 커버한다"고 말했다. 데쿠가 후이 코스타를 제치고 포르투갈 대표팀의 주전 공격형 미드필더가 된 원동력도 여기에 있다. 후이 코스타는 여유롭게 운동장을 누비는 고전적인 10번이었기 때문이다. 반면 강도 높은 움직임의 소유자 데쿠는 유로 2004에서 자신의 뒤에 배치된 코스티냐, 마니시와 함께 허리진을 구축했다.

스콜라리 감독은 데쿠를 중심으로 포르투갈 대표팀의 척추를 재창조할 수 있었다. 더 흥미로운 점은 그가 포르투갈 감독으로 부임한 후 얼마 지나지 않아 무리뉴와 미팅을 가졌다는 사실이다. 무리뉴는 훗날 스콜라리에 대해 "그와의 대화는 즐거웠다. 그는 매우 친근했고, 열려 있었다. 나는 그와 내 선수들에 대해 얘기했다. 스콜라리는 그들에 대해 모든 걸 다 알고 싶어 했다. 나는 그가 가진 질문과 의구심에 대해 모든 걸 답해 줄 수 있었다. 우리는 모든 선수 한 명, 한 명에 대해 신체 조건부터 활약 성향까지 논의했다. 데쿠에 대해서도 얘기했다. 그는 데쿠가 포르투갈 대표팀에 합류해 아주 기쁘다고 말했다"고 밝혔다.

다만, 이 때까지 데쿠는 포르투갈인이 아니었다. 그의 가족, 친척 중 누구도 포르투갈과는 연이 없었다. 즉 데쿠가 귀화할 수 있는 유일한 방법은 포르투갈에 최소 6년 거주하는 것뿐이었다. 출중한 기량을 보유한 그가 비교적 늦은 시점에 정상급 선수로 성장한 점을 고려하더라도, 그 때까지 브라질 대표팀에 단 한 번도 발탁되지 않았다는 사실도 의외였다. 데쿠는 2000년 시드니 올림픽에서 브라질 대표로 발탁됐지만, 부상 탓에 명단에서 제외됐다. 그는 2003년 포르투갈 6년 거주 조건을 채운 직후 귀화 과정을 완료했다. 당시 데쿠는 포르투갈 축구협회와 약 2, 3년 전부터 귀화 가능성을 논의했다고 말했다.

데쿠의 귀화는 거센 논란을 일으켰다. 1990년대 성장한 포르투갈의 황금세대를 대표한 대표적인 선수 두 명이 데쿠에 대해 반감을 내비쳤다. 후이 코스타는 "우리 대표팀 이름이 '포르투갈 대표팀'인 이유가 있다"며 짧은 말로 불만을 나타냈다. 포르투갈 주장 루이스 피구_{Luís Figo}도 후이 코스타의 말에 동의했다. 그는 "(데쿠의 귀화는) 팀 정신을 깨는 동의할 수 없는 결정이다. 누군가 중국에서 태어났다면 그는 중국을 위해 뛰어야 한다. 귀화하는 사람들에게 개인적인 반감이 있는 건 아니다. 그러나 귀화는 지나치게 가벼운 행동"이라고 지적했다.

데쿠를 세계적인 선수로 육성한 무리뉴 감독조차 그의 포르투갈 대표팀 합류에 반대했다. 무리뉴는 "언젠가 내가 포르투갈 감독이 된다면, 나는 분명하게 내 나라에서 태어난 선수들만 발탁할 것이다. 설령 내 나라에서 태어난 선수가 아니더라도 대표팀에 들어온 선수라면 최소 그의 부모님이 포르투갈과 강한 연결고리가 있어야 할 것이다. 선수가 내 나라의 국적만 가지고 있다고 해서 팀 전력을 높이기 위한 수단으로 그를 뽑지는 않을 것"이라고 말했다. 이로부터 수년이 지난 뒤, 무리뉴 감독은 "언젠가 포르투갈 감독이 된다면, 나는 포르투갈인을 선발할 것이다. 국가대표팀의 이름은 '포르투갈'이지 '포르투갈과 친구들'이 아니다. 포르투갈은 포르투갈인들을 위한 팀이 돼야 한다"며 자신의 생각에 변함이 없다는 점을 강조했다.

그러나 스콜라리 감독은 뜻을 굽히지 않았다. 그는 "대표팀에 누군가를 선발하는 권한은 선수들이 아닌 내가 가지고 있다. 나는 누구의 압력에도 굴복하지 않을 것이다. 나와 동의하지 않는 이들에게는 팀에서 뛰지 않을 선택권이 있다"고 말했다. 이후 포르투갈에서는 외국인 감독 스콜라리가 국가대표팀을 이끌게 된 점을 두고 다시 한번 논란이 일어났다. 이처럼 데쿠의 대표팀 발탁은 단순히 브라질 선수가 포르투갈 선수로 발탁된 문제가 아니었다. 브라질인이 브라질인을 포르투갈 대표팀에 발탁했다는 것이 논란의 쟁점이었다.

그러나 데쿠는 늘 포르투갈에 우호적인 반응을 보였다. 그는 유로 2004를 앞두고 "포르투갈은 지난 7년간 내 집이었다. 나는 포르투갈에서 선수로 성장했다. 나는 포르투갈 축구에 모든 빚을 지고 있으며 그들을 위해 뛰는 건 영광스러운 일이다. 나는 브라질에 애착을 가지고 있지만, 이제는 휴가 때만 그 곳에 간다. 나의 집은 포르투갈이다"라고 말했다.

데쿠는 2003년 3월 포르투의 홈구장에서 포르투갈 대표팀 데뷔전을 치렀다. 상대 팀은 그의 모국 브라질이었다. 그는 60분경 윙어 세르지우 콘세이상Sergio Conceição을 대신해 교체 출전했고, 경기 종료 약 10분을 남겨두고 포르투갈이 상대 골문으로부터 약 22미터 떨어진 거리에서 프리킥을 얻어내자 키커로 나섰다. 데쿠의 프리킥은 브라질 선수들이 세운 수비벽을 뚫고 골키퍼 마르코스Marcos를 스쳐 골망을 갈랐다. 논란 속에 치른 데뷔전에서 골까지 넣은 데쿠는 어떻게 행동해야 할지를 모르는 듯한 모습이었다. 그는 어색하게 허공에 한 차례 주먹을 휘두른 뒤, 박수를 치며 골을 자축했다. 경기는 포르투갈의 2-1 승리로 끝났다. 브라질 감독이 발탁한 브라질 선수가 브라질을 상대로 포르투갈에 승리를 선사한 순간이었다. 이 경기 전까지 포르투갈은 1966 잉글랜드 월드컵 이후 단한 차례도 브라질을 꺾어본 적이 없었다. 당시에도 포르투갈은 브라질인 글로리아 감독 체제에서 브라질을 격파했었다.

스콜라리는 포르투갈 감독들처럼 대표팀을 이끄는 데 열정적인 모습을 보여주지 않는다는 지적을 받았다. 그럼에도 불구하고 그는 포르투갈인들이 자국 대표팀을 더 열렬히 응원하게 되는 문화가 형성되는 데 결정적인 역할을 했다. 스콜라리는 포르투갈 대표팀 감독으로 부임한 후 선수들이 2002 한일 월드컵에서 16강 진출에 실패한 후 우울함에 잠겨 있다고 지적했다. 이후 그는 브라질 출신 심리학자 레지나 브란당Regina Brandão 교수를 포르투갈 대표팀 캠프에 합류시켜 팀 내 분위기를 쇄신했다. 스콜라리 감독은 "나와 포르투갈 선수들은 태도가 다르다. 나는 남미에서 왔다. 그래서 나는 선수들이 행복해하고, 서로 농담을 주고받는 모습을 보고 싶다. 포르투갈 선수들에게 그런 분위기는 익숙하지 않았다. 그들은 늘 화가 난 얼굴에 익숙한 상태였다"고 말했다. 또 "나는 포르투갈에 온 후 모든 사람들이 모든 경기를 심각하게 여긴다는 사실을 알게 됐다. 포르투갈에는 중심이 필요하다"고 말했다. 이후에도 스콜라리 감독은 그룹에 있어 화합의 중요성을 강조했다. '그룹'은 스콜라리 감독 시절 포르투갈 대표팀의 키워드로 꼽힌 단어였다. 이후 스페인을 이끌고 월드컵 우승을 차지한 비센테 델 보스케 감독이 이와 같은 팀 문화 구성을 모방하기도 했다.

스콜라리 감독은 포르투갈 축구 팬들의 태도까지 바꿨다. 그는 유로 2004 본선을 앞두고 포르투갈 전역의 집 창문에 국기가 달려 있는 모습을 보고 싶다고 말했다. 내향적인 성향이 짙은 포르투갈에서 이처럼 국기를 흔들며 애국심을 표현하는 문화를 찾아보기는 어려웠다. 그러나 포르투갈 국민들은 스콜라리 감독의 요구에 긍정적으로 응답했다. 포르투갈 골키퍼 히카르두는 저자 톰 쿤더트Tom Kundert가 집필한 책《13번째 챕터》를 통해 "스콜라리는 포르투갈 국민들을 하나로 뭉쳐 국기를 보고 자부심을 느낄 수 있게 해줬다. 이전까지 포르투갈에는 '국기 문화'가 없었다. 이는 아르헨티나, 브라질 등 남미 국가에서나 볼 만한 문화였다"고 말했다. 포르투갈 수비수 페르난두 메이라Fernando Meira도 히카르두의 의견에 동의했다. 그는 "스콜라리는 이전까지 단 한 번도 볼 수 없었던 수준으로 포르투갈 축구의 단합을 이뤘다. 그는 포르투갈 대표팀과 포르투갈 축구에서 중심적인 역할을 했다. 그가 셀레상seleção(대표팀의 애칭)을 하나로 뭉치게 하고, 포르투갈 전역은 물론 전 세계에 퍼진 우리 국민들이 예전과는 전혀 다른 분위기로 국가대표팀을 응원하는 문화를 만든 건 대단한 일이다. 나는 아직도 유로 2004 당시 포르투갈 전역의 모든 집 창문에 우리 국기가 걸린 모습을 기억하고 있다. 이는 스콜라리가 원한 것이었다. 그가 포르투갈에 이런 변화를 불러왔다"고 말했다.

유로 2004는 스콜라리 감독에게 매우 큰 도전이었다. 포르투갈은 약 10년에 걸쳐 그들의 황금세대(포르투갈은 다른 국가들보다 먼저 '황금세대'라 불렸다)가 자국 축구 역사상 첫 국제대회 우승을 달성하기를 기도하고 있었다. 그러나 유로 2004를 앞둔 포르투갈에는 새로운 세대가 등장하고 있었다. 이전까지 대표팀에서는 후보 자원에 불과했으나 그 해 여름 포르투를 챔피언스리그 우승으로 이끈 선수들과 크리스티아누 호날두가 있었기 때문이다. 스콜라리 감독은 기존 황금세대와 새롭게 떠오른 세대 사이에서 중심을 잡고 선수를 선발해야 했다. 이 중에서도 후이 코스타와 데쿠를 두고 누구를 써야 하는지 묻는 질문은 가장 큰 화제가 됐다. 그래도 후이 코스타와 데쿠는 나란히 서로 함께 뛰는 데 아무런 문제가 없다고 말했다.

주장 피구는 줄곧 데쿠가 대표팀에서 중심적인 역할을 맡는 데 반대했지만, 후이 코스타는 막상 그가 선발되자 환영의 뜻을 내비쳤다. 후이 코스타는 "처음에는 나를 포함해 많은 선수가 포르투갈 대표팀에 데쿠가 합류하는 데 반대했다. 그러나 그것은 데쿠가 싫어서가 아니라 신념에 기반한 의견이었다. 나는 데쿠가 포르투갈 대표가 된 후 우리의 수준을 높여줬다는 사실을 인정한다. 그가 앞으로도 수년간 포르투갈 대표팀에서 주전으로 활약할 수 있다고 생각한다"고 말했다.

유로 2004 개최국 포르투갈은 데쿠가 벤치에서 대기하고, 후이 코스타가 선발·출전한 첫 경기에서 그리스에 1-2 충격패를 당했다. 그나마 포르투갈이 터뜨린 만회골도 후반 교체 투입된 호날두가 추가 시간에 기록한 득점이었다. 이후 포르투갈 선수들은 무거운 중압감에 시달리고 있다는 사실을 인정했다. 그러나 당시 포르투갈 대표팀은 전술적인 문제에도 직면한 상태였다. 무엇보다 후이 코스타는 경기 템포를 늦추는 문제점을 만들고 있었다. 포르투갈이 추구한 높은 점유율을 바탕으로 한 축구로는 그리스를 뚫지 못했다.

결국 스콜라리 감독은 러시아와의 다음 경기에서 '죽기 아니면 살기' 전략을 내세웠다. 그는 포르투 선수 세 명을 추가로 선발 출전시켰다. 수비수 누누 발렌테, 히카르두 카르발류가 수비진에 포함됐고, 데쿠가 10번 자리를 꿰차며 후이 코스타는 벤치에 앉게 됐다. 결과적으로 스콜라리 감독의 결정은 옳았다. 데쿠는 선제골을 도우며 스타다운 활약을 펼쳤다. 그는 오른쪽 측면과 중앙 지역 사이에서 마니시의 패스가 오자 공의 흐름을 그대로 살려 상대 수비수 안드레이 카리아카Andrei Karyaka를 제쳤다. 이어 데쿠는 페널티 지역 모서리 부근에 근접하자 크로스를 올리는 듯한 몸동작으로 상대 수비를 속인 뒤, 페널티 지역으로 침투하는 마니시에게 낮은 리턴 패스를 연결했다. 데쿠의 패스를 받은 마니시는 영리한 마무리로 선제골을 터뜨렸다.

후반전에는 측면 공격수 시망Simão이 빠지고 후이 코스타가 교체 투입되며 데쿠와 호흡을 맞췄다. 교체 출전한 후이 코스타는 특유의 훌륭한 패스 능력을 선보였다. 결국 후이 코스타는 경기 종료 2분을 앞두고 쐐기골을 터뜨렸다. 피구가 호날두와 교체되며 주장 완장을 찬 후이 코스타는 수비 진영에서 패스를 받아 개인 돌파로 45미터가량 전진한 뒤, 왼쪽 측면으로 침투하는 호날두를 향해 상대 수비의 뒷공간을 찌르는 패스를 연결했다. 이후 후이 코스타는 계속 문전으로 침투하는 움직임을 가져가며 호날두가 아웃프론트킥으로 연결한 크로스를 마무리했다. 경기가 열린 에스타디우 다 루스Estádio da Luz는 폭발적인 함성으로 가득 찼고, 후이 코스타와 데쿠는 꽤 긴 시간 동안 포옹하며 포르투갈 플레이메이커의 계보가 이어지는 과정을 보여주는 상징적인 장면을 연출했다. 러시아를 꺾으며 안도한 스콜라리 감독은 "우리는 평소와는 다른 방식으로 오늘 경기를 풀어갔다. 우리는 패스를 더 빨리 연결했고, 측면을 통해 공을 움직였다"고 말했다. 이와 같은 축구는 데쿠가 포르투갈의 공격에 속도감을 더해준 덕분에 가능했다.

포르투갈이 승리로 이끈 조별 리그 마지막 경기는 오늘날까지 그들의 축구 역사에 남을 만한 경기 중 하나로 꼽힌다. 포르투갈은 이날 라이벌 스페인을 상대로 사상 최초로 공식 경기에서 승리를 거뒀다. 포르투갈이 승리한 원동력은 스콜라리 감독이 시도한 두 가지 변화 덕분이었다. 우선 스콜라리 감독은 최전방 공격수로 파울레타가 아닌 누누 고메스를 투입했다. 또한 그는 데쿠와 피구의 위치를 바꿨다. 그러면서 데쿠는 자신에게 익숙하지 않은 측면에서 움직이게 됐고, 피구는 중앙 지역에서 활약했다. 포르투갈이 이날 터뜨린 유일한 득점이자 결승골은 이와 같은 변화 덕분에 만들어질 수 있었다. 피구가 스페인 수비와 미드필드 라인 사이에서 공을 잡은 뒤, 누누 고메스에게 패스를 건넸다. 고메스는 전방에서 골대를 등진 채 공을 지키며 피구가 문전으로 침투할 시간을 벌어줬다. 그러나 고메스는 피구가 문전으로 침투하는 순간 스페인 수비진이 그에게 향하는 리턴 패스를 예상하는 찰나에 자신이 직접 공을 잡고 돌아서며 강력한 슈팅으로 골망을 흔들었다. 포르투갈은 조별 리그를 통과하고 스페인은 유로 2004에서 탈락하는 순간이었다.

스콜라리 감독은 포르투갈이 잉글랜드를 만난 8강에서도 경기 흐름을 바꾸는 능력을 선보였다. 그는 포르투갈이 경기 초반 마이클 오언 Michael Owen에게 실점하며 끌려가자 공격적인 경기를 위해 세 가지 변화를 줬다. 먼저 그는 수비형 미드필더 코스티냐를 빼고 윙어 시망을 투입하며 피구를 다시 중앙에 배치했다. 이후 스콜라리 감독은 피구마저 교체하며 두 번째 공격수 엘데르 포스티가를 투입했다(팀이 끌려가는 와중에 교체된 주장 피구는 불만을 감추지 않았다). 끝으로 스콜라리 감독은 오른쪽 측면 수비수 미구엘Miguel을 제외하며 후이 코스타를 출전시켰다. 포르투갈에서는 이와 같은 과감한 판단을 가리켜 '고기를 전부 다 석쇠에 올렸다'는 표현을 쓴다. 이는 당시 스콜라리 감독의 결단에 어울리는 표현이다.

스콜라리 감독이 준 변화는 적중했다. 경기 종료 7분을 앞두고 시망이 왼쪽 측면에서 오른발로 올린 크로스를 교체 투입된 포스티가가 머리로 동점골을 터뜨렸다. 1-1. 경기는 연장전에 돌입했다. 이 시점부터 포르투갈은 지나치게 공격적인 성향을 띤 팀 구성으로 30분간 연장 승부를 치러야 했다. 데쿠, 후이 코스타, 시망, 호날두, 포스티가, 누누 고메스는 모두 공격적 성향이 짙은 선수들이었다. 그러나 스콜라리 감독은 포메이션을 4-2-4로 변경하며 다시 중심을 잡았다. 후이 코스타와 마니시가 중앙 미드필더로 배치됐고, 데쿠는 오른쪽 측면 수비수 자리를 맡았다. 불과 얼마 전 챔피언스리그 우승을 차지한 플레이메이커이자, 그해 발롱도르 투표 결과 2위에 오른 데쿠는 강도 높은 움직임과 왕성한 활동량을 앞세워 별 문제 없이 수비 라인의 한 축을 맡을 수 있었다. 이는 데쿠의 다재다능함을 보여주는 단적인 모습이었다. 후이 코스타는 연장전 돌입을 앞두고 데쿠에게 강한 어조로 무언가를 얘기하며 그의 사기를 충전시켜줬다.

팀이 전술적 중심을 잡으면서 후이 코스타에게 전진할 수 있는 공간과 여유가 생겼고, 그는 이를 십분 활용했다. 후이 코스타는 연장 후반전 초반 센터 서클 안에서 공을 잡은 뒤, 중앙 지역을 통해 폭발적으로 돌파했다. 필 네빌Phil Neville이 파울을 범해 후이 코스타를 저지하려고 했지만, 그는 혼자 중심을 잃고 쓰러졌다. 이어 후이 코스타는 페널티 지역 바깥쪽 왼쪽 측면과 중앙 지역 사이 공간에서 공을 자신의 오른발로 가져간 뒤, 강력한 중거리 슛을 연결했다. 그의 발을 떠난 공은 크로스바를 맞고 골대 안으로 들어갔다. 관중석에서는 유로 2004의 모든 경기를 통틀어 가장 큰 함성이 터져나왔다.

그러나 후이 코스타의 득점은 결승골이 아니었다. 프랑크 램파드가 얼마 지나지 않아 동점골을 터뜨렸고, 경기는 승부차기로 이어졌다. 승부차기는 더 극적으로 진행됐다. 데이비드 베컴의 페널티킥이 크로스바를 크게 넘겼고, 후이 코스타도 비슷한 궤적으로 실축했다. 포스티가는 자신이 실축하면 포르투갈이 탈락하는 순간에 키커로 나서 고급스러운 파넨카로 득점에 성공했다. 감정이 북받친 레전드 에우제비우가 사이드라인에서 소리를 지르는 가운데, 결국 한 명씩 차서 실패하는 팀이 곧바로 탈락하는 '서든 데스sudden death'에 돌입했다. 이 순간 포르투갈 골키퍼 히카르두는 장갑을 벗어던졌다.

히카르두는 벤 리틀턴Ben Lyttleton의 저서 《12야드》를 통해 "우리는 경기 전 팀 훈련을 통해 승부차기에 대비했다. 나는 DVD를 보며 잉글랜드 선수들이 보통 어디로 페널티킥을 차는지를 분석했다. 그러나 나는 더라이어스 바셀Darius Vassell이 키커로 다가오는 모습을 보며 '젠장, 모든 잉글랜드 선수의 페널티킥을 분석했는데, 얘만 못 봤잖아. 얘에 대해 아는 건 아무것도 없는데, 페널티킥을 차본 적은 있는 선수인가?'라고 생각했다. 그때 내 손이 보였다. 뭐라도 해야 할 것 같은 느낌이 들었다. 그래서 장갑을 벗었다. 바셀은 나를 보더니 주심을 쳐다봤다. 주심은 (내가 장갑을 벗어도) '괜찮다'고 말했다. 나는 오늘날까지 내가 왜 장갑을 벗었는지 잘 모르겠다"고 말했다.

히카르두의 때 아닌 승부수는 결국 통했다. 그는 맨손으로 바셀의 페널티킥을 막았다. 히카르두는 흥분한 나머지 원래 키커로 정해진 누누 발렌테 대신 자신이 직접 페널티킥을 차 넣으며 포르투갈을 승리로 이끌었다. 스콜라리 감독은 경기 후 "이 경기에서 감정이 매우 심하게 교차했다. 우리 선수들과 국가대표팀을 이토록 응원해주는 모든 포르투갈 국민에게 진심어린 감사함을 전한다"고 말했다. 이후 그는 "선수들에게도 고맙다"는 말도 덧붙였다.

포르투갈이 네덜란드를 꺾은 4강은 앞서 스페인, 잉글랜드를 잡은 경기보다는 기억할 만한 순간이 많지 않았다. 포르투갈은 호날두의 헤더와 마니시의 골로 2-1로 승리했다. 마니시는 짧은 코너킥을 받은 후 전혀 예상치 못한 개인 돌파 후 득점을 뽑아냈다. 당시 경기를 중계한 TV 방송사마저 이를 예상하지 못해 마니시가 득점하는 순간에 전 상황을 리플레이로 보여주고 있었다. 이번에도 경기 후 스콜라리 감독의 소감은 비슷했다. 그는 "포르투갈 국민들에게 축하 인사를 건넨다. 그들의 응원은 환상적이었다"고 말한 뒤, 포르투갈 축구협회와 2년 계약 연장을 맺었다는 사실을 발표했다. 포르투갈 대중은 스콜라리 감독의 재계약 소식을 크게 반겼다.

2004년 7월 4일은 포르투갈 축구 역사상 가장 위대한 날로 장식될 뻔했다. 포르투갈은 수도 리스본에서 자국 역사상 최초의 국제대회 결승전을 치렀다. 상대는 그리스였다. 그러나 그리스는 대회 개막전에서 한차례 꺾은 포르투갈을 또다시 제압했다. 앙겔로스 하리스테아스Angelos Charisteas가 연결한 헤더를 히카르두가 적절하지 못한 위치 선정 탓에 막지 못했고 이 골이 그대로 결승골로 이어졌다. 포르투갈은 약 60분 경까지 좀처럼 득점 기회를 만들지 못했다. 그러나 이날 자신의 마지막 포르투갈 대표팀 경기에 출전한 후이 코스타는 코스티냐를 대신해 교체 출전한 후 환상적인 활약을 펼쳤다. 그는 포르투갈의 공격을 이끌며 두 차례나 완벽한 기회를 만들었다. 그러나 두 번에 걸쳐 후이 코스타의 침투를 받은 호날두가 기회를 살리지 못했다.

스콜라리 감독은 "포르투갈 국민들에게 용서를 구한다"고 말했다. 그러나 포르투갈 선수들은 오히려 영웅 대접을 받았다. 결승전 패배는 포르투갈 전통 민요 '파두'의 슬픈 선율에 잘 어울렸다. 포르투갈인들은 자신들의 국가를 상징하는, 알파벳 'F'로 시작하는 3대 단어가 있다고 말한다. 이는 전통 민요 파두Fado, 동정녀 마리아가 나타난 장소로 유명한 도시 파티마Fátima 그리고 축구Futebol다. 포르투갈 골키퍼 히카르두는 이날 경기가 열린 리스본에서 1년 후 소속 팀 스포르팅이 UEFA컵 결승전에 오르며 유럽 타이틀을 차지할 기회를 또 잡았다. 그러나 스포르팅은 1-3으로 패했다.

대회가 끝난 후 후이 코스타가 대표팀 은퇴를 선언하며 데쿠가 2006 독일 월드컵에 포르투갈의 미드필드를 이끄는 핵심 자원으로 자리매김했다. 스콜라리는 브라질 대표팀 감독으로 우승을 차지한 2002 한일 월드컵에 이어 2회 연속 정상에 도전했다. 포르투갈은 월드컵에서도 2년 전 유로 2004와 비슷한 과정을 거쳤다. 손쉽게 조별 리그를 통과한 뒤, 유로 2004와 마찬가지로 마니시의 결승골에 힘입어 네덜란드를 꺾었다. 그러나 이날 경기는 무려 16명이 경고를 받고, 네 명이 퇴장을 당해 월드컵 신기록을 수립한 사실 때문에 경기 결과보다 더 큰 논란을 낳았다. 포르투갈은 월드컵 8강에서 다시 한번 승부차기 끝에 잉글랜드를 꺾으며 유로 2004를 재현했다. 그러나 포르투갈은 4강에서는 유로 2000에서 그랬던 것처럼 지네딘 지단에게 페널티킥으로 실점하며 탈락했다. 포르투갈은 2006 독일 월드컵에서 지루한 팀이라는 평가를 받았다. 실제로 당시 포르투갈은 16강 네덜란드전에서 마니시의 골 이후 독일에 패한 3, 4위전에서 누누 고메스가 만회골을 터뜨리기 전까지 무려 60시간 동안 득점을 기록하지 못했다. 그럼에도 불구하고 포르투갈이 월드컵 본선에서 조별 리그를 통과한 건 글로리아가 팀을 이끈 1966 잉글랜드 월드컵과 2006 독일 월드컵 단 두 번이 전부였다.

데쿠는 2004년 포르투에서 바르셀로나로 이적한 후 눈부신 활약을 이어갔다. 그는 사비 에르난데스와 안드레스 이니에스타가 바르셀로나에서 부동의 주전으로 올라서기 전 팀에 합류해 핵심 미드필더로 활약하며 2006년 챔피언스리그 우승을 차지했다. 데쿠는 여전히 두 팀에서 챔피언스리그 우승을 경험한 전 세계의 몇 안 되는 선수 중 한 명으로 남아 있다. 그는 근면함이 돋보인 선수답게 바르셀로나 구단 공식 홈페이지로부터 "성실한 태도와 팀에 대한 헌신 그리고 브라질 출신 선수 특유의 훌륭한 기술을 모두 갖춘 완성된 선수다. 그는 득점 기회를 만드는 마지막 패스가 훌륭했으며 동료를 위해 골을 만들어주거나 자신이 직접 넣기도 했고, 필요에 따라서는 전술적 파울도 영리하게 범했다"는 찬사를 받았다. 바르셀로나가 전통적으로 미드필더의 패스 능력을 가장 우선시하는 구단인 점을 고려하면, 이는 매우 흥미로운 칭찬이다. 데쿠는 바르셀로나에서 4년간 활약한 후 첼시로 이적했다. 첼시에서 그를 영입한 감독은 바로 오랜 동반자인 스콜라리였다. 스콜라리 감독은 첼시 부임 후 자신의 첫 번째 영입으로 데쿠를 낙점했다.

데쿠는 포르투갈 축구에 영향을 미친 남미 선수를 상징하는 존재였다. 그가 등장한 후 벤피카, 스포르팅, 포르투는 과거와 비교해 남미 선수를 경기에 출전시키는 비율이 약 두 배로 늘었다. 시간이 많이 흐른 2017년에 비토리아 데 기마랑이스Vitória de Guimarães는 모든 유럽클럽대항전을 통틀어 유럽인이 포함되지 않은 선발 11명을 출전시킨 최초의 클럽이 됐다. 비토리아 데 기마랑이스가 레드불 잘츠부르크와의 유로파 리그 경기에 선발로 내세운 베스트11은 브라질 선수 네 명, 콜롬비아 선수 2명, 베네수엘라, 우루과이, 페루, 가나, 코트디부아르 선수 각각 한 명씩으로 구성됐다. 이는 극단적인 예라고 할 수도 있겠지만, 어찌 됐든 포르투갈 리그는 유럽 진출을 꿈꾸는 수많은 남미 선수들이 거쳐가는 첫 번째 기항지가 됐다. 이와 같은 포르투갈의 이미지는 단지 지리적, 혹은 언어적 이유 때문만은 아니었다. 한 사람의 영향력 또한 원인이었다.

2008년에 이르러 포르투갈은 유럽에서 가장 각광받는 선수인 크리스티아누 호날두, 가장 추앙받는 감독인 조세 무리뉴 그리고 가장 막대한 영향력을 자랑한 축구 에이전트까지 보유하게 됐다. 조르제 멘데스Jorge Mendes는 유럽 축구 이적 시장에서 이뤄진 거의 모든 대형 이적에 관여했고, 축구계에서 가장 큰 권력을 자랑하는 인물로 평가받았다.

멘데스는 어린 시절 프로 선수를 꿈꿨다. 그러나 그는 이후 비디오 대여점, 해안가 술집, 나이트클럽을 운영하는 사업가가 됐다. 멘데스는 누누 에스피리투 산투Nuno Espírito Santo를 만나며 축구 에이전트의 길을 걷게 됐다. 에스피리투 산투는 과거 포르투갈 식민지이자 아프리카 중서부 국가 상투메프린시페São Tomé and Príncipe에서 태어난, 당시 포르투갈 21세 이하 대표팀 골키퍼였다. 멘데스는 에스피리투 산투가 비토리아 데 기마랑이스에서 데포르티보로 이적하는 데 협상을 조율했고, 이후 무리뉴가 포르투 감독으로 부임하는 과정에서도 협상가 역할을 했다. 멘데스는 2003년 크리스티아누 호날두의 맨체스터 유나이티드 이적, 2004년 무리뉴 감독의 첼시행을 차례로 주선하며 유명세를 타기 시작했다. 멘데스가 운영하는 축구 에이전시 제스티후테Gestifute는 점진적으로 포르투갈 축구계의 주요 인사를 모두 관리하는 조직으로 거듭났다. 포르투갈 대표팀 선수 대다수는 물론 스콜라리 감독과 그를 대체한 카를로스 케이로스의 에이전시 또한 제스티후테였다. 제스티후테는 2001년부터 2010년까지 스포르팅 리스본, 포르투, 벤피카가 선수 이적을 통해 창출한 수익 중 절반을 훌쩍 넘기는 금액의 협상을 담당했다는 자료를 발표했다. 이 자료에 따르면 해당 기간 스포르팅은 78%, 포르투는 70%, 벤피카는 51%의 이적료를 제스티후테의 손을 거쳐서 받았다.

멘데스는 포르투갈이 남미에서 선수를 '수입'하는 데도 지대한 영향을 미쳤다. 이 중 일부는 제3자 소유권third-party ownership 개념에 의해 이뤄진 이적이었다. 예전부터 제3자 소유권은 몇몇 국가에서 불법 행위로 여겨졌고, 2015년부터 유럽 전역이 이를 불법화했다. 그러나 이전까지 포르투갈을 포함한 수많은 나라에서는 선수 등록권의 지분을 개인 투자자가 보유할 수 있었다. 그러면 투자자들은 이적이 발생할 때 '횡재'를 기대할 수 있게 된다.

이를 노린 제스티후테는 일부 남미 선수들의 에이전시 역할뿐 아니라 그들의 등록 권리를 매입하며 사업 영역을 넓혔다. 가장 대표적인 예는 브라질의 신예 미드필더 안데르송이었다. 제스티후테는 2005년 6월 브라질 명문 그레미우Grêmio로부터 안데르송의 등록 권리 지분 70%를 매입했다. 이로부터 일주일 후 안데르송은 포르투와 가계약을 맺었다. 그의 이적료는 700만 유로였다. 포르투가 지급한 이적료 700만 유로는 안데르송의 이적을 허용한 그레미우와 그의 권리 지분 일부를 양도한 제스티후테에게 나누어 지급됐다. 안데르송은 2006년 1월 포르투에 합류했고,

포르투갈 무대에서 18개월간 활약한 후 이적료 약 3,000만 유로에 맨체스터 유나이티드로 이적했다.

그러나 잉글랜드에서 제3의 소유권은 불법이었다. 이 때문에 맨체스터 유나이티드는 포르투에서 안데르송을 영입하며 제스티후테가 소유한 그의 지분마저 모두 매입해야 했다. 이 덕분에 멘데스는 수익 500만 유로를 챙길 수 있었다. 안데르송은 맨체스터 유나이티드로 이적할 당시 리그 경기 출전 기록이 브라질에서 19경기, 포르투갈에서 18경기에 불과했다. 그럼에도 불구하고 안데르송이 이처럼 빠른 속도로 떠올랐던 건 에이전트로 멘데스를 고용하고, 포르투갈 무대를 발판으로 활용한 선수가 얼마나 가치 있는 자원으로 평가받았는지를 잘 보여주는 사례였다. 젊은 선수에게 포르투, 벤피카, 스포르팅은 더 큰 유럽 무대로 갈 수 있게 준비해주는 경쟁력 있는 구단이었다. 이와 동시에 포르투갈의 3대 구단으로 이적하는 선수는 탁월한 지도력을 자랑하는 감독의 가르침을 받을 수 있는 것은 물론 챔피언스리그 출전 경험을 쌓는 기회까지 잡을 수 있다.

데쿠의 발자취를 따라 포르투갈 국적을 취득해 대표팀에 승선한 브라질 선수 또한 계속 늘어났다. 페페Pepe는 2001년 18세의 나이에 포르투갈 무대에 진출해 마리티무Marítimo와 포르투에서 차례로 활약했다. 둥가 브라질 감독은 2006 독일 월드컵에서 페페를 발탁할 계획이었지만, 선수 본인이 포르투갈 국적 발급을 기다리고 있다며 모국 대표팀 차출 요구를 거절했다. 페페는 "브라질에서는 누구도 나를 몰랐다. (귀화가) 포르투갈에 보답하는 나만의 방식"이라고 말했다. 결국 페페는 2007년 포르투갈 국적을 취득한 뒤, 마치 귀화를 위해 그때까지 팀에 남아 있었다는 듯이 바로 포르투를 떠나 레알 마드리드로 이적했다. 페페는 포르투갈 대표팀에 발탁된 초기에는 활기 넘치는 미드필더로 활약했다. 그는 유로 2008에서 포르투갈의 첫 번째 득점을 기록하기도 했다. 그러나 페페는 이후 자신에게 더 익숙한 중앙 수비수 자리로 돌아가며 개인 통산 A매치 100경기 이상을 소화했다. 이후에도 페페는 레알 마드리드에서 조세 무리뉴 감독의 지시에 따라 때로는 미드필더로 활약했다.

포르투갈 대표팀은 2009년 브라질 공격수 리에드송Liédson이 귀화를 결정하며 전력을 더 강화할 수 있었다. 리에드송은 포르투갈 리그에서 100골 이상을 기록한 공격수였다. 그는 "나는 오랜 시간 스스로 포르투갈인이라고 생각해왔다. 물론 동시에 나는 앞으로도 계속 브라질인일 것이다. 나는 포르투갈을 사랑하듯이 브라질도 사랑한다. 다만, 브라질 대표팀에서는 공격수 주전 경쟁이 더 치열할 뿐"이라고 말했다.

포르투갈 프로축구 선수협회SJPF는 공개적으로 리에드송의 결정을 반대했다. 조아킴 에반젤리스타Joaquim Evangelista 노조 회장은 포르투갈 축구 선수들이 멸종 위기에 놓였다며 리에드송과 같은 브라질 선수를 대표팀 선수로 발탁하는 건 "포르투갈 국가대표팀의 정체성을 위협할 수 있다"고 주장했다. 한편으로는 그의 말이 옳았다. 포르투갈은 지속적으로 폭발적인 득점력을 자랑하는 공격수를 배출하지 못하고 있었기 때문이다.

12

윙어

특정 국가가 그들만의 명확한 축구 철학을 확립했는지를 확인할 수 있는 가장 좋은 방법은 세계에 알려진 그들의 국가대표팀에 대한 이미지를 살펴보는 것이다. 주요 국제대회가 열리기 전, TV에 나오는 수많은 전문가들은 실제로는 2~4년간 한 번도 본 적이 없는 팀에 대해 얘기하곤 한다. 이와 같은 전문가들은 오랜 시간 대중의 뇌리에 박힌 해당 국가의 축구에 대한 상투적인 이미지를 그대로 설명한다.

그들의 말에 따르면 이탈리아는 늘 '슬로우 스타터slow starters'다. 독일은 '효율적efficient'이고, 네덜란드는 대회 초반 좋은 경기력을 보여주고도 선수들이 내부 갈등을 겪고 끝내 탈락하는 팀이다. 시간이 지나면서 포르투갈에 대한 이미지도 생겼다. 포르투갈은 훌륭한 축구를 구사하지만, 날카로운 결정력을 가진 정통 스트라이커가 없다는 것이다. 그러나 다른 국가들의 경우와는 달리, 포르투갈 축구는 자국민들이 이와 같은 이미지를 세계에 알린 특이한 사례라고 할 수 있다.

포르투갈의 황금세대는 1989년과 1991년 20세 이하 월드컵 우승을 차지했다. 특히 1991년 대회 결승전은 포르투갈의 수도 리스본에서 브라질을 상대로 관중 12만 7,000명이 뿜어내는 열기 속에서 진행됐다. 이 날 포르투갈 U-20 대표팀은 승부차기 끝에 브라질을 꺾었다. 포르투갈을 우승으로 이끈 카를로스 케이로스 감독은 자국의 전형적인 축구 교육을 받은 학구파 지도자였다.

케이로스는 현역 시절 자신이 태어난 모잠비크에서 골키퍼로 활약한 후 20대 시절 포르투갈로 삶의 터전을 옮겼다. 그는 1982년 리스본 공대 역사상 최초로 축구 관련 분야를 전공으로 석사 학위를 받은 졸업생이 됐다. 훗날 케이로스는 스페인 일간지 〈엘 파이스El Pais〉를 통해 "그것은 혁명이나 다름없는 일이었다. 나는 각고의 노력을 기울인 끝에 축구 훈련 방법론football training methodology 석사 과정을 밟았다. 축구 감독이 되기를 원하는 미래의 인재들이 비슷한 분야에서 공부할 수 있는 더 많은 기회를 열어준 셈"이라고 말했다.

케이로스는 이 시절부터 훗날 축구 최정상의 무대에서는 최전방 공격수가 없는 축구를 보게 될 거라고 전망했다. 그는 미래에는 최전방 공격수가 미드필드 진영 깊숙이 내려와 빌드업에 관여하고, 상대 수비진을 원래 자리에서 끌어내 동료들에게 공간을 만들어주는 역할을 맡게 될 것으로 내다봤다. 케이로스 감독 체제의 포르투갈 U-20 대표팀은 1991년 대회에서 주앙 핀투João Pinto가 최전방 공격수로 출전했으나 그는 매우 큰 활동 영역을 바탕으로 토니Toni, 루이스 피구, 후이 코스타가 2선에서 전방으로 침투할 수 있도록 공간을 창출하는 데 집중했다. 이후 케이로스 감독은 포르투갈 성인 대표팀 사령탑으로 부임했다. 그러면서 그가 생각하는 축구가 고스란히 포르투갈에 이식됐다.

포르투갈은 유로 1996에서 인상적인 경기력을 선보이며 조별 리그를 통과했지만, 체코를 만난 8강에서 카렐 포보르스키Karel Poborský에게 실점하며 패했다. 당시 첼시의 선수겸 감독이자 해설위원으로 활동한 루드 굴리트는 포르투갈이 '섹시한 축구'를 구사한다며 칭찬했다. 루이스 피구는 경기가 끝난 후 "포르투갈 축구는 이제 정통파 공격수를 배출하지 않고 있다. 벤피카와 스포르팅이 외국인 공격수만 영입하는 바람에 포르투갈이 공격수를 배출하는 건 더 어려워졌다. 지금 포르투갈에 정통파 공격수는 파울루 알베스Paulo Alves뿐이다. 도밍고스와 주앙 핀투는 아래로 내려와 빌드업에 관여하고, 더 깊숙한 공간에서 상대 수비진을 향해 달리는 유형의 공격수다. 그렇지만 최대한 많은 선수가 공격에 가담한다는 게 우리의 장점"이라고 말했다. 〈월드 사커〉도 포르투갈에 대해 "현대 축구가 가장 필요로 하는 건 타고난 재능과 기동력을 갖춘 선수들이다. 그러나 후이 코스타, 루이스 피구, 주앙 핀투가 있는 포르투갈은 이와 같은 선수들이 지나치게 많다. 포르투갈은 기동력이 오히려 지나치게 좋은 팀"이라고 평가했다.

시간이 흘러 포르투갈은 U-20 대표팀의 황금세대가 성인 대표팀 주축으로 올라선 후 1998 프랑스 월드컵 진출에는 실패했지만, 유로 2000 본선에서는 여전히 큰 기대를 받았다. 그러나 이때도 포르투갈은 비슷한 문제점을 안고 있었다. 후이 코스타는 "우리에게는 진정한 최전방 공격수가 없다. 이탈리아에서는 수많은 최전방 공격수가 출중한 재능을 보유하고도 경쟁에서 밀려 대표팀에 들어가지 못하고 있다. 그러나 우리에게는 이런 선수가 단 한 명도 없다. 이는 누구의 잘못도 아니지만, 매우 유감스러운 일이다. 크리스티안 비에리가 포르투갈 선수였다면, 피구와 세르지우 콘세이상이 좌우 측면에서 지원을 해주는 대표팀에서 몇 골이나 넣을지 상상이나 할 수 있겠나?"라며 답답함을 호소했다. 포르투갈 미드필더 파울루 벤투도 후이 코스타의 말에 동의했다. 벤투는 "우리는 수많은 득점 기회를 만들지만, 문전에서 마무리하지 못하고 있다. 수년간 득점해줄 공격수가 없는 문제가 반복되고 있다. 우리는 패스를 10번씩 해야 겨우 슈팅 기회를 잡는다. 우리에게는 진짜 스트라이커가 필요하다"고 말했다.

그러나 유로 2000에서는 포르투갈에 예상치 못한 골잡이가 등장해 최고의 활약을 펼쳤다. 누누 고메스는 히카르두 사 핀투Ricardo Sá Pinto가 부상으로 제외된 덕분에 포르투갈의 주전 공격수 자리를 꿰찼는데, 유로 2000 본선에서 네 골을 넣는 맹활약을 펼쳤다. 특히 누누 고메스가 넣은 네 골 중 세 골은 조별 리그 이후 토너먼트에서 터진 득점이었다. 유로 2000에서 누누 고메스의 활약이 워낙 인상적이었던 나머지 피오렌티나는 대회가 끝나자마자 그를 로마로 이적한 가브리엘 바티스투타의 대체자로 영입했다. 그러나 누누 고메스가 유로 2000에서 보여준 활약은 계속 이어지지 않았다. 그는 물론 활용 가치가 있는 선수였지만, 치명적인 골잡이는 아니었다. 누누 고메스도 대다수 포르투갈 출신 스트라이커와 마찬가지로 최전방으로 침투하는 미드필더를 위해 공간을 창출해주는 데 더 익숙한 선수였다.

누누 고메스는 "나는 늘 피포 인자기의 움직임을 보며 그만의 비법을 훔치려고 노력하는 공격수다. 그러나 나는 다른 방식으로 플레이하는 선수였다. 나는 (인자기와 비교해) 주로 골대와 훨씬 더 떨어진 곳에서 움직인다. 이게 내가 팀을 돕는 방식"이라고 말했다. 인자기의 움직임은 문전에서 기회를 포착해 득점하는 데 집중했지만, 누누 고메스의 움직임은 상대 수비진에 균열을 내는 게 주된 목적이었다. 또 한 가지 흥미로운 점은 누누 고메스의 본명에는 '고메스'라는 이름이 없다는 사실이다. 그의 본명은 누누 미겔 소아레스 페레이라 히베이루Nuno Miguel Soares Pereira Ribeiro다. 그러나 그는 80년대 폭발적인 득점력을 자랑하며 유러피언 골든슈를 두 차례나 수상한 포르투갈 공격수 페르난두 고메스Fernando Gomes의 뒤를 이을 선수라는 평가를 받으며 '누누 고메스'라는 별명을 얻게 됐다. 페르난두 고메스의 후계자가 너무 절실했던 포르투갈은 이후 등장한 차세대 공격수에게 그의 이름까지 가져다 붙였던 것이다.

누누 고메스는 포르투갈 대표팀에서 활약한 시절 줄곧 파울레타와 주전 경쟁을 펼쳤다. 파울레타는 소속 팀 파리 생제르맹에서 여덟 시즌 동안 활약하며 꾸준한 득점력을 선보였고, 포르투갈 대표팀에서도 개인 통산 47골로 당시 최다 득점 기록을 보유하고 있었다. 그러나 그가 넣은 47골 중 국제대회 본선에서 터진 득점은 단 네 골에 불과했다. 파울레타는 2002 한일 월드컵에서 폴란드를 상대로 해트트릭을 기록했고, 2006 독일 월드컵 앙골라전에서 자신의 대표팀 커리어 마지막 득점이 된 결승골을 넣었다. 이처럼 포르투갈에는 정통파 골잡이가 없었다. 그럼에도 포르투갈은 발이 빠르고, 직선적이며 양발을 잘 활용하는 득점력 있는 선수들을 곧잘 배출했다. 그러나 그들은 최전방이 아닌 측면을 더 선호했다.

가장 대표적인 예는 단연 루이스 피구다. 포르투갈 황금세대의 슈퍼스타인 피구는 2000년대에 접어들며 세계에서 가장 추앙받는 선수였다. 그는 2000년 역대 최고 이적료를 기록하며 바르셀로나를 떠나 숙적 레알 마드리드로 이적하며 논란의 중심에 섰고, 그해 발롱도르를 수상했다. 포르투갈 선수가 발롱도르를 수상한 건 1965년 에우제비우 이후 피구가 처음이었다.

리스본에서 태어난 피구는 11세의 나이에 스포르팅 유소년 아카데미에 입단했다. 이후 피구는 스포르팅 유소년 아카데미가 배출하는 선수의 완벽한 모델을 제시했다. 이 시점부터 스포르팅이 약 20년에 걸쳐 피구와 비슷한 유형의 선수를 배출했기 때문이다. 피구는 양발을 잘 사용한 덕분에 좌우 측면에 배치될 수 있었고, 상대 측면 수비수를 초토화시키는 드리블 능력까지 보유한 진정한 윙어였다. 그는 굳이 화려하게 보이려는 노력을 하지 않았는데도 화려했다. 게다가 피구는 집중력, 효율성, 적극성까지 보유하고 있었다. 바르셀로나에서 피구와 함께 활약한 오른쪽 측면 수비수 알베르트 페레르는 "피구는 공을 잡았을 때 수천 가지 플레이를 하는 선수였다. 그는 바깥쪽, 안쪽으로 드리블 돌파를 할 수 있었으며 패스를 주고받으며 경기를 풀어갈 줄도 알았다"고 말했다. 훗날 인테르에서 피구와 호흡을 맞춘 이반 코르도바Iván Córdoba는 "그는 상대 측면 수비수와의 1대1 상황에서 방향 전환을 10번씩 하곤 했다"고 말했다.

피구와 함께 포르투갈의 황금세대를 상징한 후이 코스타는 "아마 그는 내가 본 최고의 윙어일 것이다. 그는 수비수와 1대1 상황에서 보여주는 능력과 크로스가 훌륭했다. 게다가 그는 측면에서만 움직이는 윙어가 아니었다. 그는 안쪽으로 들어와 기회를 만들기도 했다"고 말했다. 피구는 스포르팅과 바르셀로나에서는 4-3-3 포메이션에서 전형적인 윙어 역할을 맡았다. 그러나 그는 레알 마드리드 이적 후 더 자유로운 역할을 맡았고, 이후 인테르에서는 아예 중앙에 배치됐다. 아마 피구가 포르투갈이 아닌 다른 환경에서 자랐다면, 그는 윙어보다는 10번이나 발 빠른 공격수로 성장했을 가능성이 크다. 그러나 스포르팅은 윙어를 배출하는 전통을 자랑하는 구단이다. 포르투갈이 자랑하는 80년대 최고의 선수 파울루 푸트레Paulo Futre는 빼어난 드리블 능력으로 마라도나와 비교됐다. 만약 푸트레가 이탈리아, 혹은 잉글랜드 선수였다면 그는 10번으로 성장했을 것이다. 그러나 스포르팅은 그를 윙어로 육성했다. 단, 피구는 차원이 다른 선수였다. 누누 고메스는 훗날 피구에 대해 "그는 우리 시절의 크리스티아누 호날두였다"고 말했다.

스포르팅이 전문적으로 윙어를 육성하는 구단이 된 데는 많은 이유가 있다. 우선 스포르팅 유소년 아카데미의 모든 연령별 팀이 4-3-3 포메이션을 기반으로 훈련과 경기에 나서는 점이 큰 요인이다. 리누스 미헬스 감독은 아약스를 보유한 네덜란드처럼 전 세계에서 뛰어난 측면 자원을 배출할 수 있는 국가는 많지 않다고 말했다. 그러나 스포르팅을 보유한 포르투갈은 분명히 네덜란드에 대적할 만한 국가였다. 공교롭게도 아약스와 스포르팅은 나란히 4-3-3 포메이션을 모델로 선수를 육성한다는 공통점이 있었다. 스포르팅 아카데미에서는 특히 측면에서 뛰는 선수들이 자기 자신을 충분히 표현할 수 있고 기술과 재간을 발휘하도록 해야 한다는 근본적인 믿음이 존재했다. 스포르팅 유소년 아카데미 코치 미구엘 미란다Miguel Miranda는 2017년 〈가디언〉을 통해 "우리는 늘 윙어를 전문적으로 육성했다. 지도자들은 중앙에서 뛰는 선수들의 볼터치 횟수에 제한을 둔다. 그들은 주로 측면으로 패스를 연결하라는 지시를 받는다. 그렇게 패스를 받은 윙어는 측면에서 원하는 만큼 공을 만지며 기회를 만들 수 있다"고 말했다. 그러나 피구가 스포르팅 유소년 아카데미를 거쳐 세계적인 선수로 성장하며 어린 선수들의 롤모델이 된 점도 포르투갈이 빼어난 윙어를 꾸준히 배출하는 전통을 만드는 데 한몫을 담당했다. 프랑스에서는 티에리 앙리가 어린 선수들에게 롤모델을 제시했듯이, 포르투갈에서는 어린 선수들이 '뉴 피구'를 꿈꾸며 그의 등번호 7번을 동경했다.

1995년 피구가 떠난 후 스포르팅이 야심 차게 육성한 차세대 아카데미 출신 유망주는 좌우 측면을 두루 소화하는 윙어 시망 사브로사Simão Sabrosa였다. 그는 피구처럼 폭발적이진 못했지만, 기술적으로 훌륭했으며 프리킥 능력이 특히 돋보였다. 심지어 시망은 1999년 피구의 발자취를 따라 스포르팅에서 루이 판 할 감독이 이끌던 바르셀로나로 이적했다. 판 할 감독은 전형적인 윙어를 누구보다 사랑한 지도자다. 시망은 단기적으로는 피구의 백업으로 바르셀로나에 합류한 상태였다. 이 때문에 그는 피구가 부상을 당한 후에 세 경기 연속 선발 출전하며 본격적으로 출전 기회를 잡기 시작했다. 바르셀로나는 2000년 피구가 레알 마드리드로 떠나자 시망이 그의 자리를 메워주기를 기대했다. 그는 2000-01시즌 초반 바르셀로나가 치른 17경기 중 15경기에 선발 출전했다. 시망은 피구가 레알 선수로 캄프 누로 돌아온 엘 클라시코에서 바르셀로나의 2-0 승리에 쐐기를 박는 추가골을 터뜨리며 기대에 부응하는 듯한 활약을 펼쳤다. 그러나 이후 그는 부상에 시달리며 바르셀로나에서 다시 주전 자리를 꿰차지 못했다. 결국 그는 2001년 고향 리스본으로 돌아갔지만, 스포르팅이 아닌 벤피카에 합류했다. 포르투갈에서는 스포르팅 출신 시망의 라이벌 구단 벤피카 이적이 스페인에서 바르셀로나를 떠나 레알로 팀을 옮긴 피구와 크게 다를 게 없었다.

그러나 시망은 벤피카 이적 후 기량이 눈에 띄게 발전하는 모습을 보이며 빼어난 득점력을 발휘하기 시작했다. 그는 포르투갈로 돌아간 후 맞은 두 번째 시즌에 리그 경기에서만 18골을 터뜨리며 공동 득점왕을 수상했다. 피구가 포르투갈을 떠나기 전 스포르팅에서 활약한 네 시즌을 합쳐 16골을 넣었다는 점을 고려하면, 시망의 한 시즌 18골은 대단한 기록이었다. 이 시절 벤피카의 주장이었던 시망은 과거 자신을 영입한 바르셀로나가 원했던 모습을 포르투갈에서 보여주었던 셈이다. 그는 2003-04시즌 조세 무리뉴 감독이 이끈 포르투를 상대로 포르투갈 컵 대회 결승전에서 결승골을 터뜨렸다. 시망의 골에 패한 포르투는 무리뉴 감독 체제에서 눈앞에 두고 있던 역사적인 트레블 달성에 실패했지만, 반대로 벤피카는 8년간 이어진 무관의 사슬을 끊고 우승 트로피를 차지했다. 그렇게 시망은 벤피카의 암흑기에 종지부를 찍은 영웅이 됐다. 이 와중에 시망의 친정팀 스포르팅은 그를 잃고도 이미 재능 있는 윙어를 두 명이나 더 배출한 상태였다. 스포르팅의 좌우 윙어로 성장한 두 선수는 히카르두 콰레스마Ricardo Quaresma와 크리스티아누 호날두였다.

다만, 콰레스마와 호날두는 사이가 좋지 않았다. 호날두는 콰레스마보다 나이가 한 살 더 어렸다. 그러나 그는 워낙 특출한 재능을 선보인 덕분에 스포르팅의 18세 이하 2군 팀에서 자주 콰레스마와 함께 뛰었다. 두 선수는 서로 거의 패스를 주고받지 않았고, 오히려 각자 화려한 발재간을 선보이며 경쟁했다. 어린 시절 콰레스마와 호날두의 활약 성향은 거의 똑같았다. 두 선수 모두 빠른 헛다리짚기 기술로 상대를 유린하는 데 집착했지만, 정작 지도자들은 그들에게 결과물의 중요성을 강조했다. 콰레스마는 "나이가 어렸을 때부터 나는 혼자 너무 많은 걸 하려고 한다는 비판을 받았다. 그러나 나는 자연스럽게 내게 가장 익숙한 축구를 했을 뿐이다. 나는 어렸을 때부터 공을 가지고 새로운 기술을 만드는 걸 매우 좋아했다"고 말했다. 호날두도 "드리블 돌파로 상대를 제치는 건 내가 경기를 하는 방식이다. 나는 어린 시절부터 이렇게 플레이했다. 나는 상대를 제치고, 페인트 동작을 쓰는 걸 즐긴다. 일부 사람들은 이런 내 모습을 싫어하지만, 나는 상대를 조롱하기 위해 이런 경기를 하는 게 아니다. 이게 내 스타일일 뿐"이라고 말했다.

어린 시절, 결과물을 더 잘 만든 선수는 콰레스마였다. 주로 오른쪽 측면에 배치된 콰레스마는 특유의 헛다리짚기 드리블로 측면을 돌파한 뒤, 오른발로 크로스를 올려 득점 기회를 만들었다. 그가 득점 기회를 잡았을 때는 오른발 바깥쪽으로 시도하는 강력한 슈팅이 워낙 낙차가 큰 궤적을 그리며 골문을 향해 날아가 상대 골키퍼를 놀라게 하곤 했다. 포르투갈에서는 이처럼 아웃프론트킥으로 시도하는 슈팅을 '트리벨라trivela'라고 부른다. 트리벨라는 곧 콰레스마의 주특기가 됐고, 그는 커리어 내내 득점 기회가 오면 이와 같은 슈팅 동작으로 상대 골문을 공략했다. 이에 그는 "가장 중요한 건 공의 바깥쪽 밑부분을 발로 썰어낸다는 생각으로 슈팅을 하는 것이다. 오른발로 공의 왼쪽 밑부분을 깎아 차면 적절한 회전을 줄 수 있다"고 설명했다.

콰레스마는 스포르팅이 2001-02시즌 리그 우승을 차지하는 데 크게 일조했다. 이 때까지 호날두는 1군 데뷔전을 치르지 못하고 있었다. 때때로 콰레스마는 절대 막을 수 없는 선수 같아 보였다. 11월 포르투가 살게로이스Salguerois를 5-1로 대파한 경기에서 그가 터뜨린 중거리 슛 골은 실로 대단한 득점 장면이었다. 이어 콰레스마는 12월 바르징Varzim을 상대로는 경기 시작 1분 만에 특유의 트리벨라로 선제골을 넣은 후 마리우 자르델이 추가한 두 골을 각각 오른발과 왼발로 한 차례씩 정확한 크로스를 연결해 도왔다. 이어 그가 왼쪽 측면으로 드리블 돌파 후 점프를 해 상대 측면 수비수의 태클을 피한 뒤 꺾어준 패스를 주앙 핀투가 마무리했다. 하프타임에 점수는 이미 4-0으로 벌어지며 승부가 결정됐다. 콰레스마는 스포르팅이 4-1로 승리한 레이리아전에서도 하프라인에서 공을 잡은 뒤, 상대 수비수 네 명이 자신을 향해 달려오는 가운데 페널티 지역 모서리 부근까지 돌파한 후 시도한 강력한 슛이 크로스바를 맞고 나오자 이를 재차 달려들어 득점으로 연결했다. 그러나 무엇보다 콰레스마의 가장 큰 장점은 도움 능력이었다. 실제로 그는 2001-02시즌 리그에서 30경기 42골을 기록한 자르델의 득점 중 상당수를 어시스트했다.

스포르팅의 홈구장 명칭은 알발라데Alvalade였다. 이 때문에 팬들은 콰레스마에게 '알발라데의 해리 포터'라는 별명을 지어줬다. 콰레스마의 인기는 아이돌 스타를 연상케 할 정도였다. 그는 "나는 루이스 피구를 정말 동경한다. 그 또한 스포르팅 유소년 팀에서 성장했기 때문이다. 이후 그는 바르셀로나에서 목표를 달성한 뒤, 레알 마드리드로 이적했다. 나는 그의 발자취를 따르고 싶다"고 말했다. 이후 콰레스마는 정말로 피구의 발자취를 따랐다. 그는 1995년의 피구, 1999년의 시망에 이어 2003년 바르셀로나로 이적한 스포르팅 출신 윙어가 됐다. 당시 바르셀로나는 콰레스마보다 한 살이 더 어린 윙어를 영입할 수도 있었다. 그러나 바르셀로나는 즉시 영입이 아닌 가계약을 통해 영입을 추진하며 협상이 결렬됐다. 바르셀로나가 당시 놓친 선수는 호날두였다.

피구와 콰레스마는 리스본에서 자랐지만, 호날두가 스포르팅 유소년 아카데미에 입단하게 된 과정은 꽤 복잡했다. 마데이라섬에서 태어난 그는 나시오날Nacional 유소년 팀에 소속된 12세 때 스포르팅의 입단 테스트 제의를 받았다. 호날두의 기량에 강한 인상을 받은 스포르팅은 바로 영입을 추진했다. 호날두는 어린 시절 피구를 동경했고, 벤피카를 응원한 아버지가 아닌 어머니를 따라 스포르팅 팬이 됐다. 훗날 그는 "어렸을 때 나의 영웅은 피구였다. 그래서 피구가 뛰었던 팀에 내가 갈 수 있게 된 건 훌륭한 일이었다"고 말했다. 그러나 스포르팅의 입단 제안을 받은 12세 소년 호날두는 대서양을 건너 무려 1,000km나 떨어진 리스본으로 이사를 가야 했다. 호날두는 포르투갈 안에서 멀리 떨어진 도시로 이사를 가야 했던 것뿐이지만, 어린 시절 스포르팅 유소년 아카데미 입단을 위해 집을 떠난 그의 성장기는 여러모로 리오넬 메시Lionel Messi의 경험과 비슷한 것이 사실이다. 그러나 가족과 함께 아르헨티나에서 바르셀로나로 떠난 메시와 달리, 호날두는 혼자 리스본으로 가야 했다. 그는 메시와 마찬가지로 처음 새 팀에 입단한 후 시골 사투리를 쓴다는 이유로 동료들의 놀림을 받았다. 호날두의 동료들은 그가 지나치게 말랐다는 이유로 그를 '누들(국수)'이라는 별명으로 불렀다. 호날두는 지나치게 개인주의 성향이 짙은 플레이 스타일로 잦은 질타를 받기도 했다. 그럼에도 불구하고 호날두는 놀라운 성장을 거듭하며 스포르팅 구단 역사상 최초로 한 시즌에 16세, 17세, 18세, 2군 그리고 1군 팀에서 활약한 선수가 됐다.

그러나 호날두의 선수로서의 능력에 대한 의구심은 여전히 남아 있었다. 호날두가 스포르팅 1군 데뷔전을 치른 2002년, 라슬로 볼로니 감독은 그의 성장 과정을 주제로 보고서를 작성했다. 스페인 축구 기자 기옘 발라그Guillem Balague에 따르면 볼로니 감독은 호날두가 제공권 경합이 서툴렀고 기술 향상을 위해 필요한 노력이 부족한 데다 수비적인 규율도 의심스러웠다고 설명했다. 이어 그는 호날두가 신체적으로 강하지 않은 건 물론 이기적이고 정신력이 약하다고 혹평했다. 볼로니 감독은 호날두에 대해 "개인으로서나 팀 플레이어로서 전술적 센스가 없다"고 덧붙였다. 그럼에도 불구하고 호날두는 성장을 거듭했다. 볼로니 감독 역시 호날두에 대해 의심을 품고도 결국 2002-03시즌 초반 그에게 1군 데뷔전 기회를 부여했다. 그러면서 그는 포르투갈 언론을 통해 "호날두는 에우제비우, 피구보다 더 좋은 선수가 될 것"이라 말했다. 에우제비우와 피구는 호날두가 등장하기 전까지 포르투갈이 배출한 유이한 발롱도르 수상자였다. 호날두의 기량을 의심스러운 눈초리로 바라본 볼로니 감독도 그의 가능성에는 큰 기대를 걸고 있었다는 뜻으로 해석할 수 있다.

호날두는 2002년 10월 모레이렌세Moreirense를 상대로 나선 1군 데뷔전에서 두 골을 터뜨렸다. 그는 하프라인에서 직선적인 드리블 돌파를 하는 과정에서 상대의 거친 태클을 한 차례 피한 뒤, 최종 수비수마저 왼발 헛다리짚기로 제친 후 골키퍼를 넘기는 슈팅으로 첫 번째 득점에 성공했다. 이는 훌륭한 데뷔골이었다. 이어 호날두는 문전에서 헤더로 두 번째 골을 넣었다. 이후 호날두는 2002-03시즌 선발 출전 횟수를 10경기 더 추가했고, 한 골을 더 넣는 데 그쳤다. 그러나 그의 잠재력은 분명했다. 콰레스마와 마찬가지로 호날두도 훌륭한 발재간으로 팬들의 탄성을 자아냈다.

더 흥미로운 점은 호날두가 유소년 팀 시절 전형적인 윙어보다는 최전방 공격수, 혹은 처진 공격수로 활약했다는 점이다. 조세 무리뉴 감독 역시 호날두를 전형적인 골잡이와 비교했다. 무리뉴는 "처음 호날두를 봤을 때, 나는 '마르코 판 바스텐의 아들 아니야?'라고 생각했다. 그는 스트라이커였지만, 동시에 우아한 기술의 소유자였다"고 말했다. 알렉스 퍼거슨 맨체스터 유나이티드 감독이 호날두를 점검하기 위해 포르투갈로 파견한 짐 라이언Jim Ryan 코치는 보고서를 통해 "나는 그가 윙어라고 생각하지만, 그는 유소년 팀에서 최전방 공격수로 뛰고 있다"고 말했다. 아스널도 당시 호날두 영입을 추진하고 있었다. 아르센 벵거 아스널 감독은 그에게 등번호 9번을 약속하며 그를 영입하고자 노력했다.

결국 호날두 영입 경쟁에서 승리한 팀은 맨유였다. 맨유는 구단 내부에 이미 구성된 '포르투갈 커넥션'을 활용해 호날두를 영입하는 데 성공했다. 포르투갈이 유로 2004 개최국이었다는 점도 맨유에 유리하게 작용했다. 맨유는 호날두 영입을 1년 앞두고 이미 카를로스 케이로스를 수석코치로 영입한 상태였다. 케이로스는 이미 호날두에 대해 알고 있었다. 스포르팅의 선수 육성 능력을 잘 알고 있었던 케이로스는 퍼거슨 감독에게 호날두와 콰레스마 영입을 강력하게 추천했다. 이 외에도 케이로스는 맨유와 스포르팅이 서로 유소년 육성 지도 방식을 공유하는 비공식 제휴 관계를 맺는 데 결정적인 역할을 했다. 스포르팅은 포르투갈이 유로 2004를 개최하게 된 덕분에 건설한 새 홈구장 개장 경기 상대 팀으로 유럽 빅클럽을 물색했다. 공교롭게도 스포르팅의 홈구장 개장 경기 상대는 맨유였다. 이 때문에 맨유는 2003년 여름 미국에서 프리시즌 투어를 마친 뒤, 리스본으로 이동해 친선 경기를 치른 후 단 3일 만에 아스널과 정규 시즌 첫 경기인 커뮤니티 실드에 나서는 강행군을 소화해야 했다. 맨유는 스포르팅과의 평가전으로 수익을 올리지도 못했고, 오히려 빡빡한 일정을 소화한 탓에 선수단 체력 관리에 어려움을 겪었다. 그러나 스포르팅과의 친선 경기는 맨유가 호날두를 영입하는 데 큰 영향을 미쳤다.

맨유와 스포르팅이 치른 신축 경기장 에스타디오 조세 알발라데Estádio José Alvalade 개장 경기는 호날두가 친정팀 유니폼을 입고 뛴 마지막 경기가 됐다. 왼쪽 측면에 배치된 그는 존 오셰이John O'Shea를 상대로 수차례 바깥쪽, 안쪽을 가리지 않고 드리블 돌파에 성공했으며 강력한 오른발 슛으로 맨유 골문을 위협했다. 호날두는 오셰이가 뒤로 물러서서 공간을 확보한 채 수비를 하자 스피드를 올려 전력 질주하며 더 쉽게 돌파에 성공했다. 반대로 오셰이가 가깝게 붙어서 수비를 하면, 호날두는 파울을 유도했다. 후반전부터 호날두는 오른쪽 측면으로 자리를 옮겨 공 없이 맨유 수비 라인 뒷공간을 파고들어 침투하는 움직임을 위주로 플레이하며 자신의 다재다능함을 과시했다. 맨유는 그를 전혀 통제하지 못했다.

맨유 선수들은 경기가 끝난 후 퍼거슨 감독에게 호날두를 영입해야 한다고 설득했다. 결국 맨유는 5일 후 호날두 영입을 완료했다. 퍼거슨 감독은 "크리스티아누(호날두)를 영입하기 위해 꽤 오랜 시간 협상을 해왔다. 그러나 최근 몇 주간 그를 영입하려는 구단이 늘어나며 서둘러 협상을 마무리해야 했다. 우리는 스포르팅과 밀접한 관계를 맺고 있다. 이 덕분에 스포르팅은 수 개월 전 호날두 영입과 관련해 우리와 구두로 합의한 내용을 존중해줬다"고 말했다. 오셰이는 호날두가 맨유 이적이 확정된 후 맨유 구단 훈련장에 나타나자 그의 화려한 발재간을 막지 못해 농락당한 며칠 전 평가전 이야기를 꺼내며 계약금 일부를 자신에게 양도해야 한다고 농담을 던지기도 했다.

퍼거슨 감독은 호날두 영입을 확정한 후 그의 포지션을 한 곳으로 고정할 생각은 없다고 밝혔다. 그는 "(호날두는) 엄청난 재능을 가진 선수다. 그는 양발을 다 잘 쓰는 데다 공격진의 모든 자리를 소화할 수 있다. 그는 오른쪽, 왼쪽 그리고 중앙 자리를 모두 소화한다. 그는 내가 본 어린 선수 중 가장 빼어난 재능을 가지고 있다"고 말했다. 호날두는 볼튼과의 프리미어리그 개막전에서 교체 출전해 약 30분간 활약했다. 그의 활약상은 훌륭했다. 호날두는 왼쪽 측면에서 상대 오른쪽 측면 수비수 니키 헌트Nicky Hunt를 제친 뒤, 페널티 지역 안으로 진입해 케빈 놀란의 파울을 유도해 페널티킥을 얻어냈다. 이어 그는 오른쪽 측면으로 자리를 옮겨 리카르도 가드너Ricardo Gardner가 받은 경고를 유도한 파울을 얻어냈다. 이때부터 이미 호날두는 맨유 팬들이 가장 좋아하는 선수였다. 그는 4일 후 포르투갈 성인 대표팀 데뷔전을 치렀다. 그가 이 경기에서 루이스 피구를 대신해 교체 출전한 장면은 새 시대를 알렸다는 점에서 상징적이었다. 피구는 경기에 투입되는 호날두에게 "침착하게 소속 팀에서 뛰는 대로 뛰면 돼"라고 조언했다.

루이스 펠리페 스콜라리 감독은 포르투갈 대표팀을 떠난 후 "내가 포르투갈에서 지도한 선수 중 호날두를 위해 가장 중요한 역할을 한 선수가 바로 루이스 피구다. 호날두가 처음 대표팀에 발탁됐을 때, 그를 가장 먼저 도와준 선수가 피구였다. 피구는 호날두에게 과감한 드리블과 슈팅을 주문했고, 골에 대한 욕심을 내야 한다고 조언했다. 호날두에게 자기 자신만의 경기를 하되 계속 발전해야 한다고 조언한 선수도 피구였다"고 말했다.

다만, 호날두의 맨유 데뷔전 이후 시즌 초반의 활약은 실망스러웠다. 그는 신체적으로 아직 성장이 덜된 선수처럼 보였고, 공을 잡을 때마다 상대 측면 수비수를 앞에 두고 최소 두세 차례 헛다리짚기를 하는 습관 탓에 때로는 웃음거리로 전락했다. 그는 오른발을 왼발 뒤로 틀어 공을 찍어 차는 '라보나'로 수많은 크로스를 시도했고, 오버래핑하는 맨유의 오른쪽 측면 수비수를 향해 백힐로 패스를 연결하기도 했다. 이뿐만 아니라 호날두는 터치라인 부근에서 패스를 받은 후 상대 수비수를 앞에 두고 한 발로는 공의 윗부분을 긁는 드리블을 구사하며 다른 한 발로는 헛다리를 짚는 현란한 발재간을 선보였다.

당연히 호날두의 발재간에 약이 오른 프리미어리그 측면 수비수들은 난폭한 태클로 그를 응징했다. 심지어 맨유 선수들도 팀 훈련 도중 발재간을 부리는 호날두와 의도적으로 강하게 부딪히며 그를 허공으로 날려버리곤 했다. 리오 퍼디낸드Rio Ferdinand는 호날두에 대해 "그는 처음 이곳에 왔을 때 재미를 위한 축구를 하려고 했다. 그러나 우리는 이기기 위한 축구를 하고 있었다. 우리는 만약 호날두가 결과물까지 만들어내는 선수가 된다면 팀이 더 큰 성공을 할 수 있다는 사실을 알고 있었다. 그래서 우리는 의도적으로 그가 팀 훈련 도중 발재간을 부리면 그를 걷어찼다. 그가 재미보다는 골과 도움을 기록하는 데 집중하게 하기 위해서였다"고 말했다. 호날두는 맨유에서 활약한 첫 시즌 프리미어리그에서 단 네 골을 넣는 데 그쳤다. 그러나 그는 FA컵 결승전에서 밀월을 상대로 헤더로 선제골을 넣으며 맨유의 승리를 돕기도 했다. 호날두가 포르투갈 대표팀 일원으로 출전한 유로 2004에서 넣은 두 골도 모두 헤더였다. 반면 당시 콰레스마는 바르셀로나로 이적한 첫 시즌 단 한 골만을 기록하며 부진했다. 결국 그는 과거 시망이 그랬듯이 단 1년 만에 포르투갈로 복귀했다. 바르셀로나는 데쿠를 영입하는 조건으로 이적료와 함께 콰레스마를 포르투로 보냈다.

호날두는 2004-05시즌 오른쪽 측면 공격수로 활약하며 맨유가 4-2로 승리한 아스널전 두 골을 포함해 프리미어리그에서 다섯 골을 기록했다. 이어 호날두는 2005-06시즌 아홉 골을 기록했지만, 여전히 그의 경기력은 기복이 매우 심했다. 그는 2005-06시즌 초반 15경기에서 단 한 골을 넣는 데 그쳤으나 이후 일곱 경기에서 일곱 골을 기록한 데 이어 다시 11경기 연속 무득점에 그친 뒤, 맨유가 찰튼을 4-0으로 꺾은 최종전에서 한 골을 추가했다. 퍼거슨 감독은 찰튼전에서 자신과 갈등을 겪은 공격수 루드 판 니스텔로이를 명단에 포함하지 않았다. 이후 판 니스텔로이는 맨유를 떠나야 했다. 그는 이전까지 5년간 맨유 공격을 이끌었지만, 호날두와 원만한 관계를 맺지 못하고 있었다. 특히 그는 호날두가 크로스를 충분히 올리지 않는다는 이유로 늘 불만을 내비치곤 했다.

호날두는 2006 독일 월드컵 유럽 예선에서는 인상적인 활약을 펼쳤지만, 정작 본선에서는 기대에 미치지 못했다. 포르투갈은 당시 왼쪽의 호날두, 오른쪽의 피구가 수시로 위치를 바꾸는 전술을 구사했다. 게다가 호날두는 네덜란드와의 16강전에서 상대의 끔찍한 태클에 부상을 당하기도 했다. 별명이 식인종cannibal일 정도로 거친 수비수로 유명한 네덜란드 오른쪽 측면 수비수 칼리드 불라루즈Khalid Boulahrouz는 경합 과정에서 축구화 스터드로 호날두의 허벅지를 찍어내렸다. 사실 불라루즈는 이때 바로 퇴장을 당했어야 했다. 그러나 그가 호날두에게 가한 태클은 이날 경기 내내 이어진 난폭한 분위기의 시작이었다.

그러나 호날두가 2006 독일 월드컵에서 일으킨 가장 큰 논란은 잉글랜드와의 8강전 도중 맨유 동료 웨인 루니와 충돌한 사건이었다. 루니는 경합 과정에서 포르투갈 수비수 히카르두 카르발류를 의도적으로 밟았다. 이를 본 호날두는 바로 주심에게 달려가 루니의 행동을 지적했다. 주심은 루니에게 퇴장을 선언했고, 호날두가 유유히 걸어가며 포르투갈 벤치를 향해 윙크하는 모습이 중계 카메라에 잡혔다. 이를 두고 잉글랜드 언론은 루니의 퇴장을 유도한 호날두를 '악마devil' 취급하기 시작했다. 정작 호날두와 루니는 경기 후 만나 오해를 풀었지만, 논란은 수그러들지 않았다. 심지어 호날두는 여론이 계속 들끓자 맨유를 떠나겠다는 의향을 내비쳐 더 큰 논란을 일으켰다. 그러나 퍼거슨 감독과 케이로스 코치가 나서 호날두를 설득했다. 우여곡절 끝에 맨유에 남기로 한 호날두는 2006-07시즌부터 압도적인 활약을 펼치기 시작했다. 포르투갈 대표팀에서는 피구가 은퇴를 선언하며 호날두가 자연스럽게 팀의 에이스이자 주장이 됐다. 맨유에서는 판 니스텔로이가 팀을 떠나며 호날두가 팀의 핵심 공격수로 입지를 굳혔다.

2006-07시즌 프리미어리그로 돌아온 호날두는 완전히 달라진 모습으로 괴물 같은 활약을 펼쳤다. 개리 네빌은 당시 호날두를 회상하며 "루니의 레드카드를 유도해 논란이 터진 후 월드컵에서 돌아온 그의 모습을 아직도 기억한다. 나는 드레싱룸으로 들어오는 그를 보는 순간 '도대체 여름 사이에 뭘 한 거야?'라고 생각했다. 그는 처음 맨유에 왔을 때 매우 마른 호리호리한 소년이었다. 그러나 그는 라이트헤비급 선수의 모습으로 돌아왔다. 그는 여름 내내 웨이트 트레이닝을 했던 것이다. 마치 몇 주 사이에 신체적으로 엄청난 성장을 한 사람을 보는 듯한 기분이었다. 이후 그가 2년간 맨유에서 펼친 활약은 놀라움 그 자체였다"고 말했다.

판 니스텔로이가 떠난 맨유는 호날두와 루니를 중심으로 빠른 역습 위주의 축구를 구사했다. 이와 같은 맨유의 전술에 누구보다 큰 영향을 미친 인물은 최전방 공격수가 없는 포르투갈식 축구 모델을 완성한 케이로스 코치였다. 이 덕분에 퍼거슨 감독은 판 니스텔로이의 대체자를 영입하지 않았다. 맨유의 공격은 선수 여러 명이 문전을 파고들며 이뤄졌기 때문이다. 그러나 이 중에서도 호날두는 핵심적인 역할을 맡았다.

호날두는 자신의 경기 방식을 완전히 바꿔 골을 넣는 데 집착을 보이기 시작했다. 그는 왼쪽 측면에서 바깥쪽으로 드리블 돌파를 시도하다가 가볍게 뛰어올라 백힐로 공을 툭 쳐놓고 안쪽을 파고드는 기술인 '초프chop'를 제외하면 그동안 즐겨 과시한 수많은 발재간을 더는 선보이지 않았다. 호날두는 신체적 능력의 중요성도 깨달았다. 그는 맨유가 1-0으로 승리한 블랙번 원정에서 잉글랜드와 포르투갈의 월드컵 8강전을 여전히 기억하는 상대 팬들로부터 야유를 받았다. 이어 호날두는 세르지오 피터Sergio Peter에게 거친 태클을 당하며 쓰러졌다. 그럼에도 불구하고 그는 과장된 몸동작으로 피터의 퇴장을 유도하기보다는 바로 다시 일어나며 경기를 속행했다. 이후 호날두가 교체되자 얼마 전까지 그를 향해 야유를 쏟아낸 블랙번 팬들 중 일부는 기립박수를 보냈다. 이처럼 호날두는 더 투쟁적이고 더 집중하는 선수, 더 효율적이면서 더 많은 골을 터뜨리는 선수가 됐다. 또한 그는 왼쪽 측면에서 더 많은 경기에 출전하며 안쪽으로 파고들며 오른쪽으로 강력한 슈팅을 시도하는 특유의 움직임으로 상대를 위협했다. 이 중에서도 그가 풀럼전에서 88분에 이와 같은 패턴으로 뽑아낸 득점은 가장 기억에 남을 만한 골이었다. 이 외에도 호날두는 문전 침투 후 간결한 마무리로 득점하는 데 탁월한 능력을 선보였다. 그는 갑작스럽게 완성된 공격수로 성장했고, 결국 프리미어리그 올해의 선수상까지 거머쥐었다. 이전까지 프리미어리그에서 세 시즌 합쳐 18골을 기록한 그는 한 시즌 만에 17골을 터뜨리는 폭발적인 득점력을 자랑했다.

호날두의 발전은 이후에도 계속됐다. 아마 그의 2007-08시즌은 프리미어리그 역사상 개인이 한 시즌 내내 보여준 최고의 활약이었을 것이다. 레네 뮬렌스텐Rene Meulensteen 맨유 코치는 호날두에게 컵대회를 포함해 2007-08시즌 40골에 도전하라며 그를 자극했다. 뮬렌스텐 코치는 늘 몇 시간에 걸쳐 호날두의 개인 훈련을 도왔다. 당시 그는 호날두에게 완벽한 골보다는 다양한 상황에서 득점할 수 있는 능력을 향상시켜야 한다고 조언했다. 실제로 호날두와 뮬렌스텐 코치는 일종의 이미지 트레이닝visualisation을 통해 득점력 향상을 꾀했다. 그들은 다양한 색깔을 이용한 도표를 그려 골대를 부분별로 나누는 방식으로 이미지 트레이닝을 진행했다. 대다수 공격수들은 문전에서 선보이는 마무리 능력과 관련해 질문을 받으면 매우 형식적인 대답을 내놓곤 한다. 그들은 대부분 "비밀은 없다. 평정심을 유지하며 최대한 집중할 뿐"이라고 말한다. 그러나 호날두는 이와 같은 질문에 전혀 다른 답을 내놓았다. 그는 "나의 득점 기술은 절대 밝힐 수 없는 비밀"이라고 말했다.

2007-08시즌 호날두가 소화한 포지션을 파악하는 건 사실상 불가능했다. 그저 그가 더는 오른쪽에 배치되지 않는다는 사실만이 명확했을 뿐이다. 게다가 퍼거슨 감독이 차츰 호날두를 최전방에 배치하는 빈도가 늘어났다. 가장 단적인 예는 맨유가 2-0으로 승리한 로마 원정에서 호날두가 맡은 역할이었다. 이날 호날두는 지속적으로 로마 수비진의 뒷공간으로 침투하며 맨유의 빠른 역습을 가능케 했다. 그는 강력한 헤더로 선제골을 넣었다. 폴 스콜스가 오른쪽 측면에서 페널티 지역 안으로 띄워준 패스를 호날두가 먼 거리에서 문전으로 질주해 높게 날아올라 헤더를 연결하며 골망을 갈랐다. 이처럼 호날두는 이제 전형적인 최전방 공격수로 뛸 능력을 갖춘 선수가 된 상태였다. 동시에 그는 당시 세계 최고의 선수였다.

맨유는 케이로스 코치의 축구 철학에 따라 많은 경기에서 정통파 최전방 공격수를 중용하지 않았다. 때로 맨유는 루니, 카를로스 테베스 Carlos Tevez, 호날두로 공격 삼각편대를 구축했다. 이 구조에서 호날두는 루니와 테베스의 지원을 받으며 자신이 원하는 대로 움직였고, 물 흐르듯이 자연스럽게 이뤄진 팀 공격을 이끌었다. 그는 왼쪽 측면 수비수의 수비력이 약점인 팀을 상대로는 그 방향으로 공격했고, 중앙 수비수의 발이 느린 팀을 상대로는 최전방 공격수로 뛰었다. 퍼거슨 감독은 모스크바에서 열린 첼시와의 2008년 챔피언스리그 결승전을 앞두고 상대 미드필더 마이클 에시엔Michael Essien이 오른쪽 측면 수비수로 나올 것으로 예상했고, 그가 제공권이 약한 선수라는 점을 공략하는 데 집중했다. 이에 따라 바르셀로나와의 4강 1, 2차전에서 최전방 공격수로 활약한 호날두는 결승전에서는 왼쪽 측면에 배치됐다. 결국 호날두는 이날 전반전 에시엔보다 높이 뛰어올라 강력한 헤더로 선제골을 기록했다. 이후 호날두는 승부차기에서 페널티킥을 실축했지만, 맨유는 끝내 첼시를 꺾고 챔피언스리그 우승을 차지했다. 호날두는 2007-08시즌 챔피언스리그 우승과 함께 유럽 올해의 선수상과 골든슈까지 석권했다. 특히 그자 유럽 주요 리그에서 최다 득점을 기록하는 선수에게 주어지는 골든슈를 수상했다는 사실은 무엇보다 포르투갈 축구계에 큰 의미가 있었다. 그동안 포르투갈 축구가 고민한 '9번'의 부재에 따른 문제가 호날두의 성장 덕분에 해결됐기 때문이다.

당시 챔피언스리그 결승전 승부차기에서 킥을 성공시킨 맨유의 포르투갈 선수는 호날두가 아니라 나니Nani였다. 리스본 길거리에서 축구를 하다가 스포르팅의 레이더망에 포착돼 입단까지 하게 된 나니는 피구, 시망, 콰레스마, 호날두의 발자취를 따라 특출한 윙어로 성장했다. 그는 2007년 호날두를 따라 맨유로 이적했다. 이후 나니는 호날두가 맨유 이적 초기에 겪은 비슷한 문제에 직면했다. 그 역시 발재간을 지나치게 과시하는 선수였기 때문이다. 나니는 2008년 2월 맨유가 아스널을 4-0으로 대파한 경기에서 머리로 공을 저글링하며 달리는 이른바 '물개 드리블'을 선보이며 상대 수비수들을 격분하게 만들었다. 특히 그는 '물개 드리블'을 상대 진영이 아닌 맨유의 골문을 향해 시도하며 말 그대로 경기와는 무관한 보여주기식 기술로 구사해 더 큰 논란을 일으켰다. 아르센 벵거 아스널 감독은 "우리는 매우 화가 났다. 충분히 그럴 만한 상황이다. 세 골, 혹은 네 골 차로 지고 있는 상황조차도 받아들이기가 쉽지 않다. 그 상황에서 상대의 놀림을 받거나 모욕을 당하는 건 더 원치 않는 일"이라고 말했다.

나니는 벵거 감독이 불쾌한 심정을 표현한 데에 대해 이해하기 어렵다는 반응을 보이면서도, 퍼거슨 감독에게 쓴소리를 들었다고 밝혔다. 그는 "나는 포르투갈에서 수없이 이런 기술을 구사했다. 내가 이런 플레이를 한 이유는 상대를 존중하지 않아서가 아니라 경기의 재미를 위해서였다. 나는 프로 선수다. 상대 선수를 늘 존중한다. 그러나 내가 보여준 플레이가 좋지 않게 보였을 수 있다는 점을 인정한다. 경기 후 (퍼거슨) 감독과 대화를 나눴고, 그는 내게 이런 플레이를 다시 하지 말라고 얘기했다"고 말했다. 나니는 호날두를 자신의 롤모델로 여겼다. 그는 맨유 이적 후 1년간 호날두의 집에서 그와 함께 살았다. 나니는 호날두가 레알 마드리드로 떠난 후 그동안 보여준 가능성을 폭발시켰다. 특히 그는 2010년 빼어난 활약을 펼쳤다. 다소간 논란의 여지는 있더라도 나니는 포르투갈이 배출한 윙어 중에서도 양발을 가장 잘 쓰는 선수였다. 그는 주로 오른쪽에 배치돼 오른발로 날카로운 크로스를 올리거나 중앙 지역으로 파고들어 왼발로 강력한 슈팅을 시도하며 상대를 공략했다.

피구는 2006년 포르투갈 대표팀 은퇴를 선언한 후에도 눈부신 활약을 이어갔다. 그는 인테르로 이적해 4년 연속으로 세리에 A 우승을 차지했다. 특히 그는 2009년 현역 은퇴 전 마지막으로 활약한 2008-09시즌 인테르에서 조세 무리뉴 감독의 지도를 받으며 한 번 더 세리에 A 정상 등극에 성공했다. 피구가 은퇴를 선언한 뒤, 인테르가 영입한 그의 대체자는 콰레스마였다. 그러나 무리뉴 감독은 수비 가담 능력이 부족한 콰레스마를 전적으로 신임하지 않았다. 무리뉴 감독은 콰레스마를 영입한 후 시즌 초반 현지 언론을 통해 "그가 더 전술적으로 규율이 잡힌 선수가 될 것으로 확신한다. 지금 당장은 발 바깥쪽으로 공을 차는 걸 좋아하는 선수"라고 말했다. 그러나 콰레스마는 끝내 전술적으로 규율이 잡흰 선수가 되지 못했다. 게다가 그는 발 바깥쪽으로 시도하는 아웃프론트킥을 멈출 생각은 더더욱 하지 않았다.

콰레스마는 인테르 이적을 앞두고 포르투에서 빼어난 활약을 펼치며 포르투갈 대표팀에서도 입지를 되찾았다. 그가 2007년 3월 포르투갈이 벨기에를 4-0으로 격파한 유로 2008 예선 경기에서 터뜨린 대표팀 데뷔골은 말 그대로 가장 '콰레스마다운' 득점이었다. 호날두의 패스를 받은 콰레스마는 오른쪽 측면에서 페널티 지역 안으로 치고 들어가면서 반대쪽 포스트를 향하는 특유의 '트리벨라'로 득점에 성공했다. 그는 2018 러시아 월드컵 조별 리그에서 이란을 상대로도 똑같은 득점 패턴을 재현했다.

호날두가 왼쪽에서 중앙을 파고들며 오른발로 슈팅을 시도하는 반댓발 윙어inverted winger라면, 콰레스마는 오른쪽 측면에서 오른발을 마치 반댓발처럼 쓰는 특이한 유형의 윙어였다. 오른발잡이인 그는 오른쪽 측면에서 대각선으로 골대를 향해 달린 후 오른발 트리벨라로 득점을 노리는 패턴이 주된 공격 루트였기 때문이다. 반대로 그는 왼쪽에 배치됐을 때는 오른발로 크로스를 올리며 또 다른 유형의 공격 패턴을 선보였다. 콰레스마는 바르셀로나, 인테르에서 실패하며 빅리그에서 성공하지는 못했으나 가장 오랜 기간 활약한 포르투갈과 터키에서는 팬들의 사랑을 받는 선수로 자리매김했다.

포르투갈은 이처럼 수많은 재능 있는 윙어를 배출하고도 결국 최전방 공격수를 육성하는 데는 실패했다. 포르투갈은 유로 2008을 시작으로 2014 브라질 월드컵까지 6년간 최전방 공격수 자리를 우고 알메이다, 혹은 엘데르 포스티가에게 맡겼다. 장신 공격수 알메이다는 몸싸움 능력을 앞세워 전방에서 공을 지키며 호날두에게 득점 기회를 만들어주는 데 집중했다. 반면 포스티가는 젊은 시절에는 보다 나은 기동력을 지니고 있었지만 차츰 움직임이 정적으로 변하며 유인용 공격수로 전락하고 있었다. 알메이다와 포스티가는 꾸준한 득점력을 보여주지 못했고, 뒷공간 침투에 능한 리에드송은 호날두와 효과적인 호흡을 보이는 데 실패하며 포르투갈 대표팀 커리어를 일찍 끝마쳤다.

포르투갈이 유로 2016을 앞둔 시점, 호날두는 레알 마드리드에서 7년간 활약하며 총 350골을 기록하며 윙어보다는 스트라이커에 더 가까운 선수가 됐다. 나니와 콰레스마는 각각 터키 명문 페네르바체와 베식타스에서 활약하고 있었다. 페르난두 산투스Fernando Santos 감독은 수십 년간 발 빠른 윙어, 득점력보다는 효과적 움직임에 집중한 최전방 공격수로 구성된 4-3-3이나 4-2-3-1 포메이션에 익숙했던 포르투갈 대표팀 전술에 대대적인 변화를 줬다. 그는 최전방 공격수를 아예 제외한 채 중앙 미드필더를 한 명 더 추가했고, 호날두와 나니를 스트라이커로 배치했다. 호날두가 오른쪽에서, 나니가 왼쪽에서 중앙으로 파고드는 공격진을 구성한 포르투갈은 유기적인 4-4-2 포메이션을 구사했다. 호날두와 나니의 뒤는 다이아몬드형 미드필드가 받쳤다. 산투스 감독은 조별 리그에서 0-0으로 비긴 오스트리아와의 경기에서 콰레스마를 선발 출전시키며 4-3-3 포메이션을 구사했다. 그러나 이후 그는 콰레스마를 후반전 승부수를 띄워야 할 때 교체 요원으로 활용했다.

포르투갈은 가까스로 조별 리그를 통과한 후 크로아티아와의 16강에서 연장 승부 끝에 116분 결승골을 터뜨리며 승리했다. 포르투갈의 결승골은 세 명의 스포르팅 출신 윙어가 합작한 작품이었다. 왼쪽 측면에서 나니가 문전을 향해 발끝으로 찔러준 패스를 호날두가 슈팅으로 연결했고, 상대 골키퍼에게 막힌 후 흐른 공을 주앙 마리우João Mário를 대신해 교체 투입된 콰레스마가 빈 골대 안으로 밀어넣었다. 포르투갈은 8강에서 폴란드와 승부차기 끝에 승리했다. 이어 포르투갈은 웨일스와의 4강전에서는 호날두가 코너킥 상황에서 헤더로 선제골을 뽑아낸 뒤, 이후 그의 빗맞은 슈팅을 나니가 문전에서 마무리하며 2-0으로 승리해 결승 진출에 성공했다.

끝내 포르투갈은 파리에서 열린 프랑스와의 결승전마저 승리하며 유로 2004 결승전의 악몽을 뒤로하고 최초의 국제대회 우승을 달성했다. 이날 호날두는 경기 초반 부상을 당해 눈물을 흘리며 일찌감치 교체됐다. 호날두를 대신해 교체 출전한 선수는 그의 과거 스포르팅 팀 동료이자 라이벌 콰레스마였다. 포르투갈은 호날두가 교체된 후 콰레스마와 나니가 최전방에서 조합을 이뤘지만, 경기가 연장전으로 이어지자 기니비사우 태생의 정통파 공격수 에데르Eder를 투입했다. 에데르는 유로 2016 본선에서 총 13분밖에 활약하지 않은 후보 자원이었다. 그는 소속 팀 릴에서도 한 시즌 내내 부진한 채 유로 2016에 출전했으며 포르투갈 대표팀에서는 친선 경기를 제외한 공식전에서 득점한 적이 없는 선수였다. 그러나 에데르는 이날 결승골을 터뜨렸다. 그는 골대를 등진 채 패스를 받은 뒤, 돌아서는 동시에 낮고 강한 중거리슛으로 프랑스의 골문을 열어젖혔다. 누구도 예상치 못한 선수가 지난 20년간 포르투갈이 고집한 방식과는 전혀 다른 패턴으로 우승을 확정짓는 골을 터뜨린 것이다. 이 와중에 호날두는 포르투갈 벤치 앞 테크니컬 에어리어에서 절뚝거리면서도 경기장 안에서 뛰고 있는 동료들에게 산투스 감독보다 더 많은 지시 사항을 전달하고 있었다.

그러나 에데르는 포르투갈의 플랜C나 다름없는 선수였다. 포르투갈은 유로 2016에서 정통파 공격수가 없는 포메이션을 가동했고, 결승전에서 호날두가 부상을 당하자 또 다른 윙어인 콰레스마를 투입했다. 산투스 감독은 그 정도로 스포르팅 출신이자 유럽에서 가장 폭발적인 득점력을 지녔던 윙어인 호날두, 나니, 콰레스마를 신임했다. 이 세 선수는 피구에게 받은 영감을 밑걸음 삼아 성장했으며, 무려 25년 전 케이로스가 완성한 포르투갈식 축구 철학이 만들어낸 산물이었다.

이 시기에는 스페인과 독일 또한 최전방 공격수가 없는 포메이션을 가동했다. 스페인과 독일은 스피드와 기동력을 앞세운 2선 공격 조합으로 상대 팀의 허를 찌르기 위해 공격수가 없는 포메이션을 가동했다. 그러나 이렇게 전문적인 센터포워드 없는 접근법의 '오리지널 챔피언'은 포르투갈이었다. 그리고 포르투갈은 이 방식을 고집한 끝에 영광의 순간을 맞이할 수 있었다.

전환기
●
포르투갈-스페인

바르셀로나는 부진한 시즌을 겪은 끝에 2008년 여름 프랑크 레이카르트 감독과 결별했다. 레이카르트 감독의 퇴장은 바르셀로나의 한 시대가 마무리됐음을 뜻하는 순간이었다. 당시 바르셀로나는 슈퍼스타급 선수들이 노쇠화 현상을 나타내며 유럽 내 최정상급 팀들이 구축한 전술적 규율을 잃은 상태였다. 그러나 출중한 재능을 보유한 선수가 다수 포진한 데다 촉망받는 유망주가 즐비한 바르셀로나는 여전히 수많은 감독들에게 선망의 대상으로 꼽혔다. 결국 바르셀로나가 선임한 후임 감독은 이후 유럽 축구계에 지대한 영향을 미치는 인물이 됐다.

바르셀로나 구단 운영진의 선택은 당시 2군 팀을 이끌던 펩 과르디올라 감독이었다. 과르디올라 감독을 택한 결정만큼이나 주목받을 만한 점은 바르셀로나가 조세 무리뉴 감독을 선임하지 않았다는 사실이었다. 무리뉴는 2007-08시즌 초반 첼시를 떠났고, 당시 바르셀로나는 레이카르트 감독 체제에서 부진을 면치 못하고 있었다. 마르크 잉글라Marc Ingla 바르셀로나 부회장과 치키 베히리스타인 기술이사는 리스본에서 무리뉴 감독을 만났다. 무리뉴는 이 자리에서 세 시간에 걸쳐 PPT로 바르셀로나 감독으로 부임하면 자신이 어떤 방식으로 팀을 운영할지를 설명했다.

무리뉴 감독이 제시한 비전은 바르셀로나 운영진을 설득하기에 충분했다. 게다가 그는 포르투와 첼시에서 거대한 성공을 거둔 검증된 지도자였으며 보비 롭슨 감독과 루이 판 할 감독이 이끈 바르셀로나에서 코칭스태프로 활동한 경험도 있었다. 무리뉴가 바르셀로나 축구 철학의 핵심인 4-3-3 포메이션을 선호하는 감독이라는 점도 주목할 만했다. 무리뉴는 바르셀로나 구단 운영진과 만난 자리에서 공격 축구를 구사하겠다고 약속했고, 심지어 과르디올라를 수석코치로 선임하겠다는 의지까지 내비쳤다.

그러나 바르셀로나 명예회장 요한 크루이프는 무리뉴가 첼시에서 구사한 수비적인 축구에 대해 우려를 나타냈다. 베히리스타인 이사는 무리뉴의 거친 언변이 언론과 마찰을 빚을 수 있다고 생각했다. 잉글라 부회장은 아예 딱 잘라서 무리뉴가 싫다고 말했다. 결국 바르셀로나는 유럽에서 가장 추앙받은 감독인 무리뉴 대신 2군 팀 감독직 외에는 지도자 경험이 없는 과르디올라를 선임했다. 당시 과르디올라는 무리뉴의 수석코치 후보로 거론된 '초짜' 지도자였으며 스페인 4부 리그에서 한 시즌 바르셀로나B(2군)를 이끈 게 감독으로 쌓은 경험의 전부였다. 무리뉴는 바르셀로나의 결정에 큰 충격을 받았지만, 과르디올라 감독은 향후 4년간 유럽 축구를 주도한 인물로 떠올랐다.

쉽게 말해 바르셀로나는 포르투갈인이 아닌 스페인인, 아니 카탈루냐인을 택한 셈이었다. 과르디올라는 바르셀로나에서 태어나고 자란, 크루이프의 축구 철학을 계승하는 인물이었다. 그는 바르셀로나 1군 감독으로 부임한 뒤, 유럽에서 가장 혁신적인 전술가로 급부상했다. 그는 4년간 캄프 누에서 바르셀로나를 지휘하며 스페인 라리가 우승 3회, 챔피언스리그 우승 2회를 달성했다.

괴르디올라가 바르셀로나를 이끈 4년간 스페인 대표팀은 국제대회에서 압도적인 성적을 거뒀다. 스페인은 수십 년간 가장 기대치를 충족하지 못하는 팀이라는 혹평을 받았지만, 유로 2008 우승을 시작으로 2010 남아공 월드컵, 유로 2012를 차례로 석권하면서 역사상 최초로 주요 국제대회 3회 연속 우승을 차지한 국가대표팀이 됐다.

이처럼 스페인 대표팀의 정상 등극은 유럽 축구에도 큰 변화를 일으켰다. 스페인과 바르셀로나는 기술과 재미를 상당 부분 배제한 채 선수비 후역습을 바탕으로 한 전술이 지배한 유럽 축구의 판도를 바꾼 팀이다. 스페인의 축구 철학이 전파되면서 유럽 전역에서도 대다수 팀들이 갑작스럽게 점유율 축구를 중시하기 시작했다.

스페인이 구가한 전성기의 중심에는 체구는 작지만, 기술적으로 우수한 선수들이 있었다. 스페인은 플레이메이커를 수도 없이 배출한 나라다. 심지어 스페인과 바르셀로나는 때로는 최전방 공격수 자리에도 플레이메이커를 배치하곤 했다. 그러면서 유럽이 최전방 공격수의 역할을 바라보는 시선도 바뀌었다.

동시에 바르셀로나와 레알 마드리드가 격돌하는 스페인 축구의 가장 큰 빅매치 '엘 클라시코El Clásico'는 그 어느 때보다 더 흥미진진해졌다. 레알 마드리드가 2010년 감독으로 선임한 무리뉴는 2년간 바르셀로나의 수장 과르디올라 감독과 치열한 경쟁을 펼쳤다.

여기에 바르셀로나의 메시, 레알 마드리드의 호날두가 형성한 경쟁 구도는 엘 클라시코를 더 주목받는 라이벌전으로 만들었다. 소속 팀과 국가대표팀에서 이들이 보여준 활약을 고려할 때, 2008년부터 2012년까지 메시와 호날두의 라이벌 관계는 사상 유례없는 것이었다. 약 4년간 이어진 이 시절은 유럽 전역에도 전무후무한 영향을 미쳤다.

Netherlands

Italy

France

Portugal

PART 5

푸트볼,
2008-12

Spain

**2008
~
2012**

Germany

England

Zonal Marking

13
·
티키타카

한편으로는 펩 과르디올라가 스페인의 점유율 축구가 떠오르는 데 결
정적인 역할을 했다고 볼 수는 없다. 그가 바르셀로나 감독으로 부임한
2008년 8월, 스페인 축구의 비상은 이미 시작된 상태였기 때문이다. 스
페인은 보는 이들의 탄성을 자아내는 패스 연결을 바탕으로 유로 2008
우승을 차지하며 호평을 받았다. 당시 스페인의 패스 축구를 가능케 한
두 주인공은 사비 에르난데스Xavi Hernández와 안드레스 이니에스타 Andrés
Iniesta 였다.

그러나 또 다른 한편으로 보면 과르디올라 감독은 바르셀로나 감독으
로 부임하기 전부터 스페인 축구에 지대한 영향을 미친 인물이었다. 사
비와 이니에스타가 바르셀로나 유소년 아카데미 라 마시아에서 성장하
던 시절, 그들은 당시 1군에서 등번호 4번을 달고 뛴 느리고, 호리호리하
면서도 특출하게 영리했던 미드필더 과르디올라를 보고 배우라는 지시

를 받기도 했다.

지난 1990년대 바르셀로나를 거친 슈퍼스타는 수없이 많았지만, 과르디올라처럼 '바르셀로나 방식'을 잘 대변한 선수는 없었다. 그는 바르셀로나의 미래를 책임질 차세대의 롤 모델이었다. 과르디올라가 사령탑으로 부임한 2008년 여름 당시 바르셀로나 1군에는 이미 어린 시절부터 그처럼 플레이해야 한다는 가르침을 받은 선수들이 즐비했다.

10대 선수에 불과했던 과르디올라를 처음 바르셀로나 1군 자원으로 끌어올린 인물은 요한 크루이프 감독이었다. 크루이프는 팀의 미드필드맨 뒷자리는 공을 쟁취하는 수비적인 선수가 아닌 능숙한 경기 운영 능력을 보유한 플레이메이커가 맡아야 한다고 믿었다. 과르디올라는 깊숙한 미드필드 진영에서 보수적인 위치 선정으로 팀에 안정감을 더하면서도, 침착한 패스 공급 능력으로 공격의 시발점 역할까지 했다. 그는 현역 시절 "내 역할은 공을 움직여 동료들이 공격을 마무리할 수 있도록 돕는 것"이라고 말하기도 했다. 과르디올라는 크루이프 감독이 벤치에서 작전을 지시하면 이를 운동장 안에서 팀이 구현하게 하는 리더였다. 이후 루이 판 할 감독도 과르디올라에 대해 "그는 말도 감독처럼 하는 선수"라며 강한 인상을 받았다고 밝힌 적이 있다. 그러나 과르디올라는 이와 같은 능력 탓에 스스로 동료들과 거리를 두고 지내며 늘 팀의 경기력을 과할 정도로 분석하는 습관이 있었다. 그는 정치와 시poetry에 깊은 관심을 가진 축구 선수였으며, 때로는 '아웃사이더' 이미지가 짙은 인물이었다.

과르디올라는 2001년 30세의 나이에 바르셀로나를 떠나며 선수로서는 최고의 무대와 작별했다. 이후 그는 카타르에서 짧은 선수 생활을 하면서 현역 은퇴 전 자금을 확보했고, 브레시아와 로마에 이어 도라도스에서 활약하며 이탈리아 세리에 A와 멕시코 무대를 경험했다. 과르디올라가 바르셀로나를 떠난 후 카타르, 이탈리아, 멕시코에서 선수 생활을 한 이유는 모두 감독 데뷔를 위한 준비된 과정이었다. 그는 로마에서 파비오 카펠로 감독으로부터 수비적 위치 선정에 대해 배운 뒤, 멕시코에서는 4-2-3-1 포메이션의 창시자로 불리는 후안마 리요Juanma Lillo 감독의 가르침을 받았다. 리요 감독은 과르디올라 외에도 수많은 스페인 출신 지도자에게 귀감이 된 '컬트'적 레전드 같은 인물이다.

과르디올라가 바르셀로나에서 정상을 경험한 선수였던 점을 고려하면, 그가 팀을 떠난 후 현역 은퇴 전까지 보인 행보는 매우 독특했다. 그러나 사실 바르셀로나를 떠날 당시 과르디올라에게 이 외의 선택지가 많았던 건 아니었다. 그는 당시 경험과 능력을 두루 겸비한 선수였지만, 그와 같은 후방 플레이메이커는 2000년대 초중반 가치를 잃은 상태였다. 과르디올라는 2004년 〈더 타임스〉와의 인터뷰에서 "대다수 팀에서는 모든 선수가 각자에게 주어진 역할을 맡는다. 창의성이 요구되는 역할은 특정 선수에게만 주어진다. 나는 선수로서 변하지 않았고, 내 기량이 저하되지도 않았다. 단, 축구가 변했다. 축구는 신체적 능력이 더 요구되는 운동이 됐다. 이제는 수비 라인 앞에서 뛰는 선수는 공을 쟁취할 수 있어야 한다. 만약 지금 내가 바르셀로나의 20세 유망주였다면, 나는 1군 선수로 올라서지 못했을 것"이라고 말했다. 이때부터 과르디올라의 목표는 이와 같은 축구계의 흐름을 뒤집는 것이었다. 그리고 과르디올라가 감독으로 돌아간 바르셀로나에서 성공하는 데는 현역 시절 그와 비슷했던 미드필더 세 명의 공이 컸다.

스페인 축구가 유럽을 지배한 시절, 사비는 신체적으로 돋보일 게 하나도 없었으며 그의 패스 패턴은 단순했다. 그러나 점유율 축구를 누구보다 완벽하게 구현한 그는 경기 도중 자신의 주변에서 일어나는 전술적 상황을 완벽히 이해하는 능력이 독보적이었다. 사비는 영리한 위치 선정으로 상대 선수를 끌어낸 뒤, 그 와중에 발생한 빈 공간으로 패스를 찔러 넣는 능력이 탁월했다.

사비는 과르디올라처럼 스스로 자신이 카탈루냐인이라는 데 큰 자부심을 품고 있었다. 그는 축구에 집착한 매우 분석적인 선수였으며 점유율 축구를 지향하는 이론가였다. 바르셀로나에서 그의 별명은 '기계'였다. 다른 국가에서는 기계라는 별명을 신체적으로 우수한 선수에게 붙여주곤 한다. 그러나 바르셀로나는 사비의 브레인이 컴퓨터를 연상케 할 정도로 완벽에 가깝다는 이유로 그를 기계라고 불렀다. 사비는 "나는 기본적으로 패서passer다. 나는 공을 받고, 패스한다. 공을 받고, 패스하고. 받고, 패스한다. 이를 반복하는 게 나의 역할"이라고 말했다.

사비는 재능이 뛰어난 미드필더였지만, 2000년 근방에 이르기까지 바르셀로나 1군에서 확고한 위치를 차지하는 데는 어려움을 겪었다. 이유는 간단했다. 과르디올라 때문이었다. 1998년 1군 데뷔전을 치른 사비는 훗날 자신의 감독이 된 과르디올라를 포함한 팀 동료들에게 찬사를 받았다. 특히 과르디올라는 사비의 상황 인지 능력과 성숙함을 칭찬하며 다소 긴장한 듯한 어조로 아직 주전 자리를 양보하고 싶지는 않다고 말하기도 했다. 판 할 감독은 늘 사비를 과르디올라와 비교했다. 결국 사비는 비로소 과르디올라가 떠난 후 팀 내 입지를 넓힐 수 있었다. 사비는 훗날 "펩(과르디올라)이 떠난 게 내게는 행운이 됐다. 내게 선수 과르디올라는 팀을 떠나야 하는 존재였다. 그러나 감독 과르디올라가 돌아왔을 때, 나는 그를 사랑했다"고 말했다.

과르디올라가 바르셀로나로 부임한 시점, 사비는 이미 예전과 달리 전진 배치되는 미드필더였다. 그의 주포지션은 바르셀로나가 가동한 4-3-

3 포메이션의 왼쪽에 배치된 중앙 미드필더였다. 그러나 바르셀로나는 사비의 포지션을 변경하기 전까지 줄곧 그를 수비형 미드필더 자리에 배치했다. 바르셀로나는 그 정도로 사비에게 과르디올라의 대체자 역할을 기대했던 것이다. 사비는 "나는 프랑크 레이카르트 감독이 오기 전까지 6~7년간 피보테pivote(후방 미드필더)로 뛰었다. 나는 공수를 오가며 더 많은 도움을 기록해야 한다는 주문을 받았다. 그러나 그 자리에서 그렇게 하는 건 매우 어렵다. 약 10~15m 전진 배치되어 그렇게 하는 게 훨씬 쉬웠기 때문"이라고 말했다. 이처럼 사비는 어린 시절 피보테, 4번, 혹은 더 단순히 설명해 '과르디올라 역할'을 맡았다. 사비는 레이카르트 감독의 포지션 변경 지시를 받은 후 전진 배치되기 시작했다.

성장 과정이 더 흥미로운 선수는 사비의 오랜 팀 동료 이니에스타다. 그는 사비와 성향이 매우 다른 선수였다. 이니에스타는 팀에 다른 기여를 할 수 있었다. 그는 경합 과정에서 이른바 '크로케타croqueta'라는 기술을 활용해 속도를 전환하며 상대의 압박에서 벗어나는 눈부신 능력의 소유자였다. 크로케타는 공을 발 한쪽에 붙여놓은 뒤, 상대 수비가 경합을 걸어오면 이를 부드럽게 다른 발로 옮겨놓으며 그를 제치는 돌파 기술이다. 즉 이니에스타는 사비보다 더 수월하게 공간이 비좁은 공격 진영에 전진 배치되어 뛸 수 있었다. 그럼에도 불구하고 과르디올라를 '복제'하는 데 혈안이 된 당시 라 마시아는 이니에스타에게도 후방 미드필더 역할을 맡겼다. 실제로 이니에스타의 아버지는 이와 같은 지도 방식이 아들이 성장하는 데 어려움을 줬다는 의견을 밝혔다. 이니에스타의 아버지 호세 안토니오José Antonio는 "이니에스타가 아주 어렸을 때, 그는 많은 골을 넣었다. 그는 늘 드리블 돌파 능력이 훌륭했다. 그는 모든 선수보다 움직임에 관한 판단이 1초 정도 빨랐고, 재빨리 가속하여 상대를 제쳤다. 그는 페널티 지역을 파고드는 능력도 좋았다. 유소년 레벨에서는 모든 걸 할 수 있는 선수였다. 그에게는 모든 능력이 있었다. 그러나 그가 바르사B(바르셀로나 2군 팀)에 합류하며 모든 게 바뀌었다. 팀이 그에게 4번, 후방 미드필더 역할을 맡겼다. 그들은 그에게 과르디올라, 루이스 미야Luis Milla, 사비, 알베르트 셀라데스Albert Celades, 이반 데 라 페냐Iván de la Peña의 역할을 기대했다. 이 때문에 그는 상대 골대와 더 떨어진 곳에서 뛰게 됐다. 아직도 사람들이 그에게 '너는 새로운 과르디올라'라고 말해주던 모습을 기억한다. 그러나 그들은 그에게 어울리지 않는 역할을 요구하고 있었다"고 말했다.

이니에스타가 과르디올라를 처음으로 직접 만난 곳은 당시 15세 이하 선수들의 세계선수권이나 다름없었던 국제대회 나이키컵이 열린 바르셀로나의 홈구장 캄프 누였다. 이니에스타는 결승전에서 팀의 동점골을 만들어낸 도움을 기록한 데 이어 직접 결승골을 득점한 뒤, 과르디올라가 시상대에서 건네준 우승 트로피를 들어 올렸다. 당시 과르디올라는 이니에스타에게 트로피를 건네며 "10년 후쯤에 나는 여기서 매주 너를 지켜볼 거야"라고 말했다. 이후 바르사B에서 이니에스타를 지도한 조셉 마리아 곤살보Josep Maria Gonzalvo 감독은 그가 전진 배치된 자리에서 더 효과적인 활약을 펼친다는 사실을 확인한 후 포지션 변경을 주문했다. 그러나 2000-01시즌 바르사B 사령탑으로 부임한 로렌소 세라 페레르Lorenzo Serra Ferrer는 다시 이니에스타에게 '과르디올라 역할'을 맡겼다. 이 시절 대다수 유럽 팀들은 후방에 배치된 미드필더에게 신체적 강인함과 태클 능력을 요구했다. 이니에스타와 같은 유형의 선수를 후방 미드필드 지역에 배치할 만한 팀은 당시 유럽에서 바르셀로나가 거의 유일했다. 이후 이니에스타는 줄곧 후방 미드필드 지역에 배치되어 성장기를 거쳤다. 예를 들어 바르셀로나가 벤피카를 2-0으로 꺾은 2005-06시즌 챔피언스리그 8강 경기에서 21세의 이니에스타는 후방 미드필드 지역에서 '과르디올라 역할'을 맡았다. 이때 이니에스타가 그토록 원한 왼쪽에 배치된 중앙 미드필더 자리를 맡은 선수는 터프한 태클 능력이 돋보인 마르크 판 보멀Mark van Bommel이었다.

또 다른 눈에 띄는 라 마시아 졸업생은 세스크 파브레가스Cesc Fàbregas였다. 바르셀로나 유소년 팀 시절 제라르드 피케Gerard Piqué, 리오넬 메시와 함께 뛴 파브레가스 역시 공격 진영에서 활약할 수 있는 미드필더였으나 라 마시아에서는 4번 역할을 맡았다. 그는 "과르디올라는 어린 시절부터 늘 나의 우상이었다"고 말했다. 이니에스타와 마찬가지로 파브레가스도 어린 시절 과르디올라의 칭찬을 받으며 동기부여를 얻었다. 그는 13세 때 부모님의 이혼으로 심리적인 안정을 찾지 못하고 있었다. 이때 그는 유소년 팀 감독을 통해 친필 사인이 담긴 바르셀로나의 4번 유니폼을 선물받았다. 이 유니폼에는 "프란세스크 파브레가스에게. 네가 캄프 누에서 4번을 입고 뛸 날을 기다리며. 행운을 빈다. 펩 과르디올라가"라는 문구가 적혀 있었다. 그러나 이후 파브레가스는 바르셀로나 1군의 치열한 주전 경쟁을 우려해 아스널로 이적했다. 그는 아스널에서도 처음에는 '과르디올라 스타일'로 간주되었지만, 시간이 지나면서 차츰 공격형 미드필더로 변신했다. 이처럼 바르셀로나는 공격 재능이 탁월한 미드필더를 수비 라인 앞에 세우는 유일한 팀이었다.

마지막으로 언급할 선수는 '과르디올라의 복사판'에 가장 가까운 세르히오 부스케츠Sergio Busquets다. 키가 크고, 통솔력이 돋보이는 부스케츠는 수비 라인 앞에서 보호막 역할을 해줄 모든 기량을 다 보유한 선수였다. 그러나 그는 어린 시절 전방 공격수로 활약했다.

부스케츠는 바르셀로나 동료들보다 늦은 편인 16세의 나이에 라 마시아에 합류했다. 이때 과르디올라는 이미 바르셀로나를 떠난 후였다. 그러나 부스케츠는 아버지 카를레스가 과거 크루이프 감독이 신임한 '스위퍼 키퍼'였던 만큼 어린 시절부터 바르셀로나식 훈련을 받으며 성장했다. 게다가 그는 앞서 언급한 사비, 이니에스타, 파브레가스와는 달리 2007-08시즌 바르사B에서 직접 과르디올라의 지도를 가장 먼저 경험한 선수이기도 했다. 사비, 이니에스타, 파브레가스는 과르디올라의 영향을 받아 공격형 미드필더로 성장했으나 부스케츠는 그들과 달리 전형적인 '과르디올라 역할'을 맡은 선수다. 과르디올라는 "만약 내가 선수 시절로 돌아가 지금 활약 중인 선수처럼 뛸 수 있다면, 그것은 세르히오 부스케츠일 것"이라고 말하기까지 했다. 스페인은 부스케츠가 대표팀 데뷔전을 치른 2009년부터, 그리고 바르셀로나는 파브레가스를 영입한 2011년부터 과르디올라를 우러러보며 자란 선수 네 명으로 미드필드를 구성한 셈이다. 이처럼 과르디올라는 감독으로 성공을 거두기 전부터 스페인 축구에 지대한 영향을 미쳤다.

부스케츠가 대표팀에 데뷔하기 전인 유로 2008에서 사비, 이니에스타, 파브레가스는 스페인의 또 다른 훌륭한 플레이메이커들과 중원에서 호흡을 맞췄다. 리버풀의 후방 플레이메이커 사비 알론소Xabi Alonso는 대각선으로 찔러주는 긴 패스가 일품이었고, 발렌시아 미드필더 다비드 실바David Silva는 상대 미드필드와 수비 라인 사이에서 빠르고 창의적인 판단력으로 득점 기회를 창출했으며 비야레알의 산티 카소를라Santi Cazorla는 양발을 두루 잘 쓰는 이니에스타와 비슷한 유형의 선수였다. 알론소와 실바는 훗날 각각 바이에른 뮌헨과 맨시티에서 빼어난 활약을 펼쳤다. 알론소는 바이에른 이적 후 상대 수비 라인을 깨는 날카로운 침투 패스 능력까지 장착하게 됐고, 실바는 원래보다 미세하게 후진 배치돼 경기를 조율하는 선수로 변신했다. 이 둘의 진화를 진두지휘한 주인공은 바로 바이에른과 맨시티를 차례로 이끈 과르디올라 감독이었다.

플레이메이커를 배출하는 스페인의 전통은 유로 2008이 열리기 전부터 늘 관심을 끄는 주제였다. 타 국가와 비교했을 때 유독 스페인은 특이했다. 이 시절 독일은 축구 철학을 혁신하기 전이었고, 프랑스는 오히려 창조성이 돋보이는 선수를 우선시하지 않고 있었다. 유로 2008에서 포르투갈은 데쿠, 네덜란드는 베슬레이 스네이더Wesley Sneijder, 이탈리아는 안드레아 피를로Andrea Pirlo라는 출중한 기량을 보유한 플레이메이커를 중심으로 경기를 풀어갔으나 이 선수들은 모두 투쟁적인 동료들의 지원을 받으며 뛴 예외적 자원이었다. 반면 스페인은 유로 2008 결승전에서 사비, 이니에스타, 파브레가스, 실바를 중원에 배치했으며 이들의 뒤를 받치며 수비 라인을 보호한 선수는 브라질에서 귀화한 마르코스 세나Marcos Senna였다. 짧은 패스를 바탕으로 이뤄지는 스페인 축구를 가리켜 '티키타카'라는 애칭이 붙은 건 이미 이전의 일이었다. 이뿐만 아니라 스페인에서는 전통적으로 이와 같은 플레이메이커를 가리켜 '후고네스jugones'라 불렀다. 이처럼 스페인은 기술적으로 우수한 미드필더를 배출하는 국가로 오랜 시간 명성을 떨쳤다. 하지만 스페인은 유로 2008 전까지 천부적인 재능을 보유한 선수들로도 성공적인 팀 성적을 내지 못한다는 지적을 받았다. 그러나 이러한 비판은 곧 깨끗이 사라졌다.

스페인이 유로 2008에서 '패스 마스터들의 팀'으로 거듭나는 과정을 살펴볼 때, 가장 의외인 부분은 팀을 이끈 감독이 수비적 전술가로 더 유명했던 루이스 아라고네스Luis Aragonés였다는 점이다. 당시 69세의 노장 아라고네스 감독은 오랜 기간 스페인 라리가에서 지도자 생활을 했지만,

31년 전 아틀레티코 마드리드에서 차지한 우승이 그가 유일하게 정상에 오른 경험이었다. 당시 그는 아틀레티코에서 최종 수비수 스위퍼 앞에 중앙 수비수 세 명 그리고 그 앞자리에 수비형 미드필더를 한 명 더 추가한 1-3-1-3-2 포메이션을 가동하며 라리가 우승을 차지했다. 그는 바르셀로나에서 1987-88시즌 요한 크루이프의 전임 감독으로 한 시즌 동안 팀을 이끌며 기술이 탁월한 선수를 활용하기도 했지만, 이후에는 다시 매력적인 축구보다는 기능성이 우수한 축구로 결과를 내는 데 집중했다. 그는 역습 축구를 구사하며 라리가에서 발렌시아를 1995-96시즌 2위, 마요르카를 2000-01시즌 3위로 이끌었다.

심지어 아라고네스 감독은 1998년 스페인이 자국 대표팀을 한때 지칭했던 '붉은 분노La Furia Roja' 정신에서 벗어나고 있다며 불만을 내비치기도 했다. 그는 "모든 국가는 각자 축구를 구현하는 방식이 있다. 국가별로 스스로 정립된 방식으로 축구를 해야 한다. 이탈리아는 카테나치오로 월드컵 우승을 세 차례 차지했다. 아르헨티나와 브라질도 절대 각자의 특징에서 벗어나는 축구를 하지 않는다. 우리 스페인도 우리만의 특징이 있다. 스페인 축구는 정교했던 적이 없다. 우리는 우리의 DNA를 부인해서는 안 된다"고 말했다. "라 푸리아는 그저 단순한 별명이 아니고, 대표팀 경기의 흥행을 위해 만들어진 것도 더더욱 아니다. 라 푸리아는 스페인 대표팀이 추구해야만 하는 철학이다. 우리는 지금 공을 가졌을 때 훌륭한 기량을 발휘해야 한다는 아이디어에 사로잡혀 있지만, 우리는 그런 축구를 하는 팀이 아니다. 지금 우리에게는 공을 소유했을 때 엄청난 터치를 가진 선수가 10~12명 정도 있다. 그러나 이들이 모두 한꺼번에 한 팀에서 조화를 이룰 수는 없다"고 지적했다.

그러나 아라고네스는 시간이 흘러 스페인 대표팀 감독이 되자 자신에게 주어진 품격 있는 플레이메이커를 최대한 많이 베스트11에 끼워 넣으며 유로 2008에서 훌륭한 경기력을 선보였다. 유로 2008은 지나칠 정도로 능동적이고, 공격적인 축구가 지배한 대회였다. 〈월드 사커〉 편집장 개빈 해밀턴Gavin Hamilton은 대회가 끝난 후 기고한 분석 기사를 통해 "마치 유로 2004가 열리지 않았던 것 같은 기분"이라고 말했다.

아라고네스의 스페인은 변형된 4-4-2 포메이션을 가동했다. 스페인은 세나가 후방 미드필더로 배치됐고, 다비드 비야David Villa는 최전방 공격수 페르난도 토레스Fernando Torres보다 조금 처진 지점에서 움직이며 사실상 4-1-3-1-1에 더 가까운 진용을 선보였다. 이 중 '3'을 구성한 이니에스타, 사비, 실바의 조합은 결정적이었다. 아라고네스 감독이 플레이메이커 세 명을 모두 활용하기 위해 측면 공격수로 넓이를 더하는 전술 자체를 아예 포기했기 때문이다. 그렇다고 해서 스페인이 알려진 것처럼 무조건 티키타카만 고집한 것도 아니었다. 스페인은 러시아를 4-1로 대파한 첫 경기에서 놀라울 정도로 직선적인 공격으로 선제골을 만들어냈다. 왼쪽 측면 수비수 호안 카프데빌라Joan Capdevila가 수비 진영에서 상대 패스를 가로챈 순간, 미드필드 지역에는 스페인 선수가 단 한 명도 없었다. 스페인은 약 35m가 넘는 거리를 완전히 비워두고 있었던 셈이다.

카프데빌라는 수비 진영에서 최전방 공격수 토레스를 향해 롱볼을 연결했다. 토레스는 상대 최종 수비수를 따돌린 후 상대 골키퍼와의 1대1 상황에서 문전으로 침투하는 다비드 비야에게 패스를 연결했다. 이후 비야가 빈 골대에 공을 밀어넣으며 스페인에 리드를 안겼다. 이처럼 스페인은 미드필드를 전혀 활용하지 않고 득점에 성공했다. 스페인의 두 번째 득점 장면도 역습을 통해 이뤄졌다. 카프데빌라가 폭발적인 드리블로 수비 상황을 순식간에 공격으로 전환시켰고, 비야가 마무리했다. 비야는

75분 만에 해트트릭을 달성했는데, 이번에는 더 정교한 패스 연결이 득점까지 이어졌다. 이후 파브레가스가 속공 상황에서 다이빙 헤더로 마지막 골을 터뜨렸다. 아라고네스 감독은 경기 후 "우리는 역습을 좋아한다"고 말했다. 그러나 시간이 흐르면서 스페인은 역습과는 확연히 상반되는 축구를 하게 됐다.

스페인은 조별 리그 두 번째 경기에서 스웨덴을 2-1로 제압했다. 토레스가 세트피스 상황 이후 흐른 공을 득점으로 연결했고, 결승골은 후반 추가 시간에 카프데빌라의 발끝이 만들어냈다. 카프데빌라는 후방에서 약 45미터짜리 롱볼을 토레스에게 연결했다. 이후 흐른 공을 잡은 비야가 득점에 성공했다. 이와 같은 스페인 축구는 '뻥 축구'까지는 아니었지만, 티키타카라고 할 수도 없었다. 일찌감치 조별 리그 통과를 확정한 스페인은 주전급 선수를 다수 제외한 그리스전에서도 2-1로 승리한 뒤, 이탈리아와의 8강에서는 시종일관 답답한 경기를 펼쳤으나 승부차기 끝에 4강 진출에 성공했다. 스페인은 중원에 기동력이 떨어지는 안드레아 피를로, 리노 가투소를 앞세운 이탈리아를 상대로 경기를 주도했지만, 정교한 축구와는 거리가 먼 경기력을 선보이며 좀처럼 실마리를 찾지 못했다.

스페인은 어렵게 오른 4강에서 다시 만난 러시아를 3-0으로 가볍게 제압했지만, 아라고네스 감독은 경기가 끝난 후 티키타카를 제대로 구현하지 못했다며 아쉬움을 내비쳤다. 그는 "우리는 경기 초반 러시아가 좋아하는 롱패스 위주로 경기를 풀어갔다"며 실망감을 드러냈다. 그러나 스페인은 이날 초반 15분을 지난 시점부터는 제대로 된 점유율 축구를 구사했다.

스페인은 세 골을 모두 후반전에 득점했다. 이 경기를 통해 스페인의 점유율 축구가 상대를 지치게 만든다는 점이 명확하게 드러났다. 스페인이 4강에서 보여준 경기력은 특히 더 공격적이었다. 이니에스타가 건넨 패스를 사비가 발리슛으로 선제골을 터뜨렸을 때, 스페인은 상대 페널티 지역에 무려 다섯 명이 진입한 상태였다. 이날 스페인은 유효 슈팅만 무려 11개를 기록했다. 후반에 교체 투입된 실바와 다니 구이사Dani Güiza는 차례로 득점을 기록했다. 두 교체 요원의 골을 도운 선수는 파브레가스였다. 파브레가스는 유로 2008에서 빼어난 활약을 펼치고도 실질적으로는 합당한 평가를 받지 못한 선수였다.

스페인은 결승전에서도 독일을 압도했다. 스페인은 끊임없이 득점 기회를 창출했고, 약 30분이 지나 뒷공간을 공략한 토레스가 사비의 침투 패스를 받아 띄워올리는 슛으로 결승골을 터뜨렸다. 종료 10분을 남겨 두고는 동료들의 전진을 위해 자신은 수비를 보호하는 역할을 했던 세나가 전진하면서 상대의 태클을 두 차례 피한 뒤, 전진 패스를 연결하고는 자신도 함께 페널티 지역으로 침투해 리턴 패스를 받았다. 충분히 스코어가 2-0으로 벌어질 수 있었지만, 세나는 아깝게 기회를 놓쳤다. 그러나 스페인의 수비형 미드필더였던 선수가 이런 기술을 선보였다는 점은 주목받아 마땅했다. 후반전 교체 투입된 사비 알론소도 이론적으로는 세나와 비슷한 역할을 부여받았지만, 그 또한 후반전 추가 시간에 비슷한 방식으로 전진하며 기회를 만들었다. 스페인의 티키타카는 이처럼 전원 공격 축구와 조화를 이뤘다.

아라고네스는 스페인 감독으로 치른 마지막 경기가 된 결승전을 승리로 장식한 뒤, "축구를 사랑하는 사람은 선수들이 좋은 패스 연결을 하고, 페널티 지역 안으로 들어가 득점하는 모습을 보고 싶어한다. 이제 우리는 이렇게 큰 무대에서 승리를 기대받는 팀이 됐다. 나는 그저 앞으로도 스페인이 이 방식대로 플레이하며 더 많은 승리를 하기를 바란다"고 말했다. 당시 69세였던 노장 아라고네스 감독은 이전까지는 줄곧 수비적인 축구를 구사하는 인물로 알려졌지만, 유로 2008 우승과 함께 능동적이고, 패스와 움직임이 기반이 된 축구를 하는 지도자로 탈바꿈했다.

스페인이 보여준 스타일과 성과는 곧 클럽 축구로 이어졌다. 과르디올라는 2008년 여름 바르셀로나 감독으로 부임해 구단 역사상 최고의 시즌으로 부임 첫해를 장식했다. 바르셀로나는 사상 첫 트레블을 달성했을 뿐 아니라 리누스 미헬스의 네덜란드, 아리고 사키의 AC 밀란과 비교 대상으로 떠오르며 유럽 축구 역사를 통틀어 가장 매력적인 축구를 구사하는 팀으로 평가받았다. 과르디올라 감독은 바르셀로나가 선보인 축구의 모든 면에서 혁신을 이뤘다. 적극적인 스위퍼 키퍼, 위치를 끌어올린 수비 라인 그리고 시간이 조금 지난 뒤로는 조직적인 압박과 전형적인 최전방 공격수가 없는 포메이션을 가동했다. 그러나 무엇보다 과르디올라 감독이 중요하게 여긴 것은 점유율 축구로 미드필드를 장악하는 것이었다.

과르디올라 감독의 부임 당시 바르셀로나는 붕괴된 팀이었다. 프랑크 레이카르트 감독은 활력을 잃었고, 바르셀로나의 스타 선수들은 몸상태가 크게 저하된 상태였다. 바르셀로나는 2006년 챔피언스리그 결승전에서 아스널을 2-1로 꺾고 유럽 챔피언이 됐지만, 단 2년 만에 완전히 무너지고 말았다. 레이카르트 감독은 사비와 이니에스타를 벤치에 앉혀두고 플레이메이커 데쿠를 필두로 원래 포지션이 중앙 수비수인 에드미우손Edmílson과 공보다는 상대 선수와의 접촉이 더 잦은 판 보멀로 허리진을 구성했다. 당시 이니에스타와 사비가 체력적으로 문제를 안고 있었던 것도 사실이지만, 어찌 됐든 레이카르트 감독은 종종 미드필더의 기술보다는 힘을 중시했다. 더욱이 그는 미드필더 삼인방보다는 공격진에 배치된 선수에게 의존하는 축구를 했다. 라 마시아는 미드필더의 '과르디올라 역할'을 우선시했지만, 정작 당시 바르셀로나 1군은 이를 가장 잘 구현할 만한 선수들을 제대로 활용하지 못하고 있었다.

당시 바르셀로나에서는 과연 사비와 이니에스타가 공존할 수 있느냐를 두고 찬반 양론이 맞섰다. 이와 같은 의심은 당시만 해도 합리적이었다. 실제로 바르셀로나는 이 두 선수에게 어린 시절부터 똑같은 역할을 맡긴 채 그들을 육성했다. 이론적으로 축구에서 최고의 미드필드 조합은 세 가지 역할을 각자 따로 수행하는 선수 세 명이 잘 융화됐을 때 이뤄지곤 한다. 과르디올라가 아닌 다른 감독이 바르셀로나를 이끌었다면, 사비와 이니에스타는 끝내 공존하지 못했을 것이다. 사비는 수년이 지난 후 "지금이 됐으니 하는 말이지만, 우리가 공존할 수 없다는 그때 지적에 대해 지금 생각하면 '맙소사!'라는 말이 절로 나온다. 사람들은 내가 처음 1군으로 올라갔을 때도 나와 펩(과르디올라)에 대해 그렇게 얘기했다. 그들은 우리 둘 다 수비를 할 줄 모른다며 미드필드 조합을 이룰 수 없다고 왈가왈부했다. 그러나 과르디올라 감독의 생각은 '사비 또는 이니에스타'가 아니었다. '사비와 이니에스타'가 그의 생각이었다. 아, 부스케츠도 있다. 그는 과르디올라 감독의 바르사B에서 활약하며 스페인 4부 리그 무대를 누빈 선수였지만, 바로 라리가에서 실력을 입증했다"고 말했다.

과르디올라 감독은 부임 후 라리가 데뷔전에서 누만시아Numancia에 0-1 원정패를 당했고, 관중석이 절반보다 조금 더 들어찬 첫 홈 경기에서는 라싱 산탄데르Racing Santander와 1-1로 비겼다. 그럼에도 불구하고 요한 크루이프는 바르셀로나가 인상적인 경기력을 보여주고 있다며 칭찬했다. 그는 "최근 몇 년간 내가 바르셀로나로부터 본 최고의 경기력"이라며 찬사를 보내 많은 이들을 놀라게 했다. 결국 늘 그랬듯이 크루이프가 옳았다. 바르셀로나는 세 번째 경기부터 확 달라진 모습을 보였다.

과르디올라 감독은 스포르팅 히혼Sporting Gijón 원정에서 부스케츠를 처음으로 선발 출전시켰다. 그는 사비, 이니에스타와 바르셀로나 미드필드를 구성했다. 바르셀로나는 압도적인 경기를 펼쳤고, 6-1 압승을 거뒀다. 가장 눈에 띈 골은 바르셀로나의 선제 득점이었다. 이니에스타가 전매특허 드리블로 왼쪽 측면에서 중앙 지역으로 파고들었고, 페널티 지역으로 띄워준 패스를 사비가 헤더로 마무리했다. 바르셀로나의 다음 두 골은 사비가 올린 코너킥으로부터 시작됐다. 이어 메시가 이니에스타의 골을 도왔고, 다음 득점 장면에서는 반대로 이니에스타가 메시의 골을 도왔다. 마지막 골은 사비가 메시의 골을 도우며 승부가 마무리됐다. 이날 경기 90분은 앞으로 바르셀로나가 4년간 펼쳐보일 축구의 축소판이었다. 사비와 이니에스타가 경기를 조율하며 메시를 지원하는 축구가 이 경기에서 완벽하게 구현됐기 때문이다. 바르셀로나는 톱니바퀴처럼 굴러갔고, 이후 20경기에서 승점 58점을 쓸어담았다.

라리가는 강팀이 약팀을 대파하는 경기가 많은 편에 속하는 리그지만, 바르셀로나는 오히려 상위권 팀을 상대로 더 압도적인 경기력을 선보였다. 바르셀로나는 2008-09시즌 준우승팀 레알에 6-2, 3위 세비야에 4-0, 4위 아틀레티코에 6-1, 6위 발렌시아에 4-0, 7위 데포르티보에 5-0, 8위 말라가에 6-0으로 승리했다. 상위권 팀 중 바르셀로나를 상대로 경쟁력을 발휘한 건 5위 비야레알뿐이었다. 3월 말라가전 승리는 사비의 영향력이 가장 잘 드러난 일전이었다. 그는 선제골을 득점한 뒤, 전반전이 끝나기도 전에 메시, 티에리 앙리, 사무엘 에토의 골을 차례로 도왔다.

다만, 바르셀로나는 챔피언스리그에서는 모든 상대를 압도하지 못했다. 4강에서 첼시를 만난 바르셀로나는 이니에스타가 경기 종료 직전 득점에 성공한 행운 덕분에 결승 진출에 성공했다. 이후 바르셀로나는 결승전에서 맨체스터 유나이티드를 압도하며 2-0으로 승리했지만, 경기 초반 10분간은 고전을 면치 못했다. 당시 바르셀로나는 가까스로 몸을 날려 상대 슈팅을 막으며 버티던 와중에 에토가 선제골을 넣은 덕분에 경기 흐름을 가져올 수 있었다. 후반전 알렉스 퍼거슨 맨유 감독은 공격수 두 명을 추가로 투입하며 4-2-4 포메이션을 구사했지만, 이는 오히려 바르셀로나가 미드필드에서 더 많은 공간을 누비며 점유율을 높이는 결과를 낳았다. 바르셀로나는 구단 역사상 가장 성공적인 시즌의 마지막 경기가 끝날 무렵 그저 볼 소유권을 유지하면서 마무리할 수 있었다. 이는 바르셀로나식 축구를 가장 잘 보여준 현상이기도 했다. 과르디올라 감독은 미드필드 지역과 그곳을 지키는 미드필더들을 누구보다 신뢰하는 지도자였다.

퍼거슨 감독은 경기가 끝난 후 바르셀로나에 대해 "우리가 미드필더 세 명을 세우면, 그들은 네 명을 세웠다. 우리가 네 명을 세우면, 그들은 다섯 명을 세웠다"고 말했다. 과르디올라 감독은 빅매치가 열리면 매번 경기 내내 선수들에게 적극적으로 작전을 지시하며 중앙 지역에서 수적 우위를 점했다. 당시 왼쪽 측면에 자주 배치된 이니에스타는 필요에 따라 자연스럽게 중앙으로 좁혀 들어오는 포지셔닝으로 팀의 미드필드 싸움에 보탬이 됐다. 이어 과르디올라 감독은 두 번째 시즌부터는 리오넬 메시를 '가짜 9번'으로 활용하는 빈도를 높이며 또 다른 승부수를 띄웠다. 이와 같은 전술은 과르디올라 감독의 세 번째 시즌(2010-11) 바르셀로나가 활용한 주요 전술이 됐다. 메시가 가짜 9번 전술을 어떻게 유행시켰는지는 다음 챕터에 더 자세히 설명하겠다. 그러나 메시가 역삼각형을 이룬 동료 미드필더 세 명 앞에서 가짜 9번이 돼 실질적인 10번 역할을 맡으며 바르셀로나의 다이아몬드형 미드필드를 완성했다는 점에 주목할 필요가 있다. 과르디올라 감독이 메시에게 이와 같은 움직임을 주문하며 궁극적으로 이루고자 한 목표는 미드필드 지역에서 수적 우위를 누리기 위해서였기 때문이다.

과르디올라는 미드필더들을 워낙 신임한 나머지 그들을 수시로 다른 포지션에 기용했다. 당시 바르셀로나는 주전급 중앙 수비수들의 잇따른 부상으로 백업 자원 활용이 불가피했다. 그러자 과르디올라 감독은 미드필더를 수비 라인에 배치하는 변칙적인 전략으로 수비수의 공백을 메웠다. 2009년 챔피언스리그 결승전에서는 야야 투레가 중앙 수비수로 뛰었다. 이후에는 세르히오 부스케츠가 이따금씩 문제없이 수비수로 활약했고, 리버풀에서 바르셀로나로 이적한 하비에르 마스체라노는 아예 중앙 수비수로 포지션을 변경했다. 과르디올라 감독은 "미드필더는 팀 전체를 아우르는 영리한 선수여야 한다. 미드필더는 누구보다 경기를 잘 이해하는 이타적인 선수여야 한다. 이와 같은 미드필더가 많을수록 다른 포지션에 생기는 공백을 메우는 게 더 쉬워진다. 그래야 미드필더들의 다재다능함이 더 발전할 수 있으며 규모가 작은 선수단으로도 한 시즌을 소화할 수 있게 된다"고 말했다. 과르디올라는 최대한 많은 미드필더를 보유한 팀을 만드는 데 집중하고 있었다.

과르디올라 감독은 바르셀로나에서 맞은 네 번째이자 마지막 시즌에 유일하게 라리가 우승에 실패했다. 그러나 여전히 바르셀로나는 전술적으로 매우 참신했다. 그는 포메이션을 바꾸는 빈도를 높여 최대한 많은 미드필더를 중용함과 동시에 상대 팀이 바르셀로나의 전술을 예측할 수 없게 했다. 과르디올라 감독은 바르셀로나가 밀란을 3-2로 꺾은 2011년 11월 챔피언스리그 경기에서 전통적인 아약스식 3-3-1-3 포메이션을 가동했다. 중앙 수비수 마스체라노, 미드필더 부스케츠, 사비, 세이두 케이타, 티아고 알칸타라 그리고 최전방 공격수 파브레가스가 선발 출전한 이날 베스트11에는 원래 포지션이 미드필더인 선수가 무려 여섯 명이나 포함되어 있었다.

과르디올라 감독이 시도한 가장 극단적인 실험은 유럽축구연맹 슈퍼컵 경기에서 이뤄졌다. 바르셀로나는 포르투를 2-0으로 꺾은 슈퍼컵 경기에서 부스케츠와 마스체라노가 중앙 수비수로, 미드필드에는 사비, 케이타, 이니에스타, 파브레가스가 선발 출전했다. 또한 과르디올라 감독은 그해 산투스Santos를 4-0으로 제압한 FIFA 클럽 월드컵 결승전에서는 부스케츠, 사비, 이니에스타로 구성된 미드필드 조합을 중심으로 양 측면에 파브레가스와 티아고 알칸타라를 배치했고, 메시를 가짜 9번으로 활용하며 무려 여섯 명을 중앙 지역에 밀집시켰다. 여기에 오른쪽 측면 공격수 다니 알베스가 줄기차게 전진하며 바르셀로나의 포메이션을 사실상 3-7-0으로 만들어버렸다.

산투스는 미드필드 진영을 빼곡히 채운 바르셀로나를 감당해내지 못했다. 무리시 하말류Muricy Ramalho 산투스 감독은 "그들은 새로운 포메이션을 만들어냈다"고 말했다. 산투스 선수들도 놀란 듯한 반응을 보였다. 산투스의 10번 간수Ganso는 "공이 없으면 경기를 풀어갈 수 없다. 그러나 그들에게 공을 빼앗는 건 거의 불가능하다"고 말했다. 향후 바르셀로나로 이적하는 네이마르Neymar는 "축구를 어떻게 해야 하는지 그들에게 배워야 한다. 나는 오늘 세계 최고의 선수를 봤다. 그들은 메시와 사비"라고 말했다.

그러나 바르셀로나가 가장 편안하게 경기를 풀어갈 수 있는 방식은 여전히 전통적인 4-3-3 포메이션을 바탕으로 부스케츠가 미드필드 깊숙한 진영에 배치돼 수비 라인을 보호하고, 사비가 중앙 지역 오른쪽에서 경기를 조율하면 이니에스타가 전진해 미드필드진과 공격진을 연결하는 전술이었다. 이 셋은 모두 라 마시아 졸업생이었으며 어린 시절부터 과르디올라를 동경하며 자란 뒤, 1군 선수가 돼서는 직접 그의 지도를 받게 된 제자들이었다. 그들은 4년간 함께 출전한 모든 빅매치에서 압도적인 장악 능력을 선보였다. 때로 바르셀로나는 수비진에 문제를 드러냈고, 최전방에서는 기회를 살리지 못하곤 했다. 그러나 이 시절 바르셀로나가 미드필드 싸움에서 열세였던 적은 없었다. 이에 자부심을 느낀 사비는 "사람들은 당시 우리 미드필드를 그냥 사비-이니에스타-부스케츠라고 불렀다. 그 미드필드는 영원히 기억될 것이다. 우리가 경기를 한 방식과 경기에서 이긴 방식으로"라고 말했다.

아라고네스의 후임으로 2008년 스페인 대표팀을 맡은 비센테 델 보스케 감독은 바르셀로나 미드필드 구조를 따라 할 만한 매우 유사한 인적 구성을 보유하고 있었지만, 그렇다고 바르셀로나와 똑같은 구조를 취하지는 않았다. 델 보스케 감독은 2010 남아공 월드컵에서 바르셀로나 이적을 앞둔 다비드 비야와 바르셀로나 공격수 페드로 로드리게스Pedro Rodríguez를 최전방에 배치했다. 부스케츠, 사비, 이니에스타도 그대로 미드필드 조합을 이뤘다. 즉 당시 스페인 앞 선의 선수 6명 중 5명이 과르디올라 감독이 이끈 바르셀로나 선수였던 셈이다. 그러나 델 보스케 감독은 누군가에게 메시의 역할을 맡겨 바르셀로나 시스템을 완벽하게 모방하지 않고, 후방 미드필더 사비 알론소를 주전으로 기용했다. 이 때문에 스페인은 더 오랜 시간 공을 점유할 수 있었지만, 상대 수비를 뚫는 데는 어려움을 겪었다.

이처럼 스페인은 4-2-3-1 포메이션을 가동했다. 부스케츠와 알론소가 후방 미드필더로 나섰고, 사비는 더욱 전진 배치돼 10번 역할을 맡았다. 사비는 골대를 등진 채 패스를 받는 상황이 편해 보이지만은 않았지만, 자주 더 깊숙한 진영으로 내려와 경기에 관여하며 압도적인 모습을 보였다. 이니에스타는 측면에서 안쪽으로 접고 들어오며 사비, 부스케츠, 알론소와 기울어진 다이아몬드형 미드필드를 구성했다. 바르셀로나 미드필더 세 명은 스페인 대표팀에서도 인상적인 활약을 펼쳤고, 특히 이니에스타는 메시가 없는 팀 안에서는 더 적극적으로 상대를 공격하는 결정적인 역할을 맡았다. 그럼에도 불구하고 바르셀로나에서 그토록 압도적인 경기력을 선보인 이들의 위치를 재배치한 델 보스케 감독의 결정이 한편으로는 아쉽기도 했다. 실제로 스페인은 선수들의 재배치로 인해 바르셀로나의 패스 패턴을 결여했다. 비록 스페인은 월드컵 우승까지 차지했지만, 더 도전적이고 더 '2008년스러운' 경기를 하지 못했다는 지적을 받았다. 쉽게 말해, 스페인은 보여준 것보다 더 좋은 경기를 할 수 있었다는 비판을 받았다.

역대 최고의 국가대표팀에게 이와 같은 부정적인 평가는 지나치게 들릴 수 있겠지만, 대다수 비판론자는 스페인이 배출한 주요 축구인들이었다. 델 보스케의 전임 아라고네스 감독은 2010 남아공 월드컵 대회 기간 도중 "사비는 원래 자기 포지션이 아닌 곳에서 뛰고 있다"고 지적했다. 사비가 조금 더 후진 배치돼야 한다는 게 아라고네스 감독의 생각이었다. 사비도 그의 말에 동의했고, 대회 도중 스페인 코칭스태프와 면담을 요청해 부스케츠를 1인 피보테로 세워달라고 요구했다. 사비는 그래야 자신이 바르셀로나에서 해온 역할을 맡으며 더 효과적인 활약을 할 수 있다고 주장했다. 그러나 델 보스케 감독은 줄곧 4-2-3-1 포메이션을 고집했다. 이와 같은 그의 고집은 바르셀로나와 레알 마드리드 선수들을 적절히 섞어서 기용해야 한다는 정치적 필요성의 영향을 받았다.

실제로 델 보스케는 현역 시절인 70년대에 레알 마드리드에서 후방 미드필더로 활약하며 500경기 이상을 소화한 레전드였다. 과거 그는 영리하고, 이타적이라는 평가를 받은 선수였다. 현역 은퇴를 선언한 델 보스케는 지도자로도 커리어의 거의 전부를 레알에서 장식했다. 이후 스페인 감독이 된 델 보스케가 사비의 요구에 따라 바르셀로나식 4-3-3 포메이션을 가동했다면, 희생돼야 하는 선수는 당시 레알 소속이었던 알론소였다. 레알 선수를 제외하는 감독의 결정은 선수단 일부는 물론 언론과 대중의 불만을 부르는 결과를 낳을 수도 있었다. 축구보다는 학구파 지식인을 배출하는 전통을 지닌 살라망카Salamanca에서 태어나고 자란 델 보스케는 전형적인 카스티야Castilla인이었다. 정리된 콧수염과 흔들림 없는 예의 바름, 헌신적이고 가정적인 성품과 모두를 아우르려 하는 자세는 스페인의 수도권 지역을 뜻하는 '카스티야'가 지향하는 가장 이상적인 가치를 그대로 보여줬다. 델 보스케는 스페인 감독직을 맡았던 시절 항상 '조직'의 개념과 원정에서의 팀 분위기를 전술보다 더 중요하게 여겼다. 그래서인지 스페인 대표팀은 대다수가 두 치열한 라이벌 팀 선수들로 구성된 가운데서도 매우 조화로운 분위기를 연출했다. 세르히오 라모스와 제라르드 피케의 갈등이 시작된 건 이로부터 한참 시간이 지난 후였다.

델 보스케는 감독으로도 매우 성공적인 커리어를 보냈다. 그는 레알 마드리드를 이끌고 라리가 우승 2회, 챔피언스리그 우승 2회를 차지하고도 2003년 경질됐다. 유럽 무대 정상 등극을 원한 플로렌티나 페레스 회장이 델 보스케 감독을 경질한 이유는 2002-03시즌에 라리가 우승'밖에' 하지 못했기 때문이었다. 페레스 회장은 "델 보스케 감독은 다소 전통적인 인물이다. 우리는 전술, 전략, 신체적 준비에 더 중점을 둔 감독을 찾고 있다"고 설명했다. 델 보스케 감독은 늘 침착한 성격의 소유자였지만, 자신이 현대 축구에 어울리지 않는 지도자라는 지적에 대해서는 분을 삭이지 못했다.

그러나 델 보스케 감독에 대한 이러한 지적은 과장됐을 뿐이지 잘못됐다고 볼 수는 없었다. 그는 과르디올라보다는 아르센 벵거와 더 비슷한 유형의 지도자였다. 델 보스케는 전술적 실험에 관심이 많지 않았지만, 점유율 축구의 가능성을 굳게 믿었다. 그는 "나는 늘 최대한 많은 미드필더를 원한다. 모든 선수가 미드필더였으면 좋겠다"고 말하기도 했다. 이뿐만 아니라 델 보스케는 과르디올라를 떠올리게 하는 발언도 남겼다. 그는 "내가 아직 선수였다면 부스케츠처럼 되고 싶었을 것"이라고 말했다. 이 시절 바르셀로나와 스페인 대표팀은 현역 시절 후방 플레이메이커로 활약한 두 감독이 이끌고 있었다. 사비는 "사람들이 생각하는 것보다 과르디올라와 델 보스케 사이에는 공통점이 많았다"고 설명했다.

델 보스케는 경기를 앞두고도 선수들에게 길게는 1분, 가장 짧게는 단 15초 정도 동안 스페인의 축구 철학을 상기시켜줬다. 그래엄 헌터의 저서에 따르면 델 보스케는 월드컵 결승전을 앞두고도 선수들에게 "계속 우리가 하던 방식대로, 우리 스타일에 충실하게 뛰어야 한다"고 말했다. 그는 과르디올라처럼 혁신적이지는 않았지만, 오히려 더 일관된 방식으로 공을 소유해야 한다는 생각을 고집했다.

과르디올라의 바르셀로나와 델 보스케의 스페인이 보여준 가장 큰 차이점은 공을 점유하는 목적이었다. 과르디올라의 바르셀로나, 아라고네스의 스페인은 흥분되는 공격 축구를 구사하며 전진 패스를 시도했으나 델 보스케의 스페인은 공을 점유해 상대가 최대한 기회를 만들지 못하게 하며 득점보다는 득실차를 통해 저력을 과시했다. 스페인은 내리 우승을 차지한 2010 남아공 월드컵과 유로 2012에서 치른 총 13경기에서 단 세 골을 실점하는 안정적인 전력을 선보였다. 더 놀라운 사실은 스페인이 유로 2008, 2010 남아공 월드컵, 유로 2012를 통틀어 조별 리그를 통과한 후 토너먼트 단계에서 치른 총 10경기에서 무실점을 기록했다는 점이다.

그러나 델 보스케의 스페인은 공격력이 무뎠다. 스페인은 2010 남아공 월드컵 첫 경기에서 스위스에 0-1로 패하며 최악의 출발을 했다. 스페인은 이날 이니에스타와 실바가 양 측면에 배치돼 중앙으로 파고들었고, 사비는 원래 자리인 조금 더 깊숙한 지역에서 움직였다. 그러나 사비의 자리는 부스케츠, 알론소와 겹치는 현상이 발생했다. 이처럼 바르셀로나에서 세 명을 배치한 지역에 무려 다섯 명이 쏠렸고, 넓이를 살리지 못한 공격 진영은 스위스 수비에 막혔다. 이런 방식으로 중앙 지역에 밀집하는 건 과르디올라가 바르셀로나에서 구사한 전술과는 크게 날랐다. 과르디올라 감독은 바르셀로나에서 미드필더를 최대한 중앙 지역에 촘촘히 배치하면서도 좌우 측면 공격수를 최대한 넓게 세워 상대 수비진에 균열을 내는 네덜란드식 모델을 활용했기 때문이다.

스페인의 몇몇 베테랑 선수들은 스위스전에서 충격적인 패배를 당한 뒤, 델 보스케 감독과의 면담을 통해 그가 추구하는 축구 철학을 절대적으로 신뢰한다는 뜻을 전달했다. 그러나 델 보스케 감독은 이후 선발 명단에서 실바를 제외하고 매 경기 측면 공격과 직선적으로 돌진하는 게 가능한 공격수를 최소 한 명씩 중용했다. 때로는 비야가 왼쪽 측면에 섰고, 때로는 전형적인 측면 드리블러 헤수스 나바스가 오른쪽에서 활약했다. 그리고 델 보스케 감독은 페드로에게는 그가 바르셀로나에서 활약하며 최대 장점으로 활용한 뒷공간 침투 능력을 요구했다.

스페인은 2010 남아공 월드컵 내내 매우 비슷한 패턴으로 경기를 운영했다. 그들의 패턴에는 세 가지 흐름이 있었다. 우선 스페인은 경기 초반에는 0-0 스코어를 유지한 채 점유율을 지배하면서도 기회를 창출하지는 않는 탐색전을 펼치며 미드필드 진영에서 반복적으로 패스를 돌려 상대를 지치게 만들었다. 스페인의 또 다른 플레이메이커 후안 마타Juan Mata는 "상대 팀이 절박해지는 게 눈에 보였다. 그들은 뛰고, 또 뛰었으나 공을 만지는 시간은 매우 적었다. 그렇게 차츰 그들은 지쳐갔다"고 말했다.

이후 스페인은 약 60분경에 돌파력 있는 선수를 교체 투입시켜 늦은 시간에 득점을 터뜨리는 결과를 낳았다. 스페인은 스위스에 패한 후 포르투갈, 파라과이, 독일, 네덜란드를 상대로 63분, 83분, 73분 그리고 116분에 결승골을 넣으며 1-0으로 승리했다. 포르투갈전에서는 파괴력 있는 최전방 공격수 페르난도 요렌테Fernando Llorente가 플랜B로 나섰고, 파라과이를 상대로는 파브레가스와 페드로가 전진하는 역할을 맡았다. 네덜란드와의 결승전에서는 파브레가스와 나바스가 결정적인 역할을 해줬다.

마지막으로 스페인은 1-0 리드를 잡은 후 무게중심을 뒤로 뺀 채 점유율을 최대한 높이며 굳히기에 돌입했다. 이는 득점 후에도 계속 공격을 시도한 유로 2008 우승팀과는 사뭇 다른 모습이었다.

가장 '델보스케의 스페인다운' 경기는 독일과의 4강전이었다. 요기 뢰브Jogi Löw 독일 감독은 치명적인 역습 축구를 구사하며 2년 전 유로 2008 결승전에서 스페인에 패했을 때와는 전혀 달라진 모습을 보이고 있었다. 독일은 더 젊고, 신선하면서도 상대적으로 덜 알려졌던 선수들로 세대 교체를 이뤄 잉글랜드를 4-1, 아르헨티나를 4-0으로 대파하며

4강에 올랐다. 독일은 이른 시간 선제골을 터뜨리며 상대의 적극적인 공격을 유도한 뒤, 뒷공간으로 가차없는 역습을 가하는 패턴을 주무기로 삼았다.

스페인과 독일의 만남은 당시 월드컵에서 가장 상반되는 스타일을 구현한 두 팀간의 맞대결이었다. 스페인의 점유와 독일의 역습. 이 대결에서 승리한 건 점유였다. 부스케츠는 메수트 외질을 무력화시켰고, 스페인은 효과적인 압박으로 독일을 괴롭혔다. 차츰 공격 강도를 높인 스페인은 후반전 카를레스 푸욜Carles Puyol이 사비의 코너킥을 머리로 받아넣으며 결승골을 뽑아냈다. 푸욜의 결승골이 터진 후 남은 17분간 스페인은 어느 때보다 더 효과적인 점유율 축구를 선보였다. 독일이 당시 큰 재미를 본 무게중심을 빼고 역습 기회를 노리는 축구는 스페인을 상대로는 아무 소용이 없었다. 스페인은 미드필드에서 공을 지키며 자리를 지켰고, 앞으로 전진하지 않았기 때문이다.

독일 공격수 미로슬라브 클로제Miroslav Klose는 "우리가 드디어 공을 소유하게 됐을 때는 이전까지 스페인을 따라다니느라 이미 체력이 바닥 난 상태였다"고 말했다. 뢰브 감독은 아라고네스와 델 보스케의 스페인이 경기 방식에 큰 차이를 보였다고 말했다. 그는 "스페인을 상대로는 공을 한 번 빼앗기면 이를 다시 되찾아오기가 어마어마하게 어렵다. 2008년 그들은 화려한 축구로 상대를 압도하며 유럽을 제패했다. 그러나 지난 2년간 스페인은 다른 방식으로 진화했다. 그들은 변화를 줬고, 이제는 기계적으로 플레이한다. 스페인은 매우 독특한 방식으로 상대를 압도하고, 통제한다"고 설명했다.

그렇게 결승전이 다가왔다. 스페인은 스스로 축구 철학을 확립하는 데 지대한 영향을 받은 네덜란드와 월드컵 우승을 놓고 다투게 됐다. 두 국가의 축구 철학을 둘러싼 연관성은 이날 경기가 열리기 전부터 큰 화제가 됐다. 무엇보다 아약스가 바르셀로나에 미친 영향이 이와 같은 주제의 주된 내용이었다. 리누스 미헬스, 루이 판 할, 프랑크 레이카르트 그리고 누구보다 요한 크루이프가 바르셀로나에 미친 영향은 매우 컸다. 크루이프는 "몇몇 스페인 친구들과 이 경기를 함께 볼 것이다. 두 팀 중 누가 이겨도 나는 지지 않을 경기라고 생각한다"고 말했다.

그러나 양 팀의 결승전에서 결코 능동적인 축구를 볼 수는 없었다. 스페인과의 점유율 대결에서 이길 수 없다는 사실을 알고 있던 네덜란드는 거칠고 고전적이며 때로는 난폭한 방식으로 맞섰다. 네덜란드가 이날 한 가지 부분에서 8-5로 스페인보다 우위를 점한 기록이 있었다. 이는 바로 경고 횟수였다. 이 중에서도 가장 악명 높은 플레이는 미드필더 나이젤 데 용Nigel de Jong이 공은 안중에도 없이 가라데 발차기를 연상시키는 동작으로 사비 알론소의 가슴을 찍어 내린 장면이었다. 데 용은 경고를 받았지만, 하워드 웹Howard Webb 주심은 훗날 자신이 퇴장을 명령했어야 했다는 사실을 인정했다. 판 보멀도 데 용만큼이나 지탄받아 마땅한 고의성이 짙은 거친 플레이로 악당 역할을 자처했다. 현역 생활이 마지막에 가까워질수록 상대 팀 에이스를 저격하는 선수로 전락한 판 보멀은 월드컵 결승전에서는 이니에스타를 표적으로 삼았다. 그가 2006년 챔피언스리그 결승전에서 이니에스타를 밀어내고 선발 출전했다는 점을 고려하면, 이 상황은 더 흥미롭다. 판 보멀은 경기가 끝난 후 "예쁜 축구가 펼쳐진 경기는 아니었다. 그러나 결승전에서 그런 경기를 본 적이 있나?"라고 되물었다.

네덜란드의 이와 같은 방식은 거의 성공할 뻔했다. 이날 네덜란드가 구사한 공격 전술은 오른쪽 측면 수비수 아르연 로번이 스페인 수비 라인 뒷공간을 파고들어 침투 패스를 받는 것 외에는 없었다. 그러나 네덜란드의 이 공격 패턴은 두 차례나 완벽한 득점 기회를 만들어냈다. 그러나 한 차례는 로번의 슈팅이 스페인 골키퍼 이케르 카시야스Iker Casillas의 선방에 막혔고, 나머지 한 차례는 푸욜과의 경합 상황에서 평소와 달리 파울을 유도하기보다 버티려고 하다가 득점 기회를 놓쳤다.

엄밀히 따지면, 두 팀의 감독은 모두 이날 경기에서 이기기 위한 경기를 했다. 그리고 경기는 연장전 후반부터 공격적으로 전개됐다. 델 보스케 감독은 공격적 성향을 지닌 파브레가스를 투입하고 알론소를 제외했고, 사비는 부스케츠와 함께 미드필드 뒷자리로 물러섰다. 베르트 판 마르바이크Bert van Marwijk 네덜란드 감독은 데 용을 빼고, 플레이메이커 라파엘 판 더 바르트를 투입했다. 데 용이 빠진 네덜란드는 수비 라인 앞자리에 공간을 허용하기 시작했고, 이 덕분에 스페인의 2선에 배치된 이니에스타와 파브레가스가 빛을 보기 시작했다. 이니에스타는 연장전 시작 후 파브레가스에게 1대1 득점 기회를 만들어줬다. 그러나 파브레가스가 시도한 회심의 슛은 네덜란드 골키퍼 마르텐 스테켈렌부르흐Maarten Stekelenburg 정면으로 향했다.

결국 이니에스타는 직접 경기를 결정지었다. 그는 109분에 재빠른 움직임으로 상대 수비수 욘 헤이팅아Johnny Heitinga의 파울을 유도했다. 의도적으로 수비 진영에서 이니에스타를 쓰러뜨린 헤이팅아는 레드카드를 받고 퇴장을 당했다. 네덜란드는 수비 라인에서 수적 열세를 안게 됐다. 이니에스타는 7분 뒤, 페널티 지역 안으로 침투하며 파브레가스가 띄워준 감각적인 로빙 패스를 받아 끝내 결승골을 터뜨렸다.

득점력 부재는 이니에스타의 가장 큰 약점으로 꼽힌 능력이다. 그는 이날 경기에서도 더 빠른 슈팅을 하지 못해 득점 기회를 두 차례나 살리지 못했다. 훗날 과르디올라는 이니에스타의 이날 결승골을 회상하며 웃음을 참지 못했다. 그는 "월드컵 결승전에서 결승골을 넣는 선수가 안드레스(이니에스타)가 되리라고는 절대 예상하지 못했을 것이다. 아마 월드컵 결승전에서 골을 넣을 만한 선수를 예상하는 설문조사를 했다면, 안드레스는 후보군에도 포함되지 못했을 것"이라고 말했다. 그러나 이니에스타는 월드컵 결승 연장전에서 자신에게 기회가 오자 침착하게 공이 떨어지는 순간을 기다린 후 스페인 축구 역사상 가장 중요한 골로 연결된 강력한 슈팅을 기록했다.

여론도 스페인의 우승을 반겼다. 결승전에서 네덜란드가 일으킨 논란은 크루이프마저 등을 돌리게 만들었다. 크루이프는 네덜란드에 대해 "그들은 공을 원치 않는 듯한 모습이었다. 네덜란드는 추하고, 상스럽고, 딱딱한 스타일로 스페인을 괴롭히려고 했다. 그런 축구를 해서 만족스러웠다면 그것은 그들 마음이다. 그러나 그들은 경기에서 졌다. 그들은 안티 축구를 했다"고 맹비난했다.

네덜란드 축구는 예전처럼 높은 평가를 받지 못하는 신세가 됐다. 특히 스페인이 누구보다 강력한 점유율 축구를 구사하면서 네덜란드가 지향한 토털 축구는 과거와 같은 추앙을 받지 못했다. 네덜란드를 비판하지 않은 유일한 축구인은 델 보스케였다. 그는 늘 그랬듯이 외교관을 연상시키는 모습으로 "결승전은 공격 축구가 모든 걸 지배한 경기였다. 두 팀 모두 옳은 방식의 축구를 하기 위해 노력했다"고 말했다. 그러나 그의 발언은 비논리적인 말이었다.

스페인은 2년 후 유로 2012에서 오히려 점유율에 더 집착하는 축구를 구사했다. 미드필드와 공격진에 배치된 선수는 예전과 비슷했지만, 델 보스케 감독은 미드필더를 더 많이 투입하고 싶다는 자신의 바람을 더욱 더 반영했다. 그는 부스케츠와 알론소를 후방 미드필더로 배치하고,

사비에게는 여전히 10번 역할을 부여했다. 실바와 이니에스타는 좌우 측면에서 중앙으로 좁혀 들어오며 미드필드 지역에 밀집했고, 파브레가스는 최전방에 섰다. 베스트11에 이름을 올린 미드필더만 총 여섯 명. 티키타카가 최정점을 찍는 순간이었다.

이번에도 스페인의 공격력은 의심스러웠다. 스페인은 조별 리그에서 전력이 크게 떨어진 아일랜드를 4-0으로 꺾었고, 이탈리아와 1-1로 비긴 뒤, 크로아티아를 상대로는 기회를 만드는 데 어려움을 겪고도 어렵게 1-0으로 승리했다. 그러나 점유율을 최대한 올려 수비 기록을 극대화하는 습성은 여전했다. 스페인은 프랑스와 만난 8강에서 100번째 A매치에 출전한 사비 알론소가 미드필드를 지휘하며 2-0으로 제압했다. 알론소가 스페인 대표팀에서 바르셀로나 출신 동료들보다 더 빼어난 활약을 펼친 건 이날이 처음이었다.

스페인은 4강에서 상대를 뚫지 못하는 약점에 드디어 발목이 잡힐 뻔했다. 이날 경기는 마치 바르셀로나와 레알 마드리드의 맞대결을 연상케했다. 파울루 벤투 감독이 이끈 포르투갈은 크리스티아누 호날두, 페페, 파비우 코엔트랑Fabio Coentrão을 중심으로 팀을 구성하며 훌륭한 압박 능력을 선보였고, 효과적인 역습으로 스페인을 위협했다. 이날 델 보스케 역시 그가 스페인 감독으로 부임한 후 가장 바르셀로나의 공격진에 근접한 선수 구성을 선보였다. 파브레가스가 가짜 9번으로 나섰고, 페드로와 나바스는 양 측면에서 뒷공간으로 침투했다. 그러나 스페인은 득점 기회를 만드는 데 어려움을 겪었고, 포르투갈은 경기 종료를 앞두고 결승골을 넣을 뻔했다. 그러나 라울 메이렐레스Raul Meireles가 역습 상황에서 패스를 정확하게 연결하지 못해 호날두가 문전이 아닌 측면에서 공을 잡게 돼 득점하지 못했다. 경기는 결국 0-0으로 끝났고, 승부차기에서 승리한 팀은 스페인이었다.

그러나 스페인은 국제대회에서 3회 연속 결승전에 진출하는 기염을 토하고도 지나치게 조심스러운 경기 운영을 한다며 거센 비판을 받았다. 프랑스의 왼쪽 측면 수비수였던 비센테 리자라주는 "스페인의 플레이는 마치 섹스가 없는 사랑 같다"고 비아냥거렸다. 심지어 점유율 축구를 고집하는 아르센 벵거 감독도 수년간 바르셀로나를 가리키며 "축구를 예술로 승화시켰다"고 말했지만, 스페인의 '지나친 티키타카ultra-tiki-taka'에는 매력을 느끼지 못한다고 말했다. 해설위원 자격으로 유로 2012를 관전한 벵거 감독은 "스페인은 그들만의 축구 철학을 스스로 배신하며 더 부정적인 축구를 하고 있다. 원래 스페인은 공격을 하고, 경기에서 이기기 위해 점유율을 높였다. 그러나 이제 스페인은 지지 않기 위해 공을 점유하는 게 우선이 된 팀이다. 그들은 더 보수적으로 변했고, 상대 팀에게 기회를 주지 않기 위해 공을 소유하려고 한다. 유로 2012에 대한 내 생각이 정말 그렇다. 물론 수비적인 상대를 무너뜨리는 건 쉽지 않지만, 이와 같은 문제는 모든 성공적인 팀이 해결해야 하는 도전 과제다. 스페인은 여전히 절대적으로 훌륭한 팀이다. 그러나 그들은 예전과 비교해 전방으로의 침투가 줄어들었다"고 말했다. 벵거 감독의 비판은 많은 이들이 동의할 만한 전적으로 합리적인 주장이었다. 그러나 스페인 선수들은 자신들의 경기력을 옹호했다. 파브레가스는 "내가 볼 때 우리가 지루한 축구를 한다고 생각하는 사람들은 축구를 이해하지 못하고 있다"고 말했다. 사비는 "스페인이 매번 이겨서 축구가 지루하다고 생각한다면, 이는 우리에게는 환상적인 일"이라고 덧붙였다.

그렇게 찾아온 결승전, 스페인은 델 보스케 감독 체제에서 보여준 가장 훌륭한 경기력으로 이탈리아를 4-0으로 대파했다. 스페인이 뽑아낸 선제골과 두 번째 득점은 전혀 다른 방식으로 만들어졌지만, 과정이 훌륭했다는 사실은 매한가지였다. 사비, 이니에스타, 파브레가스로 이어진 유기적인 패스는 실바의 헤더골로 귀결됐다. 두 번째 골도 연속된 패스 연결이 만든 결과물이었지만, 선제골보다는 훨씬 직선적이었다. 사비는 미드필드에서 공을 잡은 뒤, 왼쪽 측면 공격수 조르디 알바Jordi Alba의 오버래핑을 기다렸다. 그는 알바가 이탈리아 수비진 사이로 헤집고 들어가자 침투 패스를 연결했다. 이를 받은 알바는 강력한 슛으로 추가 득점에 성공했다. 하프타임 스코어는 2-0. 이미 경기는 끝난 상태였다. 이때까지 봐왔듯이, 스페인은 먼저 득점을 기록하면 상대에 기회를 헌납하지 않았다. 진취적인 전술가인 체사레 프란델리Cesare Prandelli 이탈리아 감독은 스페인식 점유율 축구 모델을 모방하고 싶다는 의지를 밝혀온 지도자였다. 그는 이날 57분 만에 교체 카드 세 장을 다 썼다. 브라질 태생의 바르셀로나 출신 미드필더 티아구 모타Thiago Motta는 프란델리 감독이 투입한 세 번째 교체 요원이었지만, 그는 출전 후 5분이 채 되지 않아 부상을 당했다. 이 때문에 이탈리아는 누군가 퇴장을 당한 게 아닌 데도 경기 막판 30분을 수적 열세를 안고 싸워야 했다.

스페인은 델 보스케 감독 체제에서 치른 토너먼트 경기에서는 선제골을 넣으면 무조건 절대적으로 안정적인 점유율 축구를 구사했다. 그러나 두 골 차로 앞선 데다 뜻하지 않은 수적 우위까지 안게 된 이날 경기는 스페인이 비판론자들에게 일침을 가할 절호의 기회였다. 스페인은 마치 "우리 축구가 지루하다고? 그렇다면 보여줄게"라고 말하는 듯했다. 델 보스케 감독이 투입한 교체 선수 세 명은 모두 언제든 득점이 가능한 공격수였다. 실바를 대신해 페드로가, 파브레가스를 대신해 토레스가, 이니에스타를 대신해 마타가 교체 출전했다. 축구팬들은 이전까지 스페인이 선제골을 넣은 후 패스를 돌리는 데 집중하는 모습에 지루함을 보였지만, 이 경기에서는 오히려 그들이 이탈리아에 자비를 베풀어주기를 바라고 있었다. 이탈리아는 유로 2012에서 수십 년 만에 매우 능동적이고, 엔터테인먼트 요소가 가미된 축구를 구사하며 결승까지 올랐으나 정작 우승이 걸린 경기에서 망신을 당하고 있었기 때문이다. 그러나 스페인은 자비를 베풀지 않았다. 스페인은 이날 4-0으로 승리하며 델 보스케 감독의 대표팀이 지루하다는 비판을 잠재울 만한 경기력을 뽐냈다. 제라르드 피케는 경기가 끝난 후 "이게 진짜 스페인"이라고 말했다.

그러나 실제로 스페인은 델 보스케 감독 체제에서 무려 4년간 이 결승전이 열리기 전까지는 점유율을 위한 점유율 축구를 했던 게 사실이다.

결승전에서 가장 빼어난 활약을 펼친 건 단연 사비였다. 그는 점유율 축구가 유럽을 제패한 이 시절 스페인 축구의 패스 스타일을 가장 훌륭하게 대변한 선수였다. 사비는 사실 유로 2008이 열리기 전까지는 이처럼 많은 인기를 구가하는 선수가 아니었다. 그는 유로 2008이 열린 시점에 28세로 나이 또한 적지 않았다. 그러나 짧은 패스로 경기를 풀어가는 그의 스타일은 이때부터 유럽 전역의 미드필더들에게 귀감이 됐다. 사비는 "우승을 차지하기 시작한 뒤로 내 스타일은 재평가를 받게 됐다. 인정을 받는 게 전부가 아니다. 내게 더 큰 의미가 있고, 나를 더 행복하게 하는 건 따로 있다. 조금 오만하게 생각하자면, 불과 6년 전 나는 무명에 가까웠다. 나와 같은 스타일을 보유한 선수는 멸종 위기에 놓여 있었다"고 말했다. 이제 사비 같은 선수는 어느 때보다 더 추앙받고 있다.

14

●

가짜 9번과 아르헨티나인들

2012년이 되자 가짜 9번을 전방에 세운 전술 콘셉트가 유럽 전역에 퍼졌다. 그러나 스페인 축구가 최전방 공격수를 활용하는 전형적인 전술에서 탈피하게 된 전체적인 흐름을 파악하려면 그들이 유럽 축구를 주도한 시절이 시작되기 직전에 열린 국제대회에서 치른 마지막 경기를 되돌아볼 필요가 있다.

스페인은 2006 독일 월드컵 16강에서 프랑스에 1-3으로 패했다. 이날 루이스 아라고네스 감독은 최전방 공격수 라울 곤살레스, 다비드 비야, 페르난도 토레스를 한꺼번에 기용했다. 주장 라울과 라리가에서 가장 꾸준한 득점력을 선보인 비야, 신예 공격수 토레스의 조합은 이론적으로는 훌륭했으나 결국 스페인의 발목을 잡는 효과를 낳았다. 라울과 비야는 후반전 시작 10분 만에 교체됐고, 측면 미드필더 루이스 가르시아Luis García와 호아킨Joaquín이 투입됐다. 아라고네스 감독은 주도권을 잡기 위해 교체 카드를 활용했지만, 결국 1-3으로 패하며 기술적으로는 출중하지만 결과적으로 실망스럽다는 평가에서 벗어나지 못했다.

아라고네스 감독이 기량을 인정받은 최전방 공격수 세 명을 동시에 선발 출전시킨 결정은 이해할 만했다. 이전까지 스페인은 이처럼 풍부한 최전방 공격수 자원을 보유했던 적이 없다. 게다가 비야, 라울, 토레스는 시간이 지난 뒤 스페인 대표팀 역대 최다 득점 1~3위 기록을 차례로 보유하게 됐다. 스페인에서 비야는 59골, 라울은 44골, 토레스는 38골을 기록했다. 스페인은 이 세 선수가 떠오르기 전까지 중앙 수비수 페르난도 이에로가 최다 득점자였을 정도로 최전방 공격수 부재에 시달렸다. 물론 이에로는 페널티킥을 전담한 데다 가끔 미드필더로도 중용받았지만, 그가 오랜 기간 최다 득점자였다는 사실은 스페인이 얼마나 최전방에서 득점력이 부족했는지를 보여주는 대목이다.

라울, 비야, 토레스가 등장하기 전 스페인에서 가장 폭발적인 득점력을 선보인 공격수는 1920년대 아틀레틱 빌바오Athletic Bilbao에서 활약한 피치치Pichichi였다. 그는 현역 시절 압도적인 득점력을 선보였다. 심지어 시간이 지나 라리가가 득점왕의 공식 명칭을 '피치치'로 정했을 정도로 그가 스페인 축구에 남긴 인상은 강렬했다. 이후 또 다른 아틀레틱 공격수 텔모 사라Telmo Zarra가 1940년대와 50년대 피치치를 여섯 차례나 수상했다. 레알 마드리드의 전설 알프레도 디 스테파노Alfredo Di Stéfano 역시 50년대 피치치를 다섯 차례 차지했지만, 그는 골잡이보다는 전천후 선수에 더 가까웠고, 스페인인이 아닌 아르헨티나인이었다. 단신 공격수 키니Quini는 스포르팅 히혼과 바르셀로나에서 1970년대와 80년대 피치치를 다섯 차례나 석권했으나 정작 스페인 대표팀에서는 개인 통산 여덟 골을 기록하는 데 그쳤다. 멕시코에서 온 바이시클 킥의 대명사 우고 산체스Hugo

Sánchez는 80년대 피치치를 다섯 차례 수상했다. 20세기 후반 수준급 득점력을 선보인 순수 스페인 공격수는 산체스의 레알 마드리드 동료 에밀리오 부트라게뇨Emilio Butragueño였다. 그러나 사실 부트라게뇨마저도 라리가 득점이 15골을 넘긴 건 단 한 시즌밖에 되지 않았을 정도로 폭발적인 득점력의 소유자는 아니었다. 스페인에는 독일의 게르트 뮐러Gerd Müller, 잉글랜드의 개리 리네커Gary Lineker와 같은 골잡이가 없었다.

이 때문에 아라고네스 감독 체제의 스페인 대표팀에 정상급 공격수가 세 명이나 있었던 건 매우 이례적인 현상이었고, 따라서 아라고네스 감독은 이러한 사실에 지나치게 고무됐던 면이 있었다.

예를 들어 이탈리아 팀들은 최전방 공격수 세 명을 동시에 기용하는 데 익숙했지만, 스페인은 달랐다. 오히려 스페인은 시간이 지날수록 최전방 공격수를 아예 쓰지 않는 축구를 구사하게 됐다. 그러나 스페인 축구에 '가짜 9번'을 앞세운 전술 콘셉트를 유행시킨 선수는 스페인에서 활약 중인 외국인 선수였다.

리오넬 메시의 압도적인 활약은 오랜 기간 이어졌지만, 스페인 축구가 유럽을 주도한 2008~2012년은 그가 유망한 측면 공격수에서 압도적으로 효과적인 최전방 공격수로 변신하며 폭발한 시기와 맞물려 있다. 메시는 2008-09시즌을 앞두고 바르셀로나에서 개인 통산 42골을 기록 중이었다. 이후 그는 2011-12시즌이 끝난 후 통산 253골을 기록하면서 바르셀로나 구단 역대 최다 득점자가 되어 있었다.

아르헨티나인이 스페인 축구의 최전방 공격수를 바라보는 관점을 바꾼 건 매우 자연스러운 현상이었다. 스페인 축구는 네덜란드로부터 큰 영향을 받았지만, 아르헨티나와도 매우 밀접한 관계를 맺고 있다. 스페인과 아르헨티나의 인연은 1921년 바스크 지역 선수들이 주류였던 라 푸리아 로하La Furia Roja가 아르헨티나, 우루과이, 브라질 투어에 나서면서 시작됐다. 당시 투어를 떠난 스페인 선수들은 오히려 남미 국가들이 구사한 매력적이면서도 인내심 있게 점유율을 높이는 경기 방식에 매료됐다. 그러면서 라틴식 축구를 향한 스페인의 동경심이 싹트기 시작했다.

이후 1947년에는 아르헨티나 최강팀 산 로렌소San Lorenzo가 스페인 투어를 떠났다. 산 로렌소는 기술적이고, 정교한 축구로 스페인 팀들을 압도했다. 아르헨티나 챔피언 산 로렌소는 스페인의 빅클럽을 차례로 격파하며 합계 스코어 13-6을 기록했다. 바르셀로나 유소년 팀 지도자 자우미 올리베Jaume Olive는 지미 번스Jimmy Burns의 저서《라 로하La Roja》를 통해 "스페인 축구 역사는 산 로렌소의 방문 전후로 나뉜다. 아르헨티나에서 온 챔피언 산 로렌소는 스페인 축구에 매우 깊은 발자국을 남겼다. 그들은 짧은 패스, 삼각형 패스 패턴으로 직선적인 축구를 구사한 스페인 축구를 압도했다. 당시 스페인에서 축구 전술에 대한 대화는 이단적 행위에 불과했다. 아르헨티나 선수들은 공을 중심으로 한 전략으로 경기에 나섰고, 스페인 선수들은 이에 즉흥적인 대처로 반응할 수밖에 없었다"고 말했다.

라리가가 1962년 외국인 선수 유입 금지를 선언하며 아르헨티나가 스페인 축구에 미치는 영향도 차단되는 듯했다. 스페인이 월드컵 조별 리그에서 최하위로 추락하는 수모를 겪으며 자국 선수 육성에 대한 필요성이 강조된 가운데, 라리가가 섣부른 판단을 내린 것이다. 그러나 오히려 라리가의 외국인 선수 유입 금지 결정은 반대 효과를 낳았다. 스페인 혈통의 외국인 선수는 여전히 라리가에서 활약할 수 있었고, 이들 중 대다수는 아르헨티나인이었기 때문이다. 훗날 조사 결과 당시 자신을 스페인계 아르헨티나인이라고 주장한 선수 중 무려 75%는 불법으로 서류를 조작해 라리가에서 활약을 이어갔다는 사실이 밝혀졌다. 결국 이를 통제할 수 없다고 판단한 라리가는 아예 1973년 외국인 선수 유입 금지령을 철회했다. 크루이프가 바르셀로나로 이적한 시점도 바로 이때였다. 외국인 선수를 금지했던 11년간 라리가는 아르헨티나인들이 여전히 큰 영향력을 행사하며 활약한 무대였다.

가장 대표적인 인물은 알프레도 디 스테파노였다. 레알 마드리드는 1953년 바르셀로나가 노린 디 스테파노를 영입했다. 디 스테파노는 레알에서 발롱도르를 2회 수상했고, 1956년부터 1960년까지 5년 연속 유러피언컵 정상에 올랐다. 선수 생활 도중 대표팀을 옮기는 게 가능했던 당시, 디 스테파노는 아르헨티나는 물론 콜롬비아와 스페인 국가대표로도 활약했다. 디 스테파노는 국가대표 경력 대다수를 스페인 대표팀 선수로 보냈지만, 그의 플레이 스타일은 분명히 아르헨티나 선수에 더 가까웠다.

디 스테파노의 레알 팀 동료 비센테 미에라Vicente Miera는 이안 호키Ian Hawkey가 집필한 디 스테파노의 자서전을 통해 "그는 스페인의 축구 콘셉트에 혁명을 일으켰다. 당시 스페인에서는 수비수는 상대 공격수를 대인 방어하고, 미드필더는 창의성 없이 자리를 지키는 데 집중했으며 최전방 공격수는 공이 올 때까지 기다렸다. 알프레도(디 스테파노)는 모든 지역을 누비고 다니면서도 득점까지 할 수 있었다. 그는 공격수로 우리 팀에 왔다. 우리는 당연히 그가 최전방에 머무르며 패스를 받을 때까지 기다릴 줄 알았다. 그런데 아니었다. 우리는 머지않아 그가 깊숙한 진영까지 내려와 패스 연계에 관여하고, 팀이 공격 작업을 펼치는 데 도움을 주는 모습을 봤다. 그가 이처럼 모든 일을 다 하는 모습을 보는 건 충격이었다. 그는 생각하는 방식이 달랐다"고 말했다.

이 시절이 지난 후에도 스페인은 아르헨티나 축구를 동경했다. 이 시절 남미 팀들은 국제대회에서 스페인보다 좋은 성적을 거두고 있었기 때문이다. 아르헨티나는 1978년부터 1990년까지 월드컵 우승 2회, 준우승 1회를 차지했으나 동일 기간 스페인은 단 한 차례 8강에 진출한 게 최고 성적이었다. 따라서 스페인어를 구사하는 아르헨티나의 최정상급 선수들은 라리가에서 매우 존중받는 것이 자연스러웠다. 아르헨티나 미드필더 호르헤 발다노Jorge Valdano는 레알 마드리드에서 선수와 감독으로 활약하며 스페인 축구 철학을 확립했다. 그는 스페인에서 매력적인 축구의 중요성을 끊임없이 강조한 이상적인 축구 철학가로 존경받았다. 또한 아르헨티나에서 공격 축구를 상징한 지도자 세사르 루이스 메노티César Luis Menotti 감독은 1980년대 바르셀로나와 아틀레티코 마드리드를 이끌었다. 메노티 감독은 발다노와 마찬가지로 선수 개개인의 기술적 우수함과 능동적인 축구를 중시했다.

1980년대 세계 최고의 선수 디에고 마라도나Diego Maradona도 빼놓을 수 없다. 그는 1982년 역대 최고 이적료를 기록하며 바르셀로나로 이적했고, 단 2년 만에 자신이 세운 기록을 갈아치우며 나폴리로 떠났다. 마라도나는 바르셀로나에서 꾸준하게 맹활약을 펼치지는 못했지만, 그가 전 세계 축구계에 남긴 영향은 막대했다. 이 중에서도 아르헨티나는 마라도나의 등번호 10번과 그가 수행한 전술적 역할(갈고리를 뜻하는 엔간체enganche)을 가장 칭송하는 국가다. 엔간체의 전술적 중요성은 아르헨티나 축구를 대변하는 요인으로 진화했다. 그러면서 아르헨티나는 과거 자신들을 식민지로 삼은 스페인과 자신들에게 축구를 처음 가르친 잉글랜드와는 다른 개성 있는 플레이 스타일을 추구하려는 노력을 멈추지 않았다.

유럽 축구가 이미 상당 부분 시스템화 된 시절, 아르헨티나는 개인주의와 즉흥성이 돋보이는 축구를 한다는 데 큰 자부심을 드러냈다. 아르헨티나 축구의 역사를 기록한 책을 집필한 조너선 윌슨은 이를 "탱고의 성장을 야기하기도 했던, 1920년대부터 시작된 문화적 자신감과 창의성 폭발의 결과물"이라고 설명했다. 아르헨티나에서는 대부분 하층 계급 가정에서 태어나 꾀죄죄한 길거리 축구를 하며 감독의 지도보다는 본능에 의존해 성장한 선수가 10번 역할을 맡았다. 아르헨티나가 원했던 이상적인 10번의 이미지는 이처럼 교육을 받은 학자가 아닌 타고난 천재였다. 이 덕분에 아르헨티나에서는 신체적으로는 우수하지 못해도, 드리블 능력이 훌륭하고 왼발을 잘 쓰는 선수들이 큰 사랑을 받았다.

이와 같은 아르헨티나형 10번의 이미지는 마라도나가 등장하기 전부터 존재했다. 그러나 마라도나는 누구보다 이 조건에 완벽하게 부합하는 선수였다. 그는 단지 세계 최고의 선수였기 때문이 아니라 아르헨티나인다운 전형적인 이미지에 어울린 데다 10번 역할을 완벽하게 해석하는 활약으로 아르헨티나인들의 사랑을 받았다. 아르헨티나의 엔간체 계보를 본격적으로 시작한 주인공 또한 마라도나였다. 1990년대와 2000년대의 아르헨티나가 새로운 마라도나를 찾는 데 혈안이 됐다면, 당시 스페인은 이와 같은 선수를 수입해오는 데 혈안이 되어 있었다. 그래서 조금이라도 마라도나의 후계자가 될 가능성을 보인 선수는 모두 라리가로 향했다. 아리엘 오르테가와 파블로 아이마르는 발렌시아로, 하비에르 사비올라와 후안 로만 리켈메는 바르셀로나로 갔다. 그리고 당연히, 메시가 그들의 뒤를 이었다.

로사리오에서 태어난 작은 소년 메시가 바르셀로나로 가게 된 사건은 현대 축구에서 가장 전설적인 이야기가 됐다. 메시는 특출한 재능을 보유한 소년이었지만, 성장 호르몬 결핍이라는 치명적인 병을 앓고 있었다. 그가 프로 선수로 성장하기 위해서는 치료를 받아야 했지만, 그러려면 매달 병원비로만 수백만 원이 들었다. 그러나 메시는 당시 몸담고 있던 고향팀 뉴웰스 올드 보이스로부터 치료비 부담이 어렵다는 통보를 받았다. 당시 아르헨티나는 경제난에 시달리고 있었기 때문에 메시의 부모님은 아들 치료비를 부담해줄 해외 구단을 찾아 나섰다. 바르셀로나는 이미 메시의 잠재력에 대해 익히 들어 알고 있었지만, 구단 이사진은 그를 영입하는 데는 신중한 반응을 보이고 있었다. 이 와중에 차를리 레샥 Charly Rexach 바르셀로나 1군 이사가 일방적으로 메시 영입을 결정했다. 레샥 이사는 당시 13세 소년에 불과했던 메시의 가족과 만난 한 식당에서 냅킨에 임시 계약서를 작성해 사인한 후 영입을 완료했다. 메시는 그렇게 바르셀로나 선수가 됐다.

어린 나이에 바르셀로나로 떠난 메시는 아르헨티나 선수의 특성을 잃지 않았다. 그는 다른 바르셀로나 유소년 선수들과는 달리 라 마시아에서 기숙사 생활을 하지 않았고, 함께 아르헨티나에서 건너온 가족과 함께 지냈다. 훗날 메시의 아내가 된 안토넬라 Antonella도 그가 로사리오에 살던 어린 시절에 만난 친구였다. 그는 바르셀로나에서 성장하면서 현지 아르헨티나 이민자 사회의 큰 영향을 받았다.

메시는 식습관마저 전형적인 아르헨티나인다웠다. 붉은 살코기가 메시의 주식이었고, 바르셀로나 1군으로 승격한 후에도 스페인 선수들보다는 남미 선수들과 더 잘 어울렸다. 그는 어린 시절 줄곧 스페인 축구협회의 귀화 요청을 받았지만, 아르헨티나 대표팀에서 뛰겠다는 의지를 절대 굽히지 않았다.

메시는 스타일로도 아르헨티나식 축구를 구사했다. 그는 유소년 팀 시절 과르디올라를 동경한 팀 동료들과 달리 마라도나를 우러러보며 10번이 되기를 원했다. 메시는 6세 때 뉴웰스 올드 보이스에서 마라도나가 데뷔전을 치른 경기를 관중석에서 직접 관전했다. 당시 뉴웰스 올드 보이스 유소년 팀 소속이었던 6세 소년 메시는 전반전이 끝난 후 운동장으로 내려가 저글링 기술을 선보이는 하프타임 쇼를 펼치며 관중들의 박수를 받았다. 메시가 동경한 마라도나는 모든 걸 가진 선수였다. 그는 무자비한 득점력과 직선적인 드리블 돌파 능력을 모두 겸비한 모든 공격 재능을 두루 갖춘 선수였다. 마라도나는 상대 수비와 미드필드 라인 사이에서 움직이는 걸 좋아했고, 메시도 그와 같은 선수가 되고 싶어 했다.

메시는 바르셀로나에 도착한 직후 새로운 개념의 축구를 선보였다. 당시 바르셀로나의 유소년 아카데미 지도자 로돌포 보렐Rodolfo Borrell은 메시를 처음 본 순간부터 아르헨티나 신문에서나 본 감베타gambeta(드리블), 엔간체와 같은 단어가 무엇인지 실제로 보는 느낌을 받았다고 말했다. 보렐은 바르셀로나를 거쳐 리버풀에서 일한 뒤, 훗날 펩 과르디올라 감독을 따라 맨체스터 시티에 합류한 지도자다. 이처럼 아르헨티나는 스페인어를 구사하는 국가인 데도 정작 스페인에는 알려지지 않은 축구 용어를 쓰곤 했다. 그러나 곧 메시는 경기장 안에서 두 발로 감베타와 엔간체가 무엇인지를 확실히 보여줬다.

메시는 유소년 팀에서도 성격이 매우 내성적이었고, 누군가 질문하지 않으면 절대 먼저 말을 하지 않았다. 단, 누군가 그에게 "포지션이 어디니?"라고 물으면, 그는 늘 "엔간체"라고 대답하며 동료들을 혼란스럽게 했다. 메시를 영입한 바르셀로나 유소년 팀은 곧 전술적인 문제에도 직면했다. 바르셀로나 유소년 팀은 일반적으로 4-3-3 포메이션을 중심으로 하며 10번을 따로 중용하지 않는다. 이 때문에 메시는 10번이 아닌 측면 공격수로 뛰었다. 메시는 왼쪽 측면에서 뛰는 걸 매우 싫어했지만, 오른쪽 측면 공격수 자리는 인내하며 받아들였다. 오른쪽에서는 중앙으로 치우친 플레이를 하며 자신의 왼발을 쓸 수 있었기 때문이다. 단, 이상한 점은 바르셀로나 유소년 아카데미 지도자들은 가끔씩 '다이아몬드형 3-4-3'으로 포메이션을 변경했을 때는 10번을 활용할 수 있었으나 이 역할을 메시가 아닌 세스크 파브레가스에게 맡겼다는 점이었다. 메시를 처음으로 중앙에 배치한 유소년 아카데미 지도자는 티토 빌라노바Tito Vilanova였다. 훗날 펩 과르디올라 감독의 수석코치로 활동한 그는 메시가 15세였던 시절 그를 중앙에 배치했지만, 그 자리는 10번이 아닌 최전방 공격수 자리였다. 이로부터 오랜 시간이 지나 바르셀로나 1군에서 과르디올라 감독이 시도한 전술이 이때 처음 가동된 셈이다.

더 주목할 만한 점은 메시가 이 와중에도 아르헨티나 연령별 대표팀에서는 자신이 선호하는 10번으로 뛰었다는 사실이다. 아르헨티나인들에게는 이 자리가 메시의 능력을 극대화할 수 있는 위치였다. 그들에게는 메시가 유럽에서 축구 교육을 받았다는 사실이나 전통적 10번치고는 몸놀림이 매우 빨랐다는 점은 별로 중요하지 않았다. 그가 리켈메를 연상시키는 엔간체에게 필요한 모든 능력을 다 보유하고 있었기 때문이다. 즉 메시는 스타일적으로는 아르헨티나의 정체성을 잃지 않은 선수였다. 특히 그가 가진 드리블 돌파 능력은 라 마시아의 훈련장이 아닌 로사리오의 길거리에서 만들어진 결과물이었다. 메시는 아르헨티나 잡지 〈엘 그라피코El Gráfico〉와의 인터뷰에서 라 마시아 시절을 떠올리며 "패스를 하는 게 내게는 가장 어려웠다. 패스를 해야 한다는 사실을 계속 잊었기 때문이다. 나는 점점 팀을 위해 플레이하는 방법을 배웠지만, 그들이 쉽게 경기를 할 수 있게 하지는 못했다. 늘 고집이 셌기 때문이다. 바르셀로나는 내게 많은 가르침을 줬지만, 그들은 나의 스타일까지 바꾸려고 하지는 않았다"고 말했다.

메시는 2004년 10월 바르셀로나 역대 최연소 1군 선수 데뷔전을 치렀고, 2005년 10월에는 최연소 1군 득점자가 됐다. 그의 데뷔골을 도운 선수는 호나우지뉴Ronaldinho였다. 메시는 데뷔골을 넣기 불과 몇 분 전에도 호나우지뉴와 유기적인 패스 연결을 선보인 후 득점했지만, 이는 오심에 의해 오프사이드 판정이 내려지며 무효로 선언됐다. 당시 세계 최고의 선수였던 호나우지뉴는 브라질과 아르헨티나의 앙숙 관계를 뒤로하고 메시의 멘토가 됐다. 호나우지뉴 또한 당시 메시처럼 어린 시절 히바우두의 발자취를 따라 10번을 꿈꿨지만, 바르셀로나 이적 후 4-3-3 포메이션의 왼쪽 측면 공격수로 역할에 변화를 줘야 했다. 오른쪽에 선 메시는 왼쪽의 호나우지뉴와 똑같은 공격 패턴으로 상대 수비진을 압도했다.

메시는 2005-06시즌부터 붙박이 주전으로 올라섰고, 이때부터 더 중앙지향적인 포지션을 맡고 싶다는 바람을 나타냈다. 프랑크 레이카르트 감독은 2005년 "나는 우리에게 새로운 마라도나가 나타났다는 말을 하는 것도 아니고, 그렇게 될 수 있다고 예상하는 것도 아니며 그런 말에 동의하는 것도 아니다. 나는 우리에게 새로운 메시가 나타났다고 말하고 싶다. 선천적인 재능을 가진 그는 여러 포지션을 소화할 수 있지만, 궁극적으로 홀hole(상대 수비와 미드필드 라인 사이 중앙 공간)에서 뛰겠다는 의지를 가지고 있다"고 말했다. 그러나 아직은 때가 아니었다. 오히려 메시는 2005-06시즌 중반 부상을 당한 뒤, 레이카르트 감독에 따르면 아직 회복이 덜 됐다는 이유로 챔피언스리그 결승전에도 출전하지 못했다.

메시는 2006-07시즌 훨씬 더 향상된 기량을 선보였고, 엘 클라시코에서 해트트릭을 달성했다. 이어 그는 단 두 달 사이에 자신의 영웅이 기록한 가장 전설적인 두 차례의 득점 장면을 재현했다. 그는 마라도나가 잉글랜드와의 월드컵 경기에서 선보인 상대 수비수를 혼자 힘으로 다

제친 후 기록한 골을 헤타페Getafe를 상대로 선보였다. 이후 그는 에스파뇰Espanyol을 상대한 카탈루냐 더비에서는 마라도나의 '신의 손' 골을 그대로 재현했다. 흥미롭게도 메시가 화려한 드리블로 헤타페 수비를 제치고 뽑아낸 정당한 골에 더하여 에스파뇰전에서 핸드볼 골까지 재현하자, 아르헨티나가 마침내 '제2의 마라도나'를 찾았다고 흥분했다. 이때부터 아르헨티나 언론도 '새로운 마라도나'가 아닌 '새로운 메시'를 찾기 시작했다.

그러나 2007-08시즌은 메시에게 실망스러운 시즌이었다. 그는 잦은 부상을 당하며 식습관에 문제가 있다는 지적을 받았고, 규율을 중시하지 않은 호나우지뉴로부터 부정적인 영향을 받는 게 아니냐는 의혹까지 제기됐다. 당시 호나우지뉴는 메시와 단 세 집 떨어진 같은 동네에 살고 있었다. 그럼에도 불구하고 2월 바르셀로나가 1-1로 비긴 세비야 원정에서는 매우 중요한 사건이 벌어졌다. 이날 메시는 바르셀로나 1군 데뷔 후 처음으로 최전방 공격수에 배치됐다. 메시를 필두로 왼쪽에는 앙리, 오른쪽에는 지오바니 도스 산토스Giovani Dos Santos가 선발 출전했다. 메시는 인상적인 활약을 펼쳤지만, 바르셀로나의 전반적인 경기력은 실망스러웠다. 이후 레이카르트 감독은 바르셀로나를 떠나기 전까지 메시를 다시는 중앙에 배치하지 않았다.

스페인 대표팀은 이 시절에도 줄곧 전형적인 최전방 공격수를 활용하고 있었다. 그러나 예전과는 달리 세 명이 아닌 두 명이 스페인 공격진을 책임졌다. 루이스 아라고네스 감독은 2006년 9월 아일랜드에 2-3 충격패를 당한 뒤, 무려 4년간 스페인의 주장으로 팀을 상징해온 라울을 대표팀에서 제외하는 강수를 뒀다. 스페인 축구 팬들은 아일랜드전 패배에 격분했고, 이후 라울이 떠나자 더 들끓었다. 라울을 제외하면서 발생한 논란은 스페인이 이후 유로 2008 본선 진출을 확정한 후에도 계속됐다.

라울이 제외된 데 화가 난 스페인 축구 팬들은 아라고네스 감독의 집 벽에 그를 기용하라는 낙서를 하기도 했다. 심지어 스페인이 프랑스와의 친선 경기를 위해 말라가에 도착하자 그들을 기다리던 팬들은 라울의 유니폼 7번이 박힌 유니폼을 흔들며 시위를 이어갔다. 그러나 라울은 당시 레알 마드리드에서 좋은 활약을 펼치면서도 끝내 다시 스페인 대표팀에 승선하지 못했다. 스페인은 라울을 제외한 채 전력을 완성한 상태였다. 아라고네스 감독은 유로 2008 첫 경기에서 비야와 토레스를 최전방 공격진에 기용했다.

사실 최전방 공격수 두 명을 세우는 시스템도 스페인에는 딱히 어울리지 않는 느낌이었다. 대다수 스페인 선수들은 소속 팀에서 4-2-3-1, 혹은 4-3-3 포메이션에 맞춰진 전술을 소화했기 때문이다. 그러나 토레스와 비야는 훌륭한 호흡을 자랑했다. 그들은 스페인 21세 이하 팀에서부터 함께 호흡을 맞췄고, 서로의 아내끼리도 절친한 관계를 맺고 있었다. 비야는 스페인이 러시아를 4-1로 꺾은 본선 첫 경기에서 해트트릭을 기록했는데, 득점에 성공할 때마다 토레스와 함께 골을 자축했다. 심지어 그가 세 번째 골을 넣었을 때 토레스는 교체된 후 벤치에 앉아 있었다. 그럼에도 불구하고 비야는 토레스에게 달려가 그와 함께 세리머니를 펼쳤다. 이어 비야와 토레스는 스웨덴전에서 한 골씩 터뜨리며 경기력이 기대에 미치지 못한 스페인의 2-1 승리를 이끌었다. 아라고네스 감독은 이탈리아와의 8강전에서도 토레스와 비야를 최전방에 배치했다. 그러나 이탈리아는 안정적인 수비를 펼치며 스페인의 공격을 대체로 편안하게 막아냈다. 스페인은 승부차기 끝에 어렵게 4강에 올랐다.

스페인은 러시아와의 4강에서는 비야가 부상을 당하며 34분 만에 교체된 점이 행운으로 작용했다. 유로 2008 득점왕까지 수상한 비야가 부상으로 빠진 사실을 가리켜 스페인의 행운이라고 말하는 건 어불성설처럼 들릴 수 있겠지만, 실제로 그를 대신해 교체 투입된 파브레가스는 팀이 패스 연결을 향상시키는 데 결정적인 역할을 했다. 파브레가스가 출전한 후 2도움을 기록한 스페인은 이날 3-0으로 승리했다. 아라고네스 감독은 4강 경기가 끝난 후 "비야가 부상 탓에 결승전에 출전할 수 있을지 모르겠다. 그러나 우리는 공격수 두 명보다 한 명으로 더 좋은 경기를 했다"고 말했다. 그는 비야의 부상을 통해 새로운 사실을 깨달은 셈이다. 비야는 부상 탓에 결승전에 결장했고, 그를 대신해 파브레가스가 공격형 미드필더로 선발 출전했다.

토레스는 비야와 함께 뛸 때는 측면으로 돌아 나가는 움직임을 시도해야 했다. 그러나 비야가 빠진 팀에서 그는 당시 리버풀에서 보여줬듯이 혼자서 자유롭게 전력 질주하며 공간을 누비고 다녔다. 그가 독일과의 결승전에서 결승골을 넣은 위치도 오른쪽 측면과 중앙 지역에 발생한 사이 공간이었다. 스페인은 유로 2008에서 최전방 공격수가 한 명만 배치됐을 때, 더 효과적이었고 더 스페인다웠다. 이는 단지 스페인이 미드필더 숫자를 늘려 경기를 주도하는 결과만 낳은 게 아니었다. 스페인은 최전방 공격수 두 명을 배치했을 때는 75분당 한 골씩 득점했지만, 한 명이 공격진을 이끌었을 때는 34분당 한 골씩 넣었다.

그 여름 과르디올라는 바르셀로나 감독으로 부임한 직후 호나우지뉴를 이적시켰고, 그의 등번호 10번을 메시에게 배정했다. 메시와 과르디올라의 관계는 독특했다. 메시는 함께 라 마시아를 졸업한 동료들과 달리 과르디올라로부터 큰 영향을 받지 않았다. 메시에게 과르디올라는 또 다른 감독 한 명일 뿐이었다. 그렇지만 과르디올라 감독은 최대한 메시를 배려했다. 메시와 바르셀로나 구단 운영진이 그의 2008년 베이징 올림픽 출전 여부를 두고 대립했을 때, 선수 쪽에 힘을 실어준 건 과르디올라였다. 메시는 절실하게 베이징 올림픽 출전을 원하고 있었지만, 그의 부상 위험과 체력을 우려한 바르셀로나는 굳이 국제축구연맹FIFA이 주관하는 대회가 아닌 상황에서 차출에 응할 의무가 없었다. 그러나 과르디올라는 자신이 선수 시절 1992년 바르셀로나 올림픽에 출전했을 때 쌓은 소중한 경험을 기억하고 있었고, 메시의 편을 들어줬다. 메시는 베이징 올림픽에서 후안 로만 리켈메, 앙헬 디 마리아, 세르히오 아구에로와 막강한 공격진을 구축하며 아르헨티나와 함께 금메달을 목에 걸었다. 바르셀로나에게 더 중요했던 건 메시가 자신의 올림픽 출전을 허락한 과르디올라를 신뢰하기 시작했다는 점이었다.

과르디올라는 메시의 재능을 바로 알아봤다. 그러나 메시는 과르디올라 감독의 축구에 어울리는 전형적인 선수는 아니었다. 그는 드리블 돌파를 자주 시도하는 선수였기 때문이다. 메시는 상대 수비를 헤집고 다니며 골문을 향해 달려가는 드리블을 즐겼다. 반면 과르디올라 감독은 특정 지역으로 공을 몰고 가며 상대 수비수를 끌어낸 후 패스할 기회를 만드는 유형의 드리블러를 선호했다. 예를 들면 과르디올라는 메시가 상대 선수 11명 중 절반을 제치며 '마라도나 골'을 터뜨린 헤타페전 득점이 형편없는 공격 패턴에서 파생된 결과물이라고 믿었다. 우선 메시가 지나치게 깊은 지역에서 공을 잡았고, 지나치게 직선적으로 골문을 향해 돌파한 데다, 주변에 배치된 그의 동료들도 실망스러운 위치 선정으로 제대로 된 공격 지원을 하지 못했다는 게 과르디올라 감독의 생각이었다. 그레엄 헌터Graham Hunter의 저서 《바르사Barca》에 따르면 과르디올라는 바르셀로나 2군 감독을 맡은 2007-08시즌 선수들에게 "메시처럼 드리블하지 마! 패스, 패스, 계속 패스해야 해. 정확하게 패스하고, 영리하게 움직이고, 또 패스하고!"라고 외치기도 했다. 그러나 메시는 과르디올라 감독마저도 지도할 수 있는 선수가 아니었다. 그는 스스로, 자기 방식대로 플레이해야 하는 선수였기 때문이다. 과르디올라는 "메시는 순수한 직감형의 선수다. 그래서 그에게는 자유를 줘야 한다"고 말했다.

과르디올라 감독이 메시를 처음으로 최전방 가짜 9번으로 배치한 경기는 그가 바르셀로나를 맡은 첫 시즌 마지막 달에 열린 레알 마드리드 원정으로 알려졌다. 그러나 사실 메시의 '가짜 9번화'는 바르셀로나가 스포르팅 히혼을 6-1로 꺾으며 과르디올라 감독 체제에서 처음으로 승리한 세 번째 경기부터 시작됐다. 선발 명단만 보면 바르셀로나의 최전방 공격수는 사무엘 에토였고, 메시는 오른쪽 측면 공격수로 출전했으나 이 두 선수는 경기 시작 10분 만에 자리를 바꿨다. 그러면서 스포르팅 수비진은 혼란에 빠졌고, 바르셀로나는 그들을 초토화시켰다. 그럼에도 불구하고 바르셀로나가 이후 열린 경기에서는 다시 에토를 줄곧 최전방 공격수 자리에 고정하고, 메시를 오른쪽 측면에 배치한 점은 쉽게 이해하기 어렵다. 그러나 과르디올라는 이와 같은 혁신적 전술을 아껴뒀다가 가장 중요한 경기에서 변칙적으로 활용했다.

바르셀로나가 스포르팅 히혼전에 나선 후 8개월 뒤, 시즌 막바지에 치른 레알 마드리드 원정은 매우 중요한 경기였다. 당시 바르셀로나는 다섯 경기를 남겨두고 레알에 승점 4점 차로 앞선 채 라리가 선두를 달리고 있었다. 만약 이날 레알이 바르셀로나를 꺾었다면, 우승 경쟁이 본격적으로 재점화되는 상황이었다. 그러나 바르셀로나는 레알만 꺾으면 사실상 우승을 확정할 수 있었다. 상대 분석에 나선 과르디올라 감독은 레알 중앙 수비수 파비오 칸나바로와 크리스토프 메첼더Christoph Metzelder의 기동력이 떨어진다는 사실을 파악한 뒤, 경기 전날 밤 메시를 최전방 공격수로 활용하겠다는 계획을 세웠다. 마지막 순간에 전술 변화를 결정한 과르디올라 감독은 레알 원정을 앞두고 8개월 만에 꺼내든 시스템으로 훈련조차 하지 않은 상태였다. 과르디올라는 메시에게 전화를 걸어 그를 자신의 방으로 불렀다. 이 자리에서 과르디올라 감독은 메시에게 레알의 수비 전술이 담긴 영상을 보여줬다. 전해지는 이야기에 따르면 메시는 '엘 클라시코'에서 갑작스럽게 자신을 최전방 공격수로 쓰겠다는 과르디올라 감독의 제안에 웃음을 터뜨렸다고 한다. 과르디올라 감독은 메시가 레알 원정에서 전혀 새로운 포지션에 서는 건 위험 부담이 큰 데다 자신이 최전방에서 고립될 수 있다고 믿었기 때문이라고 생각했다. 그러나 어쩌면 메시가 웃은 이유는 과르디올라 감독이 이보다 훨씬 더 일찍 자신을 중앙에 배치해야 했고, 이제라도 그가 이러한 결정을 한 게 너무 당연했다고 여겼기 때문일 수도 있다.

어찌 됐든 과르디올라는 가짜 9번 메시를 앞세운 계획을 바탕으로 산티아고 베르나베우에 입성했다. 그는 경기를 앞두고 사비, 이니에스타, 메시를 따로 불러 상대 미드필더 라사나 디아라Lassana Diarra, 페르난도 가고 Fernando Gago를 상대로 3대2 수적 우위를 점해야 한다고 지시했다. 그리고 이는 그대로 현실이 됐다. 바르셀로나는 이날 6-2로 승리하며 사실상 우승을 확정지었다. 메시는 두 골을 넣었고, 상대 미드필드와 수비 라인 사이에서 뿌려준 패스로 앙리의 골을 도왔으며 중앙에서 바르셀로나가 경기를 압도하는 데 결정적인 역할을 했다. 레알의 중앙 수비수 두 명은 그를 어떻게 상대해야 할지 모르는 모습이었다. 혼란에 빠진 메첼더는 경기 후 "메시를 따라 미드필드까지 가는 건 우리의 수비 방식이 아니다"라고 말했다. 메시는 레알 마드리드를 상대로, 과거 디 스테파노가 레알을 위해 수행한 역할을 그대로 재현하고 있었다.

과르디올라 감독은 이후 이 전술을 다시 감췄다. 그가 다시 메시를 가짜 9번으로 선발 출전시킨 경기는 맨체스터 유나이티드와의 챔피언스리그 결승전이었다. 이때도 과르디올라 감독은 에토를 최전방에, 메시를 오른쪽에 배치해 경기를 시작했다. 그러나 이는 그가 경기 초반 약 10분 후부터 상대에 혼란을 주기 위해 선택한 배치였을 뿐이다. 바르셀로나는 이날 2-0으로 승리했다. 에토는 오른쪽 측면에서 중앙으로 파고들며 선제골을 터뜨렸다. 메시는 최전방 공격수 자리에서 헤더로 득점하며 쐐기골을 넣었다. 메시는 경기 후 "결승전에서 안드레스(이니에스타), 사비, 부스케츠 그리고 나는 늘 중앙에 서로 밀집해 수적 우위를 점하며 공과 경기를 지배했다"고 말했다. 이처럼 메시는 미드필더, 공격수, 10번 역할을 마음대로 할 수 있는 선수였다.

전술적 혁신을 이룬 과르디올라는 찬사를 받았다. 그러나 그가 받은 찬사는 빌라노바 수석코치와 나눠야 할 몫이었다. 빌라노바는 유소년 지도자 시절 처음으로 메시를 최전방에 중용했던 감독이다. 전임 감독 레이카르트도 메시를 중앙에 배치한 적이 있었다. 또한 수많은 아르헨티나 감독들이 메시를 10번으로 기용했다. 그리고 가장 중요한 건 메시가 스스로 자신의 궁극적인 자리는 중앙이라고 주장한 점이다. 바르셀로나가 메시를 4-3-3 포메이션의 최전방 공격수로 배치해 좌우 측면 공격수 앙리와 에토를 활용하는 전술은 아르헨티나가 그를 4-3-1-2의 엔간체로 활용하는 전술과 사실상 똑같았다. 단, 바르셀로나가 좌우 측면 공격수를 조금 더 넓게 배치했을 뿐이다. 유럽은 메시를 가짜 9번으로 봤지만, 남미에서 메시는 늘 진정한 10번이었다.

그러나 이후 메시의 포지션이 최전방에 고정된 건 아니었다. 과르디올라 감독에게 메시의 가짜 9번 역할은 활용 가치가 큰 대안alternative일 뿐이었다. 실제로 과르디올라는 바르셀로나 감독 부임 첫해부터 트레블을 달성했지만, 두 번째 시즌을 앞두고 논란 속에 즐라탄 이브라히모비치Zlatan Ibrahimović를 영입했다. 바르셀로나는 인테르에서 이브라히모비치를 영입하며 구단 역대 최고 이적료인 5,900만 파운드를 지급했을 뿐만 아니라 사무엘 에토까지 내줬다. 많은 이들은 이적료 5,900만 파운드는 둘째치고 이브라히모비치가 에토보다 좋은 공격수인지에 대해서도 의문을 제기했다. 더 중요한 사실은 이 두 선수는 스타일이 완전히 달랐다는 점이다. 발 빠른 에토는 측면에서도 뛸 수 있는 기동성을 보유했지만, 이브라히모비치는 전형적인 최전방 공격수였다. 과르디올라 감독은 우선적으로 가짜 9번보다는 고전적인 9번을 세운 공격 전술을 선호한 셈이다. 이브라히모비치를 영입한 과르디올라는 그의 전술적 역할을 '최전방의 피보테'라고 설명했다.

이브라히모비치는 바르셀로나에서 오른쪽 측면으로 돌아간 메시의 지원을 받으며 시즌 초반 훌륭한 활약을 펼쳤다. 그는 바르셀로나 역사상 최초로 이적 직후 다섯 경기 연속 골을 넣은 선수가 됐다. 특히 이브라히모비치는 시즌 초반 넣은 다섯 골 중 두 골을 머리로 넣으며 바르셀로나가 예전보다 직선적인 공격을 구사할 수 있게 했다. 그는 이후 허벅지 부상으로 짧은 공백기를 거친 후 엘 클라시코에서 교체 투입되며 복귀전을 치렀다. 이 경기에서 그는 교체 투입된 후 6분 만에 발리슛으로 결승골을 뽑아냈다. 그러나 이브라히모비치는 시즌 후반기부터 급격하게 어려움을 겪기 시작했다. 그와 과르디올라의 관계는 완전히 틀어졌고, 이 둘은 시즌 막바지에 다다르자 서로 대화조차 하지 않았다. 이때부터 언론도 과르디올라와 이브라히모비치의 불화를 집중조명했다. 훗날 이브라히모비치는 직접 쓴 자서전을 통해 과르디올라 감독을 "나의 적", "줏대 없는 겁쟁이"라고 부르며 맹비난했다.

이브라히모비치와 과르디올라의 관계가 틀어진 결정적인 이유는 팀 전술 때문이었다. 메시는 과르디올라 감독에게 팀 공격 전술의 중심에 자신을 배치해달라고 요구했다. 메시가 처음으로 과르디올라 감독의 전술에 불만을 내비친 곳은 원정 경기를 치른 후 돌아오는 팀 버스 안에서였다. 버스에 탑승한 메시는 과르디올라에게 문자를 보냈다. 이 이야기를 전해들은 사람마다 조금씩 다른 방식으로 메시가 보낸 문자 내용을 밝혔지만 메시가 과르디올라 감독에게 문자 메시지를 통해 "내가 더는 팀에 중요하지 않은 존재 같다"고 말했다는 건 모든 이들이 전하는 공통된 내용이다. 이후 메시는 과르디올라와 직접 만나 자신을 중앙에 배치해달라고 요구했고, 나머지 선수들을 "측면에 고정시켜 달라"고 말했다.

이브라히모비치가 이러한 전술을 달갑게 받아들일 리가 없었다. 그러면서 과르디올라 감독은 해결할 수 없는 과제를 떠안게 됐다. 그는 메시를 만족시키면서도 이브라히모비치의 능력을 극대화할 수 있는 방법을 찾아야 했다. 과르디올라 감독이 우선 꺼내든 해결책은 메시가 공격형 미드필더로 이브라히모비치를 지원하는 4-2-3-1 포메이션이었다. 그러나 이대로는 미드필드에서 이뤄지는 바르셀로나의 전통적인 패스 패턴을 살릴 수 없었다. 이후 과르디올라 감독은 이브라히모비치를 오른쪽 측면에 배치한 4-3-3 포메이션도 시도했다. 그러나 이는 그에게 전혀 어울리지 않는 역할이었다.

가장 현실적인 절충안은 메시를 오른쪽 측면으로 복귀시킨 후 다시 이브라히모비치를 최전방에 배치하는 것이었다. 그러나 과르디올라 감독은 조세 무리뉴 감독이 이끈 인테르와의 챔피언스리그 4강 1차전 원정 경기에서 이 전술을 다시 시도했다가 1-3 완패를 당했다. 아마 이는 과르디올라 감독이 4년간 바르셀로나를 이끌며 범한 가장 명백한 전술적 실책이었을 것이다. 노쇠화 현상을 겪던 인테르의 중앙 수비수 왈테르 사무엘Walter Samuel과 루시우Lúcio는 가짜 9번 메시와 빠른 침투 능력을 자랑하는 페드로 로드리게스 그리고 보얀 크르키치Bojan Krkić를 상대로 고전을 면치 못했을 게 분명하다. 그러나 사무엘과 루시우는 1, 2차전 형편없는 경기력을 선보인 정적인 이브라히모비치를 손쉽게 막아냈다. 경기 도중 터치라인에서 심각한 표정으로 이브라히모비치에게 지시 사항을 전달하는 과르디올라에게 무리뉴가 다가가 미소를 지으며 비아냥대는 표정으로 말을 걸었다. 중계 화면에 그대로 잡힌 이 상황은 아마 이브라히모비치의 바르셀로나 커리어를 단적으로 보여준 장면이나 다름없었다. 이브라히모비치는 시즌이 끝난 후 AC 밀란으로 이적한 뒤, "감독과의 관계라는 게 없었다. 그는 나를 쳐다본 적도 몇 번 없었다. 메시는 최전방 공격수로 뛰고 싶어 했고, 결국 그가 원하는 걸 얻었다"고 말했다.

바르셀로나는 2010년 이브라히모비치를 내보내며 비야를 영입했다. 비야는 바르셀로나 이적을 앞두고 2010 남아공 월드컵에서 사비, 이니에스타, 부스케츠와 호흡을 맞추며 우승을 차지한 공격수였다. 스페인은 유로 2008에 이어 2010 남아공 월드컵에서도 최전방 공격수 두 명보다는 한 명이 배치됐을 때 더 위협적인 모습을 보였다. 비센테 델 보스케 감독은 전형적인 공격수 두 명을 배치하는 공격 전술의 문제점을 파악하고 있었지만, 토레스와 비야를 동시에 활용할 방법을 모색하고 있었다. 그의 절충안은 비야가 왼쪽 측면에 배치된 4-2-3-1 포메이션이었다.

그러나 문제는 전술보다는 선수에게 있었다. 토레스는 월드컵을 앞두고 2009-10시즌 잦은 부상을 당해 몸상태가 정상이 아니었다. 그는 무룹 반월판에 문제를 안고 월드컵 출전을 감행했다. 이 때문에 토레스는 특유의 날카로움을 선보이지 못했고 스페인이 나선 일곱 경기에 모두 출전했으나 골이나 도움은 커녕 단 한 번도 풀타임을 소화하지 못했다. 훗날 토레스는 스페인의 월드컵 우승을 재조명한 다큐멘터리를 통해 당시 통증을 참고 경기에 나서기 위해 진통 주사를 반복적으로 맞았다는 사실을 인정했다. 그는 이것이 훗날 자신의 커리어에 문제를 줄 수도 있다는 사실을 알고도 위험을 감수했던 것이다. 실제로 토레스는 월드컵이 끝난 후 예전 기량을 되찾는 데 실패했다. 그는 자신감도, 특유의 스피드도 회복하지 못했다. 토레스는 2010 남아공 월드컵을 앞두고 리버풀에서 활약한 세 시즌 동안 리그에서 56골을 넣었다. 그러나 그는 월드컵 이후 8년간 유럽 무대를 떠나기 전까지 소속 팀에서 57골을 더 넣는 데 그쳤다. 델 보스케 감독은 8강까지 토레스를 신임했지만, 그가 끝내 기대에 부응하지 못하자 4강전부터는 측면 공격수 페드로를 출전시키며 비야를 최전방에 배치했다. 이 덕분에 스페인은 독일을 상대한 4강 경기에서 2010 남아공 월드컵에서 보여준 최고의 경기력을 선보였다. 스페인은 유로 2008에 이어 2010 남아공 월드컵에서도 4강이 돼서야 최전방 공격수 두 명보다는 한 명을 배치하면서 더 효과적인 공격을 펼칠 수 있었다.

바르셀로나의 비야는 이미 팀 동료들과 스페인 대표팀에서 충분히 호흡을 맞춰본 덕분에 이브라히모비치보다 더 효과적인 활약을 펼쳤다. 그러나 군이 문제를 하나 더 꼽자면, 그것은 메시의 존재였다. 비야는 최전방 공격수로 활약할 수 있다는 말을 듣고 바르셀로나에 합류했다. 그는 데뷔전에서도 최전방 공격수로 출전했고, 라싱 산탄데르를 상대로 득점하며 바르셀로나의 3-0 완승을 이끌었다. 이후 비야는 두 번째 경기에서 보얀과의 지속적인 포지션 변경으로 왼쪽 측면과 최전방 공격수 자리를 오갔으나 바르셀로나는 홈에서 승격팀 에르쿨레스Hércules에 0-2 충격패를 당했다. 비야는 뒤로 물러선 수비 블록을 상대로 골대를 등진 채 공을 받아 플레이하는 데 어려움을 겪었다.

과르디올라 감독은 팀 전술을 재정비해야 했다. 그는 다음 경기였던 파나티나이코스Panathinaikos와의 챔피언스리그 경기에서 처음으로 MVP 라인(메시Messi, 비야Villa, 페드로Pedro)을 가동했다. 메시는 다시 가짜 9번 자리로 돌아갔고, 비야는 왼쪽에서 문전으로 파고들었다. 페드로는 오른쪽 측면에서 움직였다. 메시가 중앙에서 경기를 조율한 바르셀로나는 이날 5-1로 승리했다. 두 골을 넣은 그는 골대를 두 차례 더 맞췄고, 페널티킥을 실축했다. 이날 메시의 두 번째 득점 과정은 가짜 9번이 소화해야 하는 역할을 가장 잘 보여주는 장면이었다. 상대 골대로부터 약 25미터 떨어진 지역에서 공을 잡은 그는 파나티나이코스가 페널티 지역 앞에 세 명을 배치한 상황에서 그대로 돌진해 사비, 페드로와 연이어 2대1 패스를 주고받으며 강력한 슈팅으로 골망을 흔들었다. 바르셀로나의 전형적인 원터치 패스 패턴과 메시의 직선적 움직임이 융화돼 만들어진 골이었다.

바르셀로나의 MVP 라인은 이후 열린 리그 경기에서도 똑같은 방식으로 경기를 풀어갔고, 원정에서 아틀레티코 마드리드를 2-1로 제압했다. 이 경기는 바르셀로나가 과르디올라 감독 체제에서 거둔 가장 주목할 만한 전술적 승리 중 하나였다. 과르디올라 감독은 아틀레티코 공격수 디에고 포를란Diego Forlán과 세르히오 아구에로Sergio Agüero를 막기 위한 대응책으로 부스케츠를 세 번째 중앙 수비수로 출전시켰다. 여기에 메시가 더 깊숙하게 내려와 경기에 관여한 덕분에 바르셀로나는 중앙 지역을 장악할 수 있었다. 이처럼 바르셀로나는 부스케츠와 좌우 측면 수비수의 위치에 따라 4-3-1-2와 3-4-1-2 포메이션을 오가는 것처럼 보였다.

공교롭게도 이 두 포메이션은 아르헨티나 축구에서 가장 흔히 활용되는 '엔간체 중심적' 시스템이다. 이 시점부터 바르셀로나의 최우선 시스템은 명확했다. 메시를 중앙에 배치하고, 비야를 최전방이 아닌 왼쪽 측면에 끼워넣으며 바르셀로나의 공격진이 완성된 셈이다. 즉 메시가 과르디올라 감독에게 전달한 "다른 선수들을 측면에 고정시켜 달라"는 요구가 완벽히 구현된 셈이다. 이전에 앙리, 에토, 이브라히모비치가 그랬듯이 비야도 결코 최전방에 설 수 없었다.

바르셀로나가 2010-11시즌 연출한 가장 재미있는 승부는 11월 비야레알을 3-1로 꺾은 홈 경기였다. 물 흐르는 듯한 패스 게임을 자랑한 비야레알은 아마 이 시즌 바르셀로나 원정에서 점유율 축구를 구사하려고 한 유일한 팀이었을 것이다. 그러면서 비야레알은 캄프 누에서 바르셀로나와 매우 빠르고, 전술적으로 참신한 경기를 선보였다. 비야레알도 이날 공격수가 없는 포메이션을 가동했다. 비야레알은 표면적으로 보면 주세페 로시Giuseppe Rossi와 니우마르Nilmar가 최전방 공격수로 나선 4-4-2 포메이션을 가동했지만, 이 둘은 중앙보다는 측면으로 벌려 섰다. 과르디올라 감독은 경기 후 비야레알의 전력을 극찬했다. 그는 "비야레알처럼 강한 팀을 상대로 이렇게 밀도 높은 경기를 한 게 언제였는지 기억도 잘 나지 않는다. 그들은 보석 같은 팀이다. 그들은 플레이하는 방식, 압박하는 방식으로 누구보다 우리를 고통스럽게 만들었다"고 말했다.

그러나 비야레알은 이날 바르셀로나에 패했다. 특히 바르셀로나가 터뜨린 두 번째 골은 메시가 두 번 연속으로 2대1 패스를 연결하며 만들어낸 득점이었다. 그러나 이날 득점 과정은 파나티나이코스전에서 비슷한 방식으로 만들어진 골보다 더 단순했고, 더 훌륭했다. 메시가 페널티 지역 바깥쪽에서 공을 잡았을 때, 그와 상대 골대 사이에는 상대 선수

일곱 명이 밀집해 있었다. 그 공간에 있던 바르셀로나 선수는 페드로가 유일했다. 그러나 메시는 골대를 향해 돌진하며 페드로와 두 차례 연속 2대1 패스를 주고받은 뒤, 어려운 각도에서 자신의 주발도 아닌 오른발로 골키퍼를 넘기는 슈팅을 연결하며 득점에 성공했다.

메시가 이처럼 득점을 만드는 동안 페드로는 두 차례 패스를 받은 뒤, 리턴 패스를 건넸을 뿐 위치를 바꾸지는 않았다. 그러나 메시는 중앙 지역에서 한 차례, 상대 수비와 미드필드 라인 사이에서 한 차례 그리고 뒷 공간에서 한 차례 더 볼터치를 기록하며 득점을 뽑아냈다. 패스 패턴의 시작, 연결, 마무리를 모두 메시가 해낸 셈이다. 즉 그는 이 상황에서 바르셀로나의 8번, 10번, 9번 역할을 단 몇 초 사이에 완벽하게 수행했다.

이처럼 메시는 모든 걸 다 갖춘 완성된 공격 자원이 됐다. 어떤 선수든 공을 잡았을 때 보여줄 수 있는 능력은 크게 세 가지로 나뉜다. 이는 바로 드리블, 슛, 혹은 패스다. 메시는 이 세 가지를 모두 완벽하게 하는 선수였다.

메시의 2010-11시즌 드리블 기록은 놀라움의 연속이었다. 그의 드리블 돌파 성공 횟수는 무려 186회에 달했다. 이는 라리가 2위를 기록한 선수와 100개 이상 차이가 나는 수치였다. 메시의 드리블 능력은 이처럼 차원이 다른 수준이었다. 그의 득점력도 여전히 폭발적이었다. 그는 31경기에 선발 출전해 총 31골을 기록했다. 그러나 메시가 보여준 가장 빼어난 능력은 바로 창의성이었다. 그는 31골과 함께 18도움을 기록했고, 이 역시 라리가 1위에 해당한다. 게다가 메시가 기록한 18도움 중 무려 11개는 침투 패스로 이뤄졌다. 그 정도로 그는 상대 수비진 사이로 침투하는 동료에게 찔러주는 패스의 질이 훌륭했다. 당시 라리가에서는 메시를 제외하면 누구도 침투 패스로 4도움 이상을 기록하지 못했다.

메시의 침투 패스는 바르셀로나의 주된 공격 패턴이 됐다. 상대 팀은 메시가 라인 사이에서 공을 잡아 상대 중앙 수비수를 유인한 뒤, 측면에서 문전을 향해 뒷공간으로 침투하는 비야나 페드로에게 침투 패스를 연결하는 패턴을 막지 못했다. 메시는 바르셀로나가 5-0 대승으로 장식한 엘 클라시코에서 그때까지 자신이 이어온 아홉 경기 연속 득점 기록을 마감하며 골잡이보다는 플레이메이커 역할에 집중했다. 이 덕분에 비야는 메시의 침투 패스를 받아 두 골을 넣을 수 있었다. 메시는 비야, 페드로와 특출한 호흡을 자랑했다. 비야와 페드로의 개인 기량은 앙리, 에토, 이브라히모비치와 비교해 떨어질지 몰라도, 그들은 바르셀로나의 시스템 안에서 메시와 완벽한 호흡을 자랑했다. 비야와 페드로의 개인적 재능은 알렉시스 산체스, 네이마르, 루이스 수아레스와 비교해도 우위라고 볼 수는 없었다.

바르셀로나는 2010-11시즌 마지막 경기로 열린 맨체스터 유나이티드와의 챔피언스리그 결승전을 3-1 완승으로 장식했다. 이는 불과 2년 전 바르셀로나가 맨체스터 유나이티드를 2-0으로 제압했던 2009년 챔피언스리그 결승전보다 훨씬 더 압도적인 경기였다. 바르셀로나에 절대적 우세를 안긴 선수는 단연 메시였다. 퍼거슨 감독은 경기가 끝난 후 "전술적으로 어떻게 대응할지 생각해야 했다. 바르셀로나는 비야와 페드로의 침투, 그리고 최전방 공격수가 없는 팀이다. 어떻게 그들을 상대해야 할지 계획하는 건 어려웠다. 양 측면에 선 두 선수의 침투 능력은 (2년 전) 앙리와 에토보다 훨씬 더 빼어났다"고 말했다.

메시의 동료들은 그를 바르셀로나가 육성한 선수라고 주장했다. 사비는 "그는 아르헨티나에서 왔지만, 사실상 여기서 온 선수나 다름없다"고 말했다. 제라르드 피케는 조금 더 중심 잡힌 견해를 밝혔다. 피케는 "메시는 매우 개인주의적인 성향을 가지고 왔지만, 바르셀로나가 그의 능력치에 팀 경기를 하는 방법을 추가해줬다"고 설명했다. 그러나 사실 바르셀로나가 메시에게 미친 영향보다 더 흥미로운 주제는 메시가 바르셀로나에 미친 영향일 것이다. 메시가 아르헨티나의 콘셉트인 엔간체, 감베타를 통해 성장한 점은 이 시절 바르셀로나가 스타일을 확립하는 데 큰 역할을 했기 때문이다.

바르셀로나는 2011-12시즌 비야의 부상과 페드로의 경기력 저하로 어려움을 겪었다. 새롭게 영입된 파브레가스와 산체스는 과르디올라의 전술을 확실하게 이해하지 못했다. 그럼에도 불구하고 메시의 득점력은 개인 통산 최고치를 기록했다. 그가 2012-12시즌 기록한 60경기 73골 기록은 다시 봐도 믿기 어려운 수치다.

2011-12시즌 바르셀로나가 전술적으로 가장 흥미로웠던 시점은 초반이었다. 과르디올라 감독은 파브레가스를 최대한 메시와 가까운 위치에 붙여놓은 3-3-4 포메이션을 가동했다. 메시와 파브레가스는 번갈아가며 9번과 10번 역할을 공유했고, 유소년 팀 시절부터 자랑한 유기적인 호흡을 선보였다. 바르셀로나는 한 경기에서 가짜 9번을 두 명이나 중용한 셈이다.

스페인 대표팀 수장 델 보스케는 유로 2012를 앞두고 딜레마에 빠졌다. 비야가 부상을 당하며 전력에서 제외됐기 때문이다. 그는 경기력이 심각하게 저하된 토레스를 발탁했고, 아틀레틱 빌바오의 페르난도 요렌테, 세비야의 알바로 네그레도Álvaro Negredo를 선발했다. 네그레도는 스페인의 스타일을 간단명료하게 효과적으로 설명했다. 그는 "토레스는 순발력이 매우 좋고, 기동력이 있다. 요렌테는 체구가 크고 신체적으로 강하다. 나는 동료들을 연결시켜주고, 적절한 시기에 위치 선정을 한다"고 말했다. 이처럼 델 보스케 감독에게는 각자 스타일이 명확한 유형의 공격수 세 명이 주어졌다. 한 명은 스프린터, 한 명은 타깃맨, 또 다른 한 명은 패스 연계와 기회 포착 능력을 자랑했다.

그러나 최전방 공격수가 없이도 충분히 경쟁력 있는 경기를 할 수 있다는 사실을 증명한 건 메시가 바르셀로나에서 이룬 축구의 재창조였다. 델 보스케 감독은 유로 2012 첫 경기를 앞두고 상대 팀 이탈리아의 고전적 수비진이 전형적인 최전방 공격수를 더 수월하게 상대할 수 있다고 판단했다. 이 때문에 그는 토레스, 요렌테, 네그레도를 모두 선발 명단에서 제외한 후 파브레가스를 가짜 9번으로 출전시켰다. 파브레가스는 이미 바르셀로나에서 가짜 9번 역할을 충분히 소화해본 선수였다. 그는 이날 4-3-3 포메이션의 오른쪽 측면 공격수로 배치된 다비드 실바와 수시로 위치를 바꿨다.

스페인은 이와 같은 전술로 팀 훈련을 해본 적이 한 번도 없었다. 델 보스케 감독의 지시 사항을 전달받은 선수들도 충격을 받은 모습이었다. 경기가 시작되자 스페인은 예상대로 이탈리아 수비진을 뚫지 못하고 그들 앞에서 서성거렸다. 실바는 스페인이 바르셀로나였다면 메시가 등을 진 채 공을 받고 돌아서서 상대 문전으로 파고들 만한 위치로 짧은 백패스를 시도하고 있었다. 파브레가스의 위치는 상대 골대와 지나치게 멀었다. 그러나 이날 스페인이 터뜨린 동점골 상황은 그들의 의도를 매우 잘 보여줬다. 실바는 전방에 동료가 없는 가운데, 상대 수비와 미드필드 라인 사이 공간에서 빈 공간을 향해 왼발로 패스를 연결했다. 파브레가스는 마치 바르셀로나에서의 비야와 페드로를 연상케 하는 측면에서 문전으로 파고드는 침투 능력을 통해 실바의 패스를 받아 깔끔한 마무리로 득점을 터뜨렸다. 이는 전형적인 가짜 9번식 득점이었다. 메시가 바르셀로나에 미친 영향이 없었다면 이처럼 '전형적인 가짜 9번식 득점'이라는 개념 자체가 아예 성립되지 못했을 것이다.

이후 스페인의 두 경기에서는 토레스가 연속으로 선발 출전했다. 스페인은 아일랜드와 크로아티아를 차례로 꺾고 조별 리그를 통과했다. 그러나 스페인이 프랑스를 2-0으로 꺾은 8강 경기에서 다시 최전방 공격수로 나선 선수는 파브레가스였다. 파브레가스가 가짜 9번으로 돌아온 스페인은 최전방 공격수 없이도 상대 페널티 지역 부근에서 더 유기적인 움직임과 침투 능력을 선보였다. 델 보스케는 프랑스전 승리 후 "우리는 공격수 세 명을 세우고 있다. 우리의 공격수는 이니에스타, 파브레가스, 실바"라고 말했다. 그러나 이 세 선수는 공격수가 아닌 미드필더. 이처럼 스페인은 공격수의 역할을 바꾼 상태였다.

스페인과 포르투갈의 4강전에서는 네그레도가 깜짝 선발 출전했다. 그러나 그는 효과적인 활약을 펼치지 못했고, 후반전 시작 10분 만에 교체되며 파브레가스가 투입됐다. 파브레가스가 투입된 스페인은 즉시 패스 연결이 향상된 모습이었다. 파브레가스는 유로 2008에서도 그랬듯이 4강전에 교체 출전해 맹활약을 펼친 뒤, 결승전에는 선발로 출전했다. 파브레가스가 가짜 9번으로 선발 출전한 스페인은 결승전에서 이탈리아를 4-0으로 대파했다. 이 경기에서 파브레가스는 이전과 비교해 더 최전방과 가까운 지역에서 움직였다. 그는 미드필드로 내려와 패스를 받아 공간을 창출하기보다는 상대 수비 라인을 뒤로 물러서게 하면서 뒷공간을 파고들었다. 이 경기에서만큼은 그가 가짜 9번이 아닌 최전방 공격수로 뛰는 미드필더였던 셈이다. 체사레 프란델리 이탈리아 감독은 경기 후 스페인에 대해 "그들에게는 전형적인 공격수가 없을지 몰라도 여전히 상대 팀이 충분히 많은 문제를 겪게 할 만한 능력이 있다"고 말했다.

스페인은 이와 같은 방식으로 경기를 풀어가면서 갈수록 최전방 공격수를 활용하는 축구와는 거리를 뒀다. 스페인은 2006 독일 월드컵에서는 최전방 공격수를 세 명이나 배치하고도 16강에서 탈락했다. 그러나 스페인은 최전방 공격수를 유로 2008에서는 두 명, 2010 남아공 월드컵에서는 한 명으로 줄였고, 유로 2012에서는 단 한 명도 쓰지 않고 연속으로 우승을 차지했다. 한편으로 메시가 스페인 축구에 미친 영향은 모순적이었다. 그 자신은 바르셀로나에서 가짜 9번으로 뛰면서 모든 득점 기록을 갈아치웠으면서도, 다른 팀들이 공격수 없이 경기를 치르게 하는 트렌드를 주도했기 때문이다.

15

엘 클라시코

그저 한 경기가 특정 국가 축구의 정체성을 대변한다고 말한다면 어불성설처럼 들릴 지도 모른다. 그러나 스페인 축구의 전성시대에 열린 엘 클라시코El Clásico는 전 세계 축구계의 관심을 끌어모으는 빅매치였다.

펩(과르디올라)과 조세(무리뉴)의 자존심 싸움, 메시와 호날두의 맞대결, 점유율과 역습 축구의 대립. 스페인 축구가 점유율 플레이와 가짜 9번을 유행시켰듯이, 엘 클라시코를 통해 유럽 주요 리그의 다른 라이벌전을 바라보는 시선에도 변화가 생겼다. 엘 클라시코가 과열되면서 갑작스럽게 독일 축구도 바이에른 뮌헨과 보루시아 도르트문트의 라이벌전을 '데어 클라시커Der Klassiker'라고 불렀고, 프랑스는 PSG와 마르세유의 경기를 '르 클라시크Le Classique'로 재차 브랜딩했다. 그러나 이 중 어떤 라이벌전도 엘 클라시코에 범접할 수는 없었다. 엘 클라시코는 꾸준하게 전 세계에서 가장 많은 시청률을 자랑하는 축구 경기였다.

이는 바르셀로나와 레알 마드리드가 스페인에서 그랬듯이 두 팀이 한 리그에서 압도적인 모습을 보인 유럽 빅리그가 없었기 때문이기도 했다. 설문조사 결과 스페인 현지 축구 팬 중 33%는 레알 마드리드를, 26%는 바르셀로나를 응원한다는 사실이 확인됐다. 두 팀을 제외하면 어느 팀도 5%를 기록하지 못했다. 더 중요한 사실은 레알이나 바르셀로나를 '내 팀' 으로 생각하지 않는 스페인 축구 팬도 두 팀 중에는 자신이 더 응원하는 한 팀이 있다는 점이었다. 두 팀 중 한 팀을 골라야 한다면 어느 팀을 고르 겠느냐는 질문에 "선호하는 팀이 없다"고 답한 팬은 단 11%에 불과했다.

엘 클라시코가 시즌을 결정짓는 궁극의 한 판처럼 여겨진 것은 그리 오래된 일이 아니었다. 두 팀 사이에는 세계 2차 대전이 발발하기 전부터 갈등이 있었지만, 레알이 바르셀로나가 영입 직전까지 간 알프레도 디 스 테파노를 영입한 시점부터는 신경전이 더 가열됐다. 그러나 1960년부터 1990년까지 바르셀로나의 라리가 우승 횟수는 단 2회에 그쳤다. 이는 동일 기간 아틀레티코 마드리드보다 적은 우승 횟수였다. 실제로 이때만 해도 레알 마드리드가 가장 큰 라이벌로 여긴 팀은 아틀레티코 마드리드 였다. 심지어 아틀레틱 빌바오와 레알 소시에다드 역시 1960년을 시작 으로 30년 동안 라리가 우승을 두 차례씩 차지했다. 당시 바르셀로나는 레알에 도전할 만한 많은 팀 중 하나에 불과했다. 그러나 아틀레티코가 부활하기 직전인 2008년부터 2012년 무렵이 되자 라리가는 '2강 체제' 양상을 띠게 됐다. 오랜 기간 꾸준히 논란이 제기된 라리가의 불균등한 TV 중계권료 배분 방식이 바르셀로나와 레알에 큰 이익을 안긴 것이 무 엇보다 큰 원인이었다. 심지어 2011-12시즌 라리가 3위 발렌시아는 강 등권에는 승점 20점 차로 앞섰으나 2위 레알 마드리드와의 격차는 무려 30점 차였다.

바르셀로나와 레알 마드리드의 맞대결은 정치적 감정 싸움이기도 했다. 물론 바르셀로나는 카탈루냐주의 독립을 지지하는 유일한 구단이 아니며 카탈루냐 지역이 스페인에서 독립을 주장하는 유일한 지역인 건 더더욱 아니다. 그러나 저항적인 정치적 동기는 패스 축구만큼이나 바르셀로나의 정체성에서 중심을 차지하는 요인이다. 여전히 캄프 누에서 열리는 바르셀로나의 홈 경기가 17분 14초에 다다르면 팬들이 "독립independència'을 외치는 소리를 쉽게 들을 수 있다. 카탈루냐가 스페인 제국과 강제로 합병된 시기가 1714년이기 때문이다. 캄프 누 관중석에서는 "카탈루냐는 스페인이 아니다"라는 배너도 쉽게 볼 수 있다.

이러한 관점에서 축구는 매우 흥미로운 상황을 창조해냈다. 적어도 축구 안에서는 카탈루냐가 스페인, 혹은 스페인이 카탈루냐였기 때문이다. 라 푸리아La Furia 정신(1920년대 스페인은 잉글랜드식 축구로부터 영향을 받아 '직선적, 적극적인 투혼이 있는 스타일의 축구'를 해야 한다는 공감대를 형성했다. 당시 스페인의 강팀으로 꼽힌 아틀레틱 빌바오가 이와 같은 축구를 가장 잘 구사한다는 평가를 받으며 '분노furia'가 그들의 경기 스타일을 표현하는 단어로 사용됐다 - 옮긴이)과 바스크 출신 선수들은 더는 스페인 대표팀을 대표하지 않았다. 그렇다고 예전처럼 레알 마드리드 소속의 몇몇 스타 선수들이 스페인 대표팀을 이끌지도 않았다. 대신 2008년부터 2012년까지 스페인 대표팀을 상징한 선수들은 사비 에르난데스, 세르히오 부스케츠, 세스크 파브레가스, 제라르드 피케, 카를레스 푸욜, 조르디 알바, 안드레스 이니에스타, 다비드 비야, 페드로 로드리게스였다. 이 아홉 명은 모두 바르셀로나 소속 선수들이었고, 이 중 여섯 명은 카탈루냐 태생이었다. 그들이 주축을 이룬 스페인은 유럽 최고의 국가대표팀으로 등극했고, 바르셀로나는 유럽 최고의 구단이 되었다. 당시 스페인과 바르셀로나는 똑같은 축구 철학과 선수들을 공유했다.

레알 마드리드는 이와 같은 현상을 받아들이기가 어려웠다. 레알은 스스로 왕족의 구단, 수도 마드리드를 대표하는 구단, 나아가 스페인을 대표하는 구단이라는 데 강한 자부심을 가지고 있었다. 지미 번스가 집필한 《라 로하》는 "레알 마드리드는 자국 대표팀이 수십 년간 기대에 미치지 못하는 성적을 거두며 부진하던 시절 세계 무대에서 스페인 축구를 성공으로 이끈 팀이자 프랑코 정권이 가장 중요한 수출품으로 여긴 구단이었다. 레알 마드리드는 전 세계 어느 팀도 따를 수 없는 수준의 창의적이고 공격적인 축구로 스페인 축구의 최고 모습을 대표하는 구단"이라고 설명했다.

그러나 상황이 뒤집혔다. 사비는 바르셀로나와 레알 마드리드의 관계를 설명하며 "각각 저울의 양쪽 맨 끝에 자리하고 있다"고 말했다. 1960년대에는 레알이 기술적으로 더 우수한 팀이었고, 바르셀로나는 신체적으로 더 강인하고, 빠르고, 거친 축구로 대응했다. 그러나 약 반세기가 지난 시점에서는 흐름이 역전됐다. 레알은 바르셀로나에 대적하기 위해 기술적인 축구에서 벗어나고 있었고, 스페인답지 않은 스페인의 최대 빅클럽이 되어가고 있었다.

바르셀로나는 놀라울 정도로 빠른 속도로 전성시대를 만들어갔다. 2007-08시즌만 해도 레알 마드리드는 2년 연속 라리가 우승을 차지했으며 바르셀로나와의 두 경기에서 모두 승리했다. 게다가 레알은 당시 라리가 우승을 확정한 후 홈구장 산티아고 베르나베우에서 치른 엘 클라시코에서 선수들이 터널을 통해 경기장에 입장하며 바르셀로나 선수들에게 파시요pasillo(시즌 종료 전 우승을 확정한 팀과의 경기에 앞서 상대 팀이 축하의 의미로 박수를 쳐주는 전통)를 받는 역사적인 순간까지 연출했다. 반면 바르셀로나는 자존심에 상처를 입을 수밖에 없었다. 심지어 사무엘 에토와 데쿠는 레알과의 경기에 앞서 의도성이 짙은 경고를 받으며 이 날 경기에 결장해 라이벌 선수들에게 박수를 보내는 수모를 피할 수 있 었다. 그러나 나머지 바르셀로나 선수들은 경기를 앞두고 레알 선수들에 게 박수를 보낸 뒤, 이날 1-4 참패를 당했다. 바르셀로나 주장 푸욜은 경 기가 끝난 후 이날이 자신의 커리어에서 겪은 최악의 순간이었다고 말했 다. 시즌이 끝난 2008년 여름 바르셀로나는 펩 과르디올라 감독을 선임 했다. 그러나 엘 클라시코를 중심으로 한 관점에서 보면 더 중요했던 건 바르셀로나가 선임하지 '않은' 감독이었다. 그들은 바르셀로나 감독직을 원한 조세 무리뉴를 외면했다.

바르셀로나의 과르디올라 감독 선임 후 첫 엘 클라시코가 열린 시점은 2008년 12월이었다. 당시 바르셀로나는 승승장구를 거듭하며 라리가 선두를 질주했고, 레알 마드리드는 엘 클라시코를 앞두고 치른 네 경기 중 형편없는 경기력으로 치른 세 경기에서 패했다. 레알이 꺾은 유일한 팀은 강등 후보 레크레아티보 데 우엘바Recreativo de Huelva였다. 베른트 슈 스터Bernd Schuster 레알 감독은 엘 클라시코를 앞두고 세비야에 3-4로 패 한 뒤, 누구도 상상하지 못한 폭탄 발언으로 마드리드를 충격에 빠뜨렸 다. 그는 "오히려 다른 경기보다는 (바르셀로나전이) 덜 걱정된다. 캄프 누 에서 승리하는 건 어차피 불가능하다. 바르셀로나는 모든 팀을 압살하고 있다. 그들을 꺾는 건 불가능하다. 올 시즌은 그들의 시즌"이라고 말했다. 당시 레알의 전력이 바르셀로나와 비교해 열세였던 건 부인할 수 없는 사 실이었다. 그러나 레알 감독이 무조건 이겨야 하는 바르셀로나전을 이길 수 없는 경기라고 말하는 건 자살 행위나 다름없었다. 결국 슈스터는 경 질됐다.

이후 레알은 후안데 라모스Juande Ramos 감독을 선임하는 의외의 결정을 내렸다. 라모스는 당시 프리미어리그 하위권을 허덕인 토트넘에서 경질된 감독이었다. 레알은 바르셀로나 원정에서 0-2로 패했다. 그러나 이날 레알의 경기력은 예상보다 좋았다. 네덜란드에서 온 측면 공격수 로이스톤 드렌테Royston Drenthe가 0-0인 시점에 1대1 찬스를 놓쳤고, 에토와 리오넬 메시가 넣은 두 골은 마지막 7분에 터졌다. 레알 주장 라울 곤살레스는 경기가 끝난 후 "지금 상황을 고려할 때 우리는 오늘 경기에 만족한다"고 말했다. 라울의 발언은 충분히 이해할 만했지만, 이는 레알이 바르셀로나와 비교해 얼마나 전력적으로 열세였는지를 보여주는 사례이다. 라모스는 레알이 장기적 계획을 바탕으로 선임한 감독은 아니었지만, 무너진 팀을 훌륭하게 수습하는 데는 성공했다. 레알은 바르셀로나 원정에서 패한 후 치른 18경기 중 17경기에서 승리했다. 레알이 이기지 못한 경기는 1-1로 비긴 아틀레티코 마드리드전뿐이었다. 레알은 홈에서 바르셀로나와의 재대결을 앞둔 시점에서 상대와의 격차를 승점 단 4점 차로 줄여놓았다. 게다가 바르셀로나는 첼시와의 챔피언스리그 4강 1, 2차전이 열리는 사이에 레알을 상대하게 되는 부담까지 안고 있었다. 라리가 우승 경쟁이 재점화된 셈이었다. 라모스 감독은 4-2-3-1 포메이션을 가동해 바르셀로나의 삼각형 미드필드를 무력화시키는 데 집중했다. 그는 왼쪽에 측면 수비수를 두 명이나 배치해 메시와 다니 알베스를 봉쇄하겠다는 의도를 내비쳤다. 왼쪽 측면 수비수 자리에는 중앙 수비수 가브리엘 에인세Gabriel Heinze, 왼쪽 측면 미드필더로는 왼쪽 측면 수비수 마르셀루가 각각 선발 출전했다.

그러나 이날 엘 클라시코는 '메시의 경기'가 됐다. 그는 시즌 초반 과르디올라 감독에게 첫 승리를 안긴 스포르팅 히혼전 이후 처음으로 가짜 9번 자리에 배치됐다. 그는 이날 두 골을 터뜨렸고, 레알은 도저히 그를 감당할 수 없었다. 티에리 앙리도 이날 두 골을 터뜨렸고, 중앙 수비수 푸욜과 피케가 한 골씩을 추가하며 마드리드 원정에서 바르셀로나에 6-2 대승을 안겼다. 엘 클라시코 역사상 한 팀이 여섯 골을 넣은 건 이때가 최초였다. 바르셀로나는 네 경기를 남겨둔 이날 경기에서 승리하며 레알과의 격차를 승점 7점으로 벌려 사실상 라리가 우승을 확정했다. 실제로 바르셀로나와 레알은 남은 네 경기에서 단 1승도 더 추가하지 못했다. 레알은 우승 경쟁을 포기했고, 바르셀로나는 우승이 사실상 확정된 라리가보다는 컵대회에 집중하며 트레블 달성에 성공했다. 바르셀로나는 이미 축구 역사상 최고의 팀이라는 찬사를 받고 있었다.

레알이 선임한 신임 기술이사 호르헤 발다노는 간단명료하게 구단이 처한 상황을 설명했다. 그는 "레알을 원래 자리로 돌려놓아야 한다. 바르셀로나를 지금 그들이 누리고 있는 압도적인 자리에서 끌어내려야 한다"고 말했다. 단순히 이기는 것보다 바르셀로나를 무너뜨리는 게 우선이었던 레알은 가장 레알다운 방식으로 응답했다. 갈락티코 정책의 창시자 플로렌티노 페레스 회장이 재선에 성공했고, 그는 슈퍼스타급 선수들을 연이어 영입했다. 레알은 8년 전 지네딘 지단을 영입하며 세운 세계 최고 이적료 기록을 스스로 갈아치우며 AC 밀란에서 카카를 영입했다. 이후 레알은 이틀 만에 이 기록을 또 깨며 맨체스터 유나이티드에서 크리스티아누 호날두를 영입했다. 이 외에도 페레스 회장은 리옹 공격수 카림 벤제마Karim Benzema, 리버풀 미드필더 사비 알론소를 영입하는 데 큰 돈을 들였다. 특히 알론소 영입은 레알이 스페인 축구의 정체성을 유지하는 데 매우 중요한 역할을 했다. 알바로 아르벨로아Álvaro Arbeloa, 알바로 네그레도Álvaro Negredo, 라울 알비올Raúl Albiol 그리고 에스테반 그라네로Esteban

Granero가 뒤를 이어 레알에 합류했다. 2009년 여름, 레알은 축구 역사상 한 팀이 한 시즌 이적 시장에서 가장 큰 돈을 쓰는 기념비적인 기록을 세웠다.

바르셀로나 역시 같은 시기 즐라탄 이브라히모비치, 막스웰Maxwell, 드미르토 치그린스키Dmytro Chygrynskiy를 영입하는 데 큰 돈을 들였으나 페드로, 부스케츠를 1군으로 승격시켜 더 큰 효과를 봤다. 심지어 과르디올라 감독은 야야 투레Yaya Touré보다 부스케츠를 더 신임했다. 이처럼 바르셀로나가 페드로와 부스케츠를 1군 자원으로 활용하는 데 이적료 한 푼 들지 않은 탓에 카탈루냐 지역 언론은 특유의 창의성을 발휘해 엘 클라시코를 칸테라cantera(유소년 아카데미)와 카르테라cartera(지갑)의 대결이라 불렀다. 이는 완전히 틀린 말도 아니었다. 레알은 비싼 선수들을 모아놓은 인상이 짙은 팀이었지만, 바르셀로나는 조직적인 팀이었다. 호날두는 "바르셀로나가 더 좋은 축구를 한다. 그러나 이는 그들이 더 오랜 시간 함께 뛰었기 때문"이라고 말했다.

레알은 선수 영입에는 막대한 돈을 투자하면서도, 신임 감독에는 크게 주목받은 지도자가 아니었던 비야레알 사령탑 마누엘 펠레그리니Manuel Pellegrini 감독을 선임했다. 그러나 레알은 역사적으로 감독보다는 선수로 주목받는 구단이었다. 펠레그리니 감독 부임 후 레알이 처음으로 나선 엘 클라시코는 2009년 11월에 열렸다. 당시 레알은 바르셀로나에 승점 1점 차로 앞선 채 라리가 선두를 달리고 있었다. 특히 이날 경기는 바르셀로나의 이브라히모비치, 레알의 호날두가 처음으로 소화하는 엘 클라시코로 더 큰 관심을 모았다. 그러나 이때 두 선수 모두 부상을 안고 있던 탓에 호날두는 65분 만에 교체됐고, 이브라히모비치는 교체 투입돼 마지막 40분만 소화했다. 호날두는 전반전 중반 카카가 만들어준 유려한 득점 기회를 낮게 깔아 차며 골을 노렸으나 그의 슈팅은 빅토르 발데스Víctor Valdés의 발에 걸렸다. 이는 레알이 단 며칠 사이에 역사상 최고 이적료 기록을 연이어 갈아치우며 영입한 두 선수가 합작한 슈팅 상황이었던 셈이다. 그러나 결승골을 터뜨린 선수는 이브라히모비치였다. 레알은 바르셀로나 미드필더 부스케츠가 퇴장을 당해 경기 마지막 30분 동안 수적 우위를 안고도 끝내 득점하지 못했다.

그러나 레알은 2년 연속 바르셀로나 원정에서 패하고도 '용감하게 싸웠다'는 명분을 앞세워 스스로 위로하며 '언더독'의 자리를 자처했다. 펠레그리니 감독은 "바르셀로나가 이렇게 득점 기회를 못 만든 건 처음 봤다"고 흡족해했고, 발다노 이사는 "레알은 이곳에서 만족하고 떠난다"고 말했다. 스페인의 친레알 일간지로 유명한 〈마르카〉는 "승리의 맛이 나는 경기"라며 자축했다. 이는 레알이 경기에 패하며 라리가 선두 자리를 내준 점을 고려하면 이해하기 어려운 반응이 아닐 수 없었다.

2009-10시즌의 두 번째 엘 클라시코는 두 팀이 승점으로 동률을 이룬 4월 산티아고 베르나베우에서 열렸다. 레알은 홈에서 승률 100%를 자랑하고 있었다. 우승 경쟁이 50대50의 싸움으로 여겨진 이때, 과르디올라 감독은 다시 한번 빅매치에서 새로운 전술을 가동하는 깜짝 카드를 꺼내들었다. 그는 바르셀로나 오른쪽 측면 수비수 다니 알베스가 오버래핑을 시도하면 레알 왼쪽 측면 수비수 마르셀루에게 뒷공간을 내줄 가능성을 우려했다. 과르디올라가 선택한 대비책은 알베스를 4-3-3 포메이션의 오른쪽 공격수로 올려 세우는 것이었다. 이브라히모비치가 빠진 이날, 메시는 가짜 9번 역할을 맡았고, 페드로가 왼쪽 측면에서 활약했다. 반면 펠레그리니 감독은 다이아몬드형 미드필드를 세워 중원 장악을 시도했다. 알론소가 맨 뒷자리에서 페르난도 가고Fernando Gago와 마르셀루

를 지원했고, 라파엘 판 더 바르트가 꼭짓점에 섰다. 최전방 공격수는 호날두와 곤살로 이과인Gonzalo Higuaín이었다. 그러나 바르셀로나는 미드필드 지역에서 3대4로 수적 열세를 안고도 오히려 중원을 장악하는 데 성공했다.

열쇠를 쥔 건 이번에도 메시였다. 그는 늘 그랬듯이 미드필드 진영으로 내려와 알론소가 자신을 견제하게 만들었다. 그 사이 변칙적으로 오른쪽 측면 공격수로 나선 알베스는 이를 예상 못한 레알의 허를 찔렀다. 이날 알베스를 견제한 레알 선수는 왼쪽 측면 수비수 아르벨로아가 아닌 미드필드 다이아몬드의 왼쪽에 선 마르셀루였다. 바르셀로나의 중앙 미드필더로 출전한 사비는 자유롭게 움직이며 이날 경기를 압도했다. 바르셀로나의 선제골도 이러한 전술적 배경을 잘 보여줬다. 메시가 상대 미드필드와 수비 라인 사이로 내려와 사비에게 횡패스를 연결하고 다시 문전으로 침투했다. 이를 받은 사비는 바로 수비 뒷공간을 찌르는 리턴 패스를 연결했고, 메시가 날카로운 마무리로 골망을 갈랐다.

과르디올라 감독은 전반이 끝나자 또 전술을 바꿨다. 알베스가 오른쪽 측면 수비수 자리로 돌아가며 마르셀루의 전진을 유도했다. 레알에서는 여전히 사비를 견제하는 선수가 없었다. 사비는 후반 시작 10분 만에 하프라인 부근에서 자신의 주변에 아무도 없는 가운데 공을 잡았다. 그는 여유 있게 페드로가 뒷공간으로 침투하는 순간까지 기다렸다. 페드로는 문전을 향해 달리며 사비의 침투 패스를 받았고, 단순한 마무리로 득점했다. 2-0. 승부는 이미 기울었고, 바르셀로나는 우승 경쟁에서 확고한 우위를 차지했다. 이후에도 사비는 메시에게 두 차례나 완벽한 기회를 만들어줬지만, 이케르 카시야스의 잇따른 선방 탓에 추가 득점은 없었다. 사비는 2008-09시즌에 이어 두 경기를 더하며 레알 마드리드 원정에서 네 개의 도움을 기록할 수 있었던 셈이다.

펠레그리니 감독은 2009-10시즌 레알을 이끌고 구단 역사상 한 시즌 최다 승점인 96점을 획득하고도 경질됐다. 〈마르카〉는 시즌 내내 펠레그리니 감독을 거세게 비난했다. 더 좋은 감독을 원한 페레스 회장에게 완벽한 후보는 딱 한 명뿐이었다. 이는 바로 무리뉴였다. 레알 팬들은 당시 이미 무리뉴를 응원하고 있었다. 무리뉴 감독이 이끈 인테르는 2009-10시즌 챔피언스리그 4강에서 바르셀로나를 상대로 악명 높은 수동적 축구를 구사하며 승리했다. 무리뉴 감독은 바르셀로나를 꺾은 후 인테르가 "의도적으로 볼 소유권을 넘겨줬다"며 점유율 축구를 우회적으로 비판했다. 결국 바르셀로나는 인테르를 넘지 못하며 챔피언스리그 재출범 후 2년 연속 우승 기록을 세우는 최초의 팀이 되는 데 실패했다.

게다가 2009-10시즌 챔피언스리그 결승전은 산티아고 베르나베우에서 열렸다. 레알 팬들 입장에서는 자신들의 홈구장에서 바르셀로나가 챔피언스리그 우승을 차지하는 건 절대 용납할 수 없는 일이었다. 즉 무리뉴 감독은 바르셀로나를 떨어뜨리며 챔피언스리그 결승에 진출한 것뿐 아니라 향후 자신을 선임한 구단의 마음까지 얻었다. 그는 당시 챔피언스리그 우승을 노린 바르셀로나가 베르나베우에서 유럽 챔피언이 되는 데 "집착하고 있다"는 말을 수차례 강조하며 상대의 심기를 건드렸다. 무리뉴는 2년 전 바르셀로나가 자신을 외면한 데에 여전히 분노해 있었으며 '안티 바르셀로나 지도자'가 되겠다는 의지로 가득 차 있었다. 레알은 그의 이런 점에 더 큰 매력을 느꼈을 것이다.

사실 레알은 전통적으로 권력을 행사하기 좋아하는 무리뉴 같은 감독을 썩 달갑지 않게 여겼다. 오히려 누구와도 잘 어울리는 비센테 델 보스케, 카를로 안첼로티 그리고 지네딘 지단과 같은 감독이 레알에는 더 적합했다. 레알 구단 내부에서 권력은 주로 회장과 선수들에게 있었기 때문이다. 레알은 전통적으로 감독을 언제든 내보낼 수 있는 '중간자'로 여겼다. 그러나 무리뉴가 들어오면서 상황이 달라졌다. 무리뉴 감독은 구단의 모든 부분에서 결정권자가 되기를 요구했고, 페레스 회장은 이를 허용했다. 페레스 회장은 새 감독을 발표하며 "올여름의 갈락티코는 조세 무리뉴"라고 말했다.

무리뉴 감독이 부임한 레알은 전통적으로 고집해온 공격적이고, 매력적인 축구와도 멀어졌다. 포르투를 떠난 무리뉴는 첼시와 인테르를 거치며 수비적인 감독으로 정평이 나 있었다. 그는 레알 감독으로 부임하며 팬들을 기쁘게 하기 위해 더 능동적인 축구를 하겠다고 선언했다. 그러나 그에게는 어떤 방식으로 축구를 하는지는 별로 중요하지 않았다. 무리뉴는 축구는 이기기 위한 경기라고 생각했고, 스페인식 점유율 축구에 집착하는 건 시간 낭비라고 여겼다. 크루이프는 무리뉴에 대해 "그는 우승 감독이지 축구 감독이 아니다"라고 말하기도 했다. 이에 무리뉴 감독은 "고맙다. 듣기 좋은 말이다"라고 화답했다.

무리뉴를 선임한 레알은 즉시 덜 세련되고, 덜 점유율 중심적이고, 덜 스페인다운 팀이 됐다. 레알은 무리뉴가 부임한 후 무려 15년간 산티아고 베르나베우에서 추앙받은 공격수 라울과 플레이메이커 구티를 떠나보냈다. 라울은 역습 축구를 하기에 지나치게 느렸고, 구티 역시 무리뉴가 추구하는 축구에 어울리지 않는, 어슬렁거리는 플레이메이커였다. 대신 레알은 그해 여름 월드컵에서 인상적인 활약을 펼친 독일 선수 두 명을 영입했다. 플레이메이커 메수트 외질 그리고 활력 넘치는 박스-투-박스 미드필더 사미 케디라Sami Khedira가 레알에 합류했다. 이어 레알은 근면한 측면 미드필더 앙헬 디 마리아Ángel Di María, 발 빠른 오른쪽 윙어 페드로 레온Pedro León, 포르투와 첼시에서 무리뉴 감독의 지도를 받은 중앙 수비수 히카르두 카르발류를 영입했다. 바르셀로나가 인내심 있는 기술 축구를 구사한 시절, 무리뉴 감독은 레알에서 거칠면서도 빠른 팀을 만드는 데 집중했다. 스페인 축구의 위대한 상징 레알 마드리드가 포르투갈화 되기 시작한 셈이다. 그들의 감독은 무리뉴, 슈퍼스타는 호날두, 수비진을 책임진 개성 있는 선수는 페페였다.

포르투갈은 한때 공격적이고 기술적인 매력 있는 축구를 구사한다는 평가를 받았으나 이 시절에는 더 수동적인 축구를 하고 있었다. 여기에는 포르투갈 출신 명장 무리뉴 감독이 인테르에서 극단적으로 보수적인 전술로 2009-10시즌 트레블을 달성한 영향도 일정 부분 있었다. 실제로 2004년 극단적인 수비 축구를 가리키며 "버스를 주차했다"는 표현을 유행시킨 주인공이 바로 무리뉴였다. 당시 무리뉴 감독은 수비 축구를 펼친 상대 팀을 비아냥대며 이러한 표현을 썼지만, 오히려 이제는 자신이 이러한 접근법의 화신처럼 여겨지고 있었다. 카를로스 케이로스 감독이 이끈 포르투갈 대표팀도 2010년 월드컵 내내 상당 부분 수동적인 축구로 일관했다. 포르투갈은 월드컵에서 치른 네 경기 중 세 경기에서 무실점을 기록했지만, 세 경기에서 무득점에 그치며 끝내 스페인에 패한 후 탈락했다. 이처럼 포르투갈은 어느 때보다 '안티 스페인'적이었다.

무리뉴를 선임한 레알을 지켜보며 바르셀로나는 오히려 더 의욕에 불타오르고 있었다. 사비는 레알의 무리뉴 선임이 "우리에게 더 큰 동기부여가 된다"고 말했고, 과르디올라 감독은 "그가 나를 더 좋은 감독으로 만들 것이다. 그가 스페인에서 일하게 된 건 우리에게 매우 중요한 일이다. 그는 세계 최고의 감독 중 한 명이기 때문이다. 그는 우리 모두를 발전시킬 것"이라고 말했다. 전 세계가 과르디올라의 바르셀로나와 무리뉴의 레알을 바라보고 있었다. 아리고 사키는 이 둘의 맞대결에 대해 "한 시대에 두 피카소를 보게 됐다"고 말했다. 이 시절 스페인 대표팀은 세계 챔피언이었고, 라리가는 전 세계 축구의 중심이었으며 엘 클라시코의 열기는 그 어느 때보다 뜨거웠다. 스페인 일간지 〈엘 파이스〉는 "당신이 10세인지, 50세인지, 100세인지는 중요하지 않다. 당신은 지금과 같은 시대에 살았던 적이 없다"며 스페인의 축구 열기를 실감케 했다.

어느 때보다 큰 관심을 받은 엘 클라시코는 그렇게 시작됐다. 바르셀로나 미드필더들은 의도적으로 공격 작업을 펼칠 때 빌드업을 느릿느릿하게 진행해 레알이 빠른 역습을 할 수 없게 만들었다. 레알은 지나치게 수동적이지 않으면서 매우 능숙하게 역습을 펼쳤고, 촘촘한 진영을 구축하며 빼어난 공수 전환을 선보였다. 무리뉴 감독이 선호하는 축구와 레알 팬들이 원하는 축구가 적절한 조화를 이루고 있었던 셈이다. 레알은 시즌 초반 12경기에서 10승 2무를 기록하며 11월 캄프 누에서 열린 첫 엘 클라시코에 앞서 바르셀로나에 승점 1점 차로 앞선 채 라리가 선두를 달리고 있었다. 무리뉴 감독은 레알 선수들에게 바르셀로나가 점유율을 지배하게 놔두라는 지시를 하면서도 수비 라인을 높은 위치로 끌어 올렸다. 이처럼 레알은 바르셀로나를 상대로 맞불을 놓지도, 지나치게 수비적으로 나서지도 않았다. 그러나 이와 같은 이도저도 아닌 축구는 무리뉴의 감독 생활을 통틀어 가장 수치스러운 결과로 이어졌다. 바르셀로나는 이날 레알을 5-0으로 대파했다.

무리뉴는 전임 감독 펠레그리니와 마찬가지로 알베스의 오버래핑에 대한 두려움을 느끼고 있었다. 그래서 그는 양 윙어의 위치를 바꿨다. 수비 가담 능력에 의문이 있는 호날두는 오른쪽 측면에 섰고, 전술적 규율이 확실히 잡혀 있는 디 마리아는 왼쪽에서 알베스의 전진을 막는 역할을 맡았다. 이 때문에 레알은 스스로 익숙한 역습 패턴을 펼쳐 보이는 데 어려움을 겪었다. 그러나 예전과 마찬가지로 이번에도 레알에 더 큰 문제를 안긴 바르셀로나 선수는 알베스가 아닌 사비였다. 언론에서 무리뉴 감독이 외질을 선발 명단에서 제외하고 수비형 미드필더 한 명을 더 중용할 거라고 예상했지만 그는 결국 그렇게 하지 않았다. 외질의 창의성을 신뢰한 무리뉴는 그에게 사비를 전담 수비하라고 지시했다. 그러나 외질은 누군가를 따라다니며 수비하는 역할에 익숙하지 않았다. 게다가 사비는 외질에게 벗어나기 위해 의도적으로 평소보다 더 전진했다. 이날 선제골의 주인공 사비는 최전방 공격수가 서 있을 법한 자리에서 득점에 성공했다. 무리뉴 감독은 페드로가 추가 득점에 성공하며 바르셀로나가 두 골 차로 달아나자 자신이 내린 두 가지 전술적 결정을 모두 번복했다. 그는 호날두를 다시 왼쪽 측면으로 돌려보냈다. 이후 무리뉴 감독은 외질을 빼고, 라사나 디아라를 교체 투입했다. 무리뉴 감독은 이와 같은 변화로 자신이 잘못된 결정을 했다는 사실을 인정한 셈이다.

무리뉴는 더는 레알이 물러서서 수비적으로 경기할 수 없다는 사실을 알고 있었다. 그렇게 했다면 이미 두 골 차로 앞선 바르셀로나가 미드필드에서 공을 돌릴 게 뻔했기 때문이다. 그래서 무리뉴 감독은 수비 라인을 오히려 더 높이 끌어올렸다. 레알의 수비 뒷공간은 더 크게 벌어졌고, 가짜 9번 메시는 두 차례 날카로운 침투 패스를 연결해 비야의 연속골을 도왔다. 마지막 골은 무명 선수나 다름없는 헤프렌 수아레스Jeffrén Suárez가 넣었다. 헤프렌은 득점 후 스스로도 놀란 듯 어떻게 기뻐해야 할지 모르는 눈치였다. 그러나 바르셀로나에서 태어나 구단 부회장이었던 할아버지 밑에서 자란 피케는 어떻게 기뻐해야 하는지를 정확히 알고 있었다.

피케는 나머지 동료들이 벤치 부근에서 함께 기뻐하는 동안 관중석쪽으로 다가가 스코어 5-0을 뜻하는 자신의 다섯 손가락을 쫙 펴 보이며 미소를 지었다. 이에 바르셀로나 팬들도 일제히 다섯 손가락을 펴 보이며 대승을 자축했다. 이 손동작은 바르셀로나가 1994년 레알 마드리드를 5-0으로 꺾은 후 처음 선보인, 당시 '라 마니타La Manita(작은 손)'라는 애칭으로 불린 세리머니 방식이었다. 친레알 언론매체 〈마르카〉는 "피케의 손동작이 5-0이라는 결과보다 더 아프게 다가왔다"며 낙담했다.

바르셀로나가 레알을 다섯 골 차로 꺾은 건 이번이 역대 세 번째였다. 바르셀로나는 1973년 크루이프를 영입한 후 처음 레알을 5-0으로 꺾은 뒤, 크루이프가 감독이 되어 팀을 이끈 1994년에 다섯 골 차 승리를 재현했다. 바르셀로나로서는 무리뉴의 레알을 상대로 4-0으로만 이겼어도 충분히 역사에 남았을 경기가 역대 세 번째 5-0 승리가 되면서 한 시대를 대변하는 결과로 남게 됐다. 그러면서 바르셀로나는 미헬스 감독-선수 크루이프, 크루이프 감독-선수 과르디올라, 과르디올라 감독-선수 사비 체제에서 레알에 5-0 승리를 거두는 의미 있는 기록을 남겼다. 과르디올라 감독은 경기 후 애써 흥분된 마음을 가라앉히며 드레싱룸으로 돌아온 선수들에게 "겸손함을 잃지 마!"라고 외쳤다. 그러나 그는 "지금 너희는 대단한 일을 해냈다"고 말했다. 페레스 회장은 경기 후 "레알 마드리드 구단 역사상 최악의 경기"라며 침통함을 내비쳤다.

다행히 무리뉴에게는 바르셀로나와 재대결을 펼치기 전까지 무려 4개월의 시간이 있었다. 이날 이후 4개월 뒤에 다시 만난 바르셀로나와 레알은 단 18일 사이에 무려 네 차례나 맞대결을 펼치는 긴장감 넘치고, 흥미진진한 일정에 돌입했다. 바르셀로나와 레알은 4월 16일 라리가 경기, 4월 20일 코파 델 레이 결승전, 4월 27일 챔피언스리그 4강 1차전, 5월 3일 4강 2차전에서 연이어 맞붙었다. 지난 8시즌 동안 바르셀로나와 레알은 어느 컵대회에서도 만나지 않은 상태였다. 매 시즌 두 팀은 라리가에서 두 차례씩 맞대결을 펼친 게 전부였다. 그러나 갑작스럽게 이들은 18일 사이에 네 번이나 맞붙어야 하는 상황에 직면했다. 게다가 이 네 경기는 양 팀이 출전한 세 대회의 우승 향방이 걸린 일전이었다.

과르디올라는 기엠 발라그가 집필한 자신의 자서전을 통해 "이렇게 똑같은 팀들끼리 만나게 되면, 경기는 마치 농구 플레이오프를 하는 것처럼 진행된다. 무언가 하나를 시도하면, 상대는 다른 방식으로 이에 대응하고, 우리도 이에 다시 응답해야 한다. 예측하고, 바꾸고, 준비하고, 경기 도중 변화를 주고, 그들이 어떤 포메이션을 가동할지를 예상하고, 우리는 어떻게 그들을 놀라게 할지를 생각하고. 이런 것들이 경기를 즐겁게 하고, 의미를 부여하게 되는 모든 것"이라고 말했다. 당시 펼쳐진 4연전은 세계에서 가장 추앙받는 전술가 두 명의 연속된 맞대결이었다.

4연전의 첫 번째 일정이었던 라리가 경기는 마치 식욕을 돋우기 위한 애피타이저와도 같은 경기였다. 바르셀로나는 이미 라리가에서 레알에 승점 8점 차로 앞서 있었다. 이날 레알은 라울 알비올이 퇴장을 당해 후반전 수적 열세를 안고 싸우면서도 1-1 무승부를 거둔 데 만족하는 눈치였다. 메시와 호날두는 페널티킥으로 한 골씩을 기록했다.

그러나 정말 주목할 만한 부분은 무리뉴 감독의 미드필드 구성이었다. 이번에는 외질을 선발 명단에서 제외한 그는 '강한 압박의 삼각형'으로 지칭한 미드필드 조합을 내세웠다. 수비수 페페가 수비형 미드필더 자리로 올라서며 케디라와 알론소의 뒤를 받쳤다. 페페는 포르투갈 대표팀에서 수비형 미드필더로 활약한 적은 있지만, 중앙 수비수에 훨씬 더 가까운 선수였다. 그러나 무리뉴 감독은 미드필드 지역에서 거친 대응이 필요하다고 판단해 페페의 포지션을 변경했다. 이날 페페는 양 팀을 통틀어 가장 활발한 움직임을 선보이며 레알의 수비 라인 바로 앞자리에서 메시에게 주어지는 공간을 최대한 틀어막았다. 이 때문에 메시는 바르셀로나가 4개월 전 레알을 5-0으로 대파한 경기에서 누린 여유를 찾지 못했다. 바르셀로나는 이날 경기에서 패하지 않으며 라리가 우승을 사실상 확정지었다. 그러나 무리뉴 감독은 이미 라리가 우승을 포기한 상태였다. 그는 이날 경기를 다음에 열릴 세 경기에 대비하는 평가전으로 활용했다.

단 4일 뒤, 발렌시아에서 21년 만의 엘 클라시코 코파 델 레이 결승전이 열렸다. 무리뉴 감독은 또 4-3-3 포메이션을 가동했지만, 이번에는 호날두를 최전방에 배치하고 양 측면에는 디 마리아와 외질을 세웠다. 측면 공격수로 돌아온 외질은 이날 맹활약을 펼쳤다. 미드필드 조합은 전 경기와 마찬가지로 수비형 미드필더 페페가 알론소와 케디라의 뒷자리를 지키는 형태로 이뤄졌다. 그러나 세 선수가 각자 맡은 역할에는 바로 전 경기와 비교해 차이점이 있었다. 페페는 수비 라인을 보호하는 수비형 미드필더가 아닌 박스-투-박스 미드필더로 공수를 오갔다. 이 덕분에 알론소는 후방에 머무르며 긴 대각선 패스로 팀 공격의 폭을 넓혔다. 페페가 공격과 수비 진영을 오가는 박스-투-박스 미드필더 역할을 맡은 결정적인 이유는 여러 차례 '레알 킬러'가 된 사비를 막기 위해서였다. 이와 동시에 페페는 전진하는 움직임으로 득점 기회를 잡기도 했고, 실제로 헤더로 골 포스트를 한 차례 맞췄다. 즉 레알의 열쇠를 쥔 선수는 페페였다. 무리뉴의 레알은 페페만이 미드필드 진영에서 활발히 움직이며 이 시절 최대한 많은 플레이메이커를 미드필드 지역에 밀집시켰던 스페인식 축구와는 완전히 상반된 경기를 선보였다.

바르셀로나와 레알은 극명하게 대조적인 전술로 격돌했다. 바르셀로나는 메시가 가짜 9번 자리에서 공을 잡은 뒤, 상대 수비수의 태클을 두 차레 피해 드리블 돌파 후 페드로에게 침투 패스를 찔러줬다. 페드로는 메시의 패스를 받아 전매특허인 간결한 마무리로 골망을 흔들었다. 그러나 부심은 오프사이드를 선언했고, 경기는 0-0 스코어로 계속 이어졌다.

결국 연장전에서 자신들만의 축구를 고집하며 결승골을 터뜨린 팀은 레알이었다. 빠르게 측면으로 공을 운반한 다음 페널티 지역 안으로 크로스를 연결해 호날두가 강력한 헤더로 마무리하는 패턴이 그대로 구현됐다. 이와 같은 득점 방식은 말 그대로 '안티 바르셀로나' 골이나 다름 없었다. 그렇게 레알은 코파 델 레이 우승을 차지했다. 그러나 레알은 경기 후 마드리드에서 버스 퍼레이드로 우승을 자축하는 자리에서 사고가 일어났다. 라모스가 버스 위에서 트로피를 떨어뜨렸고, 버스는 순간적으로 이를 밟고 지나갔다. '버스를 주차했다'는 무리뉴의 명언이 다른 방식으로 떠올려지는 순간이었다.

어찌 됐든 엘 클라시코의 흐름은 갑작스럽게 레알 쪽으로 기울었다. 무리뉴 감독도 자신감을 되찾았다. 그는 바르셀로나가 "심리적으로 지쳐 보인다"며 상대를 더 자극했다. 그러면서 그는 스페인식 축구의 타당성에도 의문을 제기했다. 무리뉴는 "여기서는 사람들이 점유율만 가지고 있는 게 좋은 축구라고 생각한다. 그들은 일부밖에 못 보는 사상가들이다. 나는 점유율 외에도 수비적 조직력, 결속력, 압박을 견디는 능력, 공간을 압박하는 동시에 역습을 준비하는 능력 등 좋은 축구를 할 수 있는 방법이 많다고 생각한다. 나는 오늘 레알이 이 모든 능력을 다 보여준 위대한 경기력을 선보였다고 본다"고 말했다.

무리뉴와 과르디올라의 경쟁 구도는 차츰 감정 싸움으로 변질되고 있었다. 과르디올라 감독은 코파 델 레이 결승전에서 패한 후 페드로의 골이 오프사이드로 판정된 상황 등 작은 차이점이 승부를 갈랐다고 말했다. 단, 그는 판정이 잘못됐다고 주장하지는 않았다. 그러나 무리뉴는 챔피언스리그 1차전 홈 경기를 앞두고 공식 기자회견을 통해 과르디올라가 옳은 판정에 대해 불평하고 있다며 그를 조롱했다. 그러자 과르디올라도 결국 분노를 참지 못했다. 그는 이후 열린 자신의 공식 기자회견에서 이후 오랜 기간 회자된 독백을 시작했다.

과르디올라는 "내일 8시 45분에 우리는 경기장에서 만날 것이다. 경기장 밖에서 벌어지는 싸움에서는 이미 그가 이겼다. 그는 시즌 내내 그 싸움에서는 이기고 있다. 이 기자회견장에서는 그가 빌어먹을 주인, 빌어먹을 두목이다. 나는 단 1초라도 이곳에서는 그와 경쟁하고 싶은 마음이 없다"고 말했다.

훗날 바르셀로나 선수들은 이날 과르디올라 감독의 발언이 훌륭했다는 데 동의했다. 그러나 만약 이어진 경기에서 바르셀로나가 패했다면, 그들의 생각은 달라졌을지도 모른다. 무리뉴의 심리전이 직후 열린 챔피언스리그 4강 결과에는 큰 영향을 미치지 못했을지 몰라도, 그는 분명히 과르디올라를 자극하고 있었다. 이미 과르디올라는 당시 사석에서 시즌이 끝난 후 바르셀로나를 떠날 수도 있다는 말을 주변 사람들과 하고 있었다. 그는 엘 클라시코 4연전을 즐기지 못하고 있었다. 과르디올라는 레알과의 4연전을 마친 후 "대단히 어려웠고, 많은 긴장을 감내해야 했다. 매우 강도 높은, 매우 피곤한 시간이었다"고 말했다.

산티아고 베르나베우에서 열린 양 팀의 챔피언스리그 4강 1차전은 난잡한 소모전이었다. 레알은 파울을 하고, 바르셀로나는 파울을 당한 데 대해 불평하는 데 더 많은 시간을 할애했다. 레알은 이날 경기에서 앞선 코파 델 레이 결승전과는 달리 강도 높은 압박을 하지 않았고, 호날두는 이에 격분했다. 최전방 공격수로 나선 호날두는 경기 도중 혼자 후방에서 패스를 돌리는 바르셀로나 선수 세 명을 따라다니며 압박을 시도했지만, 동료들이 자신을 지원해주지 않자 과장된 몸동작으로 불만을 내비쳤다. 나머지 레알 선수들은 무게중심을 뒤로 빼고 바르셀로나가 문전으로 가지 못하게 하는 데 집중했다. 이번에도 페페는 미드필드에서 사비를 전담 수비했고, 이니에스타가 부상으로 빠진 바르셀로나는 좀처럼 해답을 찾지 못했다. 전반전은 0-0으로 종료됐다.

그러나 60분 정도가 지난 후 레알의 계획에 큰 차질을 주는 변수가 발생했다. 문제는 페페였다. 그는 흐르는 공을 쟁취하기 위해 달려나가는 도중 알베스에게 거친 경합을 시도했다. 알베스를 향한 페페의 태클은 타이밍이 늦은 데다 발마저 높아 매우 위험했다. 주심은 레드카드를 꺼내들었다. 무리뉴 감독은 터치라인에서 대기심을 향해 윙크를 날리며 엄지손가락을 내밀었다. 그러면서 그는 대기심에게 "잘했어"라고 외쳤다. 결국 그 또한 퇴장을 당했다. 수적 열세를 안게 된 레알은 페페의 부재 탓에 사비를 통제할 수 없었다. 레알은 대안으로 4-4-1 포메이션을 가동했지만, 미드필드에서 수적 열세를 안고 싸워야 했다.

바르셀로나는 강하게 레알을 몰아세웠다. 교체 투입된 이브라힘 아펠라이Ibrahim Afellay의 크로스를 메시가 마무리하며 마침내 선제골이 터졌다. 메시는 엘 클라시코 4연전 내내 꾸준한 경기력을 보여주지는 못했다. 그러나 그는 이 경기에서 단 3분에 걸쳐 마법 같은 장면을 연출하며 승부를 갈랐다. 메시는 양 팀이 선보인 투박함의 연속이었던 이날 경기 후반전 중반에 선제골을 기록한 후 놀라운 단독 드리블을 선보이며 레알 수비수 네 명을 제친 다음 오른발로 공을 굴려 추가골을 기록했다. 이는 말 그대로 훌륭한 득점 장면이었지만, 레알이 수적 열세를 안고 있지 않았다면 들어가지 않았을 법한 골이었다. 이 순간 레알은 수비와 미드필드 사이 간격이 크게 벌어진 상태였다. 이 지역을 지켜줘야 할 수비형 미드필더가 없어졌기 때문이다. 페페의 퇴장이 레알에는 치명타였다. 그러나 페페의 퇴장은 무리뉴가 집착한 지시 사항이 낳은 대가이기도 했다. 페페는 이날 무리뉴 감독의 지시에 따라 자신의 주변에 있는 바르셀로나 선수를 무조건 들이받는 거친 플레이로 일관했기 때문이다.

경기가 끝난 뒤, 무리뉴 감독은 기자회견에서 여전히 회자되는 "왜Por qué?라는 질문을 던지고는, 바르셀로나는 늘 유리한 판정으로 이득을 본다고 주장했다.

무리뉴는 "내가 만든 전략은 우리를 패하게 할 수 없는 것이었다"고 말해 이목을 집중시켰다. 이는 설득력이 큰 발언은 아니었지만, 레알이 불과 4개월 전 0-5 대패를 당한 점을 고려하면 그가 바르셀로나를 불편하게 하는 방법을 터득했다는 사실만큼은 분명해 보였다.

1차전 홈 경기에서 0-2로 패한 레알은 2차전에서 페페를 활용할 수 없었다. 레알이 바르셀로나 원정에서 승부를 뒤집을 가능성은 매우 작았다. 경기는 큰 변수 없이 1-1로 마무리됐다. 페드로가 선제골을 넣었고, 마르셀루가 동점골을 기록했다. 그러나 레알은 승부를 뒤집을 만한 모습은 거의 보여주지 못했다. 승부는 이미 1차전에서 결정됐고, 무리뉴도 이와 같은 사실을 인정했다. 그러나 이날 경기는 〈엘 파이스〉 기자 디에고 토레스Diego Torres의 '질 준비를 하라Prepárense para peder'는 제목의 글 탓에 더 유명해졌다. 토레스 기자에 따르면 무리뉴 감독은 4강 2차전을 앞두고 레알 선수들을 불러모아 수비에 집중해 0-0으로 경기를 끝내라고 지시했다. 그래야 레알이 탈락하더라도 결과에 대한 책임을 주심의 판정 탓으로 돌릴 수 있다는 게 무리뉴의 생각이었기 때문이다. 이에 대한 레알 선수들의 반응은 엇갈렸다. 몇몇 선수들은 무리뉴의 의도를 이해했다. 그러나 나머지 선수들은 승부를 포기한 그의 반응에 격분했다. 반대의 뜻을 밝힌 대표적 인물은 당시 무리뉴 감독의 코칭스태프 일원이자 대다수 선수들과 매우 밀접한 관계를 맺고 있던 지네딘 지단이었다. 그는 "바르셀로나를 꺾어야 한다. 우리는 레알 마드리드다. 레알 마드리드는 이기기 위해 경기한다"며 무리뉴 감독과 대립했다. 레알의 드레싱룸은 내분을 겪기 시작했다. 호날두는 무리뉴 감독의 전술에 점차 불만이 증가했다. 무리뉴가 레알 감독직을 역임한 2년간 팀은 코파 델 레이 우승 1회에 그쳤기 때문이다.

레알은 코파 델 레이 우승을 차지하며 다음 시즌 스페인 수페르코파에서 1, 2차전에 걸쳐 두 차례 다시 바르셀로나와 격돌했다. 스페인 축구의 2011-12시즌이 연이은 엘 클라시코와 함께 시작된 셈이다. 산티아고 베르나베우에서 열린 1차전에서 무리뉴 감독은 약 1년 전 0-5 참패를 당한 경기에 선발 출전한 선수 11명을 그대로 기용했다. 이는 그가 당시 시도했으나 실패한 레알의 과감한 전술이 지난 시즌 막바지에 이어진 4연전을 경험하며 완성됐다는 점을 보여주려는 의도가 다분한 선택이었다. 이날 레알은 용감했고, 능동적이었다. 카림 벤제마는 계속 뒷공간을 공략했고, 호날두는 왼쪽 측면에서 알베스를 압도했다. 레알은 경기를 지배했다. 바르셀로나는 비야와 메시가 순수 개인 기량으로 뽑아낸 골 덕분에 가까스로 2-2 무승부를 거뒀다.

그러나 바르셀로나는 수페르코파 2차전에서 메시의 압도적인 활약에 힘입어 레알을 3-2로 꺾었다. 그는 15분에 깊숙한 미드필드 진영에서 공을 잡은 뒤, 이어진 상대 수비의 태클을 피하며 완벽한 침투 패스를 연결해 이니에스타의 선제골을 도왔다.

호날두가 5분 후 동점골을 넣었지만, 메시는 전반전 종료를 앞두고 피케와 2대1 패스를 주고받은 후 골키퍼를 넘기는 로빙슛으로 다시 바르셀로나에 리드를 안겼다. 레알은 경기 종료 10분을 앞두고 벤제마가 문전 경합 상황에서 다시 동점골을 만들어내며 1, 2차전 합계 2-2 동률을 이뤘다. 그러나 메시가 또 다시 아드리아누Adriano와의 2대1 패스 후 왼발 발리슛으로 결승골을 뽑아냈다. 이 순간 캄프 누에서 터진 함성은 이날 열린 경기가 비중이 떨어지는 대회 수페르코파였다는 점을 고려하면 믿을 수 없을 정도로 폭발적이었다. 이처럼 엘 클라시코는 전력을 다하지 않으면 안 되는 경기였다.

레알은 경기 막바지에 결승골을 헌납한 데에 화를 참지 못했다. 그러면서 일어난 패싸움은 '엘 클라시코'가 감정 다툼으로 변질된 현상을 적나라하게 보여줬다. 마르셀루는 바르셀로나 벤치 바로 앞에서 세스크 파브레가스에게 두 발을 들어올려 몸을 던지는 끔찍한 태클을 가했다. 마르셀루는 바로 퇴장을 선언받고 터널을 통해 드레싱룸으로 향했지만, 경기장 위는 말 그대로 난장판이 되고 있었다. 남아 있는 양 팀 선수 21명은 치고받으며 싸우기 시작했고, 벤치에 앉아 있던 양 팀 교체 선수들과 단정한 옷차림의 코칭스태프까지 충돌했다. 이 사이에서 주심은 퇴장시켜야 할 선수를 찾느라 정신없이 뛰어다녔다. 비야를 시작으로 바르셀로나 백업 골키퍼 호세 핀투José Pinto가 연이어 퇴장당했고, 레알 마드리드 미드필더 외질도 레드 카드를 받았다. 가장 먼저 퇴장을 당한 마르셀루는 드레싱룸으로 향하는 도중 패싸움이 일어난 사실을 깨닫고는 다시 운동장으로 돌아와 동료들을 뜯어말렸고, 이후 퇴장당한 외질을 진정시키며 함께 경기장 밖으로 나갔다. 제라르드 피케는 경기가 끝난 후 "레알 선수들을 탓하고 싶지 않다. 그들은 그저 지시를 따르고 있을 뿐"이라며 의미심장한 한마디를 남겼다. 이날 가장 충격적인 장면의 주인공은 무리뉴였다. 그는 경기장에서 난동이 일어난 틈을 타 유유히 바르셀로나 벤치 쪽으로 걸어갔고, 손가락으로 티토 빌라노바 바르셀로나 수석코치의 눈을 찔렀다. 정당한 이유가 전혀 없는 비겁한 짓이었다. 그러나 무리뉴 감독은 1년이 지나고 나서야 자신의 행동에 대해 사과했다.

당시 바르셀로나와 레알 마드리드의 선수 상당수는 스페인 대표팀 동료였다. 그럼에도 불구하고 이들의 감정 싸움은 극에 달하고 있었다. 비센테 델 보스케 스페인 감독도 이에 우려를 나타냈다. 특히 오랜 시간 스페인 대표팀에서 동고동락하며 절친한 친구 사이가 된 사비와 이케르 카시야스마저도 경기장에서 격렬하게 다투고 있었다. 카시야스는 감정을 추스른 이후 사비에게 전화를 걸어 사과했고, 마르셀루의 태클이 얼마나 끔찍했는지 당시 직접 보지 못했다고 말했다. 그러나 무리뉴 감독은 주장 카시야스가 바르셀로나의 주축 선수 사비와 친밀한 관계를 맺고 있다는 사실에 격노했다. 이때부터 무리뉴와 카시야스의 갈등이 시작됐다. 결국 무리뉴 감독은 스페인 대표팀에서 A매치 167경기에 출전한 카시야스를 전력에서 제외하며 A매치 1경기 출전이 전부인 디에고 로페스Diego López를 중용했다. 어찌 됐든 양 팀간의 감정 싸움은 스페인 대표팀 주축을 이룬 바르셀로나와 레알 마드리드 선수들 덕분에 가까스로 봉합될 수 있었다. 그러나 여전히 바르셀로나 선수들은 늘 성품 좋은 선수로 유명했던 사비 알론소가 비매너 행동으로 일관한 데 놀라움을 감추지 못했고, 무리뉴에게 충성한 알바로 아르벨로아에게도 달갑지 않은 시선을 보냈다.

2011-12시즌 라리가에서는 12월 중순이 돼서야 엘 클라시코가 열렸다. 이 경기에서 과르디올라는 바르셀로나 감독으로 일한 4년간 선보인 전술 중 가장 고급스러운 전략을 선보였고, 3-1로 승리했다. 바르셀로나

는 경기 시작 30초 만에 골키퍼 빅토르 발데스가 패스 실수를 저지르며 벤제마에게 실점했지만, 이후 내리 세 골을 뽑아내며 역전승을 거뒀다.

과르디올라 감독은 매번 빅매치에서 그래왔듯이 이날 경기에서도 초반 10분 후 전술을 바꾸는 구체적인 전략을 들고 나왔다. 4-3-3 포메이션을 가동한 바르셀로나는 이니에스타를 왼쪽, 메시를 오른쪽, 새롭게 영입한 공격수 알렉시스 산체스를 최전방에 배치했다. 그러나 바르셀로나는 경기 시작 10분 만에 극단적인 변신을 시작했다. 메시가 10번 역할을 맡으며 팀 진영에 대대적인 변화가 일어났다. 오른쪽 측면 수비수 알베스가 전진하며 오른쪽 측면 공격수가 됐고, 오른쪽 중앙 수비수 푸욜이 측면 수비수 자리로 옮겨갔다. 그러면서 부스케츠는 상황에 따라 피케와 함께 중앙 수비수로 뛰면서도, 때로는 위로 올라서서 원래 포지션인 수비형 미드필더로 활약했다. 이날 부스케츠는 절반은 수비수, 나머지 절반은 미드필더로 활약하는 인상적인 경기력을 선보였다.

그러면서 부스케츠는 공격 시 외질의 압박에서 자유로운 공간에서는 전방으로 패스를 연결할 수 있었다. 반대로 그는 수비 시에는 미드필드 지역으로 올라가 외질을 압박했다. 레알의 왼쪽 측면에 배치된 호날두는 문전으로 드리블 돌파를 시도하려면 푸욜과 피케를 동시에 상대해야 했다. 수비적 역할에서 자유로워진 알베스는 오른쪽 측면에서 활발한 공격을 펼치며 산체스, 사비의 골에 이어 터진 바르셀로나의 세 번째 득점 장면에 크게 관여했다.

이날 승리는 과르디올라 감독의 진정한 전술적 '마스터 클래스'였다. 바르셀로나는 이해하기조차 어려운 시스템으로 산티아고 베르나베우에서 완승을 거뒀다. 레알이 2011-12시즌 중반까지 22경기를 치르며 당한 패배는 이 경기가 유일했다. 그들은 계속 라리가에서 선두 자리를 지켰다. 동시에 레알은 유독 바르셀로나를 상대로는 승리하지 못했다.

1월에는 두 팀의 코파 델 레이 8강 매치가 또 성사됐다. 엘 클라시코가 두 차례 더 '보너스'로 열린 셈이다. 그러나 이 승부는 이상한 분위기로 흘러갔다. 레알은 홈에서 호날두의 선제골 덕분에 일찌감치 앞서갔고, 오픈 플레이 상황에서도 바르셀로나를 상대로 인상적인 경기력을 선보였다. 그러나 그들은 세트피스 수비를 하는 데 어려움을 겪으며 푸욜, 아비달에게 연이어 실점해 1-2 역전패를 당했다. 이어 레알은 2차전 바르셀로나 원정에서 시작부터 적극적으로 공격했고, 강력한 압박을 선보였으나 정작 득점 기회를 살리지 못했다. 페드로가 속공을 통해 득점했고, 알베스는 놀라운 중거리 슛으로 추가골을 터뜨리며 바르셀로나는 1, 2차전 합계 스코어를 4-1로 크게 벌렸다. 레알은 후반전에 호날두와 벤제마가 연이어 만회골을 기록하며 바르셀로나를 추격했다. 레알은 끝내 승부를 원점으로 돌리지는 못했으나 바르셀로나를 상대로 공격 축구를 할 수 있다는 자신감을 얻었다.

3개월 뒤, 레알은 캄프 누에서 바르셀로나를 상대로 라리가 우승이 걸린 맞대결에 나섰다. 레알은 바르셀로나에 승점 4점 차로 앞서 있었다. 과르디올라 감독은 바르셀로나가 무조건 이겨야 한다고 판단했고, 무승부로는 남은 네 경기에서 역전 우승을 할 수 없다고 생각했다. 그러나 무조건 승리해야 했던 바르셀로나와 달리, 레알은 비겨도 유리한 고지를 점할 수 있었다. 비겨도 되는 경기에서 원하는 결과를 얻는 건 무리뉴 감독의 전문 분야였다.

그러나 레알은 단지 무승부만으로는 만족할 수 없었다. 레알은 비기기만 해도 라리가 우승에 다가설 수 있었지만, 이날마저 승리하지 못하면 2011-12시즌 무려 여섯 번이나 만난 라이벌 바르셀로나를 상대로 단

1승도 할 수 없게 되는 상황이었다. 이 때문에 무리뉴 감독은 단지 우승에만 만족할 수 없었다. 그에게는 라리가 순위표뿐만이 아니라 바르셀로나와의 맞대결에서 그들을 꺾는 게 우승만큼이나 중요했다. 만약 레알이 바르셀로나를 한 번도 꺾지 못하고 라리가 우승을 차지했다면, 약팀을 상대로 승리해 트로피를 거머쥐었다는 비아냥을 들을 게 뻔했다.

이 시점에 바르셀로나는 차츰 분열을 겪고 있었다. 과르디올라 감독은 몇몇 주요 선수들과 갈등을 겪고 있었다. 특히 파브레가스, 피케가 과르디올라 감독과 대립했다. 이날 3-3-1-3 포메이션을 들고 나온 과르디올라 감독은 라 마시아 출신 신예 티아고 알칸타라와 크리스티안 테요 Cristian Tello를 선발 출전시켰다. 과르디올라는 이 라인업으로 경기를 주도하지 못하면 큰 위험 부담이 생길 수 있다는 사실을 누구보다 잘 알고 있었다. 그러나 당시 바르셀로나는 경기를 주도하는 데 점점 어려움을 겪고 있었다.

반면 무리뉴 감독은 레알의 중심 전술인 4-2-3-1 포메이션을 그대로 가동했다. 그동안 엘 클라시코에서 아예 선발 명단에서 제외되거나 측면에 배치됐던 외질은 이날 자신이 가장 선호하는 10번 역할을 맡았다. 수비적인 문제 탓에 바르셀로나를 상대할 때 주로 최전방 공격수로 활약한 호날두 또한 그가 가장 좋아하는 왼쪽 측면에 배치됐다.

레알은 경기 초반 강력한 압박을 구사했지만, 시간이 흐르며 압박 강도를 낮췄다. 그러나 레알은 2년 전 무리뉴 감독이 이끈 인테르처럼 아예 뒤로 물러서지는 않았다. 그 대신 2010년 0-5 참패를 당했을 때와 비슷한 형태로 수비 라인을 과감하게 끌어올렸다. 그러나 바르셀로나는 2년 전 경기처럼 레알의 뒷공간을 침투하지 못했다. 측면 공격수로 출격한 알베스는 위협적이지 못했고, 테요는 효과적인 움직임을 선보이면서도 마무리 능력이 형편없었다. 레알은 중앙 수비수 페페와 세르히오 라모스가 번갈아가며 미드필드 지역으로 메시를 따라가면서 그를 무력화시켰다. 페페와 라모스는 둘 중 한 명이 메시를 막기 위해 미드필드로 올라가면 다른 한 명은 뒷공간을 메웠다. 바르셀로나 공격수 중 누구도 레알의 수비 라인 뒤에 발생하는 공간을 파고들지 못했다.

과르디올라 감독 체제의 바르셀로나는 상대의 두 가지 공격 패턴을 막는 데 약점을 노출했다. 이는 바로 세트피스와 역습이었다. 레알은 이러한 바르셀로나의 약점을 노출시키며 '안티 바르셀로나' 승리를 완성했다. 케디라는 코너킥 상황에서 발생한 문전 경합 도중 선제골을 넣었다. 이후 바르셀로나는 교체 투입된 알렉시스 산체스가 비슷한 혼전 상황에서 득점하며 동점골을 넣어 승부를 원점으로 돌렸다. 그러나 레알은 산체스의 동점골이 터진 지 단 2분 만에 전매특허인 직선적인 공격 패턴으로 결승골을 터뜨렸다. 외질이 왼쪽 측면으로 치우치며 공을 잡은 뒤, 호날두를 향해 침투 패스를 연결했다. 호날두는 바르셀로나 골키퍼 발데스의 움직임을 파악한 뒤, 오른쪽으로 한 차례 드리블한 후 골대 안으로 공을 차 넣었다. 그렇게 바르셀로나는 2011-12시즌 우승 경쟁과 엘 클라시코에서 레알에 패했다.

과르디올라 시절의 바르셀로나도 이렇게 마무리됐다. 레알에 패한 3일 뒤, 바르셀로나는 챔피언스리그 4강에서 무리뉴의 친정팀 첼시에 패했다. 첼시는 이날 2010년 챔피언스리그 4강에서 인테르가 선보인 극단적인 수비 전술을 그대로 따라 했다. 첼시에 패한 3일 뒤, 과르디올라 감독은 시즌이 끝난 후 바르셀로나를 떠나겠다고 선언했다. 그와 바르셀로나의 결별 소식은 스페인은 물론 온 축구계에 큰 슬픔을 안겼다. 과르디올라는 바르셀로나를 이끈 지 4년 만에 완전히 지쳐 있었다. 특히 그는 바르셀로나를 이끈 4년 중 2년간 무리뉴와 난잡한 전쟁을 해야 했다. 바르셀로나와 결별을 발표한 기자회견에서 과르디올라의 모습은 놀라울 정도였다. 그는 바르셀로나 감독으로 부임했을 때와 비교해 약 10년은 더 늙어 보였고, 표정은 우울했다. 그는 바르셀로나에서 보낸 마지막 시즌을 즐기지 못했다고 말했고, 엘 클라시코에 대해서는 "나쁜 추억이 대부분"이라고 답했다. 그가 엘 클라시코에서 대담한 전술가 기질을 발휘하며 6-2, 5-0, 3-1로 이긴 경기가 더 많았다는 점을 고려하면, 이는 놀라운 반응이 아닐 수 없었다.

대다수 사람들은 과르디올라가 바르셀로나를 떠난 이유는 무리뉴 때문이라고 말했다. 이는 바르셀로나뿐만이 아니라 스페인 축구에도 달갑지 않은 시선이었다. 이니에스타는 "무리뉴는 좋은 일보다는 해가 되는 일을 더 많이 했다. 그는 스페인 축구에 해를 끼쳤다"고 말했다. 그러나 무리뉴 감독은 이니에스타의 독설을 칭찬으로 받아들였다. "맞다. 내가 스페인 축구에 해를 끼쳤다. 내가 바르셀로나의 지배를 멈춘 감독이기 때문이다."

전환기

·

스페인-독일

21세기가 시작된 직후 열린 국제대회에서 독일 대표팀은 선수단 구성이 밋밋했고, 경기력은 수비적이었다. 독일은 번번이 조기 탈락하고도 동정받지 못했고, 심지어 한 차례 결승에 올랐을 때도 끈기와 단단함 외에는 칭찬받을 만한 면모를 보여주지 못했다. 한동안 독일 분데스리가는 유럽의 2류 리그 정도로 평가받았다.

그러나 상황은 빠른 속도로 변했다. 독일은 2010 남아공 월드컵에서 가장 흥미로운 축구를 구사하며 잉글랜드, 호주, 아르헨티나를 상대로 네 골씩을 터뜨렸다. 이후 독일은 4강에서 스페인에 패했다. 그러나 독일은 2010 남아공 월드컵에서 우승을 차지한 스페인보다 득점을 두 배나 더 많이 기록했다. 독일은 새롭고, 젊고, 혈기왕성한 축구를 선보인 2010 남아공 월드컵이 끝난 직후 유로 2012 정상에 오를 강력한 우승 후보로 꼽혔다. 독일의 어린 선수들이 최정상급 무대에서 2년만 더 경험을 쌓으면 스페인을 뛰어넘을 수 있다는 공감대가 형성됐다.

2010 남아공 월드컵 본선을 몇 주 앞두고는 바이에른 뮌헨이 챔피언스리그 결승전에 진출했으나 조세 무리뉴 감독의 인테르에 0-2로 패했다. 울리 회네스Uli Hoeneß 바이에른 뮌헨 회장은 경기가 끝난 후 미래에 대한 기대감을 내비쳤다. 그는 "슬퍼해서는 안 된다. 뮌헨은 2012년 챔피언스리그 결승전을 개최한다. 우리에게는 미래에 대한 꿈이 충분히 더 많이 남아 있다"고 말했다. 2012년은 독일의 해가 되리라는 전망이 이어졌다.

그러나 현실은 예상과 다르게 흘러갔다. 바이에른은 목표한 대로 챔피언스리그 결승전에 올랐지만, 홈에서 설명하기도 어려운 내용으로 첼시에 패했다. 바이에른은 이날 슈팅을 35회나 시도하며 단 9회에 그친 첼시를 압도했다. 코너킥 횟수도 바이에른이 20회, 첼시는 단 1회로 일방적이었다. 이후 독일 대표팀은 우승을 목표로 나선 유로 2012에서 고대하던 스페인과의 결승전을 눈앞에 두고 4강에서 이탈리아에 패하며 무너졌다.

독일 축구의 진정한 비상은 2012-13시즌부터 시작됐다. 전환점은 4월 말, 챔피언스리그 4강이었다. 화요일 밤, 바이에른은 약 4년간 유럽 축구를 지배한 바르셀로나를 4-0으로 대파했다. 〈뉴욕 타임스New York Times〉는 "바통이 바이에른 뮌헨으로 넘어갔다"는 헤드라인으로 이날 경기를 설명했다. 수요일 밤에는 보루시아 도르트문트가 레알 마드리드를 4-1로 꺾었다. 〈BBC〉는 "유럽 축구의 패권이 독일로 넘어갔다는 증거가 하나 더 생겼다"고 보도했다.

독일 분데스리가 1위 팀은 스페인 라리가 1위 팀을 완파했고, 분데스리가 디펜딩 챔피언은 라리가 디펜딩 챔피언을 무너뜨렸다. 독일의 타블로이드 신문 〈빌트Bild〉는 "독일 8 : 스페인 1, 바이에른과 도르트문트가 온 유럽을 휩쓸었다"라는 문구로 헤드라인을 장식했다. 볼프강 니어스바흐 Wolfgang Niersbach 독일 축구협회 회장은 매우 독일인다운 어조로 "바이에른 뮌헨과 보루시아 도르트문트가 독일 축구를 대표해 명함을 돌리고 있다. 모든 이들이 현재 독일이 유럽 축구 최고라는 사실을 보게 됐다. 이는 분데스리가 전체, 각 구단 그리고 국가대표팀에 모두 적용되는 말이다. 이제 우리는 웸블리에서 독일 팀들간의 결승전을 꿈꿀 수 있게 됐다"고 말했다. 니어스바흐 회장의 말대로 바이에른과 도르트문트는 나란히 스페인 원정에서 결승행을 확정지었다. 2012-13시즌 챔피언스리그 결승전은 바이에른과 도르트문트의 맞대결이었다.

수십 년 만에 처음으로 분데스리가 팀들이 매력적인 경기를 한다는 찬사를 받았다. 이전까지 분데스리가와 관련된 모든 긍정적인 평가는 팬들이 소유한 구단 구조, 저렴한 경기장 입장료, 훌륭한 관중석 분위기였지만, 이때부터 독일은 축구 그 자체만으로 호평을 받고 있었다. 독일은 최정상급 재능을 지닌 선수들을 육성할 인프라를 보유하고 있었으며 유럽 최고 수준의 감독들과의 지략 대결에서 이길 수 있는 지도자까지 배출하고 있었다. 바이에른은 도르트문트를 상대로 웸블리에서 열린 챔피언스리그 결승전을 승리로 장식하며 트레블 달성에 성공했다. 이후 바이에른은 곧바로 유럽에서 가장 추앙받는 지도자 펩 과르디올라 감독을 선임하며 압도적인 지배력을 이어가겠다는 의지를 내비쳤다.

스페인은 1년 후 열린 2014 브라질 월드컵 조별 리그에서 일찌감치 탈락했다. 독일은 4강에서 월드컵 역사에 남을 브라질전 7-1 압승을 거두며 결승에 올라 아르헨티나마저 제치고 우승 트로피를 들어올렸다. 유럽은 빠른 공격, 적극적인 압박 그리고 독일 축구의 고전적 의미를 완전히 재창조해 압도적인 축구 강국으로 거듭난 그들에게 영감을 받았다.

Netherlands

Italy

France

Portugal

PART 6

푸스발,
2012-16

Spain

Germany

2012
~
2016

England

Zonal Marking

16

·

수직성

수십 년간 국제대회에 출전하는 독일 대표팀의 축구 스타일은 늘 비슷한 평가를 받았다. 독일은 '효율적'이라는 게 보편적인 시선이었다. 독일은 전통적으로 국제대회에서 늘 조별 리그를 통과한 후 단판 승부로 이어진 토너먼트 단계에서 무자비하고 기계적인 축구로 승리하는 모습을 보여주며 이와 같은 평가를 받았다. 독일은 가장 재능이 있는 선수들로 구성된 팀은 아니었지만, 늘 어떻게든 이기는 방법을 찾는 데 능숙했다.

그러나 현대 축구에서 독일의 축구 스타일은 매우 달랐다. 그들은 기술적이었고, 팬들의 사랑을 받을 만한 축구를 구사했다. 스페인이 점유율을 높이면서도 침투력이 무딘 축구로 팬들의 원성을 사는 사이, 독일은 그들에 버금가는 기술적 우수함을 바탕으로 더 '효율적인 축구'를 구사했다.

독일이 2010 남아공 월드컵에서 스페인에 0-1로 패한 경기는 당시 유럽 축구를 대표한 두 스타일의 '쇼케이스'였다. 두 팀의 경기는 곧 티키타카와 역습의 맞대결이었기 때문이다. 단, 독일이 스페인과 완벽하게 상반되는 스타일의 축구를 구사했다고 할 수는 없다. 즉 독일과 스페인의 충돌은 1990년대 중반 수비적인 이탈리아 축구가 공격적인 네덜란드 축구로부터 유럽 축구의 패권을 가져온 현상과는 달랐다. 독일 선수들과 감독은 스페인 축구로부터 영감을 받았다는 사실을 인정하고 있었다.

요기 뢰브 독일 대표팀 감독은 2012년 독일 잡지 〈11프로인데〉를 통해 "스페인은 늘 우리의 롤 모델이다. 나는 우리가 매력적이지 않은 축구를 해서는 다시 우승을 차지할 수 없다고 굳게 믿는다. 우리는 지난 몇 년간 경기 방식을 크게 발전시켰다. 이제 우리에게는 브라질, 스페인과 동등한 스타일을 선보일 만한 민첩성과 창의성이 있다. 과거의 우리는 이런 점이 부족해서 뚝심과 의지로 경기에 나서야 했다"고 말했다. 메수트외질, 토니 크로스 등은 스페인 선수들과 대등한 수준의 기술적 수준에오른 미드필더였다. 실제로 이 두 선수는 나란히 바르셀로나 이적설이 제기됐었고, 이후에는 레알 마드리드로 이적했다. 사비 에르난데스는 크로스에 대해 "그가 경기를 하는 방식은 나를 떠올리게 한다. 그는 경기장에서 나의 후계자 같은 선수"라고 말했다.

그러나 '기술 축구'라는 영역 안에서 독일과 스페인의 축구가 나타낸차이점은 명확했다. 사비가 중원을 진두지휘한 바르셀로나는 상대의 공격을 차단한 후에도 빠른 역습보다는 공을 점유하는 축구를 선호했다. 펩 과르디올라 감독은 늘 '15패스의 법칙'을 강조했다. 선수들이 공을 소유했을 때 자기 자리를 찾아 공격을 풀어갈 구조를 만드는 데는 최소한15번의 패스와 그 정도의 시간이 필요하다는 것이 그의 생각이었다.

대조적으로 독일 축구는 '전환'의 개념에 중점을 두고 있었다. 독일 분데스리가의 거의 모든 팀은 수비 진영 깊숙한 위치에서 상대 공격을 차단한 뒤, 재빨리 역습을 시작해 수비를 공격으로 전환하는 능력을 보유하고 있었다. 축구 통계 전문업체 '옵타opta'는 역습을 통한 골이 스페인보다 독일에서 훨씬 더 많이 기록됐다고 밝혔다. 지난 2012년부터 2016년까지 옵타가 샘플로 추출한 분데스리가 100경기에서 역습을 통해 터진 골은 32골이었다. 반면 라리가는 샘플로 선정된 100경기에서 단 19골만이 역습을 통해 만들어졌다. 게다가 이 득점 기록은 역습이 직접적으로 만들어낸 골만을 집계한 수치다. 이 외에 역습으로 유도한 세트피스를 통해 넣은 골까지 포함됐다면, 이 부문에서 분데스리가는 라리가보다 훨씬 더 압도적인 수치를 기록했을 가능성이 크다.

역습을 향한 독일 축구의 애착은 2013년 바이에른 뮌헨이 바르셀로나와의 챔피언스리그 4강에서 1, 2차전 합계 7-0 대승을 거두며 더 명확히 드러났다. 유프 하인케스Jupp Heynckes 감독이 이끈 바이에른은 2012-13시즌 바르셀로나에 이어 점유율 순위 2위에 오른 상태였다. 이 때문에 두 팀의 맞대결을 앞두고 일각에서는 드디어 바르셀로나가 2008년 5월을 시작으로 300경기 이상 상대보다 높은 점유율을 올린 연속 기록이 깨지는 게 아니냐는 지적이 나왔다. 그러나 정작 경기가 시작되자 점유율은 승부에 아무런 영향도 미치지 못했다. 바르셀로나의 점유율은 바이에른 원정에서 63%, 홈에서 57%로 여전히 상대보다 높았다. 바이에른은 바르셀로나보다 더 많은 패스를 시도하려는 노력조차 하지 않았다. 대신 바이에른은 바르셀로나의 전통적인 약점을 집요하게 파고들었다. 몸싸움, 세트피스 그리고 역습은 바르셀로나가 늘 약한 면모를 보인 요인들이었다. 바이에른은 어느 팀을 상대로도 점유율과 패스 기록에서 우세를 점하는 축구를 할 수 있었지만, 바르셀로나를 상대로는 단단하고, 빠르고, 강한 축구를 구사했다. 하인케스 감독의 바이에른은 바르셀로나처럼 특정 부분에서 절대적인 우위를 점하는 팀이라기보다는 다양한 방식으로 승리할 줄 아는 팀이었다.

바이에른은 바르셀로나를 상대로 세트피스로 연속골을 터뜨렸다. 득점자는 강력한 헤더로 골망을 가른 토마스 뮐러Thomas Müller와 마리오 고메스Mario Gómez였다. 이후에도 바르셀로나는 원정골을 얻기 위해 공격적으로 나섰지만, 오히려 이는 바이에른에 더 유리하게 작용했다. 바이에른은 좌우 측면 공격수 아르옌 로번과 프랑크 리베리Franck Ribéry의 가차없는 측면 공격으로 바르셀로나를 무너뜨렸다.

로번은 오른쪽 측면을 파고들어 중앙으로 들어온 다음 왼발로 마무리하는 전매특허 슈팅으로 세 번째 골을 터뜨렸고, 뮐러는 역습 상황에서 깔끔한 마무리 골을 넣으며 격차를 네 골 차로 벌렸다. 사비는 경기가 끝난 후 "그들은 신체적으로 우리보다 강했다. 정확히 얘기하자면, 그들이 우월했다. 우리는 기회를 만들지 못했다. 끔찍한 결과다"라며 고개를 떨궜다.

하인케스 감독은 팀이 영리한 전술을 바탕으로 승리했다며 기쁨을 감추지 못했다. 그는 "팀의 조직력과 전술적 규율이 결정적인 요인으로 작용했다. 우리는 수비적으로 매우 잘했다. 모든 선수들이 기꺼이 수비 진영에 머물러 있다가 공격하는 역할에 만족했다. 우리에게는 앞으로 전진할 때 높은 수준의 창의성을 발휘하는 능력이 있다. 우리는 공간이 발생하면 이를 최대한 활용한다"고 말했다. 바이에른 공격진에 배치된 선수 중 특히 리베리와 로번은 상당 시간 수비하는 데 집중하다가도 순간적으로 상대 뒷공간을 파고드는 데 빼어난 능력을 선보였다. 바이에른은 홈에서 의도적으로 물러나며 바르셀로나의 공 점유를 유도한 뒤, 역습을 통해 뒷공간으로 파고들었다. 이어 바르셀로나 원정에 나선 바이에른은 똑같은 패턴을 반복했다. 로번은 다비드 알라바David Alaba가 길게 연결한 대각선 패스를 받아 안쪽으로 치고 들어간 뒤, 반대쪽 골 포스트를 향한 감아차기로 선제골을 터뜨렸다. 이후 리베리는 왼쪽 측면을 돌파한 후 왼발로 올린 크로스로 두 골을 만들어냈다. 리베리가 올린 크로스는 각각 제라르드 피케의 자책골, 뮐러의 헤더골로 마무리됐다. 1, 2차전 합계 결과는 7-0, 바이에른의 압승이었다.

리베리와 로번은 정통파 윙어이자 드리블러였다. 바르셀로나는 최전방의 가짜 9번과 측면 공격수의 공 없는 침투력을 중시하며 정통파 윙어와 드리블러를 외면해온 구단이다. 바이에른은 2009년 3-0으로 승리한 볼프스부르크Wolfsburg전에서 로번이 데뷔전을 치른 시점부터 이와 같은 경기 방식을 꾸준히 유지했다. 이날 로번은 역습을 통해 두 골을 터뜨렸다. 두 골 모두 도움을 기록한 선수는 리베리였다. 두 선수는 서로를 손가락으로 가리키며 골을 자축했다. 이 중에서도 특히 기억에 남는 골은 로번이 기록한 두 번째 득점이었다. 바이에른의 공격은 수비 진영 깊숙한 곳에서 시작됐는데, 로번과 리베리는 숨이 멎을 것만 같은 놀라운 속도로 패스를 주고 받으며 상대 문전까지 침투한 후 쐐기골을 터뜨렸다. 볼프스부르크 수비수들은 로번과 리베리를 도저히 따라가지 못했고, 그들의 바이에른 동료들은 아예 따라갈 생각조차 하지 않았다. 이 경기는 바이에른이 쏘아올린 신호탄이었다. 이때부터 바이에른은 약 10년간 리베리와 로번을 중심으로 팀 공격을 풀어갔다. 두 명의 훌륭한 '역습 공격수'는 바이에른에 합류하기 전까지 이적이 잦았고, 감독과 불화를 겪기도 한 데다 자신의 가능성을 극대화하지 못하고 있었다. 그러나 리베리에게는 프랑스나 터키보다 독일 축구가 훨씬 더 잘 어울렸다. 마찬가지로 로번은 잉글랜드와 스페인보다 독일에 더 어울리는 선수였다.

그러나 바이에른은 분데스리가에서 점유율을 중시하는 독특한 팀이기도 했다. 바이에른은 트레블을 달성한 2012-13시즌 패스 성공률 87%를 기록했다. 동일 기간 그들을 제외한 모든 분데스리가 팀의 패스 성공률은 71%와 81% 사이에 머물렀다. 바이에른은 바르셀로나를 상대했을 때는 역습 축구를 했지만, 분데스리가에서는 바이에른을 만나는 팀이 그들을 상대로 역습 축구를 구사했다. 바로 이것이 스페인과 독일의 가장 큰 차이점이었다. 이와 같은 독일 축구의 스타일은 갈수록 더 큰 영향력을 행사했다.

이 시절 바이에른의 가장 큰 라이벌은 보루시아 도르트문트였다. 도르트문트는 2011년과 2012년 위르겐 클롭 감독의 지도력을 등에 업고 분데스리가 우승을 차지했다. 그들은 바이에른과는 전혀 다른 팀이었다. 바이에른이 슈퍼스타 선수들을 위주로 팀을 구성해 1990년대 'FC 헐리우드'라는 별명으로 불렸다면, 도르트문트는 전형적인 투지와 열광적인 홈구장 분위기를 바탕으로 한 노동자들의 구단에 더 가까웠다. 바이에른은 전통적으로 도르트문트가 육성한 최고의 선수들을 중심으로 검증된 스타를 줄지어 영입했다. 반대로 클롭의 도르트문트는 마르첼 슈멜처Marcel Schmelzer, 마리오 괴체Mario Götze 등 지역 출신 유망주를 육성했으며 외부에서 영입한 자원도 카가와 신지Shinji Kagawa, 로베르트 레반도프스키Robert Lewandowski처럼 영입 전에는 스타성보다 가능성이 돋보인 선수들이 대부분이었다.

클롭 감독이 추구하는 축구 철학의 근본을 이룬 개념은 '게겐프레싱gegenpressing'이다. 게겐프레싱과 관련된 내용은 다시 설명하도록 하겠지만, 도르트문트는 역습에 있어서도 센세이셔널했다. 도르트문트는

2009-10시즌 분데스리가 5위를 차지한 후 2010-11시즌 바로 우승팀으로 등극했는데, 당시 독일인들은 그들의 수직적 경기 방식을 가리켜 '페어티칼슈필Vertikalspiel'이라고 불렀다. 클롭 감독은 분데스리가 우승을 차지한 2010-11시즌 중반 "(전 시즌과 비교해) 수직적 패스를 구사하는 데 훨씬, 훨씬 더 집중하고 있다"고 말했다.

이 중에서도 바이에른과 도르트문트의 가장 큰 차이점은 측면 공격수를 활용하는 방식이었다. 리베리와 로번은 스타 플레이어였지만, 도르트문트의 케빈 그로스크로이츠Kevin Großkreutz와 야쿱 브와쉬치코프스키Jakub Błaszczykowski는 기술적 우수함보다는 에너지가 더 돋보이는 근면한 살림꾼에 더 가까웠다. 클롭 감독 체제에서 그로스크로이츠와 브와쉬치코프스키는 윙어보다는 측면 미드필더 성향이 더 짙었고, 중원에 밀집하며 중앙 미드필더들과 촘촘한 진영을 구축하는 데 집중했다. 두 선수 모두 드리블 돌파 능력을 보유하고 있었지만, 그들은 공이 없는 상태에서 상대 측면 수비수가 전진하면서 발생하는 뒷공간을 향해 전력 질주하는 패턴으로 팀 공격에 더 큰 보탬이 됐다. 당시 도르트문트 중앙 수비수 마츠 훔멜스Mats Hummels는 "우리는 전술적으로 규율이 매우 잘 잡혀 있는 팀이다. 우리는 구조적인 기반 안에서 공을 전진시킨다. 대다수 다른 팀들도 이와 같은 경기 방식을 시도하지만, 우리에게는 진정한 열정이 있다. 우리는 이런 축구를 하는 데 열의를 가지고 있다"고 말했다.

대개 의지, 열정, 동기부여는 축구에서 전술과는 별개의 요인으로 여겨진다. 그러나 클롭 감독은 이러한 선수들의 정신적 능력을 팀 전술을 향상시키는 데 활용했다. 그가 경기 도중 터치라인에서 선보이는 온갖 활력 넘치는 몸 동작 또한 이 시절 도르트문트 축구의 상징이었다. 클롭 감독은 축구의 모든 부분이 주체할 수 없는 에너지와 헌신으로 통제돼야 한다고 믿었다. 그는 도르트문트 감독으로 부임한 자리에서 "관중을 기쁘게 하는 게 우리의 축구가 돼야 한다. 뚜렷한 스타일로 경기력을 연출해야 한다"고 말했다. 클롭 감독은 자신이 한 약속을 그대로 지켰다. 현지 언론은 도르트문트가 '헤비메탈' 혹은 가속 페달을 완전히 밟은 상태의 자동차를 뜻하는 '풀 스로틀full-throttle' 축구를 구사한다며 찬사를 보냈다. 클롭의 축구에서 돋보인 요인은 속도, 함성 그리고 계획적이고 조직적으로 카오스를 일으키는 능력이었다.

바이에른이 바르셀로나의 모델을 따라 스타일을 확립했다면, 클롭은 이에 대응책을 제시한 감독이었다. 클롭 감독은 웃음을 터뜨리며 "바르셀로나는 그들만의 차분한 스타일로 지난 4년간 최고의 팀이 됐다. 미안하지만, 그것만으로는 내게 충분하지 않다. 만약 내가 네 살 소년이었을 때 처음 본 축구가 지난 4년간의 바르셀로나였다면, 아마 나는 테니스 선수가 됐을 것이다. 나는 조용한 축구가 아닌 싸우는 축구를 좋아한다. 비가 내리는 날, 젖은 운동장에서 모두가 더러운 얼굴로 투쟁하고, 집에 가면 4주 동안 축구를 못할 상태로 만들어버리는 격렬하게 싸우는 축구가 좋다. 그게 바로 보루시아(도르트문트)의 모든 것"이라고 말했다. 훗날 클롭 감독은 바르셀로나의 압박 축구를 칭찬했지만, 그가 점유율을 바라보는 방식은 많이 달랐다. 이처럼 현대식 독일 축구를 더 잘 대변한 팀은 바이에른이 아닌 도르트문트였다. 클롭이 구사한 전형적인 역습 축구는 도르트문트가 2012년 독일 컵대회 결승전에서 바이에른을 5-2로 대파한 전설적인 경기에서 완벽하게 구현됐다.

이날 컵대회 결승전은 수비 실수가 반복된 투박한 경기였다. 바이에른 골키퍼 마누엘 노이어Manuel Neuer가 특히 부진했고, 두 팀은 어설프고 불필요한 파울로 페널티킥을 헌납하며 실점했다. 그러나 이게 바로 순수한 도르트문트다운 축구였다. 레반도프스키가 최전방에서 공격을 이끌면 카가와가 좌우로 움직이며 공간을 창출하여 역습할 기회를 만들었다. 그렇게 발생하는 공간으로 양 측면에서 그로스크로이츠와 브와쉬치코프스키가 질주하며 침투했다. 시간이 지나며 클롭 감독은 바이에른을 상대로는 변칙 전술을 활용하기도 했다. 또한 속도감과 득점력을 고르게 보유한 윙어 마르코 로이스Marco Reus와 성장을 거듭한 마리오 괴체는 도르트문트에 스타성까지 더했다. 그러나 모든 헤비메탈 밴드가 그렇듯이, 도르트문트 또한 자신들의 가장 순수한 모습을 보일 때 최고의 퍼포먼스를 선보였다.

도르트문트는 바이에른을 꺾은 컵대회 결승전에서 '전환'의 개념을 완벽하게 구현했다. 축구 경기에서 전환이라는 개념이 사용된 건 이미 몇 년 전부터 시작된 현상이었다. 그러나 전환은 독일 축구 철학에 가장 깊게 입혀진 개념이다. 공을 소유하지 못한 상황에서 소유하게 되는 상황은 공격 전환, 공을 소유한 상황에서 빼앗기는 상황이 수비 전환이다. 도르트문트는 공격 전환 시 가장 강력한 모습을 선보였다.

도르트문트의 공격 전환에서 가장 중요한 역할을 맡은 두 선수는 그로스크로이츠와 브와쉬치코프스키였다. 바이에른은 공을 지배하며 점유율을 높였다. 이 때문에 도르트문트의 양 측면 미드필더는 상당 시간 수비 진영 깊숙한 위치에 머무르며 리베리와 로번을 막는 동료 측면 수비수들을 도왔다. 그러나 그로스크로이츠와 브와쉬치코프스키는 바이에른의 패스 연결이 끊기는 순간 갑작스러운 공격 전환을 통해 상대를 무너뜨렸다. 두 선수 모두 팀의 경기 상황을 수비에서 공격으로 전환시키는 타이밍을 훌륭하게 이해하고 있었고, 바이에른 측면 수비수들이 자리를 잡기 전 뒷공간을 향해 전력 질주하며 수직적인 패스 연결을 유도했다. 카가와는 곡선으로 움직이는 침투 패턴으로 도르트문트식 10번 역할을 완벽하게 수행했다.

이날 도르트문트가 터뜨린 다섯 골 중 특히 눈에 띄는 득점이 두 차례 있었다. 도르트문트가 2-1로 앞선 상황에서 로번은 리베리를 향해 긴 대각선 패스를 시도했다. 이를 가로챈 건 도르트문트 오른쪽 측면 수비수 우카시 피슈첵Łukasz Piszczek이었다. 대다수 수비수는 이러한 상황에서 공을 단순하게 걷어냈겠지만, 피슈첵은 공을 침착하게 브와쉬치코프스키에게 떨궈줬다. 이후 피슈첵은 리턴패스를 받아 최전방 공격수 레반도프스키에게 롱볼을 연결했다. 레반도프스키는 피슈첵의 롱볼을 카가와에게 떨궈준 뒤, 뒷공간을 파고들며 침투 패스를 받아 마무리하며 득점했다. 도르트문트가 수비 진영 깊숙한 위치에서 상대 공격을 차단한 후 2대1 패스, 수직 패스, 또 2대1 패스 그리고 원터치 슛으로 골까지 넣는 데 걸린 시간은 단 12초에 불과했다.

승부에 쐐기를 박으며 점수 차를 4대1로 벌린 도르트문트의 골도 역습을 통해 만들어졌다. 이번에는 그로스크로이츠가 바스티안 슈바인슈타이거Bastian Schweinsteiger의 슛을 차단하며 흐른 공이 제바스티안 켈Sebastian Kehl에게 떨어졌다. 켈은 바이에른의 미드필드와 수비 라인 사이 공간으로 침투하는 카가와에게 패스를 운반했다. 카가와는 그대로 속도를 살려 바이에른 중앙 수비수 두 명을 공략했다. 바이에른의 중앙 수비진은 측면 수비수 두 명이 이미 전진해 있던 탓에 위험에 노출된 상태였다. 빠른 속도로 그들을 향해 달리던 카가와는 속도를 살짝 낮추며 그로스크로이츠가 왼쪽 측면으로 침투할 시간을 벌었다. 이어 그는 침투해 들어가는 그로스크로이츠를 향해 상대 수비 사이로 패스를 연결했고, 레반도프스키는 중앙 수비수 두 명의 시선이 공에 쏠려 있는 사이 문전으로 달려들어갔다. 그로스크로이츠는 즉시 문전으로 패스를 연결했고, 레반도프스키가 강력한 슛으로 골망을 흔들었다. 도르트문트는 완벽한 역습으로 바이에른을 무너뜨렸고, 이후 레반도프스키는 추가 득점에 성공하며 해트트릭을 완성했다.

바이에른은 패배를 받아들이지 못했다. 하인케스 감독은 도르트문트가 충분한 득점 기회를 만들지 못했다고 말했고, 필립 람Philipp Lahm은 바이에른이 하프타임까지는 더 우세한 경기를 했다고 주장했다. 그러나 이들보다는 도르드문트 주장 켈이 경기 내용을 더 명확하게 설명했다. 그는 도르트문트가 "역습할 기회를 기다리고 있었으며 궁극적으로 이길 자격이 있었다"고 말했다. 클롭 감독은 평소 그답지 않게 아예 할 말을 잃은 듯한 반응을 보였다. 그는 "우리는 훌륭한 골을 넣었다. 오늘 우리 팀이 보여준 경기력에 대한 내 생각을 표현할 단어조차 생각하지 못하겠다. 몇 년이 지난 후 올 시즌 우리보다 더 좋은 퍼포먼스를 보여줄 팀이 나타날지 지켜봐야겠다"고 말했다. 도르트문트는 역대 최다 득점으로 우승한 분데스리가에 이어 컵대회까지 석권하며 더블을 달성했다.

이 시절 독일에서 가장 빼어난 활약을 펼친 선수도 역습에 가장 특화된 공격 자원이었다. 독일의 2010 남아공 월드컵 4강 진출에 가장 큰 보탬이 된 선수는 넘치는 재능의 소유자 메수트 외질이었다. 외질은 수년간 독일에서는 보기 드문 유형의 선수였고, 심지어 스페인에도 그와 비슷한 선수는 없었다. 외질은 사비와 같은 후방 플레이메이커도, 다비드 실바처럼 상대 미드필드와 수비 라인 사이에서 움직이며 볼을 지켜내는 선수도 아니었다. 그는 역습 상황에서 달리는 순간 공을 잡은 뒤, 득점 기회를 창조하는 선수였다. 그는 클롭이 도르트문트에서 카가와에게 부여한 역할에 어울렸다.

외질은 2010 남아공 월드컵에서 독일이 경기에서 리드를 잡았을 때 유독 더 눈부신 활약을 펼쳤다. 동점골을 노리는 상대가 앞으로 전진했을 때, 뒷공간을 활용하는 데 빼어난 능력을 가진 선수가 외질이었기 때문이다. 2010년 월드컵에서 그가 기록한 도움 세 개는 독일이 4-0으로 승리한 호주전 마지막 골, 4-1로 승리한 잉글랜드전 마지막 골, 4-0으로 승리한 아르헨티나전 마지막 골을 만들어낸 기록이었다. 이 도움 세 개 모두 외질이 왼쪽 측면과 중앙 지역 사이 공간에서 전진하며 문전으로 찔러줘서 동료가 손쉬운 마무리로 득점할 수 있게 해준 패스였다. 외질은 독일 축구의 새로운 간판스타로 떠올랐다. 그는 젊었고, 민첩했고, 기술적이었으며 이민자 가정에서 자란 선수였다. 그는 독일에서 태어났지만 네 살이 될 때까지 집에서 터키어만 썼으며 시간이 훨씬 지난 후에야 독일 국적을 취득했다. 외질은 가족의 의견이 엇갈리는 가운데 결국 독일 국적을 택했다. 그는 창의성과 기술적 우수함을 앞세운 자신이 독일 축구에서 흔치 않은 스타일임을 알고 있었다. 외질은 "나의 기술과 감각은 터키식 축구에서 비롯된 경기 방식이다. 반대로 규율, 태도, 늘 온 힘을 다하는 자세는 독일식 축구에서 비롯된 경기 방식"이라고 말했다.

외질이 공을 잡지 않은 상황에서 보여주는 움직임은 그가 베르더 브레멘에서 소화한 포지션 덕분이었다. 브레멘에서 그는 다이아몬드형 미드필드의 꼭짓점에 배치돼 좌우로 움직이며 아론 헌트Aaron Hunt, 마르코 마린Marko Marin과 수시로 위치를 바꿨다. 그는 이와 같은 스타일을 독일 대표팀에서도 그대로 선보였고, 2010년 여름 이적한 레알 마드리드로 이어갔다. 조세 무리뉴 감독은 천재성이 돋보이는 선수의 특징을 살려주지 못한다는 지적을 받는 지도자다. 그러나 사실 그는 포르투에서 데쿠, 인테르에서 베슬레이 스네이더, 레알 마드리드에서 외질이 전성기를 구가하게 해준 감독이다.

외질은 때로 측면으로 밀려나거나 엘 클라시코 선발 명단에서 제외되곤 했지만, 여전히 레알이 가동한 4-2-3-1 포메이션의 핵심 자원이었다. 외질은 크리스티아누 호날두가 기록한 골 중 상당수를 직접 도왔으며 무리뉴 감독은 역습 상황에서 정확한 패스를 연결하는 그를 신뢰했다. 무리뉴가 스페인에서 유일하게 라리가 우승을 차지한 2011-12시즌 엘 클라시코에서 호날두의 골을 돕는 패스를 만든 선수도 당시 역습을 전개한 외질이었다. 그는 10번 자리에서 꾸준히 좌우로 움직이며 대표팀과 소속 팀에서 두루 호흡을 맞춘 사미 케디라가 침투할 공간을 창출했다. 실제로 무리뉴 감독이 이끈 레알은 당시 독일과 스페인 축구의 차이점을 잘 보여준 예다. 독일 출신 외질과 케디라가 자연스럽게 역습에 특화된 선수였다면, 사비 알론소는 그들의 뒷자리에서 안정적인 패스로 중심을 잡아줬다. 수비적인 역할을 맡은 라사나 디아라는 프랑스식 '워터 캐리어'였다. 레알의 미드필드에 독일식 속도, 스페인식 경기 운영, 프랑스식 근면함을 모두 가지고 있었던 셈이다.

외질은 2013년 아스널로 이적한 후에도 빼어난 도움 기록을 이어갔지만, 레알 시절만큼 효과적인 활약을 펼치지는 못했다. 아스널의 공격 전개 과정이 레알과 비교하면 느렸기 때문이다. 그러나 외질은 독일 대표팀에서 여전히 훌륭한 활약을 펼쳤다. 그는 2011년, 2012년, 2013년, 2015년, 2016년 독일 대표팀 올해의 선수로 선정됐다. 그가 유일하게 올해의 선수상을 받지 못한 2014년은 공교롭게도 독일이 브라질에서 월드컵 우승을 차지한 해였다. 그는 독일 대표팀에서 데뷔한 2009년을 시작으로 2018 러시아 월드컵까지 사실상 붙박이 주전 미드필더로 활약했다. 그러나 그는 2018년 대표팀 은퇴를 선언하며 "(독일 축구협회 회장 라

인하르트) 그린델과 그의 지지자들의 눈에는 내가 이겼을 때는 독일인이
지만, 졌을 때는 이민자"라고 말했다. 이에 그린델 회장은 "상황에 따라
적절하게 외질의 편을 들어줄 수도 있었다. 내가 말을 더 명확하게 했어
야 했다. 그러나 그의 이처럼 공격적인 발언은 절대 용납할 수 없다"고 답
했다.

외질은 독일 대표팀 데뷔부터 은퇴까지 오로지 뢰브 감독의 지도만
받았다. 뢰브 감독은 외질이 자신이 추구하는 전진지향적이고, 직선적
인 축구에 완벽하게 어울리는 선수라고 말했다. 뢰브는 슈투트가르트
Stuttgart 감독 시절 속도와 수직적 패스의 중요성을 깨달았다. 그는 당시
"패스와 달리기의 융화, 공 소유권을 탈취해 빠른 역습을 시도하는 공격
적인 스타일을 구축했다"고 말했다.

뢰브 감독은 2010년 축구는 "전력 질주sprint의 연속으로 이뤄진" 스
포츠라고 말하기도 했다. 이는 스페인식 축구와는 크게 다른 접근 방식
이다. 그는 유로 2012 도중에도 이와 같은 축구 철학을 그대로 유지하고
있다고 말했다. 뢰브는 당시 자신의 축구 철학을 더 명확하게 설명하며
"지금이 어느 때보다 그 말을 더 믿고 있는 시점이다. 경기의 템포는 갈
수록 빨라지고 있다. 예전에는 선수들이 최대한 많이, 그리고 상대보다
더 많이 뛰어야 이길 수 있다는 공감대가 있었다. 그러나 우리가 분석해
본 결과 이러한 생각은 지나치게 피상적이라는 사실을 알게 됐다. 이제
우리의 초점은 선수들이 어떤 방식으로 전력 질주를 하고, 이를 어디서,
어떻게, 어떤 방향으로 하는지에 맞춰졌다"고 말했다. 또한 뢰브는 "감정
적으로 말하면, 전력 질주는 수비 전환을 위해 자기 진영으로 돌아오며
뛰는 것보다 체력 소모가 덜할 수도 있다. 선수는 앞으로 전진할 때는 얼
마나 많이, 빨리 뛰는지를 생각하지 않게 된다. 그래서 앞으로 전력 질

주를 하는 선수에게는 체력적인 타격이 덜하다"고 덧붙였다. 실제로 뢰브 감독의 독일 대표팀에는 앞으로 전력 질주하는 공격수가 포진하고 있었다. 보루시아 뮌헨글라드바흐Borussia Mönchengladbach의 마르코 로이스가 지닌 스피드는 수비수들에게 공포의 대상이었고, 바이엘 레버쿠젠Bayer Leverkusen의 직선적인 공격수 안드레 쉬를레André Schürrle도 독일 대표팀 공격진에 무게감을 더했다.

독일은 유로 2012에서 2010 남아공 월드컵보다 더 중심 잡힌 경기력을 선보였다. 독일을 만난 상대 팀이 더 깊숙하게 내려앉아 수비적으로 경기를 운영하며 그들의 역습을 사전 차단한 점도 이러한 현상을 낳는 데 영향을 미쳤다. 독일은 조별 리그에서 정통파 최전방 공격수 마리오 고메스의 헤더골로 1-0 승리를 거뒀다. 고메스는 독일이 2-1로 승리한 네덜란드전에서도 두 골을 모두 기록했다. 독일은 네덜란드를 상대로 선수 세 명이 중앙 미드필드 지역에서 영리한 위치 선정으로 수적 우위를 점하며 팀을 승리로 이끌었다.

그러나 가장 독일다운 경기는 덴마크를 2-1로 꺾은 승부였다. 이날 오른쪽 측면 수비수로 처음 선발 출전한 라스 벤더Lars Bender는 원래 미드필더였다. 그는 수비 진영 페널티 지역 모서리 부근에서 태클로 공을 따낸 뒤, 약 70미터가 넘는 거리를 전력 질주하며 전진했다. 독일은 상대 골대를 등진 고메스가 케디라에게 패스를 연결했다. 이 순간 외질이 오른쪽 측면과 중앙 지역 사이 공간에서 왼쪽으로 옮겨가는 특유의 움직임으로 케디라를 위해 공간을 창출하는 동시에 전력 질주하는 벤더에게도 뛰어들 자리를 만들어줬다. 그러면서 공을 잡은 외질은 문전으로 낮게 깔아주는 패스를 연결해 벤더의 골을 도왔다. 이것이 바로 공을 따낸 후 전력 질주, 창의적인 움직임, 수직적인 패스로 이어지는 전형적인 독일식 축구였다.

이어 독일은 그리스와의 8강에서 점유율 축구로 4-2 승리를 거뒀다. 그러나 독일이 4강에서 이탈리아에 1-2로 패하자 뢰브 감독의 전술을 둘러싼 비판 여론이 들끓기 시작했다. 뢰브 감독은 이날 경기에서 평소 자신이 가동한 시스템을 일정 부분 수정해 이탈리아 미드필더 안드레아 피를로를 견제하려 했지만, 그의 전략은 실패로 돌아갔다. 그러나 이와 별개로 독일은 옳은 길을 가고 있었다. 외질은 유로 2012에서 탈락한 뒤 독일 일간지 〈디 벨트Die Welt〉를 통해 주목할 만한 발언을 남겼다. 그는 선수들이 동기부여가 부족하다는 지적에 일침을 가했고, 독일 대표팀에 리더가 부족하다는 비판도 부인했다. 이어 외질은 독일의 베이스캠프 선정 기준을 두고 일어난 논란과 뢰브 감독의 경질설에도 전면적으로 반박했다. 독일은 대회에서 탈락하고도 스스로 옳은 길을 가고 있다는 데 자신감을 가지고 있었고, 결국 2년이 지난 후 브라질에서 이를 증명했다.

그렇다고 독일이 2014 브라질 월드컵에서 수월하게 우승을 차지한 건 아니었다. 독일은 선수들이 잇따른 부상을 당한 상태로 월드컵에 돌입했다. 가장 큰 타격은 독일의 가장 위협적인 공격수 로이스가 부상으로 대회에 출전할 수 없게 된 사실이었다. 이 때문에 뢰브 감독은 어떤 전술적 구조를 구축해야 팀의 능력을 극대화할 수 있을지 쉽게 가늠할 수 없는 상황에 놓였다. 그러나 그는 대회를 치러 가면서 결정적인 전술적 변화를 주며 다양한 상황에 대처하는 능력을 선보였다. 독일은 16강에서 알제리를 만나 수비진의 굼뜬 움직임과 상대 역습에 쉽게 당하는 약점을 노출하며 연장 승부 끝에 가까스로 2-1로 승리했다. 심지어 독일은 연장전 끝에 1-0으로 승리한 결승전에서도 스스로 만든 기회보다는 상대 팀 아르헨티나에 실점할 뻔한 위기 상황이 더 많았다. 그러나 이러한 문제점은 두 가지 이유 탓에 큰 주목을 받지 못했다. 첫째는 독일이 결과적으로 우승했다는 사실이었다. 그리고 둘째 이유는 그들이 4강에서 홈팀 브라질을 7-1로 대파했기 때문이었다.

독일 대표팀 코칭스태프는 월드컵이 열리기 전부터 브라질에서 점유율 축구와 강력한 압박을 구사하는 건 무더운 현지 날씨를 고려할 때 어렵다는 견해를 밝혔다. 그러면서 그들은 역습 위주로 경기에 나서는 게 낫다고 생각했다. 뢰브 감독은 라파엘 호니크스타인Raphael Honigstein의 저서 《다스 레부트Das Reboot》를 통해 "우리는 브라질 수비진이 순식간에 조직력을 잃을 수 있다는 사실을 알고 있었다"고 말했다. 주장 람은 "우리는 최대한 빨리 공 소유권을 획득하거나 브라질의 1차적 공격을 저지할 수 있도록 수비를 더 단단히 해야 했다. 그래야 우리가 브라질의 공격과 수비를 분리시킬 수 있기 때문이다. 그런 방식으로 기회를 만들 수 있었다"고 말했다. 독일의 이와 같은 전략은 완벽하게 들어맞았다.

독일은 브라질을 상대로 한 공간만 집중적으로 공략한 덕분에 전반전을 5-0으로 앞선 채 마칠 수 있었다. 그 지역은 바로 브라질 측면 수비수 마르셀루의 뒷공간이었다. 브라질의 이러한 약점은 경기 시작 4분 만에 노출됐다. 마르셀루는 독일의 스로인 공격 상황에서 뮐러를 압박하기 위해 전진했다. 그러면서 그가 비워놓은 원래 자리에는 공간이 발생했다. 케디라와 뮐러가 이 공간을 파고들었지만, 클로제가 공을 안정적으로 컨트롤하지 못하며 패스를 연결하지 못했다. 그러자 마르셀로는 단 3분 뒤, 다시 지나치게 전진했다. 독일은 역습을 통해 그의 뒷공간을 파고들었고, 뮐러가 문전으로 연결한 패스를 외질이 케디라에게 내줬다. 케디라의 슛은 팀 동료 크로스를 맞고 굴절되며 득점으로 연결되지는 못했다.

이로부터 4분이 지난 뒤, 마르셀루는 공격 진영에서 헛다리짚기를 구사하며 드리블 돌파를 시도하다가 뮐러에게 공을 빼앗겼다. 뮐러는 또 마르셀루가 비워놓은 자리로 전력 질주했고, 케디라도 이 공간을 파고들기 시작했다. 그러나 이번에는 마르셀루가 수비 진영으로 재빨리 돌아가며 뮐러와 케디라에게 태클을 가해 독일의 공격을 차단한 후 손을 들어보이며 자신의 실수를 인정했다. 그러나 이 상황에서 독일이 얻어낸 코너킥이 결국 선제골로 이어졌다. 이 공격 상황은 독일이 2010 남아공 월드컵에서 잉글랜드, 아르헨티나를 무너뜨릴 때 선보인 속공 상황과 매우 비슷했다. 이때도 빠른 속공으로 얻어낸 세트피스 상황에서 클로제와 뮐러가 득점하며 대량 득점에 성공했기 때문이다. 이번에도 클로제와 뮐러는 결정적인 역할을 했다. 세트피스 상황에서 클로제는 상대 수비수 다비드 루이스David Luiz의 진로를 막아섰고, 뮐러가 자유롭게 공을 향해 달려가 발리슛으로 선제골을 터뜨렸다.

클로제는 2014 브라질 월드컵에서 호나우두의 역대 최다골 기록을 갈아치웠다. 뮐러는 2010 남아공 월드컵 득점왕이었고, 독일 축구의 효율성을 상징하는 존재였다. 두 선수 모두 기술적으로 완성도가 매우 높지는 않았지만, 득점력만큼은 누구도 의심할 수 없는 수준이었다. 클로제는 클럽에서는 준수한 정도 레벨의 공격수이나, 국제대회에서는 최고의 활약을 펼치는 성향이 짙었다. 뮐러는 이상할 정도로 투박했지만, 중요한 순간에 상대에 치명타를 날리는 선수였다. 클로제와 뮐러는 독일 축구의 효율성을 상징하는 신구 조화를 이루고 있었다.

마르셀루는 이날 한 차례 독일 페널티 지역에서 람의 슬라이드 태클을 유도하며 위협적인 장면을 연출했지만, 상대가 역습을 해오면 속수무책으로 무너졌다. 그는 14분에는 케디라와 2대1 패스를 주고받는 뮐러에게 거친 파울을 범했다. 19분에는 공을 빼앗기며 독일이 전개한 역습의 빌미를 제공했다. 크로스가 뮐러에게 지나치게 강한 패스를 연결해 실점을 헌납하지 않은 게 그에게는 그나마 다행이었다. 뮐러는 경기가 끝난 후 "수비적인 팀을 상대했을 때보다 공간이 더 많이 발생했다"고 말했다. 공간이 생겼을 때 이를 파고드는 능력이 독일보다 빼어난 팀은 없었다.

마르셀루는 22분에 다시 지나친 전진 탓에 독일에 역습 기회를 제공했다. 뒷공간을 파고든 뮐러가 니어포스트를 향해 연결한 크로스는 독일의 오른쪽 측면에서 스로인 공격으로 이어졌다. 독일은 이 스로인을 시작으로 유기적인 패스 연결을 시도했다. 이 상황에서 마르셀루는 지나치게 깊숙한 위치로 내려앉아 있었고, 뮐러를 오프사이드 위치에 빠뜨릴 기회를 살리지 못했다. 결국 뮐러가 연결한 백힐 패스를 클로제가 마무리하며 추가골이 터졌다.

이때부터 독일의 파상공세가 시작됐다. 외질은 공격 삼각편대의 왼쪽에서 오른쪽으로 옮겨가며 오버래핑에 나선 측면 공격수 람과 역습을 전개했다. 이후 문전으로 연결된 패스를 크로스가 마무리했다. 3-0. 뢰브는 "브라질은 우리가 두 번째, 세 번째 득점에 성공하자 충격에 빠졌다. 경기장 안에서 그런 기운이 느껴질 정도였다"고 말했다. 이후 독일은 반복적으로 중앙 지역을 통해 속공으로 브라질을 괴롭혔다. 케디라의 패스를 받은 크로스가 추가골을 터뜨렸다. 4-0. 이어 외질이 케디라의 득점을 도왔다. 5-0.

전반전을 마친 독일은 브라질에 미안한 감정을 느끼기 시작했다. 더는 홈팀 브라질에 망신을 주고 싶지 않은 게 독일 선수들의 솔직한 심정이었다. 게다가 독일의 선발 11명은 결승전을 위해 체력을 비축할 필요가 있었다. 그들은 수비 진영으로 물러서며 공격 강도를 낮췄다. 중앙 수비수 마츠 훔멜스는 "우리는 집중력을 유지하는 데만 집중하며 브라질에 더는 망신을 주지 않았다"고 말했다.

뢰브 감독은 60분경 36세 베테랑 공격수 클로제를 빼고, 2012-13시즌 레버쿠젠에서 분데스리가 최정상급 공격수로 올라선 후 첼시로 이적한 뒤 눈에 띄는 활약을 하지 못한 쉬를레를 투입했다. 독일 선수들은 다섯 골을 넣은 데 충분히 만족하고 있었지만, 쉬를레는 결승전 출전을 위해 이날 인상적인 활약을 펼칠 기회를 노려야 했다. 결국 쉬를레는 독일의 여섯 번째와 일곱 번째 골을 터뜨렸다. 브라질은 오스카Oscar가 한 골을 기록하며 그다지 위로가 되지 않는 만회골을 넣어 영패를 면했다. 브라질은 월드컵 역사상 가장 망신스러운 패배를 당했다. 그러나 이날의 주인공은 역습 축구를 구사한 독일이었다. 이날 더 높은 점유율을 기록한 팀은 브라질이었다. 공격 진영에서 더 오래 공을 소유한 팀도, 더 많은 슈팅을 기록한 팀도 브라질이었다. 독일은 뒤로 물러서서 공을 빼앗은 뒤, 빈 공간으로 전력 질주하며 승리를 가져왔다. 그들은 지나치게 효율적이었다. 외질은 경기가 끝난 후 다비드 루이스에게 일곱 골이나 넣은 데에 대해 사과했다. 바스티안 슈바인슈타이거는 경기 후 인터뷰에서 2-0으로 이기는 게 더 나았을 것 같다고 말했다.

쉬를레는 결승전에서도 교체 출전해 결정적인 역할을 했다. 그가 순간적으로 전력 질주해 올린 크로스가 마리오 괴체의 결승골을 도왔다. 그러면서 독일은 리오넬 메시의 아르헨티나를 꺾고 자국 역사상 네 번째 월드컵 우승을 차지했다. 그러나 역사에 남을 결과는 앞서 열린 브라질전 7-1 압승이었다.

이 와중에 분데스리가에서는 2013년 펩 과르디올라 감독이 바이에른 뮌헨 사령탑으로 부임해 독일 축구의 정체성에 도전장을 내밀고 있었다. 그는 바이에른이 하인케스 체제에서 트레블을 달성한 직후 감독으로 부임했다. 과르디올라의 바이에른 감독 부임은 독일 축구의 국제적 위상을 실감케 하는 사건이었다. 과르디올라 감독은 바이에른의 축구 철학에 새로운 질문을 제시했다.

당시 과르디올라는 티키타카밖에 구사할 줄 모르는 이상주의자라는 평가를 받고 있었다. 모든 이들은 과르디올라 감독이 부임한 바이에른이 기존 4-2-3-1 포메이션을 4-3-3으로 가동하게 될 것이라 예상했다. 이론적으로 보면 과르디올라 감독은 리베리와 로번을 제대로 활용하지 못할 것 같았다. 스페인식 축구 모델은 측면 공격수에게 전형적인 드리블 돌파에 따른 측면 공격이 아닌 공을 가지지 않은 상태에서 뒷공간을 침투하는 움직임을 요구하기 때문이다. 그러나 현실은 이보다 조금은 더 복잡하게 흘러갔다.

바르셀로나를 떠난 과르디올라는 1년간 미국 뉴욕에서 휴식을 취하며 독일 축구를 연구했다. 그는 분데스리가의 거의 모든 팀이 효과적으로 구사하는 역습에 대응할 방법을 찾는 데 집착하다시피 몰두했다. 바르셀로나에서 과르디올라가 집중한 부분은 공을 점유했을 때 선수들이 선점하는 위치에 따른 포지션 플레이의 구조였다. 그는 바르셀로나 시절보다 바이에른 감독 부임 후 상대에 역습을 허용하지 않기 위해 점유율을 최대한 높이 끌어올리며 경기를 장악할 수 있는 최적의 포메이션을 유지하는 데 더 집중했다. 과르디올라가 이끈 바르셀로나는 많은 경기에서 패배를 당하지 않았지만, 그들이 어쩌다가 당한 패배의 원인은 늘 상대의 빠른 역습에 수비가 노출되면서 발생했다. 과르디올라는 바이에른 감독으로 부임한 후 맞은 프리시즌 도중 "독일에서는 모든 팀이 우리가 숨을 쉬기도 전에 역습을 펼칠 수 있다. 우리가 단합된 모습을 잃는 순간 그들은 바로 역습을 통해 기회를 만들 것"이라고 말했다. 그는 농담을 섞어 독일을 '콘탈란드Kontaland(역습의 땅)'라고 부르기까지 했다.

이후에도 과르디올라는 상대의 역습을 사전에 차단해야 한다는 점을 꾸준히 강조했다. 마르티 페라르나우Martí Perarnau의 저서《펩 컨피덴셜Pep Confidential》에서는 과르디올라 감독이 바이에른에서 소화한 첫 시즌을 회고하며, 그가 시종일관 잇따른 전술 변화를 시도한 가장 기본적인 이유는 상대의 역습을 예방하기 위해서였다고 서술했다. 바이에른이 하노버Hannover를 꺾은 뒤, 과르디올라 감독은 상대 사령탑 미르코 슬롬카Mirko Slomka가 모든 분데스리가 팀은 단 11초 만에 완벽한 역습을 구사하는 방법을 알고 있다고 밝혔다는 말을 전해 듣고는 이에 동의할 수 없다는 반응을 보였다. 그는 "미르코가 말한 것보다 더 빠른 것 같다. 분데스리가의 역습 속도는 놀라운 수준이다. 스페인에도 좋은 역습을 구사하는 몇몇 팀들이 있지만, 분데스리가처럼 수많은 방법으로 엄청나게 빠른 역습을 하는 팀이 많은 곳은 처음 봤다"고 말했다. 이 때문에 과르디올라 감독은 바르셀로나에 도입한 '15패스의 법칙'을 바이에른에서는 더 엄격하게 유지했다. 그는 통상적이지 않은 방식으로 수비진을 배치하며 항상 빠른 수비 전환을 준비했다. 바로 이런 의미에서 역습에 대한 독일 축구의 집착은 스페인식 점유율 축구를 향한 과르디올라의 선호를 더욱 공고하게 했다.

그러나 과르디올라 감독의 축구는 바르셀로나 시절과 비교해 예상치 못한 방식으로 달라졌다. 원래 그는 바르셀로나에서 완성한 축구 모델을 바이에른에 그대로 적용하겠다는 목표를 설정하고 있었다. 그가 바이에른 감독으로 부임한 후 영입한 두 선수의 성향만 봐도 이러한 의도를 분명히 파악할 수 있었다. 과르디올라의 첫 영입은 라이벌 도르트문트에서 논란 속에 데리고 온 괴체였다. 괴체는 과르디올라가 바이에른에서 메시의 가짜 9번 역할을 맡을 적임자로 영입한 자원이었다. 그의 두 번째 영입은 바르셀로나의 미드필더 티아고 알칸타라였다. 라 마시아에서 성장한 티아고는 바르셀로나의 준주전급 선수였다. 과르디올라 감독은 자신이 바르셀로나를 이끌고 3-7-0 포메이션을 가동하며 승리한 산투스전에서 티아고를 중용하기도 했다. 괴체와 티아고는 과르디올라의 새로운 바이에른에서 핵심 자원으로 활약할 선수들이었다. 그러나 두 선수 모두 잇따른 부상으로 첫 시즌부터 큰 어려움을 겪었다. 괴체는 시즌 내내 분데스리가에서 선발 출전한 횟수가 단 9경기에 그쳤다. 티아고는 이보다 더 적은 8회였다. 과르디올라 감독이 바이에른에서 일으킬 혁명의 주인공으로 영입한 두 선수는 정작 시즌이 시작되자 외곽에서 겉돌았다.

괴체를 마음껏 활용할 수 없었던 과르디올라 감독은 근면함과 제공권이 돋보이는 옛날식 최전방 공격수 마리오 만주키치Mario Mandžukić에게 의존하는 빈도를 높일 수밖에 없었다. 만주키치는 과르디올라 감독이 바르셀로나에서는 활용해본 적이 없는 유형의 공격수였다. 그가 능력을 극대화하는 데 실패한 즐라탄 이브라히모비치도 창의적인 유형에 더 가까웠다. 또한 과르디올라 감독은 35세 베테랑 공격수 클라우디오 피사로Claudio Pizarro에게도 상당 부분 의존했다. 피사로 역시 타깃맨이었고, 그는 분데스리가에서 10골을 기록했다.

토마스 뮐러는 과르디올라 감독 체제에서 맞은 프리시즌 미드필더로 뛰었다. 그러나 과르디올라는 미드필더 뮐러의 위치 선정을 신뢰하지 못했고, 그를 공격진에 재배치했다. 이후 과르디올라는 첫 시즌이 끝난 후 만주키치가 떠난 자리에 도르트문트로부터 레반도프스키를 영입했다. 레반도프스키는 부드러운 기술을 가졌으며 패스 연계 능력이 돋보이는 공격수였지만, 크로스를 헤더로 연결해 득점을 터뜨리는 능력까지 보유하고 있었다. 그는 과르디올라 감독이 이끈 바이에른에서 두 시즌 동안 머리로만 13골을 넣었다. 즉 과르디올라의 바이에른은 늘 덩치 큰 공격수를 최전방에 세워놓고 경기를 치렀다. 이는 과르디올라 감독이 자신이 직접 유행시킨 스페인식 축구 모델에서 벗어났다는 뜻이기도 했다. 과르디올라는 "처음 뮌헨에 왔을 때 바르셀로나에서 구사한 축구를 그대로 구현할 수 있다고 생각했지만, 결국 나는 두 가지 방식의 축구를 결혼시켜야 했다. 나는 바르셀로나의 축구 철학을 가져와 바이에른에 어울릴 만하게 적응시켰다"고 말했다.

과르디올라 감독은 자신의 분데스리가 데뷔전에서부터 이와 같은 모습을 선보였다. 바이에른은 이날 수월하게 보루시아 뮌헨글라드바흐에 3-1로 승리했다. 그러나 과르디올라는 경기가 끝난 후 바이에른이 공격에서 수비로 전환하는 작업이 매끄럽지 못했다며 불만을 내비쳤다. 그는 "우리는 압박을 지속적으로 잘하지 못했다. 우리는 글라드바흐에 지나치게 많은 시간을 허용했다. 우리는 그들의 역습을 통제하지 못했고, 공을 잃었을 때는 빠르게 위치를 잡지도 못했다"고 말했다. 그러나 이날 더 놀라웠던 점은 바이에른이 공을 점유했을 때 선보인 경기 방식이었다. 두 중앙 수비수 제롬 보아텡Jérôme Boateng과 단테Dante는 골키퍼에게 짧은 패스를 이어받아 빌드업 패스를 뿌리는 데 충실했지만, 그들은 짧은 패스 대신 최전방 공격수 만주키치를 향해 수많은 롱볼을 시도했다. 또한 보아텡과 단테는 측면으로도 긴 대각선 패스를 많이 연결했다. 이날 바이에른에서 최고의 활약을 펼친 선수는 보아텡과 단테 그리고 람이었다. 이 세 선수의 활약은 과르디올라 감독이 바이에른을 이끈 3년간 펼쳐질 현상을 예고하고 있었다.

과르디올라는 예상과는 달리 리베리와 로번을 외면하지 않았다. 오히려 그들은 과르디올라 감독의 팀을 지배하는 존재로 거듭났다. 과르디올라는 페라르나우의 《펩 컨피덴셜》을 통해 "우리 팀에서 가장 막기 어려운 선수가 누구냐고? 측면에 있는 친구들, 리베리와 로번"이라고 말했다. 다만 과르디올라 감독은 리베리와 로번을 깊숙한 위치에 배치해 그들에게 역습을 주문하지 않았다. 그는 팀 전체의 라인을 높은 지역으로 끌어올려 윙어들이 가속하여 달리는 시간을 4~5초로 줄였다. 과르디올라는 "수비 라인을 최대한 끌어 올려 중앙 수비수를 미드필더 자리에 세우면, 상대가 우리 팀 윙어 한 명에게 수비수 두 명을 붙이기가 어려워진다. 그러면서 우리는 공격 진영에서 모든 선수를 상대 선수와 1대1로 배치시킬 수 있다. 우리 선수들은 1대1 상황에서 최고의 모습을 보일 수 있다. 우리는 측면에 훌륭한 크로스를 올릴 선수들이 있고, 문전에는 이를 마무리할 최정상급 골잡이들이 있다. 바르셀로나에서는 메시가 중앙 지역에서 상대를 무너뜨리는 역할을 맡았다. 바이에른에서는 리베리와 로번이 측면에서 그 역할을 할 것"이라고 말했다.

이처럼 과르디올라는 축구를 바라보는 자신의 관점에 변화를 주고 있었다. 이전까지 그는 드리블 돌파는 효율적이지 못한 공격 방식이라고 생각했다. 심지어 그에게 드리블 돌파는 패스를 하기 위한 수단이었다. 크로스에 의존한 공격 또한 과르디올라가 구사하리라고는 예상할 수 없는 부분이었다. 그러나 바이에른의 과르디올라는 새로운 과르디올라였다. 그는 "나부터 바이에른에 적응시켜야 했다. 그러나 바이에른도 나의 작업 방식에 적응해야 한다"고 말했다. 이렇게 과르디올라와 바이에른은 스페인과 독일 모델을 섞어놓은 독특한 축구 스타일을 선보였다. 다만 미드필드 지역으로의 빌드업에는 인내심을 가져야 하고, 파이널 서드 지역에서는 더 직선적이어야 한다는 게 과르디올라의 일반적 지시사항이었다. 처음에는 스페인식으로 하고, 그 다음에는 독일식으로!

바이에른은 과르디올라 감독의 첫 시즌에 분데스리가 타이틀 방어에 성공했다. 바이에른과 2위 도르트문트의 격차는 무려 승점 19점 차였다. 그러나 바이에른은 챔피언스리그 타이틀 방어에는 실패했다. 바이에른은 유럽 무대에서 상대의 빠른 역습에 고생했다. 그들은 아스널과의 16강부터 어려움을 겪었다. 과르디올라의 바이에른에 어려움을 안긴 선수는 외질이었다. 외질은 바이에른 미드필드와 수비 라인 사이 공간을 파고들었다. 바이에른은 당시 프리미어리그에서 7위까지 추락한 맨체스터 유나이티드를 만난 8강에서도 예상치 못한 대니 웰백Danny Webeck의 빠른 발을 막는 데 고전했다. 결국 4강에서 재앙이 일어났다. 바이에른은 레알 마드리드의 역습에 무너지며 1, 2차전 합계 0-5 대패를 당했다. 카림 벤제마가 직선적으로 연결된 패스를 마무리하며 양팀의 1차전 경기는 레알의 1-0 승리로 끝났다. 바이에른의 전설 프란츠 베켄바워는 이날 경기 해설위원으로 나서 "상대 팀에 기회를 헌납하면 점유율을 높이는 건 아무 의미가 없다. 우리는 레알이 한 골만 넣은 점에 기뻐해야 한다"고 말했다.

그러나 더 큰 문제는 2차전 홈 경기에서 발생했다. 과르디올라는 매우 공격적인 4-2-4 포메이션을 들고 나왔다. 그는 경기를 앞두고 선수들에게 "너희들은 독일인이다. 독일인답게 공격하라!"고 지시했다. 그러나 바이에른은 이날 0-4 참패를 당했다. 이날 바이에른은 불과 1년 전 바르셀로나를 4-0으로 대파한 경기와 똑같은 방식으로 자신들이 레알에 역으로 당하고 말았다. 레알은 세르히오 라모스가 세트피스로 두 골을 터뜨렸고, 가레스 베일이 호날두와 합작한 역습으로 득점했다. 이어 호날두가 프리킥으로 골망을 갈랐다.

레알과 바이에른의 4강 1, 2차전 합계 스코어 5-0은 정체성 면에서 혼란스러운 결과였다. 스페인 팀이 독일을 이겼지만, 스페인 축구를 구사한 팀은 과르디올라 감독의 바이에른이었다. 반대로 레알 마드리드는 여전히 '안티 바르셀로나' 축구를 구사하는 역습의 왕이었다. 스타일로만 따지면 독일식 축구에 더 가까운 경기를 한 팀은 레알 마드리드였다.

1년 전 바이에른이 바르셀로나를 상대로 거둔 7-0 승리에 이어 레알이 바이에른을 5-0으로 꺾은 두 시즌 동안의 챔피언스리그 4강 결과는 역습 축구가 티키타카보다 우월하다는 주장에 힘을 실어줬다. 과르디올라 감독의 축구에 대한 비판이 이어졌다. 과르디올라는 경기가 끝난 후 "이런 방식의 축구가 독일 축구 문화에 익숙하지 않다는 점을 이해한다. 충분히 이해한다. 독일 팀들은 내가 원하는 축구와는 많이 다른 스타일의 축구를 한다. 당연히 독일 사람들은 지금의 레알 마드리드나 도르트문트 같은 축구를 더 선호할 것"이라고 말했다. 이는 그가 레알과 도르트문트의 스타일을 동일선상에 놓고 보고 있었다는 사실 자체만으로도 흥미로운 발언이었다.

과르디올라는 두 번째 시즌부터는 미드필더 전원을 스페인인으로 구성할 수 있는 여건을 마련했다. 하비 마르티네스 Javi Martínez가 여전히 팀에 남아 있었고, 티아고는 몸상태가 정상이었을 때만큼은 훌륭한 경기력을 선보였다. 레알 마드리드에서 이적해온 사비 알론소는 바이에른 뮌헨에서 현역 시절의 과르디올라가 바르셀로나에서 맡은 역할을 그대로 수행했다. 반대로 토니 크로스는 레알 마드리드로 떠났다. 이어 바스티안 슈바인슈타이거는 맨체스터 유나이티드로 이적했다. 독일 대표팀의 월드컵 우승을 이끈 독일인 미드필더 두 명이 팀을 떠난 것이다. 일부 팬들은 바이에른 구단 훈련장 바깥에 배너를 내걸고 구단의 정체성이 무너지고 있다고 주장했다. 전임 감독 하인케스는 바이에른에서 "독일어가 팀의 언어가 돼야 한다"고 강조했다.

그러나 바이에른으로 이적한 스페인 선수들은 순조롭게 새 팀과 분데스리가에 적응하고 있었다. 티아고는 "나는 독일인이 되기 위해 이곳에 왔다. 나는 더 강해져야 하고, 더 끈기 있는 선수가 돼야 한다"고 말했다. 알론소는 독일식 축구를 즐기고 있다며 라리가보다 더 민첩하고, 몸싸움이 거친 분데스리가는 과거 자신이 활약했던 프리미어리그를 연상케 한다고 밝혔다. 레알 마드리드에서 대각선 패스로 경기를 풀어간 알론소는 공격진으로 찔러주는 수직적 패스를 더 많이 시도했다. 바이에른은 또 다시 분데스리가에서 우승했지만, 챔피언스리그에서는 2년 연속으로 4강을 넘지 못했다. 이번에는 과르디올라의 친정팀 바르셀로나가 바이에른을 탈락시켰다. 그러나 이 경기는 대립하는 스타일의 맞대결은 아니었다. 바르셀로나는 홈구장 캄프 누에서 열린 1차전에서 메시가 만들어낸 훌륭한 두 골로 2-0으로 앞서갔다. 바이에른은 원정골을 넣기 위해 더 전진했고, 이를 틈타 네이마르가 역습 상황으로 한 골을 추가했다. 3-0. 이미 결승 진출팀은 사실상 결정된 상태였다.

과르디올라는 바이에른에서 맞은 세 번째이자 마지막 시즌 클럽이 아닌 토마스 투헬 감독의 도르트문트와 경쟁했다. 투헬은 클럽의 친정팀 마인츠에서 촉망받는 지도자로 성장하며 도르트문트 감독으로 부임하여 큰 관심을 받았다. 투헬은 도르트문트에서도 영향력 있는 축구를 구사하고 있었다. 어느 감독과 비교해도 투헬의 축구 철학은 스페인과 독일 축구를 가장 적절하게 섞어놓은 듯한 느낌이 강했다. 그는 과르디올라 감독이 중시한 공을 점유한 상황에서 포지션 플레이를 하는 데 크게 집중하면서도 도르트문트의 활기 넘치고, 강도 높은 클럽식 축구도 상당 부분 유지시켰다.

　과르디올라와 투헬의 첫 맞대결은 참신한 전술적 경쟁으로 진행됐다. 바이에른은 이날 도르트문트에 5-1로 승리했다. 압박이 모든 걸 결정한 경기였다. 두 팀 모두 다이아몬드형 미드필드를 구축했다. 바이에른은 3-3-1-3, 도르트문트는 4-3-1-2 포메이션으로 이날 경기에 나섰다. 경기의 양상은 양 팀이 나란히 촘촘한 진영을 구축하며 적극적으로 압박하는 매우 '독일스러운' 방식으로 펼쳐졌다. 누구도 중원 싸움에서 우위를 점하지는 못했다. 그러면서 미드필드를 거치지 않고 롱볼로 압박을 벗어나려는 시도가 이어졌다. 도르트문트는 최후방에서 훔멜스가 긴 대각선 패스를 피에르-에메릭 오바메양Pierre-Emerick Aubameyang에게 연결하는 공격 패턴으로 바이에른을 공략했다. 그러자 바이에른도 이와 비슷한 방식으로 공격을 전개했다.

　바이에른은 가장 창의성이 우수한 수비수인 다비드 알라바와 제롬 보아텡이 도르트문트 공격진의 압박을 받으며 공격을 전개하는 데 어려움을 겪었다. 그러자 이 두 선수의 사이에서 하비 마르티네스가 자유롭게 움직일 수 있었다. 이를 파악한 과르디올라 감독은 마르티네스와 보아텡의 위치를 바꿨다. 보아텡은 공격진으로 직선적인 패스를 연결하는 능력이 빼어난 수비수였다. 이때부터는 마르티네스가 아닌 보아텡이 시간적 여유를 가지면서 바이에른이 구사하는 공격의 시작점 역할을 했다.

　보아텡은 이 역할을 완벽하게 수행했다. 그는 뒷공간을 찌르는 매우 긴 패스로 토마스 뮐러의 선제골을 도왔다. 보아텡은 후반전 시작 5분 만에 똑같은 패스를 연결했고, 이번에는 레반도프스키가 이를 마무리했다. 스코어는 3-1. 투헬의 도르트문트가 승부를 뒤집는 건 불가능해졌다. 경기 내용은 말 그대로 놀라웠다. 과르디올라는 최후방 수비수가 최전방 공격수에게 단숨에 롱볼을 연결하는 '뻥 축구'를 구사하고 있었다. 그러나 이는 당연히 수직적 축구의 결정체이기도 했다. 바르셀로나 시절의 과르디올라는 훗날 자신이 중앙 수비수의 위치를 바꿔 롱볼을 뿌리는 축구를 하게 되리라는 사실을 조금이라도 예상할 수 있었을까? 아마 그렇지 못했을 것이다. 그러나 독일로 간 과르디올라는 바르셀로나 시절과 비교해 크게 달라진 감독이었다.

바이에른이 도르트문트를 대파한 경기가 끝난 지 48시간 뒤, 과르디올라는 투헬과 저녁식사를 했다. 과르디올라와 투헬은 단둘이 레스토랑에서 만나 이날 경기와 자신들만의 전술적 지식을 공유했다. 이 또한 적으로 계속 싸워야 할 두 남자가 상호 이득을 위해 협력하는 전형적인 독일식 문화였다. 과르디올라와 투헬은 이 자리에서 스페인과 독일의 축구 모델을 합성하는 방식을 주제로 토론했다. 과르디올라는 독일 축구를 더 기술적으로 만들었지만, 독일 축구는 과르디올라의 축구에 수직성을 더했다.

17

게겐프레싱

역습이 독일 축구의 핵심이었던 만큼 분데스리가에서는 각 팀들의 수비에서 공격, 공격에서 수비로 전환하는 속도에 대한 평가가 이어졌다. 전환의 개념은 갈수록 더 복잡해졌다. 유럽 축구가 게겐프레싱이라는 새로운 개념의 경기 방식에 더 많은 비중을 두기 시작했기 때문이다. 기본적으로 게겐프레싱은 공을 잃은 팀이 최대한 빨리 소유권을 되찾는 압박 방식을 뜻한다. 게겐프레싱에도 몇 가지의 유형이 존재했다.

게겐프레싱의 급부상을 더 이해하려면 독일이 전통적으로 어떤 방식으로 축구를 했는지부터 되짚어봐야 한다. 독일은 이탈리아보다 대인방어와 스위퍼를 기반으로 한 수비 방식에 더 집착한 유일한 국가였다. 독일 축구 역사상 최고 선수로 꼽히는 프란츠 베켄바워는 공격적 성향을 보인 스위퍼의 선구자였다. 미드필더로 선수 생활을 시작한 베켄바워는 시간이 지나면서 수비 라인으로 내려와 깊숙한 진영에서 공격의 물꼬를

트는 역할을 했다. 이탈리아식 스위퍼는 순수 수비수를 의미했지만, 독일식 스위퍼는 언제든 자유롭게 공격에 가담할 수 있었다. 상대 팀은 수비 라인에서 갑자기 전진해 올라온 스위퍼를 제어하는 데 어려움을 겪었다. 베켄바워는 그를 제외한 나머지 선수들이 모두 기능적이고, 즐거움이라고는 찾아볼 수 없는 독일식 기계처럼 움직이는 시스템 안에서 천재성을 발휘하는 유일한 선수였다.

1974 서독 월드컵 결승전은 1972년 발롱도르 수상자 베켄바워와 1973년 발롱도르 수상자 크루이프의 맞대결이었다. 각각 독일과 네덜란드의 주장을 맡은 베켄바워와 크루이프는 이후 수십 년간 이어진 자국 축구의 전술적 흐름에 지대한 영향을 미친 세계 최고의 선수들이다. 이날 경기는 독일의 대인방어와 스위퍼, 네덜란드의 압박과 오프사이드 트랩이 대립한 승부였다. 승자는 독일과 베켄바워였다. 대다수 사람들이 네덜란드의 토털 축구와 사랑에 빠져 있을 때, 독일은 그들만의 방식을 고집했다.

이 시점부터 독일이 배출한 대다수 스타는 스위퍼였다. 미드필더 로타르 마테우스Lothar Matthäus는 1994 미국 월드컵에서 스위퍼로 보직을 변경했고, 마티아스 잠머Matthias Sammer는 2년 후 독일이 우승을 차지한 유로 1996에서 빼어난 활약을 펼치며 최우수 선수로 선정된 후 발롱도르까지 거머쥐었다. 잠머가 부상을 당한 1998 프랑스 월드컵에서 이 역할을 되찾은 이는 마테우스였다. 마테우스는 39세의 나이로 출전한 유로 2000에서는 수비수와 미드필더를 혼합해놓은 듯한 역할을 힘들게 소화했다. 이 시절 독일은 능동적인 축구를 구사하지 않았다. 레버쿠젠의 옌스 노보트니Jens Nowotny는 2000년대로 접어든 독일 축구가 자랑하는 최고의 스위퍼 중 한 명이었으나 그 역시 잇따른 부상에 시달렸다. 이 때문에 독일이 결승까지 오른 2002 한일 월드컵에서 주로 스위퍼로 활약한 선수는 노보트니의 소속 팀 동료 카스텐 라멜로프Carsten Ramelow였다. 2000년대 독일 최고의 선수이자 득점력이 탁월한 미드필더 미하엘 발락Michael Ballack마저도 스위퍼로 선수 생활을 시작했다. 심지어 발락은 현역 생활 말미에는 다시 스위퍼 자리로 돌아갈 것이라 예상되기도 했다. 그러나 발락의 선수 생활 후반기에 독일 축구는 이미 스위퍼를 기반으로 한 모델에서 벗어난 상태였다.

독일이 1990년대 내내 스위퍼 시스템에 집착한 탓에 그들이 구사한 축구는 타 유럽 국가들과 비교해 특징이 명확했다. 어쩌면 이는 시대착오적 전술이었을지도 모른다. 로이 호지슨 인테르 감독은 1997년 "독일 리그는 대다수 리그와 비교해 가장 차이점이 크다. 만약 당신이 잉글랜드, 이탈리아, 스페인, 프랑스에서 두 팀씩을 뽑아 베네수엘라에 데려다 놓고 경기를 하게 한 후 선수들이 구사하는 언어를 듣지 않고 축구만 본다면, 당신은 어느 팀이 잉글랜드 팀인지, 이탈리아 팀인지, 스페인 팀인지, 프랑스 팀인지를 구분할 수 없을 것이다. 그러나 비교 대상 중 한 팀이 독일에서 왔다면 어느 팀이 독일 팀인지를 알 수 있을 것이다. 그들에게는 특징적인 스타일이 있기 때문이다. 그들은 여전히 스위퍼를 두고 대인방어를 하고 있다"고 말했다. 이 시절 이탈리아 축구가 선보였듯이, 전방 압박을 하며 경기를 지배하려면 오프사이드 트랩을 가동해 지역방어를 펼쳐야 했다.

1997-98시즌 챔피언스리그 8강에 오른 여덟 팀 중 분데스리가는 세 팀을 배출했다. 세 팀 모두 후방에 스위퍼를 두고 대인방어를 구사했다. 반대로 나머지 다섯 팀은 모두 포백라인을 세워 지역방어를 펼쳤다. 현대 축구에서 독일 스타일의 고전적 축구가 가장 잘 통한 사례는 그리스

가 이변을 일으키며 우승까지 차지한 유로 2004였다. 고전적인 독일 지도자 오토 레하겔 감독은 그리스 대표팀에 전통적인 독일식 시스템을 정착시켰다. 이 대회에 참가한 16팀 중 그리스를 제외한 15팀이 모두 일자 포백 수비 라인을 가동했다. UEFA 기술 보고서는 유로 2004에 대해 "그리스가 축구 역사의 시계를 돌려 사라진 예술을 재활용해 대대적인 충격을 선사했다. 레하겔 감독이 우리를 다시 미래로 돌려놓을 수 있을지는 아직 더 지켜봐야 할 것"이라고 설명했다. 그러나 그리스의 예상치 못한 성공은 유로 2004에서 그들이 치른 여섯 경기에서 멈췄다. 게다가 그리스는 극단적인 수비 축구로 대중적으로는 온 유럽의 원성을 사기도 했다. 이 사이 독일 축구는 중대한 전술적 혁명을 거치고 있었다.

독일 축구 역사가 기억하는 포백 수비 라인, 지역방어, 압박의 비상은 1998년 12월 랄프 랑닉Ralf Rangnick 감독이 출연한 축구 방송 〈다스 악투엘레 슈포르트 슈튜디오Das aktuelle Sport-Studio〉에서 시작됐다. 당시 랑닉 감독은 박진감 넘치고, 기동력 있는 축구를 구사하는 2부 리그 구단 울름Ulm을 이끌고 있었다. 그는 방송을 통해 대인방어 시스템의 장점을 설명하며 울름의 적극적인 압박 축구에 대해 얘기했다. 그러나 그는 방송이 전파를 탄 후 저명한 독일 축구인들로부터 거센 비난을 받았다. 그들은 랑닉 감독이 지나치게 전술에 큰 비중을 두고 있다며 그를 질타했다. 베켄바워는 "시스템에 대한 모든 말은 '난센스'에 불과하다. 공을 가지고 더 많은 걸 할 수 있는 선수들이 있지만, 우리 선수들은 그럴 수 없다. 포백 수비 라인, 지역방어, 스위퍼, 이런 것들은 중요한 문제가 아니다"라고 말했다.

그러나 랑닉은 독일 축구에 새로운 문화를 유행시킨 인물이다. 이로부터 몇 년이 지난 뒤, 대다수 분데스리가 팀들은 물론 독일 대표팀도 일자 포백 수비 라인과 지역방어를 구사하고 있었다. 랑닉은 감독으로 꾸준한 성공을 거두지는 못했고, 오히려 분데스리가보다는 2부 리그 팀의 승격을 이끄는 성과로 더 큰 인정을 받았다. 그러나 중요한 건 랑닉의 성적이 아니었다. 라파엘 호니크스타인이 《다스 레부트》를 통해 밝혔듯이, "랑닉은 우승을 하지는 못했으나 논쟁에서 승리했다"는 표현이 이를 잘 설명한다. 랑닉은 독일 축구에 워낙 지대한 영향을 미친 나머지 자신의 지도자로서의 영업 비밀을 지나치게 쉽게 대중에 알린 것을 후회한다고 말하기도 했다.

독일 축구에 압박의 중요성을 역설한 또 다른 인물은 위르겐 클롭이다. 그는 현역 시절 1990년대 중반 볼프강 프랑크Wolfgang Frank 감독이 이끈 2부 리그 팀 마인츠에서 활약하며 자신의 축구 철학을 확립했다. 프랑크 감독은 랑닉과 마찬가지로 독일인 중에서는 매우 드문 사키의 제자였다. 프랑크의 영향력은 현역 시절 그에게 지도를 받은 선수들이 감독이 되면서 본격적으로 효과를 나타냈다. 클롭은 현역 시절을 회상하며 "우리는 매우 지루한 영상을 500번이나 봐야 했다. 사키가 수비 훈련을 진행하며 막대기를 활용해 공도 쓰지 않고 파올로 말디니, 프랑코 바레시, 데메트리오 알베르티니에게 지시사항을 내리는 장면이었다. 과거 우리는 상대 팀 선수가 우리보다 더 좋은 기량을 보유하고 있으면, 우리가 지는 게 당연하다고 생각했다. 그러나 우리는 그에게 모든 가능성이 열려 있다는 사실을 배웠다. 전술을 이용해 더 좋은 팀을 이길 수 있기 때문"이라고 말했다.

프랑크 감독은 1995년부터 1997년까지 마인츠를 이끌고 성공적인 행보를 걸었다. 그러나 마인츠는 프랑크가 떠난 뒤, 고전적 독일식 전술을 활용하는 팀으로 돌아가며 부진을 면치 못했다. 결국 마인츠는

1998년 프랑크 감독을 다시 선임해 그에게 2년간 팀을 맡겼다. 그러나 마인츠는 2년 후 그가 떠나자 다시 부진에 빠졌다. 이때 마인츠는 수비수 클롭에게 선수겸 감독직을 제안했다. 마인츠 감독으로 부임한 클롭은 프랑크의 지역방어와 압박 수비 시스템을 되살렸다. 그는 7년간 마인츠 감독으로 경쟁력을 입증하며 분데스리가로 승격했다. 그는 마인츠가 다시 2부 리그로 강등된 후 재승격에 실패하자 팀을 떠났지만, 마인츠의 부활을 한 차례 이끈 클롭은 이미 주가가 오른 감독이었다. 게다가 그는 해설위원으로 인기를 구가하며 2008년 여름 재정난을 겪은 도르트문트 감독으로 부임했다. 당시 도르트문트는 전 시즌 분데스리가 13위로 추락한 무너진 명가였고, 리그에서 최다 실점을 헌납했다. 그러나 그들은 클롭이 부임한 후 3년 만에 분데스리가 우승을 차지하며 부활했다.

클롭의 도르트문트는 젊고, 활력이 넘치는 팀이었다. 그들은 상대에 공포를 안길 정도로 강도 높은 압박을 구사했다. 도르트문트는 19세 동갑내기 중앙 수비수 마츠 훔멜스와 네벤 수보티치Neven Subotić를 필두로 한 수비 라인을 높게 끌어올리는 4-2-3-1 포메이션을 가동했다. 단, 도르트문트는 공이 없을 때는 4-4-2 포메이션으로 전환했다. 클롭은 수비 시 4-4-2 포메이션 전환에 대해 "공이 없을 때 가장 효과적인 시스템이다. 라인 운용이 단순해 선수들이 소화하기도 가장 쉽다"고 말했다. 클롭이 가장 강조한 부분은 '달리기running'였다.

이 시절 유럽은 펩 과르디올라 감독의 바르셀로나가 구사한 점유율 축구에 매료되어 있었다. 그러나 클롭은 바르셀로나의 패스 축구가 지루하다고 느꼈다. 클롭이 바르셀로나 축구로부터 매력을 느낀 부분은 그들의 압박 능력이었다. 그는 "바르셀로나가 높은 지점에서 공을 빼앗는 능력은 대단한 수준이다. 그들이 이렇게 할 수 있는 이유는 모든 선수들이 압박에 참여하기 때문이다. 내 생각에 메시는 공을 잃은 후 이를 되찾아오는 데 가장 빼어난 선수다. 그는 공을 빼앗기면 바로 상대를 압박해 소유권을 다시 가져온다. 바르셀로나 선수들은 내일이 없는 것처럼 상대를 압박한다. 그들은 마치 상대 팀이 볼을 소유하고 있을 때 가장 즐거운 사람들인 것처럼 압박했다. 나는 축구를 보면서 그들처럼 압박을 잘하는 팀을 본 적이 없다"고 말했다.

이처럼 공을 빼앗긴 후 바로 상대를 압박해 소유권을 되찾는 방식의 수비는 '전환'의 개념에도 변화를 가져왔다. 앞서 챕터 10에서 전환에 대한 포르투갈 축구의 개념을 언급했듯이, 과거의 축구 지도자 수업 내용은 축구 경기를 총 네 가지 상황의 반복으로 해석했다. 이는 공을 점유하는 단계, 점유하지 않는 단계로의 전환, 공을 점유하지 않은 단계 그리고 다시 공을 점유하는 단계로의 전환이다. 그러나 수비 전환의 새로운 개념은 공을 잃었을 때 이를 최대한 빨리 다시 빼앗아 공을 점유하는 단계에 돌입해야 한다는 조건을 중심으로 하고 있었다. 이와 같은 개념을 바탕으로 이뤄지는 축구 경기의 속도는 훨씬 더 빨라질 수밖에 없다. 실제로 이 시절 바르셀로나의 축구를 보면 때로는 그들이 30분간 뛰는 모습을 보고도 공을 점유하지 않은 단계에서 어떤 구조를 구축하는지 알 수조차 없었다.

클롭 감독은 이와 같은 압박 방식을 차용해 '게겐프레싱'이라는 개념을 만들었다. 게겐프레싱을 번역하면 역압박counter-pressing을 뜻한다. 때로는 게겐프레싱의 의미가 잘못 해석될 때도 있다. 역압박과 압박의 상관관계는 역습과 공격의 상관관계와 다르다. 역압박, 즉 게겐프레싱은 압박을 역으로 압박하는 게 아니라 상대의 역습을 압박하는 수비 방식이다.

과르디올라와 클롭의 접근 방식에는 두 가지 큰 차이점이 있었다. 클롭이 전술적 혁명가로 불려야 할 이유도 바로 이와 같은 차이점 때문이다. 첫 번째 차이점은 두 팀이 압박을 하는 이유다. 과르디올라의 바르셀로나가 공을 빼앗겼을 때 재빨리 상대를 압박한 궁극적인 이유는 경기중 '공을 점유하지 않은 단계'로 긴 시간을 보내지 않기 위해서다. 과르디올라는 "공이 없을 때 우리의 축구는 형편없다. 우리에게는 공이 필요하다"고 말했다. 즉 바르셀로나가 구사한 빠른 압박은 능동적 수비 방식에 불과했다. 그들은 물러서서 수비하는 고전적 수비 방식에서 벗어나기 위해 공을 빼앗긴 후 즉시 압박을 가했다. 바르셀로나는 이런 방식으로 공을 다시 되찾은 뒤, 오랜 시간 '점유하는 단계'를 유지하며 자신들의 공격 구조를 구축했다.

클롭의 도르트문트는 달랐다. 도르트문트는 공이 없을 때도 구조가 완벽에 가까울 정도로 단단했고, 물러서서 하는 수비가 그들의 최대 장점인 역습 능력을 살릴 수 있는 완벽한 수비 방식이었다. 그러나 그들은 게겐프레싱을 했다. 왜냐하면 그것이 가치 있는 공격 전술이라 믿었기 때문이다. 클롭 감독은 "10번 역할을 맡은 선수가 있다고 가정해보자. 그가 천재적인 패스를 할 수 있는 위치에서 공을 받게 하려면, 그 전에 우리는 어떻게 패스를 연결해야 하는지를 끊임없이 고민해야 한다. 그러나 게겐프레싱은 상대 골대와 가까운 위치에서 우리가 소유권을 되찾아오게 해주는 수비 방식이다. 그 지점에서는 패스 하나로 매우 좋은 득점 기회를 만들 수 있다. 세계에서 플레이메이커 역할을 가장 잘하는 선수중 누구도 게겐프레싱보다 더 좋은 플레이메이커가 될 수는 없다. 그래서 게겐프레싱이 중요하다"고 말했다. 바르셀로나와 도르트문트는 공을 빼앗긴 직후 상대방을 신속하게 압박하는 비슷한 수비 방식을 가지고 있었다. 그러나 이 두 팀이 압박을 통해 이루고자 하는 목표는 전혀 달랐던 셈이다.

두 번째 차이점은 두 팀이 상대를 압박하는 구조의 차이다. 과르디올라 감독의 지도를 받은 선수들은 영리한 압박을 구사했다. 한 명이 공을 가진 상대 선수를 압박하면, 나머지 선수들은 그가 패스를 할 만한 길목을 전부 차단했다. 클롭 감독의 지도를 받은 선수들은 이처럼 계산적인 압박을 하지는 않았지만, 훨씬 더 극단적이었다. 상대가 공을 점유한 해당 구역으로 최대한 많은 선수가 쏠려 상대에 위압감을 줄 만한 압박을 구사했다. 클롭의 측면 미드필더 케빈 그로스크로이츠와 야쿱 브와쉬치코프스키가 공이 없을 때 중앙 지역에 몰려 있었던 이유도 이 때문이다. 도르트문트는 게겐프레싱을 하기 위해 팀 구조를 구축했다. 모든 팀들이 위아래로 벌어지는 공간(최전방 공격수와 최후방 수비수의 간격)을 최대한 촘촘히 하는 데 집중할 때, 클롭은 좌우로 벌어지는 공간을 최소화하는 데에도 큰 노력을 기울였다. 이 덕분에 도르트문트는 측면 공간으로 상대의 공격을 유도한 뒤, 볼 소유권을 되찾아오는 공을 빼앗는 빈도가 매우 높았다.

게겐프레싱은 상대가 수비진으로부터 빌드업을 할 때는 전형적인 압박과 결합되어 이뤄지기도 했다. 도르트문트는 대개 중앙 블록을 형성해 미드필드 진영을 집중적으로 압박했다. 즉 그들은 상대 중앙 수비수가 공을 잡고 있을 때는 특별히 강도 높은 압박을 구사하지 않았다. 그러나 상대 중앙 수비수가 측면 수비수, 혹은 미드필더에게 패스를 연결하면 즉시 압박을 가하는 게 도르트문트의 수비 방식이었다. 도르트문트가 전방위적으로 압박을 가한 경기는 많지 않았다. 적극적인 전방 압박을 하면 상대가 최후방에서 한 번에 길게 시도하는 롱볼에 허를 찔릴 수도 있었다. 대신 클롭 감독은 이미 준비해놓은 공간으로 상대가 패스를 찔러넣으면 그때부터 기다렸다는 듯이 구사하는 압박을 선호했다. 이처럼 도르트문트는 압박, 역압박, 역습을 적절하게 섞어가며 상대를 위협해 2011년과 2012년 바이에른을 제치고 분데스리가 우승을 차지할 수 있었다.

도르트문트가 2011년 2월 바이에른을 3-1로 꺾은 경기는 클롭 감독의 성향을 매우 잘 보여줬다. 도르트문트는 이날 승리와 함께 분데스리가 우승에 한발 더 가깝게 다가설 수 있었다. 바이에른은 골킥 상황에서 중앙 수비수 홀거 바트슈투버Holger Badstuber가 패스를 받았다. 그는 돌아서서 공격 진영을 바라보며 미드필드 지역에 배치된 바스티안 슈바인슈타이거에게 패스를 연결했다. 그러자 도르트문트는 왼쪽 측면 미드필더 그로스크로이츠와 공격수 로베르트 레반도프스키가 슈바인슈타이거의 좌우 방향을 차단하며 압박하기 시작했다. 당황한 슈바인슈타이거의 원터치 패스는 그대로 그로스크로이츠에게 흘렀다. 공을 잡은 그로스크로이츠가 그대로 상대 골문을 향해 돌진한 후 연결한 패스를 공격수 루카스 바리오스Lucas Barrios가 마무리했다. 슈바인슈타이거는 이날 최악의 부진을 겪었다. 당시 그는 독일에서 가장 추앙받는 미드필더였다. 그러나 그마저도 도르트문트의 에너지를 감당하지 못했다. 즉 당시 분데스리가에서 도르트문트의 압박을 당해낼 선수는 아마 없었을 것이다.

도르트문트는 2013년 아스널을 2-1로 꺾은 챔피언스리그에서도 완벽한 게겐프레싱으로 득점을 만들어냈다. 마르코 로이스가 왼쪽 측면으로 드리블 돌파를 하면서 레반도프스키를 향해 문전으로 연결한 패스가 빗맞았다. 공은 페널티 지역 모서리 부근에 있던 아스널 주장 미켈 아르테타Mikel Arteta에게 흘렀다. 아르테타가 동료 아론 램지Aaron Ramsey에게 원터치 패스를 연결하자 도르트문트 선수들은 구름처럼 몰려 압박을 시작했다. 램지의 앞쪽으로는 레반도프스키가, 뒷쪽으로는 로이스가 압박을 시작했다. 이 와중에 헨리크 미키타리안Henrikh Mkhitaryan이 오른쪽 측면에서 중앙 지역으로 좁혀 들어오며 램지를 압박했다. 이어 나머지 도르트문트 미드필더들도 앞으로 전진해 들어오며 램지를 위협했다. 램지는 레반도프스키, 로이스, 미키타리안의 압박에 시달리고 있었다. 로이스가 발을 집어넣어 공을 건드렸고, 레반도프스키가 이를 잡아 오른쪽으로 달려나가는 미키타리안에게 패스를 연결했다. 미키타리안이 득점 기회를 마무리하며 골을 터뜨렸다.

도르트문트는 공을 잃은 지 단 6초 만에 공을 다시 되찾으며 득점까지 했다. 특히 이 상황에서 도르트문트는 가장 위협적인 공격수 세 명이 모두 활발하게 경기에 관여해 골을 만들어냈다. 이 상황이 이뤄지는 사이 아스널 수비수 세 명은 공격으로 전환하는 단계에 접어들기 위해 전진하고 있었다. 실제로 미키타리안이 득점한 위치에 있어야 했던 아스널 왼쪽 측면 수비수 키어런 깁스Kieran Gibbs는 골이 터지기 6초 전까지 그 지역을 지키고 있었다. 그러나 깁스는 아르테타가 로이스의 패스를 가로채는 순간 역습을 기대하며 공격 진영을 향해 전진하고 있었다. 그러나 도르트문트는 아스널이 역습을 펼치기 전에 역압박을 가했던 것이다. 클롭 감독은 "공을 빼앗을 만한 가장 좋은 타이밍은 우리가 공을 잃는 순간이다. 그 순간에 공을 잡고 있는 상대 선수는 어디로 패스해야 할지를 생각해야 한다. 게다가 그는 바로 전 상황에서 공에 시선을 고정시키고 태클이나 가로채기를 하느라 주변 상황을 인지하지 못하고 있었을 가능성이 크다. 그는 공을 빼앗기 위해 에너지까지 소비한 상황에 놓여 있을 것이다. 그 순간이 그에게는 공을 빼앗길 위험에 가장 크게 노출되어 있는 시점"이라고 말했다.

도르트문트의 이와 같은 강도 높은 압박은 마치 그들이 운동장에 상대 팀보다 많은 선수를 배치한 것처럼 보이게 하곤 했다. 도르트문트와 아스널의 경기에서 양 팀이 기록한 활동량 수치만 비교해봐도 이를 쉽게 실감할 수 있다. 이날 아스널은 총 106.3km를 달렸다. 반면 도르트문트는 총 117.8km를 달렸다. 도르트문트는 아스널보다 11.5km를 더 뛴 셈이다. 공교롭게도 이날 도르트문트의 오른쪽 측면 수비수로 출전한 그로스크로이츠는 혼자 11.5km를 달렸다. 이날 그로스크로이츠가 측면으로 오버래핑을 하며 전진할 때 아스널 선수 중 누구도 그를 제어하지 못한 이유가 여기에 있었다.

　이 시절 도르트문트의 활동량 기록은 모두를 놀라게 할 정도로 대단했다. 이처럼 그들은 끝이 보이지 않는 에너지를 쏟아냈다. 클롭 감독은 챔피언스리그에서 마르세유를 꺾은 뒤, "우리는 오늘 많은 노력을 기울여야 했다. 만약 몇 km라도 덜 뛰었다면 더 어려운 경기를 했을 것"이라고 말했다. 클롭 감독은 선수들에게 조건을 제시하기까지 했다. 매번 10경기를 치른 시점에 최소 아홉 경기에서 팀 활동량 수치가 118km를 넘기면, 겨울 휴가 기간을 늘려주겠다는 게 그의 약속이었다. 선수들은 이 목표를 달성하지는 못했지만, 클롭 감독은 그들의 노력을 높게 평가해 휴가를 늘려줬다. 시간이 지나며 클롭 감독은 선수들의 활동량을 조절하며 점유율에 의존하는 빈도를 높였다. 그는 선수들이 뛰는 양을 줄이고, 점유율을 높여야 기술적으로 발전할 수 있다는 사실도 인정했다. 그러나 수년간 스페인 축구가 유럽을 지배하며 점유율을 중시한 시기를 이어받은 독일 축구는 많은 이들에게 활동량의 중요성을 일깨워줬다.

　그러나 이후 클롭의 도르트문트는 스스로 만든 성공의 덫에 갇혔다. 도르트문트가 2년 연속 분데스리가 우승을 차지하는 원동력이 된 압박과 게겐프레싱이 워낙 효과적이었던 나머지 다른 팀들이 이를 따라 하기 시작했기 때문이다. 그러면서 분데스리가의 대다수 경기가 정신없는 압박 싸움으로 이어졌다. 이때부터는 대다수 팀이 높은 위치에서부터 상대를 압박하며 강도 높은 축구를 구사했다.

클롭 감독에게 더 큰 문제가 된 건 바이에른 뮌헨마저 이와 같은 축구를 구사하기 시작했다는 점이다. 바이에른은 도르트문트에서 마리오 괴체, 로베르트 레반도프스키, 마츠 훔멜스 같은 선수만 영입한 게 아니었다. 바이에른이 도르트문트에서 가져온 가장 중요한 무기는 게겐프레싱의 개념이었다. 유프 하인케스 감독과 그의 코칭스태프는 도르트문트와 바이에른을 갈라놓는 가장 큰 차이점이 게겐프레싱이라는 사실을 깨달았다. 그러면서 바이에른은 2012-13시즌 도르트문트의 3년 연속 분데스리가 우승을 저지했을 뿐만 아니라, 트레블을 달성했다. 이후 바이에른은 최근까지 단 한 시즌도 분데스리가 우승을 놓치지 않았다.

클롭 감독은 자신이 확립한 게겐프레싱의 개념이 적나라하게 모방되고 있다는 데 공개적으로 불만을 내비쳤다. 그는 독일 북서부 지역 루르Ruhr의 수많은 공장이 문을 닫은 점을 가리키며 "분데스리가의 다른 팀들이 마치 중국이 산업계에서 하는 것처럼 굴고 있다. 그들은 다른 누군가가 무엇을 하는지 관찰한 뒤, 더 많은 돈을 들여 똑같은 일을 하고 있다"고 말했다.

이와 같은 현상은 도르트문트와 바이에른이 만난 2012-13시즌 챔피언스리그 결승전에서 더 적나라하게 드러났다. 바이에른의 압박은 훨씬 더 강력해진 상태였다. 최전방 공격수 마리오 만주키치는 거칠고 제공권이 좋은 선수였을 뿐만이 아니라 누구보다 근면함이 돋보였다. 만주키치를 지원하는 미드필더 토니 크로스는 훌륭한 기술과 약 182cm의 키와 신체적 강인함을 동시에 보유하고 있었다. 이 두 선수는 상대 수비진을 매우 강도 높게 압박했다. 슈바인슈타이거와 하비 마르티네스도 이들을 도와 조직적인 압박 능력을 선보였다.

그러나 바이에른의 게겐프레싱은 바르셀로나와 도르트문트의 압박 방식과 달랐다. 바이에른은 바르셀로나처럼 상대의 패스 길목을 차단하거나, 도르트문트처럼 상대가 특정 공간으로 패스를 찔러넣으면 최대한 많은 선수가 압박을 하거나 하지는 않았다. 대신 바이에른은 높은 지점부터 1대1 수비를 펼치며 상대를 압박했다. 바이에른은 신체적으로 거친 팀이었다. 바이에른은 가로채기보다는 태클로 공을 쟁취했다. 바르셀로나에서 메시가 동료들을 도와 상대를 압박했듯이, 바이에른은 좌우 측면 공격수 프랑크 리베리와 아르연 로번도 수비 시 팀에 보탬이 됐다. 실제로 바이에른은 리베리와 로번이 가담했을 때 가장 강력한 압박을 구사했다. 슈바인슈타이거는 리베리를 향해 "내가 상대를 압박해 공을 빼앗으면 누구도 신경 쓰지 않는다. 그러나 네가 태클을 하면 관중석이 들썩인다"고 말하기도 했다.

바이에른과 도르트문트는 나란히 강력한 압박을 바탕으로 승승장구하며 2012-13시즌 챔피언스리그 결승 진출에 성공했다. 바이에른은 16강에서 아스널을 상대로 1차전 원정 경기부터 가차없는 압박을 구사했다. 아스널은 경기 초반부터 강력한 압박을 당하자 후방에서 전방으로 롱볼을 시도하는 데 급급했다. 떨어진 공을 따낸 바이에른은 공격을 시작했다. 토니 크로스의 선제골도 이와 같은 방식으로 만들어졌다. 바이에른은 이날 아스널 원정을 3-1 완승으로 장식했다.

바이에른의 8강 상대는 유벤투스였다. 유벤투스도 바이에른의 압박을 풀어내지 못했다. 게다가 바이에른은 경기 시작 30초 만에 다비드 알라바가 시도한 중거리슛이 굴절되며 선제골로 연결되는 행운까지 등에 업었다. 그러나 득점에 앞서 바이에른은 이미 경기 시작 직후 두 차례나 공격 진영에서 강력한 압박으로 공을 빼앗는 모습을 보였다. 만주키치는 마치 압박 기계를 연상시킬 정도로 상대 수비진을 따라다니며 괴롭혔고, 그 덕분에 바이에른의 미드필드에 배치된 선수들은 안드레아 피를로를 조직적으로 압박하는 데 집중할 수 있었다. 바이에른은 이날 유벤투스를 2-0으로 꺾었다.

경기 내내 고전을 면치 못한 피를로는 "오늘 내 경기력이 만족할 만한 수준이 아니라는 사실은 누구보다 내가 잘 알고 있다. 나는 중요한 경기에서 많은 실수를 저질렀다. 실망스러운 일이다. 오늘 왜 이렇게 많은 패스가 정확하지 못했는지 분석해야 한다"고 말했다. 분석 결과는 단순했다. 유벤투스는 이처럼 강도 높은 바이에른의 압박에 대비하지 못한 상태였다. 유벤투스는 2차전에서 공격 속도를 끌어 올려 바이에른에 맞섰다. 이에 경기 초반 바이에른은 주춤하는 모습을 보이기도 했다. 그러나 바이에른은 2차전에서도 2-0으로 승리했다.

이후 바이에른이 바르셀로나를 1, 2차전 합계 7-0으로 대파한 역사적인 4강전이 펼쳐졌다. 바이에른은 바르셀로나가 골킥으로 빌드업을 시작할 때마다 집요한 1대1 방식의 압박에 이어 역습, 세트피스 공격으로 위협을 가했다. 이날 바이에른에서 가장 눈부신 활약을 펼친 선수는 공교롭게도 스페인 선수 하비 마르티네스였다. 그는 아틀레틱 빌바오 시절 기술적 우수함이 돋보이는 후방 플레이메이커였지만, 바이에른 이적 후 기술적으로 다재다능하면서도 거친 괴물로 변신했다. 바이에른에서 등번호 8번을 달고 뛴 그는 "스페인 선수 중 나처럼 독일인 같은 선수는 없을 것"이라고 농담을 하기도 했다.

마르티네스는 1차전에서 안드레스 이니에스타를 끊임없이 압박하며 공을 빼앗았다. 그는 이날 누구보다 많은 태클을 기록했고, 파울 횟수는 다른 선수의 두 배에 가까웠다. 부스케츠는 경기가 끝난 후 "하비(마르티네스)는 신체적으로 대단한 잠재력을 가진 선수다. 그는 운동장 곳곳을 누비고 다니며 공을 빼앗는다. 그는 바이에른의 허파 같은 존재"라고 말했다. 경기가 끝날 무렵 화가 난 이니에스타는 거친 몸싸움으로 마르티네스를 쓰러뜨려 파울을 범했다. 그만큼 이날 바르셀로나 선수들은 마르티네스의 압박에 고전하며 평정심을 잃은 모습을 보였다.

도르트문트는 결승까지 오르는 데 압도적인 모습을 보이지는 못했다. 도르트문트는 16강에서 샤흐타르 도네츠크Shakhtar Donetsk를 꺾고 8강에 올랐다. 펠레그리니 감독이 이끈 말라가에게는 매우 고전했다. 도르트문트는 1차전 홈 경기에서 0-0 무승부에 그쳤고, 2차전에서는 말라가에 끌려갔으나 후반 추가 시간에 중앙 수비수 펠리페 산타나Felipe Santana가 득점하며 3-2 역전승을 거뒀다. 그러나 말라가를 상대할 때도 도르트문트가 선보인 가장 인상적인 부분은 그들의 압박 능력이었다.

이어 도르트문트는 4강에서 레알 마드리드를 만났다. 레알은 도르트문트가 조별 리그에서 이미 두 차례 상대한 팀이었다. 도르트문트는 조별 리그에서 만난 레알과의 첫 대결에서 우세한 경기력을 선보이며 2-1로 승리했고, 이는 도르트문트의 어드밴티지를 입증한 것이었다. 조세 무리뉴 감독의 레알은 이렇다 할 압박을 구사하지 않았고, 반대로 공을 잡았을 때는 도르트문트의 강력한 압박에 고전했다. 도르트문트는 늘 그래왔듯이 상대 중앙 수비수가 공을 잡았을 때는 한발 물러서 있다가 미드필드 지역으로 첫 번째 패스가 투입되는 순간부터 강도 높은 압박을 구사했다. 도르트문트의 선제골이 이와 같은 흐름을 그대로 보여줬다. 레알 중앙 수비수 페페가 공을 가진 채 전진하며 외질에게 연결한 패스를 제 바스티안 쾰이 차단했다. 이를 이어받은 레반도프스키는 페페가 비워놓은 뒷공간을 파고들며 선제골을 터뜨렸다. 이후 레알은 뒷공간으로 침투한 크리스티아누 호날두가 외질의 침투 패스를 받아 마무리하며 동점골을 넣었지만, 도르트문트는 왼쪽 측면 수비수 마르첼 슈멜처의 결승골에 힘입어 승리했다. 사실 이날 도르트문트는 더 큰 격차로 승리할 수도 있었다. 레알은 전반전에 인상적인 활약을 펼친 사미 케디라가 일찌감치 교체되자 외질을 제외하고는 누구도 도르트문트의 템포에 대응하지 못했다. 레알 선수 중 도르트문트가 주도하는 정신없을 정도로 빠른 축구에 대적한 선수는 독일인 두 명뿐이었던 셈이다. 도르트문트는 조별 리그에서 열린 마드리드 원정에서도 2-1로 앞선 채 승리를 눈앞에 두고 있었으나 경기 종료 직전 외질이 프리킥으로 득점하며 2-2 무승부에 만족해야 했다. 레알의 프리킥을 호날두가 아닌 외질이 찬 건 보기 드문 일이었다.

레알은 4강에서 다시 만난 도르트문트의 강도에 대응할 만한 방법이 필요했다. 그러나 레알은 또 다시 도르트문트를 상대로 고전을 면치 못했다. 왼쪽 측면에서 도르트문트 선수 두 명에 쫓긴 호날두의 드리블 돌파는 터치라인 밖으로 벗어났고, 루카 모드리치는 태클에 걸리며 공을 빼앗겼다. 사비 알론소는 도르트문트의 압박을 감당하지 못하며 정확도가 떨어지는 패스를 하는 데 급급했다. 레알은 경기 초반부터 공포에 떠는 듯한 모습을 보였고, 최전방 공격수 곤살로 이과인을 향한 롱볼이 그들의 유일한 공격 패턴이었다. 결국 경기 시작 8분 만에 마리오 괴체의 크로스를 레반도프스키가 득점으로 연결하며 선제골이 터졌다. 레알은 전반전 종료 직전 홈멜스의 백패스 실수를 틈 타 이과인의 패스를 호날두가 동점골로 연결했으나 끝내 후반전에 무너졌다.

이날 경기도 양 팀이 조별 리그에서 격돌했을 때와 비슷한 흐름으로 전개됐다. 도르트문트가 거침없는 에너지로 전후반 초반 경기를 압도하고, 그들이 지친 기색을 보일 때 레알이 이를 노리는 흐름이 이어졌다. 그러나 도르트문트는 레반도프스키가 50분, 55분, 67분 연이어 득점하며 사실상 결승행을 확정지었다. 이날 레반도프스키의 퍼포먼스는 챔피언스리그 출범 후 선수 한 명이 선보인 가장 위대한 것들 가운데 하나였다. 그리고 일카이 귄도간Ilkay Gündoğan도 경기를 조율하며 빼어난 활약을 펼친 선수였다. 그는 공격 진영에서 상대를 강력하게 압박하며 공을 빼앗은 후 공격을 전개하는 현대판 독일식 축구의 결정체 역할을 수행했다. 그는 하루 전 바르셀로나를 압도한 하비 마르티네스와 같은 등번호 8번을 달고 있었다. 8번은 박스-투-박스 미드필더를 상징하는 등번호다. 이처럼 독일 축구는 8번의 능력을 극대화하는 데 탁월한 능력을 보여주고 있었다. 당시 독일 대표팀의 8번은 사미 케디라였다.

레알은 경기 마지막에 만회골을 노렸지만, 끝내 격차를 좁히지는 못했다. 경기는 도르트문트의 4-1 대승으로 종료됐다. 클롭 감독은 "우리 팀이 믿을 수 없는 경기력을 보여줬다. 우리는 초반 25분간 훌륭했다. 이후 우리는 어려움을 겪으며 레알에 동점골을 허용했다. 그러나 하프타임 도중 나는 선수들에게 경기 초반의 모습을 되찾아야 한다고 강조했다. 그들은 이것을 해냈다. 우리는 후반전에 훨씬 더 좋은 경기력을 선보였다"고 밝혔다.

무리뉴 감독은 "그들이 더 좋은 팀이었다. 그들은 개개인, 조직력, 신체적, 정신력 싸움에서 우리보다 강했다. 경기는 1-1 상황에서 매우 짧은 시간에 4-1이 됐다. 우리는 공을 쉽게 빼앗겼고, 그들의 전환 속도를 따라가지 못했다"고 말했다. 이처럼 경기가 끝난 후 양 팀 감독이 간단명료하면서도 정확한 평가를 하는 건 극히 드문 현상이다. 이날 클럽은 경기의 흐름을, 무리뉴는 세부 사항을 정확하게 분석하며 설명했다. 도르트문트는 2차전 원정에서 부진하며 0-2로 패했지만, 결승 진출에 성공하며 웸블리에서 라이벌 바이에른을 만났다.

중립적인 팬들은 챔피언스리그 결승에서 도르트문트를 응원했다. 특히 이날 경기를 앞두고 바이에른이 시즌이 끝난 후 괴체를 영입하게 됐다는 소식이 밝혀지자 도르트문트를 동정하는 목소리는 더 커졌다. 괴체는 부상 탓에 이날 경기를 관중석에서 지켜봤다. 클롭 감독은 대다수 축구 팬들이 도르트문트를 응원하는 분위기를 반겼다. 그는 "중립적인 팬이라면 어떤 스토리를 원하느냐에 따라 선호도가 갈릴 것 같다. 바이에른이 1970년대부터 얼마나 많은 트로피를 차지했는지가 마음에 든다면, 그들을 응원하면 된다. 그러나 새로운 스토리, 특별한 스토리를 원하는 팬은 반드시 도르트문트를 응원해야 한다. 나는 지금 이 순간 당신이 우리 편에 있어야 한다고 생각한다"고 말했다. 발언의 수위가 조금 지나쳤고, 조금은 건방지게 들릴 수도 있었으나 매우 클롭다운 한마디였다. 게다가 많은 이들이 그의 말에 동의했다.

같은 리그에 속한 두 팀이 챔피언스리그에서 만나게 되면, 대개 경기는 느린 소모전으로 전개된다. 그러나 압박과 빠른 템포를 무엇보다 중시한 도르트문트와 바이에른의 결승전은 활기 넘치고 빠른 공방전이 펼쳐졌다. 실제로 이날 경기는 마치 분데스리가 경기를 연상케 했고, 경기 내용만으로는 챔피언스리그 결승전 역사상 최고 중 하나였다.

도르트문트는 레알 마드리드전과 마찬가지로 초반부터 강력한 모습을 보였다. 경기 초반 도르트문트가 슈팅 6회를 시도하는 동안 바이에른은 단 한 차례도 득점 기회를 만들지 못했다. 그러나 도르트문트의 슈팅은 번번이 골키퍼 마누엘 노이어의 선방에 막혔다. 바이에른은 도르트문 트의 강력한 압박에 막혀 수비 진영에서 앞쪽으로 공을 운반하지 못하 며 중앙 수비수 제롬 보아텡과 단테가 패스를 주고받는 패턴만 반복됐 다. 그러나 도르트문트는 경기력에서 앞서고도 정작 득점하지 못하고 있 었다. 결국 도르트문트는 25분경이 지나며 에너지가 떨어지는 모습을 보 였다. 반면 바이에른은 서서히 살아나는 모습을 보이며 특히 세트피스 공격으로 도르트문트를 위협했다. 전반전은 0-0으로 종료됐다.

도르트문트는 후반전이 시작되자 늘 그래왔듯이 다시 에너지를 폭발 시켰다. 그러나 이번에도 그들은 후반전이 진행될수록 상대 팀에 흐름을 넘겨줬다. 바이에른의 오른쪽 윙어로 선발 출전한 로번은 최전방 공격수 뮐러와 위치를 바꿔 도르트문트가 높이 끌어올린 수비 라인 뒷공간을 노렸다. 바이에른이 후반전에만 뒷공간을 파고든 로번에게 연결한 침투 패스는 무려 6회에 이르렀다. 결국 로번은 도르트문트의 높은 수비 라인 을 깨고 침투하며 공을 잡은 후 만주키치에게 패스를 건넸다. 만주키치 가 이를 선제골로 연결했다. 이후 도르트문트는 로이스가 페널티 지역에 서 단테의 파울을 유도하며 얻은 페널티킥을 귄도간이 득점으로 연결하 며 동점골을 터뜨렸다. 그러나 바이에른과 로번은 여기서 물러나지 않았 다. 뮐러가 상대 골키퍼 로만 바이덴펠러Roman Weidenfeller를 제치고 연결한 패스를 로번이 회심의 슈팅으로 연결했지만, 네벤 수보티치가 몸을 날려 골라인 앞에서 기적적으로 실점을 막았다. 바이에른은 계속 공세를 이어 갔다.

결국 로번은 89분에 자신의 커리어를 완성하는 기념비적인 결승골을 기록했다. 그는 리베리가 페널티 지역 모서리 부근으로 연결한 백힐을 받 아 도르트문트 수비진을 헤집고 문전으로 돌파해 들어가며 깔끔한 마무리로 득점에 성공했다. 도르트문트 수비수 훔멜스는 경기가 끝난 후 "경기가 진행될수록 우리가 지친 게 사실이다. 바이에른이 이를 잘 활용했다"고 말했다. 클롭도 훔멜스의 말에 동의했다. 그는 "우리는 75분부터 큰 어려움을 겪었다"고 밝혔다.

이와 같은 체력적인 문제는 많은 체력을 소비하는 '하이 에너지high energy' 경기에서 필연적일 수밖에 없다. 조너선 윌슨의 저서 《피라미드 뒤집기Inverting the Pyramid》는 강력한 압박 축구를 기반으로 한 팀은 3년 이상 강세를 이어가는 데 어려움을 겪는다고 설명했다. 1960년대 빅토르 마슬로프Viktor Maslov 감독의 디나모 키에프Dynamo Kiev, 70년대 리누스 미헬스Rinus Michels와 스테판 코바치Stefan Kovács's 감독의 아약스Ajax, 80년대 아리코 사키 감독의 AC 밀란이 모두 3년 이상 상승세를 이어가지 못한 것도 이 때문이다. 21세기 이후에는 펩 과르디올라 감독의 바르셀로나가 3년 연속 라리가 우승, 챔피언스리그 2회 우승을 차지한 후 네 번째 시즌에서는 침체기를 겪었다. 클럽의 극단적인 압박 축구를 구사한 도르트문트는 독일 분데스리가 2년 연속 우승에 이어 챔피언스리그 결승전까지 오른 후 슬럼프에 빠졌다. 도르트문트는 경기가 끝날 무렵, 시즌이 끝날 무렵 그리고 훗날 클럽 감독이 떠날 무렵에 지친 기색이 역력했다.

도르트문트는 2013-14시즌에도 경쟁력을 발휘하기는 했다. 그들은 펩 과르디올라 감독의 바이에른에 이어 분데스리가 2위에 올랐고, 챔피언스리그에서는 8강에 진출했다. 그러나 2014-15시즌, 도르트문트에 재앙이 찾아왔다. 전반기를 마친 도르트문트는 강등권에서 허덕이고 있었다. 이후 도르트문트는 다시 상승세를 타며 7위로 시즌을 마쳤지만, 그해 여름 클럽 감독은 팀을 떠났다. 그렇지만 마지막 시즌 성적과 관계없이 클럽 감독이 게겐프레싱을 바탕으로 독일 축구에 미친 영향력은 대단했다. 논란이 된 TV 프로그램에 출연해 처음으로 독일 대중에게 압박 축구의 중요성을 알렸던 랑닉도 클롭의 공로를 인정했다. 랑닉은 "극단적인 전환으로 공을 뺏기자마자 빼앗고, 바로 전진하는 축구가 주류를 이루게 됐다. 이제는 수많은 팀이 공을 빼앗으면 바로 역압박을 시도한다. 그러면서 전력 질주 횟수가 늘어났다. 한 경기에서 발생하는 빠른 달리기, 혹은 전력 질주는 과거와 비교해 비약적으로 늘어났다. 운동 능력과 역동성을 고려하면, 축구는 이제 완전히 달라진 스포츠가 됐다"고 말했다.

한편 과르디올라 감독이 부임한 바이에른은 더 강력한 압박 축구를 구사했다. 그는 바이에른의 수비 라인을 더 높이 끌어올려 선수들이 공을 빼앗으면 바로 전진하는 방식의 공격 패턴이 저절로 이뤄지게 만들었다. 그는 '4초 게겐프레싱'이라는 개념을 선수들에게 이식했다. 공을 빼앗긴 직후 최소 4초는 역압박을 가한 뒤, 그때도 공을 되찾지 못하면 물러서서 수비를 해야 한다는 게 그가 확립한 4초의 법칙이었다. 그는 만주키치와 뮐러의 활동량에 강렬한 인상을 받았고, 이 둘을 그대로 주축 공격수로 활용했다. 과르디올라 감독은 "뮐러와 만주키치의 압박 강도는 살벌할 정도다. 뮐러에게 측면에서 반대쪽을 향해 대각선으로 침투하라는 지시를 하면, 그는 40미터를 전속력으로 달린 후 다시 자기 자리로 돌아온다. 그는 필요에 따라 이러한 움직임을 100번 더 할 수도 있다"고 말했다.

과르디올라는 압박 축구가 지배하는 분데스리가에서 압박에 대응하는 전술까지 개발했다. 빌드업 상황에서 수비형 미드필더를 중앙 수비수두 명 사이에 끼워넣고 상대 공격수 두 명을 상대로 공격을 전개하는 방식은 그가 바르셀로나 시절부터 세르히오 부스케츠를 중심으로 활용한 패턴이다. 이와 같은 빌드업 구조는 과르디올라가 바이에른 감독으로 부임한 후 더 집중적으로 활용됐다. 심지어 가끔은 바이에른의 수비 라인이 스리백인지, 포백인지 가늠이 되지 않을 정도였다. 바르셀로나에서 부스케츠가 완벽하게 해낸 역할을 바이에른에서는 람과 사비 알론소가 맡았다.

과르디올라 감독은 바이에른을 이끌고 처음 나선 도르트문트와의 맞대결에서 이전까지 미드필더나 수비수로 활약한 하비 마르티네스를 처진 공격수로 활용했다. 이날 경기 결과는 바이에른의 3-0 완승이었다. 과르디올라는 바이에른이 전 시즌 챔피언스리그 결승전 초반 도르트문트의 압박에 어려움을 겪은 점을 파악한 후 마르티네스를 공격 진영에 배치한 후 그와 만주키치를 향해 롱볼을 연결해 공격을 전개했다. 이는 과르디올라 감독이 구사하는 축구치고는 놀라울 정도로 직선적이었다. 그러나 이후 바이에른은 차츰 상대의 압박을 뚫는 짧은 패스를 연결해 나아가기 시작했고, 사비 알론소를 영입한 후 빌드업의 완성도를 높였다.

독일 대표팀도 비슷한 방식으로 진화했다. 독일 대표팀에 새로운 접근 방식을 가장 먼저 가져온 인물은 위르겐 클린스만 감독이었다. 그는 2006 독일 월드컵을 준비하며 '즉각적인 볼 소유권 회복'이라는 표현을 자주 썼다. 이후 클린스만의 수석코치였던 뢰브는 후임 감독으로 부임한 후 이를 '적극적 볼 쟁취'라고 표현했다.

독일은 2014 브라질 월드컵에서 적극적인 압박 축구를 하지는 않았다. 그러나 당시 독일은 상황에 따라 적절한 압박을 하며 승부처에서 힘을 발휘했다. 이를 가장 잘 보여주는 장면은 독일이 브라질을 7-1로 꺾은 4강전에서 기록한 네 번째 득점 상황이었다. 브라질은 크로스에게 세 번째 실점을 헌납한 후 단 1분 뒤, 수비 진영에서 빌드업을 시작했다. 이 순간 하프라인 부근에 머물러 있던 크로스는 약 20미터를 달려와 페르난지뉴Fernandinho로부터 공을 빼앗았다. 이후 그는 케디라와 패스를 주고받은 후 네 번째 골을 터뜨렸다.

이후 1~2년에 걸쳐 압박과 게겐프레싱(역압박)은 유럽 전역으로 퍼지기 시작했다. 그러나 여전히 대표팀 축구에서는 이와 같은 축구를 보기가 어려웠다. 유로 2016은 밋밋한 경기의 연속이었다. 대다수 팀은 수비 진영으로 내려앉아 상대의 공격을 버티는 데 집중하는 수비 전술로 일관했다. 그러나 유독 독일만이 다른 축구를 구사했다. 뢰브 감독은 승부차기 끝에 승리한 이탈리아와의 8강전에서 미드필드 지역의 수적 싸움에서 밀리지 않기 위해 포메이션을 바꿨다. 그러면서 독일은 이탈리아와 중원에서 3대3 경합을 할 수 있었다. 독일은 프랑스를 만난 4강에서도 높은 위치에서 압박을 시도하며 경기를 장악했지만, 개개인의 수비 실수로 0-2 패배를 당했다.

분데스리가에서는 2015-16시즌부터 클롭 감독의 도르트문트를 볼 수 없었다. 클롭은 곧 리버풀 감독으로 부임하며 프리미어리그에서 게겐프레싱을 구사하기 시작했다. 그러나 분데스리가는 그가 떠난 후에도 압박 강도가 줄어들지 않았다. 클롭과 함께 독일에 압박의 중요성을 역설한 랑닉 감독은 RB 라이프치히를 이끌었다. 독일의 신흥 부호 라이프치히는 2부 리그에서부터 적극적이고, 빠른 템포의 축구로 분데스리가 승격에 성공했다. 이후 랑닉이 기술이사로 승진하며 랄프 하젠휘틀Ralph Hasenhüttl 감독이 부임한 라이프치히는 승격 첫 시즌부터 바이에른에 이어 준우승을 차지하며 돌풍을 일으켰다.

클롭의 압박 축구는 분데스리가 전체에 영향을 미쳤다. 토비아스 에셔Tobias Escher는 독일 축구 전술의 역사를 되짚은 저서 《리베로에서 더블 볼란테까지vom Libero zue Doppelsechs》를 통해 "게겐프레싱은 독일이 시작한 개넘으로 자리매김했다. 클롭은 수많은 감독의 모델이 됐다. 지금 분데스리가에서는 모든 팀이 게겐프레싱을 구사한다. 클롭 감독은 우리가 분데스리가에서 매주 보는 축구에 새로운 기준을 제시했다. 2015-16시즌 '클롭 축구'를 구사한 팀은 18팀 중 최소 10팀"이라고 말했다.

클롭이 독일 축구에 남긴 가장 큰 유산은 '게겐프레싱'이라는 독일어 단어가 '카운터프레싱'이라는 영어 단어로 변역되지 않고 유럽 전역으로 퍼졌다는 사실이다. 이 덕분에 모든 사람들은 게겐프레싱이 어디서 시작됐는지를 자연스럽게 알게 됐고, 독일 축구는 베켄바워가 스위퍼의 역할을 재정의한 시절 이후 처음으로 전술적 혁신을 이뤘다.

18
·
재창조

과거 독일이 월드컵 우승을 차지할 때는 압도적인 활약을 펼치는 간판 스타 한 명이 팀을 이끌었다. 그러나 독일의 2014 브라질 월드컵 우승은 평등주의를 바탕으로 모든 선수들이 조화를 이루면서 달성한 기록이었다. 그래서 당시 가장 빼어난 활약을 펼친 독일 선수 한 명을 지목하기는 어렵다.

독일의 우승 후 가장 눈에 띈 선수는 최소 여섯 명에 달했다. 발리슛으로 결승골을 터뜨린 마리오 괴체가 헤드라인을 장식했고, 주장 필립 람은 트로피를 들어 올리며 모든 기념 사진의 중심에 있었다. 그러나 결승전에서 진정한 리더 역할을 한 선수는 수비 라인 앞에서 리오넬 메시의 영향력을 최대한 억제한 바스티안 슈바인슈타이거였다. 대회 내내 가장 꾸준한 활약을 펼친 선수는 토니 크로스였고, 토마스 뮐러는 다섯 골로 팀 내 최다 득점을 기록했다. 이 와중에 골키퍼 마누엘 노이어는 그해 메시, 크리스티아누 호날두와 함께 발롱도르 최종 후보 3인으로 선정됐다.

이 여섯 명에게는 공통점이 있었다. 괴체, 람, 슈바인슈타이거, 크로스, 뮐러 그리고 노이어는 모두 바이에른 뮌헨 선수들이었다. 게다가 이 선수들의 성향을 고려하면 더 눈에 띄는 점이 나타났다. 2014 브라질 월드컵 우승은 전통적인 축구 강국 독일의 재창조가 이뤄낸 결과였다. 독일은 지루하고, 기계적인 축구를 한다는 선입견을 깨고 창조적이고, 화려한 축구 국가로 새롭게 태어났다. 위에 언급한 여섯 명은 이와 같은 모습으로 재창조된 독일을 상징하는 존재였다.

스페인의 2010 남아공 월드컵 우승에 이어 독일의 2014 브라질 월드컵에도 보이지 않는 곳에서 영향을 미친 인물은 펩 과르디올라였다. 2010년 월드컵 결승전에 선발 출전한 스페인 선수 11명 중 6명은 당시 과르디올라 감독이 이끈 바르셀로나 소속이었다. 이어 2014년 월드컵 결승전에 선발 출전한 여섯 명의 독일 선수도 소속 팀 바이에른에서 과르디올라 감독을 만난 후 괄목할 만한 성장을 했다.

요기 뢰브 독일 감독은 전략적 문제에 직면했을 때 이를 해결하는 대응 방법을 마련하는 전술가 기질이 탁월했다. 그러나 훈련 시간이 충분히 주어지지 않는 대표팀 감독의 특성을 고려할 때, 그가 독일 선수 개개인을 발전시키는 건 무리였다. 그러나 3년 연속 분데스리가 우승을 달성한 과르디올라에게는 과감한 전술 실험을 감행할 여유가 있었다. 이와 같은 환경을 경험한 바이에른 선수들은 독일 대표팀에 전술적 유연함을 더했다. 과르디올라 감독 체제에서 다양한 포지션 변화를 경험한 그들이 이를 독일 대표팀에서도 그대로 구현했기 때문이다. 물론 당시 독일 대표팀 선수들의 포지션 변화가 모두 과르디올라 감독과 연관됐다고 볼 수는 없다. 그러나 과르디올라 감독이 큰 영향을 미쳤다는 사실을 부인할 수도 없는 게 사실이다.

독일은 미드필더들의 잇따른 부상이 이어지는 가운데서도 결승전에서 아르헨티나를 꺾었다. 이날 킥오프를 앞두고는 사미 케디라도 부상으로 전력에서 제외됐다. 케디라를 대신해 결승전에 선발 출전한 선수는 월드컵 개막 직전 평가전을 통해 대표팀 데뷔전을 치른 신예 크리스토프 크라머Christoph Kramer였다. 크라머에게는 월드컵 결승전이 자신이 선발 출전하는 첫 번째 공식 경기였다. 그러나 그는 경기 시작 15분 만에 아르헨티나 수비수 에세키엘 가라이Ezequiel Garay와 강하게 충돌하며 뇌진탕 증상을 보였다. 크라머는 충돌 후에도 한동안 출전을 감행했지만, 그에게 "이 경기가 결승전인가?"라는 질문을 받은 니콜리 리촐리Nicola Rizzoli 주심은 바로 부상의 심각성을 파악했다. 리촐리 주심은 슈바인슈타이거에게 크라머의 상태가 온전치 않다는 사실을 알렸고, 결국 이를 전달받은 독일 코칭스태프는 그를 교체했다.

크라머와 교체된 선수는 공격수 안드레 쉬를레였다. 독일은 즉시 포메이션을 변경했다. 외질이 중앙으로 위치를 옮기며 슈바인슈타이거, 크로스와 중원 조합을 이루게 됐다. 그러면서 독일은 케디라 혹은 크라머에게 중원에서 기대한 활력과 신체적 능력을 상당 부분 배제한 채 경기를 치러야 했다. 가뜩이나 대회를 앞두고 중앙 미드필더 라스Lars, 스벤 벤더Sven Bender 형제가 부상으로 명단에서 제외된 독일에 케디라와 크라머의 부상은 더 큰 타격이었다. 이뿐만 아니라 대회 내내 훌륭한 활약을 펼친 크로스는 이날 유독 부진한 모습을 보였다. 크로스가 골키퍼 노이어를 향해 머리로 시도한 백패스를 아르헨티나 공격수 곤살로 이과인이 가로채 슈팅으로 연결했으나 득점하지 못한 건 그에게 큰 행운이었다. 이와 같은 상황에서 독일의 허리진을 이끌어야 하는 역할을 맡아야 했던 선수가 슈바인슈타이거였다.

당시 독일의 월드컵 영웅 6인 중 첫 번째 주인공인 슈바인슈타이거는 이날 훌륭한 활약을 펼쳤다. 경기를 주도한 그는 누구보다 많은 패스 횟수를 기록했고, 메시를 상대로 두 차례 결정적인 수비를 펼쳤다. 슈바인슈타이거는 메시를 향한 컷백을 한 차례 차단했고, 이후 메시가 에세키엘 라베치Ezequiel Lavezzi를 향해 찔러준 패스를 끊어냈다. 그는 수비 라인 바로 앞 공간을 장악하며 약 30분 만에 경고를 한 차례 받긴 했지만, 메시가 측면이나 더 깊숙한 진영에서밖에 공을 잡을 수 없게 만들었다. 슈바인슈타이거는 경기 도중 세르히오 아구에로와 충돌하며 피를 흘리는 상태로 결승전을 마무리했지만, 오히려 이 모습은 그가 이날의 영웅이 되는데 상징성을 더해줬다. 만약 슈바인슈타이거가 처음으로 월드컵 본선 무대를 경험한 2006년 대회에서 그의 활약을 본 사람이라면, 그가 8년 후 이와 같은 역할을 할 수 있으리라고는 전혀 예상치 못했을 것이다.

사실 과거 슈바인슈타이거는 전혀 다른 유형의 선수였다. 어린 시절 그는 태도에 문제가 있었던 선수였다. 당시 슈바인슈타이거는 팀 훈련은 물론 축구 자체를 진지하게 대하지 않았다. 오히려 그의 옷차림, 머리스타일, 새 자동차 등이 경기력보다 더 큰 주목을 받았다. 슈바인슈타이거는 경기력이 들쭉날쭉한 윙어였다. 바이에른에서는 오른쪽, 독일 대표팀에서는 왼쪽 측면에 섰던 그는 이따금씩 페널티 지역으로 위협적인 패스를 찔러줬으나 경기를 장악하는 능력이 떨어진 탓에 잠재성을 폭발시키기에는 역부족이라는 평가를 받았다.

그러나 바이에른이 루이 판 할 감독을 선임한 2009-10시즌부터 모든 게 바뀌었다. 판 할 감독은 슈바인슈타이거보다는 더 전형적인 유형의 윙어를 선호했다. 그러나 판 할은 여전히 슈바인슈타이거의 능력을 높게 평가했고, 그를 태클 능력이 출중한 마크 판 보멀과 함께 중앙 미드필드 지역에 배치했다.

슈바인슈타이거의 급성장은 이때부터 시작됐다. 그는 경기의 흐름을 읽는 데 출중한 능력을 선보였으며 위치 선정은 영리했다. 슈바인슈타이거는 중앙 미드필더로 변신한 당시 "가장 크게 변한 점은 내가 가장 어울리는 포지션을 맡게 됐다는 사실이다. 예전 감독들 밑에서는 어려움이 있었다. 그들은 나보다 옌스 예레미스Jens Jeremies, 니코 코바치Niko Kovač, 오언 하그리브스Owen Hargreaves, 미하엘 발락Michael Ballack이 중앙 미드필더로 나보다 낫다고 판단했다. 그래서 나는 판 할 감독에게 고맙다"고 말했다. 특히 슈바인슈타이거는 발락이 부상을 당한 2010 남아공 월드컵에서 케디라와 함께 중원에서 호흡을 맞추며 독일의 핵심 미드필더로 올라섰다. 뢰브 감독 또한 슈바인슈타이거는 독일 대표팀의 '정신적 지주'라고 불렀다.

슈바인슈타이거의 포지션 변경은 그가 태도까지 바꾸게 되는 효과를 낳았다. 운동장 안에서 전술적으로 맡아야 하는 역할이 늘어나자 축구 외적으로도 책임감 있는 리더로 성장했다. 일각에서는 슈바인슈타이거가 성숙해진 원동력은 앙겔라 메르켈Angela Merkel 독일 총리 덕분이라는 우스갯소리도 나왔다. 메르켈 총리는 유로 2008 당시 경고 누적으로 결장한 슈바인슈타이거와 함께 관중석에서 경기를 지켜본 적이 있다. 당시 슈바인슈타이거는 크로아티아전에서 퇴장을 당하며 다음 경기를 총리와 함께 경기를 지켜본 뒤, "메르켈 총리는 내게 다시는 바보 같은 짓을 해서는 안 된다고 말했다. 총리가 그렇다면 그런 것"이라고 말했다.

이후 독일 일간지 〈디 차이트Die Zeit〉는 익살스러운 만화 캐릭터로 슈바인슈타이거와 메르켈 총리를 풍자해 이들이 러브레터를 주고받는 상황극을 연출하기도 했다. 실제로도 독일이 월드컵 우승을 차지한 후 슈바인슈타이거와 메르켈 총리는 훈훈한 포옹을 나눴다.

그러나 가장 먼저 슈바인슈타이거를 중앙에 배치한 감독은 뢰브였다. 그는 2007년 웨일스와의 유로 2008 예선 경기에서 슈바인슈타이거를 중앙 미드필더로 중용하는 파격적인 선택을 했다. 이날 무게감이 다소 떨어지는 마르첼 얀센Marcell Jansen, 토마스 히츨슈페르거Thomas Hitzlsperger, 로베르토 힐버트Roberto Hilbert와 중원 조합을 이룬 슈바인슈타이거는 미드필드에서 빼어난 경기 조율 능력을 선보이며 맨오브더매치(경기 최우수 선수)로 선정됐다. 슈바인슈타이거가 소속 팀에서 이러한 모습을 보여주는 데는 수년이 더 지나야 했다. 뢰브 감독이 슈바인슈타이거를 중앙 미드필더로 처음 중용한 2007년은 그가 세계 최정상급 중앙 미드필더 반열에 올라서는 여정의 출발점이 됐다. 포지션 변경과 함께 시작된 슈바인슈타이거의 성장은 그가 세계 정상에 오른 독일 대표팀에서 정신적 지주 역할을 하게 되는 결과로 이어졌다. 그러면서 슈바인슈타이거는 자기 자신을 재창조한 독일 대표팀 동료들의 '롤 모델'로 거듭났다.

슈바인슈타이거의 몇몇 대표팀 동료는 자기 자신을 재창조하는 데 그치지 않고, 소화하는 포지션까지 재창조하는 영향력까지 발휘했다. 독일이 월드컵 우승을 차지하는 과정에서 가장 큰 어려움을 겪은 경기는 의외로 알제리를 만난 16강전이었다. 알제리는 기본에 충실한 단단한 수비 조직력과 압박 능력 그리고 공격 시 빠른 속도를 앞세워 독일을 괴롭혔다. 그들은 영리하면서도 치명적인 역습 전략을 앞세워 독일을 상대로 훌륭한 경기력을 선보였다.

알제리는 조직적으로 독일 미드필더들을 강하게 압박했고, 공격 시에는 뒷공간을 파고드는 최전방 공격수 이슬람 슬리마니Islam Slimani를 향해 롱볼을 연결했다. 슬리마니는 독일 중앙 수비수 슈코르단 무스타피 Shkodran Mustafi와 페어 메르테자커Per Mertesacker와의 속도전에서 번번이 우세한 모습을 보였다. 그러나 알제리가 끝내 넘지 못한 벽은 이날 골키퍼로는 월드컵 역사상 가장 기억에 남을 만한 활약을 펼친 마누엘 노이어였다. 사실 노이어는 이날 눈에 띄는 선방을 거의 하지 않고도 눈부신 경기력을 선보였다. 그는 페널티 지역 밖에서만 볼터치 20회를 기록하는 스위퍼 키퍼 역할을 완벽하게 해냈다. 그는 슈바인슈타이거에 이은 독일의 월드컵 영웅 6인 중 두 번째 주인공이다.

노이어가 등장하기 전까지 월드컵에서 강한 스위퍼 키퍼 성향을 보인 골키퍼들은 효율성보다는 과시 성향이 더 돋보이는 선수들이었다. 콜롬비아 골키퍼 레네 이기타René Higuita 가 1990 이탈리아 월드컵 카메룬전에서 저지른 창피한 실수가 대표적인 예다. 그러나 노이어는 무리해서 골대를 비워놓고 전진하는 스위퍼 성향으로 실수를 저지를 것 같은 상황에서도 아슬아슬하게 완벽한 수비를 펼쳤다. 그는 '스위퍼 키퍼'라는 포지션의 명칭을 처음 직접 들었을 때 라임을 맞춘 그 영어식 명칭을 처음 듣는다며 웃음을 참지 못했다고 한다. 결국 노이어는 스위퍼 키퍼를 상징하는 선수가 됐다.

전통적으로 독일 출신 골키퍼들은 혁신과는 거리가 멀었다. 1960년대와 70년대 바이에른 뮌헨에서 맹활약한 골키퍼 제프 마이어Sepp Maier는 공격수로 선수 생활을 시작한 선수였다. 그는 공을 다루는 능력이 좋았지만, 스위퍼 키퍼 역할을 대표할 만한 성향을 보인 선수는 아니었다. 이전까지 독일 골키퍼가 페널티 지역 밖에서 선보인 가장 기억에 남을 만한 장면은 1982 스페인 월드컵 프랑스전에서 하랄트 슈마허Harald Schumacher가 파트릭 바티스통Patrick Battiston에게 가한 악명 높은 가격일 것이다. 이를 제외하면 독일 골키퍼는 전통적으로 단단하고, 기능적이고, 스타일은 고전적인 예전 독일 축구 스타일에 그대로 부합하는 선수가 대부분이었다.

그러나 2006 독일 월드컵이 이러한 흐름을 바꾼 전환점이 됐다. 위르겐 클린스만 감독은 바이에른의 올리버 칸Oliver Kahn, 아스널의 옌스 레만 Jens Lehmann 을 두고 누구를 주전으로 써야 할지 고민에 빠졌다. 두 선수는 나란히 36세 베테랑으로 경험이 풍부했다. 칸은 무려 10년간 바이에른의 주전 수문장으로 활약한 데다 독일 대표팀에서는 2002 한일 월드컵 주전으로 뛰며 A매치 84경기 출전 경력을 보유한 선수였다. 반면 레만은 A매치 출전 횟수가 칸에 비해 월등히 적은 29경기에 불과했고, 소속 팀도 유럽 이곳저곳을 옮겨다닌 데다 실수가 잦은 골키퍼라는 평가를 받았다. 게다가 두 선수는 사이가 썩 원만하지 못한 라이벌 관계를 맺고 있었다. 당시 독일 대표팀 골키퍼 코치였던 '전설' 마이어는 언론을 통해 공개적으로 칸을 지지했고, 클린스만 감독은 이에 격분했다. 결국 클린스만 감독은 마이어 코치를 경질한 후 독일을 유로 1996 우승으로 이끈 골키퍼 안드레아스 쾨프케Andreas Köpke를 신임 골키퍼 코치로 선임했다. 흥미롭게도 쾨프케 코치가 독일 대표팀에 합류한 후 주전 수문장으로 더 선호한 선수는 레만이었다. 클린스만 감독과 뢰브 수석코치도 쾨프케의 의견에 따라 레만을 월드컵에서 주전 골키퍼로 신뢰하게 됐다. 당시 쾨프케 코치는 레만을 택한 독일 코칭스태프의 결정은 전적으로 전술적인 이유였다는 점을 강조했다.

훗날 레만은 자신과 칸이 비교된 점을 가리키며 "칸은 골키퍼가 경기 도중 공에 시선의 초점을 맞춰야 경기에 집중할 수 있다고 주장했다. 이 말을 듣고 나서야 나는 왜 칸이 상황에 더 빠르게 대처할 수 없는지를 알게 됐다. 공만 쳐다보는 선수는 공이 머물러 있는 위치밖에 알 수 있는 게 없다. 그러나 그렇게 해서는 공이 어디로 갈지 예측할 수는 없다"고 말했다. 독일은 2006년 월드컵을 준비하는 시점부터 수동적인 축구에서 능동적인 축구를 하는 팀으로 진화하고 있었다. 그래서 당시 독일 대표팀의 주전 골키퍼로 더 어울리는 선수는 레만이었다. 결국 레만은 아르헨티나와의 8강 승부차기에서 에스테반 캄비아소Esteban Cambiasso의 페널티킥을 선방하며 독일의 2006년 월드컵 영웅으로 떠올랐다. 대회가 끝난 뒤, 칸은 대표팀 은퇴를 선언했다. 반면 레만은 독일이 결승에 진출한 유로 2008까지 주전 자리를 지켜냈다. 그러나 2010 남아공 월드컵부터 독일의 No. 1 수문장 자리를 꿰찬 주인공은 노이어였다.

레만의 자리를 노이어가 대체하는 과정은 매우 매끄럽게 진행됐다. 노이어가 샬케 유소년 아카데미에서 성장을 거듭하던 시기 1군 팀 주전 골키퍼로 활약한 선수는 바로 레만이었다. 노이어는 "나는 늘 옌스(레만)를 우러러봤다. 그는 샬케 선수였다. 나는 늘 그의 성향과 카리스마에 강한 인상을 받았다. 그는 공격적인 골키퍼. 나는 샬케 홈 경기가 열리는 날에는 일찍 경기장에 가서 그가 몸을 푸는 모습부터 지켜봤다. 그의 운동 방식은 매우 혁신적이었다. 그가 소화하는 훈련 방식에는 내가 이전까지 볼 수 없었던 게 많았다"고 말했다. 이후 노이어는 레만을 "혁명적인 골키퍼"라고 부르며, "유럽에서 가장 현대적인 골키퍼 스타일을 보유하고 있다"고 말했다. 노이어의 또 다른 롤 모델은 당연히 현대 축구의 1세대 스위퍼 키퍼 에드윈 판 데 사르였다.

노이어는 샬케에서 2011년 챔피언스리그 4강 진출을 경험하는 등 5년간 주전 골키퍼로 활약한 뒤, 바이에른으로 이적했다. 샬케 선수의 바이에른 이적은 전통적으로 흔한 일이 아니었다. 이 때문에 노이어의 이적이 성사되자 약 6,000명에 달하는 바이에른 팬들은 이를 극구 반대했다. 심지어 바이에른의 홈구장 알리안츠 아레나 관중석에는 "노이어는 아니다"라는 문구가 적힌 대형 배너가 걸리기도 했다. 그러나 노이어는 바이에른으로 이적한 후 눈부신 활약을 펼치며 금세 팬들의 신뢰를 얻었다. 그는 골대 앞에서 보여주는 선방 능력도 훌륭했지만, 갈수록 페널티 박스 밖에서 펼친 활약으로 찬사를 받았다.

가뜩이나 적극적인 수비 능력을 보유한 노이어가 더 능동적인 스타일을 확립하게 된 시기는 과르디올라 감독이 바이에른 사령탑으로 부임한 2013-14시즌부터였다. 바이에른은 유프 하인케스 감독 체제에서 2012-13시즌 분데스리가 경기를 기준으로 최종 수비수와 골라인 사이 평균 간격 36m를 기록했다. 이는 바이에른이 수비 라인을 꽤 높이 끌어올려 경기를 펼쳤다는 뜻이다. 그러나 바이에른은 과르디올라 감독이 부임한 2013-14시즌 골라인과 최종 수비수의 간격이 무려 43.5m로 벌어졌다. 이처럼 과르디올라 감독은 바이에른에서 수비 라인을 극단적으로 끌어올려 공격 진영에서 경기를 풀어갔다. 이에 따라 노이어도 높게 배치된 수비 라인 뒤에서 스위퍼 역할을 맡는 빈도가 올라갔다. 때로는 노이어 역시 자신의 페널티 지역보다 무려 15야드나 앞으로 나온 위치에서 공격을 전개했다. 공을 발밑에 두고 플레이하는 골키퍼 노이어의 성향은 몇 차례 대단한 장면을 연출하기도 했다.

노이어는 헤르타 베를린Hertha Berlin전에서는 머리로 공을 띄워 상대 공격수의 키를 넘겨 그를 제친 뒤, 땅으로 떨어지는 공을 침착한 힘 조절을 통해 제롬 보아텡을 향하는 패스로 연결했다. 이후 그는 헤르타 베를린을 다시 만난 경기에서는 상대의 롱볼이 터치라인 밖으로 아웃되자 자신이 직접 달려가 스로인을 던지기도 했다. 노이어는 상대 선수의 압박을 공격수나 구사할 법한 '크루이프 턴'으로 돌파하는 모습도 자주 선보였으며 2014년 아인트라흐트 프랑크푸르트전에서는 동료 수비수 후안 베르낫Juan Bernat이 건넨 백패스가 허리 높이로 날아오자 즉흥적으로 발뒤꿈치를 들어올려 이를 백힐로 사비 알론소에게 향하는 완벽한 패스로 연결했다. 노이어는 평범한 골키퍼가 아니었다. 뢰브 감독은 노이어가 미드필더로도 충분히 뛸 수 있다고 말했고, 미로슬라브 클로제는 그가 독일 2부 리그에서는 최전방 공격수로도 활약할 만한 기술을 보유했다고 말하기도 했다. 이에 노이어는 4부 리그에서는 공격수로도 뛸 수 있을 것 같다며 농담으로 화답했다.

하지만 노이어도 아예 실수를 하지 않은 건 아니었다. 가끔은 그의 공격적인 성향이 위험한 장면을 연출하기도 했다. 바이에른이 0-4 대패를 당한 2014년 챔피언스리그 4강 2차전 경기에서는 노이어가 두 차례나 골대를 비우고 페널티 지역 밖으로 달려나갔다가 미처 공을 처리하지 못해 가레스 베일과 크리스티아누 호날두에게 슈팅을 허용하기도 했다. 그는 볼프스부르크전에서도 공격 진영까지 전진하는 사이 상대 미드필더 조슈아 길라보기Josuha Guilavogui가 하프라인에서 시도한 장거리슛이 골 포스트를 맞아 가까스로 실점을 면한 적도 있었다. 그러나 노이어는 스위퍼 역할을 자처한 대다수 상황에서 적절한 대처 능력을 선보이는 안정감을 자랑하는 공격적인 골키퍼였다.

노이어가 스위퍼 키퍼 능력을 가장 잘 보여준 경기는 2014 브라질 월드컵 16강 알제리전으로 그는 네 차례 결정적인 장면을 연출했다. 경기 초반 알제리는 슬리마니를 향해 공격 진영 왼쪽으로 롱볼을 시도했다. 노이어는 패스를 차단하기 위해 페널티 지역 밖으로 뛰어나갔지만, 슬리마니는 재치 있는 첫 터치로 그를 제쳤다. 그러나 슬라마니가 득점을 노리는 순간, 노이어는 놀라운 순발력을 발휘하며 슬라이드 태클로 그의 슈팅을 저지했다. 그의 태클 위치는 페널티 지역 밖이었다.

이 장면은 시작에 불과했다. 이어 알제리는 비슷한 방식으로 슬리마니를 활용해 독일 수비 라인의 뒷공간을 노렸다. 메르테자커의 태클로 공이 흐르며 보아텡과 알제리 미드필더 소피안 페굴리Sofiane Feghouli의 경합 상황이 발생하려는 순간, 노이어가 전력 질주하며 뛰어나와 슬라이딩 태클로 공을 위험 지역에서 걷어냈다. 이후에도 알제리가 슬리마니에게 롱볼을 시도하자 노이어가 자리를 비우고 나와 다이빙 헤더로 상대의 공격을 막았다. 노이어는 후반전 종료 2분 전에도 뒷공간으로 침투해 문전을 향해 달려오는 페굴리의 공격을 안정적으로 차단했다.

사실 이때도 골키퍼가 페널티 지역을 비우고 나와 경기에 관여하는 모습 자체는 그리 새롭지 않았다. 그러나 노이어는 골키퍼가 맡는 역할의 범위를 더 넓힌 선수로 꼽힌다. 그는 슬리마니의 슈팅을 슬라이딩 태클로 저지한 장면에서 보여줬듯이 단순히 자리를 비우고 나가 상대 공격을 차단하는 데 그치지 않고, 페널티 지역 밖에서 상대 선수와 경합을 하는 능력까지 보유하고 있었다. 노이어는 독일이 월드컵 우승을 확정한 뒤 "나는 이번 대회에서 보여준 스타일을 수년간 유지해왔다. 월드컵에서 이런 모습을 그대로 보여준 게 세계적으로 관심을 끌면서 더 큰 주목을 받게 됐을 뿐이다. 알제리전이 가장 기억에 남는다. 내가 수차례 내 구역에서 벗어나 필드 플레이어 역할을 해야 했기 때문"이라고 말했다. 노이어는 독일 중앙 수비수 메르테자커와 무스타피가 민첩한 선수들이 아닌 점도 자신의 스위퍼 키퍼 역할을 더 중요하게 만들었다고 말했으며 운동장 잔디가 젖어 있어야 후방에서 날아온 롱볼이 바운드됐을 때 상대 공격수가 아닌 자신을 향해 더 빠른 속도로 굴러오는 이점이 있다고 덧붙였다.

뢰브 감독은 "무게중심을 앞쪽에 두고 경기를 풀어가면 자연스럽게 수비진도 위로 올라가야 한다. 그렇게 되면 상대 진영에서 경기를 하게 되고, 당연히 골키퍼도 올라가야 한다. 상대 팀이 역습 시 후방에서 50미터가 넘는 롱볼을 구사하는 선수를 보유하고 있다면, 우리 골키퍼는 올라가서 이에 대응할 수 있어야 한다. 노이어는 필드 플레이어와 동등한 기술적 수준에 오른 선수다. 그는 페널티 지역 바깥쪽에서도 감각을 발휘할 수 있으며 거리를 체감하는 능력도 가지고 있다"고 말했다.

독일은 스위퍼 키퍼를 많이 배출하는 전통을 자랑하지는 않았다. 그러나 노이어의 존재 탓에 독일처럼 스위퍼 키퍼의 활약이 두드러진 나라도 많지 않다. 사실 독일은 오랜 시간 플레이메이커 성향을 지닌 스위퍼를 최종 수비수로 활용한 국가다. 일자 수비 라인과 오프사이드 트랩 활용이 중시되면서 사라진 스위퍼의 역할은 상당 부분 노이어가 짊어져야 하는 책임감이 된 셈이다. 쾨프케 코치는 독일 축구 역사상 노이어와 비슷한 선수를 본 적이 있느냐는 질문에 "아마 베켄바워밖에 없을 것"이라고 답하기도 했다. 한 독일 신문은 알제리전이 끝난 다음날 노이어와 베켄바워의 얼굴을 하나로 합성한 사진을 1면에 실었다. 노이어의 공격적인 위치 선정은 골키퍼 역할만큼이나 스위퍼가 재창조된 현상에 따른 결과물이었다.

그러나 정작 베켄바워는 자신이 노이어와 비교되는 점을 달갑지 않게 여겼다. 그는 시무룩한 표정으로 16강 알제리전이 끝난 후 "노이어가 나보다 좋은 스위퍼라고 말하지 않겠다. 물론 그는 몇몇 상황에서 필드 플레이어를 연상케 하는 플레이로 우리를 구했다. 그러나 그에게는 조심성이 없다. 그가 두 차례나 완벽한 상황에 공을 걷어낼 수 있었던 건 운이 따랐기 때문이기도 하다. 만약 그가 조금이라도 늦게 나왔더라면 그는 (상대 선수와 충돌해) 퇴장을 당했을 수도 있다. 나는 그가 프랑스를 상대로는 골대를 지키기를 바란다"고 말했다. 이처럼 독일 축구에는 여전히 보수적인 성향이 짙게 남아 있었다. 독일에서는 노이어가 아르헨티나와의 결승전에서 페널티 지역 모서리 부근까지 나와 공을 주먹으로 쳐내며 상대 공격수 곤살로 이과인과 충돌한 장면을 두고 그가 파울을 범하지 않은 게 행운이라는 평가도 있었다.

노이어의 스위퍼 키퍼 역할이 행사한 영향력이 워낙 컸던 나머지 바이에른에서는 과르디올라 감독이 그의 성향 때문에 포메이션 변화까지 고려하기도 했다. 과르디올라는 일반적으로 위협적인 공격진을 보유한 팀을 상대로는 수비수를 한 명 더 중용하는 전술을 택했다. 예를 들어 그는 최전방 공격수 두 명을 배치하는 팀을 상대로는 스리백, 공격 삼각편대를 앞세운 팀에는 포백 수비 라인으로 대적했다. 그러나 그는 노이어의 존재를 파악한 후 계획을 수정했다. 과르디올라 감독은 친정팀 바르셀로나를 만난 2014-15시즌 챔피언스리그 4강 1차전 원정에서 매우 과감한 수비 전술을 가동했다. 그는 유럽에서 가장 위협적인 공격력을 자랑하는 리오넬 메시, 루이스 수아레스, 네이마르를 상대로 보아텡, 하피냐Rafinha, 메흐디 베나티아Medhi Benatia로 이어지는 스리백 수비 라인으로 대응했다.

노이어를 만나기 전의 과르디올라였다면, 이 경기에서 무조건 포백 수비 라인을 구축했을 것이다. 그러나 그는 노이어가 수비 라인 뒤에서 수비수 역할을 해줄 능력을 충분히 보유했다는 사실을 알고 있었다. 이 덕분에 바이에른은 경기 초반 미드필드와 공격 진영에서 바르셀로나를 상대로 7대7 경합을 펼치며 수적 싸움에서 밀리지 않을 수 있었다. 바르셀로나는 이날 평소와는 어울리지 않게 많은 롱볼을 시도했고, 노이어는 두 차례나 자리를 비우고 나와 스위퍼 역할을 하며 이를 차단했다. 그러나 과르디올라는 경기 시작 15분 만에 팀 전술에 변화를 주며 베르낫을 왼쪽 측면 수비수 자리로 옮겨 포백 수비 라인을 재가동했다. 이날 바이에른은 경기 막바지에 연속골을 허용하며 0-3으로 패했고, 메시는 노이어를 넘기는 로빙슛으로 득점했다. 그러나 과르디올라가 경기 초반 시도한 접근 방식만으로도 그가 노이어를 골키퍼가 아닌 11번째 필드 플레이어로 여겼다는 사실을 알 수 있었다. 즉 과르디올라는 노이어가 골키퍼로 버티고 있는 팀에서는 수비수 숫자를 줄여도 된다고 여긴 셈이다.

과르디올라 감독은 중앙 수비수 자리에도 미드필더를 배치하는 전술을 고집했다. 그는 바르셀로나에서 수비형 미드필더 하비에르 마스체라노를 중앙 수비수로 아예 변신시켰다. 이뿐만 아니라 야야 투레, 세르히오 부스케츠도 상황에 따라 중앙 수비수 역할을 맡았다. 어차피 바르셀로나가 점유율을 높이며 수비 라인을 미드필드 진영으로 끌어올리는 만큼 미드필더가 충분히 중앙 수비수 위치에서 제몫을 할 수 있다는 게 과르디올라 감독의 생각이었다. 그는 바이에른에서도 하비 마르티네스를 이처럼 활용했고, 다재다능한 멀티 플레이어 요슈아 킴미히Joshua Kimmich를 수비수로 기용했다. 측면 수비수 베르낫, 람, 하피냐 그리고 다비드 알라바는 중앙 미드필더로 뛰기도 했다.

과르디올라 감독이 부임하며 측면 수비수들도 진화를 거듭했다. 그는 바이에른에서 오른쪽에는 람, 왼쪽에는 알라바라는 최정상급 측면 수비수를 물려받았다. 두 선수는 전형적인 측면 수비수의 역할을 하며 좌우에서 상대 공격을 차단하고, 활기 넘치는 오버래핑으로 좌우 측면 공격수 아르연 로번과 프랑크 리베리가 안쪽으로 파고들 수 있도록 지원해주는 능력이 출중한 자원이었다. 또한 람과 알라바는 공을 다루는 능력도 빼어났다. 과거 리버풀 중앙 수비수 제이미 캐러거Jamie Carragher가 말했듯이, 어린 선수들은 언젠가 프로 무대에서 측면 수비수가 되겠다는 꿈을 꾸지는 않는다. 측면 수비수는 결국 윙어나 중앙 수비수로 실패한 선수들이 맡는 자리라는 게 캐러거의 생각이었다.

단, 람과 알라바는 조금 달랐다. 굳이 '실패'라는 단어를 써야 한다면, 람과 알라바는 중앙 미드필더로 실패한 선수들이었다. 람은 바이에른 유소년 아카데미 시절 중앙 미드필더로 성장했고, 알라바는 판 할 감독을 만난 후 왼쪽 측면 수비수로 보직을 변경했다. 심지어 알라바는 호펜하임Hoffenheim으로 임대된 시절에는 중앙 미드필더로 활약했다. 그는 오스트리아 대표팀에서도 자주 미드필더 역할을 맡았다. 아마 람과 알라바는 바이에른이 아닌 다른 분데스리가 구단에서 뛰었다면, 충분히 중앙 미드필더로 뛸 만한 능력을 보유한 선수들이었다. 다만 바이에른이 출중한 기량을 가진 중앙 미드필더가 워낙 많은 팀인 탓에 그들도 측면 수비수로 보직을 변경하며 경쟁력을 발휘하게 됐다. 그러나 람과 알라바가 중앙 미드필더 역할을 소화할 수 있다는 점은 과르디올라 감독에게 또 다른 가능성을 제시했다.

과르디올라의 포메이션은 이처럼 복잡해 보이는 포지션 변화로 이뤄진 구조였다. 그는 운동장을 구역별로 나눴고 선수들이 공을 점유하는 단계에는 수직적, 수평적으로 일자로 배치되는 상황을 최대한 피해야 한다는 점을 강조했다. 그래야 상대 수비가 예측하기 쉬운 횡패스를 줄일 수 있고, 운동장에 나뉜 모든 구역에 골고루 선수가 배치돼 상대를 분산시킬 수 있으며, 공을 빼앗겼을 때 어느 구역에서도 바로 압박을 가할 수 있다는 게 과르디올라가 크루이프로부터 계승한 '포지션 플레이'의 기본이었다. 이 중에서도 그가 강조한 지시사항은 측면 수비수와 윙어가 수직적으로 일자로 배치되면 안 된다는 점이었다. 물론 이와 같은 선수 배치는 대다수 감독이 활용하는 방식이다. 보편적으로 측면 수비수가 터치라인 부근으로 벌려 서면 윙어는 안쪽으로 들어와 균형을 잡아줘야 한다. 그러나 과르디올라 감독은 이 개념을 뒤집은 지도자였다.

과르디올라 감독이 이와 같은 아이디어를 생각해낸 이유 또한 그가 독일에서 시도한 대다수 전술적 실험과 마찬가지로 상대 팀의 역습을 견제하기 위해서였다. 현대 축구에서 점유율 축구를 구사하는 대다수 팀은 양 측면 수비수를 최대한 공격 진영으로 높이 끌어올려 팀 공격의 폭을 넓히고, 상대 수비를 벌려놓는 진용을 구축한다. 그러나 이 공격 방식은 팀이 공을 빼앗겼을 때 재앙이나 다름없는 결과를 낳을 수 있다. 측면 수비수가 공격 가담을 위해 전진하면서 중앙 수비수와의 간격이 45미터 이상으로 벌어지면, 상대 팀이 공을 빼앗았을 때 역습을 통해 그 공간을 바로 공략할 수 있기 때문이다. 그러면서 좌우 공격 진영으로 전진한 측면 수비수는 상대의 역습을 저지하기 위해 아무것도 할 수 없게 된다. 이를 인지한 과르디올라 감독은 팀이 공을 점유하는 단계에서 측면 수비수를 터치라인을 따라 공격에 가담하게 하지 않고, 그들을 안쪽으로 끌어당겨 수비형 미드필더 옆의 중앙 미드필더 자리에 배치했다. 이 상황에서는 바이에른이 공격 시 공을 빼앗겨도 즉시 촘촘한 간격을 유지하며 상대 역습을 위험한 중앙 지역이 아닌 측면으로 몰아낼 선수가 다섯 명(수비수 네 명과 수비형 미드필더)이나 됐기 때문이다.

이와 같은 전술적 역할을 소화할 측면 수비수를 보유한 팀은 바이에른이 거의 유일했다. 람과 알라바는 상대 진영을 등진 채 패스를 받는 데도 아무런 불편함이 없는 선수들이었다. 이와 같은 자세로 패스를 받는 건 대개 운동장 전체를 바라보며 플레이하는 대다수 측면 수비수에게는 낯선 상황일 수 있다. 특이하게도 바이에른은 전통적으로 왼쪽 측면 수비수와 중앙 미드필더를 두루 소화하는 선수를 배출한 구단이다. 판 할 감독이 바이에른을 이끈 2011년 2월 1-0으로 승리한 인테르전에서는 브라질 출신 왼쪽 측면 수비수 루이스 구스타부Luiz Gustavo가 중앙 미드필더로 다니엘 프라니치Danijel Pranjić와 조합을 이뤘으나 구체적으로는 알려지지 않은 이유로 경기 시작 5분 만에 다시 자리를 바꿨다. 그러나 바이에른은 2002년부터 2009년까지 브라질에서 온 훌륭한 미드필더 겸 왼쪽 측면 수비수 제 호베르투Zé Roberto가 산투스로 임대돼 활약한 1년을 제외하면 팀의 주전 자원으로 맹활약했다. 제 호베르투는 함부르크로 이적한 후에도 주로 왼쪽 측면 수비수로 활약했지만, 자주 중원 지역으로 들어와 경기 운영에 관여했다. 당시만 해도 제 호베르투의 움직임은 매우 독특하게 여겨졌지만, 그의 친정팀 바이에른은 시간이 지나며 이를 기반으로 상대 역습에 대응하는 전술을 구축하고 있었다. 아마 '풀백full-back'보다는 '하프백half-back'이라는 명칭으로 이와 같은 역할을 하는 측면 수비수를 부르는 게 더 정확할 것이다. 독일 축구가 중앙과 터치라인 사이의 공간을 '하프 스페이스half-spaces'라는 명칭으로 일컬었으니 말이다.

하지만 과르디올라 감독은 측면 수비수를 이처럼 활용하기 전인 부임 시즌 초반부터 람에게 전형적인 중앙 미드필더 역할을 주문했다. 이를 두고 독일에서는 논란이 일어났다. 람은 무려 10년간 좌우 측면 수비수 자리를 맡았으나 바이에른 1군에서는 중앙 미드필더로 뛰어본 적이 없었다.

과르디올라 감독은 프리시즌부터 람을 중원에서 공수 진영을 쉼없이 오가는 8번으로 기용했다. 그러나 람은 첫 공식 경기였던 도르트문트와의 슈퍼컵에서는 더 깊숙한 위치에 배치된 6번(수비형 미드필더)으로 출전했다.

수비형 미드필더는 위치 선정 시 규율과 공수 전환 시 더 광범위한 역할이 요구되는 포지션이다. 역동적인 측면 수비수 람에게 정적인 중앙 미드필더 역할은 큰 변화였다. 그러나 과르디올라 감독은 주장 람이 "아마 내가 본 가장 영리한 선수일 것"이라며 이처럼 과감한 변화를 시도했다.

정작 경기가 진행될수록 람은 더 다양한 역할을 요구받았다. 바이에른은 과르디올라가 처음으로 위르겐 클롭과 맞대결을 펼친 이날 경기에서 도르트문트에 3-0으로 승리했다. 수비형 미드필더로 경기를 시작한 람은 90분간 박스-투-박스 미드필더, 오른쪽 측면 수비수 역할까지 번갈아가며 맡았다. 경기 중계를 맡은 독일 해설위원은 숨을 크게 들이킨 뒤, 변화무쌍한 람의 포지션을 가리켜 "수비수 겸 미드필더 겸 윙어 겸 공격수verteidigende Mittefeldgfl ügelstürmer"라고 불렀다. 이처럼 람은 한 경기에서 90분간 다양한 역할을 소화하며 중앙 지역을 통해 적극적인 오버래핑을 시도했고, 경기를 조율했다. 람은 경기가 끝난 후 "축구는 변했다. 이제 경기 내내 한 위치에서만 뛰는 선수는 드물다. 현대 축구 선수들은 매우 유연하다. 10~15년 전 축구를 생각하면 대다수 선수는 키가 크고 신체적으로 강했지만, 이제는 골키퍼와 중앙 수비수 그리고 상황에 따라 최전방 공격수를 제외하면 그런 점은 중요하지 않다. 나머지 선수들은 사실상 모두 미드필더"라고 말했다. '모든 선수의 미드필더화'는 과르디올라 감독이 바르셀로나 시절부터 꿈꾼 이상이기도 했다.

알라바의 역할은 람과 달랐다. 알라바는 오스트리아 대표팀에서는 중앙 미드필더로 활약한 경험이 있었지만, 과르디올라 감독은 부임 첫 시즌에 그를 왼쪽 측면 수비수 자리에 배치했다. 그러나 알라바는 이론적으로만 왼쪽 측면 수비수였을 뿐이다. 그는 하인케스 감독 시절과는 달리 적극적인 오버래핑을 많이 하지 않았고, 바이에른이 공을 점유하고 있을 때 중앙 미드필드 지역으로 좁혀 들어왔다. 그러면서 알라바는 안쪽으로 들어가는 상대 윙어를 따라다니며 그를 수시로 견제할 수 있게 됐으며, 동시에 리베리가 깊숙한 위치까지 내려와 상대 수비수의 견제를 받지 않고 패스를 받아 속도를 올려 전진하는 패턴을 가능케 했다.

과르디올라 감독은 시즌이 진행될수록 이와 같은 전술을 자주 구사했다. 때로 람은 반은 오른쪽 측면 수비수, 반은 중앙 미드필더를 연상케 하는 혼합된 역할을 맡았다. 즉 그는 '하프백'이 된 셈이다. 람은 "유프(하인케스 감독)는 훌륭한 감독이었고, 우리가 좋은 경기를 할 수 있게 해줬다. 그러나 당시 상대 팀은 우리가 어떤 방식으로 경기를 하는지 알고 있었다. 이제 우리는 다른 방식으로 경기를 한다. 우리에게는 좋은 현상이다. 측면 수비수들에게는 큰 변화다. 공격 시 우리가 더 경기에 깊게 관여할 수 있게 됐기 때문이다. 우리는 안쪽으로 들어가거나 측면으로 빠져서 팀 공격을 지원할 수 있다. 우리에게는 거의 꾸준하게 공격할 자유가 주어진다"고 말했다.

바이에른이 샬케를 4-0으로 대파한 2013년 9월 경기를 시작으로 아예 그들의 양 풀백(측면 수비수)은 수비수가 아닌 미드필더로 분류돼야 할 만한 움직임을 선보였다. 이 경기에서 바이에른은 수비형 미드필더 람을 필두로 알라바와 하피냐가 좌우에 배치된 2-3-4-1 포메이션을 가동했다. 알라바와 하피냐는 상황에 따라 중앙에 밀집해 촘촘한 진영을 유지하기도 했지만, 때로는 측면으로 빠져 오버래핑을 통해 공격에 가담했다.

가장 극단적인 '풀백의 미드필더화'는 바이에른이 맨체스터 유나이티드를 3-1로 꺾은 챔피언스리그 8강 2차전에서 더 극명하게 드러났다. 과르디올라 감독은 16강에서 아스널의 역습을 통제하는 데 어려움을 겪은 바이에른의 전술적 구조에 실망한 상태였다. 이 때문에 그는 8강전부터는 알라바와 람이 누린 전술적 자유를 제한했다. 람과 알라바는 이 경기에서 꾸준히 안쪽으로 치우치며 수비형 미드필더 토니 크로스와 공격형 미드필더 마리오 괴체의 좌우 위치에서 다이아몬드 형태를 유지했다. 리베리와 로번은 양 측면의 위아래 공간을 전면적으로 메웠고, 토마스 뮐러와 마리오 만주키치가 최전방 공격진을 구성했다. 과르디올라는 이날 경기를 앞두고 선수들에게 선발 명단을 발표하며 가동하게 될 포메이션은 "2-3-3-2"라고 설명했다. 그는 평소보다 하루 일찍 선수들에게 선발 명단과 포메이션을 알려줬다. 워낙 새로운 시스템인 만큼 선수들에게 준비해야 할 시간이 더 필요했기 때문이다.

하지만 이 포메이션은 완벽하게 일리가 있었다. 바이에른은 티아고 알칸타라와 바스티안 슈바인슈타이거가 없는 가운데서도 촘촘한 미드필드 진영을 구축해 수준 높은 패스 패턴을 선보였고, 발 빠른 두 윙어들은 충분한 공간을 부여받으며 상대 수비를 공략했다. 사실 바이에른은 경기 초반에는 새로운 시스템 안에서 다소 어려움을 겪는 모습을 보이기도 했지만, 괴체를 대신해 하피냐가 투입되고, 람이 중앙 지역을 확고히 지켜주기 시작하자 더 나은 경기력을 선보였다. 맨유는 파트리스 에브라Patrice Evra가 강력한 슛으로 선제골을 터뜨렸지만, 바이에른은 뮐러, 만주키치, 로번이 연이어 득점하며 4강 진출에 성공했다. 바이에른의 새로운 전술적 시스템이 세 골을 만들었다고 속단할 수는 없지만, 그들은 이날 맨유가 시도한 역습을 대체로 잘 차단했다.

마르티 페나르나우는 이날 과르디올라 감독이 경기를 마친 후 샴페인과 함께 어느 때보다 승리를 더 화려하게 자축했다고 말했다. 그는 과감한 전술적 실험으로 결과물까지 만들어낸 데에 큰 만족감을 느꼈다. 바이에른이 맨유를 상대로 경기 내용을 압도하고, 결과까지 만들어낼 수 있다는 점은 많은 이들이 이미 예상하고 있었다. 이날 경기는 분데스리가의 절대 강자 바이에른과 프리미어리그 중상위권까지 추락한 맨유의 맞대결이었기 때문이다. 그러나 과르디올라는 자신이 만들어낸 전략이 거듭된 진화를 통해 그동안 축구에서는 볼 수도 없었던 포지션을 창조해내고, 선수 개개인의 능력까지 최대한 살렸다는 데 희열을 느꼈다. 그는 "내가 풀백의 역할을 해석하는 방식이 독일에서 바뀌었다. 나는 이제 그들을 오버래핑하는 윙백으로 여기지 않는다. 그들은 중앙 미드필더다. 이를 통해 나는 앞으로는 예전에 볼 수 없었던 유형의 선수를 중앙 미드필더로 육성할 수 있게 될 것"이라고 말했다.

과르디올라 감독은 빠른 역습을 하는 상대가 즐비한 분데스리가를 경험하며 자신만의 전술적 시스템을 착안했다. 그러나 과거 분데스리가를 제패한 감독들은 그의 극단적인 접근 방식이 설득력이 떨어진다고 말했다. 하인케스는 "독일인들이 과르디올라의 아이디어를 이해하는 데는 어려움이 있다. 이 방식대로라면 중앙 수비수 두 명은 늘 고립되어 있고, 풀백 두 명은 크로스와 딱 붙어 있어야 한다. 독일 축구에 이런 전술은 충격적"이라고 말했다. 이처럼 과르디올라는 늘 다른 감독들을 놀라게 하는 전술 운용을 고집했다.

뢰브 감독은 독일 대표팀에서 과르디올라의 '하프백' 전술까지 따라하려고 하지는 않았다. 그러나 그는 과르디올라의 '람 활용법'을 재현했다. 람은 독일의 월드컵 영웅 6인 중 슈바인슈타이거, 노이어에 이은 세 번째 주인공이다. 바이에른에서 활약한 람을 본 뢰브 감독도 그를 미드필더로 활용했다. 람은 2014 브라질 월드컵 조별 리그 세 경기와 16강에서 수비형 미드필더로 출전했다. 그는 눈에 띄는 활약을 펼치지는 못했고, 오른쪽 측면 수비수 자리로 돌아간 후 자기 자신은 물론 독일도 더 인상적인 경기력을 선보였다. 그러나 독일은 람이 대회 초반에 미드필더로 버텨준 덕분에 잇따른 주전급 선수들의 부상과 경기력 난조 속에서도 살아남을 수 있었다. 람의 다재다능함이 독일에는 재앙이 될 수도 있었던 기간에 큰 힘이 된 셈이다. 과르디올라 감독이 바이에른에서 람을 미드필더로 변신시키지 않았다면, 독일 대표팀도 월드컵에서 그를 이처럼 활용하지 못했을 것이 분명하다.

네 번째 영웅은 토니 크로스다. 그 역시 과르디올라 감독을 만나며 역할에 큰 변화가 있었던 선수다. 크로스는 2012-13시즌까지 바이에른의 10번으로 활약하며 최전방 공격수를 지원하는 공격 자원에 더 가까웠다. 그러나 과르디올라 감독은 바이에른의 미드필드 구조를 뒤집었고, 이에 따라 크로스는 후방 플레이메이커로 변신했다. 현역 시절 과르디올라가 소화한 포지션을 그가 감독이 된 바이에른에서 크로스에게 맡긴 셈이다. 크로스는 "시간이 지날수록 나는 조금씩 조금씩 후진 배치되고 있다. 이런 포지션 변화도 괜찮다고 본다"고 말했다.

크로스는 월드컵에서 공격형 미드필더와 수비형 미드필더를 섞어놓은 듯한 포지션을 소화했다. 독일의 미드필드 구조는 대회 내내 변화무쌍했지만, 유독 크로스의 역할만은 일관됐다. 그는 경기력도 독일 선수중 가장 꾸준했으며 후방에서 안정적으로 패스를 공급해주면서도 때로는 자신이 직접 전진해 공격에 가담하기도 했다. 크로스는 월드컵에서 펼친 활약 덕분에 레알 마드리드로 이적한 후에도 후방 플레이메이커와 8번으로 빼어난 경기력을 선보일 수 있었다.

독일의 공격진은 더 흥미로운 구성을 선보였다. 뢰브 감독은 대표팀 선수 명단을 발표할 때마다 선수들의 포지션을 골키퍼, 수비수, 미드필더, 공격수로 나누는 전형적인 방식을 택하지 않았다. 대신 그는 선수들의 포지션을 골키퍼, 수비수 그리고 '미드필더 혹은 공격수'로 구분했다. 뢰브 감독은 공격수와 미드필더를 딱 잘라 구분하지 않았다. 가끔씩 그가 발표한 대표팀 명단에 포함된 전형적인 최전방 공격수는 미로슬라브 클로제 단 한 명뿐이었다. 게다가 그는 미드필더로 구분된 토마스 뮐러, 마리오 괴체 등과 주전 경쟁을 펼쳐야 했다. 비센테 델 보스케 스페인 대표팀 감독도 이와 비슷한 맥락에서 같은 시기에 미드필더 다비드 실바, 안드레스 이니에스타, 세스크 파브레가스를 공격수로 구분했다. 이 시절 유럽을 지배한 두 대표팀에서 최전방 공격수는 갈수록 멸종되는 현상을 겪고 있었다.

2014 브라질 월드컵에서 독일의 최다 득점자로 활약한 뮐러는 가장 흥미로운 선수였다. 그는 단순하게 다재다능할뿐만 아니라 포지션을 구분하는 게 불가능한 선수였다. 그는 공격형 미드필더, 오른쪽 측면 공격수, 최전방 공격수 사이의 지점에 위치한 선수다. 뮐러는 "내가 공격수로 구분되는 건 반갑지 않다. 나는 내가 공격수라고 생각하지 않는다. 나는 상대 미드필드의 뒷공간에서 활발하게 움직일 때 가장 치명적인 선수다. 나는 미드필더와 공격수의 혼합체"라고 말했다. 과르디올라 감독도 뮐러를 본 후 그를 '지도할 수 없는 선수'라고 여겼다. 그 정도로 뮐러의 움직임은 즉흥적이었기 때문이다. 실제로 뮐러는 직접 과르디올라 감독에게 자신은 지시사항이 없을 때 가장 행복하다고 말했다. 그러나 과르디올라의 포지션 플레이를 기반으로 한 시스템은 선수 개인에게 이와 같은 자유를 부여할 수 없었다.

뮐러는 미드필더로 뛸 만한 전술적 규율도, 측면 공격수로 뛸 만한 발재간도 보유하지 못한 선수다. 득점을 빼고는 도대체 그가 무엇을 가장 잘하는 선수인지 파악하는 것조차 어려웠다. 심지어 그는 최전방 공격수로 출전한 경기에서 자신의 주특기인 깊숙한 위치에서 문전으로 침투하는 움직임을 선보이지 못해 자연스러워 보이지 않았다. 뢰브 감독은 "토마스(뮐러)는 이단아 기질이 있는 선수다. 그가 어느 곳으로 뛰어갈지 예상하는 건 불가능하다"고 말했다. 이처럼 뮐러를 이해하는 사람은 아무도 없었다. 그나마 뮐러가 자기 자신의 역할을 가장 명확히 설명할 수 있었다.

독일 일간지 〈수도이체 차이퉁Süddeutsche Zeitung〉과의 인터뷰에서 "당신의 스타일을 누구와 비교해야 할지 모르겠다. 생각 나는 선수가 있나?"라는 질문을 받은 뮐러는 "꽤 비슷한 윙어도 있고, 스트라이커도 있다. 그런데 이 중 내 포지션은 어디일까?"라고 되물었다. 그는 인터뷰어가 "당신의 포지션이 무엇인가?"라고 재차 묻자 이렇게 대답했다. "음, 글쎄. 무엇일까? 라움도이터Raumdeuter(공간 해석자) 같다. 맞다. 나는 라움도이터다. 이 정도면 좋은 헤드라인이 되지 않을까?"

그러나 공간 해석자를 뜻하는 '라움도이터'는 이후 헤드라인이 되는데만 그치지 않고, 완전히 새로운 전술적 역할을 설명하는 포지션이 됐다. 이후 단 몇 년 사이에 인기 축구 게임 '풋볼 매니저Football Manager'는 측면 플레이어에게 부여할 수 있는 역할을 다섯 개로 늘렸다. 이는 윙어winger, 측면 미드필더wide midfielder, 측면 타깃맨wide target man, 전방 플레이메이커advanced playmaker 그리고 바로 라움도이터였다.

'라움도이터' 뮐러는 월드컵이 시작되자 초반부터 빼어난 활약을 펼쳤다. 그는 포르투갈과의 첫 경기에서 해트트릭을 기록했고, 이후 두 골을 더 보태며 월드컵 실버 부트(득점 2위)를 수상했다. 즉 뮐러는 전 대회 골든 부트에 이어 실버 부트로 자신의 개인 진열대를 장식할 수 있게 됐다. 그는 스위퍼 키퍼 노이어, 하프백 람과 비슷한 방식으로 전술적 혁명을 이룬 선수가 됐다.

마지막, 여섯 번째 영웅은 괴체였다. 그는 세계 최고의 선수가 될 수 있다는 기대감을 받으며 바이에른 뮌헨으로 이적했을 때만 해도 과르디올라의 '새로운 메시'로 거론됐다. 그는 도르트문트에서 공격형 미드필더로 활약했지만, 과르디올라는 그를 가짜 9번으로 활용했다. 그러나 괴체는 바이에른에서 성공하지 못했다. 그는 잇따른 부상에 시달렸고, 과르디올라 감독이 바이에른을 떠난 후 자신도 도르트문트로 복귀했다. 이후 괴체는 2018 러시아 월드컵 명단에는 이름도 올리지 못했다.

그러나 과르디올라 감독이 괴체를 가짜 9번으로 활용한 결정은 2014년 큰 효과로 이어졌다. 때로 그는 가짜 9번 자리에서 결정적인 역할을 해냈다. 괴체는 과르디올라 감독이 자신을 처음으로 가짜 9번 자리에 배치한 친정팀 도르트문트전에서 선제골을 터뜨렸다. 이후 뢰브 감독도 독일 대표팀에서 괴체를 가짜 9번으로 중용했다. 괴체는 2014 브라질 월드컵에서 선발 출전한 세 경기 모두 뮐러, 메수트 외질과 함께 공격 삼각편대를 구성했다. 괴체, 뮐러, 외질은 수시로 서로 위치를 바꾸며 상대 수비진을 혼란스럽게 만들었다. 그러나 괴체는 전형적인 최전방 공격수 클로제가 대회 후반부에 붙박이 주전 자리를 꿰차자 교체 요원으로 활약하게 됐다.

그렇지만 36세의 베테랑 클로제는 연장 승부가 진행된 아르헨티나와의 결승전에서 120분을 전부 다 뛸 수 없었다. 뢰브 감독은 클로제를 빼고, 경기에 투입된 괴체에게 "전 세계에 네가 메시보다 좋은 선수이고, 월드컵 우승의 향방을 결정할 수 있는 선수라는 걸 보여줘!"라고 말했다. 뢰브 감독은 이에 대해 경기가 끝난 후 "정말로 그에게 그렇게 말했다. 나는 그날 괴체에 대해서는 좋은 느낌이 있었다. 그는 기적의 소년이다.

그는 공격진 어디에서도 뛸 수 있다"고 말했다. 괴체는 이날 최전방에서 뛰었고, 왼쪽 측면에서 안드레 쉬를레가 올린 크로스를 가슴으로 받아 자신의 주발이 아닌 왼발 발리슛으로 마무리하며 결승골을 터뜨렸다.

괴체의 결승골은 훌륭한 개인 기술이 만들어낸 득점이었지만, 이를 만든 과정에는 전술적 배경이 있었다. 과르디올라는 바르셀로나에서 메시를 위해 가짜 9번 역할을 만들었고, 바이에른에서 괴체를 영입한 후 그를 '새로운 메시'로 활용했다. 뢰브 감독은 괴체를 메시가 이끈 아르헨티나와의 월드컵 결승전에서 교체 투입시켰다. 그러면서 뢰브 감독은 그에게 메시보다 좋은 선수라는 점을 증명하라고 주문했다. 이후 그는 메시의 영향에 따라 생긴 포지션에서 메시를 상대로 월드컵 우승을 확정짓는 골을 터뜨렸다.

2012년에는 모두가 독일이 스페인을 제치고 유럽의 새로운 챔피언으로 등극하기를 기대했다. 그러나 현실은 예상과 다르게 흘러갔다. 독일은 이보다 조금 더 늦은 2014년 스페인과 아르헨티나 축구로부터 받은 영향을 등에 업고 월드컵 결승전에서 아르헨티나를 꺾으며 스페인의 전성시대에 종지부를 찍었다.

전환기

·

독일-잉글랜드

2016년, 잉글랜드 축구 역사상 가장 큰 이변이 일어났다. 클라우디오 라니에리 감독이 이끈 레스터 시티가 모두의 예상을 깨고 프리미어리그 우승을 차지했다. 시즌 개막 전 도박사들이 예상한 레스터의 우승 가능성은 0.0002%에 불과했다.

레스터의 우승은 대단한 스토리이자 전 세계가 칭송한 누구도 생각지도 못한 업적이었다. 그러나 이와 동시에 프리미어리그는 절실하게 새출발을 필요로 하고 있었다. 프리미어리그 빅클럽들은 레스터와는 비교도할 수 없을 정도로 많은 돈을 투자하면서도 감독들의 잇따른 실수가 반복되며 부진을 거듭했다. 유럽클럽대항전에 출전한 잉글랜드 팀들이 부진한 점도 이와 같은 주장에 설득력을 더했다.

그러나 이때부터 유럽에서 가장 추앙받는 감독이 한 명씩 잉글랜드로 모여들기 시작했다. 첫 번째는 2015-16시즌 초반 리버풀 사령탑으로 부임한 위르겐 클롭이었다. 열정이 넘치고, 늘 익살스러운 클롭은 리버풀에 어울리는 감독이었다. 그는 첫 시즌부터 유로파 리그 8강에서 친정팀 보루시아 도르트문트를 만나 1, 2차전 합계 5-4로 승리하는 손에 땀을 쥐게 하는 승부를 연출했다.

이 시점에는 이미 라리가 우승 3회, 분데스리가 우승 3회, 챔피언스리그 우승 2회에 빛나는 펩 과르디올라 감독이 시즌이 끝나면 맨체스터 시티 사령탑으로 부임할 계획이라는 소식이 발표된 후였다. 과르디올라는 바르셀로나 감독 시절 호흡을 맞춘 구단 운영진이 다수 포함된 맨체스터 시티의 영입 제안을 이미 수락한 상태였다. 분데스리가를 흥미진진한 리그로 만드는 데 크게 일조한 두 감독이 프리미어리그에서도 맞대결을 앞두게 된 셈이었다.

게다가 과르디올라는 과거 엘 클라시코에서 수차례 격돌한 조세 무리뉴와도 다시 격돌하게 됐다. 2015-16시즌 도중 첼시에서 경질된 무리뉴는 시즌이 끝난 후 맨체스터 유나이티드 감독으로 부임했다. 무리뉴는 첼시에서 불명예스러운 퇴진을 하며 이미지에 타격을 입었지만, 여전히 네 개의 리그에서 우승을 여덟 번이나 차지한 데다 챔피언스리그 우승 트로피도 두 번이나 들어올린 명장이었다.

비슷한 시기, 첼시는 유벤투스에서 3년 연속 세리에 A 우승을 차지한 안토니오 콘테 감독을 선임했다. 첼시는 스타일보다는 우승을 선호하는, 영리한 전략을 통해 승리하는 전통을 지닌 구단이었다. 이 때문에 콘테 감독은 첼시에 어울리는 감독이었다.

아스널은 여전히 아르센 벵거 감독이 이끌었고, 마우리시오 포체티노Mauricio Pochettino 감독은 토트넘에서 마법을 일으키고 있었다. 네덜란드 에레디비지 3회 우승 경력을 자랑하는 로날드 쿠만은 사우샘프턴

Southampton에서 에버튼Everton으로 자리를 옮긴 상태였다. 프리미어리그 역사상 이처럼 다양한 유럽 각지의 지도자가 상위권 팀을 이끈 것은 이때가 처음이었다. 그러면서 당분간 레스터의 우승과 같은 예상치 못한 사건이 발생할 가능성은 사실상 없어졌다.

라니에리 감독의 레스터는 전 시즌 승점 81점을 획득하며 프리미어리그 우승을 차지했지만, 이후 2년간 프리미어리그 우승을 차지한 팀은 각각 93점, 100점을 따냈다. 물론 레스터의 우승을 평가절하해서는 안 되지만, 유럽 최고의 감독들이 프리미어리그에 상륙하며 전반적인 기준이 오른 것만은 분명했다.

2018-19시즌부터는 독일 축구가 하락하는 흐름이 뚜렷하게 드러났다. 서서히 유럽을 장악하는 축구 국가는 잉글랜드가 됐다. 프리미어리그는 챔피언스리그 8강에 진출한 여덟 팀 중 네 팀을 배출했다. 이 중 세 팀은 16강에서 분데스리가 팀들과 맞붙었고, 합계 스코어 17-3으로 승리했다.

그러나 잉글랜드 축구의 전성시대는 네덜란드, 이탈리아, 프랑스, 포르투갈, 스페인 그리고 독일과는 다른 방식으로 흘러갔다. 잉글랜드의 강세는 잉글랜드식 축구 스타일이 아닌 이웃 국가로부터 받은 영향이 다른 어떤 국가의 경우보다 컸다. 이 때문에 지난 25년간 유럽 축구에 관심을 두고 있었던 축구 팬들에게 프리미어리그는 매우 익숙한 전략과 스토리의 연장선에 있는 것처럼 보이게 됐다.

Netherlands

Italy

France

Portugal

PART 7

풋볼,
2016-20

Spain

Germany

England

2016
~
2020

Zonal Marking

19

더 믹서

2016년, 잉글랜드 프리미어리그는 유럽 어떤 리그와 비교하더라도 세계 최고의 감독들이 많이 집합한 무대였다. 그러나 그들 중 잉글랜드인은 없었다. 따라서 이때부터 프리미어리그가 강세를 보이기 시작한 현상을 가리켜 잉글랜드식 축구가 유럽 무대를 장악했다고 볼 수는 없다. 심지어 더는 '잉글랜드식 축구'를 정의하기조차 어려울 정도로 프리미어리그는 타 국가들로부터 많은 영향을 받은 곳이 됐다.

대다수 유럽 국가는 잉글랜드식 축구를 바라보는 각자의 관점을 가지고 있다. 이탈리아는 거친 태클을 한 선수에게 경고를 주지 않는 주심을 '잉글랜드 스타일 주심'이라고 부른다. 전 바르셀로나 수비수 에릭 아비달은 안드레스 이니에스타에 대해 "그에게는 최악의 패스, 즉 '잉글랜드식 패스'를 줘도 그가 알아서 어떻게든 이를 받아냈다"고 말했다. 심지어 잉글랜드에서도 '잉글랜드식 축구'를 고전적이고, 기초적인 수준의 자국인 감독이 심도 있는 전술적 고민 없이 수비 시에는 거친 태클로, 공격 시에는 롱볼을 바탕으로 경기를 풀어가는 축구로 바라봤다. 그러나 2010년대 중반부터 프리미어리그 상위권 구단에서는 이와 같은 축구를 구사하는 지도자가 모두 사라졌다. 심지어 잉글랜드 2부 리그에도 예전보다 기술적인 축구를 선호하는 외국인 감독들이 다수 유입됐다.

그러나 프리미어리그에는 여전히 고전적인 잉글랜드식 축구를 구사하는 몇몇 감독이 남아 있었다. 2016년 잉글랜드 대표팀을 이끈 샘 앨러다이스Sam Allardyce 감독은 사석에서 자국 축구협회의 선수 이적 규정을 편법으로 어기는 방법이 있다고 말하는 장면이 몰래카메라를 통해 공개되며 부임 후 단 한 경기밖에 치르지 않은 시점에 경질됐다. 이후 그는 크리스탈 팰리스Crystal Palace, 에버튼Everton 감독직을 차례로 맡았다. 그러나 사실 앨러다이스는 과거 볼튼 원더러스Bolton Wanderers와 블랙번 로버스Blackburn Rovers 감독 시절 더 명성을 떨친 인물이다. 그는 잉글랜드 북서부 지역에서 크게 주목받지 못했던 볼튼과 블랙번을 이끌고 특유의 직선적인, 소위 말하는 '뻥 축구'를 구사하며 꾸준히 기대치를 웃도는 성적을 냈다. 사실 앨러다이스는 스포츠 과학을 활용하는 방식으로는 프리미어리그에서 가장 혁신적인 감독이었다. 그러나 정작 그가 구사하는 축구는 매우 고전적인 잉글랜드식 경기 방식을 바탕으로 이뤄졌다.

또 다른 고전적인 잉글랜드식 축구를 고집한 감독은 토니 풀리스Tony Pulis다. 그는 잉글랜드인이 아닌 웨일스인이다. 풀리스는 2016년 웨스트 브롬West Brom을 이끌고 있었으나 그가 유명세를 타기 시작한 시기는 2008년 스토크 시티Stoke City를 프리미어리그 승격으로 이끌었을 때부터였다. 당시 풀리스 감독이 이끈 스토크 시티는 앨러다이스의 축구를 연상케 한다는 이유로 '뉴 볼튼'이라는 별명으로 불리기도 했다. 풀리스는 점유율을 높이는 데는 아무런 관심이 없었고, 당시 스토크는 로리 델랍 Rory Delap의 긴 스로인에 의존하는 공격 패턴을 고집했다. 심지어 스토크는 델랍을 이용하기 위해 의도적으로 측면 롱볼을 시도해 상대의 헤더가 스로인으로 이어지는 상황을 유도했다. 이후 델랍은 상대 페널티 지역으로 롱 스로인을 연결해 스토크 선수들이 득점을 노릴 만한 문전 경합 상황을 만들었다. 스토크는 키가 큰 선수들을 최대한 많이 라인업에 포함시키며 프리미어리그에서 가장 거친 팀으로 평가받았고, 유독 세트피스에 강한 면모를 보였다. 아르센 벵거 아스널 감독은 스토크가 세트피스를 주된 공격 루트로 활용하는 데에 대해 "더는 축구라고 부를 수도 없다. 축구보다는 골키퍼가 하는 럭비에 더 가깝다"고 말했다. 풀리스 감독은 2016년 웨스트 브롬에서 이와 같은 축구를 구사하고 있었다. 그는 가끔씩 포백 수비 라인에 배치된 네 명의 자리를 모두 중앙 수비수로만 채워 넣기도 했다. 중앙 수비수 네 명이 후방을 지킨 스완지Swansea전에서는 공격수 살로몬 론돈Salomón Rondón이 해트트릭을 기록하며 3-1로 승리했다. 이는 풀리스 감독이 어떤 축구를 선호하는지를 단적으로 보여준 경기였다.

2016-17시즌 프리미어리그 승격 팀 번리를 이끈 숀 다이치Sean Dyche 감독도 빼놓을 수 없다. 그는 무명 잉글랜드 선수들이 중심을 이룬 선수단 구성으로 2017-18시즌 프리미어리그 7위에 오르는 성과를 냈다. 다이치 감독도 전통적인 잉글랜드식 축구를 지향하는 지도자다. 번리는 앨러다이스의 볼튼, 풀리스의 스토크가 구사한 축구를 재현하며 무게중심을 뒤로 빼고 수비를 펼친 후 롱볼로 공격을 전개했다. 번리는 수비 진영에서 필사적인 태클에 의존한 수비 방식을 고집했고, 점유율을 높이는 축구에는 별로 관심이 없었다. 다이치 감독은 2016-17시즌 중 리버풀

을 2-0으로 꺾은 뒤, "점유율이 높아야 경기에서 이긴다는 이야기는 약 5년 전 시작된 괴담에 불과하다"며 껄껄 웃었다.

다이치 감독이 이끈 번리는 승격 후 두 시즌 연속으로 프리미어리그에서 가장 낮은 패스 성공률을 기록했다. 2018-19시즌 번리보다 낮은 패스 성공률을 기록한 팀은 닐 워녹Neil Warnock 감독이 이끈 카디프 시티 Cardiff City였다. 워녹도 롱볼과 세트피스 기회를 극대화하는 데 집중한 또 다른 감독이었다.

워녹 감독은 자신의 축구에 대한 비판에 대해 "팬들이 원하는 게 무엇인가? 유효 슈팅을 보고 싶은 건가? 아니면 하프라인 부근에서 옆으로 연결하는 패스가 보고 싶나?"라고 되묻기도 했다. 카디프는 프리미어 리그로 승격한 시즌에도 챔피언십(잉글랜드 2부 리그)에서 패스 성공률이 57%에 그쳤다. 이는 기준이 2부 리그인 점을 고려해도 심각하게 낮은 기록이다.

2018-19시즌 프리미어리그에서 잉글랜드인 감독은 다이치와 워녹을 포함해 단 네 명에 불과했다. 크리스탈 팰리스 사령탑인 로이 호지슨 감독은 가끔씩 공격 축구를 구사했고, 늘 직선적인 스타일의 윙어들을 중용했다. 그러나 보수적인 성향을 나타내며 점유율을 높여 경기를 주도하는 데 큰 관심이 없었던 건 호지슨 감독도 마찬가지였다. 호지슨 감독은 잉글랜드 대표팀을 이끈 시절에도 "점유율이 높아도 어차피 상당 시간 공을 잡는 선수들은 수비수, 혹은 미드필더다. 나는 통계 자료에 신경 쓰지 않는다. 특히 점유율 기록에 대해서는 더욱 그렇다. 점유율은 딱히 중요하지 않은 기록"이라고 말했다.

잉글랜드인 중 능동적인 기술 축구를 지향한 유일한 프리미어리그 감독은 에디 하우Eddie Howe다. 그러나 하우 감독은 이러한 성향을 보인 예외적인 잉글랜드인 지도자였다. 앨러다이스, 풀리스, 다이치, 워녹은 잉글랜드 축구의 고전적 개념을 대표하는 지도자였다. 특히 그들은 잉글랜드식 축구의 타당성을 주장하며 점유율 축구의 중요성을 이유로 거친 태클을 규제해야 한다는 대중의 시선에는 강한 거부감을 내비쳤다.

잉글랜드가 전통적으로 직선적인 공격, 거친 몸싸움을 중시한 데는 여러가지 이유가 있다. 우선 거센 비와 바람이 잦은 영국 날씨가 이에 큰 영향을 미쳤다. 이 때문에 예전부터 잉글랜드는 패스 축구를 구사하기가 어려운, 진흙탕이 된 운동장에서 공의 방향을 예측하기 어려운 환경 속에 경기를 진행해야 할 때가 많았다. 프리미어리그가 출범한 후 이제 잉글랜드 1부 리그 구단의 축구장은 모두 완벽한 잔디 상태를 자랑하게 됐지만, 풀뿌리 단계에서는 여전히 어린 선수들이 그라운드 사정이 형편없는 운동장에서 축구를 하고 있다는 점은 무시할 수 없는 요인이다.

축구로부터 발전된 스포츠이자 경기 방식 또한 비슷한 럭비가 미친 영향도 잉글랜드 축구의 거친 성향을 이해하는 데 고려해야 할 부분이다. 럭비는 격렬한 신체 접촉을 요구하는 스포츠다. 게다가 럭비의 문화는 축구와 비교해 팬들이 훨씬 더 선수들의 거친 성향을 부추기는 성향이 짙다. 럭비는 거친 태클과 동시에 고전적인 '남성스러움'을 강조한다.

한편 럭비는 영국 내 대다수 사립 학교의 겨울 체육 과목에 포함되는 종목이다. 반면 축구는 학구적이거나 과학적인 연구를 할 필요가 별로 없는 '서민 스포츠'로 여겨졌다. 여전히 잉글랜드 축구에는 반주지주의 anti-intellectualism 성향이 깊숙이 자리하고 있다. 불과 몇 년 전까지만 해도 잉글랜드 축구는 감독의 전술적 능력보다는 선수 관리, 동기부여자 역할을 더 중시했다.

잉글랜드 축구가 전통적으로 롱볼 위주 전술을 구사하게 된 또 다른 원인은 1970년대 자국 축구협회의 지도자 교육 분야 이사직을 맡은 찰스 휴즈Charles Hughes의 존재 때문이었다. 그는 통계 자료를 바탕으로 롱볼 축구의 타당성을 주장했다. 상대 페널티 지역 안으로 롱볼을 연결해 '최적의 득점 기회를 잡을 위치'를 선점해야 한다는 것이 그의 주장이었다. 이때부터 휴즈의 주장은 수많은 잉글랜드 출신 지도자가 공을 '박스 안으로 붙이는 축구'를 구사하는 데 큰 영향을 미쳤다. 결과적으로 이와 같은 휴즈의 이론은 훗날 잉글랜드 축구에 악영향을 미쳤다. 그러나 휴즈의 이론이 전적으로 잘못됐다고 볼 수는 없었다. 예를 들어 그는 압박의 중요성을 강조하기도 했다.

상대 페널티 지역으로 롱볼을 연결해 세컨드볼을 쟁취해 공격해야 한다는 휴즈의 이론은 잉글랜드 축구가 점유율보다는 지역을 더 중시하게 만드는 결과로 이어졌다. 이 또한 럭비와 비슷한 전략이었다. 휴즈는 1990년대까지 점유율의 중요성을 평가절하했고, "세계 축구가 약 30년째 잘못된 전략적 방향으로 흘러가고 있다"고 주장했다. 이는 잉글랜드 축구의 전형적인 이데올로기를 단적으로 보여주는 충격적인 발언이다. 잉글랜드는 그에게 영향을 받은 시점부터 정적인 경기 방식을 고집하며 상대에 끌려다니는 축구를 구사했고, 내부적으로는 혁신이 일어나지 않았다.

마지막으로 잉글랜드 1부 리그 우승을 차지한 자국인 감독은 1991-92시즌 리즈 유나이티드Leeds United의 사령탑 하워드 윌킨슨Howard Wilkinson이다. 이는 프리미어리그 출범과 백패스 규정이 수정되기 전 열린 마지막 시즌이었다.

직선적인 축구를 구사한 윌킨슨 감독이 이끈 리즈는 백패스 규정이 수정된 후에는 우승 당시의 경기력을 재현하지 못했다. 당시 리즈에서 활약한 미드필더 스티브 호지Steve Hodge는 "(백패스 규정이 수정되기 전까지는) 골키퍼 존 루키치John Lukic가 공을 손으로 잡은 후 최대한 멀리 찼다. 그러나 규정이 바뀐 후 그가 공급하는 패스는 예전만큼 멀리 가지 못했다. 한두 번의 패스로 상대 페널티 지역 부근에서 기회를 만들 수 없게 되자 우리는 위협적인 모습을 보여주지 못했다. 대신 공은 미드필드 지역에 머물렀다. 루키치가 백패스를 잡을 수 없게 되자 상대가 그를 압박하게 된 현상도 우리에게 영향을 미쳤다"고 말했다. 골키퍼가 백패스를 손으로 잡을 수 없게 된 단순한 규정 변화가 잉글랜드 리그 우승팀에 이처럼 큰 문제를 안겼다는 사실은 놀랍지 않을 수 없다. 그러나 이와 같은 경기를 더는 할 수 없게 된 리즈는 우승을 차지한 후 맞은 1992-93시즌 프리미어리그에서 17위로 추락했다. 이로부터 25년 넘게 지난 오늘날까지 잉글랜드 축구는 여전히 프리미어리그 출범 후 첫 잉글랜드인 감독이 이끄는 우승팀을 기다리고 있다.

그렇다면 현대 축구에서 '잉글랜드식 축구'는 과연 무엇일까? 결론부터 말하자면, 잉글랜드식 축구는 수십 년간 스타일 변화가 없었다. 그러나 외국인 선수, 감독 그리고 이제는 구단주가 차례로 잉글랜드에 상륙해 프리미어리그를 장악했을 뿐이다. 정작 잉글랜드 축구는 수준급 선수나 감독을 배출하지 못했고 프리미어리그 상위권 구단은 외국인 선수 영입으로 전력을 보강해야 했다. 마찬가지로 대다수 잉글랜드 선수들은 해외 진출에 대해 거부감을 나타내며 자국 무대에서는 기회가 주어지지 않는다고 불평했다. 이러한 현상은 선수들의 성장에 악영향을 미쳤을 뿐만 아니라 해외 국가가 잉글랜드식 축구 스타일을 수용할 수 없게 만드는 결과로 이어졌다. 늘 기대에 미치지 못한 잉글랜드 대표팀은 잇따른 부진(이는 선수 개개인의 기량 부족보다는 전술적인 이유가 더 컸지만) 탓에 자국 축구의 우수함을 알리지 못했다. 이 와중에 프리미어리그는 다국적 무대로 명성을 떨치며 세계에서 가장 인기 있는 프로축구 리그로 성장했다.

2016-17시즌부터 프리미어리그에서 전형적인 잉글랜드식 축구를 구사한 팀은 중위권, 혹은 강등권 팀들뿐이었다. 반대로 상위권 팀은 각각 지난 약 25년간 유럽을 주도한 국가의 축구를 구사했다. 실제로 근 25년 간 유럽 축구를 주도한 국가인 네덜란드, 이탈리아, 프랑스, 포르투갈, 스페인, 독일 출신의 감독이 최소 한 명씩 프리미어리그 팀을 이끌었다.

지난 1992년부터 1996년까지 유럽 무대를 장악한 네덜란드 축구를 훗날 프리미어리그에서 구사한 인물은 로날드 쿠만 감독이다. 현역 시절 득점력과 패스 능력이 빼어난 선수였고, 요한 크루이프 감독의 바르셀로나와 네덜란드 대표팀에서 활약했던 쿠만은 2016년부터 에버튼 감독을 맡았었다. 1997년 현역 은퇴를 선언한 그는 네덜란드와 바르셀로나에서 수석 코치직을 맡으며 지도자 생활을 시작했다. 이후 그는 아약스, PSV, 페예노르트 감독을 맡았으며 발렌시아, 벤피카도 이끌었다.

쿠만 감독은 지도자 데뷔 후 줄곧 네덜란드식 축구 모델을 활용했다. 높은 수비 라인, 적극적인 압박, 후방 빌드업이 그가 경기를 풀어간 방식이었다. 그는 2014-15시즌 마우리시오 포체티노의 후임으로 사우샘프턴 감독으로 부임했다. 쿠만 감독은 사우샘프턴을 2014-15시즌 7위, 2015-16시즌 6위로 이끌었다. 이는 사우샘프턴 구단 역사상 30년 만의 최고 성적이었다. 수비수 출신 쿠만 감독은 예상대로 팀 수비를 지도하는 방식이 인상적이었다. 사우샘프턴은 2014-15시즌 프리미어리그에서 두 번째로 적은 실점을 기록했다. 당시 최소 실점을 기록한 조세 무리뉴 감독의 첼시는 사우샘프턴보다 한 골을 덜 실점했을 뿐이었다. 그러나 무리뉴 감독의 첼시는 무게중심을 뒤로 빼고 펼치는 수비에 집중하는 팀이었다. 이와 반대로 쿠만의 사우샘프턴은 네덜란드식 오프사이드 트랩을 가동하며 공격적인 수비를 펼쳤다.

쿠만 감독은 임대로 영입한 아약스 유소년 아카데미 출신 벨기에 수비수 토비 알데르베이럴트Toby Alderweireld를 중심으로 기대 이상의 수비력을 구축했다. 알데르베이럴트는 수비적인 축구를 구사하는 아틀레티코 마드리드에서 활약한 시절에는 부진했지만, 쿠만 감독이 이끈 사우샘프턴이 자신과 어울리는 수비 전술을 활용한 덕분에 경기력을 회복했다. 이후 알데르베이럴트가 포체티노 감독의 부름을 받고 토트넘으로 떠난 뒤, 쿠만 감독은 자신과 같은 네덜란드 출신 수비수 버질 반 다이크Virgil van Dijk를 영입했다. 반 다이크는 사우샘프턴 이적 후 "쿠만 감독은 현역 시절 훌륭한 선수였다. 나는 그가 뛰는 모습을 직접 본 적은 없지만, 영상을 통해 그의 활약상을 봤으며 수많은 얘기를 듣기도 했다. 그에게는 배울 점이 많다"고 말했다. 훗날 반 다이크는 프리미어리그에서 가장 압도적인 기량을 자랑하는 중앙 수비수로 성장했다.

쿠만 감독은 에버튼 사령탑으로 부임한 2016-17시즌 초반 다섯 경기에서 승점 13점을 획득하며 선전했다. 그는 직선적인 윙어 야닉 볼라시Yannick Bolasie와 케빈 미랄라스Kevin Mirallas를 좌우에 배치했다. 에버튼의 좌우 측면 수비수 조합은 프리미어리그에서 최정상급 공격 가담 능력을 자랑한 레이튼 베인스Leighton Baines와 셰이머스 콜먼Séamus Coleman이 이뤘다. 골키퍼 마턴 스테켈렌뷔르흐Maarten Stekelenburg는 아약스 유소년 아카데미 출신으로 1군 데뷔를 과거 쿠만 감독 체제에서 했던 선수였다. 그는 에버튼의 스위퍼 키퍼 역할을 맡았다. 쿠만은 프리미어리그에서 자신이 선보인 축구는 상당 부분 크루이프에게 배운 이론이라고 말했다. 그는 에버튼을 프리미어리그 6위로 이끈 시즌 도중에 했던 한 인터뷰에서 "오늘날까지 나는 어떠한 결정을 해야 할 때, 크루이프라면 어떻게 반응할지를 먼저 고민한다. 그는 내게 큰 귀감이 됐기 때문"이라고 말했다.

그러나 크루이프의 영향이 더 명확히 나타난 팀은 맨체스터 시티였다. 펩 과르디올라 감독은 현역 시절 바르셀로나에서 쿠만과 수비 조합을 이룬 건 물론 룸메이트로 지낸 동료 사이다. 그로부터 25년이 지난 뒤, 쿠만과 과르디올라는 나란히 감독이 돼 프리미어리그에서 네덜란드식 축구를 선보이고 있었다. 쿠만은 과르디올라 감독의 훈련 방식을 모방하기도 했다. 과르디올라는 "로날드(쿠만)는 내가 매우 잘 아는 사람이다. 나는 선수로, 감독으로 그리고 사람으로 그를 매우 존경한다. 나는 그에게 많은 걸 배웠다. 우리는 수년간 축구에 대해 많은 이야기를 나눴고, 축구를 어떻게 해야 할지를 함께 고민했다. 우리는 동의하는 부분이 매우 많다"고 밝혔다.

과르디올라는 크루이프가 중시한 후방 빌드업을 고집했다. 그가 맨시티 감독으로 부임한 후 내린 첫 번째 중대 결정은 주전 골키퍼 조 하트Joe Hart에게 패스 배급 능력이 부족하다며 이적을 권한 것이었다. 과르디올라는 하트의 자리를 대신할 골키퍼로 바르셀로나에서 스위퍼 키퍼 역할을 해온 클라우디오 브라보Claudio Bravo를 영입했다. 브라보는 크루이프식 축구에 부합하는 골키퍼였다. 그는 골라인에서 크게 벗어나 움직이는 적극성을 보유한 데다 공을 발밑에 두고도 침착함을 유지하는 골키퍼였다. 그러나 그는 정작 상대의 슛을 막는 데는 탁월한 능력을 보유하지 않고 있었다. 실제로 브라보는 시즌 중반 한 시점에는 상대 유효 슈팅 22개 중 14개가 실점으로 이어지는 불명예스러운 기록까지 세우게 됐다. 에버튼 중앙 수비수 존 스톤스John Stones도 맨체스터로 이적한 비슷한 유형의 선수였다. 그는 패스 능력이 좋은 수비수였지만, 정작 수비 능력이 의심스러웠다. 스톤스와 페르난지뉴는 과르디올라 감독 체제에서 경기 도중에도 중앙 수비수와 수비형 미드필더 자리를 번갈아가며 맡았다. 이는 흔치 않은 역할이었으나 루이 판 할의 아약스에서 프랑크 레이카르트가 보여줬으며, 크루이프의 바르셀로나에서 과르디올라가 전진하는 중앙 수비수 쿠만이 비워둔 자리를 메우기 위해 선보였던 움직임과 매우 비슷했다.

수비 라인을 높은 위치로 끌어올려서 공격을 시작하는 경기 방식은 1990년대 중반 전형적인 네덜란드 축구의 전통으로 평가받았지만, 오늘날 이는 프리미어리그 상위권 팀들이 주로 활용하는 팀 전술이 됐다. 적절한 예로 토트넘 사령탑 마우리시오 포체티노 감독은 아르헨티나인이면서도 과르디올라가 선호하는 네덜란드식 축구 철학과 유사한 면을 보였다. 포체티노의 지도 성향에 지대한 영향을 미친 인물은 훗날 리즈 유나이티드 감독으로 부임하는 마르셀로 비엘사 감독이다. 비엘사는 과르디올라 감독이 후안마 리요, 크루이프와 함께 지목하는 자신의 롤 모델이다.

포체티노는 쿠만에 앞서 사우샘프턴을 지도했다. 그는 사우샘프턴 감독으로 부임한 직후 강도 높은 압박과 적극적으로 라인 위치를 끌어올리는 수비 방식을 팀에 장착했다. 이 덕분에 쿠만 감독 또한 사우샘프턴에서 수월하게 자신의 축구를 팀에 적응시킬 수 있었다.

포체티노는 2014-15시즌 토트넘 감독으로 부임한 후 벨기에 대표팀 주전 수비수 알데르베이럴트와 얀 베르통언Jan Vertonghen으로 이어지는 프리미어리그의 최강 중앙 수비수 조합을 구축했다. 두 선수 모두 같은 벨기에 출신일뿐만 아니라 아약스 유소년 아카데미를 통해 성장한 뒤, 1군에서 호흡을 맞춘 경험이 있었다. 이 덕분에 두 선수는 하프라인 부근까지 높게 배치된 위치에서 훌륭한 수비 조합을 이룰 수 있었다. 이후 포체티노 감독은 추가로 중앙 수비수를 영입해야 한다고 판단하며 또 아약스에서 선수 한 명을 더 영입했다. 그가 택한 선수는 콜롬비아 출신 다빈손 산체스Davinson Sánchez였다. 이로 인해 토트넘은 사실상 중앙 수비진을 아약스 선수들로만 운용할 수 있게 됐다.

과르디올라는 후방 빌드업 외에도 많은 부분에서 네덜란드식 축구 모델을 활용했다. 특히 그는 좌우 측면 공격수를 넓게 벌려 배치하는 네덜란드식 전술을 구사했다. 사실 그가 맨시티에서 이와 같은 측면 공격 방식을 선보인 것은 의외였다. 과르디올라는 바르셀로나에서 좌우 측면 공격수 자리에 공 없이 상대 수비 라인의 뒷공간을 파고들어 침투 패스를 받는 데 능한 선수를 배치했다. 바이에른 뮌헨의 과르디올라는 반댓발 윙어를 좌우에 배치해 과감한 중거리슛으로 득점을 노렸다. 그러나 그는 맨체스터 시티에서는 오른발잡이 측면 공격수 라힘 스털링Raheem Sterling을 오른쪽에, 왼발잡이 측면 공격수 르로이 사네Leroy Sané를 왼쪽에 배치했다. 그들은 전형적으로 측면을 돌파한 후 페널티 지역 안의 박스를 향해 낮은 크로스를 투입시키는 방식으로 팀 공격에 속도감을 더했다. 맨시티는 이러한 공격 패턴으로 수많은 골을 만들어냈다. 측면 공격수가 연결한 낮은 크로스는 반대쪽으로 침투해 들어온 또 다른 측면 공격수, 혹은 맨시티 구단 역대 프리미어리그 최다 득점자 세르히오 아구에로Sergio Agüero가 마무리했다.

쿠만은 에버튼을 맡은 후 두 시즌을 채우지 못하고 팀을 떠났다. 에버튼은 쿠만 감독 부임 후 두 번째 시즌 초반 네덜란드식 축구의 영향을 찾아보기 어려운 팀이 됐고, 결국 구단은 감독 교체를 감행했다. 그러나 쿠만 감독은 에버튼을 떠난 뒤, 네덜란드 대표팀 사령탑으로 부임했다. 그는 유로 2016과 2018 러시아 월드컵 본선 진출에 연이어 실패한 네덜란드 대표팀의 부활을 이끌어야 하는 막중한 역할을 맡게 됐다. 쿠만 감독은 공격 자원이 충분치 않은 상황 속에서도 부임 초기부터 인상적인 경기력을 선보였다. 그는 후방 지역에서 유기적인 패스 연결로 공격을 전개하는 능력이 탁월한 아약스 유소년 아카데미 출신 수비수 마티아스 데 리흐트Matthijs de Ligt와 프렝키 데 용Frenkie de Jong을 중심으로 네덜란드 대표팀을 리빌딩했다. 이처럼 네덜란드 축구는 여전히 과거 쿠만과 비슷한 성향의 후방 플레이메이커를 배출하는 전통을 이어가고 있었다.

유럽 축구계에서 1996~2000년을 주도한 이탈리아 축구를 프리미어리그에서 구현한 지도자는 안토니오 콘테 첼시 감독이었다. 그는 현역 시절 근면함이 돋보이는 유벤투스의 주장이자 미드필더였다. 그는 유벤투스에서 13시즌 동안 활약하고 2004년 현역 은퇴를 선언한 뒤, 약 2년간 코베르치아노에서 지도자 수업을 받는 데 집중했다. 그는 코베르치아노에서 〈4-3-1-2 포메이션 활용 시 고려 대상과 영상 분석 활용법〉이라는 제목의 논문을 작성했다. 이후 콘테는 아레초Arezzo, 바리Bari, 아탈란타Atalanta, 시에나Siena 감독직을 거쳐 2011년 친정팀 유벤투스를 이끌게됐다. 당시 유벤투스는 이탈리아 세리에 A의 '무너진 명가'였다. 유벤투스는 '칼치오폴리Calciopoli' 승부 조작 스캔들이 터진 후 2006년 세리에 B(2부 리그) 강등을 당한 뒤, 세리에 A 상위권에 재진입한 상태였다. 콘테 감독이 부임하기 직전 유벤투스는 세리에 A에서 2년 연속으로 7위 자리에 머물렀다. 그러나 콘테 감독이 부임한 유벤투스는 바로 세리에 A 3년 연속 우승을 차지했다. 특히 그는 유벤투스 부임 직후 첫 시즌에 세리에 A에서 무패 우승을 달성했다.

콘테 감독은 부임 후 첫 시즌 중반까지 적극적인 측면 공격을 구사하는 4-4-2 포메이션을 가동했다. 그러나 이후 그는 시즌 중반부터는 1990년대 세리에 A의 부흥기를 장악한 포메이션인 3-5-2를 다시 살려 냈다. 당시 세리에 A에는 스리백보다는 포백 수비 라인을 가동하는 팀이 훨씬 더 많았다. 그러나 콘테는 대인방어 능력이 탁월한 안드레아 바르잘리Andrea Barzagli, 지오르지오 키엘리니Giorgio Chiellini와 기술적 우수함을 자랑하는 레오나르도 보누치Leonardo Bonucci가 형성하는 강력한 스리백 수비 라인을 구축했다. 콘테 감독의 전술 자체는 대인방어를 기반으로 한 카테나치오 시스템과는 거리가 있었다. 그러나 이탈리아 축구는 기본적으로 유럽 내 타 국가보다 대인방어 성향이 짙은 수비를 펼쳤다. 여기에 콘테 감독은 탁월한 패스 능력을 보유한 보누치를 현대적 리베로로 중용하며 수비진을 완성했다. 콘테는 이탈리아 대표팀 감독으로 부임한 2014년에도 자신이 유벤투스에서 구축한 이 스리백 수비 라인을 그대로 가져다가 활용했다. 그가 이끈 이탈리아는 유로 2016 본선에서 스리백 수비 라인을 가동한 두 팀 중 한 팀에 불과했지만, 전술적으로는 가장 인상적인 경기력을 선보였다. 실제로 당시 이탈리아는 '디펜딩 챔피언' 스페인을 16강에서 2-0으로 완파했고, 8강에서는 강력한 우승 후보 독일과 승부차기까지 가는 접전 끝에 간발의 차이로 패했다. 유로 2016이 끝난 직후 콘테는 바로 첼시 감독으로 부임하며 2016-17시즌 프리미어리그에 입성했다.

콘테 감독은 시즌 초반 첼시에서 수비적인 4-3-3 포메이션을 가동했다. 이는 조세 무리뉴 감독이 과거 첼시에서 활용한 포메이션과 매우 비슷했다. 콘테는 시즌 초반 세 경기에서 모두 승리했지만, 이후 스완지와 무승부에 그친 데 이어 홈에서 리버풀에 패했고, 다음 경기에서는 아스널을 상대로 0-3으로 뒤진 채 전반전을 마쳤다. 콘테 감독은 아스널전 후반전 시작과 함께 3-4-3 포메이션을 가동하는 묘수를 짜냈다. 훗날 콘테 감독은 "(3-4-3 포메이션을 가동한) 그 결정이 우리의 시즌을 바꿔놓았다"고 말했다. 첼시는 3-4-3 포메이션을 처음 가동한 아스널과의 후반전에서 세 골 차 승부를 뒤집지는 못했다. 그러나 콘테 감독은 다음 경기에서도 3-4-3 전형을 그대로 유지했다. 그러면서 프리미어리그 8위로 추락했던 첼시는 13연승 행진을 달리며 선두 등극에 성공했다. 결국 첼시는 당시 기준으로 프리미어리그 역대 두 번째로 많은 한 시즌 승점 기록인 승점 93점을 획득하며 우승을 차지했다.

스리백 수비 라인은 첼시 감독으로 부임한 콘테의 원래 계획이 아니었다. 그러나 그는 부임 후 선수 영입을 통해 스리백을 무리없이 가동할 만한 선수단을 구성할 수 있게 됐다. 우선 피오렌티나에서 왼쪽 윙백으로 활약한 마르코스 알론소Maros Alonso를 영입해 첼시에 적극적인 오버래핑이 가능한 측면 자원을 보유할 수 있게 했다. 또한 콘테 감독은 알론소의 영입으로 세사르 아스필리쿠에타César Azpilicueta를 측면 수비수가 아닌 스리백의 오른쪽 중앙 수비수로 중용할 수 있게 됐다. 실제로 아스필리쿠에타는 전술적 유연성을 우선시하는 이탈리아 감독 콘테에게 매우 중요한 멀티 플레이어 기질이 빼어난 선수였다. 첼시가 PSG에서 두 시즌 동안 활약한 다비드 루이스를 재영입한 점도 팀이 스리백을 가동하는 데 큰 도움이 됐다. 브라질 출신 수비수 루이스는 수비력이 빼어난 전형적인 중앙 수비수는 아니지만, 콘테 감독의 스리백에서는 '보누치 역할'을 훌륭하게 소화했다. 루이스는 최후방에서 상대 공격의 흐름을 읽고 반응하는 스위퍼 역할을 하면서 공격 시에는 긴 대각선 패스를 뿌려주는 후방 플레이메이커 역할까지 맡았다.

콘테 감독은 스리백의 중앙에 서는 수비수, 즉 리베로의 역할을 설명하며 "이 포지션을 맡는 선수는 전술적이어야 하며 늘 효과적인 위치 선정을 바탕으로 수비 라인을 적절하게 끌어올리거나 내려야 한다"고 말했다. 포백 수비 라인을 가동하는 프리미어리그 팀들은 첼시의 3-4-3에 대응할 방법을 찾지 못했다. 가장 큰 문제는 측면이었다. 첼시는 좌우 측면 공격수로 출중한 기량을 보유한 에덴 아자르Eden Hazard와 페드로, 또는 윌리안을 좌우 측면 공격수로 배치했다. 그들은 안쪽으로 파고드는 공격 패턴으로 상대 양 측면 수비수의 위치를 끌어당겼다. 그러면서 좌우 윙백 알론소와 빅터 모지스Victor Moses가 오버래핑을 통해 침투할 수 있는 측면 공간이 발생했다. 이 덕분에 첼시는 최전방 공격수 디에고 코스타를 필두로 총 다섯 명이 공격 진영에서 상대를 공략할 수 있었다. 이 와중에 첼시는 수비형 미드필더 두 명과 중앙 수비수 세 명이 뒤를 받치며 상대의 역습도 효과적으로 차단할 수 있었다.

시간이 지나면서 프리미어리그 팀들은 첼시의 3-4-3을 무력화시킬 가장 적절한 방법으로 똑같은 3-4-3 포메이션을 꺼내들었다. 첼시가 3-4-3 포메이션 가동 후 첫 패를 당한 경기는 똑같은 3-4-3 포메이션을 가동한 토트넘전이었다. 그러면서 프리미어리그에서 3-4-3 포메이션을 가동하는 팀들이 차츰 늘어났다.

프리미어리그에서 2015-16시즌 모든 팀을 통틀어 3-4-3 포메이션이 가동된 횟수는 단 31경기에 불과했다. 그러나 2016-17시즌 이 수치는 무려 130경기로 치솟았다. 이 중 첼시가 3-4-3을 가동하기 전인 시즌 초반 6라운드까지 치러진 시점에 이 포메이션이 가동된 횟수는 단 8회에 불과했다. 그만큼 첼시가 3-4-3 포메이션을 가동한 후 이를 따라 한 팀도 늘어난 셈이다 .

2016-17시즌에 콘테보다 앞서 스리백 수비 라인을 가동한 감독은 에

버튼의 쿠만이었다. 현역 시절에도 바르셀로나에서 스위퍼, 혹은 리베로로 역할을 맡았던 그는 시즌 첫 경기부터 3-4-3 포메이션을 활용했다. 쿠만 외에 콘테보다 앞서 스리백을 활용한 프리미어리그 감독은 두 명이 더 있었다. 이들은 모두 콘테와 마찬가지로 세리에 A에서 풍부한 지도자 경험을 쌓은 감독이었다. 프란체스코 귀돌린Francesco Guidolin 스완지 감독은 과거 우디네세에서 3-5-2 포메이션으로 성공을 거둔 경험이 있었다. 왈테르 마차리Walter Mazzarri는 과거 나폴리를 이끌던 시절 팀을 세리에 A 우승 후보로 변모시킨 3-4-3 포메이션을 왓포드에서 그대로 가동했다. 귀돌린과 마차리는 콘테가 유벤투스 감독으로 부임하기 전부터 세리에 A에서 스리백을 활용하며 이와 같은 이탈리아식 전술을 그대로 프리미어리그 팀에 이식하고 있었다.

그러나 리그 전체에 가장 지대한 영향을 미쳤던 스리백 전술은 콘테 감독의 3-4-3 포메이션이었다. 콘테는 "우리는 다른 시스템을 가지고 시즌을 시작했지만, 중심이 적절히 잡히지 않는다는 사실을 파악하게 됐다. 그래서 우리는 3-4-3으로 시스템을 변경했다. 나는 우리가 3-4-3 포메이션을 활용할 수 있다는 사실은 이미 잘 알고 있었다. 선수 개개인의 성향을 파악하고 있었기 때문이다. 그래서 구단과 대화를 하며 시즌을 준비할 때 이 시스템을 늘 대안으로 생각하고 있었다"고 말했다.

첼시는 1962-63시즌의 에버튼 이후 잉글랜드 축구 역사상 처음으로 스리백 전술을 기반으로 1부 리그 우승을 차지한 팀이 됐다. 이탈리아 출신 감독의 전술적 실험이 약 반세기 만에 포백 수비 라인이 주도한 잉글랜드 축구에 변화를 가져온 셈이다. 과르디올라 감독은 콘테에 대해 "안토니오(콘테)가 프리미어리그에서 어떤 업적을 세운 것인지 몇몇 사람은 깨닫지 못하고 있을 수도 있다. 그는 새로운 공격 방식을 선보였다. 첼시는 수비수 다섯 명을 배치하는 새로운 시스템을 잉글랜드 축구에 가져왔다. 아스널까지 이를 모방했다. 그는 전술의 대가다. 나는 콘테가 잉글랜드 축구에 유산을 남길 것으로 본다. 이를 확신할 수 있다"고 말했다.

과르디올라가 아스널을 언급한 점은 매우 흥미롭다. 콘테가 이끈 첼시는 프리미어리그 우승에 이어 더블 달성을 눈앞에 두고 있었으나 FA 컵 결승전에서 아스널에 패했다. 아스널 또한 시즌 도중 '콘테식 3-4-3' 포메이션으로 시스템을 변경했다. 이전까지 아르센 벵거 아스널 감독은 1,000경기 이상 연속으로 포백 수비 라인을 가동한 팀이었다. 그러나 그는 FA컵 결승전에서 콘테 감독의 시스템을 모방한 전술로 첼시를 꺾었다.

물론 벵거 감독은 2000년부터 2004년까지 유럽 축구를 주도한 프랑스 축구를 프리미어리그에서 대표하는 인물이다. 벵거 감독이 1990년대 중반 아스널 사령탑으로 부임한 후 도입한 지도 방식은 오늘날 당연시되거나 이미 구식이 된 상태다. 이 때문에 아스널은 벵거 감독이 22년 만에 팀을 떠난 2018년 이전까지 시간이 지날수록 점점 시대에 뒤처지는 팀이라는 평가를 받았다. 그러나 아스널에는 벵거 감독이 떠난 지금도 프랑스 축구의 영향이 남아 있다. 벵거 감독은 자신이 떠나기 전 마지막 시즌 구단의 이적료 기록을 두 차례나 갈아치우며 리옹 공격수 알렉상드르 라카제트Alexandre Lacazette와 도르트문트 공격수 피에르-에메릭 오바메양을 영입했다. 라카제트는 다재다능한 재능을 보유한 멀티 공격 자원이다. 반면 가봉 출신 오바메양은 선수 출신 아버지의 발자취를 따라 프랑스에서 태어나 자랐다. 그는 폭발적인 스피드를 바탕으로 전형적인 프랑스식 공격수 모델에 맞춰 성장한 선수다.

라카제트가 아스널로 이적한 후 과거 니콜라 아넬카, 실뱅 윌토르, 티에리 앙리 등이 활약한 구단의 프랑스 출신 공격수 계보와 관련한 질문을 받았다. 그는 "아넬카와 윌토르는 내가 매우 어렸을 때 전성기를 구가한 선수들이다. 그렇지만 나는 늘 앙리의 팬이었다. 나는 그를 매우 자세히 지켜봤다. 그는 내 롤 모델이다"라고 말했다.

그러나 라카제트보다 더 앙리와 비슷한 선수는 오바메양이었다. 실제로 오바메양은 문전을 파고드는 움직임을 바탕으로 한 왼쪽 측면 공격수로 선수 생활을 시작했다는 점까지 앙리와 닮은 데다 등번호까지 14번을 배정받았다. 아스널의 미드필더 아론 램지는 오바메양이 라이벌 토트넘과의 북런던 더비에서 훌륭한 골을 뽑아내며 팀의 4-2 승리를 이끌자그가 앙리와 비슷한 성향을 보유하고 있다고 말했다. 램지는 "오바메양은 팀 훈련에서도 늘 이와 같은 모습을 보여준다. 그는 매우 쉽게 슈팅으로 골대 구석을 꿰뚫는다. 그를 보면 앙리의 마무리 장면이 떠오른다"고말했다. 벵거 감독도 오바메양이 보여주는 빠른 움직임이 앙리를 연상시킨다고 밝혔다.

벵거 감독은 아스널을 이끈 마지막 10년간 수비형 미드필더보다는 후방 플레이메이커를 중심으로 미드필드진을 구성했다. 프랑스 축구 특유의 '워터 캐리어'는 아스널이 아닌 첼시에서 활약 중이었다. 그는 바로 은골로 캉테N'Golo Kanté다. 레스터의 기적적인 프리미어리그 우승에 크게 일조한 캉테는 지칠 줄 모르는 체력으로 큰 조명을 받았다. 그는 2016-17시즌 첼시로 이적한 후에도 비슷한 역할을 맡았고, 프리미어리그에서 최초로 두 팀에서 활약하며 2년 연속으로 우승을 차지한 선수가 됐다. 또한 캉테는 두 시즌 연속으로 프리미어리그에서 태클과 가로채기로 상대 선수로부터 공을 빼앗은 횟수가 가장 많은 선수로 등극했다. 캉테는 "나는 공격 시 우리 팀이 공을 빼앗길 상황에 대비해 어떻게 상대의 역습을 차단해야 하는지를 늘 생각한다. 공수 상황에서 무슨 일이 벌어질지 미리 생각을 하는 게 중요하다"고 말했다.

캉테의 패스는 예리하지는 않았지만 깔끔했다. 게다가 그는 간헐적으로만 전진해 공격에 가담했다. 그는 전형적인 프랑스의 '도메스티크'였고, 과거 디디에 데샹과 클로드 마켈렐레처럼 첼시와 프랑스 대표팀에서 궂은일을 도맡아 했다. 프랑스 대표팀 사령탑 데샹 감독은 우승을 차지한 2018 러시아 월드컵에서 캉테를 주전 수비형 미드필더로 기용했다. 마켈렐레는 캉테의 수비형 미드필더 역할에 대해 "사람들은 여전히 '마켈렐레 롤'에 대해 얘기한다. 그러나 나는 이제 늙었다. 이제 수비형 미드필더는 '캉테 포지션'이라 불릴 만하다. 그는 그런 대우를 받을 자격이 있다"고 말했다. 캉테는 유독 잉글랜드에서 실력을 인정받았다. 그는 태클 능력이 출중하다는 이유로 2016-17시즌 PFA 올해의 선수상까지 받았다. 이 정도로 태클은 그 어떤 국가보다 잉글랜드에서 더 중요한 역할로 여겨졌다. 콘테가 떠난 후 첼시 후임 사령탑으로 부임한 마우리치오 사리 Maurizio Sarri가 캉테를 수비형 미드필더가 아닌 전진 배치된 중앙 미드필더로 기용하자 바로 거센 비난 여론이 형성됐다.

캉테를 떠나보낸 레스터는 그의 대체자로 또 다른 프랑스 미드필더 남팔리스 멘디Nampalys Mendy를 영입했다. 멘디는 과거 모나코에서 클라우디오 라니에리 감독의 지도를 받은 선수였다. 멘디는 "라니에리 감독을 처음 만났을 때 그는 나를 '새로운 마켈렐레'라고 불렀다"고 말했다. 라니에리 감독은 자신의 옛 제자 멘디가 레스터에서 '새로운 캉테'가 되어주길 기대했다. 훗날 멘디는 레스터에서 윌프레드 은디디Wilfred Ndidi와 중원 조합을 이루게 됐다. 은디디는 캉테를 연상케 하는 태클과 가로채기 능력을 보유한 미드필더다. 실제로 그는 2017-18시즌 프리미어리그에서 그 어떤 선수보다 많은 태클 횟수를 기록했다. 이때 프리미어리그에서 수비형 미드필더 두 명을 배치하는 전술은 흔치 않았다. 그러나 이 시절 레스터를 이끈 감독은 프랑스 출신 지도자 클로드 퓌엘Claude Puel이었다. 퓌엘은 현역 시절 벵거 감독이 이끈 모나코에서 거친 태클 능력을 자랑한 미드필더였다. 그는 감독이 된 후에도 전통적인 프랑스식 모델이 필요로 하는 공을 쟁취하는 수비형 미드필더를 즐겨 활용했다.

유럽 축구의 2004~2008년을 주도한 포르투갈 축구를 프리미어리그에서 대표한 감독은 조세 무리뉴였다. 그는 2013년 첼시 감독으로 재부임하며 잉글랜드 무대로 돌아왔다. 그는 첼시 복귀 후 두 시즌 만에 프리미어리그 우승을 차지했지만, 2015-16시즌 팀이 중하위권으로 추락하는 최악의 부진을 겪으며 경질됐다. 그러나 무리뉴는 2016년 여름 맨체스터 유나이티드 감독으로 부임하며 잉글랜드 무대에서 커리어를 이어갔다. 첼시에 이어 맨유도 무리뉴 감독이 이끈 포르투와 비교해 훨씬 더 수비적인 축구를 구사했다. 맨유는 2016-17시즌 38경기에서 단 29실점으로 프리미어리그에서 두 번째로 낮은 실점률을 기록했다. 그러나 맨유는 빈공에 시달리며 단 54골을 넣는 데 그쳤다. 프리미어리그 6위에 머무른 맨유보다 앞선 다섯 팀은 각각 최소 77골을 기록했다.

그러나 무리뉴 감독은 여전히 선택과 집중에 능한 지도자였다. 그는 컵대회에서 특유의 승부사 기질을 발휘하며 잉글랜드 리그컵 우승을 차지했고, 유로파 리그 결승전에서는 아약스를 상대로 점유율은 헌납한 채 빠른 역습 위주로 경기를 풀어가며 2-0으로 승리했다. 맨유는 무리뉴 감독의 두 번째 시즌에는 더 꾸준한 경기력을 선보였다. 맨유는 리그 우승을 차지한 맨시티의 수준에는 근접하지 못했다. 그러나 맨유는 맨시티 원정에서 패할 시 지역 라이벌 팀의 프리미어리그 우승이 확정되는 자존심이 걸린 '맨체스터 더비'에서 먼저 두 골을 헌납하고도 후반 내리 세 골을 터뜨리며 3-2로 승리해 자존심을 살릴 수 있었다. 이 때문에 과르디올라 감독과 맨시티는 프리미어리그 우승을 확정짓는 데 2주를 더 기다려야 했다.

그러나 무리뉴는 그저 '안티 과르디올라' 역할 이상은 하지 못하는 지도자로 전락한 상태였다. 그가 구사한 축구는 능동적인 경기 운영 능력을 보여주지 못하고 있었다. 결국 그는 맨유에서 맞은 세 번째 시즌 중반 또다시 경질되고 말았다. 무리뉴는 레알 마드리드 시절 세 번째 시즌에 주요 선수들과 불화를 겪은 현상이 첼시, 맨유에서도 이어졌다. 최근 몇 년간 무리뉴가 보인 행보는 1950~60년대 포르투갈 축구에 지대한 영향을 미친 벨라 구트만이 남긴 "세 번째 시즌이 치명적"이라는 발언에 설득력을 실었다.

프리미어리그에 포르투갈 축구의 영향을 미친 인물은 무리뉴뿐만이 아니었다. 마르코 실바Marco Silva는 헐 시티, 왓포드 그리고 에버튼 감독직을 차례로 거치며 자신과 같은 지도자에게 기회가 주어진 데는 무리뉴의 덕이 크다는 점을 강조했다. 실바 감독은 "모든 포르투갈 감독에게 무리뉴는 위대한 유산을 남겼다. 그는 첼시, 인테르, 레알 마드리드에서 환상적인 성공을 거뒀다. 그러면서 포르투갈 감독들이 해외로 진출해 활동할 수 있는 길이 열렸다. 포르투갈에는 예전에도 좋은 감독이 많았다. 그러나 그들은 대개 포르투갈에서만 활동했다. 무리뉴가 이러한 현실을 바꿨다"고 말했다.

누누 에스피리투 산투Nuno Espírito Santo 감독은 무리뉴의 또 다른 후배protégé였다. 에스피리투 산투는 무리뉴 감독이 이끈 포르투가 챔피언스리그 우승을 차지할 당시 팀의 백업 골키퍼였다. 또한 그는 에이전트 조르제 멘데스의 첫 번째 고객이 된 선수였다. 에스피리투 산투는 2017-18시즌 2부 리그에서 울버햄프턴 원더러스Wolverhampton Wanderers를 프리미어리그 승격으로 이끌었다. 이후 그는 2018-19시즌 프리미어리그에서도 울버햄프턴을 수월하게 중위권에 올려놓았다. 에스피리투 산투 감독은 에이전트 멘데스의 네트워크에 의존해 포르투갈 선수들을 연이어 영입했다. 심지어 에스피리투 산투 감독은 프리미어리그 한 경기에서 포르투갈 선수 일곱 명을 선발 출전시키기도 했다.

에스피리투 산투는 무리뉴의 지도를 받은 선수 중 프리미어리그 구단 감독으로 부임한 첫 번째 인물이었다. 그러나 과거 무리뉴의 코칭스태프 구성원 중 상당수는 프리미어리그에서 감독직을 맡았다. 무리뉴 감독의 상대 팀 분석 업무를 전담한 스카우트 안드레 빌라스-보아스는 첼시와 토트넘 감독직을 차례로 맡았다. 스완지, 리버풀, 레스터 감독직을 맡은 브랜던 로저스Brendan Rodgers는 2000년대 중반 첼시 유소년 팀 지도자 시절 1군 감독 무리뉴로부터 적지 않은 영향을 받았다고 밝혔다. 첼시 시절 무리뉴의 코치로 활동한 스티브 클라크Steve Clarke는 한때 웨스트 브롬 감독이 되어 팀을 이끌었다. 이뿐 아니라 첼시에서 무리뉴 감독의 지도를 받은 주축 선수 존 테리와 프랑크 램파드는 현역 은퇴 후 잉글랜드 2부 리그에서 지도자 생활을 시작했다. 램파드와 테리는 지도자로 데뷔한 시점부터 미래의 첼시 사령탑 후보로 거론됐다. 또한 무리뉴의 영향을 받은 대다수 감독은 프리미어리그 무대에서 자신이 이끈 팀 훈련 프로그램에 '전술 주기화'를 도입해 스승이 남긴 유산의 가치를 실감케 했다.

흥미롭게도 2016년부터 프리미어리그에서 네덜란드, 이탈리아, 프랑스, 포르투갈 축구를 대표한 감독은 우연치 않게 차례로 잉글랜드 무대를 떠났다. 쿠만은 2017년 10월 에버튼에서 경질됐고, 벵거와 콘테는 2017-18시즌을 마친 후 팀과 결별했다. 무리뉴는 2018년 12월 맨유에서 경질됐다. 그러나 스페인, 독일 축구를 대표하는 감독은 여전히 프리미어리그에 남아 있다. 실제로 현재 프리미어리그는 펩 과르디올라의 맨체스터 시티와 위르겐 클롭의 리버풀이 주도하고 있다.

과르디올라가 2016년 맨시티 감독으로 부임하며 프리미어리그에 미친 영향이 얼마나 큰지를 판단하는 건 쉽지 않다. 이미 과르디올라는 바르셀로나 시절 구사한 점유율 축구로 유럽 전역을 대상으로 워낙 막대한 영향력을 발휘했다. 이 때문에 그가 맨시티 감독으로 부임하기 전부터 프리미어리그는 점유율 축구에 상당 부분 익숙한 상태였다. 프리미어리그의 점유율 기록만 살펴 봐도 이와 같은 현상을 실감할 수 있다. 프리미어리그 팀당 평균 패스 성공률은 2003-04시즌 70%에서 2013-14시즌 81%로 올랐다. 약 10년간 11%가 오른 프리미어리그의 팀당 평균 패스 성공률은 바르셀로나가 유럽 무대를 장악한 2009-10시즌과 2011-12시즌 사이에 가장 큰 폭으로 올랐다. 즉 대다수 프리미어리그 상위권 구단은 과르디올라 감독이 오기 전부터 그가 바르셀로나에서 선보인 점유율 축구로부터 큰 영향을 받았다. 그러면서 프리미어리그에서도 후방에서 공격을 시작하고, 시간적 여유를 두고 공격을 전개하며 더 기술적인 선수들이 미드필드에서 경기를 풀어가면서 가짜 9번과 유기적으로 패스를 주고받는 모습을 보게 됐다. 게다가 프리미어리그에서 이미 활약하던 다비드 실바, 산티 카솔라, 세스크 파브레가스, 후안 마타는 모두 스페인 대표팀에서 활약한 자원이었다.

그러나 과르디올라는 스페인식 축구만 고집하지 않았다. 우선 그가 추구한 스페인식 축구조차 네덜란드로부터 큰 영향을 받은 게 사실이다. 특히 그는 네덜란드식 모델에 맞춰 전형적인 윙어를 좌우로 넓게 벌려 배치하는 공격, 전술과 최후방에서부터 짧은 빌드업을 시작하는 축구를 맨시티에 그대로 이식했다. 게다가 과르디올라는 바르셀로나를 떠난 후 바이에른 뮌헨에서 독일 축구를 3년간 경험한 뒤, 맨시티 감독으로 부임했다. 그 역시 독일에서 자신이 추구하는 축구관에 큰 변화가 있었다는 점을 인정했다. 과르디올라는 바이에른 감독으로 부임하며 스페인식 축구 모델을 그대로 활용하려고 했지만, 결과적으로 그는 이를 독일식 축구와 혼합해야 했다. 그는 바르셀로나, 바이에른을 거치며 쌓은 경험을 바탕으로 구축한 모델을 맨시티에 입혔다.

과르디올라는 맨시티 감독 부임 초기부터 전임 사령탑 마누엘 펠레그리니 체제에서는 상상조차 할 수 없었던 전술적 실험을 감행했다. 펠레그리니 감독은 기본적으로 플레이메이커 실바와 조금 더 직선적인 케빈 데 브라이너Kevin De Bruyne를 최전방 공격수 세르히오 아구에로 뒤에 배치하는 4-2-3-1 포메이션을 중심으로 했다. 그러나 펠레그리니 감독은 잇따른 부상 탓에 실바와 데 브라이너를 자주 동시에 중용하지는 못했다. 게다가 정작 두 선수가 함께 선발 출전했을 때, 맨시티는 좌우 폭이 좁아지고 상대가 그들의 공격 패턴을 예측하기 쉬워진 탓에 인상적인 경기력을 선보이지 못했다. 그러나 실바와 데 브라이너를 동시에 중용한 펠레그리니 감독의 결정에 대한 비판은 많지 않았다. 아마 대다수 감독이 맨시티를 이끌었다면 펠레그리니와 비슷한 결정을 했을 것이다.

그러나 과르디올라는 달랐다. 그는 부임 직후 맨시티의 미드필드 구조를 갈아엎었다. 그는 바르셀로나, 바이에른에서 중심으로 사용한 4-3-3 포메이션을 꺼내들었다. 페르난지뉴가 역삼각형 미드필드의 수비형 미드필더로 나섰다. 그는 이전까지 혼자 수비 라인 앞에서 보호막 역할을 해본 적이 없었다. 그러나 과르디올라 감독은 첫 프리미어리그 시즌을 앞두고 "나는 페르난지뉴가 포지션 열 개를 소화할 수 있는 선수라고 생각한다. 그는 어디서든 뛸 만한 능력을 보유하고 있다. 그는 민첩하고, 주력도 빠르며, 매우 영리한 데다 적극성과 제공권 능력까지 가지고 있다"고 말했다. 과르디올라 감독은 수비형 미드필더를 한 명만 기용하면서 과거 바르셀로나에서 내린 결정을 재현하게 됐다. 그는 2010년 바르셀로나에서 세르히오 부스케츠를 택하며 그랬듯이 2016년 맨시티에서는 페르난지뉴를 1인 수비형 미드필더로 배치하며 야야 투레를 주전 자원에서 배제하게 됐다.

투레는 공격형 미드필더로도 주전 자리를 꿰차지 못했다. 대신 과르디올라는 실바와 데 브라이너를 전형적인 미드필더로 중용하기 시작했다. 그러면서 두 선수는 결정적인 기회를 만드는 역할보다는 조금 더 깊숙한 위치에서 경기를 조율하는 데 더 집중했다. 이 덕분에 맨시티의 3인 중원진은 실바, 데 브라이너, 페르난지뉴로 이어지는 프리미어리그 역사상 가장 기술적인 조합을 이루게 됐다. 이를 두고 일각에서는 태클이 거칠고, 경기장 잔디밭이 물을 머금고 있는 데다 연말 일정이 빡빡한 프리미어리그에서 그들이 체력적으로 버티는 건 어렵다는 지적이 나왔다. 그러나 과르디올라 감독은 절대 타협하지 않았다.

이와 같은 선수 구성은 프리미어리그 역사상 최초나 다름없었다. 실바와 데 브라이너는 상대 미드필드와 수비 라인 사이에서 문전을 향해 반정도만 돌아선 채 공을 잡아 서로 유기적으로 패스를 주고받으며 전진했다. 두 선수 모두 과르디올라 감독을 만난 후 진화했다. 특히 과르디올라 감독은 스페인과 독일에서 쌓은 지도자 경험을 살려 실바와 데 브라이너의 능력을 극대화했다. 실바는 바르셀로나의 안드레스 이니에스타를 연상케 하는 드리블 돌파와 득점 기회를 창출하는 패스로 이어지는 패스를 찔러주는 순수 스페인식 테크니션이었다. 맨시티 이적에 앞서 분데스리가에서 3년간 활동했던 데 브라이너는 벨기에보다는 독일식 선수에 더 가까웠다. 특히 그는 역습 축구를 구사하는 볼프스부르크에서 훌륭한 활약을 펼쳤다. 실제로 과르디올라 감독의 바이에른이 2014-15시즌 볼프스부르크를 승점 10점 차로 제치고 우승했을 때, 최우수 선수로 선정된 주인공은 데 브라이너였다. 그는 실바보다 더 활력이 넘치는 선수인 데다 침투 패스보다는 크로스로 득점 기회를 창출하는 데 능했다. 데 브라이너는 "지금 나는 예전과 다른 역할을 하고 있다. 조금 달라지긴 했지만, 나는 괜찮다. 감독마다 추구하는 전술이 있다. 나는 '자유로운 8번'의 역할을 하고 있다. 어디로든 움직일 수 있는 역할을 부여받았다"고 말했다. 데 브라이너는 토마스 뮐러와 마찬가지로 과르디올라 감독을 만난 후 '프리 8번'이라는 자신만의 역할까지 새로 만들어낸 것이다.

데 브라이너와 실바가 전진하는 미드필드 구조를 구축한 과르디올라 감독은 맨시티가 중원에서 수적 열세에 놓이는 상황을 막기 위해 바이에른 시절 착안한 '하프백' 포지션을 부활시켰다. 그러나 과르디올라 감독이 첫 시즌 하프백 역할을 맡긴 측면 수비수들의 활약은 기대에 미치지 못했다. 맨시티는 과르디올라 감독이 부임한 첫 시즌 겨우 챔피언스리그 진출권을 획득하는 데 만족해야 했다.

그러나 과르디올라 감독은 두 번째 시즌부터 훨씬 더 효과적인 축구를 구사했다. 맨시티는 오른쪽 측면 수비수 카일 워커Kyle Walker를 토트넘에서 영입했다. 워커는 맨시티에서 오버래핑보다는 수비 진영을 지키면서 수시로 스리백 수비 라인을 구축했다. 마찬가지로 새롭게 맨시티에 합류한 왼쪽 측면 수비수 벵자망 멘디Benjamin Mendy는 적극적인 오버래핑을 주문받았지만, 부상을 당한 탓에 2017-18시즌 대다수 일정을 소화하지 못했다. 멘디가 빠진 자리에 마땅한 백업 자원이 없었던 과르디올라 감독은 박스-투-박스 미드필더 파비안 델프Fabian Delph를 측면 수비수로 변신시켰다. 델프는 새 포지션에서 갈수록 안정적인 활약을 펼치며 안쪽으로 치우치는 하프백 역할을 효과적으로 수행했다. 과르디올라 감독은 신예 공격형 미드필더 올렉산드르 진첸코Oleksandr Zinchenko와 오른쪽 측면에 더 익숙한 다닐루Danilo를 왼쪽 측면 수비수로 활용하기도 했다. 진첸코와 다닐루는 왼쪽 측면 수비수로 출전하면 하프백 역할을 하며 '프리 8번' 데 브라이너가 전진하면서 발생하는 공간을 메웠고, 왼쪽 측면 공격수 사네는 넓게 벌려서 배치돼 팀 공격의 폭을 넓혔다. 맨시티는 최전방과 최후방에서 모두 기술적인 경기 운영 능력을 선보였다. 최전방 공격수 세르히오 아구에로는 패스 연계 능력을 향상시켰고, 골키퍼 에데르송 Ederson은 브라보보다 훨씬 더 안정적인 패스 공급 역할을 선보였다.

많은 이들은 과르디올라가 지나치게 기술적인 축구로 프리미어리그 우승을 하는 건 어려울 수 있다는 우려를 나타냈다. 그러나 맨시티는 2017-18시즌 새로운 경지에 도달하며 승점 100점을 획득해 압도적인 우승을 차지했다. 맨시티는 106골을 터뜨리며 프리미어리그 역사상 한 시즌 팀 최다골 기록을 경신했고, 시즌 초반 20경기 중 쿠만 감독이 이끈 에버튼과의 1-1 무승부를 제외한 19경기에서 승리했다. 맨시티는 크리스마스가 오기도 전에 프리미어리그 우승을 사실상 확정한 상태였다. 이때부터 대중의 관심은 맨시티가 프리미어리그 우승을 차지할 수 있느냐가 아닌 무패 우승을 할 수 있을지, 그리고 챔피언스리그 우승까지 차지할 수 있을지에 초점이 맞춰졌다.

그러나 맨시티는 프리미어리그 무패 우승도, 챔피언스리그 우승도 하지 못했다. 맨시티의 무패 우승을 저지하고, 그들을 챔피언스리그에서 탈락시킨 건 클롭 감독의 리버풀이었다. 리버풀은 1월 프리미어리그 경기에서 맨시티에 4-3으로 승리한 데 이어 챔피언스리그 8강에서는 1, 2차전 합계 5-1 대승을 거뒀다. 두 팀이 시즌 후반기 프리미어리그와 챔피언스리그에서 펼친 두 차례 맞대결은 비슷한 흐름으로 진행됐다. 리버풀이 강력한 압박을 바탕으로 전후반 초반을 압도하고, 맨시티는 시간이 흐를수록 점진적으로 리듬을 찾아가는 모습이었다. 리버풀은 4-3으로 승리한 맨시티와의 1월 프리미어리그 경기에서 전반전 9분, 후반전 14분, 16분, 23분에 득점했다. 맨시티는 전반전 40분, 후반전 39분, 45분에 연이어 만회골을 기록했다.

챔피언스리그 1차전에서도 리버풀은 초반 30분 맨시티를 압도하며 3-0으로 앞서갔다. 두 팀의 가장 큰 차이점은 여기에 있었다. 맨시티는 과거 과르디올라의 바르셀로나처럼 점유율을 높여가며 경기가 진행될수록 상대를 지치게 만드는 팀이었다. 그러나 리버풀은 과거 클롭의 도르트문트처럼 시작부터 강도 높은 운동 능력을 앞세워 주체할 수 없는 에너지를 뿜어내며 상대를 압도했다.

클롭은 2015년 10월 리버풀 감독으로 부임했다. 그는 시즌 중반 팀을 맡은 직후 바로 선수들에게 강도 높은 압박을 주문했다. 데뷔전 결과는 토트넘과의 0-0 무승부였다. 클롭 감독은 주어진 훈련 시간 대부분을 상대를 강하게 압박하는 데 집중시켰다. 이 때문에 당시 리버풀은 빠르게 상대로부터 공을 빼앗고도 어떻게 경기를 풀어가야 할지를 몰랐다. 클롭 감독은 테크니컬 에어리어에서 리버풀 선수가 태클을 성공시키면 마치 골을 넣은 것처럼 흥분하며 기쁨을 표현했다. 그만큼 그는 강도 높은 압박 능력을 중시했기 때문이다. 클롭 감독은 프리미어리그 데뷔전을 치른 뒤, "기쁘다. 경기 초반 20분간 우리는 적극적으로 상대를 압박했다. 우리는 공을 잡았을 때는 다소 경직된 모습을 보였다. 우리의 강도가 지나치게 높았기 때문"이라고 말했다.

도르트문트 시절과 마찬가지로, 클롭 감독은 리버풀에서도 전형적인 수비형 미드필더를 기용하지 않았다. 대신 그는 조던 헨더슨Jordan Henderson과 같은 박스-투-박스 미드필더를 중용했다. 헨더슨은 수비 라인을 보호하는 역할보다는 전진해서 상대를 압박하는 미드필더였기 때문이다. 그러면서 잉글랜드에서도 '게겐프레싱'이라는 독일어 단어가 아무렇지도 않게 쓰이기 시작했다. 독일에서 해설위원으로 큰 인기를 구가한 클롭은 잉글랜드에서도 '스카이 스포츠Sky Sports'의 〈먼데이 나잇 풋볼Monday Night Football〉에 출연해 자신이 추구하는 축구 철학을 논리정연하게 설명했다. 일일 패널로 모습을 드러낸 클롭은 화면을 통해 영상 자료를 분석하며 최전방 공격수가 상대의 후방 빌드업 시 어떻게 위치를 선정해야 패스 줄기를 한쪽 측면으로 쏠리게 할 수 있는지, 그리고 이 와중에 미드필더가 상대 측면 수비수를 어떻게 터치라인 부근에 가둬야 하는지를 보여줬다.

이후 화면을 통해 리버풀의 경기당 전력 질주와 태클 횟수가 프리미어리그에서 1위라는 통계 지표가 공개됐다. 클롭 감독은 "어떤 플레이메이커도 효과적인 역압박으로 인해 발생하는 기회보다 좋은 기회를 만들수는 없다"고 말했다.

리버풀은 클롭 감독 부임 후 두 시즌 동안 기술적인 축구를 구사하는 상대를 만난 빅매치에서는 훌륭한 경기력을 선보였다. 상대를 압박해 굴복시키는 그들의 능력이 그만큼 탁월했기 때문이다. 클롭이 리버풀 감독으로 부임한 후 첫 번째로 거둔 가장 눈에 띄는 승리는 펠레그리니 감독이 이끈 맨시티를 4-1로 대파한 경기였다. 그러나 리버풀은 이 경기 직전 크리스탈 팰리스와의 홈 경기에서 1-2로 패한 상태였다. 한동안 이러한 현상이 계속됐다. 리버풀은 직선적인 축구를 구사하는 프리미어리그 팀들을 상대로는 효과적인 압박을 구사해 높은 지점에서 공을 빼앗지 못했다. 게다가 리버풀은 공을 점유한 단계에서는 무게중심을 뒤로 뺀 상대 수비진을 뚫을 만한 정교함을 발휘하지 못했다. 또한 리버풀은 수비 진영에서 수비를 할 때 여전히 완성도가 떨어지는 모습이었으며 세트피스로 지나치게 많은 실점을 헌납했다.

그러나 리버풀은 점진적으로 단순히 압박을 잘하는 팀에서 다양성을 보유한 팀이 되어가고 있었다. 리버풀은 사디오 마네Sadio Mané, 모하메드 살라Mohamed Salah를 영입하며 역습을 더 날카롭게 가다듬을 수 있었다. 살라는 프리미어리그 데뷔 시즌부터 골든 부트(득점왕)를 차지하는 기염을 토했다. 리버풀은 공을 점유한 단계에서 목적이 더 뚜렷한 공격 작업을 펼쳤고, 재치 있는 공격 패턴으로 상대 수비진을 무너뜨리는 모습을 보이기 시작했다. 이후 리버풀은 축구 역사상 가장 비싼 수비수 이적료 기록을 세우며 버질 반 다이크를 영입했고, 수비적 약점을 상당 부분 보완했다. 리버풀은 골키퍼 로리스 카리우스Loris Karius가 2018년 챔피언스리그 결승전에서 두 차례 치명적인 실수를 저지르자 그해 여름 브라질 대표팀 주전 골키퍼 알리송Alisson을 영입해 전력을 보강했다. 그러면서 리버풀은 2018-19시즌을 앞두고 진정한 프리미어리그 우승 후보로 거듭났다. 게다가 리버풀은 경기 초반부터 강도 높은 경기력을 선보이며 상대를 압도했다. 동시에 리버풀은 그저 압박을 잘하는 팀이 아닌 훨씬 더 완성도 높은 팀이 됐다.

클롭이 리버풀을 공을 점유한 단계에서 더 영리한 플레이를 할 수 있는 팀으로 만들게 된 배경에는 과르디올라가 그에게 미친 영향이 있다. 특히 클롭이 최전방 공격수 호베르투 피르미누Roberto Firmino를 활용한 방법이 이러한 사실을 잘 보여준다. 피르미누는 리버풀로 이적할 때까지만 해도 공격형 미드필더로 구분됐다. 그는 공격수 크리스티안 벤테케Christian Benteke, 다니엘 스터리지Daniel Sturridge를 지원하는 역할을 할 선수로 평가받았다. 그러나 벤테케는 머지않아 주전 경쟁에서 밀리며 이적했고, 스터리지는 벤치 신세를 벗어나지 못했다. 결국 리버풀의 최전방 공격수로 떠오른 주인공은 메시와 비슷한 성향의 가짜 9번이 된 피르미누였다. 클롭 감독은 "스트라이커의 유형은 매우 다양하다. 호베르투(피르미누)는 매우 공격적인 선수다. 그러니 그는 스크라이커다. 모두가 내게 '피르미누? 우리에겐 스크라이커가 필요해!'라고 말했다. 호베르투가 스트라이커다. 키가 160cm밖에 되지 않는 최전방 공격수가 많다. 메시의 키가 몇인가? 피르미누가 공격수 역할을 충분히 할 수 있다. 그는 득점력이 있으며 유연성도 좋은 데다 신체 조건도 좋다. 그가 페널티 지역으로 들어가면 꼭 무슨 일이 발생한다"고 말했다. 피르미누는 리버풀 이적 후 두 시즌 연속으로 등번호 11번을 달았다. 그러나 그는 2018-19시즌을 앞두고는 9번으로 등번호를 바꿨다. 이후 피르미누는 문전에서 마무리하는 형태의 득점이 더 많이 늘어난 공격수로 진화했다. 또한 그는 리버풀의 전방 압박을 시작하면서도 빌드업 상황에서는 미드필드 진영으로 내려와 패스 연계에 관여했다.

리버풀이 2019년 2월 본머스를 상대로 3-0으로 승리한 경기에서의 한 가지 득점 상황은 클롭 감독의 축구 철학을 그대로 보여줬다. 리버풀 선수 세 명(마네, 나비 케이타Naby Keïta, 앤디 로버트슨Andy Robertson)이 본머스의 조던 아이브Jordan Ibe를 터치라인 부근에 가뒀다. 마네가 공을 빼앗았고, 케이타가 이를 잡아 건넨 공을 로버트슨이 받아 상대 수비를 넘기는 로빙 패스를 띄웠고, 침투해 들어온 지니 바이날둠Gini Wijnaldum이 오른발로 마무리했다. 바이날둠이 공간을 침투할 수 있었던 이유는 피르미누가 상대 수비와 미드필드 라인 사이로 후진하며 본머스 중앙 수비수 스티브 쿡Steve Cook을 원래 자리에서 끌어냈기 때문이었다. 즉 이 득점 장면을 통해 클롭 감독이 가장 선호하는 경기 방식이 그대로 드러났다. 에너지 넘치는 압박, 볼 탈취에 이은 가짜 9번의 공간 창출까지.

치열하게 프리미어 우승을 다툰 과르디올라와 클롭은 서로 영향을 미쳤고, 나란히 스페인식과 독일식 축구 모델을 혼합해 팀을 진화시켰다. 그러나 두 감독 모두 동시에 잉글랜드 축구에 적응해야 했다. 특히 과르디올라는 잉글랜드 축구가 세트피스 상황을 매우 중요하게 여기는 데 큰 충격을 받았다고 말했다. 그는 시즌 중반 "나는 집에서 스완지와 크리스탈 팰리스의 경기를 본 후 잉글랜드 축구를 이해하게 됐다. 이날 총 아홉 골이 터졌는데, 여덟 골이 세트피스 상황에서 나왔다. 세트피스 상황을 통제할 수 있어야 한다. 그러나 지금 우리는 그렇게 하지 못하고 있다. 여덟 골이 코너킥, 프리킥, 스로인 상황에서 나올 수 있는 게 잉글랜드 축구다. 나도 여기에 적응해야 한다. 지금까지 이런 축구를 경험해본 적이 없기 때문이다. 물론 모든 리그에 코너킥이 있지만, 이 정도로 경기에 큰 영향이 있지는 않다"고 말하며 웃었다.

과르디올라 감독은 태클에 대해서도 부정적인 견해를 밝혔다. 그는 레스터에 2-4로 패한 후 "나는 태클을 가르치지 않는다. 우리는 태클 훈련을 안 한다. 나는 좋은 경기를 하면서 골을 넣고 싶다. 태클이 도대체 뭔가?"라고 되물었다.

그러나 잉글랜드 축구에서 특히 중요한 개념은 바로 '세컨드 볼'이다. 세컨드 볼이란 경합 상황 후 누구의 소유권도 없이 공이 흘러가는 상태를 뜻한다. 과르디올라 감독은 "공이 땅에 있는 시간보다 날아다니는 시간이 더 많다. 나는 여기에 적응해야 한다. 나는 뮌헨에 있을 때 사비 알론소와 프리미어리그에 대해 얘기한 적이 있다. 그는 내게 '적응이 필요할 것이다. 세컨드 볼, 세컨드 볼이 중요하다!'고 말해줬다. 정말로 세컨드 볼, 서드 볼third ball, 포스 볼fourth ball에 적응해야 한다. 지금까지는 이런 상황에 집중한 적이 없었다. 바르셀로나나 스페인에서는 선수들이 축구 문화에 맞춰 플레이한다. 그래서 그들이 월드컵, 유럽선수권대회, 챔피언스리그, 유로파 리그에서 우승했던 것이다. 독일 축구는 거칠었지만, 여기만큼은 아니었다. 여기는 선수들이 키도 더 크고, 힘도 더 세고, 더 거칠다. 여기에 적응하면서 팀을 만들어야 한다"고 말했다.

과르디올라는 2016년 12월 아스널을 2-1로 꺾은 뒤, 세컨드 볼에 대비한 구체적인 훈련을 했다고 밝혔다. 아스널이 프리미어리그 기준으로는 가장 기술적인 팀 중 하나인 점을 고려하면 이는 분명히 흥미로운 발언이다. 과르디올라는 "우리는 지난 3일간 운동장에서 2시간 반 동안 세컨드 볼에 대비하는 훈련을 했다. 이 덕분에 우리는 최근 경기에서 세컨드 볼에 더 잘 대응하고 있다"고 말했다.

클롭은 독일에서 활동한 시절부터 '잉글랜드 축구 스타일'을 사랑한다고 수차례 밝힌 지도자다. 그러나 그 역시 프리미어리그의 현실에 크게 놀란 모습이었다. 특히 클롭은 날씨와 거친 몸싸움이 상상을 초월한다고 밝혔다. 그는 "잉글랜드 축구는 독일 축구보다 빠르지 않다. 어쩌면 잉글랜드에서 전력 질주 횟수가 조금 더 많을 수 있겠지만 말이다. 하지만 정말로 잉글랜드와 독일이 다른 것은 날씨다. 이곳에 부는 바람은 정말 거세다. 독일 사람들은 이에 익숙하지 않다. 그래서 더 단순해져야 할 필요가 있다. 잉글랜드 출신 선수가 아니라면 바람에 적응해야 한다. 나또한 우리가 구사할 축구를 이러한 환경에 적응시켜야 한다. 그래서 때로는 어쩔 수 없이 더 단순해져야 한다. 잉글랜드에서는 세컨드 볼을 탈취하기 위한 경합이 더 많다. 잉글랜드 주심은 독일 주심과 성향이 다르다"고 말했다.

클롭 감독은 잉글랜드 축구에서 흔히 볼 수 있는 거친 태클에 불만을 품고 있었다. 그는 2018년 12월 3-1로 승리한 션 다이치 감독의 번리전에서 수비수 조 고메스Joe Gomez가 다리가 골절되는 부상을 당해 수개월간 결장하게 되자 강하게 항의했다. 클롭은 "우리는 오늘 승리했지만, 경기 초반부터 젖은 그라운드에서 슬라이딩 태클이 계속 들어왔다. 주심이 경기 초반 주의를 줬어야 한다고 생각한다. 이런 상황에서는 부상 위험이 정말 크다. (고메스를 향한 태클은) 거칠었다. 그런 태클로 공을 따낼 수 있는 건 맞다. 그러나 이는 마치 볼링을 연상케 하는 태클이다. 모든 걸 다 쓸어담는 태클이기 때문이다. 오늘 최소 네다섯 번 이런 태클을 볼 수 있었다"고 말했다.

그러나 다이치 감독은 이를 전형적인 잉글랜드 축구인답게 받아쳤다. 그는 잉글랜드에서 여전히 존중받는 '태클 문화'에 대해 "몇몇 차례 태클 타이밍이 훌륭했다고 본다. 우리는 공을 탈취해야 한다. 그들을 상대로 도전해야 한다. 축구에서 태클이 없어지는 걸 원하는 팬이 이 나라에는 많지 않을 것"이라고 말했다. 이는 독일, 스페인과 사뭇 다른 축구 문화다. 잉글랜드에서 크리스티아누 호날두와 같은 선수, 혹은 과르디올라 같은 감독처럼 순수한 기술적 축구를 구사하려면 먼저 강해져야 한다는 지적을 받곤 한다. 잉글랜드인들은 기술적인 축구를 하는 외국인 선수를 자국 리그에서 없애고 싶은 마음은 전혀 없지만, 그들이 잉글랜드 축구 스타일에 적응하기를 기대하는 것 또한 사실이다.

그러나 거친 몸싸움, 태클, 세트피스 그리고 세컨드 볼을 활용하는 축구는 프리미어리그에서 강등권 탈출 경쟁을 하는 팀들의 전유물이다. 이 제 프리미어리그 최상위급 팀들은 이와 같은 경기 방식에서 상당 부분 벗어났다. 게다가 잉글랜드 축구는 최정상급 자국인 감독을 배출하지 는 못하고 있지만, 기술적인 어린 선수들을 육성해 2018 러시아 월드컵 4강에 올랐다. 이는 프리미어리그가 출범한 후 잉글랜드 대표팀이 월드 컵에서 거둔 최고 성적이다.

샘 앨러다이스가 잉글랜드 대표팀 감독직에서 불명예스러운 퇴진을 한 뒤, 가레스 사우스게이트가 후임 감독으로 부임했다. 사우스게이트 감독은 자신이 지도한 잉글랜드 21세 이하 대표팀 출신의 기술적인 선 수를 대거 발탁하며 A대표팀을 탈바꿈시켰다. 사실 사우스게이트 감독 은 21세 이하 대표팀을 이끈 경력을 제외하면 약 10년 전 프리미어리그 에서 미들즈브러Middlesbrough의 강등을 막지 못한 후 2부 리그로 강등된 다음 시즌 중 경질된 지도자였다. 그러나 사우스게이트 감독은 전략적 인 대표팀 운영으로 월드컵 4강 진출에 성공하며 국민적 영웅으로 떠올 랐다. 또한 동시에 잉글랜드 대표팀은 대중으로부터 모처럼 긍정적인 평 가를 받으며 여론을 바꿔놓는 데 성공했다. 사우스게이트 감독의 전술 운용은 그가 프리미어리그로 유입된 세계적인 지도자들로부터 긍정적 인 영향을 받았다는 점을 보여주고 있었다.

잉글랜드는 2018년 월드컵에서 보기 드문 3-5-2 포메이션을 가동했 다. 상황에 따라 잉글랜드의 포메이션은 3-3-2-2로 평가받기도 했다. 사 우스게이트는 맨시티에서 과르디올라가 내린 결정대로 조 하트를 선발 하지 않았다. 대신 그는 에버튼 골키퍼 조던 픽포드Jordan Pickford를 선발했 다. 픽포드는 짧은 패스 공급은 물론 공격진으로 한 번에 연결하는 롱볼 정확도가 높기로 잘 알려진 골키퍼다.

또한 잉글랜드는 사우스게이트가 선수로 활약했던 시절 이후 처음으로 국제대회에서 스리백 수비 라인을 가동했다. 불과 몇 년 전까지만 해도 잉글랜드 대표팀의 이와 같은 전술 운용은 상상조차 할 수 없었던 게 사실이다. 그러나 콘테가 프리미어리그에 미친 영향 탓에 이제는 프리미어리그 상위권 구단이 스리백 수비 라인을 가동하는 경기를 쉽게 볼 수 있게 됐다. 콘테 체제의 첼시에서 왼쪽 중앙 수비수 역할을 한 개리 케이힐Gary Cahill이 그대로 대표팀에 발탁됐지만, 사우스게이트 감독은 그 자리에 레스터 수비수 해리 맥과이어Harry Maguire를 배치했다. 과르디올라 감독의 맨시티에서 성장을 거듭한 존 스톤스는 정중앙에서 공을 전진시키는 역할을 맡았다. 원래 포지션이 오른쪽 측면 수비수인 카일 워커는 맨시티에서도 간헐적으로 경험한 자리인 중앙에 고정돼 오른쪽 중앙 수비수로 활약했다. 워커는 과르디올라 감독을 만나기 전까지 공격적인 풀백으로만 활약한 선수였다. 아마도 워커가 과르디올라 감독을 만나지 못했다면, 잉글랜드도 월드컵에서 그에게 이와 같은 역할을 부여하지 못했을 것이다.

좌우 윙백으로는 애쉴리 영Ashley Young, 키어런 트리피어Kieran Trippier가 활약했다. 사우스게이트 감독이 많은 이들이 예상한 대니 로즈Danny Rose, 워커 조합이 아닌 영과 트리피어를 택한 이유는 그들의 세트피스 능력 때문이었다. 즉 잉글랜드 대표팀은 프리미어리그가 받은 외국인 감독의 영향을 그대로 수용하면서도 자국 축구의 전통적인 스타일도 어느 정도 지킨 셈이다. 실제로 잉글랜드는 월드컵에서 뽑아낸 11골 중 여섯 골을 프리킥이나 코너킥으로 기록했으며 세 골을 페널티킥으로 터뜨렸다.

잉글랜드 대표팀의 미드필드 구성에도 프리미어리그의 영향이 있었다. 조던 헨더슨이 유일한 수비형 미드필더로 배치됐다. 그는 리버풀에서 클럽 감독을 만나기 전까지는 이 역할을 소화해본 적이 없었다. 그의 앞자리에는 토트넘의 델리 알리Dele Alli, 맨유의 제시 린가드Jesse Lingard가 섰다. 알리와 린가드는 전진성을 자랑하는, 4-2-3-1 포메이션에 더 어울리는 2선 공격 자원이다. 그러나 과르디올라 감독이 맨시티에서 3인 미드필드 구성을 재해석해 성과를 낸 덕분에 데 브라이너가 언급했던 '자유로운 8번'이라는 개념이 탄생했다. 알리와 린가드는 잉글랜드의 자유로운 8번으로 활약하며 공 없이 상대 수비 뒷공간을 침투하는 움직임을 선보였다. 최전방 공격수 해리 케인은 득점왕을 수상했지만, 오픈 플레이 상황에서 그의 실질적인 역할은 맨시티에서 과르디올라 감독의 지도를 받으며 가끔씩 가짜 9번으로 활약한 경험이 있는 라힘 스털링을 위해 공간을 창출하는 것이었다.

단, 잉글랜드의 4강 진출에 과잉 반응을 해서는 안 된다. 잉글랜드가 승리를 거둔 상대는 튀니지, 파나마, 스웨덴뿐이었다(16강 콜롬비아전 승부차기는 공식 기록상으로는 무승부). 이후 잉글랜드는 진정한 강호를 만난 4강 크로아티아전, 3·4위전 벨기에전에서는 연패를 당했다. 즉 잉글랜드는 월드컵 우승 후보를 꺾지는 못했다. 그러나 잉글랜드는 월드컵을 마친 후 시작된 네이션스 리그에서 스페인을 상대로 3-2 승리를 거뒀다. 이 경기에서 케인, 스털링, 마커스 래쉬포드Marcus Rashford는 역습 시 유기적인 패스 연결 능력을 선보이며 잉글랜드에 3-0 리드를 안긴 채 전반을 마쳤다. 잉글랜드는 전술적 영리함과 역습 시 스피드까지 선보였다. 게다가 잉글랜드는 경기 초반 에릭 다이어Eric Dier가 세르히오 라모스에게 거친 태클을 가해 경고를 받으며 여전히 전통적 스타일도 완전히 잃지 않았다는 점을 증명했다. 다이치는 스페인전이 끝난 후 "축구가 '뷰티풀 게임'이라고? 아니다. 우리에게 필요한 건 '영국산 불독'이다. 다이어의 태클이 스페인전 경기 흐름을 바꿨다는 말이 많이 나오고 있다. 태클? 그게 여전히 가능한 플레이란 말인가? 최근 들어 우리는 패스를 400번 해야 경기를 바꿀 수 있다는 말만 들어왔다. 태클이 경기 흐름을 바꿨다는 말은 정말 오랜만에 듣는 얘기 아닌가? 어쩌면 우리는 다시 경기 도중 태클을 할 수 있는 혁명을 일으키게 될지도 모르겠다"고 말했다.

그러나 다이어의 태클은 예외적인 장면에 불과했다. 잉글랜드 대표팀은 확실히 더 능동적이고, 기술적인 축구를 하는 팀으로 변모하고 있다. 지난 몇 년간 잉글랜드 축구협회는 잉글랜드 팀들이 어떤 방식으로 플레이해야 하는지에 대해 끊임없이 논의하며 '잉글랜드 DNA'라는 단어로 이를 정의하고 있다. 이와 함께 FA는 '잉글랜드 팀들의 지도와 경기 철학'이라는 제목의 가이드라인을 제시했다.

FA가 제시한 가이드라인에 따르면 잉글랜드 축구 철학은 독일식 모델을 통해 드러난 압박이 '잉글랜드 DNA'의 중요한 부분을 차지하며, '잉글랜드 팀들은 점유율을 지배하겠다는 목표를 가지고 있어야 한다'는 스페인 스타일을 연상케 하는 조건을 포함하고 있다. 잉글랜드 축구는 이제 상대 수비수와의 1대1 상황에서 포르투갈에서 성장한 선수들처럼 기술적인 활약을 펼칠 수 있는 측면 자원을 배출하고 있으며 최전방에는 프랑스를 떠올리게 하는 발 빠른 골잡이들이 있다. 이 가이드라인은 '잉글랜드 DNA'가 이탈리아 코베르치아노가 얘기하듯이 "다양한 스타일과 포메이션을 소화하는 능력을 중요하게 여긴다"는 점과 네덜란드식 축구의 유산인 "골키퍼가 팀이 공을 소유하는 데 열쇠와 같은 역할을 해야 한다"는 내용을 포함하고 있다.

쉽게 말해 '잉글랜드 DNA'는 혁신적인 아이디어보다는 현대 축구를 주도한 유럽 주요 국가들의 주요 특징을 아우르고 있는 셈이다. 진취적인 자국인 지도자를 배출하지 못하는 환경 속에서 잉글랜드 축구가 할 수 있는 최선은 프리미어리그를 통해 유럽 최고의 아이디어를 수입하는 것뿐이다. 이쯤되면 휴즈가 1990년 세계 축구가 약 30년간 잘못된 방향으로 가고 있다고 밝힌 발언을 다시 한번 떠올려볼 필요가 있다. 이제 잉글랜드 축구는 30년간 해외에서 드러난 축구 트렌드를 무시하지 않고 있다. 오히려 잉글랜드는 해외에서 받은 영향을 스스로의 정체성을 만드는 데 활용하고 있기 때문이다.

에필로그

어쩌면 지금은 그 어느 때보다 축구에 있어 정체성이라는 것이 가장 의미 없는 시대일지도 모른다. 유러피언컵에서 개편된 후 단 한 차례도 2년 연속 우승팀을 배출하지 못했던 챔피언스리그는 2016년부터 2018년까지 지네딘 지단 감독의 레알 마드리드가 무려 3년 연속 정상에 오르는 새로운 전환점을 맞았다.

레알의 축구 철학은 특정하기가 매우 어렵고, 특히 스페인식 축구 스타일과는 거리가 있다. 레알은 스페인식 축구 팀이 아니었다. 또한 과거 요한 크루이프 감독의 바르셀로나, 파비오 카펠로 감독 시절의 레알과는 달리, 지단 감독의 레알은 딱히 지단의 영향을 받은 프랑스식 축구 스타일이라고 하기도 어려웠다. 지단 감독은 프랑스인이지만, 그는 이탈리아, 스페인에서 뛰는 동안 두 나라의 스타일을 받아들였고 그러면서 그의 스타일 자체가 바뀌었다.

심지어 레알은 선수 구성조차 다양한 국가 출신으로 이뤄졌다. 골키퍼는 코스타리카인, 수비수는 스페인인, 프랑스인, 브라질인, 미드필드 3인은 브라질인, 크로아티아인, 독일인, 공격진은 포르투갈인, 프랑스인, 그리고 지단 감독의 전술적 선택에 따라 웨일스인이나 스페인인 선수로 구성됐다. 아마 이러한 레알 마드리드는 현대 축구에서 가장 '세계주의적'인 팀이라 해도 과언이 아니었을 것이다. 그러나 레알은 연이어 챔피언스리그 우승을 차지했고, 이 덕분에 그들의 팬들은 레알의 축구가 스페인식, 혹은 특정 국가의 색채를 드러내지 않았다는 데 불만을 제기하지 않았다.

다만 축구에서 우승 트로피가 전부는 아니다. 팬들은 팀의 우승 역사를 자랑스러워하며 그에 대한 응원가를 부르기도 하지만, 마찬가지로 구단의 역사와 연고지를 상징하는 응원가를 부르기도 한다. 이는 팬들이 자신들이 응원하는 팀의 축구가 자국이 지닌 축구 스타일을 대변하기를 내심 바라는 마음도 동시에 가지고 있다는 것을 보여주는 것이다.

유럽 모든 지역에서 추앙을 받은 축구 최고의 철학가 요한 크루이프 역시 각 팀이 연고지를 대변하는 특색을 지녀야 한다고 주장했다. 그는 "무조건 스페인, 혹은 이탈리아식 축구를 따라 하는 게 발전하는 유일한 방법이 아니다. 스스로를 바라볼 줄도 알아야 한다. 스스로를 바라본다는 건 자기 자신만의 능력을 결정하고, 단점을 해결할 수 있어야 한다는 뜻이다. 독일인들에게 네덜란드, 혹은 이탈리아에 더 어울리는 축구를 구사하라고 말할 수는 없다. 나 또한 네덜란드인의 모습으로 잉글랜드나 이탈리아에서 나만이 좋아하는 방식대로 축구를 할 수는 없다. 그래서는 안 된다. 우리는 대중이 원하는 축구를 해야 한다"고 말했다.

결정적으로, 유럽축구연맹UEFA 역시 다양한 스타일의 축구에 대해 확고한 믿음을 가지고 있다. UEFA는 2018년 "축구는 모두의 것이어야 한다는 점이 UEFA가 풀뿌리 단계 축구에서 추구하는 지향점이다. 축구의 가장 큰 힘이 풀뿌리 단계에 있다는 점을 고려할 때, UEFA는 각 지역과 국가가 추구하는 방식의 축구를 보존해야 한다는 믿음의 중요성을 인지하고 있다"고 밝혔다. 대다수 스타일의 다양화를 추구하는 동시에 스스로의 뿌리를 대표해야 한다는 필요성을 느끼고 있는 것이다.

이러한 다양성은 축구에만 국한되지 않는다. 축구는 유럽의 수많은 사람들에게 이웃 국가에 대해 배울 수 있는 기회를 제공하고 있다. 네덜란드의 자유주의, 프랑스의 다문화주의, 카탈루냐 독립운동 등이 축구를 통해서 수많은 사람들에게 전파되고 있다. 그런 면에서 축구는 다양한 문화와도 연결되어 있는 가치 있는 유산이다. 유럽 축구는 좁은 관점에서는 90분간 한 나라와 다른 나라가 서로 겨루는 대결의 장이다. 그러나 더 넓은 관점에서 축구는 그 나라들을 하나로 뭉치게 만드는 훨씬 더 큰 의미를 지닌다.

작가의 말

이번 책을 쓰는 과정에서도 잭 포그Jack Fogg와 하퍼콜린스HarperCollins의 모든 사람들과 아주 즐겁게 일했다. 보이지 않는 곳에서 열심히 일해 준 마크 폴란드Mark Bolland와 사이먼 게럿Simon Gerrat, 앨런 크랙넬Alan Cracknell, 이번에도 정말 훌륭한 책 표지를 디자인해준 사이먼 그리너웨이Simeon Greenaway에게 감사를 전한다. 내가 두 번째 책을 집필할 수 있도록 용기를 준 크리스 웰비러브Chris Wellbelove에게도 고맙다.

나는 여러 사람들에게 빚을 지고 있다. 그들 중 대다수는 실제로 만나본 적도 없는 사람들이다. 하지만 이 책을 쓰는 데는 그 정도로 상당한 연구와 조사가 필요했다. 아흐메드 압델-하미드Ahmed Abdel-Hamid는 수많은 경기를 직접 보고 나에게 아주 구체적인 분석 자료를 제공해줬다. 그에게 감사의 말을 전한다.

번역 작업에 도움을 준 사람들도 많았다. 특히 이탈리아 축구와 관련된 내용을 쓰는 것이 가장 어려웠다. 알레산드로 풀리에세Alessandro Pugliese, 스티브 미첼Steve Mitchell 그리고 그레고리 칼타바니스Gregory Caltabanis 는 세리에 A에 대한 자료를 훌륭하게 요약해줬고, 얀 마차Jan Mazza 는 인터뷰 번역을 제공해줬다. 윌 벡맨Will Beckman 은 리서치는 물론 그가 가진 방대한 지식을 내게 전해줬다. 잭 언윈Jack Unwin 은 아마도 런던에서 〈풋볼 이탈리아Football Italia〉 잡지를 가장 많이 보유한 사람이었을 것이다. 런던 킴London Kim 은 90년대 중반 유벤투스에 대해 놀라울 정도로 구체적인 자료를 제공해주기도 했다.

프리야 라메쉬Priya Ramesh 는 내가 맥주 몇 잔을 사 주는 조건으로 네덜란드 축구 관련 부분을 집필하는 데 도움을 줬고, 알리 막스웰Ali Maxwell 은 '마켈렐레 롤'의 진짜 의미를 파악하기 위해 사실상 자신의 여름 휴가를 반납했다. 티아구 에스테방Tiago Estêvão 은 내게 포르투갈 축구에 대한 올바른 정보를 제공해줬고, 롭 헌트Rob Hunt 는 몇몇 인터뷰를 번역해줬다. 루이스 암브로스Lewis Ambrose 는 매우 중요한 독일어 자료 번역을 도와줬다.

잭 랭Jack Lang, 루퍼트 케인Rupert Cane, 던컨 알렉산더Duncan Alexander, 톰 윌리엄스Tom Williams, 루퍼트 프라이어Rupert Fryer, 루크 레이시Luke Lacey, 마크 새들러Mark Sadler, 롭 필더Rob Fielder 덕분에 내가 가진 의문에 대한 답을 얻을 수 있었다. 제이미 커터리지Jamie Cutteridge 는 〈월드 사커World Soccer〉 잡지 약 100권을 운반해줬다. 스트록스The Strokes의 〈Hard to Explain〉 영상도 잉글랜드 축구 관련 부분을 회고록처럼 쓰는 데 영감이 됐다.

데이비드 위너David Winner, 톰 쿤더트Tom Kundert, 기엠 발라그Guillem Balague, 그래엄 헌터Graham Hunter, 마르티 페라르나우Martí Perarnau, 라파엘 호니크슈타인Raphael Honigstein의 저서들이 큰 도움이 됐다는 점도 분명히 밝히고 싶다. 나는 레네 마리치Rene Maric, 아딘 오스만바시치Adin Osmanbasic의 전술 분석 자료로부터도 많은 걸 배웠다.

오랜 기간 유럽 축구 소식을 전해준 모든 사람들에게도 감사함을 전한다. 제임스 리차드슨James Richardson과 〈풋볼 이탈리아〉는 우리들에게 새로운 세상을 열어줬고, 사이먼 쿠퍼Simon Kuper를 비롯해 데이비드 골드블라트David Goldblatt, 가브리엘레 마르코티Gabriele Marcotti, 앤디 브라셀Andy Brassell, 조너선 윌슨은 모두 내게 큰 영감을 주었다. 30년이 넘는 기간에 걸쳐 발행된 잡지 〈월드 사커〉를 직접 본 경험도 매우 소중했다. 〈월드 사커〉는 인터넷이 탄생하기 전 해외 축구 관련 소식을 접할 수 있었던 유일한 매개체였기 때문이다.

나의 이전 책에서 고마운 마음을 전한 모든 사람들에게도 다시 한번 감사를 전하고 싶다. 그 중에서도 부모님은 나의 정신적인 지주였다. 이 책을 마무리하는 동안 나를 약 2개월간 패널에서 제외해준 〈토털리 풋볼 쇼Totally Football Show〉의 모든 이들에게도 고마움을 전한다.

나의 첫 번째 책《더 믹서》가 나온 후 피드백을 전해 준 독자들에게도 깊이 감사드린다. 아마존Amazon과 굿리즈Goodreads를 통해 독자들의 리뷰를 읽고, 인스타그램 해시태그를 통해 책의 어떤 부분이 가장 많은 주목을

받았는지 확인하는 건 나에게 정말 뜻 깊은 경험이었다. 독자들이《더 믹
서》에 대해 좋은 반응을 보여 주지 않았다면, 아마 나는 이 책을 쓴 지난
2년 동안 다른 일을 했을지도 모른다.

옮긴이의 글

'정보의 홍수'라는 말이 이미 오래 전에 식상해진 시대다. 최근에는 텍스트가 아닌 영상이 정보 공유의 중요 채널로 부상하면서 축구팬들이 축구에 대한 정보를 수집하고 체득하는 문화도 변하고 있다. 기사나 책을 통해 크루이프에 대해 읽기보다 영상으로 크루이프의 모습을 보는 팬들이 늘고 있는 것이다.

유튜브 같은 새로운 영상 플랫폼의 대두는 누구라도 축구에 대한 정보 및 콘텐츠를 생산하고 공유할 수 있다는 강점이 있는 동시에 부정확한 정보가 아무런 필터링 없이 사실처럼 전달되고 팩트로 받아들여질 수 있는 부작용이 있다. 이렇듯 정보가 부족한 것이 아닌 정보가 너무 많은 것이 오히려 문제인 시대일수록, '정확하고 옳은 정보'의 중요성은 더욱 커진다.

유럽에서 높은 인정을 받고 있는 전술 분석가 마이클 콕스가 전작《더 믹서》에 이어 두 번째로 집필한 이 책은 그런 면에서 가히 최고의 책이자 콘텐츠라 할 만하다.

이 책은 책 한 권에 유럽 축구 전체의 역사와 흐름을 고스란히 담고 있다. 전 세계 축구의 흐름을 선도하고 있는 네덜란드, 이탈리아, 프랑스, 포르투갈, 스페인, 독일, 잉글랜드 유럽 7개국의 국가대표팀과 각 자국 리그가 어떻게 현대 축구의 새로운 패러다임을 제시하고 그것이 어떻게 현재까지 진화되고 이어져왔는지 너무나 명료하게 깊은 통찰을 담아 정리하고 있다. 특히 네덜란드에서 이탈리아, 이탈리아에서 프랑스, 프랑스에서 포르투갈로 유럽 축구의 헤게모니가 넘어가는 시기와 그 배경을 설명하는 부분은 역자가 보기에도 감탄을 자아낸다.

역자는 이 책이 유럽 축구 전체의 역사와 흐름을 더 깊이 있게 이해하고 싶은 독자들에게 최고의 지침서가 될 책이라고 확신한다. 책을 읽기 전과 후가 크게 다를 것이다. 유럽 축구의 '전문가'가 되고 싶은 독자들에게 지금 당장 권해줄 책이 한 권 있다면 바로 이 책이다.

이렇게 멋진 책을 한국어로 옮기는 작업을 할 수 있어 감사하고 영광이라는 생각이 여러 번 들었다. 어려운 출판 환경 속에서도 최고의 축구 서적을 꾸준히 출간하고 있는 한스미디어에 감사의 인사를 올린다.

2019년 9월
이성모

참고문헌

Agnew, Paddy. *Forza Italia*, London, Ebury, 2006

Ancelotti, Carlo. *Il mio albero di Natale*, Milan, Rizzoli, 2013

Ancelotti, Carlo. *Quiet Leadership*, London, Penguin, 2016

Auclair, Philippe. *Th ierry Henry*, London, Macmillan, 2012

Balague, Guillem. *Pep Guardiola*, London, Orion, 2012

Balague, Guillem. *Messi*, London, Orion, 2013

Balague, Guillem. *Ronaldo*, London, Orion, 2016

Ball, Phil. *Morbo*, London, WSC Books, 2001

Barend, Fritz. *Ajax, Barcelona, Cruyff*, London, Bloomsbury, 1998

Bergkamp, Dennis. *Stillness and Speed*, London, Simon & Schuster, 2013

Bliss, Dominic. *Erbstein*, London, Blizzard Books, 2014

Borst, Hugo. *O, Louis*, London, Yellow Jersey Press, 2014

Brassell, Andy. *All or Nothing*, Oxford, Traff ord, 2006

Burke, Greg. *Parma*, London, Gollancz, 1998

Burns, Jimmy. *Barca*, London, Bloomsbury, 2000

Burns, Jimmy. *La Roja*, London, Simon & Schuster, 2012

Caioli, Luca. *Ronaldo*, London, Icon Books, 2016

Cameron, Colin. *Football, Fussball, Voetbal*, London, BBC, 1995

Condò, Paolo. *Duellanti*, Milan, Baldini + Castoldi, 2016

Cox, Michael. *The Mixer*, London, HarperCollins, 2017

Cruyff, Johan. *My Turn*, London, Macmillan, 2016

Dauncey, Hugh and Hare, Geoff. *France and the 1998 World Cup*, London, Frank Cass, 1999

Della Pietra, Ray and Rinaldi, Giancarlo. *Football Italia*, London, Virgin, 1993

Desailly, Marcel. *Capitaine*, Paris, Stock, 2002

Digby, Adam. *Juventus*, Huddersfield, Ockley Books, 2015

Djorkaeff, Youri. *Snake*, Paris, Éditions Grasset, 2006

Duff, Alex and Panja, Tariq. *Football's Secret Trade*, Chichester, John Wiley & Sons, 2017

Dugarry, Christophe. *Le foot*, Paris, Éditions Hugo & Cie, 2009

Eriksson, Sven-Göran. *Sven*, London, Headline, 2013

Escher, Tobias. *Vom Libero zur Doppelsechs*, Reinbek, Rowohlt Taschenbuch, 2016

Ferguson, Sir Alex. *My Autobiography*, London, Hodder & Stoughton, 2015

Fieldsend, Daniel. *The European Game*, Edinburgh, Arena, 2017

Fitzpatrick, Richard. *El Clasico*, London, Bloomsbury, 2012

Foot, John. *Calcio*, London, HarperCollins, 2006

Fort, Patrick and Philippe, Jean. *Zidane*, Paris, Éditions de l'Archipel, 2017

Franck, Dan. *Zidane*, Paris, Éditions Robert Laffont & Plon, 1999

Glanville, Brian. *The Story of the World Cup*, London, Faber & Faber, 2014

Goldblatt, David. *The Ball Is Round*, London, Penguin, 2007

Gullit, Ruud. *How to Watch Football*, London, Penguin, 2016

Hawkey, Ian. *Di Stéfano, London*, Ebury, 2016

Hesse, Uli. *Tor!*, London, WSC Books, 2002

Hesse, Uli. *Bayern*, London, Yellow Jersey Press, 2016

Honigstein, Raphael. *Das Reboot*, London, Yellow Jersey Press, 2015

Honigstein, Raphael. *Bring the Noise*, London, Yellow Jersey Press, 2017

Hunter, Graham. *Barca*, Scotland, BackPagePress, 2012

Hunter, Graham. *Spain*, Scotland, BackPagePress, 2013

Ibrahimović, Zlatan. *I Am Zlatan*, London, Penguin, 2013

Iniesta, Andrés. *The Artist: Being Iniesta*, London, Headline, 2016

Jankowski, Timo. *Successful German Soccer Tactics*, Maidenhead, Meyer & Meyer, 2015

King, Jeff. *Bobby Robson's Year at Barcelona*, London, Virgin, 1997

Kormelink, Henny. *Louis van Gaal and the Ajax Coaches*, Pennsylvania, Reedswain, 1997

Kundert, Tom. *A Journey through Portuguese Football*, Lisbon, Chiado, 2013

Kundert, Tom. *The Thirteenth Chapter*, Lisbon, Chiado, 2017

Kuper, Simon. *Football Against the Enemy*, London, Orion, 1994

Kuper, Simon. *The Football Men*, London, Simon & Schuster, 2007

Lahouri, Besma. *Zidane: une vie secrète*, Paris, Flammarion, 2008

Lawrence, Amy. *Invincible*, London, Penguin, 2014

Lebouef, Frank. *Destin, quand je te tiens*, Flammarion, 2002

Lehmann, Jens. *Der Wahnsinn liegt auf dem Platz*, Cologne, Verlag Kiepenheuer, 2010

Lizarazu, Bixente. *Lizarazu*, Paris, Grasset, 2007

Lourenço, Luís. *José Mourinho*, Stockport, Dewi Lewis, 2004

Lowe, Sid. *Fear and Loathing in La Liga*, London, Yellow Jersey Press, 2013

Lyttleton, Ben. *Twelve Yards*, London, Bantam Press, 2014

Lyttleton, Ben. *Edge*, London, HarperCollins, 2017

Makélélé, Claude. *Tout Simplement*, Paris, Éditions Prolongation, 2009

Marcotti, Gabriele. *Capello*, London, Transworld, 2010

Martin, Simon. *Sport Italia*, London, I.B. Taurus, 2011

Meijer, Martin. *Guus Hiddink*, London, Random House, 2006

Meijer, Martin. *Louis van Gaal*, London, Ebury, 2014

Michels, Rinus. *Teambuilding*, Leeuwarden, Uitgeverij Eisma, 2001

Montague, James. *The Billionaires Club*, London, Bloomsbury, 2017

Neveling, Elmar. *Jürgen Klopp*, London, Ebury, 2016

Özil, Mesut. *Die Magie des Spiels*, Cologne, Bastei Lübbe, 2017

Perarnau, Martí. *Herr Pep*, Barcelona, Roca, 2014

Perarnau, Martí. *Pep Guardiola: La metamorfosis*, Barcelona, Roca, 2016

Petit, Emmanuel. *À fl eur de peau*, Paris, Éditions Prolongations, 2008

Pires, Robert. *Footballeur*, London, Yellow Jersey Press, 2004

Pirlo, Andrea. *Penso Quindi Gioco*, Milan, Mondadori, 2013

Ramsay, Arnaud. *Laurent Blanc*, Paris, Éditions Fetjaine, 2012

Reng, Ronald. *Matchdays*, London, Simon & Schuster, 2013

Rinaldi, Giancarlo. *I Classici del Calcio*, Dumfries, Rinaldi, 2015

Rivoire, Xavier. *Arsène Wenger*, London, Aurum Press, 2007

Rouch, Dominique. *Didier Deschamps*, Paris, Edition 1, 2001

Rühn, Christov. *Le Foot*, London, Abacus, 2000

Sacchi, Arrigo. *Calcio totale*, Milan, Mondadori, 2006

Saha, Louis. *Thinking Inside the Box*, Kingston upon Th ames, Vision, 2012

Seban, Alexandre. *Les bleus à l'Euro*, Paris, De Boeck Supérieur, 2016

Siguero, Santiago. *Zinedine Zidane*. Madrid, Al Poste, 2015

Th einer, Egon and Schlammerl, Elisabeth. *Trapattoni*, Dublin, Liberties Press, 2008

Th uram, Lilian. *8 Juillet 1998*, Paris, Anne Carrière, 2004

Torres, Diego. *The Special One*, London, HarperCollins, 2014

Totti, Francesco. *Mo je faccio er cucchiaio*, Milan, Mondadori, 2006

Trapattoni, Giovanni. *Coaching High Performance Soccer*, Pennsylvania, Reedswain, 1999

Trezeguet, David. *Bleu ciel*, Paris, Hugo Sport, 2016

Vella, Christian. *Roger Lemerre*, Paris, Éditions du Félin, 2002

Vialli, Gianluca. *The Italian Job*, London, Transworld Press, 2006

Vieira, Patrick. *Vieira*, London, Orion, 2006

Wahl, Grant. *Football 2.0*, Scotland, BackPagePress, 2018

Williams, Tom. *Do You Speak Football?*, London, Bloomsbury, 2018

Wilson, Jonathan. *Inverting the Pyramid*, London, Orion, 2008

Wilson, Jonathan. *The Outsider*, London, Orion, 2012

Wilson, Jonathan. *Angels with Dirty Faces*, London, Orion, 2016

Winner, David. *Brilliant Orange*, London, Bloomsbury, 2000

Zauli, Alessandro. *Soccer: Modern Tactics*, Michigan, Data Reproductions, 2002

Magazines
11 Freunde
Blizzard
Champions
Football Italia
FourFourTwo
France Football
Soccer Laduma
World Soccer

Newspapers
AS
A Bola
Bild
Corriere dello Sport
Daily Mail
Daily Telegraph

De Telegraaf

Die Zeit

El Gráfico

El País

Guardian

Het Laatste Nieuws

Independent

L'Équipe

La Gazzetta dello Sport

La Nación

La Repubblica

Marca

Mundo Deportivo

O Jogo

Record

Sport

Süddeutsche Zeitung

Th e Times

Tuttosport

Websites

bbc.co.uk

bdfutbol.com

espnfc.co.uk

footballia.net

football-lineups.com

kassiesa.home.xs4all.nl

portugal.net

skysports.com

spielverlagerung.com

whoscored.com

wikipedia.com

youtube.com

zonalmarking.net

Netherlands

1992
~
1996

Italy

1996
~
2000

France

2000
~
2004

Portugal

2004
~
2008

Zonal Marking

Spain

2008
~
2012

Germany

2012
~
2016

England

2016
~
2020

옮긴이 이성모

숭실대학교에서 경영학과 영어영문학을 복수 전공했다. 2013년부터 축구기자 겸 칼럼니스트로 활동을 시작했고 그 후로 서울신문, 스포츠서울을 거쳐 현재 〈골닷컴〉 기자로 EPL 포함 유럽 축구 현장을 취재 중이다. 네이버 스포츠(전), 다음 스포츠(현)와 주한영국문화원에 칼럼을 기고 중이다. 저서로 《누구보다 첼시 전문가가 되고 싶다》, 《누구보다 맨유 전문가가 되고 싶다》, 《누구보다 아스널 전문가가 되고 싶다》, 역서에 《더 믹서》, 《매수트 외질 - 마이 라이프》, 《포체티노 인사이드 스토리》, 《위르겐 클롭》, 《안드레아 피를로 자서전 - 나는 생각한다 고로 플레이한다》, 《디디에 드록바 자서전 - 헌신》, 《아르센 벵거 - 아스널 인사이드 스토리》 등이 있다.

페이스북 http://www.facebook.com/yo235　**인스타그램:** http://www.instagram.com/sungmolee/

옮긴이 한만성

캘리포니아주립대 롱비치(Longbeach State University)에서 저널리즘을 전공했다. 학업을 마친 후에 LA에서 월간잡지 〈코리앰 저널〉 인터뷰 전문기자로 일했고, 〈골닷컴〉 기자로도 활동했으며, 2015년 코리앰 저널에서 퇴사 후 줄곧 축구기자로 활동하고 있다. 올해도 3년째 〈골닷컴〉을 통해 '한만성의 축구멘터리' 칼럼을 연재 중이다. 〈골닷컴〉 한국판뿐 아니라 인터내셔널, 미국판에도 글을 기고했다. 이외에 영국 런던에 본사를 둔 축구경기 분석 전문업체 스마트오즈 분석자, 미주중앙일보 영문판 번역가로도 활동했다.

페이스북 http://facebook.com/steve.m.han　**트위터** http://twitter.com/realstevescores

조널 마킹
Zonal Marking

1판 1쇄 발행	2019년 10월 22일
1판 2쇄 발행	2023년 7월 20일

지은이	마이클 콕스
옮긴이	이성모, 한만성
감수	한준희
펴낸이	김기옥

실용본부장	박재성
편집 실용1팀	박인애
영업	김선주
커뮤니케이션 플래너	서지운
지원	고광현, 김형식, 임민진

인쇄·제본	민언프린텍

펴낸곳	한스미디어(한즈미디어(주))
주소	121-839 서울특별시 마포구 양화로 11길 13 (서교동, 강원빌딩 5층)
전화	02-707-0337 | 팩스 02-707-0198 | 홈페이지 www.hansmedia.com
출판신고번호	제 313-2003-227호 | 신고일자 2003년 6월 25일

ISBN	979-11-6007-413-0 03960